Christian Schwarzloos

Soziale Netzwerkbeziehungen in der aufsuchenden Sozialen Arbeit mit Familien

Christian Schwarzloos

Soziale Netzwerkbeziehungen in der aufsuchenden Sozialen Arbeit mit Familien

Eine Untersuchung am Beispiel der Sozialpädagogischen Familienhilfe

BELTZ JUVENTA

Der Autor

Christian Schwarzloos, Dr. phil., Sozialarbeiter/Sozialpädagoge. Tätigkeiten in Praxis, Lehre und Forschung im Bereich der Kinder- und Jugendhilfe (insbesondere Hilfen zur Erziehung). Seine Arbeitsschwerpunkte sind professionelles Handeln und Methoden, Soziale Arbeit mit Familien und qualitative Forschungsmethoden.

Diese Arbeit wurde 2022 als Dissertation von der Fakultät Erziehungswissenschaften der Technischen Universität Dresden angenommen (Datum der Disputation: 28.03.2022).

Dieses Buch ist erhältlich als:
ISBN 978-3-7799-7200-6 Print
ISBN 978-3-7799-7201-3 E-Book (PDF)

1. Auflage 2023

Herstellung: Myriam Frericks
Satz: Datagrafix, Berlin
Druck und Bindung: Beltz Grafische Betriebe, Bad Langensalza
Beltz Grafische Betriebe ist ein klimaneutrales Unternehmen (ID 15985-2104-100)
Printed in Germany

Weitere Informationen zu unseren Autor:innen und Titeln finden Sie unter: www.beltz.de

Inhaltsverzeichnis

Abbildungs- und Tabellenverzeichnis

Abbildungen

Tabellen

Danksagung

Als ich mit diesem Projekt begann, konnte ich bereits auf mehrere Jahre in der Praxis zurückblicken. Ich bin sehr dankbar für die Menschen, denen ich in diesem Zusammenhang begegnen und die ich in ihren häufig herausfordernden Lebenslagen begleiten durfte. In dieser Zeit habe ich überaus berührende und auch – bedingt durch die Strukturmerkmale der Hilfen zur Erziehung – widersprüchliche Erfahrungen sammeln können, die für mich allesamt ausgesprochen wertvoll sind. Mit der Entscheidung, die Sozialpädagogische Familienhilfe und soziale Netzwerkbeziehungen zum Gegenstand meiner Untersuchung zu machen, habe ich einen spezifischen Ausschnitt der Erziehungshilfen ausgewählt, womit die Hoffnung verbunden ist, eine Auseinandersetzung und Weiterentwicklung dieses komplexen und spannenden Handlungsfeldes der Sozialen Arbeit anzuregen.

Mein Dank gilt zunächst den für diese Untersuchung interviewten Mitarbeitenden der Sozialpädagogischen Familienhilfe, die mir und meinem Anliegen aufgeschlossen und interessiert begegneten und mir detaillierte Einblicke in die aufsuchende Arbeit mit den von ihnen begleiteten jungen Menschen und deren Familien gewährten.

Meiner Erstgutachterin Prof.in Dr.in Conny Wustmann möchte ich besonders für ihr Interesse an meiner Idee und ihrer prompten Zustimmung zur Betreuung danken. Ihre konstruktive und kritische Begleitung sowie ihre Denkanstöße zur Konzeption und Fokussierung der Arbeit haben diese maßgeblich geprägt und bereichert. Zudem wäre ohne ihre tatkräftige Unterstützung bei der Organisation der Rahmenbedingungen die Vereinbarkeit von Familie und Dissertation für mich nur schwer möglich gewesen. Mein besonderer Dank gilt meinem Zweigutachter Prof. Dr. Frank Früchtel, der mich bereits seit Beginn meines Studiums der Sozialen Arbeit gefordert, geprägt und schließlich auch ermutigt hat, eine Dissertation zu schreiben. Meinen Arbeitsprozess hat er geduldig, bestärkend und teils auch mit freundlich mahnenden Rückmeldungen begleitet. Finanziert und ermöglicht wurde die Arbeit an meiner Promotion durch ein Landesstipendium des Freistaates Sachsen sowie ein Stipendium der Fachhochschule Potsdam in der Abschlussphase – für den damit einhergehenden Freiraum möchte ich mich an dieser Stelle ausdrücklich bedanken.

Ein weiterer Dank gilt allen Menschen, die mir in verschiedenen Forschungswerkstätten und -kolloquien ermöglicht haben, meine methodologischen und methodischen Fragestellungen sowie Interpretationen zu diskutieren, und die mir wichtige Hinweise und Rückmeldungen gegeben haben. Von besonderer Bedeutung für mich waren hierbei die Teilnehmenden des Doktorand:innen-Kolloquiums der Technischen Universität Dresden unter der Leitung von Prof.in Dr.in Conny Wustmann und Prof. Dr. habil. Hans Gängler. Letzteren möchte ich gesondert hervorheben, da er die Auswertung des Datenmaterials mit seiner begriffsgeschichtlichen Expertise im besten Sinne kritisch-fragend gerahmt und bereichert hat. Darüber hinaus möchte ich Dr.in Annett Kupfer herzlich dafür danken, dass sie mir den Weg an die Fakultät geebnet hat sowie für ihren fachlichen und emotionalen Zuspruch. Ebenso möchte ich mich bei Martin Nowak für die unzähligen Gespräche sowie den vielseitigen und intensiven Austausch von Beginn des Vorhabens bis hin zum Korrekturlesen bedanken. Für ihr hochwertiges Lektorat und ihre Geduld möchte ich Dr.in Maya Grünschloß ein herzliches Dankeschön aussprechen.

Darüber hinaus haben mich bei der Erstellung dieser Arbeit eine Vielzahl von Menschen aus meinem beruflichen sowie Familien- und Freundesnetzwerk auf unterschiedliche Arten und Weisen – durch Interesse, Zuspruch, Diskussionen, Aushalten, (Un-)Verständnis, Ablenkung, Transkription, Korrekturlesen etc. – unterstützt. Ich verzichte hier auf ihre namentliche Nennung und hoffe, dass ich meine große Dankbarkeit für sie an anderer Stelle zum Ausdruck bringen kann und konnte. Mein allergrößter Dank gilt meinen Eltern, meinen Kindern Norah und Johann sowie insbesondere meiner Partnerin Eli für ihre multiplexe Unterstützung, ohne die diese Arbeit schlicht unmöglich gewesen wäre.

Leipzig, im Juni 2022
Christian Schwarzloos

Einleitung

„Alles wirkliche Leben ist Begegnung“[1] (Buber 1983/2018, S. 12). Martin Buber versteht Beziehungen als elementare Voraussetzung menschlichen Lebens. Menschen benötigen Erfahrungen mit Anderen, dazu heißt es: „[d]er Mensch wird am Du erst zum Ich“ (ebd., S. 28). Beziehungen werden auch in der Sozialen Arbeit facettenreich thematisiert, etwa wenn es um die Gestaltung der Beziehung zu den Menschen geht, an die sich Soziale Arbeit richtet, wenn von deren Familienbeziehungen oder weiteren Beziehungen zu Peers, der Nachbarschaft, im Verein oder am Arbeitsplatz die Rede ist. Darüber hinaus interagieren auch institutionelle Akteur:innen[2] innerhalb eines Beziehungsgeflechts miteinander. Unter dem Terminus des Netzwerks werden Beziehungen folglich verschiedentlich zum Gegenstand von Theorie, Methodik, Empirie und der Praxis in den Handlungsfeldern Sozialer Arbeit gemacht (vgl. Bullinger/Nowak 1998; Bauer/Otto 2005; Otto/Bauer 2005; Nestmann et al. 2008a; Schönig/Motzke 2016; Fischer/Kosellek 2018; Otto 2018).

Der in dieser Arbeit gewählte Begriff der sozialen Netzwerkbeziehungen mag auf den ersten Blick gewöhnungsbedürftig erscheinen und neologistisch daherkommen. Mit ihm soll zunächst deutlich gemacht werden, dass die Bezeichnung soziale Netzwerke, die im virtuellen Raum für verschiedene Onlinedienste (z. B. Facebook oder Instagram) verwendet wird, hier nicht grundlegend ausgeschlossen, aber auch nicht explizit untersucht wird. Vielmehr handelt sich um einen Arbeitsbegriff, der darauf verweisen soll, dass soziale Beziehungen und Netzwerke anhand verschiedener theoretischer Grundlagen in den Blick genommen werden.

In dieser Arbeit wird in diesem Zusammenhang das maßgeblich von Hans Thiersch (1986/2006; 1992/2014; 2020) entwickelte Konzept der *Alltags- und Lebensweltorientierung* herangezogen. Darin lassen sich Bezüge zu sozialen Netzwerkbeziehungen u. a. im Anschluss an phänomenologisch-soziologische Arbeiten als *soziale Beziehungen* ausmachen, die darin als konstitutiver Bestandteil der Lebenswelt begriffen werden. Subjektiver Sinn entsteht demnach in der Auslegung von Erfahrungen in sozialen Beziehungen: „Die alltägliche Lebenswelt ist

1 In der vorliegenden Arbeit werden jegliche Formatierungen in direkten Zitaten die nicht gekennzeichnet sind aus dem Original reproduziert, vorgenommene Änderungen werden gekennzeichnet.

2 Die in dieser Arbeit verwendete geschlechtersensible Sprache soll dazu beitragen, dass sich alle Menschen gleichermaßen angesprochen fühlen. Mit der barrierefreien Schreibung *:innen* ist gewährleistet, dass Vorleseprogramme und -Apps jeweils vor der gegenderten Endung eine kurze Sprechpause einlegen und somit die gendergerechte Form besonders deutlich betonen.

also grundsätzlich intersubjektiv, ist Sozialwelt" (Schütz/Luckmann 2003/2017, S. 45). Eine weitere Grundlage stellen *soziale Netzwerke* dar, die hierbei weniger hinsichtlich ihrer theoretischen Dimensionen, sondern vielmehr angesichts ihrer analytischen Potenziale rezipiert werden. Ganz basal beschreiben sie „ein Beziehungsgeflecht, das Menschen mit anderen Menschen und Institutionen mit anderen Institutionen verbindet" (Nowak 2017, S. 680). Schwerpunktmäßig wird dabei das Interesse auf die Netzwerkfunktion der sozialen Unterstützung gerichtet (vgl. ebd., S. 681 f.; Nestmann 2005c, S. 1684; Otto 2018, S. 1478 f.).

Soziale Netzwerbeziehungen können in dieser Lesart somit als Bezugspunkte alltags- und lebensweltorientierter Sozialer Arbeit verstanden werden. Mit ihnen wird der normative Anspruch verbunden, das subjektive Alltagserleben der Adressat:innen[3] zu verstehen, zu respektieren und es angesichts seiner routinehaften Begrenzungen im Sinne von „Momente[n] des gelingenderen Lebens" (Thiersch 1986/2006, S. 45) zu erweitern. In diesem Zusammenhang werden soziale Netzwerkbeziehungen verschiedentlich assoziiert, etwa als Quelle von Belastung oder als hilfreiche Ressource für die Lebensgestaltung.

Wenn es zutreffend ist, dass, wie Philipp Sandermann und Sascha Neumann nahelegen, vorerst keine weiteren „Grand Theories der Sozialen Arbeit" (Sandermann/Neumann 2018, S. 217) wie die Alltags- und Lebensweltorientierung zu erwarten sind, dann könnte es lohnenswert sein zu rekonstruieren, welchen Stellenwert soziale Beziehungsnetzwerke darin einnehmen. Auch in handlungsbezogenen Arbeiten wird nahegelegt, „dass es inzwischen nicht mehr an dem notwendigen Wissen als Grundlage professionellen Handelns fehlt" (Spiegel 2015, S. 28); zudem wird eine „verstärkte empirische Erforschung methodischen Handelns in der Alltagspraxis Sozialer Arbeit" (Galuske 2018, S. 1005) gefordert. Die vorliegende Untersuchung verfolgt den Anspruch, für das Feld der „Aufsuchende[n] Hilfen für Familien" (Euteneuer/Sabla/Uhlendorff 2020) daran anzuschließen, und setzt sich exemplarisch mit der Sozialpädagogischen Familienhilfe (im Folgendem als SPFH abgekürzt) auseinander.

Die SPFH nimmt im Spektrum der Hilfen zur Erziehung eine bedeutende Stellung ein, was sicherlich auch auf ihren vielseitigen Einsatz im privaten Lebensumfeld von Familien zurückzuführen ist. Dies hat ihr mitunter Bewertungen wie „Allzweckwaffe" (Schone/Wagenblass 2010, S. 212; Schmutz/Paz Martinez 2018, S. 91) eingebracht; Ulrich Gintzel bezeichnet sie in einem Interview metaphorisch als „Breitbandantibiotikum" (Gintzel/Redmann/Wölfel 2019, S. 132). Anhand dieser Zuschreibungen wird bereits ersichtlich, dass die SPFH ein enormes diskursives Potenzial besitzt, da sich an ihr mitunter verschiedene Debatten

3 In der Arbeit wird weitestgehend der Adressat:innen-Begriff verwendet (vgl. Bitzan/Bolay/Thiersch 2006, S. 268 ff.; Graßhoff 2015, S. 28 ff.; Bitzan/Bolay 2017, S. 10 f.). Andere Bezeichnungen (z. B. Klient:innen) in Zitaten werden reproduziert.

zur Funktionsbestimmung Sozialer Arbeit kristallisieren, die wiederum auf ein grundlegendes Charakteristikum verweisen:

> „Sozialpädagogisches Handeln scheint ohne einen dezidierten oder verborgenen Familienbezug nicht denkbar. Soziale Arbeit im weitesten Sinn als Element gesellschaftlich-öffentlicher Gestaltung von Lebensformen findet seit ihren Ursprüngen in Auseinandersetzung mit, in Absetzung von oder an Stelle der privat-familialen Lebensgestaltung statt und zielt dabei auf gelingende (familiale) Privatheit hin, wobei sich Gelingen oder Mißlingen an der jeweils gültigen, typisierten Normalität bemißt." (Karsten/Otto 1987, S. X)

Dementsprechend wird Soziale Arbeit u. a. dazu herausgefordert, kontinuierlich eine Vorstellung davon zu entwickeln, was unter *Familie* überhaupt verstanden werden kann, und sich des eigenen Verhältnisses zu dieser zu vergewissern (vgl. Lenz/Böhnisch 1999; Mierendorff/Olk 2007; C. Beckmann et al. 2009b; Böllert 2012; Fegter et al. 2015a; Kappeler 2018; Richter 2018).

Damit eröffnet sich ein Spannungsfeld mit historischer Dimension: „Das Misstrauen in die Erziehungsfähigkeit der Familie war in der Pädagogik immer auch prinzipieller Natur" (Böhnisch/Schröer/Thiersch 2005, S. 156). Klaus Wolf (2020a) zufolge hat es in der Historie drei gesellschaftliche Strategien im Umgang mit Kindern und Jugendlichen gegeben, die in ihren Familien nicht mehr oder nicht hinreichend versorgt werden können. Eine besteht in der ersatzweisen Unterbringung in eigens dafür eingerichteten Heimen oder Wohnformen; eine weitere in der ersatzweisen Organisation von Lebensorten im informellen Umfeld der Familie wie der Verwandtschaft oder Pflegefamilien. Die dritte besteht darin, Familien möglichst frühzeitig zu unterstützten, sodass sie ihre Kinder eigenstandig versorgen können und Fremdunterbringungen nicht zum Einsatz kommen oder wieder eingestellt werden können (vgl. ebd., S. 5 f.). Das Phänomen SPFH ist also kein Zufall, sondern in einem historischen Entwicklungszusammenhang zu begreifen.

Doch was ist die SPFH überhaupt? Systematisch lässt sie sich zum Spektrum *lebenswelt-* oder *familienunterstützender* Erziehungshilfen zählen (vgl. Thole 2012, S. 28; Uhlendorff/Euteneuer/Sabla 2013, S. 108). Astrid Woog schlägt folgende Definition vor:

> „SPFH bietet lebensnahe Begleitung zur situativen Bewältigung von Krisen und zur Lösung von Konflikten im Alltag der Familie durch das Anstoßen und Steuern von Lern- und Wachstumsprozessen an, unter Einbeziehung der in das Umfeld führenden Sozialkontakte und berücksichtigt deren Einflüsse auf die Familie." (Woog 2010, S. 27)

Nichtdestotrotz spricht Woog von „einem verschwommenen, wenig faßbaren Arbeitsfeld" (ebd., S. 54) – eine Einschätzung, die nach wie vor und trotz der inzwischen erschienenen Arbeiten nicht ganz von der Hand zu weisen sein dürfte.

Ein Grund hierfür wurde bereits angedeutet und hängt mit dem Versuch der SPFH zusammen, wie es Hans Thiersch beschreibt, „im Alltag mit den Menschen zusammen zu agieren“ (Thiersch/Böhnisch 2014, S. 22). Auch weitere Definitionsversuche verweisen auf ihre enorme Bandbreite:

> „[S]ie orientiert sich am gesamten Familiensystem und dessen sozialem Netzwerk mit seinen Erziehungs-, Beziehungs-, materiellen und sozialen Problemen und Ressourcen. S[ozialpädagogische] F[amilienhilfe] muss auf vielen Ebenen für und mit den unterversorgten Familien inner- und außerfamiliäre Ressourcen erschließen unter dem Aspekt der (Wieder-)Gewinnung von Handlungsfähigkeit zur Gestaltung des eigenen Lebens.“ (Helming 2017, S. 834 f.)

Konzeptionell werden damit verschiedene Inhalte (Familiensystem, soziales Netzwerk, unterschiedliche Problemkonstellationen und Ressourcen unterversorgter Familien), Handlungsmodi („für und mit“ den Adressat:innen) sowie Zielstellungen (Ressourcenerschließung und (Wieder-)Erlangung von Handlungs- und Gestaltungsfähigkeit über das eigene Leben) der SPFH umrissen und erwartungsvoll an die Handlungspraxis herangetragen. Deutlich wird in beiden Zitaten, dass soziale Beziehungsnetzwerke durchweg als genuiner Bestandteil der SPFH thematisiert werden. Der SPFH ist damit eine Bezugnahme auf soziale Netzwerkbeziehungen ebenso eingeschrieben wie der Alltags- und Lebensweltorientierung.

Aus dieser Beobachtung heraus ist das zugrundeliegende Erkenntnisinteresse dieser Arbeit entstanden. Dieses verbindet sich mit persönlichen Erfahrungen aus meiner beruflichen Praxis in den Erziehungshilfen, die ich im Rahmen der SPFH, des betreuten Wohnens mit jungen Menschen, der Integrationshilfe an Schulen sowie des Verfahrens des Familienrates sammeln durfte. Bei den unterschiedlichen Thematisierungen sozialer Netzwerkbeziehungen bleibt häufig unklar, auf welcher konzeptionellen Grundlage diese beruhen, welche Zielstellungen erhoben werden, welche handlungsmethodischen Implikationen damit einhergehen und schließlich auch, wie die Bezugnahme in der Praxis verankert ist bzw. empirisch rekonstruiert werden kann.

Somit kann das Thema dieser Arbeit wie folgt umrissen werden: Untersucht werden soll, welche Relevanz soziale Netzwerkbeziehungen in der Handlungspraxis der aufsuchenden Sozialen Arbeit mit Familien am Beispiel der SPFH einnehmen. Damit rücken sowohl die Beziehungsgestaltung von Sozialpädagogischen Familienhelfer:innen mit den Adressat:innen in den Fokus als auch die Frage, wie das weite Feld darüber hinausgehender Beziehungskonstellationen Berücksichtigung findet. Eine Akzentuierung erfolgt dahingehend, dass in den Blick genommen werden soll, welche Bedeutung informelle Netzwerkbeziehungen der Adressat:innen in der SPFH einnehmen. Ebenso werden formelle Beziehungen in die Analyse einbezogen, wenngleich sie in dieser Arbeit eine untergeordnete Rolle spielen. Begrifflich lassen sich die beiden Netzwerkbereiche folgendermaßen differenzieren:

„Informelle Netzwerke enthalten die quasi natürlichen, alle Menschen umgebenden Sozialkontakte, während es sich bei den darüber hinausgehend bewusst geschaffenen Netzwerken, in denen auch Organisationen eine Rolle spielen, um formelle Netzwerke handelt.“ (Straus 2012, S. 228)

Die vorliegende Arbeit ist weitestgehend klassisch aufgebaut und in neun fortlaufend nummerierte Kapitel gegliedert, die drei Oberkapiteln zugeordnet sind (vgl. Kap. I bis III). In den beiden ersten Oberkapiteln wird eine Analyseperspektive eingenommen, die es ermöglichen soll, die als relevant erachteten und konzeptionell geprägten Vorstellungen bezüglich sozialer Netzwerkbeziehungen in der Konstruktion der SPFH zu markieren. Im Zuge dieser gegenstandsbezogenen Rekapitulation wird versucht herauszuarbeiten, auf welche Art und Weise diese in das, was unter SPFH verstanden werden kann, Eingang gefunden haben. Die ersten beiden Oberkapitel spiegeln den geschilderten Eindruck wider, dass es trotz der vielfältigen Referenzen auf das Forschungsthema zunächst notwendig erscheint, dieses zu begründen.

In Kapitel I werden historische Entwicklungslinien der aufsuchenden Hilfen für Familien und darin liegende (Dis-)Kontinuitäten aufgezeigt. Die Entwicklung der SPFH wird anhand der jeweiligen gesellschaftlichen Kontexte sowie institutionellen und disziplinären Entwicklungen gerahmt, im Sinne der jeweils zugrundeliegenden „sozialpädagogischen Ordnung der Familie“ (Karsten/Otto 1987, S. XI). Zunächst wird das bürgerliche Kernfamilienideal, das im 19. Jahrhundert enorm an normativer Bedeutung gewinnt, dargestellt, und es werden exemplarisch familienbezogene Strategien in den Entwicklungslinien der Sozialen Arbeit aufgezeigt (vgl. Kap. 1). Ab dem Beginn des 20. Jahrhunderts werden familienbezogene Hilfeansätze und damit der Rahmen für die spätere Entstehung der SPFH weiter konturiert (vgl. Kap. 2). Die Darstellung der historischen Einordnung wird ab dem Ende der Weimarer Republik bis in die Gegenwart entlang der Entwicklungsphasen der SPFH im engeren Sinne fortgesetzt (vgl. Kap. 3).

In Kapitel II wird ein Bestimmungsversuch der SPFH im Horizont sozialer Netzwerkbeziehungen unternommen. Maßgeblich orientiert an der Alltags- und Lebensweltorientierung werden, wie bereits eingangs dieser Einleitung skizziert, die darin angelegten Zugänge zu sozialen Netzwerkbeziehungen nachgezeichnet (vgl. Kap. 4). Im nächsten Schritt werden Rahmenbedingungen und Handlungsansätze der SPFH beschrieben und in Bezug zum Forschungsthema gesetzt. Neben dem formalen Rahmen werden ebenso konzeptionelle Ansätze zum sozialarbeiterisch-sozialpädagogischen Handeln[4] in der aufsuchenden Sozialen Arbeit mit Familien dargestellt. Zudem wird auf Methoden, die in der SPFH zum

4 Bei der Verwendung des Begriffes lehne ich mich an Arbeiten von Burkhard Müller (2017) und Hans Thiersch (2020) an, in deren aktualisierten bzw. neueren Werken diese Bezeichnung verwendet wird. Andere Bezeichnungen in Zitaten werden reproduziert.

Einsatz kommen können, eingegangen, womit insbesondere der Praxisorientierung in der Hilfeform Rechnung getragen werden soll (vgl. Kap. 5).

In Kapitel III erfolgt die Darstellung der empirischen, rekonstruktiv angelegten Untersuchung. Zunächst wird eine Übersicht zum Forschungsstand gegeben, wobei neben einem Überblick zu statistischen Kennzahlen der Hilfeform ebenso ausgewählte Befunde präsentiert werden, anhand derer das Forschungsdesiderat begründet wird (vgl. Kap. 6). Im Anschluss wird die Untersuchungsanlage dargelegt. Expliziert werden die empirischen Fragestellungen und es wird auf das methodische Vorgehen im Anschluss an die *dokumentarische Methode* (vgl. Bohnsack 2010a; 2021; Nohl 2017) eingegangen (vgl. Kap. 7). Als zentrales Ergebnis wird die entwickelte Typologie zur Relevanz sozialer Netzwerkbeziehungen in der SPFH präsentiert (vgl. Kap. 8) und diskutiert (vgl. Kap. 9).

Den Abschluss der Arbeit bildet eine zusammenfassende Betrachtung, in der zentrale Ergebnisse der Untersuchung gebündelt und weiterführende Perspektiven aufgezeigt werden.

I Historische Entwicklungslinien aufsuchender Hilfen für Familien

1 Ausgewählte Ursprünge: Vom Spätmittelalter bis ins Deutsche Kaiserreich

Es mag zunächst merkwürdig erscheinen, dass in einer Untersuchung zur SPFH historisch derart weit zurückgeblickt wird. Das erste Kapitel stellt einen Streifzug durch die Geschichte familienbezogener Hilfen ausgehend vom Spätmittelalter über die Frühe Neuzeit bis hin zum Beginn der Moderne und dem Deutschen Kaiserreich dar. Mit dem Einsetzen der Industrialisierung gehen tiefgreifende gesellschaftliche Veränderungen einher, die mit Stichworten wie Kapitalismus, Säkularisierung oder der Sozialen Frage hier nur angerissen werden können (vgl. Hering/Münchmeier 2014, S. 21 ff.). Wesentlich für diese Arbeit ist, dass diese Prozesse mit der Einschätzung korrespondieren, wonach grundlegende Veränderung der Lebensformen mit einem förmlichen „Zerbersten" (Thole 2012, S. 33) bisheriger sozialer Beziehungszusammenhänge einhergehen. Die in diesem Zusammenhang entstehende Lücke wird normativ von einer spezifischen Sozialform gefüllt, an die enorme Erwartungen geknüpft werden: „Familie entsteht nun als ein Milieu, in welchem eine umfassende Zivilisierung und Moralisierung der künftigen Person stattfindet, die in einer Gesellschaft agiert, welche eben nicht mehr eindeutig geregelt ist" (Winkler 2012, S. 47).

In den folgenden Abschnitten wird zunächst das bürgerliche Kernfamilienideal betrachtet (vgl. Kap. 1.1), da die Konzentration darauf in der Entstehung der SPFH als richtungsweisend erachtet wird (vgl. Lenz 2016, S. 183 ff.). Diese idealisierte Vorstellung des Familienlebens führt auch dazu, dass es besonders anfällig dafür ist, die daran gestellten Anforderungen zu enttäuschen und somit einen krisenartigen Zustand zugeschrieben zu bekommen. Die Frage, wie darauf reagiert werden soll, durchzieht die Historie der Sozialen Arbeit, die sich zunächst eher reflexartig zwischen den Polen der Kompensation und Restauration familialer Beziehungen bewege (vgl. Dollinger 2006, S. 164 ff.; Winkler 2012, S. 65 f.). Aufzeigen lassen sich diese Motive erstens anhand der beiden Klassiker der Sozialen Arbeit Johann Heinrich Pestalozzi und Johann Hinrich Wichern (vgl. Kap. 1.2). Zweitens werden Strukturelemente der SPFH in der Armenfürsorgepraxis, den spezialisierten Fürsorgebereichen sowie der Privatwohltätigkeit erkennbar (vgl. Kap. 1.3).

1.1 Zur Entstehung des Kernfamilienideals

Wird in Gegenwartsdiskursen von pluralen Lebens- oder Familienformen gesprochen, kann mit sozialgeschichtlichen Befunden darauf hingewiesen werden, dass viele der heutigen Formen bereits im vorindustriellen Zeitalter existiert haben (vgl. Peuckert 2012, S. 12 f.). Allerdings wird ebenso darauf verwiesen, „dass das Modell der kleinen Kernfamilie von Anbeginn der Menschenexistenz praktiziert wird" (Winkler 2012, S. 46). Familiensoziologische Analysen weisen darauf hin, dass deren Entwicklung ab dem 8. Jahrhundert n. Chr. in Mittel- und Westeuropa von verschiedenen Faktoren beeinflusst wurde, äußerst unterschiedlich verlief (z. B. nicht ausschließlich von der Industrialisierung bedingt wurde) und die Kernfamilie auch stets in weitere soziale, insbesondere verwandtschaftliche Strukturen eingebettet war (vgl. Funcke/Hildenbrand 2018, S. 17 ff., S. 30 ff., S. 33 ff.). Mit dieser Rückblende um mehrere Jahrhunderte soll jedoch nicht der Entstehungsprozess der Kernfamilie im engeren Sinne beschrieben werden, sondern es soll darauf aufmerksam gemacht werden, dass die moderne Kernfamilie auch für die SPFH zum normativen Familienleitbild avanciert ist (vgl. Oelkers 2012b, S. 135 ff.; Richter 2013, S. 17; Böhnisch 2018, S. 51 ff.).

Im Spätmittelalter bis in die Frühe Neuzeit lässt sich das Zusammenleben exemplarisch an der gesamtgesellschaftlich verbreiteten Lebensform des *ganzen Hauses* illustrieren (vgl. Lenz/Böhnisch 1999, S. 13 f.; Funcke/Hildenbrand 2018, S. 51 ff., S. 109 ff.). Es ist ein kennzeichnendes Strukturierungsprinzip der städtisch-handwerklichen und besonders der ländlich-bäuerlichen Sozialverbände (vgl. Lenz/Böhnisch 1999, S. 14 ff.; Weber-Kellermann 1996, S. 73 ff.). Der Zusammenschluss ist gebunden an die subsistenzwirtschaftliche Existenzsicherung, die in einem alltagsumfassenden Beziehungsgeflecht realisiert wird:

> „Das ‚Ganze Haus' bildete eine Einheit aus Produktion, Konsumtion und Gemeinschaftserleben. Man aß und feierte zusammen, und alle Mitglieder jeden Alters Männer, Frauen, Kinder – waren unter der Anleitung des Hausherrn in den Arbeitsprozeß eingebunden." (Lenz/Böhnisch 1999, S. 15)

Hauptsächliches Kriterium für die Aufnahme in den Haushalt sind die anstehenden Aufgaben und nicht die familialen Beziehungsverhältnisse. Dieser Zweckbezug bringt dementsprechend eher emotionsarme Beziehungen mit sich (vgl. Peuckert 2012, S. 13). So basiert beispielsweise die Eheschließung vordergründig auf materiellen Motiven. Ebenso stellt die Sozialisation von Kindern eine Aufgabe unter vielen dar und wird „durch Mitleben und Mitarbeiten" (Lenz/Böhnisch 1999, S. 16) realisiert (vgl. Peuckert 2012, S. 16). Mütter oder Geschwister sind in primärwirtschaftliche Prozesse eingebunden, weshalb eine „Kindsdirn" (Lenz/Böhnisch 1999, S. 16) Aufgaben der Betreuung und Erziehung übernimmt.

Insofern ist diese Lebensform keineswegs zu idealisieren: Die Abläufe sind patriarchalisch und autoritär organisiert, was mit einer strikten Rollenverteilung zwischen Mann und Frau einhergeht. Die Subsistenzwirtschaft lässt sich zudem insbesondere in Städten kaum autonom umsetzen und geht auf dem Land mit erheblichen ökonomischen und sozialen Abgrenzungen nach außen einher (vgl. Weber-Kellermann 1996, S. 84 ff.; Funcke/Hildenbrand 2018, S. 112 f.). Dennoch wird diese Sozialform bis in das 19. Jahrhundert hinein als vorherrschend beschrieben (vgl. Peuckert 2012, S. 13).

Mit der einsetzenden Industrialisierung wird eine „Auflösung überlieferter Gemeinschaftsformen" (Mollenhauer 1959, S. 23) verbunden, wodurch das subsistenzwirtschaftliche Hauswesen und familiale Netzwerke brüchig werden, ebenso, wie es Kirchgemeinden durch die Säkularisierung ergeht. Ausgehend von der Französischen Revolution wird in Preußen mit dem Ende der Leibeigenschaft (im Jahr 1807) und mit der Gewerbefreiheit (im Jahr 1910) eine freiere Wahl des Wohn- und Arbeitsortes möglich, wodurch große Teile der Landbevölkerung in die Nähe der Städte und allmählich entstehender Fabriken ziehen. Der sprunghafte Anstieg der Bevölkerungszahlen und die Übergänge zur industriellen Produktion – damit einhergehend z. B. fehlende Qualifikationen, Niedriglöhne etc. – bringen die Soziale Frage hervor, die Missstände wie den Pauperismus und die Entstehung des Proletariats thematisiert (vgl. Hering/Münchmeier 2014, S. 21 ff.; Sachße/Tennstedt 1998, S. 181 ff.; Hammerschmidt 2012, S. 853 ff.; Kuhlmann 2014, S. 31 f.). Eng mit der Annahme einer Erosion von bisherigen Sozialformen korrespondiert die Entstehung eines neuen sozialen Beziehungsgefüges – das der bürgerlichen Kernfamilie.

Im vergleichsweise kleinen gesellschaftlichen Teilbereich des Bürgertums entwickelt sich diese Familienform bereits ab Ende des 18. Jahrhunderts (vgl. Lenz/Böhnisch 1999, S. 16). Im darauffolgenden Jahrhundert füllt die Vorstellung der Kernfamilie sukzessive die entstandene Lücke, wobei sie eher zum dominierenden normativen Familienleitbild wird als zur tatsächlich gelebten Beziehungspraxis (vgl. Peuckert 2012, S. 13 ff.; Nave-Herz 2013, S. 61 ff.). Mit dem kernfamilialen Modell gehen erhebliche Veränderungen für die alltägliche Beziehungspraxis einher, die sich im Kontrast zum Hauswesen beschreiben lassen.

Ein erheblicher Unterschied besteht dem mittelalterlichen Modell gegenüber in der konstitutiven „Trennung von Produktion und Reproduktion, von Arbeit und Leben" (Lenz/Böhnisch 1999, S. 16) sowie der Konzentration auf zwei Generationen: Eltern mit ihren Kindern. Die bürgerliche Familie ist geschlechtsspezifisch und hierarchisch strukturiert. Dies erfolgt entlang – vermeintlich – fixer Persönlichkeitsmerkmale: der arbeitsame, rationale Mann wird der gefühlsbetonten Frau gegenübergestellt, deren Kompetenzen vordergründig in haushalts- und personenbezogenen Tätigkeiten gesehen werden (vgl. Nave-Herz 2013, S. 58 f.; Lenz 2016, S. 186). Sind in der Subsistenzwirtschaft alle Personen zum

Sozialverband gezählt worden, erfolgt nun eine explizite Abgrenzung gegenüber dem dienstleistenden Personal, was beispielsweise an der räumlichen Trennung der Wohnung der Familie (z. B. in Wohn- oder Kinderzimmer) erkennbar wird (vgl. Weber-Kellermann 1996, S. 108 f., S. 118 ff.; Nave-Herz 2013, S. 54 f.).

Die „Emotionalisierung der familialen Binnenstruktur und die Exklusivität des Familiensystems" (Nave-Herz 2013, S. 59) markieren einen charakteristischen Gegenpol zu den zweckbezogenen Konstellationen im Hauswesen: „Die Gedanken der Ehe als einer geistigen und gefühlsmäßigen Gemeinschaft, der Familie als Ort für die Erziehung des Menschen zu einem sozialkulturellen Wesen" (Weber-Kellermann 1996, S. 107) werden hierfür als kennzeichnend erachtet. Neben der Paarbeziehung erfährt die Erziehung der Kinder eine gesteigerte Aufmerksamkeit, indem sie zu einer exklusiven Aufgabe der Mutter erklärt wird (vgl. Lenz 2016, S. 187 f.). Die Kindheit wird somit zu einer eigenständigen Lebensphase aufgewertet und die Kernfamilie wird zum Schutzraum für die kindliche Entwicklung vor Einflüssen von außerhalb erklärt (vgl. Lenz/Böhnisch 1999, S. 18; Nave-Herz 2013, S. 55 ff.). Insgesamt lässt sich demnach eine soziale Verengungstendenz konstatieren: „Die Familie wird zum Inbegriff des Privaten und diese so neu definierte Gemeinschaft wird auf die Kernfamilie beschränkt" (Lenz/Böhnisch 1999, S. 17).

Allerdings wird dieser Vorstellung, wie eingangs bereits erwähnt, eher eine normative Funktion beigemessen, als dass sie der gelebten Realität entspräche (vgl. Nave-Herz 2013, S. 59). Das wird bereits für große Teile des Bürgertums selbst herausgestellt, die sich kaum in der Lage sehen, diese besonders wirtschaftlich kostspielige Lebensform umzusetzen (vgl. Peuckert 2012, S. 15). Jenseits des Bürgertums erweise sich das Familienmodell als nahezu illusorisch (vgl. Lenz/Böhnisch 1999, S. 19 ff.). Die gesellschaftlichen Gegensätze zwischen dem konservativen Bürgertum und dem revolutionär aufstrebenden Proletariat werden dadurch im Laufe des 19. Jahrhunderts nicht nur an politischen Auseinandersetzungen sichtbar (z. B. Deutsche Revolution 1848/1849, Sozialistengesetze 1878), sondern sie zeigen sich schon in der jeweiligen alltäglichen Lebensführung (vgl. Hering/Münchmeier 2014, S. 30 f., S. 41 ff.). Neben dem bürgerlichen Familienideal wird auch die Entstehung proletarischer Familienformen beschrieben (vgl. Nave-Herz 2013, S. 54), wie im Folgenden skizziert wird.

Hingewiesen wird darauf, dass Arbeiterfamilien in den Städten ähnlich kernfamilial strukturiert sind wie die bürgerlichen, allerdings stellt deren fragile ökonomische Existenz eine Dauerbelastung dar: Arbeitszeiten von mindestens zehn Stunden täglich sind der Regelfall; die Wohnverhältnisse sind unhygienisch, entgrenzt und beengt. Das familienkulturelle Leben ist notwendigerweise auf grundlegende Aspekte des Wohnens und Essens beschränkt, wohingegen eine explizite Kindererziehung nicht stattfinden kann (vgl. Weber-Kellermann 1996, S. 135 ff.). Im Manifest der Kommunistischen Partei heißt es in diesem Zusammenhang:

> „Die bürgerlichen Redensarten über Familie und Erziehung, über das traute Verhältnis von Eltern und Kindern werden umso ekelhafter, je mehr infolge der großen Industrie alle Familienbande für die Proletarier zerrissen und die Kinder in einfache Handelsartikel und Arbeitsinstrumente verwandelt werden." (Marx/Engels 1848/2016, S. 149)

Insbesondere proletarische Frauen befänden sich in einer dramatischen Lage: Sie müssen sich an der wirtschaftlichen Absicherung der Familie beteiligen und werden noch niedriger entlohnt als die Männer, mit denen sie auf dem Arbeitsmarkt konkurrieren (vgl. Nave-Herz 2013, S. 54). Die enormen Umbrüche und dadurch erforderlichen Anpassungsleistungen werden im Bürgertum bis zur Jahrhundertwende kaum reflektiert, vielmehr sind die offenkundigen Notlagen lediglich Anlass zur moralisierenden Kritik, wie es hier illustrativ zusammengefasst wird:

> „Zum einen verließen sie ihre dörflich-soziale Gemeinschaftsform mit ihren Unterstützungssystemen, Normen und Gewohnheiten, aber auch Kontexte dörflichen Schutzes (vor allem für die Frauen) und dörflicher Kontrolle und gerieten in die industrielle Auftrennung, in die Zerstückelung des Lebens, die Trennung von Wohnen und Arbeiten, in den familienzerschneidenden Zyklus der Betriebsschichten. […] Gegenseitige Hilfe, Verläßlichkeit und Widerständigkeit entwickelten sich so zur historisch neuen Form des pauperisierten proletarischen Milieus, in dem familiale Einzelhaushalte, Gemeinschaftsfluren, Kostgängerkolonien und quartierräumliche Zusammenhalte in den Hinterhöfen und Straßen mit deutlichen und für das Bürgertum oft bedrohlichen Abgrenzungen nach außen ineinander übergingen." (Lenz/Böhnisch 1999, S. 19 f.)

In der Jugendhilfe werde Arbeiterfamilien, gemessen am Normativ des bürgerlichen Familienideals, ein „Funktionsverlust hinsichtlich ihrer Erziehungsfähigkeit" (Mierendorff/Olk 2007, S. 544) bescheinigt. Als stichwortgebend wird hierbei die Zuschreibung der *Verwahrlosung* von Jugendlichen angeführt, die unter anderem als Ausdruck eines Fehlens schützender sozialer Bezüge und religiöser Substanz entwickelt wird (vgl. Bauer/Wiezorek 2007, S. 622 f.; Mollenhauer 1959, S. 37 ff., S. 48 ff.; Kuhlmann 2008, S. 11 ff.).[5] Diese Verwahrlosung wird mitunter der materiellen Situation der Familie oder dem Alkoholkonsum, dem delinquenten Verhalten der Kinder oder ihrem Fernbleiben von der Schule sowie mangelnder häuslicher Sauberkeit und fehlender Aufsicht aufgrund anderweitiger Pflichterfüllungen der Mütter zugeschrieben (vgl. Bauer/Wiezorek 2007, S. 623 f.; Kuhlmann 2014, S. 69 f.). Auch wenn inzwischen davon ausgegangen wird, dass proletarische Familien hierbei verwandtschaftliche Sozialstrukturen entwickelt

5 Klaus Mollenhauer arbeitet heraus, dass in diesem Zusammenhang ebenso persönliche Neigungen als ursächlich diskutiert werden (vgl. Mollenhauer 1959, S. 41 f.). Zudem seien Kinder und Jugendliche nicht nur durch verwahrloste Verhältnisse beeinträchtigt, ihr daraus resultierendes Verhalten werde mitunter als ebenso verwahrlost und gesellschaftsbedrohend wahrgenommen (vgl. Bauer/Wiezorek 2007, S. 623).

haben um sich an die industriell geprägten Lebensbedingungen anzupassen (vgl. Funcke/Hildenbrand 2018, S. 136ff.), wird sie auf der Grundlage bürgerlicher Normen als krisenhaftes Sozialgebilde konstruiert (vgl. Dollinger 2006, S. 164ff.).

In diesem Zusammenhang entstehen verschiedene fürsorgerische Reaktionen, die sich zunächst auf verwaiste und verwahrloste Kinder und Jugendliche beziehen, die jenseits der als defizitär wahrgenommenen Bedingungen in ihren Herkunftsfamilien kompensatorisch bewahrt und gesellschaftsintegrativ nach bürgerlichen Werten korrigierend erzogen werden sollen (vgl. Hering/Münchmeier 2014, S. 28ff., S. 67ff.; Kuhlmann/Schrapper 2001, S. 290ff.). Aufgrund der Einschätzung, dass die Umbrüche der Lebens- und Familienverhältnisse industrialisierungsinduziert sind, reift im Bürgertum zu Beginn des 20. Jahrhunderts die Einsicht heran, dass die „Arbeiterkleinfamilie“ (Hammerschmidt/Weber/Seidenstücker 2017, S. 46) insgesamt defizitär und unterstützungsbedürftig ist. Familie wird hinsichtlich ihrer Funktion für die Entwicklung der nachwachsenden Generation „sozialpädagogisch eingeordnet“ (Bäumer 1929, S. 6) und unterstützt.

Dieser Entstehungszusammenhang ist für die SPFH wesentlich, da „bis heute Merkmale dieses Durchsetzungsprozesses als problematische Strukturelemente“ (Lenz/Böhnisch 1999, S. 19) spürbar sind. Wie konkret auf Familien und deren soziale Netzwerkbeziehungen Bezug genommen wird, soll nachfolgend zunächst anhand von zwei Klassikern (vgl. Kap. 1.2) sowie im Anschluss an der Entwicklung der öffentlichen Wohlfahrt und privaten Fürsorge (vgl. Kap. 1.3) aufgezeigt werden.

1.2 Familie als zu kompensierender Funktionsraum (Johann H. Pestalozzi und Johann H. Wichern)

Die beiden theoriegeschichtlichen Klassiker[6] Johann Heinrich Pestalozzi (1746–1827) und Johann Hinrich Wichern (1808–1881) weisen je einen spezifischen Familienbezug auf. Als Reaktion auf die Soziale Frage ist einerseits eine Kritik an wahrgenommenen familialen Verhältnissen immanent, andererseits dient eine idealisierte Natürlichkeit der Familie als Blaupause für die „(sozial)pädagogisch inszenierten Gemeinschaften“ (Gängler 2000, S. 206) bei den beiden Klassikern (vgl. ebd., S. 207f.; Kessl/Otto 2012, S. 1309f.). Weitere natürliche soziale Beziehungszusammenhänge werden dementsprechend ebenso wie familiale substituiert.

Bereits seit dem Mittelalter erfolgt eine Grundversorgung durch Hospitäler bzw. später Findel- und Waisenhäuser, wenn das familiale Umfeld als primäre Versorgungsinstanz für die Kinder entfällt (vgl. Scherpner 1966, S. 16ff.;

6 Zur Klassifikation, vgl. Galuske/Thole/Gängler (1998); Niemeyer (2010, S. 9ff.); Engelke/Borrmann/Spatscheck (2014, S. 13ff.).

Schilling/Klus 2015, S. 54 f.).[7] Kinder werden in der Folge zunehmend in den Fokus für die Erfüllung wirtschaftlicher und gesellschaftlicher Anforderungen gerückt, da sie im Gegensatz zu Erwachsenen als bild- und erziehbar angesehen werden (vgl. Kuhlmann 2014, S. 27 f.; W. R. Wendt 2017b, S. 31 f.). In diesem Zusammenhang werden auch die Waiseneinrichtungen auf Basis einer pietistischen Weltanschauung (z. B. von August Hermann Francke und Philipp Jacob Spener) verortet, die dem sündhaften Bettelwesen von Kindern gezielt entgegenwirken wollen: Umgesetzt wird dies mittels einer rigiden Tagesstruktur, durch die Verpflichtung zur Arbeit, zudem findet gezielter Unterricht durch Erzieher statt (vgl. Kuhlmann/Schrapper 2001, S. 287 f.; W. R. Wendt 2017b, S. 32 ff.).

Die Arbeiten Johann Heinrich Pestalozzis hingegen versuchen diese Praxis aus einer aufgeklärten und humanistischen Perspektive zu erweitern (vgl. Böhnisch/Schröer/Thiersch 2005, S. 21 ff.; Niemeyer 2010, S. 32 ff.). Seine „Wohnstubenerziehung“ (Niemeyer 2010, S. 49) ist idealtypisch an die familiale Erziehung gebunden; er geht davon aus, „daß die Vorzüge, die die häusliche Erziehung hat, von der öffentlichen […] nachgeahmt werden“ (Pestalozzi 1932, S. 7) müssen. Seine pädagogische Arbeit sei im Kern von der Idee geleitet, „die Kräfte des Einzelnen zu fördern und dadurch dem Verderben der Zivilisation zu begegnen“ (Dollinger 2006, S. 110). Angesichts der Armutslage können Familien demzufolge eine sittsame Entwicklung des Individuums nicht mehr ausreichend bewerkstelligen (vgl. ebd., S. 103).

Im schweizerischen Stans unternimmt er im Jahr 1799 den Versuch, als verwahrlost geltende Armen- und Waisenkinder mit dem Anspruch aufzunehmen, sie kompensatorisch zu versorgen, zu erziehen und zu bilden (vgl. Kuhlmann 2014, S. 33 f.). Bei Pestalozzi heißt es dazu: „Aus diesem Schlamm wollte ich sie herausheben, und in einfache, aber reine häusliche Umgebungen und Verhältnisse versetzen“ (Pestalozzi 1932, S. 6). Wenngleich für das heutige Empfinden recht drastisch ausgedrückt, zeige sich hierin seine Sensibilität dafür, dass zunächst bestimmte Grundlagen als Voraussetzung für Bildungsprozesse geschaffen werden müssen (vgl. Niemeyer 2010, S. 48 ff.).

Erforderlich erscheint Johann Heinrich Pestalozzi hierfür eine entschiedene Abgrenzung zu den defizitären familialen Herkunftsbeziehungen. Beispielsweise ist der durch den Besuch der Eltern gekennzeichnete Sonntag für ihn „ein schrecklicher Tag“ (Pestalozzi 1932, S. 11). Er zeigt Unverständnis für emotionale Regungen der Kinder während der Kontakte mit ihren Eltern, das zusätzlich gesteigert wird, wenn sie sich infolgedessen dazu entscheiden, wieder zu den Eltern zurückkehren (vgl. ebd., S. 11 f.). Dies läuft seinen pädagogischen Vorstellungen

7 Am Beispiel des Nürnberger Findelhauses verweist Hans Scherpner auf Ansätze der Familienpflegschaft: Die zumeist im Säuglingsalter abgegebenen Kinder werden von Kinderpflegerinnen in deren Häuslichkeit versorgt; im Alter von fünf bis sieben Jahren erfolgt die Aufnahme in ein Findel- oder Waisenhaus, wo sich Haus- und Findeleltern um sie kümmern (vgl. Scherpner 1966, S. 23 f.).

zuwider, die er an einer für ihn mustergültigen Mutter-Kind-Beziehung orientiert, wobei er sich analog dazu als väterlicher Erzieher inszeniert, der den Kindern durch sein omnipräsentes Engagement „alles in allem“ (ebd., S. 9) sein möchte. Ein Erfolgsindikator ist für ihn folglich, „daß sie dem, was sie Dummes und Verächtliches selber von ihren Eltern und Freunden gegen mich hörten, widersprachen“ (ebd., S. 10).

Mit Blick auf die SPFH ist Astrid Woog entsprechend zuzustimmen, dass Pestalozzi einer „gelingende[n] Familienerziehung“ (Woog 2010, S. 178) einen bedeutenden Stellenwert für kindliche Entwicklungsprozesse beimisst und diese in einem gesellschaftlichen Kontext gedacht werden. Eine dezidierte Auseinandersetzung mit Familie per se ist indes nicht angelegt; Familienerziehung diene letztlich der Qualifizierung des familienanalogen, „pädagogischen Ort[es]“ (Winkler 2012, S. 64). Parallelen dazu finden sich beim zweiten Klassiker, der zudem Elemente aufsuchender, familienbezogener Arbeit integriert.

Auch Johann Hinrich Wichern verweist auf die im Zuge der Industrialisierung brüchig werdenden Sozialverbände und die grassierende Armut. Ähnlich wie Pestalozzi idealisiert er familiale Sozialisationsleistungen, wenngleich er die Armutsfamilien als „zerrüttet“ (Wichern 1958, S. 102) beschreibt (vgl. Niemeyer 2010, S. 61). Für den evangelischen Pfarrer Wichern – und das ist ein erheblicher Unterschied zu Pestalozzis Orientierung an der Aufklärung – werden gesellschaftliche Probleme, wie Verwahrlosung, über einen Mangel an Religiosität „des Einzelnen und seines sozialen und familialen Umfeldes“ (Dollinger 2006, S. 156) definiert (vgl. auch Niemeyer 2010, S. 56 ff.).

Im Jahr 1833 gründet Wichern das *Rauhe Haus* mit dem Ansinnen der „Rettung Verderbter aus einer sündigen Welt mit den Mitteln des Evangeliums“ (Niemeyer 2010, S. 70). Der bürgerlichen Familie, bzw. genauer gesagt der christlichen, kommt dabei eine gottgegebene normative Ordnungsfunktion zu (vgl. Niemeyer 1997, S. 74 f.). Sie wird begriffen als „der natürliche, sittliche Kreis, in welchem das Gute in das menschliche Gemüt hineingelegt, in welchem es gepflegt und geschützt werden soll“ (Wichern 1958, S. 102). Das Rettungshaus wird als maximalinvasive Notlösung für den Fall entworfen, dass es nicht gelingt, Kinder in den Industrieschulen oder mittels Pflegefamilien zu einer christlichen Lebensweise zu erziehen (vgl. Niemeyer 2010, S. 61 f.; Kunstreich 1997, S. 39). Die Gründung des Rauhen Hauses stellt eine Art Initialzündung dar, denn bereits im Jahr 1848 existieren 400 Rettungsanstalten (vgl. Kuhlmann/Schrapper 2001, S. 289 f.).

Das wichernsche „Familienprinzip“ (Niemeyer 2010, S. 61) steht auch äußerlich im deutlichen Kontrast zu den üblichen Waisen- und Strafeinrichtungen: Architektonisch suggerieren kleine Wohneinheiten im vorstädtischen Raum einen offenen Charakter. Höchstens zwölf Kinder werden in einem Haus untergebracht. Ihre Beziehung zu den christlichen Erziehern soll einen informellen Charakter haben. Mittels Handwerkstätigkeiten sollen erste Berührungspunkte zum späteren Arbeitsleben geschaffen werden, zudem ist Unterricht angedacht, wobei sich dieser häufig in Wicherns Bibellektionen erschöpft (vgl. ebd., S. 59 ff.; Kuhlmann 2014, S. 40 ff.).

Die Inszenierung von Familie bezieht sich normativ eng auf die bereits beschriebene bürgerliche Kernfamilie, praktisch fasst Wichern Familie in den Rettungsanstalten als „sozialen Raum“ (Kunstreich 1997, S. 42). Darin üben nicht nur Erzieher regulative und erzieherische Funktionen aus; es ist vielmehr strukturell angelegt, dass die Kinder selbst wechselseitig aufeinander einwirken. Die entformalisierten, aber künstlichen Beziehungskonstellationen sollen dazu beitragen, das Erziehungsziel umzusetzen und gleichzeitig den kontrollierenden Impetus zu kaschieren (vgl. ebd., S. 41 ff.). Im Ergebnis weise das Rettungshaus dadurch einen subtileren Disziplinierungscharakter auf als die offen über Strafen operierenden kommunalen Einrichtungen (vgl. Sachße/Tennstedt 1998, S. 230).

Das Rettungshaus sieht darüber hinaus „Elternbesuche“ (Wichern 1975, S. 113) als Form aufsuchender Familienhilfe vor (vgl. Niemeyer 2010, S. 61). Hierbei wird die korrigierende Erziehung der Kinder mit einer „systematischen Einbeziehung und analytischen Durchdringung ihres sozialen Umfeldes“ (Anhorn 1992, S. 198) verknüpft. In diesem Zusammenhang wird darauf hingewiesen, dass Wichern insbesondere kernfamiliale Beziehungen in den Blick nimmt:

> „Alle Äußerungen eines Kindes, seine ganze oft rätselhafte Natur, lernt man oft nur dann verstehen, wenn man die Familie kennenlernt, in welcher das Kind erzogen ist. Da findet man in dem Kinde oft den Vater oder die Mutter getreu abgebildet, ihr ganzes Wesen kann man in der Natur des Kindes lesen, und so wird einem leicht erklärlich, was sonst nie zu erklären wäre.“ (Wichern 1975, S. 113)

Das Erschließen der Familienbeziehungen dient somit als Grundlage, sich dem Kind umfassender zu nähern, und auch, um die Eltern-Kind-Beziehung direkt zu fördern und zu stabilisieren, was letztlich auch zu einer verbesserten Erreichung der Erziehungsziele des Rauhen Hauses führen könne (vgl. Anhorn 1992, S. 199; Niemeyer 2010, S. 61). Darüber hinaus werden die Kontakte mit der Familie als taktischer Ausgangspunkt interpretiert, um auf die Umsetzung des christlichen Kernfamilienideals in den proletarischen Herkunftsfamilien hinzuwirken (vgl. Anhorn 1992, S. 199 f.; Kunstreich 1997, S. 38 f.).

An den aufsuchenden Zugang sei letztendlich auch die Zielstellung geknüpft, durch pädagogisches Missionieren öffentliche Fürsorgeaktivitäten zu vermeiden (vgl. Niemeyer 2010, S. 70). Die darin enthaltene theologisch begründete Gesellschaftsvision zeigt sich auch in der konkreten Perspektivvorstellung für die geretteten Kinder, für die ein gottgetreues, unabhängig von staatlicher Fürsorge[8] ge-

8 Dazu führt Wichern aus: „Die Anstalt trachtet danach, dem Wohle des Staates in Umbildung solcher Personen, welche ihm ohne diese Hilfe wie ein Krebsschaden würden eingewohnt haben, förderlich zu sein, ohne ihm je lästig werden zu wollen“ (Wichern 1958, S. 112).

führtes Leben samt einer eigenen Familiengründung nach christlichem Vorbild entworfen wird (vgl. Wichern 1958, S. 110).

Die Orientierung auf das Kernfamilienideal ist bei den beiden Klassikern unübersehbar: Die Erziehung in der Familie wird einerseits moralisierend diskreditiert, andererseits jedoch idealisiert und als pädagogisches Gestaltungsprinzip integriert. In dieser Hinsicht lässt sich von einer Abtrennung „transversale[r] Beziehungsgeflechte[...]" (Kunstreich 1997, S. 13) sprechen, wodurch deren sozialisatorischen Funktionen für Kinder und Jugendliche durch die kernfamiliale Orientierung aus dem Blick zu geraten drohen. Die aufsuchende Familienhilfe profiliert sich über ihr Ziel, die Funktionsfähigkeit der Familien zu steigern. Eine konstitutive Bedeutung für die Entwicklung des Arbeitsfeldes lässt sich zudem in der Fürsorgeentwicklung erkennen, die ähnlich gelagerte Strukturelemente des Familienbezugs aufweist.

1.3 Das Aufsuchen von Familien als Prinzip der öffentlichen Wohlfahrt und privaten Fürsorge

Das Arbeitsfeld der SPFH lässt sich auf Aktivitäten privater Wohltätigkeit zurückführen, die aus der bürgerlichen (und auch proletarischen) Frauenbewegung heraus umgesetzt werden. Die Bürgerinnen streben aus einer gesellschaftlich marginalisierten Position über soziale Hilfstätigkeiten nach Emanzipation (vgl. Hering 2013, S. 53 ff.; Kuhlmann 2010, S. 2 ff.; Böhnisch/Schröer/Thiersch 2005, S. 42 ff.). Die Ursprünge familienaufsuchender Arbeit können jedoch bereits in der Armenfürsorge identifiziert werden, die bis zum Ende der Weimarer Republik in kommunale Fürsorgebereiche (Jugend, Gesundheit, Wohnung) ausdifferenziert wird (vgl. Hering/Münchmeier 2014, S. 28 ff., S. 51 ff., S. 67 ff.). Im Kontext dieser Entwicklungen fristet das Engagement der Bürgerinnen und somit auch die familienbezogenen Hilfeleistungen zunächst ein Schattendasein. Insofern kann die handlungsfeldbezogene Darstellung nicht losgelöst von der öffentlichen Fürsorge erfolgen; wesentliche Entwicklungslinien werden deshalb kontextualisierend vorangestellt.

Wie bereits dargelegt können sich in der vorindustriellen Zeit nicht alle Menschen in sozialen Beziehungsformen wie dem Hauswesen organisieren. In der kirchlichen Standesordnung ist das Bürgertum noch dazu verpflichtet, Mittellose mit Almosen zu unterstützen, deren willkürliche Verteilung wird von Armenvögten überwacht wird (vgl. Sachße/Tennstedt 1998, S. 28 ff.; C. W. Müller 2013, S. 14 ff.). In den Bettel- und Armenordnungen wird Armut jedoch nicht mehr als unterstützungsbedürftig, sondern als individuelle Unfähigkeit gedeutet und restriktiv reguliert (vgl. Sachße/Tennstedt 1998, S. 36 ff., S. 85 ff.; Schilling/Klus 2015, S. 26 ff.). Neben Zucht- und Arbeitshäusern (z. B. in Hamburg im Jahr 1622) für Straffällige oder auch nicht-sesshafte Familien etablieren sich zudem Hausbesuche (vgl. Kuhlmann/Schrapper 2001, S. 286f.; Kuhlmann 2014, S. 26f.).

Verzeichnete Personen werden von Armenpflegern in ihrer Häuslichkeit aufgesucht, womit bezweckt wird, beantragte Unterstützungsleistungen zu vermeiden. Auch das Befragen von Nachbarn stellt hierbei ein probates Mittel dar (vgl. Sachße/Tennstedt 1998, S. 69ff.). Weiterentwickelt wird das Prinzip durch Philipp Jacob Spener (1635–1705) im Frankfurter Armen- und Waisenhaus im Rahmen der „Hausarmenpflege" (Scherpner 1966, S. 65). Neben der Beschaffung bzw. Vermittlung von Arbeitsplätzen erhalten Familien nach Vorlage eines Bedürftigkeitsnachweises eine minimale materielle Unterstützung, die durch wöchentliche Hausbesuche überprüft wird. Durch diese an eine Kontrolle gebundene Unterstützung soll darauf hingewirkt werden, dass Eltern der Kindererziehung eigenständig nachkommen, wodurch sich eine potenzielle Unterbringung im Waisenhaus erübrigen soll (vgl. Kuhlmann 2014, S. 27).

Diese Form der familienaufsuchenden Bedürftigkeitsprüfung ist an eine Logik gebunden, die als problemindividualisierend und sozialdisziplinierend charakterisiert wird, indem mit dem Anspruch von Verhaltensanpassung an bürgerliche Normative operiert werde (vgl. Münchmeier 2013, S. 41ff.). Das Gestaltungsprinzip finde sich sowohl in der Hamburger Armenfürsorgereform von 1788 als auch im flächendeckend adaptierten Elberfelder System von 1852 wieder (vgl. Hammerschmidt/Weber/Seidenstücker 2017, S. 22f.; Sachße 1986, S. 39, Fußnote 9; W.R. Wendt 2017b, S. 70ff.). Die familiale Situation wird turnusmäßig von ausschließlich männlichen Armenpflegern im Ehrenamt[9] mittels Fragebögen erfasst (vgl. Hering/Münchmeier 2014, S. 28ff.; C.W. Müller 2013, S. 20).

Auch im Straßburger System von 1905 bleibt dieses Grundmuster erhalten. Zusätzlich wird das administrative Prinzip des Innen- und Außendienstes etabliert: Im ehrenamtlichen Außendienst werden Daten erhoben. Über die Leistungsgewährung entscheidet letztlich der Innendienst (Armenamt mit Festangestellten) anhand bürokratischer Vorgaben (vgl. Hammerschmidt/Weber/Seidenstücker 2017, S. 40f.; Sachße/Tennstedt 1988, S. 25ff.).

Erst im Deutschen Kaiserreich entsteht auf Druck der revolutionären Arbeiterbewegung und der bürgerlichen Sozialreformbewegung die „Doppelstruktur des Wohlfahrtsstaates" (Sachße/Tennstedt 1988, S. 15). Infolgedessen wird die kommunale Armenfürsorge reorganisiert und ausgebaut, da die Sozialversicherungen nur bedingt reale Absicherungen garantieren können (vgl. Hammerschmidt/Tennstedt 2012, S. 73f.; Hering/Münchmeier 2014, S. 41ff., S. 64ff.). Leitend sind hierbei medizinische Erkenntnisse, auf deren Grundlage die Gesundheitsfürsorge als eigenständiger Bereich ausgebaut wird, der auch die Entwicklung der

9 Das Ehrenamt sei jedoch nicht mit Freiwilligkeit gleichzusetzen, denn die Bürger sind grundsätzlich dazu verpflichtet; renitenten Verweigerern drohen Sanktionen wie der Entzug des Wahlrechts (vgl. Hammerschmidt/Tennstedt 2012, S. 76).

Jugendfürsorge maßgeblich beeinflusst (vgl. Hering/Münchmeier 2014, S. 60 ff.; Sachße 1986, S. 55 ff.).

Eher im Schatten dieser Ausdifferenzierungen werden die Weichen für das Arbeitsfeld der SPFH gestellt. Initiiert und umgesetzt wird dies von der bürgerlichen Frauenbewegung[10] im Rahmen der Privatwohltätigkeit.

Vergegenwärtigt man sich zunächst die Ausgangslage der bürgerlichen Frauen, sind sie, im Unterschied zu den Frauen des Proletariats, in der Kernfamilie von Erwerbs- und Haushaltsarbeit weitestgehend befreit (vgl. Kuhlmann 2014, S. 49). Das bürgerliche Familienmodell hat bis ins Deutsche Kaiserreich Leitbildcharakter, bildet jedoch keineswegs die gesellschaftliche Realität ab: Demografisch gesehen fehlen zur Heirat geeignete Männer, weswegen circa ein Drittel aller Frauen entgegen der Norm nicht heiratet (vgl. Hering/Münchmeier 2014, S. 53 f.; Sachße/Tennstedt 1998, S. 233 ff.). Viele Bürgerinnen sind auf der Suche nach einer sinnstiftenden Tätigkeit jenseits der Familie und werden im Rahmen von Hilfeleistungen gegenüber der Armutsbevölkerung fündig (vgl. Sachße 1986, S. 120 f.; C. W. Müller 2013, S. 55 ff.).

Bereits zu Beginn des 19. Jahrhunderts entstehen im Rahmen krankenpflegerischer Fürsorge zahlreiche private und konfessionelle Initiativen als Ergänzung zur öffentlichen Armenpflege und der Kinderbewahranstalten (vgl. Hering/Münchmeier 2014, S. 35; Kuhlmann 2014, S. 52 ff.). Ein pädagogisches Konzept wird diesen Einrichtungen erst mit dem Fröbelschen Kindergarten zugrunde gelegt; darin wird die proletarische Familie als ergänzungsbedürftiges Konstrukt verstanden, dem eine zusätzliche Bildungsstätte an die Seite gestellt wird (vgl. Kuhlmann 2010, S. 6; Bäumer 1929, S. 13 f.). In diesem Zusammenhang wird die besondere Eignung von Frauen bzw. Müttern für die kindliche Erziehung und Bildung hervorgehoben, wodurch auch neue Zweige zur Berufsbildung (Kindergärtnerin) geschaffen werden (vgl. Kuhlmann 2014, S. 52 ff.; Amthor 2003, S. 222 ff.).

Die Vorstellungen Friedrich Fröbels werden in Familienerziehungsvereinen wie dem im Jahr 1874 gegründeten *Berliner Verein für Volkserziehung* im Pestalozzi-Fröbel-Haus durch Henriette Schrader-Breymann (1827–1899) weitergeführt (vgl. Amthor 2016, S. 91 ff.). Ihr Aufruf „Übet geistige Mütterlichkeit!" (Sachße 1986, S. 114) solle nicht ausschließlich Bürgerinnen dazu ermuntern, sich zu engagieren, sondern auch eine besänftigende Wirkung auf das männliche Bürgertum ausüben (vgl. Kuhlmann 2010, S. 4 ff.; Hering 2013, S. 60). Dieses steht den Emanzipationsansprüchen (z. B. Forderung nach Bildung, Arbeit und Wahlrecht) kritisch gegenüber, beispielsweise wird nach der Märzrevolution das

10 Durch die Systematik der Darstellung kann eine Trennbarkeit sozialer Bewegungen (z. B. der Bürgerbewegung und der bürgerlichen Frauenbewegung) und institutioneller Entwicklungen suggeriert werden, die angesichts ihrer internen Verflechtungen allerdings nicht gegeben ist (vgl. Eßer 2011, S. 7).

Verbot politischer Aktivitäten für Frauen verhängt (vgl. Hammerschmidt/Weber/Seidenstücker 2017, S. 56). Die Bürgerinnen rücken infolge Hilfstätigkeiten für Proletarierfamilien und -kinder in den Vordergrund und grenzen sich von der männerdominierten Armenpflegepraxis ab:

> „Gegen die auflösenden und zersetzenden Folgen der Industrialisierung immer weiterer Lebensbereiche, gegen die Verallgemeinerung sachlicher und technischer Rationalität sollte das weibliche Prinzip der Mütterlichkeit einen Schutzwall von Wärme, Emotionalität und sozialer Ganzheit aufrichten: Mütterlichkeit als Kritik der (männlich) kapitalistischen Prinzipien von Konkurrenz, Eigennutz, Spezialisierung und Bürokratisierung.“ (Sachße 1986, S. 114)

Die Kontrastierung und Betonung frauenspezifischer Eigenschaften bringt mit sich, dass die Frauen auf die Ausführung praktischer und ausführender Tätigkeiten limitiert und zugleich marginalisiert werden (vgl. ebd., S. 115 f.; Wagner 2013, S. 109). Von den Männern werden sie als zu emotional und nachgiebig für die restriktive Bewilligungspraxis angesehen (vgl. Hering 2013, S. 60 f.). Trotz massiven Widerstands (z. B. Streikandrohung in Berlin im Jahr 1896) und letztlich nur aufgrund von Personalmangel dürfen einige wenige Frauen – im Jahr 1907 beträgt der Frauenanteil in Berlin 1 % – im ehrenamtlichen Außendienst tätig werden (vgl. Sachße 1986, S. 145 f.; Kuhlmann 2010, S. 8 f.).

Gleichzeitig ermöglicht das Engagement jenseits der kommunalen Fürsorge zunächst eine unbürokratische Umsetzung des mütterlichen Fürsorgeprinzips. In den Städten entsteht dadurch ein kaum zu überblickendes Unterstützungsangebot, das selektiv und unmittelbar auf die offensichtlichen Notlagen in der Bevölkerung ausgerichtet ist: Notunterkünfte für Frauen, Beratungsstellen zur Ernährung oder Hygiene, Krippen, Kindergärten, Horte, Mittagstische und andere (vgl. Hering/Münchmeier 2014, S. 73 ff.; C. W. Müller 2013, S. 55). Übernommen wird auch das familienaufsuchende Prinzip der Armenpflege, beispielsweise wird eine gesundheitsadäquate Haushaltsorganisation der Proletarierfrauen angeleitet, um der hohen Säuglingssterblichkeit entgegenzuwirken (vgl. Hammerschmidt/Tennstedt 2012, S. 78; Mierendorff/Olk 2007, S. 544).

Früh stellen sich Fragen der Qualifikation: Die Fähigkeiten zur Haushaltführung müssen sich die Bürgerinnen autodidaktisch aneignen, da in ihren eigenen Haushalten derartige Aufgaben von Bediensteten erledigt werden (vgl. Galuske/C. W. Müller 2012, S. 595 f.; Kuhlmann 2010, S. 4). Nach den ersten Jahreskursen wird im Jahr 1908 die Soziale Frauenschule auf dem Gelände des Pestalozzi-Fröbel-Hauses in Berlin gegründet, wodurch sich Synergien bezüglich der haushaltspraktischen Ausbildung (Kochen, Nähen etc.) ergeben (vgl. C. W. Müller 2013, S. 57 ff.; Kuhlmann 2014, S. 68; Eggemann 1999, S. 159 f.).

Daneben entstehen um den Jahrhundertwechsel *Haushaltspflegevereine*, die im Krankheitsfall der Mutter (z. B. Wochenbett) den Funktionserhalt der Familie sicherstellen sollen. Die Ausbildung wird in konfessionellen Ausbildungsstätten realisiert (vgl. Amthor 2003, S. 386ff.). Diese frühe Form der Familienhilfe als familienpflegerische Unterstützung ist bereits ganzheitlich orientiert und mit einem „pflegerischen, hauswirtschaftlichen und pädagogischen Ausrichtungsprofil" (Amthor 2016, S. 154) versehen (vgl. Matscha 1991, S. 50f.). In den Vereinen sind Proletarierfrauen, haupt- oder nebenberuflich, erwerbsmäßig tätig. Diese haushaltsorientierten Tätigkeiten können als Ausdruck der proletarischen Frauenbewegung gesehen werden, die auf den ersten Blick, angesichts der politischen Positionen, konträr zur bürgerlichen steht und diese auch aktiv ablehnt (vgl. Kuhlmann 2010, S. 4; Wagner 2013, S. 109f.).

Das Arbeitsfeld der SPFH entwickelt sich somit aus der Armenfürsorge und der Binnendifferenzierung der Frauenbewegungen. Aus der Arbeiterinnenbewegung heraus wird darauf hingewirkt, dass Proletarier durch Informationsangebote in die Lage versetzt werden, ihren familialen Angelegenheiten eigenständig nachzukommen. Verbunden wird diese Vorstellung mit politischer Agitation und der Forderung nach verbesserten Lebensbedingungen (vgl. Mierendorff/Olk 2007, S. 544f.).[11] Inhaltlich geeint sind sie jedoch in den Forderungen nach der Verbesserung der gesellschaftlichen Ausgangsbedingungen sowie dem dezidiert praktisch-familienunterstützenden Anspruch (vgl. Kuhlmann 2010, S. 2ff., S. 10f.). Allen Unterschieden über die Art und Weise zum Trotz, wie dies am besten zu erreichen sei, wird in der Arbeiterinnenbewegung keine eigenständige Vorstellung hinsichtlich einer Familien- oder Fürsorgekonzeption entfaltet, sondern das bürgerliche Kernfamilienideal implizit übernommen (vgl. Sachße 1986, S. 107f.).

Betrachtet man die Entwicklungsdynamik infolge der Sozialen Frage bis zum Anfang des vergangenen Jahrhunderts in der Zusammenschau, erhält man eine Vorstellung davon, wie das sozial-verengende Kernfamilienideal „normativ, institutionell und sozial durchgesetzt" (Lenz/Böhnisch 1999, S. 19) wird. Anknüpfungspunkte ergeben sich von der Hausarmenpflege über die kommunale Armenfürsorgepraxis bis hin zur privat organisierten Fürsorge und den Haushaltspflegevereinen. Die Konturen des Arbeitsfeldes der SPFH treten infolge der gesellschaftlichen Entwicklungen durch den Ersten Weltkrieg und der Weimarer Republik deutlich hervor, wobei gesetzliche und administrative Grundlagen geschaffen und konzeptionelle Ansätze herausgearbeitet werden.

11 Der Fokus liegt hierbei insbesondere auf den Jugendlichen aus dem Proletariat, die sich stärker politischen Themen zuwenden und sich auch diesbezüglich organisieren (vgl. C.W. Müller 2013, S. 77ff.; Mierendorff/Olk 2007, S. 544f.).

2 Familienbezogene Hilfekonzepte im sich entwickelnden Wohlfahrtsstaat

Infolge des Ersten Weltkrieges werden die Lebensgrundlagen für weite Bevölkerungsteile auch jenseits des Proletariats prekär. Die Kriegsfolgen (z. B. Arbeitslosigkeit, fehlende Erwerbseinkommen aufgrund des Kriegsdienstes, unversorgte Kinder durch notwendige Frauenarbeit) sowie die krisenhafte wirtschaftliche Lage in den 1920er-Jahren bedrohen das Bürgertum in seiner Existenz und es verliert an wohltätiger „Überschußleistung“ (Bäumer 1929, S. 10). Bürger:innen werden vielmehr selbst zum Adressat:innenkreis sozialstaatlicher Unterstützung. Dadurch verändert sich die gesellschaftliche Bewertung sozialer Hilfeleistungen, was zur Entwicklung und Legitimation Sozialer Arbeit beiträgt (vgl. Hering/Münchmeier 2014, S. 83 ff.; Hammerschmidt/Tennstedt 2012, S. 81 f.).

Die in der Weimarer Republik entstehende „wohlfahrtsstaatliche Ermöglichungs- und Förderstruktur“ (Böhnisch/Schröer/Thiersch 2005, S. 41) ist bis in die Gegenwart wirksam, sie ist jedoch unweigerlich auf ein gewissermaßen vorgelagertes privates Engagement angewiesen (vgl. Kuhlmann 2014, S. 71 f.). Insbesondere die praktischen Hilfeleistungen der Frauen erfahren durch Kriegsnotwendigkeiten eine enorme Aufwertung und Ausweitung, durch die erwerbsmäßige Ausrichtung werden verstärkt Proletarierinnen tätig (vgl. Hammerschmidt/Weber/Seidenstücker 2017, S. 58).

Es entstehen dezidierte familienbezogene Hilfekonzepte – eine Auseinandersetzung mit dem „einzigen ernstzunehmenden Konzept sozialpädagogischer Beratungspraxis, dem case-work“ (Thiersch/Frommann/Schramm 1977, S. 107) liegt deshalb nahe. Die Entwicklungen im Bereich der Wohlfahrtspflege werden mit besonderem Fokus auf die methodischen Grundlagen anhand von drei Konzepten konkretisiert (vgl. Kap. 2.2). Zunächst werden die jugendhilferechtlichen Grundlagen skizziert, die einen spezifischen Familienbezug nachhaltig fixieren (vgl. Kap. 2.1).

2.1 Der kernfamiliale Blick in den rechtlichen Grundlagen

Auch wenn die tatsächliche Entstehung der SPFH noch circa 50 Jahre auf sich warten lassen wird, ist die rechtliche Basis der Weimarer Republik bereits für sie prägend. Dementsprechend wird in diesem Abschnitt rekapituliert, wie zu dieser Zeit auf Familie und soziale Netzwerkbeziehungen rekurriert wird. Im Rahmen der Reichsfürsorge und insbesondere mit dem Reichsjugendwohlfahrtsgesetz

(RJWG) werden Bestimmungen festgelegt, die im Nachkriegsdeutschland in der Bundesrepublik bis zur Novelle im Jahr 1961 fortgeführt werden (vgl. Gedrath/Schröer 2012, S. 870 ff.; Hammerschmidt/Weber/Seidenstücker 2017, S. 59 ff., S. 97 ff.).

Während des Ersten Weltkrieges wird die bis dahin bestehende Fürsorgepraxis durch materielle Leistungen erweitert und in der Weimarer Republik durch die Reichsfürsorgepflichtverordnung (RFV) und die Reichsgrundsätze (RGr) konkretisiert (vgl. Hammerschmidt/Tennstedt 2012, S. 82 f.; Hering/Münchmeier 2014, S. 102 ff.). Festgelegt werden verschiedene Fürsorgebereiche (heilende und vorbeugende bzw. gehobene, normale, beschränkte Fürsorge) und Zielgruppen (z. B. Kriegsopfer, Klein- und Sozialrentner, allgemein sowie unwirtschaftlich Hilfsbedürftige) (vgl. Hammerschmidt/Weber/Seidenstücker 2017, S. 63 ff.; Sachße 1986, S. 220 ff.).

Die wirtschaftlichen Beihilfen werden in Fürsorge- oder Wohlfahrtsämtern realisiert, die gesetzlich nicht vorgeschrieben sind (vgl. Hammerschmidt/Weber/Seidenstücker 2017, S. 64 f.). Damit unterscheiden sich die Fürsorgebestimmungen vom RJWG, welches das Einrichten von Jugendämtern als kommunale Verwaltungseinheiten fordert, wodurch die Institutionalisierung der Kinder- und Jugendhilfe fortschreitet (vgl. Struck/Schröer 2018, S. 756 ff.; Hammerschmidt/Uhlendorff 2019, S. 17 ff.).

Petra Bauer und Christine Wiezorek arbeiten heraus, dass mit dem RJWG die rechtssystematische Grundlage einer „dichotomisierenden sozialpädagogischen Perspektive auf Familie" (Bauer/Wiezorek 2007, S. 617) gelegt werde. Demnach wird einerseits ein Erziehungsrecht für Kinder und Jugendliche konkretisiert, das aber andererseits mit den vorrangigen Bestimmungen des Bürgerlichen Gesetzbuches konkurriert (vgl. ebd., S. 616 f.). Dieser Vorgang kann zunächst als historischer Ertrag interpretiert werden, da die vorher unverbundenen Einzelbestimmungen zusammengeführt werden.

Im 19. Jahrhundert beruhen die jugendbezogenen Bestimmungen auf dem Straf- und Polizeirecht, die dezidiert familienersetzend ausgerichtet sind und allmählich im Rahmen der Sozialreform pädagogisch begründet und weiterentwickelt werden (vgl. Kuhlmann/Schrapper 2001, S. 290 ff.; Hammerschmidt 2012, S. 857 ff.; Gedrath/Schröer 2012, S. 868). Wie oben bereits erwähnt, bringt der Erste Weltkrieg erhebliche Belastungen für Familien mit sich, wodurch mehr Unterbringungen in der Jugendfürsorge erfolgen, die zudem disziplinär elaboriert wird (vgl. Hering/Münchmeier 2014, S. 109 f., S. 144 ff.).

Gertrud Bäumer (1873–1954) entwirft beispielsweise eine Vorstellung von Sozialpädagogik als öffentlich organisierte Erziehungs- und Bildungsinstitution, die sie gleichwertig neben Schule und Familie verortet (vgl. Bäumer 1929, S. 3; Dollinger 2006, S. 328 ff.). Als Vertreterin der Frauenbewegung verfolgt sie auch einen genuinen familienunterstützenden Anspruch (vgl. Mierendorff/Olk 2007,

S. 546).[12] Deutlich wird dies, wenn sie schreibt, „daß man vor allem versuchen soll, die Eltern selbst instand zu setzen, für ihre Kinder zu sorgen, und daß die Wohlfahrtspflege sich unmittelbar mit dem Kind nur insofern befassen soll, als die pädagogische Ertüchtigung der Eltern sich als unmöglich erweist“ (Bäumer 1929, S. 10). Letztlich begründet sie ein eigenständiges institutionelles Arrangement, das den Folgeproblemen familialer (und schulischer) Dilemmata gewachsen ist, um Probleme von Kindern und Jugendlichen zu bearbeiten (vgl. Dollinger 2006, S. 332f.). Dessen Mehrwert reflektiert sie nicht nur für die Jugendlichen und die Gesellschaft, sondern auch vor dem Hintergrund der Familien, für die daraus „mächtige Hilfen bei ihrer Erziehungsaufgabe“ (Bäumer 1929, S. 15) resultieren.

Ihre Vorstellungen bringt sie auch als Abgeordnete im Reichstag in das Gesetzgebungsverfahren ein (vgl. Hering 1999, S. 185). Im RJWG wird jedoch als politischer Kompromiss[13] lediglich ein Erziehungsrecht für Jugendliche kodifiziert, das nicht nur die potenziellen Arbeitsfelder der Jugendhilfe einschränkt (auf Amtsvormundschaft, Fürsorgeerziehung, Jugendpflege, Säuglings- und Kleinkinderfürsorge sowie Jugendgerichtshilfe). Vielmehr wird der Auftrag der Jugendhilfe rechtssystematisch auf Erziehung festgelegt und damit jenseits von der Bildung Jugendlicher und ihrer Familien angesiedelt (vgl. Bock 2012, S. 444f.; Gedrath/Schröer 2012, S. 870ff.; Hammerschmidt/Tennstedt 2012, S. 82).[14]

Das Erziehungsrecht im RJWG ist, wie oben bereits erwähnt, in Relation zu § 1666 BGB zu sehen, wonach bei nachweislich vorliegendem oder drohendem Missbrauch der väterlichen[15] Sorge die Fürsorgeerziehung gerichtlich angeord-

12 Als Leiterin des Nationalen Frauendienstes engagiert sie sich im Ersten Weltkrieg für die Gewährleistung und Ausweitung der Unterstützungsangebote (vgl. Hering/Münchmeier 2014, S. 91ff.; Hering 1999, S. 183ff.).

13 Das RJWG wird auch als Ausdruck konservativer politischer Interessen verstanden, die darauf ausgerichtet sind, die aufbegehrende proletarische Jugend im Sinne einer Revolutionsvermeidung staatlich zu beeinflussen (vgl. Hammerschmidt/Weber/Seidenstücker 2017, S. 68f.). In diesem Zusammenhang ist auch das Prinzip der Subsidiarität zu nennen, das insbesondere konfessionell-konservative Wohlfahrtsorganisationen gegenüber kommunal an Einfluss gewinnenden sozialdemokratischen Organisationen begünstigt (vgl. Mierendorff/Olk 2007, S. 545ff.; C. W. Müller 2013, S. 88ff.).

14 Christian Niemeyer verweist darauf, dass damit reformpädagogische Bestrebungen ausgehend von der bürgerlichen Jugendbewegung in ein Erziehungsanrecht gegenüber dem Staat transformiert werden, das im RJWG noch am ehesten in der Jugendpflege erkennbar sei (vgl. Niemeyer 2000, S. 439ff.). Zudem werden diese Bestimmungen angesichts des strapazierten Staatshaushaltes nachträglich als optional erklärt und somit faktisch kaum umgesetzt (vgl. Hammerschmidt/Weber/Seidenstücker 2017, S. 62).

15 Ab dem Jahr 1899 dürfen Frauen Vormundschaften im Rahmen der Waisenpflege beantragen, ein eigenständiges Sorgerecht für leibliche Kinder existiert allerdings nicht (vgl. Kuhlmann/Schrapper 2001, S. 291f.). In der BRD erhalten Frauen im Jahr 1998 für nichteheliche Kinder die elterliche Sorge per Abstammungsrecht, zudem wird das gemeinsame Sorgerecht nach einer Ehescheidung ermöglicht (vgl. Münder/Ernst 2009, S. 144f.; Peuckert 2012, S. 371f.).

net werden kann (vgl. Bauer/Wiezorek 2007, S. 616 f.; Hammerschmidt/Weber/Seidenstücker 2017, S. 44). Sind also zunächst auf der Grundlage des BGB die Eingriffshürden in Familien an gerichtliche Entscheidungen gebunden gewesen, so ist das Erziehungsrecht von Kindern und Jugendlichen im RJWG zwar von geringerer Eingriffsqualität, die Eingriffsschwelle wird aber deutlich abgesenkt (vgl. Bauer/Wiezorek 2007, S. 616 f.; Dollinger 2006, S. 329 f.). Die Möglichkeit für staatliche Institutionen, in Familien einzugreifen und Kinder und Jugendliche zu beeinflussen, wird dadurch ausgeweitet (vgl. Mierendorff/Olk 2007, S. 546 f.). Dieses Spannungsfeld beschreibt die „Dichotomisierung im sozialpädagogischen Familienbezug" (Bauer/Wiezorek 2007, S. 615), wodurch im familialen Binnenverhältnis die elterliche Selbstbestimmung in Erziehungsfragen mit dem Recht auf Erziehung von Kindern und Jugendlichen als gegensätzliche Positionen rechtssystematisch in Stellung gebracht werden.

Gegen Ende der 1920er-Jahre skandalisieren Reformpädagogen die rigiden, arrestähnlichen Erziehungspraktiken der Jugendfürsorge, die entsprechend untergebrachte Kinder und Jugendliche von sonstigen Lebensbezügen gänzlich isolieren. Hierdurch kommen Zweifel daran auf, ob sich über institutionelle Erziehung jenseits der Familie eine Verbesserung der Lebensverhältnisse realisieren lässt. Die medizinische Orientierung in der Jugendfürsorge[16] bringt auch die Typisierung und Fokussierung auf – vermeintlich – schwererziehbare Jugendliche mit sich (vgl. Hering/Münchmeier 2014, S. 144 ff.; Kuhlmann/Schrapper 2001, S. 303 f.).

Die dichotome Perspektive auf die Kernfamilie und die einseitige Auflösung zu Eltern- oder Kinderrechten würden die Entwicklung eines „mehrdimensionalen Blick[es] auf die Familie und familiale Erziehung" (Bauer/Wiezorek 2007, S. 632) verstellen. Für die Konzeptionierungen und Umsetzung familienbezogener Hilfen im Rahmen der Wohlfahrtspflege ist dieser Zugang zur Familie prägend, wodurch auch weitere soziale Beziehungskontexte weitestgehend ausgeblendet werden.

2.2 Wohlfahrtspflege: Rezeptionslinien und Entwürfe

Bedingt durch den Ausbau wohlfahrtstaatlicher Leistungen werden weitere Soziale Frauenschulen gegründet, wodurch einschlägige Berufsbilder – wie das der Wohlfahrtspflegerin – überhaupt erst entstehen, ohne dass sie im Berufsfeld etabliert sind (vgl. Kruse 2010, S. 46 ff.). Die Ausbildung schafft erstens die fachlichen und formalen Qualifikationen für die beruflichen Anforderungen (z. B. Pädagogik, Psychologie, Familienrecht, staatliche Anerkennung) (vgl. Amthor 2003, S. 262 f.; Braches-Chyrek 2013, S. 229 ff.; Kruse 2013, S. 151 f.). Ein

16 Gertrud Bäumer leitet daraus die Forderung nach einer systematischen Reflexion ab, die sie als „*sozialpädagogische Durchbildung*" (Bäumer 1929, S. 16) bezeichnet.

Schwerpunkt liegt, zweitens, auf der Ausbildung einer „sozialen Gesinnung" (Salomon 1927, S. 204), um die bürgerlichen Frauen in ihrer sozialidealistischen Verantwortung gegenüber der Armuts- und Arbeitsbevölkerung zu schulen. Die Bearbeitung der Sozialen Frage wird durch ihre Verbindung zu den emanzipatorischen Bestrebungen unweigerlich an das Engagement der Bürgerinnen geknüpft (vgl. Sachße 1986, S. 125 ff., S. 138 ff.; Braches-Chyrek 2013, S. 234 f.).

Brüchig wird dies u. a. dadurch, da nun ebenfalls Frauen aus der Arbeiterschicht Zugang zu derartigen Berufen erhalten, die explizit erwerbsorientierte Interessen verfolgen (vgl. Braches-Chyrek 2013, S. 238 f.; Hering 2013, S. 64 f.). Die Arbeitsbereiche der Wohlfahrtspflegerinnen sind weitestgehend auf außendienstliche Tätigkeiten beschränkt, was angesichts der bereits dargestellten Situation um die Jahrhundertwende dennoch eine erhebliche Erweiterung bedeutet.[17] Allerdings sind die Arbeitsbedingungen unzureichend, was sich beispielsweise in einer mangelhaften Vergütung oder sogar einer Erwerbslosigkeit zeigt (vgl. Amthor 2003, S. 354 f.; Hering/Münchmeier 2014, S. 128 ff.).[18] Dieser beruflichen Situation sehen sich die Frauen ohnmächtig gegenüber, hohe körperliche und mentale Be- bzw. Überlastungen sind die Folge (vgl. Hering 2013, S. 64 f.; Kuhlmann 2010, S. 14 f.).

Dennoch entstehen angesichts dieser Spannungsfelder konzeptionelle Ansätze, die auch organisatorische und sozialpolitische Dimensionen thematisieren, anhand derer sich Strukturelemente des Handelns in der SPFH sowie ein Fokus auf soziale Netzwerkbeziehungen aufzeigen lassen. Dadurch soll die Grundstruktur einer Verbindung von Hilfs- und Erziehungsprozessen verdeutlicht werden, die sich als „asymmetrische Interaktion mit normativen Intentionen" (Gängler 2018, S. 624) vollzieht. Das methodische[19] Handeln ist vordergründig an einen Hilfebegriff gebunden, der sich über „Inhalt, Modus und Ziel" (ebd.,

17 Um Frauen für leitende Positionen in den Fürsorgeämtern zu qualifizieren, werden von Gertrud Bäumer sowie von Alice Salomon Weiterbildungs- und Forschungseinrichtungen gegründet. Neben dieser außeruniversitären Struktur entstehen Universitätsstudiengänge unter männlicher Leitung, deren Absolvent:innen wiederum mit den Frauen um Leitungstätigkeiten in den kommunalen Fürsorgeämtern konkurrieren (vgl. Kruse 2013, S. 152 f.; Miethe 2013, S. 224 ff.; Braches-Chyrek 2013, S. 241 ff.).

18 Noch unter den Nachwirkungen des Ersten Weltkrieges stehend werden zu viele Frauen ausgebildet, für die danach nicht genügend Stellen zur Verfügung stehen (vgl. Hering/Münchmeier 2014, S. 128 f.). Mit Verweis auf Alice Salomon stellt Rita Braches-Chyrek heraus, dass vor dem Hintergrund des Bildungsgedankens auch nicht alle für ein späteres Berufsleben vorgesehen sind. Vielmehr wird davon ausgegangen, dass die Frauen durch Eheschließungen die Ausbildung entweder vorzeitig beenden oder als Absolventinnen später nicht beruflich tätig werden (vgl. Braches-Chyrek 2013, S. 229).

19 Bei der Verwendung des Methodenbegriffes im Kontext der Fürsorge ist darauf hinzuweisen, dass sich das Methodenverständnis bis in die Gegenwart weiterentwickelt hat (vgl. Kap. 5.3).

S. 627) näher beschreiben lässt. Diese Analysefolie wird für die nachfolgende Darstellung der Konzepte verwendet.

Aufbauend auf dem Case-Work von Mary E. Richmond (vgl. Kap. 2.2.1) werden grundlegende Überlegungen zur Wohlfahrtspflege von Alice Salomon (vgl. Kap. 2.2.2) dargestellt, bevor abschließend mit der Familienfürsorge (vgl. Kap. 2.2.3) eine für die SPFH grundlegende Mehrebenenkonzeption nachgezeichnet wird.

2.2.1 Das soziale Umfeld der Familie im Case-Work (Mary E. Richmond)

Der Case-Work-Ansatz von Mary E. Richmond (1861–1928) in ihrem Grundlagenwerk „Social Diagnosis" (1917) leistet einen wesentlichen Beitrag in der Entwicklung fürsorgerischer Methoden. Alice Salomon (1926) lehnt sich nicht nur am Titel an („Soziale Diagnose"), auch inhaltlich richtet sie ihre Konzeption daran aus (vgl. C. W. Müller 2013, S. 62 f.; Sachße 1986, S. 282 f., Fußnote 76). Ebenso transferiert sie Ansätze der amerikanischen und britischen *Settlements* nach Deutschland (vgl. C. W. Müller 2013, S. 56 ff.; Braches-Chyrek 2013, S. 248 ff.), die im Folgenden zunächst skizziert werden, da sie auch als Vorläufer der SPFH diskutiert werden (vgl. C. W. Müller 1985b; Christmann/C. W. Müller 1986, S. 14 f.; BMFSFJ 1999, S. 134).

In den Settlements (z. B. Toynbee Hall in London, Hull House in Chicago) lassen sich Bürger:innen in Armutsbezirken nieder, um im direkten persönlichen Kontakt gemeinsam mit interessierten Anwohner:innen Bildungsangebote zu gestalten und mittels politischer Aktivitäten infrastrukturelle und ökonomische Verhältnisse zu verändern (vgl. C. W. Müller 2013, S. 36 ff.; Sachße 1986, S. 131 ff.; Braches-Chyrek 2013, S. 198 ff.). Wie C. Wolfgang Müller berichtet werden im Henry-Street-Settlement in New York verschiedene methodische Zugänge miteinander kombiniert: Beispielsweise indem einzelfallbezogene häusliche Krankenpflege geleistet wird und den Familienmitgliedern hygienische Grundlagen vermittelt werden; darüber hinaus werden gruppen- und gemeinwesenbezogene Aktionen organisiert, etwa indem Unternehmungen mit Müttern und ihren Kindern durchgeführt werden (vgl. C. W. Müller 1985b, S. 7 ff.). In Deutschland werden derartige Settlements praktisch kaum umgesetzt; Alice Salomon übernimmt Versatzstücke davon für den Ausbildungskontext und die praktische Arbeit (vgl. Braches-Chyrek 2013, S. 252; W. R. Wendt 2017b, S. 356 ff.). Von den verschiedenen methodischen Zugängen, die in der Wohlfahrtspflege angewendet werden, wird nachfolgend das Konzept des Case-Work näher dargestellt.

Während in Deutschland eine wohlfahrtstaatliche Struktur mit rechtlichen Ansprüchen institutionalisiert wird, ist die Sozialpolitik in den Vereinigten Staaten liberalistisch ausgerichtet, auch was die Gewährung staatlicher Unterstützungsleistungen angeht (vgl. Sachße 1986, S. 281 ff.; Braches-Chyrek 2013,

S. 252 f.). Mary E. Richmond ist – ähnlich wie Alice Salomon – als eine Frau aus dem Bürgertum bestrebt, verarmte Bevölkerungsteile durch konkrete Hilfeleistungen zu unterstützen. Sie steht für eine gemäßigte, gesellschaftsintegrative Sozialreform; einzelne politische Protestinitiativen unterstützt sie erst auf Kritik aus den Settlements hin (vgl. Braches-Chyrek 2013, S. 196 ff., S. 204 ff.). Ihr Hauptaugenmerk liegt auf den *Charity Organization Societies*, die sie als Ermittlungs- und Koordinierungsstellen konzipiert[20], um privat finanzierte Spenden zu verteilen. Im Zentrum steht mit dem *friendly visiting* eine Form familienaufsuchender Hilfen. Die Grundstruktur dieses Vorgehens besteht in der Bedürftigkeitsprüfung, die sich bereits bei dem Schotten Thomas Chalmers und dem dargestellten Elberfelder Modell findet (vgl. Sachße 1986, S. 271 ff.; C. W. Müller 2013, S. 22 ff.; W. R. Wendt 2017b, S. 196 ff., S. 299 ff.).

Eine Weiterentwicklung der Vergabepraxis nimmt Richmond dahingehend vor, dass sie die gesammelten Daten aus den Hausbesuchen einer empirischen Auswertung unterzieht, die das Vorgehen im Case-Work wissenschaftlich begründet anleiten soll.[21] Im Mittelpunkt stehen methodische Fragestellungen, um herauszufiltern, welche Informationen einzubeziehen sind und was bei einer Diagnosestellung und weiteren Interventionen zu beachten ist (vgl. C. W. Müller 2013, S. 32 f.; Sachße 1986, S. 278 f.; Braches-Chyrek 2013, S. 190 ff.).

Vor diesem Hintergrund wird mit dem Konzept des „wider self" (Richmond 1917, S. 368) eine spezifische Perspektive auf soziale Netzwerkbeziehungen entwickelt, die Richmond durchgängig in ihren Publikationen ausweist (vgl. ebd., S. 368 ff.; 1922, S. 126 ff.; 1930, S. 186 ff.). Das Aufgabenfeld des Case-Work definiert sie dahingehend, dass der Hilfeprozess nur unter Berücksichtigung des sozialen Umfeldes der Familien gestaltet werden kann:

> „That field is the development of personality through the conscious and comprehensive adjustment of social relationships, and within that field the worker is no more occupied with abnormalities in the individual than in the environment, is no more able to neglect the one than the other." (Richmond 1922, S. 98)

Eine ähnliche interdependente Konstruktion von Individuum und sozialer Umwelt formuliert auf dieser Grundlage auch Alice Salomon. Insofern weist ebenso ihr Hilfeverständnisdeutliche Parallelen auf.

---

20 Sie bezieht sich ihrerseits unter anderem auf britische Modelle (vgl. Braches-Chyrek 2013, S. 173 f.; Richmond 1917, S. 369 f.).

21 Die Genauigkeit der Analyse hat C. Wolfgang Müller dazu veranlasst, Richmonds Buch als „Lehrbuch für angehende Kriminalkommissare" (C. W. Müller 2013, S. 32) zu bezeichnen. Zugleich weist er darauf hin, dass Richmond selbst stets betont, gesammelte Informationen und entwickelte Diagnosen als dynamische Konstrukte anzusehen (vgl. auch Richmond 1917, S. 355 ff.).

Die *inhaltliche* Dimension[22] des Case-Work nach Mary E. Richmond lässt sich mit der prägnanten Formel „*no alms but a friend*" (C. W. Müller 2013, S. 29) charakterisieren: Weniger materielle Unterstützung, sondern vielmehr persönlicher Beistand mit informellem Charakter sind Gegenstand der Hilfekonzeption (vgl. Braches-Chyrek 2013, S. 173 f.). Insofern ist die Tätigkeit unweigerlich an einen *Modus* des unmittelbaren Kontaktes zur Kernfamilie gebunden, den Richmond als „genuinely personal" (Richmond 1930, S. 190) hervorhebt und der durch die als unabdingbar erachtete Kenntnis sozialer Beziehungen erweitert wird: „It follows that case workers can know a very important part of a client's life and can understand his difficulties and his possibilities far better when they have succeeded in getting a fairly clear picture of his social relationships" (Richmond 1922, S. 132).

Um dies zu erreichen, entwickelt sie eine Netzwerkkarte[23], die anhand von konzentrischen Kreisen strukturiert ist. In der Mitte dieser Karte stehen die „Family Forces" (Richmond 1930, S. 188) und in den weiteren Kreisen werden Verwandtschafts- und Freundschaftsbeziehungen, Nachbarschaftskontakte bis hin zu städtisch-bürgerlichen Kräften sowie der privaten Fürsorge und öffentlichen Wohlfahrt angeführt (vgl. ebd., S. 186 ff.). Ausgehend davon gilt es demzufolge zu erörtern, welche Aufgaben Case-Worker gemeinsam mit der Familie realisieren können: „thinking of things he can do together *with* the family" (ebd., S. 190). Eine einseitige, kompensatorische Aufgabenübernahme durch Case-Worker wird hingegen abgelehnt: „the worker who lacks that spirit can think only of things to do *for* them" (ebd.). Im Kern besteht die Basis des Case-Work in einer persönlichen Kooperation der Fürsorger:innen mit den Familienmitgliedern. Darüber hinaus – und das ist für die Fragestellung dieser Arbeit besonders wichtig – wird ein direkter, persönlicher Kontakt zu weiteren Personen im Beziehungsnetzwerk als unerlässlich angesehen, um die Familiensituation einschätzen und unterstützen zu können (vgl. Braches-Chyrek 2013, S. 191).

Die *Zielstellung* des Case-Work ist an dessen Bedeutung für die Verteilung wohlfahrtlicher Ressourcen gebunden, die unter rationalen Gesichtspunkten dahingehend zu beurteilen sei, wie viele Hilfegesuche durch das Vorgehen nicht finanziert werden mussten (vgl. Richmond 1930, S. 195). Das Interesse an sozialen Beziehungen ist folglich darauf gerichtet, als vorrangig erachtete familiale und außerfamiliale Unterstützungsquellen für den Hilfeprozess zu funktionalisieren. Insofern lässt sich kritisieren, dass sich Richmonds Case-Work-Entwurf vordergründig auf die gesellschaftsintegrative Einpassung des Individuums sowie die Aktivierung sozialer Beziehungen als Ressourcen bezieht, ohne dass beispielsweise weitere theoretische oder sozialpolitische Ansätze systematisch entwickelt

22 Zur Beschreibung der Hilfemethodik wird auf den in Abschnitt 2.2 bereits dargestellten Systematisierungsvorschlag zurückgegriffen (vgl. Gängler 2018, S. 627).

23 Illustrationen finden sich bei: Richmond (1930, S. 188); Sachße (1986, S. 280); Braches-Chyrek (2013, S. 195).

werden (vgl. Sachße 1986, S. 279ff.; Braches-Chyrek 2013, S. 196f., S. 209f.).[24] Dabei wird letztlich auch die zentrale normative Stellung familialer Beziehungen deutlich (vgl. Braches-Chyrek 2013, S. 174f., S. 206f.).[25]

Dahingehende Ansätze, das soziale Umfeld jenseits einer funktionalen Logik zu konzipieren, sind grundsätzlich vorhanden, werden allerdings nicht konsequent weiterentwickelt. Ein Anschluss wird in der Verbindung zu interaktionistischen Modellen gesucht, indem Mary E. Richmond frühe Arbeiten von George H. Mead aufgreift (vgl. Richmond 1922, S. 130f.). Die Bedeutung des sozialen Umfeldes im Case-Work wird ab den 1920er-Jahren allmählich durch eine psychoanalytisch orientierte Konzentration auf die Hilfebeziehung zwischen Helfenden und Adressat:innen verdrängt (vgl. Lubove 1965, S. 85ff.). Auch wenn Richmond eine derartige Ausrichtung strikt ablehnt, macht sie Anleihen in der Medizin, worauf bereits ihre Verwendung des Diagnosebegriffes hindeutet (vgl. Sachße 1986, S. 284; Braches-Chyrek 2013, S. 207f.). Infolge des Zweiten Weltkrieges werden hauptsächlich diese psychologischen bzw. psychotherapeutischen Formen der Einzelfallhilfe in der Bundesrepublik Deutschland rezipiert (Galuske 2013, S. 86).

Grundsätzlich schreibt Mary E. Richmond im Hinblick auf die Leiden, die Menschen widerfahren werden, sozialen Beziehungen ein heilendes Potenzial zu – „to find remedy for the ills that will continue to beset them“ (Richmond 1917, S. 370). Dies ist auch für den deutschen Wohlfahrtskontext attraktiv. Allerdings ist angesichts der gravierenden ökonomischen Situation in der Weimarer Republik der Hausbesuch im Sinne des *friendly visiting* mit Verweis auf die Nutzung des sozialen Beziehungsnetzwerks scheinbar kaum (mehr) vertretbar. Dennoch lässt sich eine Bezugnahme auf diese Konzeption bei Alice Salomon ausmachen.

2.2.2 Die Methodik individualisierender Fürsorge (Alice Salomon)

Alice Salomon (1872–1948) entwickelt einen Ansatz der Wohlfahrtspflege, dem für die Methodenentwicklung eine besondere Bedeutung beigemessen wird (vgl. Galuske/C.W. Müller 2012, S. 595ff.; Braches-Chyrek 2013, S. 232f.). Mit einer

24 C. Wolfgang Müller bezeichnet es als „List historischer Vernunft“ (C.W. Müller 2013, S. 34), dass die empirischen Arbeiten Richmonds auf überwiegend benachteiligende sozialstrukturelle Faktoren für die Entstehung von Armut verweisen und demnach persönliche Einstellungen und Verhaltensweisen der Betroffenen dieser nicht kausal zugrunde liegen (vgl. Braches-Chyrek 2013, S. 186).

25 Richmond begreift Familie als naturwüchsiges Konstrukt, da sie nicht nur familienunterstützende Maßnahmen fordert – „‚do something‘ for the family“ (Richmond 1930, S. 263) –, sondern auch betont, dass Familien einen erheblichen gesellschaftlichen Beitrag leisten – „that the family ‚does something‘ for us“ (ebd.). Ferner wird dies deutlich, wenn sie ihre Forderung nach einem Schutz für Kinder auf Familienschutz ausweitet: „The old cry of ‚Save the children!‘ must be suspended by the new cry of ‚Save the family!‘ for we cannot save the one without the other“ (ebd., S. 190).

generalistischen Ausrichtung der Wohlfahrt beabsichtigt sie die heterogenen und mitunter redundant agierenden Fürsorgebereiche (z. B. Wohnungs-, Gesundheits- und Wirtschaftsfürsorge, Jugendwohlfahrt, Volksbildungswesen) zu koordinieren (vgl. Braches-Chyrek 2013, S. 222 ff.). Wohlfahrtpflege wird hierbei verstanden als die

> „planmäßige Förderung der Wohlfahrt von Bevölkerungsgruppen in bezug auf solche Bedürfnisse, die sie nicht selbst auf dem Wege der Wirtschaft befriedigen können, und für die auch nicht deren Familie oder der Staat durch allgemeine öffentliche Leistungen sorgt." (Salomon 1928, S. 2)

In ihren Arbeiten zur einzelfallbezogenen Fürsorgemethodik[26] hebt Alice Salomon den „*Grundsatz der Individualisierung*" (Salomon 1926, S. 48) hervor, den sie mit ermittelnden und diagnostischen Handlungsschritten konzipiert (vgl. ebd., S. 48 ff.; Salomon 1928, S. 24 ff.; Kuhlmann 2004, S. 16.).[27] Für die *inhaltliche* Ausgestaltung steckt sie zwei Aufgabenbereiche ab: „[A]usführen" (Salomon 1926, S. 59) und „[F]ühren" (ebd.). Der erste ist auf sachbezogene Aufgaben[28] gerichtet, die die Fürsorger:innen für die Menschen erbringen. Sie treten eigenständig in Kontakt mit Einrichtungen oder Ämtern, um Leistungen sicherzustellen. Der zweite Bereich[29] zielt auf immaterielle Aspekte ab, die nur im persönlichen Kontakt mit dem Gegenüber umgesetzt werden können. Je nach Bedarf können sowohl beide Inhalte zum Tragen kommen als auch alternative Strategien darstellen (vgl. Kuhlmann 2009, S. 138 f.).

Deutlich wird hierbei, dass je nach inhaltlicher Aufgabe verschiedene *Modi* des Helfens notwendig werden, die nach der Qualität des persönlichen Kontaktes unterschieden werden. Insbesondere der zweite Bereich erfordere eine

26 Diese werden von der gruppenbezogenen Fürsorge (von halbgeschlossenen, wie z. B. Kindergärten, bis hin zu geschlossenen Formen, wie z. B. Obdachlosenasyle) und der schematisierenden Versorgung (normierte Hilfsleistungen für bestimmte Gruppen, z. B. Unterhaltszahlung und Beratung für Witwen) abgegrenzt (vgl. Salomon 1928, S. 24 ff.).

27 Zur Beschreibung der Hilfemethodik wird auf den in Abschnitt 2.2 bereits dargestellten Systematisierungsvorschlag zurückgegriffen (vgl. Gängler 2018, S. 627).

28 „Die Frau muß eine regelmäßige Unterstützung bekommen. Der Familie muß eine gesündere Wohnung beschafft werden. Die Kinder sollen in eine Ferienkolonie geschickt werden. Der älteste Junge muß in eine andere Lehre gebracht werden. Die Kinder brauchen ärztliche Behandlung." (Salomon 1926, S. 59)

29 „Die Frau muß veranlaßt werden, die Kinder zweckmäßiger zu ernähren. Die Eltern müssen den Jungen besser überwachen und strenger behandeln. Die Familie muß angehalten werden, die ärztlichen Verordnungen zu befolgen. Die ältere Tochter sollte veranlaßt werden, in Stellung zu gehen. Die Frau sollte Verkehr mit anderen Frauen finden, um nicht so viel allein zu sein. Das Kind sollte passende Spielkameraden haben. Man muß der Mutter klar machen, daß der Junge in Gefahr ist, zu verwahrlosen. Das Vertrauen des Mädchens muß gewonnen werden." (Salomon 1926, S. 59 f.)

spezifische Beziehung zum Gegenüber. Das fürsorgerische Handeln wird als eine „*Führeraufgabe*“ (Salomon 1926, S. 60) begriffen, bei der es im Kern darum gehe, „die Haltung des Klienten zu beeinflussen“ (ebd.). Der Hilfemodus weise daher einen „einspringend-beherrschenden“ (Bauer 2017, S. 217) Charakter auf und das fürsorgerische Handeln sei letztlich als „Expertenmodell“ (B. Müller 2012, S. 970) konzipiert, das den Hilfeprozess eng am medizinischen Vorgehen strukturiere (vgl. Galuske/C. W. Müller 2012, S. 602 f.).

Insofern ist die *Zielstellung*, die für das Forschungsinteresse an sozialen Netzwerkbeziehungen auf den ersten Blick gehaltvoll klingt, zu relativieren:

> „Alle Fürsorge besteht darin, daß man entweder einem Menschen hilft, sich in der gegebenen Umwelt einzuordnen, zu behaupten, zurecht zu finden – oder daß man seine Umwelt so umgestaltet, verändert, beeinflußt, daß er sich darin bewähren, seine Kräfte entfalten kann. Persönlichkeitsentwicklung durch bewußte Anpassung des Menschen an seine Umwelt – oder der Umwelt an die besonderen Bedürfnisse und Kräfte des betreffenden Menschen.“ (Salomon 1926, S. 59)

Diese Definition kann als Versuch interpretiert werden, eine ganzheitliche Perspektive unter Berücksichtigung der sozialen Umwelt zu entwickeln, die einen entstigmatisierenden Gegenpol zur Wohlfahrtsbürokratie[30] bilden soll (vgl. Kuhlmann 2014, S. 82 ff.; Braches-Chyrek 2013, S. 238 f.). Die proklamierte Perspektive auf Interdependenzen zwischen Individuum und sozialer Umwelt würde von Alice Salomon zwar reflektiert, aufgelöst werde sie aber einseitig zu einer Anpassungsleistung des Individuums, die an die oben genannte persönliche Beziehung zu Berufshelfer:innen gebunden werde (vgl. C. W. Müller 2013, S. 63 ff.; Kunstreich 1997, S. 136 f.; Peters 1990, S. 33).

Die soziale Umwelt wird als Erklärungsansatz individueller Notlagen dahingehend thematisiert, dass diese nicht ausschließlich auf individuellem Versagen fußen, sondern auch auf gesellschaftliche Rahmenbedingungen zurückzuführen sind. Allerdings seien diese Umwelteinflüsse

> „für den Prozess der Behandlung aber nur insofern bedeutsam, wie es sich um ein begrenztes Neuarrangement von Beziehungen, Beziehungsmustern und verfügbaren Hilfsquellen handelt. Umweltfaktoren werden als kausale Problemursachen nur insofern wahrgenommen, wie sie innerhalb der definierten Reichweite des Behandlungsprozesses liegen.“ (Galuske 2013, S. 82)

Damit ist Alice Salomons Entwurf hinsichtlich der Bedeutung des sozialen Umfeldes konzeptionell ähnlich gelagert wie der von Mary E. Richmond, in

---

30 Beispielsweise weist Alice Salomon Anpassungsleistungen von Einzelnen angesichts ihrer prekären Lebensbedingungen als „bewundernswert“ (Salomon 1926, S. 58) aus.

handlungspraktischer Hinsicht wird er aber kaum in vergleichbarer Weise entwickelt. Im Vordergrund stehe bei Salomon weniger die technische Ausführung einzelner Handlungsschritte durch die Helfer:innen, sondern ein spezifischer „Ethos des Helfens“ (Gängler 2018, S. 627). Die Qualität des Handelns in der Fürsorge wird letztlich darüber qualifiziert, inwiefern es gelingt, sich Notlagen so anzunehmen, dass es einem „im Herzen brennt“ (Salomon 1926, S. 66).

Zu berücksichtigen ist, dass die Methodenentwicklung bei Alice Salomon noch am Anfang steht, worauf sie auch selbst hinweist (vgl. Salomon 1926, S. 61). Eine weiterführende konzeptionelle Idee für die familienaufsuchende Arbeit mit Familien, die das Anpassungsmodell überwindet, wird nicht explizit entwickelt (vgl. C. W. Müller 2013, S. 65; BMFSFJ 1999, S. 135). Die Emanzipationsbestrebungen der Bürgerinnen konzentrieren sich stärker auf die organisatorische Ausgestaltung der Fürsorge sowie die Umsetzung frauenspezifischer Tätigkeiten als auf eine systematische Methodenentwicklung. In diesem Zusammenhang wird mit der Familienfürsorge ein integratives Konzept entwickelt, das für die SPFH eine modellhafte Patenschaft beanspruchen kann.

2.2.3 Die Familienfürsorge als ganzheitlicher Ansatz (Marie Baum)

Die Arbeiten von Marie Baum (1874–1964) zur Konzeptionierung der Familienfürsorge stehen ausdrücklich für eine familienorientierte Ausrichtung der Wohlfahrtspflege (vgl. Hoff 2015, S. 338 ff.; Euteneuer/Hammerschmidt/Uhlendorff 2014, S. 396 ff.). Sie entwickelt diese anhand eigener empirischer Untersuchungen, teils durch Studien, die sich mit dem Familienleben und dessen Bedingungen beschäftigen, teils durch einen Systematisierungsversuch der regional äußerst heterogenen Umsetzungsvarianten der Familienfürsorge (vgl. Hoff 2010, S. 83 f.; 2015, S. 334 ff.).

Die Familienfürsorge wird insbesondere im Kontext der Entwicklung sozialer Dienste diskutiert, die nach dem Zweiten Weltkrieg bis in die 1970er-Jahre hinein fortgeführt wird. Erst mit der Einrichtung des Allgemeinen Sozialen Dienstes (ASD) ist eine Zusammenlegung des Innen- und Außendienstes vorgesehen (vgl. Hammerschmidt/Uhlendorff 2019, S. 27 ff.; Bettmer 2012, S. 799, S. 806). In Bezug auf die Jugendhilfe wird dadurch der Weg für die SPFH als eigenständiges Arbeitsfeld frei, das die familienaufsuchende Hilfe spezialisiert und qualifiziert übernehmen soll (vgl. Schmid-Obkirchner 2015a, § 31 Rn. 3).

Infolge des Ersten Weltkrieges wird die Familienfürsorge zunächst als Ansatz entworfen, um die Vielzahl der Unterstützungsleistungen zu bündeln (vgl. Hering/Münchmeier 2014, S. 117 ff.). Die Verbreitung dieses Prinzips in den 1920er-Jahren beruht darauf, dass sich der rechtlich fixierte Fokus von der Verwahrlosung der Jugendlichen auf die gesamte Familie verlagert wird (vgl. Euteneuer/Hammerschmidt/Uhlendorff 2014, S. 396 f.). Dennoch erfolgt eine kritische Bezugnahme auf Familie, um das Aufwachsen von Kindern in ihren Familien zu unterstützen.

In theoretischer Hinsicht ist die fürsorgerisch-idealistisch motivierte Zuwendung zur Familie in Zusammenhang mit Paul Natorps Vorstellung einer Gemeinschaftserziehung gestellt worden (vgl. Hoff 2015, S. 339 f.; Kessl/Otto 2012, S. 1308). Auch wenn Marie Baum infolge der Industrialisierung von einem „Zerfall der Bindungen" (Baum 1951, S. 44) ausgeht[31], knüpft sie im natorpschen Sinne die „individuelle Erziehung in Gemeinschaft durch Gemeinschaft zur Gemeinschaft" (Sandermann 2009, S. 78) an den Nukleus der Kernfamilie: „Und da der Mensch nicht als vereinzeltes Wesen, sondern im Schoße der Familie zur Welt kommt, so muß die Sorge dieser ersten verbindenden Zelle zugewandt sein" (Baum 1951, S. 5). Weitreichendere Vorstellungen einer Gemeinschaftserziehung, die sich von der Privatheit der Kleinfamilie zugunsten einer übergreifenden Gemeinschaftsidee lösen, setzen sich indes nicht durch (vgl. Böhnisch 2018, S. 55 f.; Dollinger 2006, S. 174 f.; Löwenstein 2020a, S. 142 ff.).

Das Konzept der Familienfürsorge wird bezüglich seiner sozialpolitischen, organisatorischen sowie methodischen Dimensionen näher bestimmt (vgl. Baum 1927, S. 29 ff.; 1951, S. 23 ff.) – dessen Grundzüge werden nachfolgend dargestellt:

> *„Bezirksfamilienfürsorge ist in einem bestimmten geographischen Bereich in der Form der Einheits- und nach den Methoden der Familienfürsorge durchgeführte Wohlfahrtspflege, die je nach Lage des Einzelfalles zu Maßnahmen der Wirtschafts-, Gesundheits- oder Erziehungsfürsorge greift, offene oder geschlossene Fürsorge vermittelt, vorbeugenden, heilenden oder rettenden Charakter annehmen kann und die in all ihren Schritten bewußt auf die Stärkung der in der Familie liegenden Pflege- und Erziehungskräfte abzielt.*" (Baum 1951, S. 24)

In *sozialpolitischer* Hinsicht wird die Familienfürsorge in einen gesellschaftlichen Zusammenhang eingeordnet, wobei anhand der jeweils gültigen Verfassung[32] die Unterstützungsnotwendigkeit der Familie begründet wird (vgl. Baum 1927, S. 29 ff.; 1951, S. 27 f.). Unter dem Eindruck zweier Weltkriege wird herausgestellt, dass es einerseits notwendig sei, die Wohlfahrtspflege auch unter dem Gesichtspunkt der „Wiedergesundung der Wirtschaft" (Baum 1951, S. 26) zu betrachten; andererseits warnt sie eingehend davor, dass sich die damit verbundenen temporären methodischen Einschränkungen verstetigen könnten. In der

31 In ihren Studien kann sie diese durchaus umstrittene Annahme der Auflösung familialer Strukturen nicht nachweisen, obwohl sie weiterhin an ihr festhält (vgl. Dollinger 2006, S. 176 ff.; Hoff 2015, S. 336 f.).

32 An der Ausgestaltung der Weimarer Reichsverfassung hat Marie Baum in ihrer Funktion als Abgeordnete in der Nationalversammlung und dem Reichstag selbst mitgewirkt (vgl. Paulini 1999, S. 208; Hoff 2015, S. 334).

öffentlichen Wahrnehmung werde die Wohlfahrtspflege Marie Baum zufolge oftmals auf „Symptombehandlung" (Baum 1927, S. 30) reduziert, wohingegen sie für die Empfänger:innen „wirklich zu einer Hilfe von Grund aus werden kann" (ebd.). Insofern leitet sie als sozialpolitische Zielstellung ab, Grundlagen für politische Entscheidungen zu schaffen, um eine gelingende Familienfürsorge zu ermöglichen (vgl. ebd., S. 29 f.).[33]

Die Familienfürsorge als übergreifendes und vereinheitlichendes *Organisationsprinzip* (vgl. Baum 1927, S. 46 ff.; zusammenfassend Hammerschmidt/Weber/Seidenstücker 2017, S. 65 ff.) bringt eine konkurrierende Stellung zu den im RJWG vorgeschriebenen Jugendämtern mit sich (vgl. Euteneuer/Hammerschmidt/Uhlendorff 2014, S. 397 ff.). Marie Baum diskutiert insbesondere Fragen der organisatorischen Umsetzung der Familienfürsorge in der Wohlfahrtspflege. Hierbei wisse sie „das fachliche mit einem fiskalischen Argument" (Hammerschmidt/Uhlendorff 2019, S. 20) zu verbinden, indem sie auf der Grundlage ihrer Studien argumentiert, dass eine Vereinheitlichung[34] Mehrfachbetreuungen im Sinne einer effizienteren Praxis vermeiden könne. Marie Baum konzipiert die Familienfürsorge folglich als „Einheitsfürsorge" (Baum 1927, S. 46). Auf diese Weise bräuchten sich Familien „nur an eine Stelle zu wenden" (ebd.) und dann könne die „nach einheitlichem Plan vorbereitete Hilfe von *einer* Seite an Sie herangetragen" (ebd.) werden. Als Sinnbild für die Familienfürsorge wird der Vergleich zur Tätigkeit eines „Hausarztes" (ebd., S. 48) bemüht, der über alle Lebensphasen hinweg auf eine Vielzahl von alltäglich-medizinischen Problemen reagieren könne.

Für den Kontext der SPFH ist hierbei wesentlich, dass sich die Familienfürsorge organisationsstrukturell nicht als eigenständiges Amt etabliert, sondern als ein ganzheitlich orientierter, familienaufsuchend arbeitender Außendienst, der den Innendiensten der Fürsorgeämter vorgelagert ist (vgl. Hammerschmidt/Uhlendorff 2019, S. 20 ff.). Die Familienfürsorge bleibt somit auf außendienstliche Aufgaben beschränkt, wobei die Fürsorgebewilligung weiterhin den Innendiensten der Fürsorgeämter obliegt (vgl. Sachße 1986, S. 248 f.; Hammerschmidt/Uhlendorff 2019, S. 24).

33 Ohne die wohnlichen Grundlagen fühle sich die Fürsorge demnach so an, wie „Wasser in ein Sieb zu schöpfen" (Baum 1927, S. 32). Nach dem Zweiten Weltkrieg formuliert sie die Vorstellung, dass elterliches Erziehungsverhalten und kindlicher Tatendrang durch ein Reformprogramm unterstützt werden müssen, das „möglichst viele deutsche Familien im Eigenheim mit Garten und Kleintierzucht" (Baum 1951, S. 29) unterbringt.

34 Die regionale Umsetzung fällt äußerst unterschiedlich aus, insbesondere im städtischen Raum, wo bereits Wohlfahrts-, Jugend- und Gesundheitsämter etabliert sind (vgl. Sachße 1986, S. 246 ff.; Hammerschmidt/Uhlendorff 2019, S. 17 ff.).

In *methodischer* Hinsicht[35] werden von Marie Baum die vorliegenden Konzepte auf die Spezifika der Familienfürsorge übertragen. Die *inhaltlichen* Dimensionen von Alice Salomon bleiben bestehen, indem materielle und immaterielle Leistungen angeboten werden (vgl. Kap. 2.2.2). Für das fürsorgerische Handeln wird hingegen die „Gesamtlage der Familie" (Baum 1927, S. 34) zum Fixpunkt erklärt, und weniger der einzelne Mensch. Hieran wird entsprechend die *Zielstellung* geknüpft, die – „ideologisch überhöht" (Sachße 1986, S. 244) – auf den Erhalt und die Förderung der „Eigenkräfte der Familie"[36] (Baum 1927, S. 36) ausgerichtet ist. Die Grundlage allen methodischen Handelns besteht im *Modus* eines persönlichen Kontakts, in der Regel zur Mutter durch eine „Beeinflussung, die mit Erfolg nur auf Grund wahren Vertrauens ausgeübt werden kann" (ebd., S. 50).

Deutlich wird die methodische Ausrichtung an der Person der Fürsorger:innen sowie der Beziehungsfokus auf den familialen Nahbereich in der Familienfürsorge. Es werden dabei sowohl sozialpolitische wie organisatorische Dimensionen reflektiert als auch Handlungsansätze entwickelt. Insgesamt wird das Arbeitsfeld der SPFH somit bestellt durch ein Geflecht an sozialreformerischen Emanzipationsbestrebungen der (bürgerlichen) Frauenbewegung, transkontinentalen Rezeptionen, bürokratisch-geschlechterhierarchischen Wohlfahrtstrukturen und einer normativen Orientierung am Kernfamilienideal.

---

35 Zur Beschreibung der Hilfemethodik wird auf den in Abschnitt 2.2 bereits dargestellten Systematisierungsvorschlag zurückgegriffen (vgl. Gängler 2018, S. 627).

36 Auffällig ist hier die semantische Analogie zu Richmonds „Family Forces" (Richmond 1930, S. 188). Im dritten Kapitel ihrer Monografie diskutiert Marie Baum – neben England und Holland – explizit die Entwicklungen des familienbezogenen Case-Work in den Vereinigten Staaten, wobei sie deren familienerhaltende Ausrichtung und den systematischen Methodeneinsatz hervorhebt (vgl. Baum 1927, S. 161 ff.).

3 Entstehung und Entwicklung der Sozialpädagogischen Familienhilfe

Der Nationalsozialismus und der Zweite Weltkrieg stellen eine Zäsur dar. Das entstandene Wohlfahrtssystem wie auch die Entwicklungen innerhalb der Sozialen Arbeit werden für die nationalsozialistischen Zielstellungen instrumentalisiert. Nach dem Zusammenbruch des Regimes und angesichts der verheerenden Kriegsfolgen findet in der Bundesrepublik Deutschland (BRD) keine strukturelle Neuausrichtung statt, angeknüpft wird an Bestehendes aus der Weimarer Republik (vgl. Hering/Münchmeier 2014, S. 213 f.). In der Deutschen Demokratischen Republik (DDR) wird die Ausgestaltung der Sozialpolitik an die Umsetzung einer sozialistischen Gesellschaftsvision geknüpft (vgl. ebd., S. 230 ff.; Hammerschmidt/Weber/Seidenstücker 2017, S. 119 ff.).

Die Hilfeform der Sozialpädagogischem Familienhilfe entsteht ab dem Ende der 1960er-Jahre in der BRD. Dieser Zeitraum ist gekennzeichnet von einer kritischen Reflexion der gesellschaftlichen Funktionen Sozialer Arbeit, die sich auf verschiedenen Ebenen vollzieht (vgl. Kessl/Otto 2012, S. 1318 ff.) – diese Linien im Einzelnen zu rekapitulieren würde den Rahmen dieser Arbeit sprengen. Hinterfragt werden ausgehend von theoretischen und kapitalismuskritischen Bestimmungen die institutionelle Einbindung und methodische Ausgestaltung Sozialer Arbeit (vgl. ebd.; Galuske 2013, S. 115 ff.). Insbesondere die Heimerziehung wird u. a. aufgrund repressiver Erziehungspraktiken (das Personal und damit Handlungsweisen aus dem Nationalsozialismus bestehen weiter), unzureichender Bildungsangebote und der materiellen Ausstattung in den Fokus gerückt (vgl. Kuhlmann/Schrapper 2001, S. 304 f.; Wensierski 2006, S. 14 ff.; Kuhlmann 2008, S. 141 ff.).

Dies ist eine Art Initialzündung für die aufsuchende Hilfeform der Sozialpädagogischen Familienhilfe, die nicht nur als „Alternative zur Heimerziehung" (Kreft/C. W. Müller 1986, S. 109) in Stellung gebracht wird, sondern infolge der gescheiterten Reform des Jugendhilferechts im Jahr 1972 mitunter zur „Wunderwaffe der Jugendhilfe" (ebd.) stilisiert wird. Die Vertreter:innen sind darum bemüht, eine realistische Perspektive auf deren Möglichkeiten und Grenzen zu entfalten (vgl. ebd., S. 108 f.). Die SPFH durchläuft infolgedessen eine enorme qualitative und quantitative Entwicklung, die durch ihre gesetzliche Legitimation als Hilfe zur Erziehung im reformierten Kinder- und Jugendhilfegesetz ab den Jahren 1990/91 einen weiteren Schub erhält (vgl. Helming 2001, S. 541 ff.).

Nachdem nun frühe Entwicklungslinien aufsuchender Familienhilfen dargestellt worden sind, kann im nachfolgenden Kapitel eine Auseinandersetzung mit der Historie der Hilfeform im engeren Sinn erfolgen, wobei die Bedeutung sozialer Netzwerkbeziehungen weiter konkretisiert wird. Die Darstellung erfolgt gemäß vorliegender chronologischer Systematisierungsvorschläge unterteilt in die *Pionier-, Konsolidierungs- und Rekonstruktions- bzw. Ausdifferenzierungsphase* (vgl. Schattner 2007, S. 600 ff.; Kühl 1997, S. 156). Angesichts neuerer Entwicklungen wird zudem von einem *Erosionsprozess* ausgegangen, durch den die Aufrechterhaltung fachlicher Standards beeinträchtigt wird (vgl. Peters 2012b, S. 256 ff.; Wolf 2015, S. 228 ff.).

Zunächst werden Entstehungsbedingungen, experimentelle Umsetzungsvarianten und ihre (kritische) Rezeption dargestellt und die Entwicklungen in der DDR skizziert (vgl. Kap. 3.1). Im Anschluss wird auf den weiteren Verlauf in der BRD ab den 1990er-Jahren eingegangen (vgl. Kap. 3.2).

3.1 Die Pionierphase: Erste Umsetzungsvarianten

Die „pionierhafte Anfangsphase" (Schattner 2007, S. 600) der SPFH in der BRD beginnt ab dem Ende der 1960er-Jahre. Mit Blick auf die zurückliegenden Kapitel mag die Beschreibung der Pionierphase für die SPFH im engeren Sinn zutreffen, ihre Entwicklungslinien im erweiterten Sinne reichen aber wesentlich weiter zurück. Der Terminus kann jedoch als ein Hinweis darauf verstanden werden, dass kaum explizit an bestehende Traditionslinien wie beispielsweise familienfürsorgerische Konzepte angeknüpft wird.

Die Familienhilfstätigkeit wird vielmehr als eine Erweiterung bisheriger Ansätze der Familienpflege diskutiert (vgl. Kreft/C. W. Müller 1986, S. 107 f.; Christmann/C. W. Müller 1986, S. 16; Matscha 1991, S. 52 ff.), die bis zum damaligen Zeitpunkt in der kompensatorischen Haushaltsfortführung bestanden. Diese Unterstützungsform ist an die Ausbildungsberufe der *Familienpflegerin* und der *Dorfhelferin* in ländlichen Gebieten gebunden (vgl. Amthor 2003, S. 450 ff.). Der Tätigkeit wird nun ein *Sozialpädagogisches* Profil hinzugefügt: Dieses bestehe in der „Unterstützung bei erzieherischen Aufgaben der Familie" (Feld/Körbler/Schneider 1978, S. 77) und gehe mit dem Anspruch einher, „verlorene und verschüttete Kompetenzen der Familienmitglieder zur autonomen Lebensbewältigung zu reaktivieren" (Kreft/C. W. Müller 1986, S. 108). Die alltagspraktische Begleitung und Unterstützung bleiben in dieser Phase als zentrale Bestandteile erhalten (vgl. Nicolay 1996, S. 202; Schattner 2007, S. 600).

Es entsteht allmählich eine familienunterstützende und netzwerkbezogene Orientierung, die hier zunächst als Rahmen dargestellt wird (vgl. Kap. 3.1.1). Im Anschluss wird dann auf erste Umsetzungsversuche der SPFH im westlichen Teil Berlins, bundesweite Spielarten, Faktoren, die ihre Verbreitung begünstigen, sowie auf ihre kritische Rezeption eingegangen (vgl. Kap. 3.1.2). Abschließend werden die differente Ausgestaltung der Jugendhilfe und das damit verbundene Verhältnis zur Familie in der DDR dargestellt, die angesichts der weiteren

Entwicklung der SPFH nach dem Mauerfall ebenso zu berücksichtigen sind (vgl. Kap. 3.1.3).

3.1.1 Der weiterführende Weg zur Orientierung am Konstrukt Familie – und ihrem Umfeld

Das nationalsozialistische Regime greift tief in die private Lebensführung ein. Die Weiterentwicklung von familienaufsuchenden Konzepten aus der Weimarer Republik wird durch politische Instrumentalisierungen überlagert. Das „Volk als Ganzes" (Hering/Münchmeier 2014, S. 187) steht im Nationalsozialismus im Zentrum der Wohlfahrt. Familie wird der nationalsozialistischen Umbildung und Entwicklung der Gesellschaft untergeordnet und unter rassenbiologischen Gesichtspunkten betrachtet (vgl. Mierendorff/Olk 2007, S. 547 f.; Sachße/Tennstedt 1992, S. 177 f.; Weber-Kellermann 1996, S. 178 ff.; Winkler 2012, S. 67).[37] Die deutsche Mutter wird für die grundständige Erziehung und Versorgung als bedeutsam erachtet und politisch adressiert (z. B. Mutterkreuz, Fernhalten vom Arbeitsmarkt), wodurch der private Binnenraum der Familie nahezu aufgelöst wird (vgl. Hering/Münchmeier 2014, S. 172; Weber-Kellermann 1996, S. 184 f.; Nave-Herz 2013, S. 63). Die Familienfibeln, wie etwa Johanna Haarers Pflegegrundsätze für Säuglinge (vgl. Haarer 1934, S. 142 ff.), geben ein eindrückliches Zeugnis von dem totalitären Anspruch des Staates, der die familiale Selbstbestimmung in Erziehungsfragen ablehnt (vgl. Wensierski 2006, S. 54; Winkler 2012, S. 67).

Im Fürsorgesystem findet eine Schwerpunktverschiebung zu „Rassenbiologie und Gesundheitswesen" (Hering/Münchmeier 2014, S. 178; Hammerschmidt/Uhlendorff 2019, S. 27) statt. Mitarbeiter:innen der Fürsorge tragen mit ihren Informationen über Adressat:innen zur Selektion bei und sind an Entscheidungsprozessen zur Deportation von Juden, Zwangsterilisation oder Euthanasie beteiligt. Zu den Tätigkeiten zählt dabei auch die Erhebung des familialen Netzwerkes, um die Abstammung zu bestimmen (vgl. Hering/Münchmeier 2014, S. 178 f., S. 195 ff.). Dagegen leisten einzelne Akteur:innen wie Marie Baum Widerstand, der aber zeitnah aufgelöst und insgesamt eher als eine Randerscheinung eingeschätzt wird (vgl. ebd., S. 184 f.; Amthor/Bender-Junker 2016, S. 87).

---

37 Beispielsweise werden mittels „Ehestandsdarlehen" (Sachße/Tennstedt 1992, S. 178) und Steuererleichterungen Anreize zur Eheschließung geschaffen. Die Bewilligung ist an eine rassenbiologische Überprüfung der Ehepartner durch die Gesundheitsämter gebunden. Mit dem Darlehen kann ein Hausstand aufgebaut werden, die Rückzahlung vermindert sich durch die Anzahl gemeinsamer Kinder, wobei diese Abminderung mit dem bevölkerungspolitischen Ziel von vier Kindern erschöpft ist. Inwiefern diese Maßnahmen neben ihrer ideologischen Signalwirkung tatsächlich die intendierten Steigerungen erreichen konnten, wird von Christoph Sachße und Florian Tennstedt stark angezweifelt (vgl. ebd., S. 177 ff.).

Im Rahmen des *Hilfswerks Mutter und Kind* werden Familien- und Erziehungsberatungsstellen eingerichtet, um die angestrebte Familienführung zu propagieren und die deutschen Mütter in der Erziehung des Nachwuchses – gewissermaßen – zu unterstützen (vgl. Kuhlmann/Schrapper 2001, S. 297; Hering/Münchmeier 2014, S. 191; Hammerschmidt/Weber/Seidenstücker 2017, S. 85). Zur Fortführung des Familienhaushaltes und der Kinderbetreuung beim Ausfall der Mutter wird die Familienpflege im Nationalsozialismus zur Haushaltshilfe weiterentwickelt (vgl. Amthor 2003, S. 390 f.). In der nationalsozialistischen Ideologie ist perspektivisch die Institution Familie ebenso wie die Fürsorge verzichtbar, was sich in dem übergeordneten staatlichen Erziehungsrecht niederschlägt, das mit einem enormen Ausbau außerschulischer Erziehungsangebote einhergeht (vgl. Mierendorff/Olk 2007, S. 547 f.; Hering/Münchmeier 2014, S. 187 ff., S. 202 ff.). Die Familie wird im Nationalsozialismus somit auf die dyadische Beziehung zwischen der idealisierten deutschen Mutter zu ihrem Kind/ihren Kindern reduziert und von politischen Zielstellungen vereinnahmt.

Nach dem Ende des nationalsozialistischen Regimes werden Ehe und Familie gemäß Artikel 6 GG verfassungsrechtlich geschützt (vgl. Hettlage/Lenz 2013, S. 137). Das Verhältnis der Jugendhilfe zur Familie oszilliert infolgedessen zwischen den Polen der Defizit- und Idealkonstruktion (vgl. Mierendorff/Olk 2007, S. 549 ff.). Durch die Abkehr von der nationalsozialistischen Ideologie wird die Restitution der Lebensverhältnisse an das bürgerliche Familienideal geknüpft, „die kleine intakte Vater-Mutter-Kind-Familie wurde zum normativen Garanten des wirtschaftlichen Aufbaus und der Normalisierung des gesellschaftlichen Lebens" (Mierendorff/Olk 2007, S. 551; vgl. auch ebd., S. 549). Durch sozialpolitische Maßnahmen werden Anreize zu einer entsprechenden Lebensführung geschaffen (vgl. Karsten/Otto 1987, S. XXII ff.; Hering/Münchmeier 2014, S. 225). Die Kernfamilie wird in den 1950er- und 1960er-Jahren neben ihrer Leitbildfunktion zur gesellschaftlichen Realität, „zur *Normalfamilie*" (Peuckert 2012, S. 17), was sich durch die Eheschließung und das Eingehen der Elternschaft zeigt (vgl. ebd., S. 16 f.; Nave-Herz 2013, S. 63 f.; Uhlendorff/Euteneuer/Sabla 2013, S. 30 f.). Hierin besteht ein wesentlicher Unterschied zum Kernfamilienideal der Industrialisierung.

Bevor sich in den 1980er-Jahren eine „Renaissance der Familienerziehung" (Mierendorff/Olk 2007, S. 555) abzeichnet, gerät die Institution Familie ab Mitte der 1960er-Jahre zwischenzeitlich insbesondere im Vergleich mit der DDR in die Kritik, da bildungspolitische Erfolge ausbleiben. Hinzu kommt der Bedarf an weiblichen Arbeitskräften und die Kritik aus der feministischen Bewegung, die die Reduzierung von Frauen auf ihre familiäre Reproduktion im Haushalt kritisiert (vgl. Mierendorff/Olk 2007, S. 551 f.; Wagner/Wenzel 2009, S. 53 ff.; Hering/Münchmeier 2014, S. 235 f.).

Familienfürsorgerische Unterstützungsangebote im Rahmen von Hausbesuchen stoßen aufgrund ihres Eingriffscharakters auf wenig Akzeptanz. Die Angebote der Familien-, Erziehungs- und Gesundheitsberatung werden erst allmählich wieder aufgenommen (vgl. Mierendorff/Olk 2007, S. 549 ff.; Hering/Münchmeier 2014, S. 224 ff.). Analog zu den Gesundheitsämtern verliert die Familienfürsorge nach dem Ende des Nationalsozialismus durch den Ausbau niedergelassener medizinischer Dienste an Bedeutung (vgl. Hammerschmidt/Uhlendorff 2019, S. 28; Hammerschmidt/Weber/Seidenstücker 2017, S. 102 f.). Dazu trägt auch bei, dass gesetzliche Strukturen aus der Weimarer Republik restituiert werden, wodurch die Jugendämter – im Gegensatz zur Familienfürsorge – sukzessive wiederaufgebaut und in ihren Zuständigkeiten ausgeweitet werden. Jedoch mangelt es in der Nachkriegszeit an qualifiziertem Personal (vgl. Hammerschmidt/Weber/Seidenstücker 2017, S. 101 f.; Bauer/Wiezorek 2007, S. 619).

Insgesamt sind andere Themen als dezidiert familienbezogene Soziale Arbeit vordergründig. Im Fokus stehen Jugendliche, die ihre familialen Bezüge durch den Zweiten Weltkrieg verloren haben, Flüchtlinge, (Jugend-)Arbeitslosigkeit oder Wohnungs- und Nahrungsnot, worauf mit außerfamilialen Maßnahmen wie der Jugendberufshilfe, Flüchtlingsfürsorge, Jugendarbeit, Heimerziehung und Jugendfürsorge reagiert wird (vgl. Hering/Münchmeier 2014, S. 210 ff., S. 220 ff.; Hammerschmidt/Weber/Seidenstücker 2017, S. 95 ff., S. 104 ff.). In methodischer Hinsicht werden hierfür angloamerikanische Methoden adaptiert, wobei weniger fallbezogenen (case-work), sondern vielmehr gruppenbezogenen (group-work) eine herausragende Stellung als Mittel zur Demokratisierung der Jugend zukommt (vgl. C.W. Müller 2013, S. 120 ff.; Galuske 2013, S. 79 ff., S. 94 ff.). Eine grundlegende gesetzliche Veränderung wird in den Fürsorgebestimmungen vorgenommen, die mit dem Inkrafttreten des Bundessozialhilfegesetzes (BSHG) am 01. Juni 1962 abgelöst werden, das Rechtsansprüche auf Hilfeleistungen garantieren soll (vgl. Hammerschmidt/Weber/Seidenstücker 2017, S. 98 ff.). Die Forderungen nach einer grundlegenden Reform des Jugendhilferechts zugunsten eines eigenständigen Sozialisationsanspruches werden im Rahmen der *Offensiven Jugendhilfe* – erneut (vgl. Kap. 2.1) – formuliert, letztlich aber aus Kostengründen abgelehnt (vgl. Mierendorff/Olk 2007, S. 550 ff.; Gedrath/Schröer 2012, S. 878 f.; Hammerschmidt/Weber/Seidenstücker 2017, S. 107 f.).

Mit der einsetzenden kritischen Reflexion der Funktionen Sozialer Arbeit insbesondere ab den 1960er-Jahren wird deren fehlende Sensibilität bezüglich der institutionellen Eingebundenheit und ihrer gesellschaftlichen Bedeutung angemahnt (vgl. Kessl/Otto 2012, S. 1318 f.; Thole 2012, S. 38; Galuske 2013, S. 115 ff.). In den Blick genommen werden u. a. institutionelle Machtasymmetrien und Kontrollmechanismen (vgl. Böhnisch/Lösch 1973, S. 27 ff.). Die Familienfürsorge wird dahingehend kritisiert, dass sie dazu beitrage, ein kapitalistisches Gesellschaftssystem durch eine medizinisch-orientierte und problem-individualisierende Praxis zu stützen, und ihre Adressat:innen letztlich in institutionelle Logiken einpasse (vgl. Kessl/Otto 2012, S. 1319; Kasakos 1980, S. 19 ff.).

Exemplarisch für die Jugendhilfe wird gegenüber der Heimerziehung der Vorwurf erhoben, dass familiale Sozialisations- bzw. Bildungsleistungen und deren

Bedingungen außer Acht gelassen werden (vgl. Mierendorff/Olk 2007, S. 554; Meinhold 1987, S. 197f.; Rätz 2018, S. 72f.). Gefordert wird eine differenziertere Betrachtungsweise. Im Fachdiskurs wird, einerseits, für Problemstellungen der familialen Lebensgestaltung und Erziehung sensibilisiert, die von institutionellen Arrangements überformt werden: Herausgearbeitet wird sowohl die interaktionale Herstellung von Familie als auch die gesellschaftliche Prägung innerfamilialer Prozesse (vgl. Mollenhauer/Brumlik/Wudtke 1975, S. 37ff., S. 144ff.). Andererseits wird die familienersetzende Ausrichtung institutioneller Arrangements im viel rezipierten sozialökologischen Umweltmodell von Urie Bronfenbrenner kritisiert.

In letzterem wird die Perspektive vom einzelnen Kind bzw. Jugendlichen zu dessen Familie hin verschoben, die als zentraler, förderungswürdiger Sozialisationsort betrachtet und hinsichtlich ihrer Einbettung in das weitere Beziehungsgefüge kontextualisiert wird (vgl. Bronfenbrenner 1974, S. 127ff., S. 145ff.). Mittels eines formalen Analysemodells wird die menschliche Entwicklung anhand verschiedener Systemebenen *(Mikro-, Meso-, Exo-, Makrosysteme)* und deren Interdependenzen beschreibbar (vgl. Bronfenbrenner 1981, S. 37ff.; Nestmann 1989, S. 109f.). In dieser Perspektive werden institutionelle Praktiken wie die Heimerziehung, „die ihre Aufmerksamkeit alleine auf das Kind oder die Eltern-Kind-Beziehung konzentriert“ (Bronfenbrenner 1974, S. 144), als unzureichend abgelehnt. Stattdessen werden Konzepte gefordert, die das Umfeld berücksichtigen, indem sie auf *„der ökologischen Ebene*“ (ebd.) ansetzen.

In der Jugendberichterstattung werden diese Konzepte aufgegriffen. Im Fünften Jugendbericht wird ein Mangel an familienbezogenen Maßnahmen konstatiert und darauf aufmerksam gemacht, dass Kinder und Jugendliche in familienersetzende Einrichtungen „verpflanzt“ (BMJFG 1980, S. 141) werden, wodurch sie von bedeutenden sozialen, insbesondere familialen Bezügen isoliert werden. Mit dem Siebten Jugendbericht (vgl. BMJFFG 1986) vollziehe sich eine „Wende hin zur Familialisierung der Jugendhilfe“ (Mierendorff/Olk 2007, S. 556), indem der familialen Erziehung eine herausragende Stellung beigemessen wird (vgl. ebd., S. 449ff.; Bock 2012, S. 452f.). Darüber hinaus wird auch die Berücksichtigung des sozialökologischen Umfeldes proklamiert:

> „Veränderungen in der Zusammensetzung und im Zusammenleben einer Familie ereignen sich im Zusammenhang und unter Einfluß des engeren Netzwerkes von sozialen Beziehungen, das die Familie umgibt, aber auch unter der Einwirkung allgemeiner gesellschaftlicher Bedingungen und Veränderungen.“ (BMJFFG 1986, S. 13)

Differenziert nach den einzelnen Familienmitgliedern bzw. deren Lebensphasen (Eltern, Klein- und Vorschulkinder, Schulkinder und Jugendliche) werden vorhandene soziale Netzwerkbezüge (z.B. zu Verwandten, Freunden und Bekannten, Nachbarn oder Peergroups) und damit einhergehende Möglichkeiten und Begrenzungen aufgezeigt (vgl. Wnuck 1987; Bubert 1987). Aus sozialen Beziehungen können demnach Belastungen, etwa durch Abhängigkeitsverhältnisse, entstehen. Im Beziehungsnetzwerk entfalten sich demzufolge Wechselwirkungen, die beispielsweise die elterliche Erziehungskompetenz beeinflussen und Schutz- und Möglichkeitsräume für Kinder und Jugendliche eröffnen (vgl. BMJFFG 1986, S. 15ff.; Bubert 1987, S. 169ff., S. 186f.; Wnuck 1987, S. 53ff.). Herausgearbeitet wird ebenso, dass diese Funktionen von sozialstrukturellen Bedingungen, wie dem sozioökonomischen Status, Wohnbedingungen oder Angeboten für Familien im Wohnumfeld, abhängig sind (vgl. BMJFFG 1986, S. 16f.; Wnuck 1987, S. 75ff., S. 84ff., S. 108ff.).

Für die anvisierte familienunterstützende Jugendhilfe wird der Anspruch erhoben, dass deren Angebote nicht nur bei der „Familie als Ganzer" (BMJFFG 1986, S. 33) ansetzen müssen, „sondern ebenso – manchmal sogar vorrangig – deren Umfeld und Außenbeziehungen zu berücksichtigen" (ebd., S. 13) haben. Um dieses Verständnis praktisch umzusetzen, wird explizit die Hilfeform der SPFH empfohlen (vgl. ebd., S. 47ff., S. 53ff.). Neben der Unterstützung und Förderung familialer Alltagsgestaltung sollen Sozialpädagogische Familienhelfer:innen „Verbindungen im unmittelbaren sozialen Netz anbahnen oder wieder aufnehmen und auch Wege zu bisher vermiedenen Hilfsangeboten [...] erschließen" (ebd., S. 48). Dies ist somit ein Anspruch, der implizit an bestehende Konzepte der Familienfürsorge angeknüpft und durch eine sozialökologische Perspektive auf das Umfeld profiliert wird.

Im Rahmen alltagsorientierter Sozialpädagogik wird eine derartige Ausrichtung institutioneller Angebote auf die alltäglichen Bezüge der Adressat:innen respektive Familien ebenso postuliert (vgl. Thiersch 1978a, S. 19ff.; 1986/2006, S. 48ff.). Am Beispiel der Erziehungsberatung wird die Konzentration auf den familialen Binnenraum kritisch reflektiert und eine Kooperation mit dem sozialen Umfeld konzeptionell gefordert (vgl. Thiersch 1989, S. 186f., S. 190f.). Für die SPFH als eine „eher lebenspraktische und handlungsorientierte Form der Erziehungsberatung" (Seithe 2007, S. 578) kann dies gleichermaßen geltend gemacht werden. Ferner wird in diesem Zusammenhang auch eine Konturierung sozialpädagogischer Handlungsansätze gegenüber den verbreiteten therapeutischen Ansätzen diskutiert (vgl. Thiersch 1978b, S. 10ff., S. 17ff.). Hierbei stellt der Fokus auf soziale Netzwerke ein Charakteristikum dar, da „Hilfeperspektiven aus und in der Komplexität lebensweltlicher Netzwerke, Handlungsformen und Ressourcen zu entwickeln" (Galuske 2013, S. 145) seien (vgl. Thiersch 1978b, S. 11ff.; Nestmann 1989, S. 109ff.; Straus 1990, S. 506ff.).

Die SPFH entsteht vor diesem hier skizzierten Hintergrund. Erste Varianten werden in Westberlin erprobt, die von dort aus Einzug in die gesamte BRD halten und dort adaptiert werden. Inwiefern diese konzeptionellen Rahmungen im Entwicklungsprozess der SPFH integriert werden, ist Gegenstand des nachfolgenden Abschnittes.

3.1.2 Ein Experimentierfeld und dessen (kritische) Rezeption

Die SPFH entsteht im Umfeld von sozialen Bewegungen (Sozialarbeiter:innen-, Student:innen-Bewegungen), innerhalb derer der repressive Charakter der Heimerziehung problematisiert, politisiert und aktiv verändert wird (vgl. C.W. Müller 2013, S. 236ff., S. 262ff.; Rätz 2018, S. 75ff.). Parallel dazu werden im Kontext der Familientherapie oder Psychiatrie lebensweltliche Öffnungsprozesse gefordert und Formen netzwerkbezogener bzw. gemeindepsychologischer Versorgung entwickelt (vgl. Thiersch 1978b, S. 19ff.; Sickendiek/Engel/Nestmann 2008, S. 58f.; Hammerschmidt/Weber/Seidenstücker 2017, S. 109, S. 116f.). In diesem Umfeld reift die SPFH als „Frucht der Heimkampagne" (Kreft/C.W. Müller 1986, S. 108), die zum familienorientieren Gegenentwurf zur Heimerziehung wird. Nachfolgend wird dargestellt, mit welchen Umsetzungsformen experimentiert wird und welche Konflikte hinsichtlich konzeptioneller Idealvorstellung entstehen.

Es mag etwas verwundern, dass angesichts der bis hier vorgenommenen Rahmungen eine praktische Notsituation und ihr pragmatischer Lösungsversuch als Entstehungsanlass vorgestellt werden: Die Erziehungsheime in Westberlin sind im Jahr 1968 überbelegt, weswegen der Heimleiter der Senatsverwaltung, Martin Bonhoeffer, den Vorschlag unterbreitet, die betreffenden Kinder bei seinem Bekannten unterzubringen, was zunächst abgelehnt wird (vgl. Nielsen/Nielsen 1985a, S. 12; Kreft/C.W. Müller 1986, S. 109). Im Jahr 1970 ist die Anzahl von Fremdunterbringungen in Westberlin viermal höher als der bundesrepublikanische Durschnitt, womit sich der besondere Handlungsdruck erklären lässt (vgl. Nielsen/Nielsen 1985b, S. 19). Nach Bonhoeffers erfolglosem Versuch erfolgt die Gründung der *Berliner Gesellschaft für Heimerziehung*[38], deren Mitglieder sich für eine Veränderung der Heimerziehungspraxis[39] einsetzen (vgl. Bonhoeffer 1974, S. 125ff.; Thiersch 1986/2006, S. 109ff.) und im Mai 1969 die Durchführung erster Familienhilfen initiieren (vgl. Autorengruppe Westberlin 1977, S. 81ff.; Nielsen/Nielsen/C.W. Müller 1986, S. 27).

In dieser Interessengemeinschaft engagieren sich Menschen aus verschiedenen Berufsgruppen, wie Erzieher:innen, Sozialarbeiter:innen, Soziolog:innen oder Psycholog:innen (vgl. Seemüller 1971, S. 127; Christmann/C.W. Müller 1986, S. 78ff.). Insofern fließen in die Sozialpädagogische Familienhilfe – trotz des hinzugefügten, fachbezogenen Präfixes – heterogene disziplinäre Ansätze ein (vgl. Schmitt 1994, S. 101ff.). Für die Tätigkeit werden in erster Linie Studierende

38 Später in *Berliner Gesellschaft für Sozialarbeit* umbenannt (vgl. Autorengruppe Westberlin 1977, S. 90).

39 Diese wird ihrerseits durch eine wohnortnahe und elternorientierte Ausgestaltung weiterentwickelt und durch Formen der Familienpflegschaft ergänzt (vgl. Elger/Jordan/Münder 1987, S. 26ff.; Behnisch/Richter 2013, S. 47ff.).

dieser Fächer angeworben (vgl. Seemüller 1971, S. 127 f.). Insgesamt mangelt es seit der Nachkriegszeit an qualifiziertem Personal und entsprechende Ausbildungsgänge werden an höheren Fachschulen, Fachhochschulen und Hochschulen sukzessive weiterentwickelt (vgl. Kruse 2010, S. 50 ff.; Amthor 2003, S. 409 ff.; Hammerschmidt/Weber/Seidenstücker 2017, S. 109 f., S. 117 f.).

Das folgende Zitat legt nahe, dass es sich bei den Angeworbenen vorrangig um Studentinnen handelt, die je „für eine begrenzte Zeit in der Familie als ‚Ersatzmutter'" (Seemüller 1971, S. 127) tätig werden, um „überflüssige Heimunterbringungen [zu] vermeiden und damit den Kindern eine echte Hilfe bieten [zu können]" (ebd., S. 128). Der Funktionserhalt des kernfamilialen Binnenlebens in kurzfristigen Notsituationen zeichnet sich in dieser pionierhaften Phase als Charakteristikum der SPFH ab (vgl. Christmann/C. W. Müller 1986, S. 57 f.; Karsten 1987, S. 136 ff.).

Erklärt wird, dass die SPFH eine „echte ‚Marktlücke'" (Seemüller 1971, S. 128) ausfüllt, da die Abteilungen der Westberliner Familienfürsorge eine derartig umfangreiche Unterstützung nicht leisten können. Eine modellhafte Konzeption wird im Stadtteil Kreuzberg entwickelt, die in einem Projektbericht wie folgt wiedergegeben wird:

> „Die Eltern erhalten auf ihren Antrag von der Familienfürsorge eine spürbare persönliche Erziehungshilfe durch einen Familienhelfer. Die Kinder verbleiben bei dieser Art von Hilfe in der vertrauten sozialen Umgebung; eine Heimunterbringung wird vermieden. Die vom Jugendamt einzusetzenden Familienhelfer, die eine pädagogische Ausbildung, Vorbildung oder Erfahrung in der praktischen Kinder-, Jugend- oder Familienarbeit haben sollen und für den Einsatz in einer entsprechenden Familie geeignet sind, arbeiten wöchentlich 10 bis 20 Stunden in der Familie. In erster Linie werden die Familienhelfer die Mütter in der Erziehung ihrer Kinder entlasten. Schritt für Schritt führen die Familienhelfer die Kinder einer aktiven Freizeitgestaltung zu und entwickeln eine differenzierte Lernmotivation auf der Basis des Selbstvertrauens, spielen mit den Kindern, um bestimmte soziale Lernvorgänge in Bewegung zu setzen, machen die soziale Umwelt wahrnehmbar, begreifbar, befähigen die Familienmitglieder, Konflikte auf einer sachlicheren Ebene auszutragen, nehmen Einfluß auf die Haushaltsführung und -planung sowie -instandhaltung, beraten die Eltern in Erziehungs- und Ernährungsfragen, ermöglichen die ärztliche Versorgung der Kinder, lösen die Familie aus ihrem isolierten sozialen Dasein durch vielfältige Kommunikation, stiften neue Begegnungen, Bekanntschaften und Freundschaften." (Konzeption des Familienhelfer-Modells in Berlin-Kreuzberg, zit. in Gutfleisch/Oys 1975, S. 344 f.)

Zwischen den Jahren 1972 und 1976 werden zwanzig Familienhilfen im Stadtteil beauftragt, im Jahr 1980 befinden sich in Westberlin bereits 665 Familienhelfer:innen im Einsatz (vgl. Nielsen/Nielsen/C. W. Müller 1986, S. 27 f.).

Aufgrund dessen wird versucht diese exponentielle Entwicklung zu koordinieren, indem in ersten empirischen Untersuchungen Familienkonstellationen[40] typisiert werden, bei denen die Erfolgsaussichten eingeschätzt werden (vgl. Nielsen/Nielsen/C. W. Müller 1986, S. 101 ff.) – die Botschaft lautet hier: „Familienhilfe ist kein Allheilmittel" (Nielsen/Nielsen 1984, S. 140). Außerdem werden im Jahr 1981 *„Familienhelfervorschriften"* (Senator für Familie, Jugend und Sport 1985, S. 94; Hervorhebung im Original im Fettdruck) erlassen, die einen organisatorischen Rahmen bieten, aber mit konzeptionellen Zielstellungen konfligieren (vgl. Nielsen/Nielsen 1984, S. 143 f.; Christmann/C. W. Müller 1986, S. 117 ff.; Maier 1985, S. 68 ff.).[41] Beispielsweise werden die ergänzend eingesetzten „Familienhelferläden" (Nielsen/Nielsen/C. W. Müller 1986, S. 25) nicht finanziert.[42] Die Läden sollen ein stadtteilbezogenes Angebot darstellen, durch dass sich Sozialpädagogische Familienhelfer:innen mit Gemeinwesenarbeiter:innen vernetzen und auch familienübergreifende Angebote durchführen können (vgl. Nielsen/Nielsen 1984, S. 143; Nielsen/Nielsen/C. W. Müller 1986, S. 25). Die Berücksichtigung des sozialen Umfeldes ist auf diese Weise an die jeweilige Hilfegestaltung der eingesetzten Familienhelfer:innen gebunden.

Eine dezidierte Umfeldorientierung wird in einzelnen Diensten, wie den *Familiendiensten Wedding e. V.*, aufgegriffen, dessen Konzeption neben der Hilfe im Einzelfall als stadtteilbezogenes „Rahmenangebot" (Meinhold 1987, S. 202) ausgerichtet ist. Die Mitarbeitenden sind demnach „nicht länger darauf fixiert,

---

40 Hierfür werden die Familienkonstellationen nach „Einzelkrisen" (Nielsen/Nielsen/C. W. Müller 1986, S. 108), „Strukturkrisen" (ebd., S. 102) und „chronischen Strukturkrisen" (ebd., S. 108) typisiert. Nur bei den beiden erstgenannten wird die SPFH als erfolgsversprechend im Sinne einer Kompetenzerweiterung für die eigenständige Lebensbewältigung beschrieben (vgl. ebd., S. 101 f.).

41 Neben der Schaffung einer einheitlichen Struktur wird mit den Vorschriften auf die Kostenentwicklung der SPFH reagiert. Unter der Annahme, dass jede eingesetzte SPFH eine Heimerziehung erübrigt, können zwar erhebliche Kosteneinsparungen aufgezeigt werden, allerdings führt der vermehrte Einsatz von SPFH gleichwohl dazu, dass deren Budgetierung regelmäßig überschritten wird (vgl. Nielsen/Nielsen 1984, S. 13 ff., S. 135 f.). Zudem weisen erste Studienergebnisse darauf hin, dass mehr Fremdunterbringungen als Rückführungen in die Familien im Rahmen der SPFH realisiert werden. Die Autor:innen erklären dies damit, dass durch die intensive Zusammenarbeit der SPFH mit der Familie differenzierte fachliche Einschätzungen entwickelt werden und Aushandlungsprozesse angestoßen werden, die zu einer höheren Akzeptanz der Personensorgeberechtigten bezüglich der Fremdunterbringungen ihrer Kinder führen (vgl. Nielsen/Nielsen/C. W. Müller 1986, S. 137 ff.).

42 Weitere Kritikpunkte beziehen sich darauf, dass die Tätigkeit nicht als Festanstellung, sondern auf Honorarbasis durchgeführt werden soll. Zudem liegt der Stundensatz in Westberlin weit unter dem Bundesdurchschnitt, die Kostenübernahme von Qualitätsentwicklungs- und Qualitätssicherungsmaßnahmen (z. B. Ausbildung und Supervision) ist nicht vorgesehen. Familien mit einem Kind werden als Zielgruppe ausgeschlossen und es bestehen Berichtspflichten, die das Vertrauensverhältnis zur Familie belasten (vgl. Nielsen/Nielsen/C. W. Müller 1986, S. 34 f.; Christmann/C. W. Müller 1986, S. 117 ff.).

primär Handlungsmuster von Eltern und Kindern verändern zu müssen“ (ebd., S. 200), sondern werden explizit dazu aufgefordert,

> „das familiale Klein-Milieu [… und] dessen Belastungsgrad zu verringern, ‚Räume‘ zu verändern oder andere Räume aufzusuchen, Ressourcen zu erschließen oder fehlende Ressourcen aufzufüllen, die Grenzen des Settings zu erweitern oder durchlässig werden zu lassen.“ (ebd., S. 200 f.)

Die Räumlichkeiten des Vereins können von den Familien freiwillig aufgesucht werden, wodurch eine möglichst vorurteilsfreie Inanspruchnahme und Mitgestaltung der Angebote durch die Adressat:innen angestrebt wird (vgl. Meinhold 1988, S. 254 ff.). Somit werden Ansätze der stadtteil- bzw. gemeinwesenbezogenen Arbeit in der SPFH angewendet, mit dem Ziel, „neben aller notwendigen familieninternen Arbeit die Außenkontakte der Familie, gerade auch die informellen“ (Pressel 1986, S. 25) zu berücksichtigen.

Ausgehend von den Berliner Entwicklungen wird die SPFH in der gesamten BRD rezipiert und angewandt. Einer Bestandserhebung zufolge führen bereits im Jahr 1985 circa die Hälfte aller Jugendämter diese Hilfeform in ihrem Angebotsspektrum auf (vgl. Christmann/C. W. Müller 1986, S. 35). Allerdings greift es zu kurz, die Entwicklung der SPFH über ihre Eigendynamik zu begreifen, da ebenso organisatorische und rechtliche Veränderungen diesen bundesweiten Ausbau begünstigen. Ab den 1970er-Jahren wird der Allgemeine Soziale Dienst als Organisationsmodell für die Jugendämter eingeführt, wodurch die historisch gewachsene Trennung von Innen- und Außendienst aufgelöst und der Bereich der Familienfürsorge in die Jugendhilfe überführt wird (vgl. Hammerschmidt/Uhlendorff 2019, S. 28 ff.; Bettmer 2012, S. 806; Kap. 1.2; Kap. 2.2). Das aufsuchende Profil der Familienfürsorge kann in den ganzheitlich ausgerichteten Diensten, die Hilfeleistungen eher vermitteln als eigenständig durchführen, nicht aufrechterhalten werden – in diesem brachliegenden Handlungsfeld geht schließlich die SPFH auf (vgl. BMFSFJ 1999, S. 43; Schmid-Obkirchner 2015a, § 31 Rn. 3).

Daneben bilden sich die dargelegten familienpolitischen Debatten der Nachkriegszeit in Gesetzestexten ab, welche die Elternrechte stärken. Die Novelle des Jugendwohlfahrtsgesetzes (JWG) von 1961 beinhaltet, dass die „Grundrichtung der Erziehung“ (§ 3 Absatz 1 JWG) in der Angebotsgestaltung zu beachten ist, etwa in pädagogischer Hinsicht oder durch eine wohnortnahe Unterbringung (vgl. Kuhlmann/Schrapper 2001, S. 300 f.; Elger/Jordan/Münder 1987, S. 62 f.). Durch die Einführung des § 1666a BGB wird eine Verhältnismäßigkeitsprüfung im Verfahren zum Entzug des elterlichen Sorgerechts vorgeschrieben, wodurch der Allgemeine Soziale Dienst dazu aufgefordert wird, den Eltern vor der Anrufung des Familiengerichtes zunächst sozialpädagogische Unterstützung bei der Wahrnehmung ihrer elterlichen Rechte und Pflichten zu unterbreiten (vgl. Elger/Jordan/Münder 1987, S. 64 f.). Dennoch besteht bis dato keine eigenständige gesetzliche Grundlage für die SPFH (zumeist via §§ 5, 6 Absatz 1 JWG), was dazu führt, dass ungeklärte Fragen der Finanzierung, Organisation und Qualifikation der Mitarbeiter:innen in den Vordergrund gestellt werden (vgl. Christmann/C. W. Müller 1986, S. 78 ff., S. 99 ff.; Kreft/C. W. Müller 1986, S. 107; Elger/Jordan/Münder 1987, S. 37 f.).

Die SPFH wird zu einem bundesweiten Experimentierfeld: Neben eigenständigen Teams in den Jugendämtern werden bestehende stationäre Angebote um die aufsuchende Hilfeform erweitert, mitunter werden auch Studierende ehrenamtlich aktiv (vgl. Christmann/C. W. Müller 1986, S. 123 f.; Bierbrauer/Cherek/Rothschuh 1986, S. 111 ff.). Schwerpunktmäßig in Kassel wird mit Fördermitteln des Bundes das *Diakoniemodell* implementiert, wobei festangestellte Mitarbeiter:innen nach einem strukturierten Ablaufmodell arbeiten und ihre Büros und Gruppenräume regionalisiert im Wohnumfeld der Familien ansiedeln, um gruppenbezogene Angebote umzusetzen (vgl. Pressel 1986, S. 24 ff.; Christmann/C. W. Müller 1986, S. 120 ff.; Elger/Jordan/Münder 1987, S. 151 ff.). In Nordrhein-Westfalen findet das sogenannte *Caritasmodell* Anwendung. Konzeptionell ist vorgesehen, ausgehend von einer festen Teamstruktur durch einen möglichst frühzeitigen Einsatz eine freiwillige Inanspruchnahme zu ermöglichen und familienübergreifende Gruppenangebote, beispielsweise zur Feriengestaltung, umzusetzen (vgl. Schnabel 1986, S. 69 ff.; Elger 1986, S. 49 ff.; Christmann/C. W. Müller 1986, S. 122 f.). Den eingerichteten Diensten stehen circa zehn bis zwanzig Stunden wöchentlich für bis zu zwei Jahren je SPFH zur Verfügung; sie werden mitunter noch „im Grenzbereich zur Familienpflege" (Elger 1986, S. 51) verortet (vgl. Christmann/C. W. Müller 1986, S. 86 ff.; Nielsen/Nielsen/C. W. Müller 1986, S. 60 f.). Ein profiliertes konzeptuelles Verständnis von Inhalten und der methodischen Ausgestaltung steht zu diesem Zeitpunkt noch aus (vgl. Nielsen/Nielsen/C. W. Müller 1986, S. 188 ff.; Enders 1987, S. 180 f.; Helming 2001, S. 542 f.; 2016, S. 17 f.).

Insgesamt schlägt sich somit eine sozialökologische Ausrichtung in der SPFH nieder. Indem eine „Öffnung des familiären Lebenszusammenhangs nach außen, [die] Förderung der Kommunikation mit anderen und [die] Ermöglichung gemeinsamer Selbsthilfe" (Elger 1990, S. 76) gefordert wird, erfolgt eine konzeptionelle Verankerung der Berücksichtigung des soziale Beziehungsnetzwerks von Familien. Allerdings weisen empirische Erhebungen zu den vielfältigen Zielen und Aufgabenbereichen[43] darauf hin, dass dieser Anspruch zugunsten der prak-

---

43 Aufgezählt werden Aufgabenbereiche von „erfolgreiche[n] Familienhelfer[n]" (Nielsen/Nielsen/C. W. Müller 1986, S. 190):

„- Klarheit darüber kriegen, was man will. Keine intellektuellen Auseinandersetzungen führen, Offenheit und Kooperation anbieten;
- weder die Probleme der Familie definieren noch lösen. Das muß die Familie selber machen. Dabei können Familienhelfer unterstützen;
- Aufmerksamkeit behalten für Unterstützung statt Überversorgung;

tischen und alltagsstrukturierenden Unterstützung insbesondere für Mütter oder Kinder sowie zugunsten der Modifikation familialer Kommunikations- und Beziehungsverhältnisse anhand familientherapeutischer Konzepte hintangestellt wird (vgl. Christmann/C. W. Müller 1986, S. 57 ff., S. 64 ff.; Elger 1986, S. 50 f.).

Diese inhaltliche Ausrichtung gepaart mit der flächendeckenden Umsetzung lässt die SPFH zur Projektionsfläche professions- und gesellschaftskritischer Debatten in der Sozialen Arbeit werden. Gegenüber den zuvor gescheiterten Reformversuchen, u. a. der *Offensiven Jugendhilfe*[44], stellt die Hilfeform das Paradebeispiel einer familienorientierten und damit konträren Neujustierung der Kinder- und Jugendhilfe dar. Gefordert wird eine Auseinandersetzung mit dem familien- und sozialpolitisch dominanten Modell der bürgerlichen Kernfamilie, das zwar ökonomisch voraussetzungsvoll sei, allerdings nicht den empirischen Familienrealitäten entspräche und dennoch normativ vermittelt werde (vgl. Karsten/Otto 1987, S. X ff., S. XXIII f.). Der Ausbau der SPFH wird als „praktische Vorentscheidung" (ebd., S. XXVII) in der Ausrichtung der Kinder- und Jugendhilfe bewertet, die eine theoretisch-reflexive Komposition des sozialpädagogischen Familienbezuges verkompliziere (vgl. ebd., S. XXVI f.). Dieser sollte die gesellschaftlichen Rahmenbedingungen und Normative für familiale Lebensweisen kritisch thematisieren und stattdessen „Familienwirklichkeiten in ihrer Eigendynamik" (ebd., S. XXVII) in den Blick nehmen (vgl. Peters 1990, S. 37).

In dieser Lesart werde von den Protagonist:innen des progressiven Ausbaus der Hilfeform verkannt, dass sie ein Mittel einer (jugendhilfe)politischen „Re-Familiarisierung" (Peters 1990, S. 37) darstelle, die nichts weniger als eine „Entpolitisierung sozialer und gesellschaftlicher Konfliktkonstellationen und [eine] sozialverträgliche Transformation struktureller Brüche moderner Gesellschaften in subjektiv private sprich familiale – Lebensweisen" (Karsten 1987, S. 138) bedeute (vgl. Horn-Wagner 1994, S. 25 ff.). Durch die SPFH verkomme sozialpädagogisch-sozialarbeiterisches Handeln zur „Feuerwehr aktueller Problemkonstellationen" (Karsten 1987, S. 135) und bleibe – trotz anderer

- Durchsetzungsvermögen entwickeln, ohne autoritär zu sein;
- Distanz behalten und in bestimmten Situationen auf die Distanz verzichten können;
- Überangebote vermeiden;
- praktische Hilfen leisten, mit anpacken;
- Informationsdefizite ausgleichen;
- Heranführung an Nutzung sozialer Netzwerke für die Eltern und die Kinder" (ebd.).

Derartige Listen werden kritisch kommentiert, da sie eine „völlige Überforderung der HelferInnen mit gutgemeinten, aber widersprüchlichen Allgemeinplätzen [darstellen], die gut verbergen, daß inhaltliche Vorstellungen genauerer Art nicht vorhanden sind" (Schmitt 1994, S. 102).

44 „Ziel dieser Reformbemühungen war es, Jugendhilfe als eigenständige Erziehungsinstanz mit einem fest umschriebenen und einklagbaren Maßnahmenkatalog zu etablieren – nicht nur als Korrektur- und Kontrollinstanz der Familie, sondern als präventiv arbeitende Institution." (Mierendorff/Olk 2007, S. 553)

Verlautbarungen – auf einen defizitorientierten Zugang zum familialen Alltag reduziert (vgl. Peters 1990, S. 40 f.). Die SPFH wird zudem aufgrund ihres Einsatzes als Instrument zur Kostenreduktion öffentlicher Haushalte kritisiert (vgl. Enders 1987, S. 172 f., S. 184 f.). Die zum Teil ökonomischen bedingten Problemlagen in ihrer gesellschaftlichen Dimension im Rahmen der SPFH zu erkennen und zu bearbeiten sowie diese nicht individuellen Defiziten zuzuschreiben, wird auch ansatzweise in empirischen Arbeiten thematisiert (vgl. Christmann/C. W. Müller 1986, S. 57 f., S. 133 f.; Nielsen/Nielsen 1984, S. 2).

Anhand dieser Reklamationen der SPFH wird deutlich, dass die Verständigung über die gesellschaftliche Funktion Sozialer Arbeit nicht abgeschlossen ist und sich in den 1980er-Jahren zu einer Reflexion über ihren normativen Gehalt verschiebt (vgl. Kessl/Otto 2012, S. 1319 f.). Auch wenn die polarisiert geführten Debatten retrospektiv als „vielleicht etwas polemisch überzogen" (Peters 2012a, S. 281) eingeschätzt werden, weisen sie dennoch darauf hin, dass das familienunterstützende Hilfesetting der SPFH strukturell auch auf die „Verhinderung von Normverletzungen" (Jurczyk/Thiessen 2011, S. 344) angelegt sei.

Das Aufzeigen dieser Implikationen der SPFH stellt einen Aufruf dar, die Bezugnahme auf Familien zu reflektieren und Möglichkeiten und Grenzen der Hilfeform auszuloten. Denn prinzipiell wird der SPFH nicht in Abrede gestellt, dass „durchaus sinnvolle Hilfen für ‚Krisenfamilien' im Einzelfall" (Karsten 1987, S. 138) geleistet werden können. Insofern könnte für den Kontext der SPFH auch C. Wolfgang Müllers Anmerkung zur Kritik an der Methodik der Einzelfallhilfe geltend gemacht werden: „Der Anpassungsvorwurf hingegen ist leichter zu formulieren, als durch praktikable Alternativen zu entkräften" (C. W. Müller 2013, S. 242).

Diese kritische Rezeption verdeutlicht, dass die Netzwerkorientierung in der SPFH weiterhin konzeptionell integriert wird, aber von einer Ausrichtung auf das familiale Binnengeschehen überlagert wird. Bemerkenswert ist hierbei, dass diese netzwerkbezogenen Konzepte nachhaltig als Referenzprojekte bemüht werden (vgl. Sickendiek/Engel/Nestmann 2008, S. 200 ff.; Kap. 5.3.4). Dabei liegt – etwas zugespitzt formuliert – in dieser experimentellen Pionierphase der Fokus eher auf den Entwicklungs- und Umgebungsbedingungen der SPFH selbst als auf dem sozialen Umfeld der Familien.

Bevor die weitere Entwicklung der SPFH nach dieser experimentell-pionierhaften Phase in Gesamtdeutschland dargestellt wird, soll zunächst die Ausgestaltung der familienbezogenen Jugendhilfe in der DDR umrissen werden.

3.1.3 Jugendhilfe in der DDR: Familienhilfe als kollektive Aufgabe

Ausgesprochen unterschiedlich zur BRD vollzieht sich die Entwicklung der Jugendhilfe in der DDR, die vor dem Hintergrund der angestrebten sozialistischen

Gesellschaftsordnung gesondert zu betrachten ist (vgl. Mannschatz 1998, S. 222 f.; Kuhlmann/Schrapper 2001, S. 301 f.). Die zentralstaatlich organisierte Sozialpolitik zielt auf die Gewährleistung einer umfassenden Versorgung der Bevölkerung mit medizinischen und sozialen Einrichtungen ab (z. B. Polikliniken, Kinderkrippe oder -garten). Zentral ist zudem die Einbindung der Bürger:innen in staatliche Organisationen (z. B. Gewerkschaften, Jugendverband, Volkssolidarität) und Betriebe (vgl. Mannschatz 1998, S. 227 f.; Hammerschmidt/Weber/Seidenstücker 2017, S. 122 ff., S. 129 ff.; Hering/Münchmeier 2014, S. 230 f.).

So wird im Vorwort zum Familiengesetzbuch (FGB) postuliert, dass zukünftig „Familienbeziehungen neuer Art" entstehen würden. Diese gründen sich auf die sozialistischen Arbeitsverhältnisse bzw. deren zugrundeliegenden „kameradschaftlichen Beziehungen der Menschen", der Gleichberechtigung von Frauen sowie umfassenden Bildungsmöglichkeiten für alle Bürger:innen. Es soll demzufolge zukünftig möglich sein, das Familienleben „dauerhaft und glücklich zu gestalten" – so zumindest das politische Versprechen (vgl. Mitzscherlich et al. 2019, S. 69). Auf diese Weise – so die ideologisierte Vision – sollen soziale Problemsituationen auf ein Minimum begrenzt werden.

Die Familie wird in diesem Zusammenhang, strukturell ähnlich wie im Nationalsozialismus, für gesellschaftspolitische Zwecke instrumentalisiert (vgl. Winkler 2012, S. 67). Ähnlich wie in der BRD erhält sie ebenso wie die Ehe und die Gleichberechtigung von Mann und Frau eine verfassungsrechtliche Qualität (vgl. Hettlage/Lenz 2013, S. 137). In der Gleichberechtigung der Frau, insbesondere hinsichtlich ihrer Erwerbstätigkeit, spiegelt sich nicht nur sozialistisches Gedankengut wider, sie ist nach dem Zweiten Weltkrieg auch unter ökonomischen Gesichtspunkten erforderlich. Die Haushaltsführung und Kinderversorgung wird empirisch gesehen jedoch mehrheitlich von den Frauen bzw. Müttern[45] geleistet, denen daraus weitere Belastungen[46] entstehen (vgl. Nave-Herz 2013, S. 62 f.; Schroeder 2013, S. 692).

Die Erziehung der Kinder „zu gesunden und lebensfrohen, tüchtigen und allseitig gebildeten Menschen, zu aktiven Erbauern des Sozialismus" (§ 3 Absatz 1 Satz 2 FGB) wird zwar per Gesetz vornehmlich den Eltern zugestanden, allerdings sei diese „zugleich Aufgabe und Anliegen der gesamten Gesellschaft" (§ 3 Absatz 2 Satz 1 FGB); in der Jugendhilfe bestehen daher kaum eigenständige Elternrechte (vgl. Riege 2020, S. 160 f., S. 164 f.). Im Kern wird der Familie ein substantielles Misstrauen hinsichtlich der Erfüllung dieser Aufgabe entgegengebracht, was sich in der staatlichen Verantwortungsübernahme in Erziehungs- und

---

45 In der DDR können auch unverheiratete Mütter die elterliche Sorge vollumfänglich zugesprochen bekommen (vgl. Hettlage/Lenz 2013, S. 139).

46 In empirischer Hinsicht wird hingegen die einseitige Mehrbelastung von Frauen hinsichtlich familialer Reproduktionsaufgaben mit einer erhöhten Scheidungsrate in Verbindung gebracht, was sich letztlich negativ auf die intendierte Steigerung der Geburtenrate und Produktivität auswirkt (vgl. Schroeder 2013, S. 693 f.).

Bildungsangelegenheiten niederschlägt (vgl. Rätz 2018, S. 73 f.; Hering/Münchmeier 2014, S. 233). Die umfängliche Versorgung, beginnend bei der Kinderkrippe, zielt auf eine Abnabelung des Kindes von der Mutter und ermöglicht dem sozialistischen Staat eine frühzeitige Einflussnahme auf die Formung der Persönlichkeit bei gleichzeitiger Verfügbarmachung der Mutter für die Erwerbsarbeit (vgl. Hammerschmidt/Weber/Seidenstücker 2017, S. 130 f.; Kuhlmann 2014, S. 115).

Vor dem Hintergrund dieser sozialpolitischen Programmatik fällt der Jugendhilfe in der DDR lediglich ein Übergangstatus zu, bis die sozialistische Gesellschaftsidee Realität wird. Demzufolge wird sie auf die ersatzweise Versorgung und Erziehung von Kindern und Jugendlichen reduziert, die unzureichend in ihren Familien versorgt werden oder auffällige Verhaltensweisen zeigen (vgl. Hering/Münchmeier 2014, S. 232 f.; Hammerschmidt/Weber/Seidenstücker 2017, S. 136). Im Gegensatz zur BRD werden die gesetzlichen Strukturen aus der Weimarer Republik in der DDR nicht restituiert, sondern grundlegend verändert. Die Ehe- und Familienberatung wird beispielsweise dem Gesundheitswesen zugeordnet, während die Jugendpolitik in einer eigenen Amtsstruktur für Jugendfragen umgesetzt wird (vgl. Hammerschmidt/Weber/Seidenstücker 2017, S. 132 f.).

Die Ausgliederung der Jugendförderung, mit dem Ziel einer sozialistischen Erziehung, ist mit der Gründung eigenständiger staatlicher Organisationen wie den *Pionieren* oder der *Freien Deutschen Jugend* verbunden (vgl. Hammerschmidt/Weber/Seidenstücker 2017, S. 132 f.; Rätz 2018, S. 74). Die staatlich organisierte Jugendhilfe wird weitestgehend auf die Heim- bzw. Fürsorgeerziehung[47] reduziert, was auch zu einem Rückgang der freien Trägerschaft führt (vgl. Hammerschmidt/Weber/Seidenstücker 2017, S. 127 ff., S. 132 f.). Die Heimerziehung wird als differenziertes und ausgesprochen reglementierendes und disziplinierendes System umgesetzt, das auch geschlossene Unterbringungen, wie den bekannten Jugendwerkhof Torgau, beinhaltet (vgl. ebd., S. 135 ff.; Mannschatz 1998, S. 226 f., S. 232 f.; Freigang/Wolf 2001, S. 33 ff.).

Der Heimerziehung lastet jedoch etwas Makelhaftes an, da sie konträr zu den propagierten gesellschaftlichen Idealvorstellungen und sozialpolitischen Anstrengungen implizit auf gesellschaftliche Problemursachen verweist. In der DDR werden diese weitestgehend tabuisiert und als individuelle Defizitzuschreibungen an die Familien adressiert (vgl. Hammerschmidt/Weber/Seidenstücker 2017, S. 135 f.). Anhand der Fälle sexuellen Kindesmissbrauches in Familien werden retrospektiv, und entgegen der öffentlichen Statistiken (vgl. Schroeder 2013, S. 534 f.), „Verdeckungszusammenhänge“ (Mitzscherlich et al. 2019, S. 88) empirisch aufgezeigt. Diese legen nahe, dass derartige Delikte politisch als ein für die

47 Weitere Aufgabenbereiche sind: Jugendgerichtshilfe, Vormundschaft, Adoption und Pflegschaft (vgl. Hammerschmidt/Weber/Seidenstücker 2017, S. 133)

„sozialistische[…] Gesellschaft untypisches Vergehen" (ebd.) verhandelt wurden und zudem einen erheblichen normativen Druck für die Betroffenen erzeugten. In Erwägung gesellschaftlicher Sanktionen orientieren sich diese an der „Wahrung des guten Scheins einer funktionierenden sozialistischen Familie" (ebd.), häufig zulasten ihrer Veröffentlichungsbereitschaft (vgl. ebd., S. 71 ff.).

Die bis hierin vorgestellte Struktur samt des individualisierenden Zugangs der DDR-Jugendhilfe bedeutet jedoch nicht, dass den Familien praktisch die Anforderungen der Erziehung ihrer Kinder alleinig überantwortet wird (vgl. Mannschatz 1998, S. 223 f.; Bütow/Maurer 2006, S. 66 f.).

> „Wenn Jugendhilfe aktiv wurde, dann nicht im Sinne separierter Zuständigkeit. Ambulante Erziehungshilfe war darauf gerichtet, vorhandene oder drohende Isolierung der Familien zu überwinden oder zu vermeiden, ihnen zu helfen, Anschluss zu finden, die im gesellschaftlichen System gegebenen Entwicklungschancen (Arbeit für alle, Berufsausbildung, soziale Sicherheit, zwischenmenschliche Solidarität) zu nutzen und ihrer teilhaftig zu werden." (Mannschatz 1998, S. 224)

Getragen von einem präventiven Ansatz zielt die Jugendhilfe in der DDR darauf ab, dass Kinder und Jugendliche bei Problemlagen in ihrer Familie und ihrem sozialen Umfeld Unterstützung erhalten, was in erster Linie bedeutet, sie in Regelinstitutionen zu (re-)integrieren (vgl. ebd.; Hammerschmidt/Weber/Seidenstücker 2017, S. 136).

In ihrer Analyse von Jugendhilfeakten in 102 Jugendhilfefällen im Kreis Hoyerswerda stellt Iris Riege heraus, dass in zwei Drittel der berücksichtigten Akten ambulante Interventionen eingesetzt wurden (vgl. Riege 2020, S. 185 f.). Im Ergebnis werden in 53,92 % der untersuchten Fälle objektive Interventionsanlässe, wie u. a. Scheidung, Konflikte getrenntlebender Eltern oder minderjährige Mütter, identifiziert (ebd., S. 217 f.). Demgegenüber können in 46,08 % keine objektiven Kriterien als Interventionsgrundlage ausgemacht werden, weshalb in diesem Zusammenhang eine „Undurchsichtigkeit der Interventionen der Jugendhilfe hinsichtlich ihrer Anlässe" (ebd., S. 218) konstatiert wird. Im Vergleich zu den bestehenden Rechtsnormen des Familien- und Jugendhilferechts der DDR wird deshalb auch von einer „Generalermächtigung" (ebd., S. 224) in der Ausgestaltung der Jugendhilfepraxis gesprochen, da weniger die zu erfüllenden Tatbestände für Interventionen als vielmehr die Verfahren und die Organisation der Jugendhilfe geregelt gewesen sind (vgl. ebd., S. 163 f., S. 225 f.).[48]

---

48 „Die Normen eröffnen für die Tätigkeit der Jugendhilfe einen weiten Aufgabenrahmen im Dienste der notwendigen Bewältigung von Konflikten und zur Erreichung höherer ideologischer Ziele und bieten dafür detaillierte Organisations- und Verfahrensvorschriften. Dabei ist alles so weit formuliert und so voller unbestimmter Rechtbegriffe, dass es nur schwer möglich scheint, faktische Tätigkeit der Jugendhilfe ohne Rechtsgrundlage bzw. gar rechtswidrige Tätigkeit feststellen zu können." (Riege 2020, S. 226)

Insgesamt zeichnen sich familienbezogene Hilfen durch einen geringen Institutionalisierungsgrad aus (vgl. Böllert 2006, S. 17; Kühl 1997, S. 155). Die Jugendhilfe ist auf der Ebene der lokalen Gemeinde bzw. dem Stadtbezirk durch *Jugendhilfekommissionen* organisiert, in der sich überwiegend Ehrenamtliche engagieren, die einen Großteil der Unterstützungsleistungen ausführen. Fachlicher Beistand und die Koordination von Hilfeprozessen werden von beruflichen Jugendfürsorger:innen (im *Referat Jugendhilfe*) gewährleistet, die jedoch in der Minderzahl sind (vgl. Mannschatz 1998, S. 224 f.; Hammerschmidt/Weber/Seidenstücker 2017, S. 134 f.; Amthor 2016, S. 219).

Wenn Kinder oder Jugendliche auffälliges Verhalten an den Tag legen, werden die Betroffenen sowie die bereits involvierten Vertreter:innen staatlicher Organisationen (z. B. Krippe, Kindergarten, Schule, Betriebe der Eltern) konsultiert, um geeignete Unterstützungsmaßnahmen (z. B. Veränderung der Wohn- oder Arbeitsplatzsituation) einzuleiten (vgl. Mannschatz 1998, S. 224 f.; Hammerschmidt/Weber/Seidenstücker 2017, S. 134 ff.). In gewisser Hinsicht handelt es sich hierbei um eine sozialökologische oder gemeinwesenorientierte Perspektive, die am alltäglichen Lebens- und Beziehungskontext der Adressat:innen ansetzt (vgl. Hammerschmidt/Weber/Seidenstücker 2017, S. 135 f.; Böllert 2006, S. 17 f.).

Allerdings ist diese Form der Hilfegestaltung mit erheblichen Eingriffen in die familiale Privatsphäre verbunden, da sie eher von alltagstheoretischen Annahmen oder der Einhaltung gesellschaftlicher Normvorstellungen geleitet wird (vgl. Mannschatz 1998, S. 228 ff.; BMFSFJ 1999, S. 174 f.). Der Hausbesuch stellt in diesem Zusammenhang ein wesentliches Instrument dar, mit dem Einblicke in die familiale Situation erhalten und vereinbarte Regelungen kontrolliert werden können. Analog zu den historischen Vorformen der SPFH werden Familien offen mit der Erfüllung normativer Maßstäbe konfrontiert, darunter (un-)erwünschtes Verhalten oder Ordnung und Sauberkeit im Haushalt, die somit zum Interventionsziel familienaufsuchender Hilfen werden.

Deutlich wird hierbei, dass staatliche Förderungen und der Schutz der familialen Privatsphäre in der DDR deutlich weniger stark ausgeprägt sind als in der BRD (vgl. Hettlage/Lenz 2013, S. 139). Die Gesellschaftsvision impliziert zudem, dass Soziale Arbeit nicht dauerhaft notwendig ist, wodurch ein ausgewiesenes sozialpädagogisches Profil nur ansatzweise entwickelt wird (vgl. Mannschatz 1998, S. 225 f.; Bütow/Maurer 2006, S. 62 f.; Hammerschmidt/Weber/Seidenstücker 2017, S. 135, S. 138 ff.). Damit ist auch verbunden, dass spezialisierte Berufsbilder, wie z. B. Gesundheitsfürsorger:innen oder Jugendfürsorger:innen, neu und nur aufgrund dieser für kurze Zeit anvisierten Notwendigkeit geschaffen werden, während eine systematische Anbindung an den Hochschulbereich ausbleibt[49]

49 Eine Ausnahme stellt der erziehungswissenschaftliche Diplomstudiengang mit den Schwerpunkten Jugendhilfe und Heimerziehung an der Humboldt-Universität Berlin dar (vgl. Amthor 2016, S. 230).

(vgl. Amthor 2016, S. 224 ff., S. 228 ff.). Die ehrenamtlichen Helfer:innen hingegen verfügen häufig über pädagogische Grundausbildungen (z. B. als Erzieher:in, Lehrer:in), spezifische Anforderungen können jedoch von den hauptamtlich Tätigen nur bedingt vermittelt werden (vgl. Kuhlmann 2014, S. 114 f.; Bütow/Maurer 2006, S. 63).

Familienhilfe in der DDR wird auf der Ebene einer kollektiven gesellschaftlichen Verantwortung aller Staatsbürger:innen geleistet, die von beruflichen Fürsorger:innen angeleitet und strukturiert wird (vgl. Hammerschmidt/Weber/Seidenstücker 2017, S. 138). Der ausgeprägte ehrenamtliche Erbringungskontext führt zu einem niedrigen Formalisierungsniveau familienbezogener Unterstützung. Insgesamt liegt diese Form der Familienhilfe unterhalb staatlicher Strukturen der Jugendförderung und sozialen Versorgungseinrichtungen. Allerdings sollte auch eine strukturelle Parallele zur BRD deutlich geworden sein: Der alltagsbezogene Unterstützungsanspruch zielt darauf ab, Kinder und Jugendliche in ihrem sozialen Umfeld zu belassen und Fremdunterbringungen nach Möglichkeit zu vermeiden, wobei die Einsatzgründe vielschichtig sind und teilweise undurchsichtig bleiben.

3.2 Konsolidierung, Ausdifferenzierung und Erosion: Ein Erfolgsmodell?

Das abschließende Teilkapitel zur historischen Entwicklung aufsuchender Hilfen für Familien behandelt die jüngere Geschichte der SPFH, also etwa die letzten dreißig Jahre. Deren flächendeckender Ausbau wird durch die Reform des Kinder- und Jugendhilfegesetzes und der damit verbundenen lebensweltorientierten Ausrichtung begünstigt (vgl. BMJFFG 1990, S. 139 f.; Thiersch 1992/2014, S. 21 ff.; Helming 2016, S. 19 f.). Idealtypisch lassen sich dabei die zu Kapitelbeginn dargelegten Phasen der Konsolidierung, Ausdifferenzierung und Erosion unterscheiden.

Nach der Etablierung des Angebotes bis Mitte der 1990er-Jahre sowohl in der BRD als auch in der ehemaligen DDR werden konzeptionelle Weiterentwicklungen angeregt. Es erfolgt eine Ausdifferenzierung innerhalb der Sozialen Arbeit, etwa hinsichtlich ihrer theoretischen, empirischen und methodischen Fundierung (vgl. Thole 2012, S. 40 ff.; Galuske 2013, S. 164 ff.). Jenseits der Differenzen zwischen Fachhochschulen und Universitäten trägt zudem die fortschreitende Akademisierung der Sozialen Arbeit in der Bundesrepublik zur formalen Qualifizierung der auszubildenden Fachkräfte bei (vgl. Kruse 2010, S. 53 ff.; 2013, S. 156 ff.).

Der Logik dieses ersten historischen Kapitels folgend, wird die SPFH ab den 1990er-Jahren dargestellt. Zunächst werden ausgewählte Entwicklungen innerhalb der Sozialen Arbeit hinsichtlich des Untersuchungsgegenstandes dieser Arbeit aufgezeigt (vgl. Kap. 3.2.1), bevor die Entwicklung der Erziehungshilfe detaillierter beschrieben wird (vgl. Kap. 3.2.2). Den Abschluss bildet die Darstellung neuerer Familiendiskurse (vgl. Kap. 3.2.3).

3.2.1 Das Inszenieren sozialer Beziehungen im Kontext der Risikogesellschaft

Die Auseinandersetzungen über die Funktionsweisen der Sozialen Arbeit ab der Mitte des 20. Jahrhunderts führen dazu, dass gesellschaftliche Rahmenbedingungen Sozialer Arbeit stärker reflektiert werden (vgl. Thole 2012, S. 38). Dies bildet sich ebenso in der dargestellten kritischen Rezeption bzw. Reklamation der SPFH vor dem Hintergrund ihrer sozialpolitischen Bedeutung ab, wie in den Sammelbänden, die theoretische, professionsbezogene und methodische Positionierungen beinhalten (vgl. Böllert/Otto 1989; Otto/Hirschauer/Thiersch 1992). In diesem Zusammenhang wird auch das Motiv einer Inszenierung familialer und sozialer Beziehungen herausgearbeitet, die eine historische Kontinuität aufweist (vgl. Kap. 1.2) und auch im Rahmen einer lebensweltorientierten Grundlegung Sozialer Arbeit aufgegriffen wird.

Als einflussreich erweist sich die Zeitdiagnose der *Risikogesellschaft*, in der u. a. gesellschaftliche Individualisierungsprozesse herausgearbeitet werden. Demnach werden bestehende Sozialformen und traditionale Gewissheiten brüchig, woraufhin neue Sozial- und Lebensmuster entstehen (vgl. Beck 1986, S. 205 ff.; Rauschenbach 1992, S. 40 ff.; Kessl/Otto 2012, S. 1320). Damit werde „[d]ie ganz alltägliche Lebensbewältigung und ganz normale Lebensführung […] zu einer eigenen, ungewißheitsbelasteten, riskanten Aufgabe“ (Rauschenbach 1992, S. 39). Die Möglichkeiten der individuellen Lebensgestaltung werde zudem durch ungleich verteilte materielle und soziale Ressourcen sowie durch abnehmende orientierungsstiftende „Weltbildproduzenten“ (Rauschenbach 1992, S. 42), wie Familien- und Verwandtschaftsmitglieder oder Menschen aus Nachbarschaften oder anderen sozialen Zusammenhängen, begrenzt (vgl. Beck 1986, S. 208 ff.). Diese Funktionen übernehmen demnach zunehmend „*sekundäre* Institutionen und Instanzen, die standardisieren, Orientierungen verleihen, prägen und kontrollieren“ (Rauschenbach 1992, S. 42; vgl. auch Beck 1986, S. 211 ff.).

Für die Soziale Arbeit wird daraus ein verändertes Selbstverständnis abgeleitet, wonach deren fürsorgerischer Charakter als gesellschaftliche „Regulationinstanz [sic] sozialer Probleme“ (Kessl/Otto 2012, S. 1320) womöglich abgestreift werden kann. In diesem Sinne wird sie zu einer „ubiquitären Unterstützungs- und Sozialisationsinstanz“ (ebd.) für eine Vielzahl von Bevölkerungsgruppen erklärt. Als ihre Aufgabe wird demzufolge definiert, Menschen angesichts der ambivalenten und prekären Ressourcenentwicklung dabei zu unterstützen „ihr Planungsbüro in eigener Sache aufzubauen“ (Rauschenbach 1992, S. 53; vgl. auch ebd., S. 49 ff.; Rauschenbach 1999, S. 259 ff.).

Bereits angeklungen ist, dass dieser Funktionsbestimmung darüber hinaus eine spezifische Perspektive auf soziale Netzwerkbeziehungen eingelagert ist:

> „Wir müssen wohl endgültig Abschied nehmen von der Hoffnung einer Regulation des Sozialen durch die privaten, stillen und barmherzigen Samariter (die im wirklichen Leben jedoch zumeist Frauen waren), die dieser Welt uneigennützig und hilfsbereit durch ihr Tun den Spiegel der Verkommenheit vorhalten, gleichwohl Gutes bewirken und damit ein Gefühl der dankbaren Entlastung hinterlassen, kurz: die Mitmenschlichkeit massenhaft, informell, freiwillig, verbindlich und vor allem unentgeltlich in den eigenen vier Wänden oder nach Feierabend praktizieren." (Rauschenbach 1992, S. 46)

Demnach resultiert daraus, dass durch Soziale Arbeit informelle soziale Beziehungsnetzwerke „durch eigens hierfür bereitgestellte, inszenierte soziale und pädagogische Dienste immer häufiger ergänzt oder gar ersetzt werden" (Rauschenbach 1999, S. 255). Diese Einschätzung des „Auseinanderfallens von Familien- und Verwandtschaftssystemen" (BMJFFG 1990, S. 30), wodurch die Sozialisation von Kindern und Jugendlichen bedroht wird, findet auch Eingang in den Achten Kinder- und Jugendbericht.

> „Die zunehmende Offenheit und Unsicherheit im Bereich der personalen Beziehungen führt möglicherweise auch dazu, daß die Erwartungen an Staat und Gesellschaft, jene Sicherheiten zu gewährleisten, die traditionellerweise durch Familie, Nachbarschaft und Verwandtschaft gewährleistet wurden, heute sehr viel höher werden, als dies in traditionalen Gesellschaften der Fall gewesen ist." (ebd.)

Im Siebten Jugendbericht wird die Bedeutung der sozialökologischen Umwelt hinsichtlich ihrer Sozialisationsfunktion für Kinder und Jugendliche hervorgehoben (vgl. Keupp 1990, S. 36 f.; Kap. 3.1.1). Mit dem Achten Jugendbericht vollzieht sich nun eine Akzentverschiebung, indem diese Aufgaben deutlicher an Einrichtungen der Kinder- und Jugendhilfe adressiert werden.

Dieses Verständnis folge „einer Kompensations- oder Substitutionslogik" (Otto 2018, S. 1482) informeller sozialer Beziehungen durch inszenierende institutionalisierte Dienste. Aus einer sozialen Netzwerkperspektive wird diese als erweiterungsbedürftig markiert, da „das Verhältnis zwischen lebensweltlichen und netzwerkbezogenen Ressourcen und professionellen Diensten in mancher Hinsicht unterkomplex" (ebd.) konzipiert wird. Allerdings bleibt hierbei offen, inwiefern die dargelegte Verhältnisbestimmung von Thomas Rauschenbach tatsächlich als Plädoyer für eine konzeptionelle Neuausrichtung Sozialer Arbeit verstanden werden sollte oder, ob sie nicht einen quantitativen Wachstumstrend beschreibt, und somit zunächst auf ein sich grundlegend veränderndes Verhältnis zwischen privater und öffentlicher Erziehung aufmerksam macht (vgl. Gängler 2013, S. 13 ff.).

Jedenfalls wird vor diesem Hintergrund das soziale Netzwerkkonzept in eine gemeindepsychologische Perspektive eingebettet und im Rahmen des Achten Jugendberichtes aufgegriffen (vgl. Keupp 1987, S. 24 ff., S. 38 ff.; 1990, S. 10 ff.; Nestmann 1989, S. 107 ff.; Straus 2002, S. 101 f.). Gerade weil Sozialbeziehungen „einem ständigen Erosionsprozeß unterworfen sind“ (Keupp 1990, S. 11), wird die Forderung erhoben, „[d]as veränderte Verhältnis des Subjekts zu dem Geflecht seiner sozialen Beziehungen, seines sozialen Netzwerkes“ (Keupp 1994, S. 16) zu berücksichtigen. Angesichts der gesellschaftlichen Entwicklungen werde die Betrachtung des sozialen Umfeldes nicht obsolet, da nicht davon auszugehen sei, dass der Mensch sein Leben als sozial isolierter „Einsiedlerkrebs“ (ebd., S. 17) führe. Das Netzwerkkonzept wird somit als Möglichkeit in Stellung gebracht, die Debatte über soziale Beziehungen, die sich zwischen den Polen *Verlust* und *Liberalisierung* (vgl. Diewald 1991) bewegt, einer differenzierten Analyse zu unterziehen (vgl. ebd., S. 19 ff., S. 251 ff.; Keupp 1990, S. 36 ff.).

Ausgehend vom Konzept des Empowerments wird „die Forderung nach *Selbstorganisation* und *autonomen Lebensformen*“ (Keupp 1990, S. 12) im Kontext Sozialer Arbeit diskutiert. Das institutionelle Inszenieren von Netzwerken besteht hierbei in der Förderung von Selbsthilfe-, Nachbarschafts- oder Interessengruppen (vgl. ebd., S. 12 ff., S. 36 ff.; Keupp 1994, S. 20 ff.; Seckinger 2018, S. 309 f.). Hierfür wird eine lebensweltliche und stadtteilbezogene Ausrichtung institutioneller Angebote entworfen, insbesondere im Hinblick auf familienbezogene Angebote (vgl. Keupp 1990, S. 40 ff.; 1994, S. 18 ff.). Im Achten Jugendbericht werden diese Anforderungen formuliert, die auch als Rahmenbedingungen lebensweltorientierter Sozialer Arbeit gelten:

> „Lebensweltorientierte Jugendhilfe inszeniert soziale Beziehungen in der Nachbarschaft, unter Kollegen, unter Menschen, die in gleiche Probleme involviert sind; sie arrangiert Räume, Situationen und Gelegenheiten für Kinder und Heranwachsende; sie engagiert sich in den Anstrengungen um lebensweltliche Erfahrungen und Räume in Institutionen und sozialen Netzen, auch im Stadtteil, in der Stadt, in der Region.“ (Thiersch 1992/2014, S. 24 f.)

Auch wenn eine netzwerkorientierte Perspektive konzeptionell integriert wird, bleibt zunächst weitestgehend offen, wie soziale Beziehungen durch soziale Institutionen praktisch inszeniert werden sollen. Unabhängig davon, ob dies vordergründig durch eine institutionelle Substitution informeller Beziehungen oder durch eine Förderung inszenierter Beziehungen geschehen soll, wird die notwendige Reflexion und Einforderung sozialpolitischer und insbesondere materieller Voraussetzungen für die Lebensgestaltung übergreifend thematisiert (vgl. Keupp 1990, S. 47 f.; Rauschenbach 1992, S. 53 ff.; Thiersch 1992/2014, S. 32 f.)

Verdeutlichen lässt sich diese Ambivalenz an der SPFH. Einerseits können durch die Handelnden lebensweltlich-informelle Beziehungen kompensatorisch inszeniert werden: „Die Familienhelferin wird für die Familie zugleich Freundin, Mithausfrau, Bezugsperson, Vorbild, Beraterin, ja zu einem Teil des erweiterten Familiensystems“ (BMJFFG 1990, S. 139). Andererseits laufe die sozialarbeiterisch-sozialpädagogische Beziehungsgestaltung Gefahr, zu einer „falschen Konzentration und Beschränkung der Arbeit auf die Familie“ (ebd.) zu führen (vgl. Böhnisch/Schröer/Thiersch 2005, S. 164). Das Handeln müsse deshalb gleichermaßen darauf ausgerichtet sein,

> „aus dem engen Kreis dieses schwierigen Familiensystems in das weitere Feld der Lebenswelt herauszukommen: durch Gruppenarbeit, durch Anregungen zur Selbsthilfe, durch Vermittlung zu Nachbarschaftskontakten und durch einen Abbau von Nutzungsbarrieren gegenüber den institutionalisierten Hilfsangeboten.“ (BMJFFG 1990, S. 140)

Die Inszenierung sozialer Netzwerkbeziehungen in der SPFH wird somit als doppelte Anforderung konzipiert: Durch ein Substituieren informeller sozialer Beziehungen im Rahmen einer sozialarbeiterisch-sozialpädagogischen Beziehung und durch ein Fördern informeller inszenierter Beziehungen. Nicht näher geklärt werden kann an dieser Stelle, inwiefern Unterstützungsleistungen aus informellen sozialen Beziehungen empirisch als degenerativ zu charakterisieren sind, inwiefern Einrichtungen bzw. die handelnden Fachkräfte diese substituierende Funktion überhaupt gewährleisten können und welche handlungspraktischen Möglichkeiten bestehen, informelle Sozialbeziehungen zu fördern (vgl. Otto 2018, S. 1482 f.).

Wie das netzwerkorientierte Handeln in der SPFH konzeptionell diskutiert wird, wird in den Grundlagenkapiteln zur SPFH näher erörtert. Gemäß der Systematik dieses Kapitels wird die Entwicklung der erzieherischen Hilfeform in der Bundesrepublik ab der Reform des Kinder- und Jugendhilfegesetzes im Folgenden nachgezeichnet.

3.2.2 Profilierung und Bedrohung des Universalrezepts

Die dynamische Entwicklung der SPFH ab den 1970er-Jahren führt dazu, dass sie im Zuge der Reform des familienorientierten Kinder- und Jugendhilfegesetzes im Oktober 1990 bzw. im gesamten Bundesgebiet ab dem Jahr 1991 als eigenständige erzieherische Hilfe mit Rechtsanspruch (§ 27 i. V. m. § 31 SGB VIII) verankert wird (vgl. Mierendorff/Olk 2007, S. 555 f.; Böllert 2006, S. 18 ff.; Rätz 2018, S. 78 ff.). Christian Schrapper bezeichnet sie mit Blick auf ihre quantitative Entwicklung bereits einige Jahre später als „Erfolgsstory“ (Schrapper 1997, S. 10), da sie sich „[v]om *häßlichen Entlein* zum *schönen Schwan* der Erziehungshilfen“ (ebd.) gemausert habe.

Durch das Inkrafttreten der Kinder- und Jugendhilferechtsreform setzt ein „Ambulantisierungsschub" (Pothmann 2016, S. 38) beim Gewähren von Erziehungshilfen ein (vgl. Rätz/Schröer/Wolff 2014, S. 157f.). Im Jahr 1991 beläuft sich die Fallzahl auf 13.027 Sozialpädagogische Familienhilfen im Bundesgebiet, im Verlauf des Jahres 1996 sind es bereits 20.179. Dieser Trend gewinnt weiter an Schwungkraft: Die Statistik weist bis zum Jahr 2007 bereits 63.670 Fälle aus (vgl. BMFSFJ 1999, S. 13; Pothmann 2009, S. 68f.); im Jahr 2016 werden sogar schon 116.054 Sozialpädagogische Familienhilfen erfasst (vgl. Fendrich/Pothmann/Tabel 2018, S. 70).

Im Achten Jugendbericht wird die in der Pionierphase entwickelte Typologisierung von Familiensituationen als *Einzelkrisen, Strukturkrisen* und *chronische Strukturkrisen* aufgegriffen und mit der Einschätzung versehen, dass die Hilfeform in den beiden letzteren als eher ungeeignet erachtet wird (vgl. BMJFFG 1990, S. 139; Nielsen/Nielsen/C. W. Müller 1986, S. 101ff.). Allerdings werden im Zuge der Konsolidierung und Ausdifferenzierung kaum noch Familienkonstellationen von der potenziellen Inanspruchnahme ausgeschlossen; stattdessen werden zunehmend methodische Ansätze und Spezialisierungen hinsichtlich eines adäquaten Umgangs diskutiert (vgl. BMFSFJ 1999, S. 16ff., S. 80ff.; Kühl 1997, S. 162ff.; Nicolay 1992b, S. 272ff.; 1992a, S. 287ff.). Zudem werden vorhandene Erfahrungen zur Ausgestaltung sowie Organisations- und Finanzierungsformen systematisiert und für den Aufbau neuer Angebotsstandorte verwendet (vgl. BMFSFJ 1999, S. 105ff.). Nach der experimentell-pionierhaften Phase und infolge der Jugendhilfereform konsolidiert sich die SPFH auf dem bereits bestehenden Bundesgebiet (vgl. Schattner 2007, S. 600f.).

Demgegenüber vollzieht sich in der ehemaligen DDR eine Transformation der Kinder- und Jugendhilfe, die nur selten als „Erfolgsgeschichte" (Böllert 2006, S. 20) erzählt wird oder als solche Anerkennung findet. Durch das Wegfallen staatlicher Versorgungsleistungen, etwa im Bereich der umfassenden Kindertagesbetreuung, werden Familien stärker hinsichtlich einer eigenverantwortlichen Lebensführung gefordert, z.B. in der Beantragung wohlfahrtstaatlicher Unterstützungsleistungen (vgl. Kühl 1997, S. 154f.; BMFSFJ 1999, S. 174ff.). War die Jugendhilfe in der DDR noch im Rahmen kollektiver Unterstützung nach recht diffusen Zuweisungskriterien organisiert, avanciert die SPFH auf dem hinzugekommenen Bundesgebiet zum „Universalrezept" (Jaeger 1992; vgl. auch Hoyer 1993, S. 26f.). Ihr Entwicklungsprozess vollzieht sich auf dem Gebiet der ehemaligen DDR analog zu dem der Bundesrepublik ab Ende der 1960er-Jahre, jedoch zeitlich enorm beschleunigt (vgl. Kühl 1997, S. 154ff.; Schattner 2007, S. 600f.).

Im Vordergrund steht der Aufbau einer Infrastruktur der freien Trägerschaft, nachdem diese in der DDR durch staatliche Institutionen rückgebaut worden ist. SPFH wird zunächst als haushalts- und alltagspraktische Unterstützung im Rahmen von Arbeitsbeschaffungsmaßnahmen von ehemaligen Erzieher:innen oder von Personal ohne pädagogische Ausbildung geleistet (vgl. Kühl 1997, S. 156ff.).

Als charakteristisch für die Praxis wird eine „akute Krisenorientierung" (ebd., S. 156) konstatiert. Die Einschätzungen der Mitarbeitenden der Allgemeinen Sozialen Dienste bieten eine Orientierungsfunktion für die Praktiker:innen, deren normativer Gehalt zumeist nicht hinterfragt wird. Dabei wirken gesellschaftliche Normvorstellungen, u. a. aus der DDR, fort, hinzu kommen die Ambivalenzen des institutionellen, eingebundenen Handelns zwischen helfenden und kontrollierenden Elementen (vgl. ebd., S. 157 f.).

Es werden basale bauliche Rahmenbedingungen (z. B. die Einrichtung von Büros) geschaffen und Organisations- und Finanzierungsfragen geklärt, wie beispielsweise die Etablierung von Festanstellungen oder die Umsetzung von Supervisionen (vgl. Kühl 1997, S. 156 ff., S. 159 f.). Im Jahr 1996 beläuft sich der Anteil der freien Träger bei erbrachten Sozialpädagogischen Familienhilfen auf 64,3 %, was einen rasanten Anstieg im Vergleich zu nur 2,7 % im Jahr 1991 bedeutet (vgl. BMFSFJ 1999, S. 10). Eine wesentliche Bedeutung im Qualifizierungsprozess des Personals nehmen systemische und klientenzentrierte Arbeitsansätze ein. Sie werden aufgrund ihres Beitrags zur Entwicklung eines Verständnisses von familiendynamischen Prozessen, spezifischen Formen der Gesprächsführung sowie der Förderung von Eigenmotivation und -aktivität der Adressat:innen als besonders bedeutsam angesehen (vgl. Kühl 1997, S. 162 ff.).

Eine konzeptionelle Vorstellung von der Hilfeform wird somit erst sukzessive entwickelt. Angesichts des gesellschaftlichen Umbruchs, in dem Arbeitslosigkeit und die damit verbundene fehlende betriebliche Zugehörigkeit besondere soziale Einschränkungen mit sich bringen, scheint die motivationale Aktivierung der Adressat:innen zu einer eigenständigen Lebensführung besonders bedeutsam zu werden: „Eltern müssen in stärkerem Maße ermutigt werden, ihre Verantwortung zu übernehmen bzw. *übernehmen zu wollen!* Eltern müssen neue Verantwortlichkeiten und neue Selbständigkeiten lernen und Fachkräfte müssen lernen, den Eltern diese zu lassen" (BMFSFJ 1999, S. 177; Hervorhebung im Original im Fettdruck).

Insgesamt konstituiert sich die SPFH in der Bundesrepublik somit über das Eingreifen in private Lebens- bzw. Familienzusammenhänge (vgl. Karsten/Otto 1987, S. IX ff., S. XXIV; Böhnisch/Schröer/Thiersch 2005, S. 160 f.). Nach der Konsolidierung auf dem gesamten Bundesgebiet setzen ab Mitte der 1990er-Jahre die Phasen der Rekonstruktion bzw. Ausdifferenzierung ein (vgl. Schattner 2007, S. 601 f.; Kühl 1997, S. 158 ff.).

Die rasante Entwicklung und Standortbestimmung des Handlungsfeldes ist im „Handbuch Sozialpädagogische Familienhilfe" (BMFSFJ 1999) dokumentiert. Darin wird die Hilfeform als Reaktion auf den sich vollziehenden gesellschaftlichen Wandel im Kontext der *Risikogesellschaft* theoretisiert (vgl. ebd., S. 150 ff.). Die Erziehungshilfe werde für Familien erbracht, die teils schicksalhafte Lebensereignisse erfahren haben und teils als „Modernisierungsverlierer bzw. -verweigerer" (Allert et al. 1994, S. 217) beschrieben werden können, denen es nicht gelinge, sich in der sich verändernden Gesellschaft zurechtzufinden (vgl. BMFSFJ 1999, S. 18; Richter 2013, S. 42 f.). Dies wird insbesondere für Familien im ländlichen Raum herausgestellt (vgl. Allert et al. 1994, S. 46 ff.).

Zentral ist hierbei die Beschreibung des Wandels der Familie, die in ihre einzelnen Rollen der Vater- und Mutterschaft sowie die primäre Beziehung zum Kind zu „zerfallen" (Beck 1986, S. 193) scheint (vgl. BMFSFJ 1999, S. 153 ff.; Karsten/Otto 1987, S. XII ff.). In Anlehnung an Ulrich Beck wird formuliert: „Die Familie ist der Ort, wo die gesellschaftlichen Widersprüche konflikthaft aufbrechen, aber sie ist nicht die Ursache des Geschehens" (BMFSFJ 1999, S. 155; vgl. auch Beck 1986, S. 175 f.). Ebenso wird hinsichtlich der sozialen Beziehungsnetzwerke davon ausgegangen, dass sich aufgrund der Armutslagen der Adressat:innen entsprechende Unterstützungsfunktionen und Fähigkeiten zur Beziehungsgestaltung verringern (vgl. BMFSFJ 1999, S. 78; Straus et al. 1987, S. 180 ff.).

Die Veränderung der gesellschaftlichen Bedingungen entziehe sich folglich einer direkten Bearbeitung im Rahmen der SPFH. Hingegen wird als Anforderung an die Praxis der Anspruch formuliert, die „Normalisierungsfunktion" (Böllert 1992, S. 163), z. B. hinsichtlich normativer Familienleitbilder, zu reflektieren und Adressat:innen in der Gestaltung ihrer Lebensführung zu unterstützen (vgl. ebd., S. 162 f.; BMFSFJ 1999, S. 76 ff., S. 180 ff.).

> „Individualisierung der Lebensführung und Pluralisierung der Lebenslagen bedeuten dabei, methodisch so zu handeln, daß mit jeder Familie abgestimmt wird, was bei dieser speziellen Konstellation von Unterversorgungs- und Risikolagen und daraus resultierenden Schwierigkeiten an Beratungs- und Interventionsmethoden brauchbar ist." (BMFSFJ 1999, S. 181)

Angesichts dieser Formulierung mag es etwas verwundern, dass im „Handbuch Sozialpädagogische Familienhilfe" (ebd.) das Konzept alltags- und lebensweltorientierter Sozialer Arbeit weniger als maßgeblicher theoretischer Bezugsrahmen, sondern eher anhand seiner historischen Entwicklung thematisiert wird (vgl. ebd., S. 136 f.). Dennoch wird erkennbar daran angeschlossen:

> „Zum Ausgangspunkt der Jugendhilfe wird das Subjekt mit seinen Lösungsversuchen. Es geht um ein handlungsorientiertes Subjektverständnis, das Menschen nicht zum Objekt von Erziehung oder Therapie macht, sondern davon ausgeht, daß diese immer schon versuchen, aktiv Alltagssituationen zu bewältigen – auch wenn es vielleicht in manchen Familien schwer ist, das zu glauben." (BMFSFJ 1999, S. 181)

Explizit vorgestellt werden vielmehr theoretische Grundlagen, die dazu beitragen sollen, eine entsprechende Perspektive auf die Familienmitglieder zu ermöglichen. Hierzu zählen das Konzept des Empowerments, Grundlagen der (sozialökologischen) Entwicklungspsychologie und insbesondere systemisch-konstruktivistische

Perspektiven (vgl. ebd., S. 183 ff., S. 195 ff., S. 208 ff.). Ein Kapitel zu Methoden und Arbeitsansätzen beschäftigt sich schwerpunktmäßig mit der Ausgestaltung der Tätigkeit hinsichtlich der „Familie als Beziehungssystem" (Nicolay 1996, S. 202). Favorisiert wird dabei ein integratives Methodenverständnis, welches sich z. B. auf die Stationen der Zusammenarbeit, die Kommunikation mit der Familie, den Zugang zum Familienleben, das Modelllernen, besondere Problemlagen oder weitere Kurzeitinterventionsprogramme bezieht (vgl. BMFSFJ 1999, S. 223 ff., S. 258 f.; Straus 1993, S. 5 ff., S. 29 ff.; Schattner 2007, S. 602 f.; Kap. 5.3).

Hervorzuheben ist in diesem Zusammenhang die Thematisierung sozialer Netzwerkarbeit im Rahmen von einzelfall-, gruppen- und stadtteilbezogenen Ansätzen in der SPFH (vgl. BMFSFJ 1999, S. 359 ff., S. 369 ff.; Straus 1990, S. 506 ff.; Borchardt/Haider-Lorenz/Koldeweg 1995, S. 281 ff.; Nicolay 1996, S. 213 ff.). Charakteristisch bleibt jedoch deren Umsetzung im Rahmen von Modellprojekten. Beispielsweise wird in Trier ein sozialökologisches SPFH-Modell implementiert, das mit längerer Hilfedauer neben der Arbeit in der Familie Elemente von Gruppen- und Netzwerkarbeit vorsieht (vgl. Ries 1995, S. 6 ff., S. 30 ff.; BMFSFJ 1999, S. 362 ff., S. 459 ff.). In diesem Zusammenhang wird darauf aufmerksam gemacht, dass die soziale Netzwerkarbeit als Methode bis dato „nicht entwickelt" (Ries 1995, S. 32) sei. Weitere konzeptionelle und methodische Konkretisierungen sozialer Netzwerkarbeit, wie einzelne Techniken und Anwendungsbereiche, werden erst in der Folgezeit systematisiert (vgl. Bullinger/Nowak 1998, S. 130 ff., S. 171 ff.; Straus/Höfer 1998, S. 78 ff.; Kap. 5.3.3).

Insgesamt wird die SPFH in den Phasen der Konsolidierung und Ausdifferenzierung als erzieherische Hilfe profiliert, die nicht mehr ausschließlich vor dem Hintergrund zu vermeidender Fremdunterbringungen verstanden werden muss (vgl. Wolf 2008, S. 65 ff.; Uhlendorff/Euteneuer/Sabla 2013, S. 135 f.). Hierzu trägt auch eine kontinuierliche Verständigung über konzeptionelle und methodische Ansätze sowie die formalen Rahmenbedingungen der SPFH bei, die in ihren Grundzügen im weiteren Verlauf dieser Arbeit dargestellt werden (vgl. Kap. II).

Die neuere Entwicklung gibt darüber hinaus dazu Anlass, in der Ausgestaltung der SPFH eine Erosion mit dem Potenzial, deren zentrales unterstützungsorientiertes Interventionsanliegen „zu ruinieren" (Wolf 2014b, S. 230), zu konstatieren (vgl. Wolf 2015, S. 228 ff.). Veränderte strukturelle Bedingungen, wie z. B. unzureichende, häufig pauschale Budgetierungen von Stundenumfängen, eine zeitliche Eingrenzung der Hilfedauer oder eine zunehmend asymmetrische Kooperation zwischen öffentlichen und freien Jugendhilfeträgern, werden als Bedrohung für die Praxis der SPFH problematisiert (vgl. Peters 2012b, S. 265 ff., S. 272 ff.; Seithe/Heintz 2014, S. 85 ff., S. 195 ff.; Merchel 2016, S. 77 ff.; Tölle 2016, S. 86 ff.).

Diese Veränderungen könnten einer kontrollierenden Hilfegestaltung Vorschub leisten: „Wenn Familienhilfe aber ökonomisch eingeschränktem Rationalisierungsdruck ausgesetzt wird, gerät sie in jene eher befehlende und kontrollierende Interventionsmuster, die zu unterlaufen ihr konzeptuelles Ziel war"

(Böhnisch/Schröer/Thiersch 2005, S. 164). Auch Birgit Hofgesang betont, dass gesicherte Rahmenbedingungen für die Handelnden in der Praxis essenziell seien, um „sich geduldig auf lange und anstrengende, eigene und fremde Lernprozesse in einem unbekannten Familienalltag einzulassen“ (Hofgesang 2005, S. 537).

Während das soziale Beziehungsnetzwerk der Familien im Zuge der Profilierung der SPFH allmählich an konzeptioneller Bedeutung gewinnt, kann diese Entwicklung in der Folge der Bedrohungen des Universalkonzepts möglicherweise außer Acht gelassen werden. So lassen sich der Erosionsprozess der SPFH in den Kontext wohlfahrtstaatlicher Transformationsprozesse stellen und die damit verbundene Bezugnahme auf Familien durch Soziale Arbeit reflektieren (vgl. Richter 2018, S. 387 f.). Einige dieser Perspektiven werden nachfolgend dargestellt und mit konzeptionellen Vorstellungen zu dem was unter Familie in der SPFH verstanden werden kann verbunden.

3.2.3 Thematisierungen von Familie und konzeptionelle Anforderungen – Konturen einer Perspektive auf soziale Netzwerkbeziehungen?

In den neueren Debatten werden die konzeptionellen Vorstellungen von Familie und die zugrundeliegenden gesellschaftlichen Wandlungsprozesse in ihrem Verhältnis zur Sozialen Arbeit bzw. der Kinder- und Jugendhilfe herausgearbeitet und diskutiert (vgl. Mierendorff/Olk 2007; C. Beckmann et al. 2009b; Böllert/Peter 2012; Lutz 2012; Winkler 2012; Böllert/Peter 2014; Euteneuer/Sabla/Uhlendorff 2015; Fegter et al. 2015a; Sabla 2015; Wolf 2015; Lenz 2016; Jurczyk 2020; Sektion Sozialpädagogik und Pädagogik der frühen Kindheit 2021). Zum Abschluss der historischen Entwicklungslinien sollen ausgewählte Thematisierungen von Familie dargestellt und mit den Anforderungen hinsichtlich der Ausgestaltung der SPFH sowie der Bedeutung des sozialen Beziehungsnetzwerkes in Verbindung gebracht werden.

Verfolgt man zunächst die historische Entwicklung, kann eine veränderte sozialpolitische Bezugnahme auf Familien konstatiert werden. Ist ab den 1980er-Jahren aus dem Wandel familialer Funktionen noch eine familienunterstützende Perspektive für die Kinder- und Jugendhilfe abgleitet worden, wird ab den 2000er-Jahren von einer „Funktions*teilung*“ (Mierendorff/Olk 2007, S. 559) und einer „Kooperation der Sozialisationsagenturen“ (Bauer 2010, S. 26) gesprochen, die sich gegenseitig ergänzen: Familien werden demnach hinsichtlich ihrer Bedeutung für primärsozialisatorische Aufgaben sozialpolitisch adressiert, wohingegen sie bezüglich der Betreuung und Bildung ihrer Kinder als unterstützungsbedürftig angesehen werden. Diese Aufgaben sind vorrangig von der Schule oder der Kinder- und Jugendhilfe zu erbringen (vgl. Mierendorff/Olk 2007, S. 556 ff.).

Angesichts der fortlaufenden Thematisierung und Infragestellung familialer Sozialisationsleistungen wird von „eine[m] deutlich engeren Zugriff auf Familie als im ausgehenden 19. Jahrhundert" (ebd., S. 564) ausgegangen, der wie beschrieben repressiv und sanktionsorientiert ausgerichtet gewesen ist. Michael Winkler weist darauf hin, dass somit „weniger die Struktur der Familie riskant [ist], wohl aber drohen die Familien an den wachsenden und in sich widersprüchlichen Erwartungen zu zerbrechen, die an sie gerichtet werden" (Winkler 2012, S. 68).

Das Verhältnis der Sozialen Arbeit zu Familien kann deshalb vor dem Hintergrund wohlfahrtsstaatlicher Transformationsprozesse betrachtet werden. Damit wird eine „konzeptionelle Neujustierung im Sinne aktivierungspädagogischer Logiken" (Kessl/Otto 2012, S. 1324) verbunden, deren neoliberale Devise „eine selbstverantwortete Chancennutzung für alle unterstellt: Chancengerechtigkeit statt Umverteilungsgerechtigkeit" (ebd., S. 1323). Damit verändere sich die Bezugnahme auf Familien in der Kinder- und Jugendhilfe folgenreich: „Die wesentliche sozialpolitische Zielsetzung besteht nicht mehr in einer Politik des sozialen Ausgleiches, [...] sondern [... in der] Verschiebung des Blickwinkels – von der ökonomischen Ungleichheit zur individuellen Inkompetenz" (Peters 2012b, S. 266).

Mit dieser sozialpolitischen Ausrichtung gehe auch ein Abbau individueller Unterstützungsangebote für Familien zugunsten eines Ausbaus der präventiven Infrastruktur einher. Diese Entwicklung wird beispielsweise am Ausbau von Kindertagestätten und Angeboten im Bereich der Frühen Hilfen aufgezeigt (vgl. Böllert 2012, S. 118 ff.; Böllert/Peter 2014, S. 123 ff.).

Insofern kann auch die beschriebene erosive Entwicklung der SPFH als Ausdruck eines postwohlfahrtsstaatlichen Transformationsprozesses gesehen werden, der mit einem veränderten Verhältnis zwischen Familie und Kinder- und Jugendhilfe einhergeht (vgl. Richter 2013, S. 13 ff., 2018, S. 387 f.). Dieses interdependente und in sich ambivalente Verhältnis zwischen dem Ausbau sozialstaatlicher Unterstützungsangebote für Familien einerseits und der Betonung ihrer Eigenverantwortlichkeit andererseits lässt sich mit dem Begriffspaar der *De- und Re-Familialisierung* fassen (vgl. Kutscher/Richter 2011, S. 194 ff.; Oelkers 2012b, S. 144 ff.; Richter 2013, S. 13 ff.). Im Zentrum sozialpolitischer Aufmerksamkeit steht demzufolge die bürgerliche Normalfamilie als normativer Bezugspunkt (vgl. Oelkers 2012b, S. 142 ff.; Richter 2008, S. 67 f.; Kutscher/Richter 2011, S. 198; Peter 2012, S. 26). Kennzeichnend hierfür sei, dass

> „soziale Risiken stärker an familiale und andere informelle Netzwerke verschoben werden, wovon insbesondere sozialstrukturell benachteiligte Familien betroffen sind, da ihnen meist nicht die Ressourcen zur Verfügung stehen, diesen Risiken kompensatorisch zu begegnen." (Richter et al. 2009, S. 3)

Neben der neoliberalen Betonung elterlicher Eigenverantwortung bei der Gestaltung des familialen Lebens werden demzufolge auch soziale Beziehungsnetzwerke in die Pflicht genommen. Im Fokus der Reflexionen stünden in erster Linie Eltern, für die sich daraus spezifische Betrachtungs- und Interventionsweisen ergäben: Einerseits würden diejenigen, die auch angesichts von Belastungsfaktoren (z. B. Ehescheidung) ihrer elterlichen Verantwortung bezüglich der Sicherung des Kindeswohles weitestgehend nachkommen, mit unterstützenden Leistungen bedacht (Oelkers 2012a, S. 163). Demgegenüber würden „gefährliche[...] Eltern" (ebd., S. 164), die ihrer elterlichen Verantwortung nicht ausreichend nachkommen, in ihrem Erziehungsverhalten umso mehr kontrolliert (vgl. ebd., S. 163 ff.; Peters 2012b, S. 269 ff.). Den überwiegend sozialstrukturell benachteiligten Eltern sollen Nina Oelkers zufolge „mittelschichtorientierte Verhaltensweisen lediglich antrainiert werden, ohne jedoch die lebensweltbezogenen Möglichkeiten dieser Familien denen der Mittelschicht anzupassen" (Oelkers 2012a, S. 167).

Auch wenn in der SPFH offensiv das Selbstverständnis vertreten wird, kein „Anpassungsinstrumentarium der Öffentlichkeit [zu sein], sondern eine Unterstützungsmöglichkeit für die Familien, einen eigenen Weg zu finden" (BMFSFJ 1999, S. 8), wird darauf hingewiesen, dass „die Gefahr besteht, daß gesellschaftliche Risiken in persönliche und in eigenes Verschulden (der Familien) umdefiniert werden" (ebd., S. 181). Angesichts einer aktivierungspädagogischen Sozialpolitik wird die Forderung, familienbezogene Praktiken einer Reflexion zu unterziehen, als dringlich herausgestellt, um

> „sowohl einer wohlmeinenden Vereinnahmung von Familien zu entgehen als auch einer aktivierungspädagogischen Rhetorik und Praxis kritisch-reflexiv zu begegnen, in der den Familien ihre soziale Marginalisierung als kulturelle Inferiorität zur Last gelegt wird [...]." (Richter 2018, S. 388)

Nachgegangen werden kann daher der Frage, welche konzeptionellen Vorstellungen von Familie in der Kinder- und Jugendhilfe respektive der SPFH auszumachen sind und inwiefern diese anschlussfähig an die soziale Beziehungsnetzwerke der Adressat:innen sind.

Ein einheitlicher Familienbegriff gilt angesichts interdisziplinärer Bezüge und empirischer Vielfalt von Familien als kaum denkbar (vgl. Peter 2012, S. 17 ff.; Winkler 2012, S. 11 ff.; Böllert/Peter 2014, S. 121 ff.). Familie kann als dynamisches, kulturell und historisch gebundenes Konstrukt beschrieben werden, welches häufig mit dem Normativ der bürgerlichen Kernfamilie assoziiert wird (vgl. Lenz 2016, S. 169 ff., S. 183 ff.; Lenz/Böhnisch 1999, S. 25 ff.; Uhlendorff/Euteneuer/Sabla 2013, S. 26 ff.). Inzwischen wird innerhalb der Kinder- und Jugendhilfe vertreten, dass analytisch unter Familie einmalige, dauerhafte und generationale Beziehungen verstanden werden, „bei denen die wechselseitige informelle Sorge um das körperliche, emotionale und geistige Wohl im Zentrum" (Uhlendorff/Euteneuer/Sabla 2013, S. 43) steht (vgl. ebd., S. 42 ff.; Oelkers 2012b, S. 136 f.; Peter 2012, S. 22 f.; Wolf 2015, S. 85 ff.):

> „Familie ist eine Lebensform, in der zumindest eine Generationenbeziehung in Form einer Elter-Kind-Beziehung vorhanden ist. Eine Familie entsteht nicht durch die Geburt eines Kindes, sondern durch die Übernahme und das Innehaben einer oder beider Elter(n)-Position(en) und kann nur dadurch fortbestehen. Bei der durch Verantwortungsübernahme konstituierten Elter-Kind-Beziehung handelt es sich in aller Regel um eine lebenslang andauernde persönliche Beziehung. Ob neben Elter(n) und Kind(ern) noch weitere Personen zur Familie gehören, ist eine Frage der Grenzziehung, die kulturspezifisch aber auch von Familie zu Familie variieren kann." (Lenz 2016, S. 176)

Als weiteres Merkmal lässt sich somit die Perspektive auf das soziale Beziehungsnetzwerk ausmachen. Individuell zu bestimmen ist demnach, wer jenseits der Generationenbeziehung zur Familie gezählt wird. Familien seien somit „immer in ein Geflecht persönlicher Beziehungen (‚soziales Netzwerk') eingebunden" (ebd.). Hierzu zählen insbesondere „das Verwandtschaftsnetz, das Freundesnetz und ein Netz von professionellen Helfern bzw. Helferinnen" (ebd.). Demnach kann Familie nicht nur „*als* soziales Netzwerk" (Nestmann 1999, S. 215) beschrieben werden, sondern ebenso „*im* sozialen Netzwerk" (ebd.; vgl. auch Kap. 4.3.3).

Darüber hinaus wird mit dem Terminus „*Doing Family*" (Schier/Jurczyk 2007, S. 11) Familie jenseits von Kategorien wie Ehe, traditioneller Geschlechterrollen oder Haushalt gefasst (vgl. Lenz 2016, S. 188 ff.). Angesichts von veränderten gesellschaftlichen Bedingungen, wie entgrenzter Erwerbsarbeitsverhältnisse und pluraler und dynamischer Haushalts- und Familienformen wird eine interaktionstheorethische Perspektive auf Familie entwickelt (vgl. Schier/Jurczyk 2007, S. 12 ff.): „Familie als Lebens- und Lernzusammenhang ist – so verstanden – ein haushaltsübergreifendes Netzwerk emotionsbasierter, persönlicher Austauschbeziehungen, die umso mehr gestaltet werden müssen, je komplexer und dynamischer das Netz ist" (ebd., S. 11). Das familiale Beziehungsnetzwerk wird demzufolge durch eine „Herstellungsleistung" (ebd., S. 10) geschaffen; es geht aus der persönlichen Beziehungsgestaltung hervor bzw. wird von den Beteiligten immer wieder neu hervorgebracht (vgl. ebd., S. 14 ff.).

Die familiale Beziehungsgestaltung werde jedoch mit sozialpolitisch eingeschränkten Verwirklichungschancen konfrontiert. Beispielsweise stellt das Alleinerziehen infolge einer Ehescheidung erhöhte Anforderungen an die Herstellung von Familie, die zudem individuell getragen werden müssen (vgl. Oelkers 2012b, S. 140 ff.; Oelkers/Richter 2010, S. 19 f.; Peter 2012, S. 25 ff.). Entsprechend wird als Kriterium für Soziale Arbeit formuliert, „Menschen mit ihren Bedürfnissen nach sozialen Kontakten und Netzwerken darin zu unterstützen, ihre eigene Idee von Familie entwickeln und leben zu können" (Meyer/Oelkers 2018, S. 164 f.). Oder anders gesagt, müssen in einer sozialpädagogischen Perspektive „Freiheit und Selbstbestimmung, eben Autonomie […] als die Kriterien gelten, die von Professionellen im Blick auf Familien in Anschlag gebracht werden" (Winkler 2012, S. 83).

Zu berücksichtigen ist hierbei, dass die SPFH bei Adressat:innengruppen eingesetzt wird, die selten dem Modell der bürgerlichen Normalfamilie entsprechen und in denen verschiedene Belastungen und Problemlagen existieren (vgl. Peters 2012b, S. 261 ff.; Böllert/Peter 2014, S. 128; Kap. 5.2.2; Kap. 6.1.2). Für die SPFH wird deshalb konzeptionell nahegelegt, „weniger familienzentrisch und elternzentriert" (Wolf 2015, S. 205) über Familie nachzudenken.

> „Familien im Kontext ihrer Lebenslage in ihrer sozialen Situation zu sehen heißt, ihre familialen und außerfamilialen Beziehungen zu berücksichtigen, also ihr Eingebundensein in ein soziales Netzwerk zu beachten und die Strukturen ihres Wohnumfeldes einzubeziehen." (Woog 2004, S. 87)

Die Aufforderung, das soziale Beziehungsnetzwerk jenseits familialistischer Vorstellungen zu berücksichtigen, wird im Entwicklungsverlauf der SPFH zunehmend formuliert. So weist beispielsweise Joachim Nicolay im Rahmen der Ausdifferenzierung der SPFH darauf hin, dass Netzwerkarbeit in der SPFH bis dahin zumeist bedeute, „Eltern zu befähigen, die Kontakte zu Ämtern und Institutionen im erforderlichen Umfang selbstständig wahrzunehmen" (Nicolay 1996, S. 213). Für Familien, in denen Fachkräfte eingeschränkte Möglichkeiten sehen, *Hilfe zur Selbsthilfe* anzuregen, wird das Konzept der „Nachsozialisierung" (Nicolay 1992a, S. 284) diskutiert (vgl. Nicolay 1992b, S. 272 ff.). Familien könnten dadurch entlastet werden, dass Sozialpädagogische Familienhelfer:innen den begleiteten Kindern verlässliche Beziehungsangebote unterbreiten, um deren Persönlichkeitsentwicklung zu begünstigen (vgl. Nicolay 1992a, S. 284 ff.). In diesem Zusammenhang wird auch nach grundlegenden Entlastungsmöglichkeiten für Familien gefragt und die soziale Netzwerkarbeit „als gemeinsame Suche nach externen Unterstützungs- und Entlastungsmöglichkeiten" (Nicolay 1996, S. 215) entworfen. Der Bedeutung familialer sowie außerfamilialer Beziehungen bzw. deren Ressourcen wird in Konzepten für das Handeln in der SPFH somit eine gesteigerte Bedeutung beigemessen (vgl. ebd., S. 213 ff.; Woog 2010, S. 37 ff., S. 198 f.; Helming 2001, S. 548 ff.).

Auch in grundlegenden Entwürfen zur SPFH wird ein Familienverständnis nahegelegt, in dem soziale Netzwerkbeziehungen ein konstitutives Element darstellen.

> „Es erscheint notwendig darauf zu achten, dass nicht ein idyllisches Familienmodell (zu dem dann die Klienten-Familie in Kontrast steht) zu einer Engführung der Wahrnehmung auf Familienprozesse führt und dann ganze Handlungsfelder übersehen werden. Das hat Folgen für wichtige Entscheidungen – zum Beispiel die Notwendigkeit, ein Kind aus der Familie herauszunehmen. Wenn die Ressourcen für die Entwicklung der Kinder in der Familie gering sind, ist eine sozialpädagogische Bewertung des Lernfeldes des Kindes – die sich nicht lediglich auf die Abweichung

> von Normalitätsvorstellungen fixiert, sondern sich insbesondere für die Probleme interessiert, die es hat, unter denen es leidet und die seine Entwicklung blockieren (Wolf 2003) – auch davon abhängig, ob es Zugang zu anderen wichtigen Erwachsenen hat, welche Qualitäten seine Peergroupbeziehungen haben, also wie gut oder schlecht sein Zugang zu den notwendigen Ressourcen außerhalb der Familie ist. Erst diese Zusammenschau der innerfamiliären und außerfamiliären Belastungen und Ressourcen lassen eine differenzierte Einschätzung seiner Entwicklungschancen und damit der sozialpädagogischen Interventionsnotwendigkeit zu." (Wolf 2006b, S. 93)

Für die praktische Ausübung der SPFH werden somit die Anforderungen formuliert, normative Familienleitbilder zu reflektieren und in der Sozialen Arbeit mit Familien eine Konzeption von Familie zu entwickeln, die auch soziale Beziehungsnetzwerke berücksichtigt (vgl. Wolf 2015, S. 35 ff., S. 196 ff.).

Nach diesen historischen Betrachtungen werden in den folgenden Kapiteln konzeptionelle, organisatorische und handlungsbezogene Grundlagen der SPFH unter besonderer Berücksichtigung des Untersuchungsgegenstandes aufgezeigt.

II Grundlagen der Sozialpädagogischen Familienhilfe – Ein Bestimmungsversuch im Horizont sozialer Netzwerkbeziehungen

4 Alltags- und Lebensweltorientierung

In der Sozialen Arbeit liegt inzwischen ein breites Spektrum an Theorieentwürfen vor (vgl. Thole 2012, S. 31 ff.; May 2010; Engelke/Borrmann/Spatscheck 2014, S. 329 ff.; Lambers 2016, S. 88 ff.; S. 129 ff.; Sandermann/Neumann 2018, S. 67 ff.). Für die Kinder- und Jugendhilfe sowie die erzieherischen Hilfen ist eine originäre Theorie nicht auszumachen (vgl. Bock 2012, S. 449; Winkler 2018b, S. 1355 ff.; Moch 2018, S. 634 f.). Die theoretische Fundierung der SPFH ist im Verlauf ihrer Geschichte kritisch reflektiert worden und es haben sich verschiedene konzeptionelle Bezugspunkte etabliert, die insbesondere hinsichtlich der Profilierung des sozialarbeiterisch-sozialpädagogischen Handelns bedeutsam sind (vgl. Schmitt 1994, S. 105 ff.; Nicolay 1996, S. 203 f.; BMFSFJ 1999, S. 149 ff.; Wolf 2015, S. 142 ff.). Einige theoretische Ansätze werden verschiedentlich mit der SPFH in Verbindung gebracht: zumeist mit einer deutlichen handlungsmethodischen Konnotation (vgl. Kap. 5).

Ein wesentlicher Beitrag zur Gegenstandsbestimmung der Kinder- und Jugendhilfe sowie der Erziehungshilfen wird im Konzept der alltags- bzw. lebensweltorientierten Sozialen Arbeit vorgenommen (vgl. Thole 2012, S. 43; Rätz/Schröer/Wolff 2014, S. 269 ff.; Moch 2018, S. 637). Bereits vor knapp 30 Jahren überschreibt Hans Thiersch (1992) einen Artikel mit „Schon wieder – und noch einmal – alltagsorientierte Sozialpädagogik", in welchem er Grundzüge des bis dato entwickelten Ansatzes verteidigt. Nach circa zehn weiteren Jahren weist er eingehend und selbstkritisch darauf hin, dass Weiterentwicklung bedeuten kann, dass „Konzepte, in denen wir arbeiten und uns auch verständigen, ausgearbeitet, modifiziert und differenziert werden. Daran – so scheint mir wenigstens – fehlt es in Bezug auf Lebenswelt und Lebensweltorientierung durchaus" (Thiersch 2002, S. 176). Diese Feststellung trifft er mit Blick auf die Netzwerk- und Ressourcenorientierung im Zuge der flexiblen, integrierten und sozialräumlichen Ausgestaltung der Erziehungshilfen (vgl. Kap. 5.3.4).

Für die Bestimmung der konzeptionellen Bedeutung sozialer Netzwerkbeziehungen in der SPFH scheint eine nuancierte Betrachtung der im Konzept der Alltags- und Lebensweltorientierung angelegten Bezüge daher lohnenswert. Hierfür werden zunächst einige Entwicklungslinien und Grundannahmen des Konzepts aufgezeigt (vgl. Kap. 4.1), bevor die soziologisch-phänomenologischen Bezugspunkte (vgl. Kap. 4.2) sowie die der sozialen Netzwerkforschung (vgl. Kap. 4.3) näher dargestellt werden.

4.1 Ein Theoriekonzept, sein Prototyp und soziale Netzwerkbeziehungen

Die Verbindung der Alltags- und Lebensweltorientierung und der SPFH ist genuin. Bereits in der Pionierphase werden erste Anschlüsse hergestellt: Sozialpädagogische Familienhelfer:innen sollen sich „an der Lebenswirklichkeit der Familien orientieren" (Nielsen/Nielsen/C.W. Müller 1986, S. 196). Im Theoriekonzept hingegen werden die alltagspraktischen Bewältigungshilfen mit einem Bildungsgedanken verknüpft und der Anspruch für Praktiker:innen formuliert „Ratsuchenden [zu] helfen, die bei ihnen angelegten und aufgegebenen Möglichkeiten freizusetzen[;] sie sollen sie im Lernen stützen oder auch provozieren" (Thiersch 1978a, S. 10; vgl. auch Woog 2010, S. 178 ff.). Spätestens im Achten Jugendbericht wird unmissverständlich darauf hingewiesen, dass die Hilfeform der SPFH „den Intentionen einer lebensweltorientierten Jugendhilfe in besonderer Weise" (BMJFFG 1990, S. 139) entspräche. Auch wenn das Theoriekonzept im Grundlagenwerk zur SPFH (vgl. ebd.) wenig Berücksichtigung findet, kann davon ausgegangen werden, dass es sich inzwischen als konzeptioneller Rahmen etabliert hat (vgl. Wolf 2015, S. 143).

Mitunter wird die SPFH als „Prototyp" (Petko 2015, S. 305) alltags- und lebensweltorientierter Sozialer Arbeit bezeichnet. Insbesondere in Publikationen jüngeren Datums wird auf die Hilfeform an prominenter Stelle rekurriert (vgl. Thiersch/Grunwald/Köngeter 2012, S. 176 ff.; Thiersch 2016). Allerdings beanspruchen auch andere Konzepte, wie im Rahmen systemischer Sozialer Arbeit, die Bezeichnung der SPFH als „Prototyp" (Ritscher 2013, S. 200) für sich. Hierin zeigt sich, dass die Kinder- und Jugendhilfe mitunter ein „Such- und Sammelbecken" (Bock 2012, S. 440) für die Illustration theoretischer Entwürfe darstellt. Bleibt man jedoch bei der Metapher, so kann ein Prototyp einerseits ein anzustrebendes Ideal implizieren, andererseits jedoch auch auf einen weiteren Entwicklungsbedarf hinweisen.

Im Konzept der Alltags- und Lebensweltorientierung erfolgt eine „Betonung der unmittelbar erfahrenen Lebensräume, der sozialen Beziehungen und der in ihnen verfügbaren Ressourcen" (Thiersch 1992/2014, S. 41). Der Fokus auf den Untersuchungsgegenstand dieser Arbeit wird jedoch in den einzelnen Entwicklungsphasen unterschiedlich hergeleitet und konnotiert. Insgesamt werden verschiedene theoretische Bezüge gekennzeichnet und miteinander verbunden:

> „[D]as Konzept der Lebensweltorientierung in der Sozialen Arbeit [kann] also als theoretisches Konzept verstanden werden, das seinen Ausgang nimmt in der Verbindung des interaktionistischen Paradigmas mit der Tradition der hermeneutisch-pragmatischen Erziehungswissenschaft, das diese aber im Kontext der kritischen Alltagstheorie reformuliert und auf heutige Gesellschaftsanalysen bezieht." (Thiersch/Grunwald/Köngeter 2012, S. 184)

Um aufzuzeigen, wie die Bedeutung von sozialen Netzwerkbeziehungen in der Alltags- und Lebensweltorientierung angelegt ist, bietet sich eine historische Betrachtungsweise des Konzepts an.

Seit ihren Anfängen in den 1960er-Jahren ist der Alltagsorientierung eine Kritik an Institutionalisierungs-, Verwissenschaftlichungs- und Professionalisierungsprozessen inhärent, da diese die alltäglichen Lebenszusammenhänge von Adressat:innen tendenziell überforme (vgl. Thiersch 1978a, S. 7ff.; Grunwald/Thiersch 2016, S. 25). Es gehe deshalb nicht nur darum, den Alltag der Adressat:innen zu verstehen, sondern ihn auch im Sinne einer kritischen Alltagstheorie sowohl als routiniert als auch begrenzt wahrzunehmen (vgl. Thiersch 1978a, S. 12ff.; 1986/2006, S. 40ff.; 1992/2014, S. 38ff.).

Ausgehend von einer *phänomenologisch-interaktionistischen* Perspektive lasse sich der familiale Alltag von den subjektiven Erfahrungen der Adressat:innen her bestimmen. Damit wird der Anspruch verknüpft, „dem Gegenstand des menschlichen Lebens, seinen konkreten Interaktionen und Handlungen gerecht" (Thiersch 1978a, S. 11) zu werden. Das tägliche Leben werde von einem „pragmatischen Motiv bestimmt" (Schütz/Luckmann 2003/2017, S. 33). Bisherige Erfahrungen verdichten sich demnach unhinterfragt zu einem subjektiven Alltagsverständnis, das erlaubt, „die Vielfältigkeit der Aufgaben ohne immer neue Überlegungen und Klärungen zu bewältigen" (Thiersch 1986/2006, S. 24). Dadurch werden vermeintlich triviale Praktiken wie die Nahrungsaufnahme oder die Haushaltsorganisation in familialen Zusammenhängen überhaupt erst realisierbar. Ferner wird der Alltag strukturiert durch „die erlebte Zeit, den erlebten Raum und die erlebten sozialen Bezüge" (Thiersch/Grunwald/Köngeter 2012, S. 183), die im Theoriekonzept zugleich als Handlungsdimensionen übersetzt werden (vgl. ebd., S. 186ff.). Angesichts dieser grundlegenden Konzeptionierung kann darauf aufmerksam gemacht werden, dass soziale Beziehungen hierbei als konstitutiver Bestandteil des Alltags und als Gegenstand des sozialarbeiterisch-sozialpädagogischen Handelns begriffen werden.

Nachdrücklich formuliert wird der normative Anspruch, den alltäglichen Pragmatismus punktuell, im Sinne eines „gelingenderen Alltag[s]" (Thiersch 2020, S. 67), zu überwinden. Die Grundlage hierfür bildet eine kritische Perspektive auf den Alltag, der anhand seiner „Pseudokonkretheit" (Kosik 1986/2016, S. 9) charakterisiert wird. Demnach ist Alltag insofern konkret, da er sich als „die Welt der äußeren Erscheinungen" (ebd.) abbildet. Einen wesentlichen Bezugspunkt bilden dabei die vermeintlich offensichtlichen Phänomene und Bewältigungsversuche im Alltag, die aber durch gesellschaftliche Strukturen beschränkt sind, die wiederum im Alltäglichen tendenziell unreflektiert bleiben (vgl. Thiersch 2018, S. 19). Ein Anspruch alltagsorientierter Sozialer Arbeit besteht darin, vermittelt durch eine sozialarbeiterisch-sozialpädagogische Beziehung einen verstehenden Zugang zum Alltag herzustellen. Durch ein kritisches Hinterfragen desselben, das dialektische „Ineinander von Gegebenem und Möglichen" (Thiersch 1986/2006,

S. 41), soll ein „Beitrag zur Selbstaufklärung der Lebenswelt" (Hamburger 2012, S. 139) geleistet werden (vgl. Thiersch 2018, S. 16 ff.). Mittels „Anregungen, Provokationen[... und] Unterstützungen" (Thiersch 1993, S. 17), welche stets die „Eigensinnigkeit" (Thiersch 2018, S. 19) der Adressat:innen zu respektieren haben, soll fürsorglichen Handlungsmustern entgegengewirkt werden (vgl. Thiersch 2020, S. 106 ff.; Woog 2010, S. 183 f.).

In Bezug auf die Weiterentwicklung des Konzepts in den 1980er- und 1990er-Jahren lässt sich darüber hinaus eine Referenz auf *soziale Netzwerke* ausmachen. Grundsätzlich liegt der Fokus auf der Gestaltung der Praxis, was in der Bezeichnung „lebensweltorientierte Institutionenorientierung" (Thiersch/Böhnisch 2014, S. 20) zum Ausdruck kommt. Im Achten Jugendbericht werden die Strukturmaximen der *Prävention, Alltagsnähe, Regionalisierung/Sozialraumorientierung, Integration/Inklusion* und *Partizipation* untrennbar mit dem Konzept verbunden (vgl. BMJFFG 1990, S. 85 ff.; Grunwald/Thiersch 2016, S. 25; Thiersch 1992/2014, S. 26 ff.; 2020, S. 119 ff.). In diesem Zuge wird auch der Alltagsbegriff unter dem der Lebenswelt subsumiert (vgl. Thiersch 2020, S. 46 f.).

Für die SPFH bedeute Alltagsnähe beispielsweise, dass Fachkräfte sich für eine vermeintlich triviale, alltagspraktische Unterstützung ihrer Adressat:innen „nicht zu schade" (Thiersch 1986/2006, S. 51) sein dürfen. Insbesondere anhand der Maxime der Prävention wird schließlich die Bedeutung sozialer Netzwerke hervorgehoben. Basierend auf Befunden der Netzwerkforschung wird abgeleitet, dass „gezielte Hilfen zur Erschließung von Ressourcen und Beziehungen zu Selbsthilfeinitiativen" (BMJFFG 1990, S. 85) umzusetzen sind (vgl. Keupp 1990, S. 40 ff.).

Soziale Netzwerkbeziehungen lassen sich in der alltags- und lebensweltorientierten Sozialen Arbeit demnach zum einen über die Struktur des Alltags in Form sozialer Beziehungen und zum anderen über die Thematisierung der sozialen Netzwerkforschung näher betrachten.

Nachdem diese beiden Bezugspunkte freigelegt worden sind, soll weiterhin auf die kritische Rezeption des Konzepts eingegangen werden. An der hier dargelegten historischen Entwicklung konnten die beiden Facetten der Alltagsorientierung und Institutionenveränderung aufgezeigt werden. Beide implizieren in der Zusammenschau einen doppelten Anspruch, indem sie als kritisches Reflexionsangebot des lebensweltlichen Alltags vorgesehen sind und gleichzeitig einen institutionellen Entwicklungsanspruch erheben (vgl. Sandermann/Neumann 2018, S. 82 ff.). Dass daraus Unklarheiten hinsichtlich der theoretischen Präzision erwachsen, ist kennzeichnend für die vorgetragene Kritik (vgl. Lambers 2016, S. 102 ff.).

Michael Winkler weist darauf hin, dass „[d]ie Pointe der Alltagspädagogik [...] vorrangig darin [besteht], dem Alltag die Selbstverständlichkeit, das Pseudokonkrete, das fast Automatische zu nehmen" (Winkler 2012, S. 73). Diese strukturelle „Gefahr einer Kolonialisierung" (Thiersch 1986/2006, S. 55) wird kritisch eingeräumt: „Die Subtilität der alltagsorientierten Sozialarbeit verfolgt die Adressaten gleichsam bis in die letzten Winkel ihrer Existenz“ (ebd.). Gerade in der SPFH würden die Familienhelfer:innen alleinig durch ihre Präsenz „unaufhebbar die Situation“ (ebd.) verändern. Dieser Automatismus wird dahingehend aufgelöst, dass Fachkräfte nicht nur dem Alltag der Adressat:innen, sondern auch den eigenen institutionellen Handlungsmustern kritisch-reflexiv begegnen müssten (vgl. ebd., S. 48 ff.; Thiersch 2020, S. 163 f.). Angesichts der damit verbundenen Herausforderungen im sozialarbeiterisch-sozialpädagogischen Handeln wird dieses zugespitzt mit einer „kontrollierten Schizophrenie“ (Thiersch 1986/2006, S. 209) verglichen.

Bettina Hünersdorf hinterfragt den kritisch-normativen Anspruch der Lebensweltorientierung gegenüber den Adressat:innen. Denn bereits durch deren „Anwesenheit in sozialpädagogischen Institutionen wird das Gewohnte mit der Möglichkeit der Veränderung konfrontiert, ist das Gewohnte in seiner Gewohnheit in Frage gestellt“ (Hünersdorf 2017, S. 130). Sie hebt hervor, dass den Adressat:innen in diesem Zusammenhang konsequenterweise zugestanden werden müsse, sich in ihrer Andersartigkeit zu konstituieren, was auch zu einer Ablehnung sozialarbeiterisch-sozialpädagogischer Angebote führen könne. Auch wenn damit die eigenen Handlungsgrenzen für Sozialarbeitende offenbar werden, sei die Anerkennung des alltäglichen Eigensinns der Adressat:innen essenziell, um überhaupt einen Zugang zu ihnen herstellen können (vgl. ebd., S. 130 f.).

Mittels der somit umrissenen Alltags- und Lebensweltorientierung wird deutlich, dass der Bezug auf soziale Netzwerkbeziehungen dem Konzept inhärent ist und prototypisch auf die SPFH bezogen werden kann.

> „*Familienhilfe* hat ihr Ziel darin, im gegeben Lebensfeld den Alltag zu strukturieren, Beziehungen zu klären, Hilfen für Kinder zu arrangieren; sie braucht – gleichsam unterstützend – Kontakte zu Verwandten, Nachbarn und Institutionen, die mit der Familie beschäftigt sind, sie versucht, aus der oft gegebenen sozialen Isolation heraus neue soziale Beziehungen anzuregen.“ (Thiersch 1993, S. 20)

Die Zugänge der Phänomenologie sowie der sozialen Netzwerk- und Unterstützungsforschung werden darin akkumuliert und mit konzeptionellen Ableitungen für die Handlungspraxis versehen. Insofern stellt die Begrifflichkeit der sozialen Netzwerkbeziehungen ein Konglomerat dar: Soziale Beziehungen werden als formaler Bestandteil des Alltags gesehen, über die Erfahrungen von Wirklichkeit vermittelt werden (vgl. Kap. 4.2). Andererseits können soziale Beziehungen analytisch als soziale Netzwerke gefasst und hinsichtlich ihrer Funktionalitäten beschrieben werden (vgl. Kap. 4.3). Die Subsumierung dieser beiden Zugänge unter die Alltags- und Lebensweltorientierung beruht auf der gewählten Untersuchungsperspektive; ihre jeweilige Eigenständigkeit wird damit nicht infrage gestellt.

4.2 Phänomenologie: Die Erfahrung sozialer Beziehungen

„Alltagshandeln ist […] immer nur als soziales möglich, also in Korrespondenz mit anderen" (Thiersch/Frommann/Schramm 1977, S. 114), heißt es in einem frühen Aufsatz, in dem die Charakteristika sozialpädagogischer Beratung bestimmt werden. Die „Menschen in ihrer Alltäglichkeit sehen, bedeutet, sie in ihren sozialen Bezügen sehen, bestimmt also durch Prägung, Lernerfahrung und Auseinandersetzung mit ihren Alltagen und Traditionen" (Thiersch 1978b, S. 11). Wenn sozialarbeiterisch-sozialpädagogisches Handeln an der Bezugsgröße Alltag orientiert sein soll, ist es somit zunächst notwendig, diesen näher zu bestimmen.

Wie bereits dargelegt lässt sich Alltag in Raum, Zeit und soziale Beziehungen strukturieren (vgl. Thiersch 1978a, S. 13 ff.; Schütz/Luckmann 2003/2017, S. 71 ff., S. 81 ff., S. 98 ff.). Letztere werden in ihrer Bedeutung für das Alltagshandeln betont, denn „weniger die Person als die Beziehung zwischen den Personen, die Strukturen ihrer Interaktion sind wichtig" (Thiersch/Frommann/Schramm 1977, S. 115). In Beziehungen werden somit basale Erfahrungen gesammelt. Das Einlassen auf soziale Beziehungen und die Kenntnis darüber, wie sie von Adressat:innen erfahren werden, sind somit elementar.

Allerdings geschieht dies nicht zum Selbstzweck. Gemäß der kritisch-normativen Perspektive – „im Horizont der Frage nach einem gelingenderen, freien, produktiven und solidarischen Leben" (Thiersch 1992/2014, S. 49) – wird daraus eine Notwendigkeit abgeleitet, zu explorieren, „wie [… sich] mit Freunden, Eltern, Geschwistern […] ein gemeinsamer Alltag ergeben kann, in dem vorhandene Ressourcen genützt, vor allem aber auch eingespielte, verfahrene Interaktionsmuster neu strukturiert werden können" (Thiersch 1978b, S. 11). Diese Bezugnahme auf soziale Beziehungen sei für Handelnde in der Praxis folgenreich, da sie eine Entgrenzung ihres Gegenstandsbereiches impliziere; denn immerhin seien „die Probleme ihrer Adressaten […] immer auch Probleme dieses pädagogischen Alltags" (ebd., S. 11).

Zugrunde gelegt wird die sozialtheoretische Annahme, dass Erfahrungen „intersubjektiv" (Schütz/Luckmann 2003/2017, S. 30) strukturiert sind (vgl. Treibel 2006, S. 86 f.; Schulz-Schaeffer 2008, S. 213 ff.; Joas/Knöbl 2013, S. 233 f.). Neben der philosophischen, wird im Kontext der Alltags- und Lebensweltorientierung insbesondere auf die soziologische Phänomenologie zurückgegriffen (vgl. Hünersdorf 2017, S. 114 ff.; Thiersch 2020, S. 44, Fußnote 36; Thiersch/Grunwald/Köngeter 2012, S. 183 f.; Hamburger 2012, S. 137 ff.). Da die Gedanken aus der verstehenden Soziologie in der Alltags- und Lebensweltorientierung im besonderen Maße rezipiert worden sind, sollen diese hier näher betrachtet werden.

Wirklichkeit wird dabei nicht als per se gegeben betrachtet, sondern in ihrer Abhängigkeit von sozialen Beziehungserfahrungen verstanden: „Die Lebenswelt des Alltags ist jene Wirklichkeit, in der wechselseitige Verständigung möglich ist" (Schütz/Luckmann 2003/2017, S. 69). Allerdings entziehe sich diese analytische

Annahme dem Alltagsverständnis: „In der natürlichen Einstellung ist es mir selbstverständlich, daß ich auf meine Mitmenschen wirken kann, wie auch, daß sie auf mich wirken können" (ebd., S. 31). Die „*Generalthese der wechselseitigen Perspektiven*" (ebd., S. 99) beschreibt die komplexitätsreduzierende Annahme, dass die Betrachtungsweisen, Auffassungen und Erfahrungen anderer Menschen den eigenen gleichen (vgl. Abels 2007, S. 79 f.). Die Erfahrungsmöglichkeiten seien jedoch kontingent, weshalb alltägliche Verstehensprozesse auf abstrahierenden Typisierungen beruhen: Neue Erfahrungen werden mit vorangegangenen zusammengefasst und wenn das nicht gelingt, kann es zu Modifikationen kommen (vgl. Joas/Knöbl 2013, S. 233 f.; Abels 2007, S. 75 f.; Treibel 2006, S. 90 f.; Schütz/Luckmann 2003/2017, S. 116 ff.).

Wie lebensweltliche Erfahrungen im Kontext sozialer Beziehungen strukturiert sein können und welche Möglichkeiten und Grenzen von Verstehensprozessen damit einhergehen, wird anhand der Systematisierung in unmittelbare und mittelbare Erfahrungen[50] herausgearbeitet (vgl. Kap. 4.2.1; Kap. 4.2.2).

4.2.1 Unmittelbare Erfahrungen zwischen Mitmenschen als Anforderung

In der Alltags- und Lebensweltorientierung ist die folgende interaktionistische Bestimmung wesentlich: „Alltäglichkeit ist unmittelbar" (Thiersch 1978b, S. 11). Damit wird begründet, dass Verstehensprozesse in einer „pädagogisch-sozialarbeiterischen Beziehung" (Thiersch 2020, S. 145) überhaupt möglich und als zentrale Anforderung an das sozialarbeiterisch-sozialpädagogische Handeln gerichtet sind (vgl. Thiersch 2018, S. 18 ff.). Dieses sei jedoch „strukturell prekär; es steht in seiner Orientierung an Lösungen in der Gefahr, die Eigensinnigkeit der Adressat_innen zu übergehen oder zu verkennen" (ebd., S. 19). Doch nicht nur der normative Impetus des „gelingenderen Lebens" (Thiersch 1986/2006, S. 45) kann das Verstehen in der Sozialen Arbeit überlagern, bereits aus den analytisch-formalen Bestimmungen zu den unmittelbaren Erfahrungen lässt sich ableiten, dass Verstehensprozesse grundsätzlich voraussetzungsvolle Prozesse darstellen (vgl. Schütz/Luckmann 2003/2017, S. 101 ff.).

Die Unmittelbarkeit setze zunächst eine räumliche und temporäre Gleichzeitigkeit voraus (vgl. Schütz/Luckmann 2003/2017, S. 101). Sozialpädagogische Familienhelfer:innen und Adressat:innen begegnen sich zu einer bestimmten Zeit an einem bestimmten Ort, z. B. in der Wohnung der Familie. Darüber hinaus

50 Für die angestrebte Analyse wird der Terminologie von Alfred Schütz und Thomas Luckmann gefolgt. Sie wird insbesondere in diesem Kapitel und den dazugehörigen Unterkapiteln reproduziert (z. B. Mitmenschen, Zeitgenossen, Du-Einstellung, Wir-Beziehung, unmittelbare und mittelbare Erfahrungen, Typisierung).

wird eine unmittelbare Erfahrung als eine Frage der subjektiven Aufmerksamkeit verstanden, weswegen zwei kategoriale Unterscheidungen getroffen werden (vgl. Treibel 2006, S. 89 f.; Schulz-Schaeffer 2008, S. 213 ff.). In der „*Du-Einstellung*" (Schütz/Luckmann 2003/2017, S. 102) erfolge lediglich eine einseitige Zuwendung (vgl. Treibel 2006, S. 89 f.). Beispielsweise können Sozialpädagogische Familienhelfer:innen sich einer/einem Adressat:in zuwenden und diese/dieser nimmt deren Anwesenheit zwar wahr, ist aber gedanklich abwesend. Selbst wenn sich beide miteinander unterhalten, kann es also sein, dass eine Person während dem Gespräch bereits über das Gesagte nachdenkt und es mit bisherigen Erfahrungen in ähnlichen Situationen vergleicht, anstatt sich aktiv zu beteiligen.

Der Kern der unmittelbaren Erfahrungen bzw. der Intersubjektivität bestehe demgegenüber in der „*Wir-Beziehung*" (Schütz/Luckmann 2003/2017, S. 102), die konstituiert werde, wenn zwei Personen sich einander intentional zuwenden (vgl. Treibel 2006, S. 89 f.; Schulz-Schaeffer 2008, S. 213 ff.). Darin werde das „Bewußtseinsleben des Anderen durch ein Maximum an Symptomfülle zugänglich" (Schütz/Luckmann 2003/2017, S. 106). Dazu wird auch gezählt, dass man sich nicht nur auf bewusst Mitgeteiltes bezieht, sondern ebenso auf die „Beobachtung und Auslegung seiner Bewegung, seines Gesichtsausdrucks, seiner Gesten, des Rhythmus und der Intonation seiner Rede usw." (ebd., S. 106). Hierin bestehe auch die Differenz zur Du-Einstellung: „Allgemein gesagt, ist es also die Wir-Beziehung, in der sich die Intersubjektivität der Lebenswelt überhaupt ausbildet und kontinuierlich bestätigt. Die Lebenswelt ist […] die Welt unserer *gemeinsamen* Erfahrung" (ebd., S. 109).

Diese Erlebnisse können heterogen sein und sich in ihrer Nähe, dem Tiefgang und Anonymitätsgrad unterscheiden (vgl. Schütz/Luckmann 2003/2017, S. 101). Sie können in der SPFH eine flüchtige erste Begegnung im Rahmen des Hilfeplangespräches bis hin zu einer mehrjährigen sozialarbeiterisch-sozialpädagogischen Beziehung umfassen, in welcher verschiedene Situationen durch intensive Gespräche gemeinsam durchlebt und bearbeitet worden sind. Dabei können Deutungsschemata verändert werden. Mit dem wechselseitigen Charakter der unmittelbaren Beziehungserfahrung wird auch impliziert, dass nicht nur eine Wahrnehmung der anderen Person erfolgt, sondern dadurch auch eine veränderte Selbstwahrnehmung möglich wird: „Ich erfahre mich selbst durch den Mitmenschen, und er erfährt sich durch mich" (ebd., S. 108).

Schließlich wird eingeräumt, dass die unmittelbare Wir-Beziehung auch an vorherige Erlebnisse gebunden sei; da sie sich vor dem Hintergrund der „Sedimentierung vergangener Erfahrungen" (Schütz/Luckmann 2003/2017, S. 107) vollziehe. Diese ergeben sich aus vorgängigen, generationalen Erfahrungen oder über Annahmen zu zukünftigen Erlebnissen (vgl. ebd., S. 133 ff., S. 139). Auf dieser Grundlage kann davon ausgegangen werden, dass Sozialpädagogische Familienhelfer:innen aufgrund ihrer Privat- oder Berufserfahrungen über ein Set solcher „Typisierungen von Menschen im allgemeinen, ihrer typisch-menschlichen

Motivierungen, Handlungsmuster, Planhierarchien usw." (ebd., S. 107) verfügen. Dieses Wissen wird im direkten Kontakt angewendet und kann anhand neuerlicher Erfahrungen modifiziert werden (vgl. ebd., S. 107 ff.).

Im interpretativen Paradigma wird weiterhin der Annahme gefolgt, dass diese „subjektiven Sinnkonfigurationen" (Schütz/Luckmann 2003/2017, S. 103) der anderen Person rekonstruierbar sind (vgl. Abels 2007, S. 65 ff.). Allerdings wird eingeräumt, dass auch die Wir-Beziehung letztlich nur über Typisierungen vermittelt werden könne und sich diese formale Bestimmung einer empirischen Analyse entziehe (vgl. Schütz/Luckmann 2003/2017, S. 103 f.). Gleichwohl wird sie als die „am wenigsten mediatisierte" (ebd., S. 103) Form der Beziehungserfahrung bezeichnet (vgl. ebd., S. 120 f.). Sicherlich auch deshalb wird ihr für das intersubjektive Verstehen gleichermaßen in der Alltags- und Lebensweltorientierung eine zentrale Bedeutung zugeschrieben.

Da aber ebenso den Typisierungen eine bedeutende Rolle in Verstehensprozessen zufällt, scheint es lohnenswert, diese genauer zu betrachten.

4.2.2 Mittelbare Erfahrungen zwischen Zeitgenossen als Überforderung und Chance

Bereits die unmittelbare Erfahrung zwischen Menschen ist ein facettenreicher und komplexer Vorgang. Die Erfahrung der Sozialwelt kann jedoch nicht nur unmittelbar, sondern auch mittelbar strukturiert sein (vgl. Schütz/Luckmann 2003/2017, S. 110 ff.).

Gegenüber den unmittelbaren Erfahrungen wird das Spektrum der mittelbaren Erfahrungen als „Hauptbereich der Sozialwelt" (Schütz/Luckmann 2003/2017, S. 110) bezeichnet, da Menschen nicht permanent in Wir-Beziehungen zueinander stehen (vgl. ebd.). Ausgegangen wird von verschiedenen Übergangsformen, die sich in der alltäglichen Wahrnehmung nicht aufdrängen. Stattdessen werde „an der vertrauten Vorstellung des Mitmenschen" (ebd., S. 112) festgehalten. Obwohl die Beziehung eigentlich diskontinuierlich strukturiert sei, werde sie als Kontinuum erlebt, wenn sie sich in einer „wiederherstellbaren Reichweite" (ebd., S. 113) befinde (vgl. ebd., S. 111 ff.). Sie wird also potenziell als wieder aufnehmbar verstanden. Analog zum oben genannten Beispiel besteht die Beziehung zwischen der/dem Familienhelfer:in und der/dem Adressat:in für beide vermutlich auch dann weiter, wenn sie sich verabschiedet haben und sich nicht mehr am gleichen Ort befinden. Womöglich haben sie bereits ein weiteres Treffen verabredet.

Analytisch betrachtet seien beide im Zuge der Verabschiedung jedoch zu „Zeitgenossen" (Schütz/Luckmann 2003/2017, S. 116) geworden. Im Gegensatz zur Wir-Beziehung wird diese als „*Ihr-Einstellung*" (ebd., S. 118) bezeichnet (vgl. ebd., S. 110 ff.). Mit dem Ende des Treffens werde die andere Person nicht mehr durch gegenwärtige Eindrücke erfahren, sondern anhand von „Typisierungen" (ebd., S. 117), die auf den bisherigen unmittelbaren Erfahrungen beruhen. Die bis dahin entstandenen wechselseitigen Eindrücke der/des Familienhelfer:in und der/des Adressat:in bestehen demzufolge nach Ende des Treffens weiter.

Mittelbare Erfahrungen können darüber hinaus auch ohne vorherige, eigene Wir-Beziehung entstehen. Dies geschieht dann, wenn Mitmenschen einander von vorherigen und typisierten Beziehungserfahrungen berichten. Das wäre dann der Fall, wenn beispielweise der/die Familienhelfer:in gegenüber einer/einem Kolleg:in von ihrer Erfahrung mit der/dem Adressat:in berichtet oder der/die Adressat:in einer/einem Freund:in von ihrer Begegnung mit der/dem Familienhelfer:in erzählt.

> „In beiden Fällen ist die Erfahrung des Zeitgenossen entweder durch meine eigenen *vergangenen* Erfahrungen begründet, sowohl meine unmittelbaren als auch mittelbaren Erfahrungen vom Anderen, oder durch die vermittelten Äußerungen eines Anderen über Dritte." (Schütz/Luckmann 2003/2017, S. 117)

Diese Differenzierung ist deshalb instruktiv, da sie darauf hinweist, dass sich die Erfahrung des Anderen ausschließlich mittels Typisierungen vollzieht, über die eine Reflexion stattfindet. Zwar basieren beide mittelbaren Erfahrungsweisen von Zeitgenossen letztlich auf vorherigen unmittelbaren Wir-Beziehungen – nach dem Verabschieden von Familienhelfer:in und Adressat:in ebenso wie im Falle des Berichtens gegenüber der/dem Kolleg:in oder der/dem Freund:in –, ein intersubjektives Verstehen ist in diesem Zusammenhang jedoch nicht mehr möglich (vgl. ebd., S. 110 ff.).

Die Beteiligten im Beispiel erfahren anhand abstrakter Vorstellungen vermittelt voneinander. Sie operieren mit sogenannten *„personale[n] Typen"* (Schütz/Luckmann 2003/2017, S. 127), in denen die Vorstellung einer konkreten Person gegenüber abstrakten Typisierung, die weniger persönliche Charakteristika beinhalten, vordergründig ist. Die Autoren stellen in diesem Zusammenhang die Frage, welche inhaltliche Qualität die Typisierungen aufweisen und unter welchen Umständen diese im Rahmen der unmittelbaren Wir-Beziehung aktualisiert werden können (vgl. ebd., S. 123 ff.).

Es wird nach dem „Grad der Anonymität" (Schütz/Luckmann 2003/2017, S. 123 f.) und der „Inhaltserfülltheit" (ebd., S. 124) differenziert. Hierfür ist wichtig, ob die Typisierung auf einer vorherigen eigenen Wir-Beziehung zwischen Familienhelfer:in und Adressat:in beruht, oder über eine Dritte Person vermittelt wird.

Bereits im Falle der sozialarbeiterisch-sozialpädagogischen Beziehungen zwischen Familienhelfer:in und Adressat:in stellt sich die Frage, welche inhaltliche Qualität das Wissen übereinander hat und wie anonym die Beziehung ist. Demgegenüber ist lediglich der/dem Freund:in die Existenz der/des Familienhelfer:in über vermittelte Äußerungen bekannt, aber nicht umgekehrt. Zu analysieren wäre nun, um welche Schilderung der/des Adressat:in über die/den Familienhelfer:in es sich konkret handelt, also wie die typisierte mittelbare Beziehung gestaltet ist. Dieser Argumentation folgend würde die Wahrscheinlichkeit, dass es zu einem unmittelbaren Kontakt kommt, dann steigen, wenn die/der Adressat:in mehr von ihren/seinen Erfahrungen mit der/dem Familienhelfer:in an die/den Freund:in weitergibt oder der/dem Familienhelfer:in von der/dem Freund:in berichtet. Eine unmittelbare Bezugnahme auf die alltäglichen sozialen Beziehungen der/des Adressat:in wäre der/dem Familienhelfer:in dann möglich, wenn sie/er eine eigene unmittelbare Erfahrung im Rahmen einer Wir-Beziehung mit der/dem Freund:in haben könnte. Die unmittelbare Erfahrung von sozialen Beziehungen ist demzufolge ein voraussetzungsvolles Unterfangen, das die Möglichkeiten sozialarbeiterisch-sozialpädagogischen Verstehens überfordern kann.

Für den handlungsorientierten Zugang der Alltags- und Lebensweltorientierung ist es folgenreich, „[w]enn Interpretation, Selbstverständnis des anderen im Kontext der Alltagswelt gelten, dann ist nicht nur die Kenntnis des jeweiligen Lebensfeldes wünschenswert […], sondern auch die Bearbeitung der Schwierigkeiten in den Gruppen, in denen sie bestehen" (Thiersch/Frommann/Schramm 1977, S. 125). Das Verstehen in sozialen Beziehungen kann damit vielmehr als ein konzeptionelles Ideal der Alltags- und Lebensweltorientierung interpretiert werden. Wenn man zudem bedenkt, dass sich die Erfahrung sozialer Beziehungen überwiegend mittels typisierter Schemata vollzieht, kann die Einschätzung zutreffend sein, dass ein solch umfassender Anspruch in der Praxis „illusorisch" (ebd.) ist. Konsequenterweise wird geschlussfolgert, dass bereits die „Arbeit mit Familien als ganzen [sic] in der Realität weitgehend unmöglich ist" (ebd.).

Die bis hierhin skizzierten Erfahrungsmöglichkeiten sozialer Beziehungen und die damit verbundenen Implikationen werden in der Alltags- und Lebensweltorientierung angedeutet (vgl. Thiersch 1993, S. 16). Grundlegend ausgearbeitet wird hingegen die ambivalente Struktur sozialarbeiterisch-sozialpädagogischen Handelns im institutionellen Kontext: „Die Einbettung in die unmittelbare Erfahrung, die Komplexität der Bewältigungsaufgaben und die Pragmatik stehen gegen die Eigengesetzlichkeit der methodischen und institutionellen Formen, die die Leistungsfähigkeit des professionellen Agierens bestimmt" (Thiersch 2015, S. 57). Das Verstehen des Alltags im Praxiskontext wird somit von der institutionellen Einbindung und dem damit einhergehenden strukturell asymmetrischen Verhältnis zu den Adressat:innen begrenzt (vgl. Thiersch 1986/2006, S. 208 ff.; 2020, S. 163 f.; Gängler 2018, S. 624 ff.).

Allerdings ist die Hinwendung zu den alltäglichen Lebensverhältnissen der Adressat:innen in den Alltags- und Lebensweltorientierung auch im historischen Kontext zu sehen, da sie nicht nur über einen programmatischen Kern verfügt, sondern auch professionspolitisch motiviert ist (vgl. Kuhlmann 2014, S. 136 ff.; Rätz 2018, S. 78 ff.; Kap. 4.1). So bleibt es fraglich, ob der Bezug auf soziale

Beziehungsnetzwerke nicht auch zu einer Überforderung des sozialarbeiterisch-sozialpädagogischen Handelns führen kann. Verwiesen wird damit mindestens auf ein Spannungsfeld zwischen den konzeptionellen Ansprüchen und den praktischen Optionen zu deren Realisierung.

Denn je anonymer und je weniger inhaltserfüllt die Typisierungen ausfallen, desto eher entsprächen diese Beziehungserfahrungen einem institutionellen „*Funktionärstypus*" (Schütz/Luckmann 2003/2017, S. 127). Dieser basiere nicht auf dem intersubjektiven Verstehen von Personen in der Lebenswelt, sondern auf abstrakten Typisierungen und Verhaltenserwartungen von Personen (vgl. ebd., S. 129 ff.). Rückgebunden an das obige Beispiel kann dies Folgendes bedeuten: Die/der Familienhelfer:in entwickelt möglicherweise die Erwartung, dass die/der Freund:in die/den Adressat:in beispielsweise beim anstehenden Umzug unterstützt. Die Erwartung beruht auf „*Handlungsablauftypen*" (ebd., S. 130), womöglich, ohne dass die/der Familienhelfer:in dieser/m Freund:in jemals begegnet ist.

Eine normative Herausforderung der Alltags- und Lebensweltorientierung kann sein, soziale Beziehungen nicht nur anhand antizipierter Funktionen typisiert wahrzunehmen, sondern deren „Chancencharakter" (Schütz/Luckmann 2003/2017, S. 129) intersubjektiv-verstehend aufzugreifen. Unberührt davon bleibt das Konzept dem „Respekt vor dem Eigensinn gegebener lebensweltlicher Ressourcen verpflichtet und [zielt] auf die Anstrengung, neue, tragfähige lebensweltliche Verhältnisse – neue Handlungs- und Verständigungsmuster – zu schaffen" (Thiersch 1993, S. 14). Eine Überforderung der Möglichkeiten sozialarbeiterisch-sozialpädagogischen Handelns ist infolgedessen strukturell ebenso angelegt wie die damit verbundenen Chancen.

4.3 Soziale Netzwerk- und Unterstützungsforschung: Die Funktionalität sozialer Netzwerke

Das soziale Netzwerkkonzept verspricht „einen nüchternen Blick auf Veränderungsprozesse alltäglicher sozialer Beziehungen" (Keupp 1994, S. 17). Für die Soziale Arbeit wird damit eine grundlegende Perspektiverweiterung verbunden:

> „Ohne den einzelnen in seiner mehr oder weniger ausgeprägten Verknüpfung mit anderen aus dem Auge zu verlieren, bietet sich in der Netzwerkperspektive die Möglichkeit, über den vorherrschenden Individualismus und Familialismus des psychologischen und pädagogischen Blicks hinaus neben kleinen und engen gesellschaftlichen Bezügen auch weitere und entferntere soziale Strukturen in Analyse und Handlung einzubeziehen." (Nestmann 1989, S. 109)

Die Perspektive auf das soziale Umfeld hat sich in der Ausgestaltung der Kinder- und Jugendhilfe sowie der Alltags- und Lebensweltorientierung niedergeschlagen (vgl. Thiersch 1992/2014, S. 46f.; Otto 2005, S. 90f.). In der Methodendiskussion wird im Zusammenhang mit der Netzwerkperspektive mitunter von einem „Megatrend“ (Galuske 2013, S. 330) am Ende des zwanzigsten Jahrhunderts gesprochen.

Vor diesem Hintergrund wird das Konzept des sozialen Netzwerks mit der Funktion der sozialen Unterstützung im alltäglich-informellen Kontext assoziiert, was sich in Begrifflichkeiten wie dem „Unterstützungsnetzwerk“ (Keupp 1987, S. 29) widerspiegelt (vgl. Bullinger/Nowak 1998, S. 99ff.; Thiersch 2002, S. 179f.; Kupfer 2016, S. 419f.; Otto 2018, S. 1483ff.). Über alle Lebensphasen und -bereiche hinweg wird dies im Sinne eines „Convoys over the Life Course“ (Kahn/Antonucci 1980) als zentrales Reservoir zur „Sicherung von Gesundheit, der Verbesserung von Wohlbefinden und der Förderung von Lebensführung und Lebensbewältigung“ (Nestmann 2010, S. 3) gesehen (vgl. Kupfer 2015, S. 131ff.; Otto 2018, S. 1483f.; Theile 2020, S. 48ff.).

In der Rezeption in der SPFH wird der Bezug auf Beziehungsnetzwerke häufig mit dem Anspruch einer „Ressourcenaktivierung“ (Helming 2001, S. 548) versehen. Allerdings impliziere diese, „die wirklichen und lebensweltlichen Zusammenhänge ihrer spezifischen Qualität zu berauben, um sie dann entweder restituieren oder gar ausbeuten zu wollen“ (Winkler 2018a, S. 32). Insbesondere in den Ausführungen zur Gestaltung des sozialarbeiterisch-sozialpädagogischen Handelns wird dies entsprechend reflektiert (vgl. Kap. 5)

Gegenstand dieses Teilkapitels wird zunächst sein, ausgewählte Perspektiven der sozialen Netzwerkforschung (vgl. Kap. 4.3.1) sowie Formen und Modelle der Netzwerkfunktion der sozialen Unterstützung (vgl. Kap. 4.3.2) darzustellen. Aufbauend auf diesen Grundlagen werden Charakteristika beider Forschungsbereiche hinsichtlich familienbezogener Netzwerke aufgezeigt (vgl. Kap. 4.3.3), bevor abschließend auch auf negative Aspekte sozialer Netzwerkbeziehungen eingegangen wird (vgl. Kap. 4.3.4).

4.3.1 Analyse- und Beschreibungsmöglichkeiten der Netzwerkforschung

Um die Perspektiven der Netzwerkforschung in der Sozialen Arbeit zu skizzieren, ist es zunächst hilfreich, einen Exkurs in ihre Historie zu unternehmen. Netzwerkforschung etabliert sich im angloamerikanischen Raum in den 1970er-Jahren mit dem sogenannten „Harvard Breakthrough“ (Schmitt/Fuhse 2015, S. 12), der maßgeblich von der Forschungsgruppe um Harrison Colyar White angestoßen wird (vgl. ebd., S. 12ff.; Raab 2010, S. 31ff.; Straus 2002, S. 46ff.). Die Entwicklungslinien lassen sich anhand soziologischer, sozialpsychologischer und anthropologischer Arbeiten historisch jedoch weiter zurückverfolgen (vgl. Straus 2002, S. 24ff.; Schnegg 2010, S. 21ff.; Raab 2010, S. 30f.; Fuhse 2016, S. 23ff.).

In der deutschsprachigen Rezeption wird der Terminus „Netzwerkforschung" (Häußling/Stegbauer 2013, S. 14) als Schirmbegriff vorgeschlagen, um diesen in *Netzwerkanalyse* und *Netzwerktheorie* differenzieren zu können. Damit wird dem Anspruch Rechnung getragen, dass die Auseinandersetzung mit diesem Konzept hierzulande eine theoretische Akzentuierung erfahren soll (vgl. ebd., S. 14 f.; Stegbauer 2010a, S. 13 ff.; Haas/Mützel 2010, S. 49 ff.; Fuhse 2016, S. 179 ff.). In der Sozialen Arbeit wird bislang schwerpunktmäßig an die netzwerkanalytischen Traditionslinien angeknüpft, weshalb das Konzept bislang als „ein wesentlich deskriptives, (bestenfalls) analytisches Konstrukt" (Otto 2018, S. 1478) verstanden werden könne (vgl. Bullinger/Nowak 1998, S. 23 ff., S. 69 ff.; Kupfer 2015, S. 111 ff.; Schönig/Motzke 2016, S. 60 ff.).

Mit Blick auf die Entwicklungslinien der SPFH liegt es nahe, die Perspektiven, die mit der Rezeption des Netzwerkkonzepts eröffnet werden, näher zu betrachten: „Soziale Netzwerke bezeichnen die spezifischen Webmuster alltäglicher sozialer Beziehungen" (Keupp/Röhrle 1987, S. 7). Abstrahierend kann es als das „*Gesamt an sozialen Beziehungen zwischen einer definierten Menge von Personen, Rollen und Organisationen*" (Röhrle 1994, S. 1) gefasst werden. Das Netzwerkkonzept „steht für das Muster an Sozialbeziehungen zwischen einer Menge von Akteuren. Diese bezeichnen beobachtbare Regelmäßigkeiten der Interaktion zwischen Akteuren und entsprechende Verhaltenserwartungen" (Fuhse 2016, S. 16).

Derartige Definitionen gehen auf den britischen Sozialanthropologen John Arundel Barnes zurück, der soziale Netzwerke illustrativ mit Fischernetzen vergleicht: Eine bestimmte Anzahl von Knoten, die Netzwerkakteur:innen repräsentieren, sind durch aus Garn bestehende Linien als Verbindungen bzw. Kanten zwischen diesen Akteur:innen miteinander verbunden (vgl. Barnes 1954, S. 43 f.; Nestmann 1989, S. 107 ff.; Otto 2018, S. 1478 f.).

Das Netzwerkkonzept ermöglicht eine analytische Gliederung der Alltags- oder Lebenswelt in verschiedene Bereiche (vgl. Thiersch 2002, S. 177 ff.; Thiersch/Grunwald/Köngeter 2012, S. 184 f.). Für deren Konkretisierung liegen Unterscheidungen in primäre, sekundäre oder tertiäre Netzwerke vor (vgl. Straus 1990, S. 497 f.; Bullinger/Nowak 1998, S. 70 ff.). Eine weitere, instruktive Systematik findet sich im sozialökologisch-systemischen Umweltmodell von Urie Bronfenbrenner, das bereits im Rahmen der Historie der SPFH aufgeworfen worden ist (vgl. Kap. 3.1.1). Die entwicklungsbeeinflussende Umwelt von Individuen kann demnach in vier interdependente Netzwerkbereiche gegliedert werden: *Mikrosysteme, Mesosysteme, Exosysteme* und *Makrosysteme* (vgl. Bronfenbrenner 1981, S. 37 ff.; Nestmann 1989, S. 109 f.; 2005 c, S. 1685).

Mikrosysteme umfassen all jene Lebensbereiche eines Individuums, in denen es tätig wird oder direkte Kontakte zu anderen unterhält, z. B. die Kernfamilie oder die Schule für Kinder (vgl. Bronfenbrenner 1981, S. 23 ff.). Mit *Mesosystemen* werden die Verbindungen zwischen den einzelnen Mikrosystemen beschrieben, die gewissermaßen ein eigenes soziales Netzwerk bilden. Beispielsweise kann das

Beziehungsgeflecht eines Kindes zwischen seinen Schul- und Familienkontakten in den Blick genommen werden (vgl. ebd., S. 199 ff.). Demgegenüber stellen *Exosysteme* Bereiche dar, zu denen das Individuum zwar keinen direkten Kontakt hat, die es aber dennoch in seiner Entwicklung beeinflussen. Beispielsweise können Berufs- oder Vereinskontakte der Eltern Einfluss auf die Gestaltung des Familienlebens nehmen, ohne dass das Kind einen direkten Zugang zu diesen Mikrosystemen der Eltern hat (vgl. ebd., S. 224 ff.). Schließlich werden all diese Ebenen vor dem Hintergrund von *Makrosystemen* konzipiert, die als übergreifende gesellschaftliche oder institutionelle Normen oder Entwicklungen verstanden werden (vgl. ebd., S. 241 f.). Beispielsweise können gesellschaftlichen Erwartungen an eine eigenverantwortlich geführte Elternschaft dazu führen, dass Erziehungspersonen im institutionellen Kontext insbesondere an deren Erfüllung gemessen werden (vgl. Kap. 3.2.3).

Auch wenn die Idee der Vernetztheit im Netzwerkkonzept auf den ersten Blick von „bemerkenswerter Schlichtheit" (Keupp 1987, S. 11) zu sein scheint, offeriert das Instrumentarium der Netzwerkanalyse eine Bandbreite von Untersuchungsmöglichkeiten. In den Blick genommen werden können verschiedene Analyseausschnitte und Merkmalsausprägungen sozialer Netzwerke, deren „Basiseinheit […] letztlich Beziehungen" (Otto 2018, S. 1480) seien. In der fallbezogenen Sozialen Arbeit werden weniger Gesamt- oder Teilnetzwerke[51], sondern insbesondre egozentrierte bzw. persönliche Netzwerke betrachtet, mittels derer „das Gesamt der sozialen Beziehungen einer Person" (ebd.) in den Blick genommen werden kann (vgl. Laireiter 2009, S. 78 ff.; Straus 2010, S. 528 ff.; Kupfer 2015, S. 117 f.).

Diese Netzwerkbeziehungen lassen sich anhand ihrer strukturellen, interaktionalen, bewertenden sowie funktionalen Merkmale beschreiben (vgl. Röhrle 1994, S. 15 ff.; Nestmann/Wehner 2008, S. 12; Laireiter 2009, S. 83 f.; Kupfer 2015, S. 119 ff.): Hinsichtlich der *Struktur* existieren quantitative Maße wie die Netzwerkgröße oder -dichte, die Erreichbarkeit oder Zentralität einzelner Personen oder besonders eingrenzbare Netzwerkbereiche (Cluster/Cliquen oder Sektoren/Zonen). Zur *Interaktion* zählen objektivierbare Aspekte wie die Kontakthäufigkeit und -dauer oder Homogenität (z. B. religiöse Ansichten)/Heterogenität (z. B. Einkommensdifferenzen) sowie austauschbezogene Merkmale wie die Multiplexität (z. B. vielfältige Unterstützung in materieller und emotionaler Hinsicht) oder Reziprozität (z. B. wechselseitige Unterstützung in der Nachbarschaft). Erfassen lassen sich ebenso subjektive *Bewertungen* der Beziehungen:

---

51 Während bei in der Erhebung von Gesamtnetzwerken die Erfassung aller potenziellen Beziehungen als problematisch gilt, wird bei Teilnetzwerken eine thematische Eingrenzung vorgenommen (vgl. Keupp 1987, S. 24 ff.; Laireiter 2009, S. 78 ff.; Kupfer 2015, S. 116 ff.). Beispielsweise werden in Sozialraumanalysen Interaktionsmuster von Organisationen in einem Stadtteil abgebildet und auf möglicherweise vorteilsbringende Verbindungen hin untersucht (vgl. Schubert 2018, S. 334 ff.).

Inwiefern sind diese frei wählbar und werden als wichtig, angemessen oder zufriedenstellend eingeschätzt? Letztlich kann die *Funktion* betrachtet werden: Soziale Beziehungen können sowohl kontrollierende, integrative, identitätsstiftende, belastende als auch unterstützende Wirkungen entfalten.

Die Netzwerkforschung bzw. -analyse stelle somit ein umfangreiches Instrumentarium zur Erfassung der „Interdependenz sozialer Lebenszusammenhänge" (Nowak 2017, S. 681) dar. Die besondere Anziehungskraft des Netzwerkkonzeptes auf die Soziale Arbeit liegt in der sozialen Unterstützung begründet, die als zentrale Funktion sozialer Netzwerke gilt (vgl. Nestmann 2005c, S. 1687 ff.; Kupfer 2015, S. 128 ff.; Otto 2018, S. 1483 ff.). Grundzüge des sozialen Unterstützungskonzepts werden im folgenden Abschnitt dargelegt.

4.3.2 Formen und Modelle des sozialen Unterstützungskonzepts

Um die Orientierung am Alltag bzw. der Lebenswelt umzusetzen, wird das soziale Unterstützungs- bzw. Supportkonzept in Stellung gebracht, um „mehr Information und weniger Spekulation hinsichtlich informeller Problembewältigung, unter Beteiligung alltäglicher Hilfequellen" (Nestmann 1988, S. 1) zu gewährleisten. Betont werden somit unterstützende Leistungen in informellen Beziehungsnetzwerken gegenüber institutionalisierten Angeboten der Sozialen Arbeit (vgl. ebd., S. 1 f.).

> „Man geht davon aus, dass zwei Drittel bis drei Viertel aller persönlichen Befindlichkeitsstörungen, Krankheitsepisoden, unterschiedlichen Ausmaßes und erst recht psychosoziale Probleme, Krisen und Konflikte des Alltags ohne die Unterstützung professioneller Helfer und Helferinnen bearbeitet und bewältigt werden […]." (Nestmann 2005a, S. 347)

Das Konzept der sozialen Unterstützung beruht maßgeblich auf den Forschungsbereichen der angloamerikanischen Netzwerk- und Stressforschung (vgl. Nestmann 1988, S. 19 ff.; Nestmann 2010, S. 3 ff.; Kupfer 2015, S. 128 ff.). Insbesondere in den 1970er- und 1980er-Jahren entstehen Arbeiten im Spektrum psychologischer Forschung, die bis in die Gegenwart hinein bedeutsam bleiben (vgl. Röhrle 1987, S. 56 ff.; Nestmann 2000, S. 139 ff.; 2005a, S. 347 ff.; 2010, S. 3 ff.; Kupfer 2015, S. 128 ff.). Allerdings bringt die Vielfalt an summativen und deskriptiven Einzelstudien mitunter auch widersprüchliche Ergebnisse mit sich, die mit der Heterogenität der Studienfelder, Fragestellungen und Methodiken begründet werden (vgl. Nestmann 2005a, S. 347 ff.; Laireiter 2009, S. 86; Kupfer 2015, S. 142 f.).

Im Kontext der Sozialen Arbeit kann das Konzept somit als „Import-Forschung" (Thole 2012, S. 45) charakterisiert werden. Jedoch ist dies auch ein Indiz dafür, dass soziale Netzwerkbeziehungen in der Forschung der Sozialen Arbeit bzw. der SPFH bislang als Desiderat markiert werden können (vgl. Messmer et al. 2019, S. 41 ff.; Kap. 6.2). Nichtsdestotrotz bietet das Unterstützungskonzept vielfältige Möglichkeiten für die Analyse sozialer Netzwerkbeziehungen.

Der Begriff der sozialen Unterstützung ist heterogen und kann „als ‚Schirmbegriff'" (Kupfer 2015, S. 135) verstanden werden (vgl. Röhrle 1994, S. 145). Dem liegt ein Verständnis zugrunde, wonach „soziale Beziehungen und soziale Interaktion die grundlegenden Bedürfnisse von Menschen nach Zuneigung, Identität, Sicherheit, Information, Rückhalt, etc. befriedigen und diese daraus Kraft und Stärke für ihre Lebensbewältigung schöpfen" (Laireiter 2009, S. 85). Mit dem Unterstützungskonzept lassen sich konkrete Formen, die Bedeutung von subjektiven Interpretationen für Unterstützungsprozesse und Wirkungen sozialer Netzwerkbeziehungen beschreiben (vgl. Diewald/Sattler 2010, S. 692 ff.; Laireiter 2009, S. 85 ff.).

Allerdings gelten informelle Netzwerkbeziehungen als „in hohem Grade multifunktional" (Diewald/Sattler 2010, S. 692), woraus sich die Frage ergibt, wie feingliedrig deren Formen beschrieben werden sollten. Für die Soziale Arbeit sind im Wesentlichen zwei Kategorisierungsvorschläge fruchtbar gemacht worden, die inhaltlich gleichwohl Schnittmengen als auch Unterschiede hinsichtlich ihres Auflösungsgrades aufweisen (vgl. Bullinger/Nowak 1998, S. 102 ff.; Nestmann 2005c, S. 1688; Otto 2018, S. 1485 ff.). Beide können dazu beitragen, die SPFH zu differenzieren, insofern es konzeptionell *„sowohl um emotionale und informelle als auch um instrumentelle Unterstützung"* (Schmid-Obkirchner 2015a, § 31 Rn. 11; Hervorhebung im Original im Fettdruck) gehe.

Martin Diewald schlägt eine detailreiche Systematisierung anhand der drei Oberkategorien *Interaktion, Kognition* und *Emotion* und der insgesamt sechzehn Unterpunkte vor (vgl. Diewald 1991, S. 70 ff.), die nachfolgend wiedergegeben werden:

- Unter *Interaktion* werden instrumentelle Unterstützungsleistungen gefasst: Dazu zählen konkrete personen- oder güterbezogene Arbeitshilfen (kompensatorisch oder arbeitsteilig erbracht); Pflegeleistungen; materielle Hilfen (z. B. monetär oder Gegenstände wie Kinderspielzeug); stellvertretend durchgeführte Intervention (z. B. Vertretung bei Organisationen); gesellige Aktivitäten (z. B. Unternehmungen) oder ritualisierte Alltagsinteraktionen. Weiterhin wird unterschieden zwischen der Weitergabe von Informationen (z. B. bei der Beantragung von Sozialleistungsansprüchen) und explizit beratenden Tätigkeiten, für die Ratschläge hinsichtlich eines bestimmten Verhaltens kennzeichnend sind.
- Unter *Kognition* wird die Vermittlung von Anerkennung gefasst, etwa indem Menschen Wertschätzung entgegengebracht oder ein bestimmter Status oder ein bestimmtes Verhalten bestätigt wird. Soziale Beziehungen können

für Menschen orientierungsstiftend sein, wenn durch sie Verhaltensmodelle und Normen vermittelt werden, wobei auch Zwang im Sinne sozialer Kontrolle dazu gezählt wird. Darüber hinaus kann man sich zugehörig fühlen oder Rückhalt spüren, etwa wenn Unterstützung potenziell zu erwarten ist. Zudem kann durch Beziehungserfahrungen Sozialkompetenz erworben werden.
- Darüber hinaus werden *emotional vermittelte Unterstützungsaspekte* gruppiert. Dazu gehört ein Gefühl von Geborgenheit, Liebe und Zuneigung sowie Unterstützung in motivationaler Hinsicht. Letztere bezieht sich auf Anteilnahme, Ermutigung von Menschen oder die Relativierung negativer Erlebnisse.

Neben dieser feingliedrigen Systematisierung existiert ein Vorschlag, der vier Unterstützungsformen umfasst, aber ohne Unterkategorien auskommt (vgl. House 1981, S. 22 ff.). Dieser kann als verbreitete, aber graduell abstraktere Beschreibung sozialer Unterstützungsleistungen gelten (vgl. Nestmann 2010, S. 8; Kupfer 2015, S. 139 ff.):

- Unter *instrumenteller* Unterstützung werden demnach beobachtbare materielle, praktische und finanzielle Unterstützungshandlungen gefasst.
- Hingegen sind *informatorische* Leistungen immaterieller Natur: Sie reichen in dieser Systematik von reiner Informationsvermittlung bis hin zu konkreten Gesprächen über Probleme. Die Trennlinien zwischen den Kategorien sind fließend; beispielsweise kann die Weitergabe von Informationen auch eine emotional-unterstützende Komponente beinhalten und auf der Wahrnehmung beruhen, dass man als Person gebraucht wird.
- Die *interpretativ-bewertende* Unterstützungsdimension zielt darauf ab, Situationen und entsprechende Bewältigungsmöglichkeiten einschätzen zu können. Ebenso könnten sich Personen dadurch besser selbst einschätzen, etwa wenn das Gegenüber aufmerksam zuhört, getätigte Äußerungen reflektiert oder eigene persönliche Erfahrungen einbringt.
- Der *emotionale* Support wird mithin als „zentrale Unterstützungsform" (Kupfer 2015, S. 141) assoziiert. In diese Kategorie fällt die Vermittlung von Wertschätzung, Zugehörigkeit oder Trost, indem Menschen füreinander da sind oder sich auch nonverbal – z. B. durch Umarmungen oder Mimik/Gestik – unterstützten. Dabei ist die subjektive Einschätzung mitentscheidend, inwiefern eine Person sich emotional gestützt fühlt und ob die drei vorherigen Formen überhaupt als hilfreich wahrgenommen werden. Werden hinter unterstützenden Handlungen eher eigennützige Motive denn ernstgemeinte Zuwendung vermutet, so werden sie als weniger hilfreich empfunden (vgl. ebd., S. 139).

Parallel zu diesen Kategorisierungen ist ein wesentlicher Befund der Supportforschung hervorzuheben, wonach die subjektive Wahrnehmung für die

Einschätzung der Unterstützung als ausschlaggebend erachtet wird (vgl. Nestmann 2010, S. 18; Diewald/Sattler 2010, S. 693 f.).

Des Weiteren werden im sozialen Unterstützungskonzept Aussagen über zentrale Annahmen zu Wirkungsmodellen formuliert. Maßgeblich wurden diese unter gesundheitsbezogenen bzw. -fördernden Gesichtspunkten im Rahmen von psychischem „Wohlbefinden" (Nestmann 2005c, S. 1689) ausgearbeitet.

In einem „Belastungs-Stress-Bewältigungsprozess" (Otto 2018, S. 1487) wird soziale Unterstützung bzw. ihr Fehlen als bedeutend für den Umgang mit kritischen Alltags- oder Lebenssituationen konzipiert (vgl. Filipp/Aymanns 2018, S. 233 ff., S. 366 ff.; Kupfer 2015, S. 143 ff.; Nestmann/Wehner 2008, S. 14). Allerdings werden in dieser Logik soziale Unterstützungsprozesse ausschließlich im Kontext der erfolgreichen Bewältigung aufgetretener Belastungen empirisch sichtbar (vgl. Kupfer 2015, S. 158).

Als zentrale Wirkungen sozialer Unterstützung werden der *„Haupteffekt"* (Nestmann 2005c, S. 1687) sowie *„Pufferwirkungen"* (ebd., S. 1688) diskutiert (vgl. Kupfer 2015, S. 156 f., S. 165; Bullinger/Nowak 1998, S. 104 f.).[52]

Bereits das Vorhandensein sozialer Beziehungen – im Sinne des Haupteffektes – wirke anlassunspezifisch: Das Gefühl, sozial eingebunden zu sein und potenziell über Rückhalt zu verfügen, kann das individuelle Wohlbefinden stärken. Zudem können Belastungen präventiv verhindert werden (vgl. Kupfer 2015, S. 161 ff.). Beispielsweise können Jugendliche durch Kontakte zu gleichaltrigen Freunden oder erwachsenen Personen auch jenseits ihrer Kernfamilie Dazugehörigkeit oder Anerkennung erfahren und dadurch eine positive Lebenseinstellung entwickeln (vgl. Nestmann/Wehner 2008, S. 14, S. 31 f.).

Hingegen wird bei den Pufferwirkungen davon ausgegangen, dass soziale Unterstützung anlassspezifisch als Reaktion auf konkrete Belastungen hervorgerufen wird. Soziale Beziehungen können dann Sicherheit bieten oder schützend wirken, indem sie den Grad der Belastungsausprägung verringern oder zur Beseitigung derselben beitragen (vgl. Kupfer 2015, S. 156 ff.). Treten beispielsweise familiale Konflikte auf, können Jugendliche etwa durch Gespräche mit Gleichaltrigen emotional entlastet werden, wenn sie erfahren, dass andere ähnliche Erfahrungen machen (vgl. Nestmann/Wehner 2008, S. 14 f.).

Die Pufferwirkungen werden zudem weiter elaboriert, indem davon ausgegangen wird, dass für ihr Zustandekommen eine gewisse Passung vorliegen muss. Denn nicht jede Form von sozialer Unterstützung sei angemessen, um eine vorliegende Belastung zu bewältigen (vgl. Kupfer 2015, S. 165 ff.; Nestmann/

52 Neben den Haupt- und Puffereffekten der Unterstützungsforschung, wird ein bio-psycho-soziales Modell vorgeschlagen. Damit ist der Anspruch verbunden andere Modelle und Befunde integrieren und komplexe Wirkungswege von Support beschreiben zu können. Neben den hier vorgestellten Supportwirkungen aus sozialen Netzwerken werden physiologische, psychologische und soziale Einflussfaktoren berücksichtigt (vgl. Weinhold/Nestmann 2012, S. 62 ff.; Kupfer 2015, S. 170 ff.; Nestmann 2010, S. 19 f.).

Wehner 2008, S. 16 f.). Für deren Zustandekommen wird ein Zusammenspiel von vorhandenen Unterstützungsressourcen, konkretem Unterstützungsverhalten sowie den subjektiven Unterstützungsbewertungen angenommen (vgl. Vaux 1988, S. 28 ff.; Nestmann 2010, S. 18 f.). Ausschlaggebend ist auch hier – ähnlich wie bei den oben genannten Formen –, dass die wahrgenommene Unterstützung des Individuums, ausschlagend dafür ist, ob die Unterstützung geeignet ist, um die Belastung abzufedern (vgl. Diewald/Sattler 2010, S. 692 ff.; Nestmann 2010, S. 10 f.; Kupfer 2015, S. 165 ff.).

Darüber hinaus können belastende Lebensereignisse soziale Unterstützung nicht nur auslösen oder durch sie reduziert werden, vielmehr wird davon ausgegangen, dass Art, Qualität und Umgang der Beteiligten mit den Belastungen die Bereitstellung sozialer Unterstützung auch negativ beeinflussen kann (vgl. Nestmann 2010, S. 16; Weinhold/Nestmann 2012, S. 59 ff.; Kupfer 2015, S. 169 f.).

Betrachtet man diese Unterstützungsformen und -modelle in der Zusammenschau, so wird die Attraktivität der Vorstellung eines belastungssensibel und passgenau auf belastende Lebensereignisse reagierenden, informellen sozialen Beziehungsnetzwerkes für die Konzeptionierung der Sozialen Arbeit bzw. der SPFH nachvollziehbar (vgl. Bullinger/Nowak 1998, S. 104 f., S. 123 ff.; Wolf 2015, S. 63 f., S. 201 f.; Otto 2018, S. 1483 ff.). Soziale Netzwerkbeziehungen seien demnach „elementare Ressourcen für das alltägliche Leben und bieten den Menschen in schwierigen Situationen Unterstützung und vermitteln ihnen Solidarität und Perspektiven" (Thiersch 2020, S. 57). Außer Acht gelassen werden sollte dabei jedoch nicht, dass soziale Unterstützung nichts Selbstverständliches und im Alltag „vor allem auch Ausdruck einer persönlichen Beziehung" (Nestmann 2009a, S. 957) sein kann und in kontinuierlichen Interaktionsprozessen immer wieder aufs Neue hergestellt werden muss (vgl. ebd., S. 956 f.; 2005a, S. 351 ff.; Lenz/Nestmann 2009, S. 10 ff.).

Nachdem nun Grundzüge der Netzwerk- und Unterstützungsforschung aufgezeigt worden sind, können deren Aufklärungspotenziale hinsichtlich familialer und außerfamilialer Beziehungsnetzwerke dargestellt werden.

4.3.3 Charakteristika (außer-)familialer Beziehungsnetzwerke

Die SPFH bezieht sich auf die gesamte Familie. Vor dem Hintergrund der dargelegten historischen Entwicklung soll aber zunächst auf die spezifische Rolle von Frauen aufmerksam gemacht werden: Diese haben nicht nur maßgeblich zur Entstehung des Arbeitsfeldes der SPFH beigetragen, sondern haben bis in die Gegenwart eine wesentliche Bedeutung im alltäglichen Kontext (vgl. Böhnisch/Schröer/Thiersch 2005, S. 42 ff.).

Ein zentraler Befund der sozialen Unterstützungsforschung besteht darin, dass Frauen „als die zentralen Unterstützungsinstanzen für ihre Familie[n] und weit darüber hinaus identifiziert" (Nestmann 2010, S. 15) werden können. Frauen kommen leichter (als Männer) mit belastenden Lebensereignissen in ihrem Umfeld in Berührung, nehmen Bedürfnisse der betroffenen Personen feinfühliger wahr und stellen letztlich mehr soziale Unterstützung bereit, als sie selbst erfahren (vgl. Nestmann/Schmerl 1990, S. 21; Kupfer 2015, S. 196 ff.; Nestmann 1999, S. 229 ff.). Deshalb seien insbesondere Frauen mit der Anforderung konfrontiert, „über ihre Kernfamilie hinaus Beziehungen zu anderen Erwachsenen zu unterhalten, um wenigstens hier die nötigste Hilfe und Entlastung zu bekommen" (Nestmann/Schmerl 1990, S. 21).

Hinsichtlich der Betrachtung von familialen und außerfamilialen Beziehungsnetzwerken unterscheidet Frank Nestmann die beiden Netzwerkbereiche der „Familie *als* soziales Netzwerk" (Nestmann 1999, S. 215) und der „Familie *im* sozialen Netzwerk" (ebd.), die unter Rückgriff auf Erkenntnisse aus der Netzwerk- und Unterstützungsforschung einander vergleichend gegenüberstellt werden (vgl. ebd., S. 217 ff.). Mit dieser Differenzierung wird darauf hingewiesen, dass neben dem familialen Teilnetzwerk auch weitere, tendenziell grenzenlose Netzwerkbereiche wie Verwandtschaft, Freundschaft, Peergroups oder auch formelle Organisationen relevant sein können (vgl. ebd., S. 214 ff.; Bullinger/Nowak 1998, S. 70 ff.; Vorheyer 2005, S. 43 f.; Nestmann/Wehner 2008, S. 25 ff.; Kupfer 2015, S. 176 ff.).

Michael Winkler weist darauf hin, dass „die (funktionale) Stabilität der Familie auf nahe stehende Personen angewiesen ist" (Winkler 2012, S. 88). Von daher kann der netzwerkbezogene Blick auf (außer-)familiale Netzwerke eine instruktive Differenzierung darstellen, um sich diesen Personen anzunähern. Aufbauend auf den bisherigen Ausführungen können insbesondere die in der bisherigen Darstellung weniger berücksichtigten *strukturellen, interaktionalen* und *bewertenden* Merkmale der Netzwerkforschung im Horizont des Unterstützungskonzepts konkretisiert werden (vgl. Kap. 4.3.1). Dies erscheint auch deshalb geboten, da „es kaum möglich ist, sich nur selektiv mit dem funktionalen Merkmal der sozialen Unterstützung zu befassen" (Röhrle 1994, S. 145).

Im Folgenden werden die *strukturellen* Merkmale stichpunktartig erläutert:

- Die *Netzwerkgröße* ist das quantitative Maß für die Anzahl bekannter und zumeist subjektiv wichtiger Personen (vgl. Röhrle 1994, S. 18 f.). Hinsichtlich sozialer Unterstützung ist eine optimale Größe des Netzwerks an die individuelle Wahrnehmung gebunden, weshalb eher Tendenzen beschrieben werden: Mit einem größeren Netzwerk korrespondieren erhöhte Handlungs- oder Beziehungsalternativen für das Individuum. Vermutet werden hierbei mehr potenzielle Unterstützer:innen. Allerdings können sich aufgrund der Größe auch weniger Person zuständig fühlen Hilfe anzubieten, und es erfordert mehr Engagement des Individuums, um die einzelnen Beziehungen zu erhalten.

Demgegenüber werden mit kleineren Netzwerken weniger Alternativen und Unterstützungshandlungen assoziiert. Für die Bewältigung konkreter Probleme kann jedoch auch eine unterstützende Beziehung ausreichend sein, wohingegen z. B. für die psychische Gesundheit dauerhaft mehrere Beziehungen vorhanden sein sollten (vgl. Nestmann 1999, S. 218 f.; Kupfer 2015, S. 210 f.).

- Mit der *Dichte* werden potenziell mögliche und realisierte Beziehungen im persönlichen Netzwerk beschrieben (vgl. Pantuček-Eisenbacher 2019, S. 204 f.). Dichte Netzwerke (ab einen Wert von circa 0,5) gelten als besonders verbindlich und emotional gehaltvoll. Allerdings bieten sie weniger Freiheitsgrade, da aufgrund der Bekanntheit eher konkrete Verhaltenserwartungen bestehen können (vgl. Nestmann 1999, S. 218; Gahleitner 2017, S. 111).
- Mit der *Erreichbarkeit* lässt sich beschreiben, inwiefern alltägliche Unterstützung im direkten Beziehungsumfeld verfügbar ist. Erreichbare Beziehungen stellen beispielsweise diejenigen zu Nachbar:innen dar, die mittels Informationen, Beratung, praktischer Hilfen oder geselliger Aktivitäten unterstützend aktiv sein können. Demgegenüber können sie auch mit konfliktreichen Abgrenzungsprozessen und Kontrollängsten einhergehen (vgl. Günther 2014, S. 219 ff.).
- Weitere Maße wie *Zentralität, Cluster und Cliquen* oder *Sektoren und Zonen* verweisen auf Netzwerkzusammenhänge, die eine relationale oder normative Verbundenheit aufweisen (vgl. Röhrle 1994, S. 19 f.). Beispielsweise können so zentrale oder randständige Personen im Netzwerk identifiziert oder Netzwerkcluster, wie enge verwandtschaftliche Beziehungsmuster, in den Blick genommen werden (vgl. Nestmann 1999, S. 220).

Zu den *interaktionalen* Merkmalen zählen folgende:

- Beziehungen lassen sich nach *Intimität* und *Intensität* beschreiben. Die Wahrscheinlichkeit, dass passgenaue und umfangreiche Unterstützung bereitgestellt wird, hängt auch davon ab, ob es sich beispielsweise um eine Liebes- oder Arbeitsbeziehung handelt (vgl. ebd.; Kupfer 2015, S. 200 f.).
- Außerfamiliale, eher schwach ausgeprägte Beziehungen stellen vielmehr Informationen bereit oder werden erst dann bedeutsam, wenn intensive Beziehungen, z. B. durch Trennung oder Tod, enden und Übergänge zu bewältigen sind (vgl. Nestmann 1999, S. 220 f.). In der Supportforschung werden Unterstützungsprozesse in diesen weniger intensiven alltäglichen Beziehungsformen bisher kaum untersucht (vgl. Nestmann 2005 a, S. 352 ff.).
- Eine hohe *Kontakt-* und *Dauerhaftigkeit* findet sich eher in familialen Bezügen, wohingegen sie in außerfamilialen Beziehungen tendenziell geringer ausgeprägt sind (vgl. Nestmann 1999, S. 220). Hierzu können neben realen auch telefonische oder virtuelle Kontakte zählen (vgl. Gahleitner 2017, S. 111).

- Beziehungen können zudem *latent* oder *aktualisiert* sein. Auch hier sind familiale Beziehungen zumeist aktiviert (vgl. Nestmann 1999, S. 220). Freundschaftsbeziehungen müssen häufiger aktualisiert werden, damit sie fortbestehen, wohingegen familiale Beziehungen mitunter jahrelang latent sein können (vgl. Kupfer 2015, S. 124 f.). Ähnlich der strukturellen Erreichbarkeit kann die räumliche Entfernung dazu beitragen, dass Beziehungen latent bleiben oder aktualisiert werden (vgl. Laireiter 2009, S. 83).
- Die Supportforschung richtet ihr Interesse eher auf *multi-* und weniger auf *uniplexe Beziehungen*: Vereint eine Person eine oder mehrere Rollen auf sich (z. B. Nachbar:in und Freund:in zugleich) oder unterstützt sie in verschiedenen Dimensionen (z. B. instrumentell und emotional) (vgl. Kupfer 2015, S. 123 f.)? Engere familiale Netzwerke werden mit multiplexen Unterstützungsleistungen assoziiert (vgl. ebd., S. 181 f.; Nestmann 1999, S. 221 f.).
- Ferner wird der *Reziprozität* in der Supportforschung eine gesteigerte Bedeutung für Unterstützungsprozesse beigemessen (vgl. Nestmann 1988, S. 87 ff.). Der wechselseitige Austausch von Unterstützungsleistungen trägt zum längerfristigen Fortbestehen von Beziehungen bei und beeinflusst, in welchen Bereichen Unterstützung überhaupt geleistet wird. Entsprechend wird nicht lediglich der ökonomische Tauschwert betrachtet, vielmehr geraten die Deutungsmuster der an alltäglichen Unterstützungsprozessen Beteiligten in den Blick (vgl. Nestmann 2010, S. 11 f.).
  Diese lässt sich dabei in unmittelbare, aufgeschobene und generalisierte Reziprozität unterscheiden (vgl. Stegbauer 2010b, S. 114 ff.; Friedrich 2010, S. 71 ff.): *Unmittelbare Reziprozität* kann eher in lockeren Beziehungen, wie bei flüchtigen Nachbarschaftskontakten oder zu Beginn von Freundschaften, gefunden werden. Die Unterstützungsleistungen werden hierbei direkt, zeitnah und mittels eines vergleichbaren Wertes zurückgegeben. Dabei können materielle Leistungen durchaus mit immateriellen aufgewogen werden. Für die *aufgeschobene Reziprozität* ist charakteristisch, dass der Austausch zwar direkt erfolgt, aber tendenziell zeitlich verzögert stattfindet und sich eher phasenhaft gestaltet. Ein aufgeschobener Austausch ist Ausdruck einer Vertrauensbeziehung, wie sie etwa in langjährigen Freundschaften zu finden ist. Der Austauschsaldo ist den Beteiligten dabei nicht immer präsent (vgl. Diewald/Sattler 2010, S. 696). Die *generalisierte Reziprozität* wird insbesondere in familialen und verwandtschaftlichen Kontexten beschrieben; sie ist gekennzeichnet von hohen, meist impliziten normativen Gegenseitigkeitserwartungen. Ihr Ausbleiben stellt in der Regel subjektiv eine erhebliche Belastung dar (vgl. Nestmann 1999, S. 221 f.).
  Mit dem Ausbleiben von Gegenleistungen – sei es kurz-, mittel- oder langfristig – wird das Fortbestehen einer Beziehung existenziell bedroht. Dies kann sich auch einstellen, wenn Personen dauerhaft auf den Erhalt von Unterstützung angewiesen sind und sich infolge ggf. sozial zurückziehen, da sie

weniger dazu in der Lage sind, diese annehmen und wiedergutmachen zu können (vgl. Kupfer 2015, S. 203 ff.).

- Eine weitere Beschreibungsmöglichkeit bietet die Netzwerkanalyse hinsichtlich der *Homogenität* und *Heterogenität* von Netzwerkbeziehungen. Frei gewählte Beziehungen wie Freundschaften beruhen häufig auf sozialen Ähnlichkeiten, wie dem Teilen bestimmter Wertvorstellungen. Besonders heterogene Aspekte, wie erhebliche Unterschiede im Einkommen, werden für die Beziehungsqualität als eher hinderlich eingeschätzt (vgl. Kupfer 2015, S. 124). Nicht frei wählbare familiale Beziehungen weisen größtenteils homogene Charakteristika auf, da diese auch durch Erziehung vermittelt werden. Dennoch können sie sich z. B. in politischer oder religiöser Hinsicht auch erheblich unterscheiden (vgl. Nestmann 1999, S. 220).

Zu den *bewertenden* Merkmalen zählen folgende:

- Auf die subjektive Bedeutung und Wahrnehmung von sozialen Netzwerk- und Unterstützungsbeziehungen ist in den vorangegangenen Ausführungen bereits hingewiesen worden. Bedeutsame Größen für die Bewertung sind Fragen danach, wie zufrieden, wie angemessen und wichtig die Beziehung bzw. die jeweilige Unterstützungsleistung eingeschätzt wird (vgl. Laireiter 2009, S. 84).

Insgesamt zeichnen diese Darstellungen zur Netzwerk- und Supportforschung ein positiv konnotiertes Bild sozialer Beziehungen, wobei diese auch negative und belastende Aspekte aufweisen können, was im nächsten Teilkapitel dargestellt wird.

4.3.4 Bereiche negativer Unterstützung

Die Betonung der supportiven Dimensionen sozialer Netzwerkbeziehungen soll im Unterstützungskonzept eine bewusste Gegenbewegung zu einer ursprünglich im klinisch-psychotherapeutischen Kontext verbreiteten negativen Betrachtungsweise darstellen (vgl. Nestmann 1989, S. 112; 2010, S. 5 f.). Diese positive ressourcenfokussierte Thematisierung sozialer Beziehungen hat sicher zur Attraktivität des Konzepts in der Sozialen Arbeit beigetragen.

Alltägliche Beziehungen enthalten aber auch „Momente, die als hemmend, einschränkend, Angst und Abhängigkeit erzeugend gesehen und ins Kalkül genommen werden müssen“ (Thiersch 2002, S. 179). Alltags- und Lebensweltorientierung bedeute somit nicht nur Ressourcenorientierung, sondern auch ein Einlassen auf „Brüche und Verwerfungen in […] sozialen Beziehungen“ (Grunwald/Thiersch 2004, S. 34). Für das Arbeitsfeld der SPFH schätzt Klaus Wolf ein, dass

Adressat:innen „häufig lückenhafte Netzwerke oder Beziehungen [aufweisen], die als Ressource[n] nicht sehr leistungsfähig sind" (Wolf 2015, S. 63). Ist negative soziale Unterstützung also ein unterbelichteter Aspekt von Sozialbeziehungen?

Zumindest liefert bereits die Begrifflichkeit der negativen sozialen Unterstützung einen Hinweis darauf, dass sich dieser Thematik in der Supportforschung zunächst über die kontrastive Negation genähert wird. Trotz dessen, dass negative Unterstützung weniger im Fokus der Forschung steht und entsprechend weniger Daten und Konzepte vorliegen, kann dieser Begriff eigenständig gefasst werden (vgl. Nestmann 1988, S. 90 ff.; Laireiter/Fuchs/Pichler 2007, S. 44 ff.).

Für eine Eingrenzung eignet sich eine Verdichtung auf drei Bereiche: Nonsupport, soziale Belastung und belastende Netzwerkstrukturen (vgl. Kupfer 2015, S. 221 ff.). Mit *Nonsupport* wird – erstens – ein Fehlen von sozialer Unterstützung bezeichnet. Erst vor dem Hintergrund von spezifischen Lebenssituationen, in denen positive Unterstützung normativ erwartet oder gebraucht wird, lässt sich ein entsprechender Mangel feststellen. Es wird davon ausgegangen, dass eine spezifische Intentionalität der Handlung negative Unterstützung beeinflusst (vgl. Laireiter/Fuchs/Pichler 2007, S. 44 f.; Kupfer 2015, S. 224 ff.). Allerdings kann bereits eine positive Unterstützungsintention zur Belastung führen, etwa in Form von einem übersteigerten Engagement. Ebenso können negative Absichten bestehen, wenn z. B. Unterstützungswünsche aktiv verweigert werden. Möglich sei auch eine „Nichtintention" (Laireiter/Fuchs/Pichler 2007, S. 44), dass also keine spezifische Absicht zugrunde liegt.

Demgegenüber können – zweitens – *soziale Belastungen* vorliegen, z. B. durch konflikthafte, abwertende, ausgrenzende oder aggressive Interaktionen (darunter auch physische Gewalt) (vgl. Laireiter 2009, S. 84; Kupfer 2015, S. 232 ff.). Soziale Belastung geht damit über ein bloßes Fehlen von Unterstützung hinaus (vgl. Nestmann 1988, S. 90). Die Supportforschung legt die Annahme nahe, dass diese Form quantitativ am wenigsten verbreitet ist, aber ein ausgeprägtes Belastungsempfinden hervorrufen kann (vgl. Laireiter/Fuchs/Pichler 2007, S. 44 f.).

Negative Unterstützung wird – drittens – mit *belastenden Netzwerkstrukturen* in Verbindung gebracht. Einige davon fanden im letzten Teilkapitel bereits Anklang. Familiale Beziehungen sind in der Regel nicht frei wählbar und werden qua Geburt vorgegeben, wohingegen außerfamiliale Beziehungen mit größeren Wahlmöglichkeiten einhergehen (vgl. Nestmann 1999, S. 223). Damit können verschiedene Normen und Erwartungen verknüpft sein: Beispielsweise können sich diese Beziehungen nach dem Grad der sozialen Kontrolle unterscheiden, die sich wiederum funktional positiv oder negativ auswirken kann (vgl. Diewald 1991, S. 73 f.; Gahleitner 2017, S. 113). Es sind demnach nicht die Netzwerkstrukturen, die sich belastend auswirken, sondern die damit einhergehenden und wahrgenommenen Funktionen (vgl. Kupfer 2015, S. 224).

Neben diesen definitorischen Ausführungen finden sich verschiedene Wirkungsannahmen: Der Anlass von belastenden Erfahrungen kann das Belastungsempfinden zusätzlich verstärken, beispielsweise können alltägliche Belastungen oder gar der Verlust von nahestehenden Personen das Erleben in anderen Lebensbereichen negativ beeinflussen (vgl. Kupfer 2015, S. 238 f.; Laireiter/Fuchs/Pichler 2007, S. 45). Ebenso sei bedeutend ob es sich um alltägliche oder besondere Belastungen handle (vgl. Laireiter/Fuchs/Pichler 2007, S. 45). Zudem wird die Dauer der Belastungsphase als bedeutsam für Nonsupport markiert, da im Beziehungsnetzwerk normative Vorstellungen der Beteiligten darüber bestehen können, wie lange und in welcher Form eine Belastungsreaktion gewissermaßen legitim ist. Sobald diese häufig implizite Grenze überschritten wurde, wird negative Unterstützung wahrscheinlicher (vgl. Filipp/Aymanns 2018, S. 284 f.; Kupfer 2015, S. 231).

Allerdings können negative und positive Unterstützungsprozesse gleichzeitig ablaufen. Soziale Unterstützung kann demnach nicht nur eine abfedernde Wirkung gegenüber belastenden Lebensereignissen haben, sondern auch hinsichtlich negativer Unterstützung aus sozialen Beziehungen (vgl. Laireiter/Fuchs/Pichler 2007, S. 55). Auch können verschiedene Netzwerkbereiche funktional in einem interdependenten Verhältnis stehen: Zum Beispiel kann ein Paarkonflikt mit negativer Unterstützung einhergehen, der aber durch soziale Unterstützung aus anderen Beziehungen abgefedert werden kann (vgl. Kupfer 2015, S. 239 f.).

Die dargestellten Aspekte negativer Unterstützung ergänzen die vorwiegend positive Konnotation in der Supportforschung. Insgesamt komplettieren die Ausführungen den Blick auf soziale Netzwerkbeziehungen, der in diesem Kapitel anhand der sozialen Netzwerk- und Unterstützungsforschung geleistet werden sollte.

5 Rahmenbedingungen und Handlungsansätze

Wie das Handeln in der Sozialen Arbeit gestaltet sein soll und welche Vorrausetzungen dafür als notwendig angesehen werden, ist eine Frage, die sich durch die Geschichte der Entwicklung aufsuchender Hilfen für Familien zieht. Im historischen Teil sind anhand der Wohlfahrtspflege und insbesondere am Beispiel der Familienfürsorge die Bestrebungen dargestellt worden, personenbezogene Tätigkeiten mit Handlungskonzepten zu unterlegen sowie organisatorische und nicht zuletzt auch sozialpolitische Rahmenbedingungen dafür zu thematisieren. In den weiteren Entwicklungslinien der SPFH zeigt sich, dass Fragen der konzeptionellen Ausgestaltung und den strukturellen und gesellschaftlichen Rahmenbedingungen für das praktische Handeln im Arbeitsfeld kontinuierlich diskutiert werden.

In den professions- bzw. professionalisierungsbezogenen Debatten, die ab den 1970er-Jahren verstärkt geführt werden, wird nach Antworten darauf gesucht wird, wie sich das Handeln in der Sozialen Arbeit charakterisieren lässt (vgl. B. Müller 2012, S. 956 ff., S. 961 ff.; Galuske 2013, S. 123 ff., S. 149 ff.; Cloos 2010, S. 28 f.; Thole/Polutta 2011, S. 105 ff.). Eine eigenständige Profilierung erfolgt dahingehend, dass „die Binnenstrukturen und die Logik pädagogischen Handelns" (Cloos 2010, S. 32) zum Gegenstand der Analyse gemacht werden (vgl. ebd., S. 31 ff.; B. Müller 2012, S. 963 ff.; Köngeter 2017, S. 92 ff.).

Ein Schwerpunkt besteht darin, das sozialarbeiterisch-sozialpädagogische Handeln grundständig anhand dessen methodischer Ausgestaltung zu bestimmen.[53] Hierzu resümiert Hiltrud von Spiegel, methodisches Handeln bedeute, „eine Situation oder ein Problem zum Ausgangspunkt […] zu nehmen und diese/s unter Hinzuziehung von wissenschaftlichem Wissen und Erfahrungswissen gemeinsam mit den Adressaten zu analysieren, zu deuten und zu bearbeiten" (Spiegel 2015, S. 28). Als Herausforderung sind hierbei die widersprüchlichen und kaum eingrenzbaren Rahmenbedingungen zu sehen, die sich mit den Schlagworten *Allzuständigkeit, Alltagsorientierung, Koproduktion mit den Adressat:innen* sowie der *institutionellen Einbindung* umreißen lassen (vgl. Galuske 2018, S. 995; Spiegel 2018, S. 25). Ins Blickfeld wird dabei nicht nur die unmittelbare Interaktion zwischen Praktiker:innen und Adressat:innen gerückt, sondern ebenso die institutionelle Einbettung sowie der bedingende gesellschaftliche Kontext (vgl.

53 Hierzu ein Überblick: Belardi et al. (2007); Braun/Graßhoff/Schweppe (2011); Galuske (2013); Heiner et al. (1998); Kleve (2011); Kreft/C.W. Müller (2019b); Kunstreich et al. (2004); B. Müller (2017); Ritscher (2013); Schwabe (2019); Stimmer (2020); P.-U. Wendt (2017a).

Galuske/Rosenbauer 2004, S. 316ff.; Heiner 2007, S. 33ff., S. 61ff.; Galuske 2013, S. 51ff.; Hamburger 2012, S. 56ff.; Spiegel 2018, S. 17ff.).

Hierbei finden sich auch Ansätze, die zu kennzeichnen versuchen, was eine kompetente Praxis über die verschiedenen Felder Sozialer Arbeit hinweg ausmacht: Maja Heiner beispielsweise hat empirisch gestützte Modelle entwickelt, um das Handeln entsprechend zu definieren.[54] Dabei werden umfangreiche Kompetenzprofile ausgewiesen, die als Analysekriterien für die Handlungspraxis herangezogen werden können (vgl. Heiner 2004, S. 161ff.; Heiner 2007, S. 429ff.; Heiner 2010, S. 12ff., S. 62ff.). Hiltrud von Spiegel bezieht sich in diesem Zusammenhang auf die Kompetenzbereiche *Haltung, Wissen* und *Können* (vgl. Spiegel 2018, S. 82ff.). Für die Praxisgestaltung in den Erziehungshilfen verweisen Sabine Ader und Christian Schrapper auf einen „bewussten und planvollen Dreiklang von Strukturen, Konzepten und Personen" (Ader/Schrapper 2020b, S. 231). Unter *Strukturen* werden die rechtlichen und organisatorischen Rahmenbedingungen verstanden, unter *Konzepten* die verschiedenen Arbeitsweisen und unter *Personen* die Wissensbestände und Kompetenzprofile der Praktiker:innen (vgl. ebd., S. 232f.).

Bereits dieser Einblick zeigt die Vielschichtigkeit der Rahmenbedingungen und Handlungsansätze auf, welche herangezogen werden können, um das sozialarbeiterisch-sozialpädagogische Handeln zu charakterisieren. Diese Bausteine finden sich – mehr oder weniger systematisch – anwendungsbezogen übersetzt im Tätigkeitsfeld der SPFH wieder (vgl. BMFSFJ 1999, S. 96ff., S. 105ff.). Bezogen werden diese auf die Zielstellungen und Arbeitsbereiche der SPFH, die wie folgt eingegrenzt werden können:

- Bearbeitung der innerfamiliären Beziehungsdynamik,
- Förderung der institutionellen und privaten Vernetzung (soziale Netzwerkarbeit),
- Unterstützung bei der Bewältigung lebenspraktischer Aufgaben und
- Verbesserung der materiellen Grundlagen (vgl. ebd., S. 93; Nicolay 1996, S. 209).

54 „Professionelles Handeln verlangt eine kontinuierliche Reflexion der Ziele, Werte und Konsequenzen beruflichen Handelns auf der Basis wissenschaftlichen Wissens, eigener Erfahrungen und kodifizierter beruflicher Standards, die im Diskurs mit Kollegen und außenstehenden Beratern konkretisiert und dabei ständig überprüft werden müssen. Im Umgang mit den KlientInnen ist sowohl eine achtungsvolle Grundhaltung notwendig als auch eine kommunikative Kompetenz, um die Prinzipien der advokatorischen Ethik und eines verständigungsorientierten Handelns zu realisieren. In der Auseinandersetzung mit KlientInnen, KollegInnen, Vorgesetzten oder VertreterInnen anderer Organisationen um soziale Gerechtigkeit ist die Fähigkeit des Umgangs mit Konflikten auf der Grundlage einer Haltung der streitbaren Toleranz zentral. Wissenschaftliches Wissen, kommunikative Kompetenz und eine wertbezogene, biografisch verankerte, reflexive Grundhaltung stellen die Voraussetzung einer ethisch fundierten Expertise professioneller Sozialer Arbeit dar" (Heiner 2007, S. 185).

Anhand dieser Aufzählung wird deutlich, dass die aufsuchende Soziale Arbeit mit Familien in den Hilfen zur Erziehung von der normativen Annahme getragen wird, dass die familiale Praxis „neu strukturiert werden muss" (Winkler 2012, S. 147). Vor diesem Hintergrund kann zunächst davon ausgegangen werden, dass nicht nur der Familienbezug in der SPFH mit einer Vielzahl von „schwierige[n] handlungspraktische[n] Balanceakte[n]" (Bauer 2010, S. 28) einhergeht, sondern dass aus der Gesamtheit des Beziehungsnetzwerkes enorme Anforderungen für das Handeln erwachsen.

In diesem Kapitel wird anhand der eben skizzierten Rahmenbedingungen und Handlungsansätze rekapituliert, wie aufsuchende Soziale Arbeit mit Familien konzeptionell profiliert werden kann, und herausgearbeitet, wie soziale Netzwerkbeziehungen darin angelegt sind. Hierfür werden zunächst strukturelle Rahmenbedingungen der SPFH dargestellt (vgl. Kap. 5.1). Zudem werden Charakteristika des Handelns in den aufsuchenden Hilfen ausgehend von grundlegenden Bestimmungen bis hin zu strukturierenden Modellen und Merkmalen im Arbeitsfeld aufgezeigt (vgl. Kap. 5.2). Ferner werden ausgewählte Methoden des Arbeitsfeldes der SPFH dahingehend vorgestellt (vgl. Kap. 5.3).

5.1 Formaler Rahmen zwischen Ermöglichung und Begrenzung

Eine Strategie, die Praxis der SPFH abzusichern, besteht in der Forderung nach adäquaten formalen Rahmenbedingungen. Wie durch ein Brennglas wird dies anhand des rasanten Ausbaus der Hilfeform zu Beginn der 1990er-Jahre und insbesondere im Gebiet der ehemaligen DDR deutlich. Die fachgerechte Ausgestaltung der SPFH wird demnach mit dem Vorhandensein rechtlicher und organisatorischer Aspekte wie der Finanzierung, adäquater Arbeitsbedingungen oder der Personalqualifikation assoziiert (vgl. BMFSFJ 1999, S. 94ff., S. 105ff.; Hofgesang 2005, S. 533ff.; Frindt 2010, S. 32ff.). Anhand eines Überblicks von juristischen und organisatorischen Rahmenbedingungen in diesem Kapitel wird aufgezeigt, welche Ableitungen sich daraus für die netzwerkbezogene Praxis der SPFH ergeben können.

5.1.1 Juristische Bestimmungen: Grundlagen der Hilfeform und der Schutzauftrag formeller Netzwerke

Im Achten Sozialgesetzbuch zur Kinder- und Jugendhilfe wird das Spektrum der Hilfen zur Erziehung gemäß §§27ff. SGB VIII geregelt. Für die Praxis der Erziehungshilfen ist damit ein juristischer Legitimationsrahmen anhand von unbestimmten und auslegungsbedürftigen Rechtsbegriffen vorgegeben, wenn Personensorgeberechtigte die Erziehung und Entwicklung ihrer Kinder nicht adäquat sicherstellen können (vgl. Wolf 2015, S. 66 ff.; B. Müller 2017, S. 48 f.). Die Hilfen zur Erziehung stellen ein differenziertes Arbeitsfeld dar, das sich in

- stationäre (§ 33 SGB VIII Vollzeitpflege, § 34 SGB VIII Heimerziehung und sonstige betreute Wohnformen),
- teilstationäre (§ 32 SGB VIII Erziehung in einer Tagesgruppe),
- und ambulante (§ 28 SGB VIII Erziehungsberatung, § 29 SGB VIII Soziale Gruppenarbeit, § 30 SGB VIII Erziehungsbeistand/ Betreuungshelfer, § 31 SGB VIII Sozialpädagogische Familienhilfe, § 35 SGB VIII Intensive sozialpädagogische Einzelbetreuung) Angebotsformen systematisieren lässt (vgl. Rätz/Schröer/Wolff 2014, S. 142 ff., S. 168 ff.; Ritzmann/Wachtler 2008, S. 26 ff.).[55]

Die SPFH gehört zu den ambulanten Erziehungshilfen, die

> „dadurch gekennzeichnet [sind], dass die Kinder, Jugendlichen und Familien direkt in ihrem Lebensumfeld Hilfe und Unterstützung erhalten. Sozialpädagogische Fachkräfte sind aufsuchend tätig und betreuen die Kinder, Jugendlichen oder Familien in deren Wohnung oder an denjenigen Orten, an denen sie sich aufhalten. Es ist jedoch auch möglich, dass die jungen Menschen und deren Familien über eine begrenzte Zeit am Tag an einem anderen Ort durch sozialpädagogische Fachkräfte Hilfe und Unterstützung erfahren. Aufgrund dieser Differenzierung wird von der ‚Komm- und Gehstruktur' in den ambulanten Hilfen zur Erziehung gesprochen." (Rätz/Schröer/Wolff 2014, S. 142)

Neben dieser grundlegenden Übersicht zur jugendhilferechtlichen Einbettung der SPFH sind für deren Praxis weitere Gesetzesgrundlagen relevant. Dazu zählt etwa das Bürgerliche Recht sowie das Familien-, Sozial-, Verwaltungs- oder Strafrecht (vgl. Kievel/Knösel/Marx 2009; Münder/Ernst 2009; Gastiger/Winkler 2010), auf diese Bereiche soll hier aber nicht eingegangen werden.

Nachfolgend werden grundlegende Bestimmungen zur Hilfeform sowie Implikationen im Kontext des Kinderschutzes, die sich insbesondere durch den § 8 a SGB VIII ergeben, dargestellt und hinsichtlich der Forschungsfragestellung untersucht.

Grundlagen der Hilfeform

Rechtssystematisch liegt das Erziehungsrecht bzw. die Erziehungspflicht gemäß Art. 6 Absatz 1 GG mit verfassungsrechtlicher Qualität bei den Eltern (vgl. Münder/Ernst 2009, S. 9 ff.). Staatlichen Institutionen kommt ein „Wächteramt"

---

55 Eine weitere Angebotsform stellt die Eingliederungshilfe für seelisch behinderte Kinder und Jugendliche (§ 35 a SGB VIII) dar (vgl. Rätz/Schröer/Wolff 2014, S. 153 ff.).

(Münder et al. 2020, S. 44) über deren Ausübung zu (vgl. ebd., S. 44 ff.). Im Kinder- und Jugendhilfegesetz wird festgelegt, dass jedem jungen Menschen „ein Recht auf Förderung seiner Entwicklung und auf Erziehung zu einer selbstbestimmten, eigenverantwortlichen und gemeinschaftsfähigen Persönlichkeit" (§ 1 Absatz 1 SGB VIII) zusteht.

Als Voraussetzung für den Einsatz von Hilfen zur Erziehung ist in § 27 SGB VIII geregelt, dass Personensorgeberechtigte, nicht jedoch die Kinder selbst einen Rechtsanspruch auf eine Hilfe zur Erziehung haben, „wenn eine dem Wohl des Kindes oder des Jugendlichen entsprechende Erziehung nicht gewährleistet ist und die Hilfe für seine Entwicklung geeignet und notwendig ist" (§ 27 Absatz 1 SGB VIII). Eine zentrale Vorrausetzung und Anforderung für den Einsatz von Erziehungshilfen ist die Feststellung eines „erzieherischen Bedarf[s] im Einzelfall" (§ 27 Absatz 2 Satz 2 SGB VIII), wobei in der Hilfeerbringung „das engere soziale Umfeld des Kindes oder des Jugendlichen" (ebd.) einbezogen werden soll (vgl. Moch 2018, S. 632 f.; Münder et al. 2020, S. 178 ff.).

SPFH (§ 31 SGB VIII) ist im Spektrum der Erziehungshilfen (§§ 28–35 SGB VIII) angesiedelt. Sie stellt eine sogenannte *familienunterstützende* Hilfeform dar, deren Anwendung der Gesetzgeber „insbesondere" (§ 27 Absatz 2 Satz 1 SGB VIII) vorsieht (vgl. Uhlendorff/Euteneuer/Sabla 2013, S. 116; Rätz/Schröer/Wolff 2014, S. 142 ff.). Deren Einsatz und Ausgestaltung wird im Hilfeplanverfahren gemäß § 36 SGB VIII[56] festgelegt (vgl. Merchel 1998, S. 19 f.; Uhlendorff 2016, S. 1016 ff.; Ader/Schrapper 2020a, S. 161 ff.). Die Mitarbeitenden der SPFH sind im Hilfeplanverfahren als „andere Personen, Dienste oder Einrichtungen" (§ 36 Absatz 3 Satz 1 SGB VIII) bei der Aufstellung oder Überprüfung des Hilfeplans hinzuzuziehen (vgl. BMFSFJ 1999, S. 58 ff.; Hofgesang 2005, S. 535 f.). Der Prozess der Hilfeplanung sieht juristisch die Beteiligung der „Personensorgeberechtigten und de[s] Kind[es] oder de[s/r] Jugendlichen" (§ 36 Absatz 2 Satz 2 SGB VIII) vor. Mit der Reform des SGB VIII im Jahr 2021 sind zudem „Geschwisterbeziehung[en]" (§ 36 SGB VIII Absatz 2 Satz 3) bei der Hilfeplanung zu berücksichtigen, und, sofern der „Hilfezweck nicht in Frage gestellt wird, sollen Eltern, die nicht personensorgeberechtigt sind" (§ 36 Absatz 5 Satz 1 SGB VIII), beteiligt werden.

Der Gesetzestext der SPFH bezieht sich auf die längerfristige, alltagsnahe Unterstützung der gesamten Familie.

---

56 Der Verfahrensablauf wird in seiner Bedeutung für die Gestaltung von Erziehungshilfen hervorgehoben, etwa hinsichtlich des Stellenwertes sozialpädagogischer Diagnosen (vgl. Krause/Peters 2014, S. 86 ff.; Uhlendorff 2016, S. 1011 ff.; B. Müller 2017, S. 85 ff.; Harnach 2021, S. 13 ff.), der Bedeutung von Teamprozessen in der Entscheidungsfindung (vgl. Ader 2004, S. 318 ff.; Schattenhofer 2020, S. 212 ff.) oder der Partizipation von Adressat:innen an Inhalten und Zielen der Erziehungshilfen (vgl. Uhlendorff 2016, S. 1009 f.; Wolff 2016, S. 1058 f.).

„Sozialpädagogische Familienhilfe soll durch intensive Betreuung und Begleitung Familien in ihren Erziehungsaufgaben, bei der Bewältigung von Alltagsproblemen, der Lösung von Konflikten und Krisen sowie im Kontakt mit Ämtern und Institutionen unterstützen und Hilfe zur Selbsthilfe geben. Sie ist in der Regel auf längere Dauer angelegt und erfordert die Mitarbeit der Familie." (§ 31 SGB VIII)

Die Besonderheit des Aufgabenspektrums der SPFH liegt darin begründet, dass es sich nicht vordergründig auf einzelne Personen bezieht, sondern dass die „Familie als Ganze im Mittelpunkt der Hilfe" (Schmid-Obkirchner 2015a, § 31 Rn. 1) steht. Damit wird deutlich, dass Familie vom Gesetzgeber „als Ort primären Aufwachsens [und] zentrales Sozialisationsfeld für Kinder und Jugendliche" (Münder et al. 2020, S. 80) angesehen wird und eine Vielfalt von Familienformen juristisch[57] angelegt ist (vgl. Böllert/Peter 2014, S. 121 f.; Moch 2016, S. 78). Hinzu kommt, dass auch der „Bereich der professionellen und privaten Vernetzung der Familien in ihren vielfältigen Bezügen zur Außenwelt" (Schmid-Obkirchner 2015a, § 31 Rn. 11) zu berücksichtigen ist (vgl. Struck 2013, § 31 Rn. 9). Insofern spiegeln sich in den Bestimmungen des Gesetzgebers und einschlägigen Kommentaren die historisch gewachsenen und komplexen Erwartungen an die Hilfeform hinsichtlich einer differenzierteren Betrachtung sozialer Netzwerkbeziehungen wider.

Schutzauftrag bei Kindeswohlgefährdung durch formelle Netzwerke

Neben diesen grundlegenden Verortungen ergeben sich aus den rechtlichen Justierungen hinsichtlich des Schutzauftrages für Kinder und Jugendliche Veränderungen für die SPFH. Diese werden auch deshalb näher dargestellt, weil insbesondere die Diskussion um Kontrollaspekte wie bereits in der Pionierphase intensiviert wird, obwohl diese im Kinder- und Jugendhilfegesetz „an keiner Stelle erwähnt [werden] oder explizit vorgesehen" (Koch/Düring 2012, S. 258) sind (vgl. Peters 2012a, S. 283 f.; Schone 2012, S. 261 f.; 2016, S. 1116 ff.; Wolf 2012, S. 274 f.; Urban-Stahl 2012, S. 270 f.; Helming 2016, S. 22 ff.).

Das zu schützende *Kindeswohl* als unbestimmter Rechtsbegriff ist ein normativ durchdrungener und facettenreicher Begriff, ebenso wie der der *Kindeswohlgefährdung* (vgl. hierzu Biesel/Urban-Stahl 2018, S. 33 ff., S. 94 ff.; Schone/Struck 2018, S. 767 ff.; Seckinger/Pooch/Mairhofer 2018, S. 116 ff.; Scheiwe 2018, S. 84 ff.). Ausgehend von medial skandalisierten Todesfällen ist die Aufmerksamkeit für den Handlungsbedarf beim Kinderschutz gestiegen; auch strafrechtliche Konsequenzen für Mitarbeiter:innen sind dabei in den Fokus gerückt worden. In diesem Zusammenhang ist die Rolle von strukturellen Faktoren

57 Sozialpädagogische Familienhilfen werden jedoch statistisch betrachtet überwiegend in Eineltern- und Stieffamilien eingesetzt, die sozialstaatliche Transferleistungen beziehen (vgl. Kap. 6.1.2).

und die vielschichtigen Anforderungen an das Personal in den Aufarbeitungen von gescheiterten Kinderschutzverläufen eindrücklich aufgezeigt worden (vgl. Wolff et al. 2013, S. 20 ff.; Gerber/Lillig 2018, S. 50 ff.; J. Beckmann/Lohse 2019, S. 491 ff.).

Die Strategien im Kinderschutz umfassen die *Frühen Hilfen* und *sozialen Frühwarnsysteme*, die auf „den Zusammenschluss und die Netzwerkbildung aller relevanten gesellschaftlichen Handlungssysteme und Professionen, die mit Kindern zu tun haben" (Schone/Struck 2018, S. 767), zielen (vgl. Hensen/Schone 2010, S. 330 ff.; Biesel/Urban-Stahl 2018, S. 295 ff.). Damit ist die fallübergreifende Netzwerkbildung von Institutionen und Angeboten verbunden; die Verantwortung hierfür liegt bei den Jugendämtern (vgl. Meysen/Eschelbach 2012, S. 87 ff.).[58] Auf diese Weise soll eine niedrigschwellige Infrastruktur geschaffen werden: Diese richtet sich auf die Kompetenzförderung von Eltern mit 0- bis 3-jährigen Kindern und präventive Angebote für spezifische „Risikogruppen" (Hensen/Schone 2009a, S. 155), wie z. B. Alleinerziehende. Einer krisenhaften Entwicklung in Familien soll somit frühzeitig begegnet werden (vgl. Schone/Struck 2018, S. 770 f.; Schone 2016, S. 1121 f.; Böllert 2012, S. 125 ff.; Renner/Heimeshoff 2014, S. 17 f.).[59]

Für den Kontext der SPFH sind diese übergreifenden Entwicklungen einer institutionalisierten Netzwerkbildung im Kinderschutz mittelbar von Bedeutung. Die Strategien im Kinderschutz, die für die fallbezogene Praxis in der SPFH unmittelbarer relevant sind, richten sich auf die Diagnostik und Gefahrenabwendung im Einzelfall (vgl. Schone/Struck 2018, S. 771 ff.; Meysen/Eschelbach 2012, S. 112 ff., S. 129 ff.).

Seit der Entstehung der SPFH wird intensiv reklamiert, dass diese den staatlichen Institutionen einen *„starken Einbruch in den familiären Intimbereich"* (Struck 2013, § 31 Rn. 6; Hervorhebung im Original im Fettdruck) ermögliche. Die Gefahr hierbei wird dahingehend reflektiert, dass der gesetzliche Auftrag, erzieherische Hilfestellungen im Sinne eines „unterstützungsorientierten Kinderschutz[es]" (Thole et al. 2018, S. 52) zu gewährleisten, durch „eine zu weitgehende

58 Mit dem Bundeskinderschutzgesetz vom 01.01.2012 werden eine Reihe von gesetzlichen Veränderungen umgesetzt (vgl. Meysen/Eschelbach 2012). Im darin enthaltenen Gesetz zur Kooperation und Information im Kinderschutz (KKG) ist die Schaffung von „Rahmenbedingungen für verbindliche Netzwerkstrukturen im Kinderschutz" (§ 3 KKG) geregelt.

59 Hierzu existieren eine Reihe von Maßnahmen in den Bundesländern wie „Pro Kind" (Renner/Heimeshoff 2014, S. 54), Familienhebammen, Willkommensbesuche für Neugeborene oder Familienzentren (vgl. ebd., S. 34 ff.; Bathke 2016, S. 767 ff.; Hensen/Schone 2009b, S. 18 ff.; Biesel/Urban-Stahl 2018, S. 304 ff.). Trotz aller Unterstützungsintentionen wird die darin liegende stigmatisierende Zuschreibung als ebenso diskussionswürdig angesehen wie die damit einhergehende Ambivalenz des Schutzauftrages (vgl. Schone/Struck 2018, S. 777; Bathke 2016, S. 757 ff.; Biesel/Urban-Stahl 2018, S. 314 ff.).

Orientierung am Schutzauftrag überlagert werden" (Schone/Struck 2018, S. 776) kann.

Juristisch werden mit dem § 8 a SGB VIII einheitliche Verfahrensvorschriften für die öffentlichen Träger, also die Allgemeinen Sozialdienste der Jugendämter getroffen, sobald deren Mitarbeiter:innen „gewichtige Anhaltspunkte für die Gefährdung des Wohls eines Kindes oder Jugendlichen" (§ 8 a Absatz 1 Satz 1 SGB VIII) bekannt werden (vgl. Biesel/Urban-Stahl 2018, S. 249 ff.; Schone 2019, S. 286 ff.; Münder et al. 2020, S. 88 ff.). Als Ergebnis dieses Einschätzungsprozesses werden Sozialpädagogische Familienhilfen in der Praxis „heute im erheblichen Umfang bei Kindeswohlgefährdung – auch den Eltern gegenüber so formuliert – als letzte Möglichkeit des Verbleibs der Kinder in der Familie eingesetzt und dabei oft mit massiven Kontrollaufgaben versehen" (Freigang 2016, S. 837; vgl. auch Schone 2012, S. 261 f.).

Das Vorgehen im Kinderschutzkontext in der SPFH ist gemäß § 8 a Absatz 4 SGB VIII analog zu dem der Allgemeinen Sozialdienste zu gestalten (vgl. Frindt 2010, S. 41 f.; Schone/Struck 2018, S. 774 ff.). Werden im Hilfeverlauf Anzeichen einer möglichen Gefährdung deutlich, ist folgende Verfahrensweise vorgesehen:

- eine eigenständige „Gefährdungseinschätzung" (§ 8 a Absatz 4, Nummer 1 SGB VIII) wird vorgenommen,
- eine qualifizierte, „insoweit erfahrene Fachkraft" (§ 8 a Absatz 4, Nummer 2 SGB VIII) wird beratend hinzugezogen und
- „Erziehungsberechtigte[...] sowie das Kind oder der Jugendliche" (§ 8 a Absatz 4, Nummer 3 SGB VIII) werden in diesen Prozess eingebunden,[60] wenn dadurch keine zusätzliche Gefährdung für Letztere zu erwarten ist (vgl. Biesel/Urban-Stahl 2018, S. 200 f.; Schone/Struck 2018, S. 775 f.).

In diesem Zusammenhang werden auch manualisierte Einschätzungsinstrumente (z. B. Kinderschutzbögen) eingesetzt, deren Standardisierung allerdings mit dem aushandlungsorientierten Charakter sozialpädagogischer Diagnosen in Konflikt stehen kann (vgl. Eisenlohr/Reich 2004, S. 286 ff.; Hensen/Schone 2009a, S. 154; Biesel/Urban-Stahl 2018, S. 269 ff., S. 278 ff.). Kommen die Mitarbeitenden im Einschätzungsprozess zu dem Ergebnis, dass die eigenen Möglichkeiten zur

---

60 Thomas Meysen und Diana Eschelbach machen darauf aufmerksam, dass im Rahmen des Schutzauftrages ein erweiterter Personenkreis zu berücksichtigen sei, da nicht mehr ausschließlich sorgeberechtigte Personen, sondern ebenfalls ein „Erziehungsberechtigter" (§ 7 Absatz 1, Nummer 6 SGB VIII) oder mehrere Erziehungsberechtigte einzubeziehen seien. Demnach sind auch weitere Menschen eingeschlossen, die in Absprache mit Personensorgeberechtigten „nicht nur vorübergehend und nicht nur für einzelne Verrichtungen Aufgaben der Personensorge" (§ 7 Absatz 1, Nummer 6 SGB VIII) wahrnehmen (vgl. Meysen/Eschelbach 2012, S. 133).

Gefährdungsabwendung erschöpft sind, besteht ihre Pflicht darin, „das Jugendamt als Kernorganisation des Kinderschutzes“ (Biesel/Urban-Stahl 2018, S. 216) zu unterrichten (vgl. ebd., S. 215 ff.; Schone/Struck 2018, S. 774 f.).

Die in diesem Teilkapitel dargelegten gesetzlichen Rahmenbedingungen ermöglichen einerseits die SPFH und stellen andererseits komplexe Anforderungen an ihre Praxis, zu denen die Berücksichtigung des sozialen Umfeldes gezählt werden kann. Mit den Bestimmungen zum Schutzauftrag wird dem institutionell-formellen Netzwerk eine besondere Bedeutung für die Sicherung des Wohls von Kindern und Jugendlichen zugeschrieben. Allerdings resultieren aus den juristischen Bestimmungen zum Kinderschutz auch Verunsicherungen für die Beschäftigten, die sich in einem Misstrauen gegenüber den Familien niederschlagen können (vgl. Schone/Struck 2018, S. 776). Da sie dazu beitragen können den inhärenten Kontrollcharakter der SPFH hervortreten zu lassen, wird eine konzeptionelle Auseinandersetzung hinsichtlich der Strukturmerkmale unerlässlich (vgl. Kap. 5.2.3). Als notwendig erscheinen ebenso die organisatorischen Rahmenbedingungen, die nachfolgend dargestellt werden.

5.1.2 Konditionen der Familienhilfedienste: Organisation, Finanzierung und Ausstattung

Erziehungshilfen werden von den Allgemeinen Sozialen Diensten der Jugendämter gewährt; die Erbringung erfolgt in der Regel durch freie Träger (vgl. Moch 2018, S. 633 f.; Fendrich/Tabel 2019, S. 77 f.). Insbesondere ab den 1990er-Jahren werden ökonomische Steuerungskonzepte in der Sozialen Arbeit angewendet, die hinsichtlich ihrer Bedeutung für deren Praxis kritisch reflektiert werden (vgl. Merchel/Schrapper 1996, S. 7 ff.; Galuske 2013, S. 154 ff.; 2018, S. 999 ff.; Ritzmann/Wachtler 2008, S. 90 ff.). In der SPFH zeigt sich die Auseinandersetzung damit in der Etablierung qualitätssichernder Kriterien. Diese können in *Struktur-, Prozess-, und Ergebnisqualität* differenziert werden (vgl. Merchel 1998, S. 20 ff.; BMFSFJ 1999, S. 313 ff.; Struck 2013, § 31 Rn. 11). Während die beiden Letzteren im Rahmen der handlungsfeldspezifischen Charakteristika in den weiteren Kapiteln zum Tragen kommen, wird nachfolgend die strukturelle Dimension dargestellt, die sich auf die Aspekte der Organisation und Finanzierung sowie des Personals bezieht. Sie stellt eine notwendige Grundvoraussetzung dar, ohne die die SPFH „schnell zu [einem] plan- und ziellosen Improvisieren“ (Nicolay 1992a, S. 290) verkommen könne (vgl. Helming 2016, S. 21 f.).

Organisation und Finanzierung

Die Organisation der Erziehungshilfedienste wird durch die gesetzlichen Regelungen im SGB VIII bedingt. Die teils direkte Übersetzung der in den §§ 28 bis 35 SGB VIII exemplarisch benannten Hilfeformen in die Praxis wird unter dem Stichwort der *Versäulung* und damit wegen der darin enthaltenen institutionellen Logik, immer spezialisiertere Angebote einzurichten, kritisiert (vgl. Klatetzki 1994, S. 13 ff.). Für eine Orientierung an dem erzieherischen Bedarf im Einzelfall steht der Ansatz der integrierten, flexiblen und sozialräumlich ausgerichteten Erziehungshilfen (vgl. Kap. 5.3.4).

Der in dieser Konzeption formulierte Anspruch einer flexiblen Organisation der Hilfen zur Erziehung wird mit der Finanzierungsform der *Fachleistungsstunde* verknüpft. Diese setzt bei einer „genauen Definition und Eingrenzung des Hilfebedarfes im Einzelfall [an] und ermöglicht eine Veränderung des Hilfecharakters, ohne daß der Adressat die Hilfeform wechselt" (Merchel 1998, S. 21). Im Kontext der SPFH werden in den 1990er-Jahren pauschale Finanzierungsmodelle gefordert, da die Möglichkeiten einer flexiblen Angebotsgestaltung am ehesten in einer projektbezogenen Pauschalfinanzierung gesehen werden, wohingegen einzelfallbezogene Formen abgelehnt werden. Dadurch sollen auch Angebote zur Nachbetreuung nach dem Ende der Familienhilfen sowie familienübergreifende Gruppenangebote realisiert werden (vgl. ebd.; BMFSFJ 1999, S. 112 ff.).

Nachdem sich das Finanzierungsinstrument der Fachleistungsstunde durchgesetzt hat, wird es aufgrund des Einsatzes als kommunale Einsparungsstrategie, etwa hinsichtlich der Kürzung von nicht personenbezogenen Bereichen (z. B. Supervision), der Entgelthöhe, aber auch des Stundenumfanges, inzwischen kritisch reflektiert (vgl. Peters 2014, S. 192 f.; Freigang 2016, S. 840 f.). Zu berücksichtigen sind hierbei auch regionale Unterschiede in der Gewährungspraxis ambulanter Erziehungshilfen (vgl. Kap. 6.1.3).

Hinsichtlich der Berechnung der Entgelthöhe der Fachleistungsstunden weist Frank Plaßmeyer darauf hin, dass dafür verschiedene Modelle existieren, denen unterschiedliche Parameter bezüglich der Abrechenbarkeit von Leistungen zugrunde liegen (z. B. Fahrtzeiten zu den Familien). Die Höhe des Entgeltes ist demzufolge als Vergleichsgröße in ihrer Aussagekraft hinsichtlich des Leistungsumfanges begrenzt (vgl. Plaßmeyer 2016, S. 62 f.). Am Beispiel des Freistaates Sachsen führt Plaßmeyer weiter aus, dass mitunter Stundenentgelte verhandelt werden, die unter 40 Euro liegen und somit die Kosten für Sozialpädagogische Familienhilfen kaum decken können, wenn man das einschlägige Tarifwerk zugrunde legt (vgl. ebd., S. 62 ff.). Ein Grund hierfür wird in einem Fehlen überregionaler, z. B. landesrechtlicher, verbindlicher Regelungen für die Festsetzung des Leistungsentgeltes gesehen, sowie darin, dass die Entgeltvereinbarungen in der SPFH (gem. § 77 SGB VIII) mit jedem anfragenden Jugendamt neu verhandelt werden müssen – im Gegensatz zu stationären Erziehungshilfen[61] (vgl. ebd., S. 66 f.).

61 In den stationären Erziehungshilfen gilt eine örtliche Zuständigkeit (gem. § 78 a-g SGB VIII), wonach die mit dem örtlichen Jugendamt getroffene Leistungsvereinbarung auch für alle weiteren, überregionalen Jugendämter anzuwenden ist (vgl. Plaßmeyer 2016, S. 66 f.; AFET 2011, S. 1).

In der Konsequenz werde die Fachleistungsstunde zu einem „einfachen Stundenpreis für personenbezogene Dienstleistungen" (Plaßmeyer 2016, S. 63). Dennoch geht damit ein besonderer Vereinbarungs- und Abrechnungsaufwand einher (z. B. wenn Familien den Fachkräften die geleistete Stundenanzahl quittieren müssen) und weitere Rahmenbedingungen für das Handeln in der Praxis, beispielsweise im Hinblick auf Weiterbildungsbudgets, werden beschnitten. Damit steigt die Konkurrenz unter den Trägern, weshalb sich zunehmend private Leistungsanbieter oder Trägerverbünde etablieren. Auch die Reduzierung von Personalkosten, z. B. durch Honorarverträge oder den Einsatz von Absolvent:innen, kann daraus folgen (vgl. ebd., S. 62 ff.; Frindt 2010, S. 36 ff.; AFET 2011, S. 2 f.).

Derartig einschränkende Arbeitsbedingungen in der SPFH[62], die u. a. mit wenig wahrgenommenen Gestaltungsräumen durch administrative Vorgaben und gleichzeitig hohen Erwartungen an die Wirksamkeit der Tätigkeit in den Familien mit sozioökonomischen Problemen, können das psychische Wohlbefinden der Mitarbeiter:innen beeinträchtigen und zu Burnout-Symptomatiken führen (vgl. BMFSFJ 1999, S. 118 f.; C. Beckmann et al. 2009a, S. 200 ff.). Die Forderungen nach angemessenen Arbeitsbedingungen und Qualifikationen des Personals in der SPFH sind weitere Merkmale der Strukturqualität, die seit der pionierhaften Phase diskutiert und im Folgenden dargestellt werden.

Sachliche, räumliche und personelle Ausstattung

Ganz elementar müssen geeignete Räumlichkeiten zur Verfügung stehen: für Dienstbesprechungen, Büroarbeiten und die Arbeit mit den Familien, auch um familienübergreifende Angebote entwickeln zu können (vgl. Kühl 1997, S. 157 f.; Merchel 1998, S. 21). Hinzu kommt eine entsprechende sachliche Ausstattung mit Arbeitsplätzen, Diensttelefonen oder der Übernahme von Fahrtkosten. Auch ein Budget für Ausgaben im Arbeitsalltag, die im Zusammenhang mit den Adressat:innen sinnvoll erscheinen, wie z. B. kleinere Getränke oder Speisen, sollte vorgesehen sein. Zudem sollten zeitliche Kapazitäten für die Koordination von Terminen, die Kontaktgestaltung mit dem Allgemeinen Sozialen Dienst oder die Dokumentation der Arbeit Berücksichtigung finden (vgl. Merchel 2016, S. 78 ff.; Reichmann 2016, S. 21 ff.).

Doch welches Personal wird für die Tätigkeit in der SPFH als geeignet angesehen? Zunächst zeigt sich die Bedeutung der Qualifikation des Personals für die Aufgaben in der Praxis bereits in der historischen Entwicklung, beispielsweise in der Wohlfahrtspflege werden damit auch berufspolitische Interessen (z. B. Ausweitung der Entscheidungsbefugnisse, Vergütung) verfolgt. Die Potenziale einer akademischen Ausbildung hinsichtlich einer qualifizierten Praxis werden von

62 Für die Arbeitssituation im SPFH beauftragenden Allgemeinen Sozialen Dienst, vgl. Seckinger et al. (2008, S. 10 ff.); Schäuble/Rätz (2015, S. 37 f.); K. Beckmann/Ehlting/Klaes (2018, S. 52 ff., S. 87 ff.).

Elke Kruse anhand der fürsorgerischen Ausbildungsstätten in den 1920er-Jahren bis zur Bologna-Reform in den 2000er-Jahren reflektiert: Neben dem Befund, dass die Autonomie der Bildungseinrichtungen gestiegen sei, werden die Ausbildung und Nutzung von disziplinären Wissensbeständen, eine eigenständige Methodenentwicklung und -lehre sowie die Internationalisierung in diesem Zusammenhang hervorgehoben (vgl. Kruse 2010, S. 55 f.; 2013, S. 158 ff.).

Mitarbeitende der SPFH sollten die Anforderung eines akademischen Grundprofils erfüllen, also inzwischen mindestens über einen Bachelorabschluss in der Sozialen Arbeit verfügen (vgl. Merchel 1998, S. 20; 2016, S. 76; BMFSFJ 1999, S. 94 f.). Die Kinder- und Jugendhilfestatistik weist für die SPFH einen Anteil von 71,6 % Akademiker:innen mit einem (sozial-)pädagogischen (Fach-)Hochschulabschluss (*Professionalisierungsquote*) aus. Zudem verzeichnet die SPFH mit 79 % den höchsten Anteil an weiblichen Beschäftigten innerhalb der Hilfen zur Erziehung (vgl. Fendrich/Pothmann/Tabel 2018, S. 42, S. 70).

Darüber hinaus werden anhand von Kompetenzprofilen Kriterien bestimmt, die ermöglichen sollen, den komplexen Aufgabenbereichen der SPFH gerecht zu werden. Hierfür werden spezifische Kompetenzen von Sozialpädagogischen Familienhelfer:innen definiert, darunter eine lösungs- und ressourcenorientierte Denkweise, eine respektvolle Haltung gegenüber den begleiteten Familien, ein Verständnis von Beziehungsdynamiken in familialen Systemen und die Fähigkeiten, in diffusen Alltagssituationen strukturiert und zielorientiert handeln sowie sich selbst reflektieren und aushandlungsorientiert Kooperationen eingehen zu können (vgl. Nielsen/Nielsen/C. W. Müller 1986, S. 191 ff.; BMFSFJ 1999, S. 96 ff.; Frindt 2010, S. 38 f.; Ader/Schrapper 2020b, S. 231 ff.). Bei der Entwicklung dieser handlungsfeldspezifischen Qualifikationen wird regelmäßigen Fortbildungen eine besondere Bedeutung beigemessen (vgl. Merchel 2016, S. 76).

Ein weiteres Kriterium für die verbesserte Strukturqualität sind Festanstellungen, mit denen Sozialpädagogische Familienhelfer:innen eine flexible und eigenständige Gestaltung der Arbeitszeiten ermöglicht werden soll, da sie kurzfristig spontan sowie nachmittags, abends und mitunter auch am Wochenende arbeiten (vgl. Merchel 1998, S. 20; Hofgesang 2005, S. 534 f.). Dementsprechend werden Honorarmodelle oder die inzwischen verbreitete Praxis von auslastungsabhängigen Arbeitsverträgen kritisch diskutiert. Letztere sehen die Vergütung einer garantierten Sockelarbeitszeit von beispielsweise 20 Stunden und eines zusätzlichen nachfrageabhängigen und somit optionalen Anteils vor. Die wirtschaftlichen Risiken, welche sich aus Schwankungen in den abrechenbaren Fachleistungsstunden, z. B. durch die Nachfragesituation der Jugendämter oder die Bedarfslagen in den Familien, ergeben können, werden dabei an die Mitarbeitenden weitergegeben (vgl. Merchel 2016, S. 77 f.).

Um die verantwortungsvollen Aufgaben in der Praxis der SPFH zu bewältigen, soll die Teamarbeit eine Unterstützungsmöglichkeit für die Fachkräfte bieten (vgl. ebd., S. 79 f.). Im Rahmen von Fallbesprechungen, Co-Arbeit, Supervision oder kollegialen Beratungen kann das sozialarbeiterisch-sozialpädagogische Handeln, auch im Rahmen des Schutzauftrages bei Kindeswohlgefährdung, reflektiert und das weitere Vorgehen geplant werden (vgl. BMFSFJ 1999, S. 114ff., S. 298ff.; Merchel 2016, S. 79f.; zur kollegialen Beratung: Ader 2004, S. 318ff.; Schattenhofer 2020, S. 212ff.).

Die Sicherstellung angemessener Rahmenbedingungen für die einzelnen Angebote der SPFH vor Ort ist insgesamt ein detailreiches und kontinuierlich neu auszuhandelndes Unterfangen. Vor dem Hintergrund der historischen Entwicklung der SPFH sowie der wohlfahrtstaatlichen Justierungen sollte nicht vergessen werden, dass der Einsatz von Sozialpädagogischen Familienhilfen von Beginn an mit Bestrebungen Kosten einzusparen, insbesondere gegenüber der Heimerziehung, einherging (vgl. Freigang 2016, S. 837). Die strukturellen Rahmenbedingungen stellen somit eine essenzielle Grundlage dar, um eine konzeptionsgemäße Praxis der SPFH erwartbarer zu machen. Im Umkehrschluss kann aber gleichwohl nicht davon ausgegangen werden, dass eine entsprechende strukturelle und personelle Ausstattung der Familienhilfedienste eine derartige Handlungspraxis garantieren würden (vgl. B. Müller 2012, S. 967ff.).

Gemäß der zu Beginn dieses Kapitels aufgeworfenen Qualitätsdimensionen kann das Handlungsfeld der SPFH nicht nur anhand der Qualität ihrer Struktur, sondern auch anhand der Prozess- und Ergebnisqualität (vgl. Merchel 1998, S. 22ff., S. 27ff.; BMFSFJ 1999, S. 313ff.) bestimmt werden. Welches konzeptionelle Profil für Sozialpädagogische Familienhilfen dabei beansprucht wird, ist Gegenstand des nachfolgenden Kapitels.

5.2 Konturen des Handelns in der aufsuchenden Sozialen Arbeit mit Familien

In den Ursprüngen aufsuchender Hilfen für Familien, etwa in der Familienpflege, der Familienfürsorge oder auch in der Pionierphase der SPFH, stellt das persönliche – nahezu aufopferungsvolle – Engagement der praktisch Handelnden ein wesentliches Tätigkeitsmerkmal dar. Im weiteren Entwicklungsverlauf der SPFH stellt sich die Ansicht ein, dass Familienhelfer:innen *„die Familien nicht mehr ‚retten'"* (BMFSFJ 1999, S. 103; Hervorhebung im Original im Fettdruck) müssten, womit sich das konzeptionelle Selbstverständnis und die Handlungsansätze wandeln. Dennoch beschäftigen sich Erziehungshilfen inhaltlich mit Lebenskonstellationen, in denen grundlegenden Bedürfnissen von Kindern und Jugendlichen lediglich eingeschränkt entsprochen wird. Es handele sich um ein *„Aufwachsen unter ungünstigen Bedingungen"* (Wolf 2015, S. 34). Dennoch seien diese „Lebensfelder […] in pädagogischer Sicht [als] Lernfelder" (Wolf 2020b, S. 245) der Adressat:innen zu verstehen. Was für das Handeln in der SPFH grundsätzlich gilt, wird im Kontext von Kindeswohlgefährdungen besonders deutlich:

> „[Es] erfordert einen anspruchsvollen Umgang mit Ambivalenz, wenn die Not der Kinder und ihre vorenthaltenden Entwicklungschancen einerseits und ein wohlwollender, auf Verstehen ausgerichteter Zugang zu den Eltern andererseits nicht alternativ, sondern zugleich in den Blick genommen werden." (Wolf 2012, S. 276)

Insofern kann auch der Anspruch der SPFH dahingehend relativiert werden, dass sie einer Suche „nach der am wenigsten schädlichen Alternative" (Wolf 2015, S. 34) gleicht, die in einem lebensweltorientierten Verständnis mittels verschiedener Vorgehensweisen gemeinsam mit den Adressat:innen und rückgebunden an deren Alltag umgesetzt werden soll. Das bedeutet auch, dass Sozialpädagogische Familienhelfer:innen, bezogen auf die Familie, mit der Herausforderung konfrontiert werden, verschiedene sozialpädagogisch-sozialarbeiterische Beziehungen zu den Eltern und den Kindern zu gestalten und dabei auch das Umfeld der Familie zu berücksichtigen. Auf einige Aspekte und Implikationen diesbezüglich wurde bereits im Abschnitt zur Alltags- und Lebensweltorientierung hingewiesen.

Um die Charakteristik aufsuchender Sozialer Arbeit mit Familien in diesem Zusammenhang näher zu bestimmen, bietet sich ein einleitender Blick darauf an, was das Handeln in der Sozialen Arbeit bzw. im Teilbereich der Hilfen zur Erziehung kennzeichnet (vgl. Kap. 5.2.1). Im Anschluss werden instruktive Handlungsschemata für die familienbezogene Arbeit dargestellt (vgl. Kap. 5.2.2). Diese können schließlich in Form von handlungsfeldspezifischen Strukturmerkmalen konkretisiert werden, womit sich die ambivalenten Anforderungen an die Praxis der SPFH eingehender aufzeigen lassen (vgl. Kap. 5.2.3).

5.2.1 Sozialarbeiterisch-sozialpädagogisches Handeln als Verstehens- und Entscheidungsprozesse in Beziehungsnetzwerken

In dem bereits dargestellten Handlungsansatz von Alice Salomon (1926) wird ersichtlich, dass der Diagnosebegriff aus der Medizin zur „Soziale[n] Diagnose" erweitert und als zentrale fürsorgerische Tätigkeit ausgewiesen wird (vgl. Kuhlmann 2004, S. 17 ff.; Buttner et al. 2018b, S. 12 f.; B. Müller 2012, S. 959 ff.). Die weitere Methodenentwicklung der Sozialen Arbeit richtet sich u. a. auf diagnostische und verstehende Fragen in der Bearbeitung von Fällen (vgl. Ader/Schrapper 2018b, S. 255 f.; Hochuli Freund/Weber 2020, S. 33 ff.; Galuske/C. W. Müller 2012, S. 605; Thiersch 2020, S. 167 ff.).

Die verschiedenen Ansätze lassen sich mit Maja Heiner angesichts der zugrundeliegenden erkenntnis- und handlungstheoretischen Grundannahmen als *rekonstruktive* Ansätze, die sinnverstehend auf lebensweltliche Selbstdeutungen gerichtet sind, und *klassifikatorische* Ansätze, die auf objektivierend-diagnostischen

Vorgehensweisen beruhen, kategorisieren (vgl. Heiner 2013, S. 18 ff.; 2018, S. 245 ff.).[63] Allerdings könne diese Systematisierung in einem integrativen Sinne dazu beitragen, beiderlei Arten von Annahmen „als notwendig auszubalancierende Spannungsverhältnisse aufzulösen" (Ader/Schrapper 2020b, S. 291) und nicht ihre „Konkurrenz [...] ideologisch zu überhöhen" (Buttner et al. 2018b, S. 19).

Inzwischen wird in Konzepten[64], wie der *Sozialpädagogischen Diagnostik und dem Fallverstehen*[65] oder der *Sozialen Diagnostik*[66], ein dialogisch-hypothesengeleiteter Zugang zu subjektiven Deutungsmustern und objektiven Lebenssituationen der Adressat:innen sowie eine Berücksichtigung ihres sozialen Umfeldes proklamiert (vgl. Ader/Schrapper 2020b, S. 38 ff., S. 279 ff.; Buttner et al. 2018b, S. 19 f., S. 21 f.).

Im ersteren werden die Bezugnahme auf die Selbstdeutungen der Adressat:innen als Anspruch deutlich betont und zudem die institutionellen Logiken in der

---

63 In beiden Varianten wird davon ausgegangen, dass *Diagnostizieren* bzw. *Verstehen* aufgrund der rechtlichen und institutionellen Rahmenbedingungen eine unumgängliche Aufgabe sozialarbeiterisch-sozialpädagogischen Handelns darstellen. Demgegenüber wird in einer antidiagnostischen Perspektive kritisiert, dass durch ein derartig objektivierendes Fremdverstehen von Expert:innen eine dialogische „Verständigung" (Kunstreich et al. 2004, S. 34) mit den betroffenen Individuen verhindert wird und deren Selbstdeutungen in Verstehensprozessen unterminiert werden können (vgl. ebd., S. 35 ff.; Krause/Peters 2014, S. 88 ff.; Ader/Schrapper 2020b, S. 281 f.).

64 Für eine eingehendere Übersicht über gegenwärtig diskutierte Konzepte Sozialer Diagnostik siehe die Beiträge in Buttner et al. (2018a, Teil C), die Einführung von Peter Pantuček-Eisenbacher (2019) oder explizit bezogen auf soziale Netzwerke die Darstellungen von Annett Kupfer und Frank Nestmann (2018) sowie von Matthias Hüttemann und Cornelia Rüegger (2018). Für die SPFH wird insbesondere die Anwendung von Sozialpädagogischen Familiendiagnosen diskutiert (vgl. Uhlendorff/Cinkl/Marthaler 2008; Cinkl/Krause 2014; Cinkl/Uhlendorff 2018).

65 „Der Fall ist also immer eine komplizierte Melange aus aktueller Situation und Problemlage, komplexen Lebens- und Hilfegeschichten, nicht einfachen administrativen Zuständigkeiten und Regularien – und dies in einem dynamischen Beziehungsraum. Bezogen auf dieses komplexe Gefüge ist sozialpädagogische Diagnostik und Fallverstehen als ein methodisch planvoller Erkenntnis- und Verstehensprozess zu gestalten. Ziel ist es, vielschichtige und immer mehrdeutige Lebenssituationen von Familien mit Blick auf das Wohl von Kindern fachlich einzuschätzen. Die Berücksichtigung unterschiedlicher Bedingungsfaktoren ist dabei konstitutiv (physische, psychische, soziale und materielle Dimension). Zu diesem Bedingungsgefüge gehört unverzichtbar das Selbstverstehen des Hilfesystems sowie das Verstehen der dynamischen Prozesse und Beziehungsbedeutungen in und zwischen Klient/innen bzw. Familiensystemen und Helfersystemen" (Ader/Schrapper 2018b, S. 260).

66 „Unter Sozialer Diagnostik verstehen wir in einem weiten Sinn die auf Verstehen und analytisches Durchdringen gerichteten professionellen Handlungsmuster für Praxis und Forschung der Sozialen Arbeit, also die systematisierten und/oder methodisch definierten Prozesse, mit denen Fachkräfte der Sozialen Arbeit und verwandter psychosozialer Professionen Antworten auf die konkreten Fragen in der Praxis (oder ggf. in der Forschung) suchen" (Buttner et al. 2018b, S. 22).

Kinder- und Jugendhilfe hinterfragt. Reflektiert werden sollen „regelhaft auch [...] das Hilfesystem, sein Agieren miteinander sowie [...] die Dynamiken, die in der Interaktion zwischen dem Hilfe- und dem KlientInnensystem entstehen" (Ader/Schrapper 2020b, S. 37; vgl. auch Schrapper 2019, S. 205 f.). Demgegenüber ist das Konzept der Sozialen Diagnostik deutlicher auf psychosoziale Handlungsfelder gerichtet. Es wird betont, dass es neben den subjektiven Deutungen „[z]ugleich [...] in der Sozialen Diagnostik aber auch um das objektive Erfassen von Lebensumständen und um ein analytisches Durchschauen von Situationen und Strukturen" (Buttner et al. 2018b, S. 19; vgl. auch ebd., S. 18 ff.) geht. Darüber hinaus werden beide Zugänge den Prinzipien einer *partizipativen, sozialökologischen, mehrperspektivischen* sowie *reflexiven* Orientierung verpflichtet (vgl. Heiner/Schrapper 2004, S. 212 ff.; Heiner 2013, S. 28 ff.; Buttner et al. 2018b, S. 23).

Das Handeln in der Sozialen Arbeit kann somit zunächst als methodisch geleiteter Diagnose- bzw. Verstehensprozess charakterisiert werden, der dazu dient „in komplexen und nur begrenzt überschaubaren Fallkonstellationen einen Durchblick zu ermöglichen und dadurch einzelne konkrete Schritte der Bearbeitung zu entdecken" (B. Müller 2017, S. 79). Weitere grundlegende Charakteristika des sozialarbeiterisch-sozialpädagogischen Handelns lassen sich anhand der *multiperspektivischen Fallarbeit* aufzeigen.

Grundzüge des Handelns

Burkard Müller zufolge besteht die Besonderheit des Handelns in der Sozialen Arbeit in einem „multiperspektivische[n] Vorgehen[, ... worunter] ein bewusster Perspektivenwechsel zwischen unterschiedlichen Bezugsrahmen verstanden" (B. Müller 2017, S. 23) wird. Das sozialarbeiterisch-sozialpädagogische Handeln in der Praxis konstituiert sich demnach in der Verschränkung der folgenden Anforderungen sowie den daraus abgeleiteten Aufgabenbereichen:

- Erforderlich ist ein Einlassen auf den Bereich der alltäglichen Problemkonstellationen der Adressat:innen. Hierbei sind sachliche Aspekte, in der sogenannten Dimension „Fall von" (B. Müller 2017, S. 55), einzugrenzen. Zu berücksichtigen sind hierbei rechtlich-administrative (z. B. Einschätzung zu einer Kindeswohlgefährdung gem. § 8 a SGB VIII) oder fachwissenschaftliche Grundlagen (z. B. Belastungen infolge einer psychischen Erkrankung eines Elternteils). Dabei müssten Praktiker:innen immer wieder die Legitimationsgrundlage ihres Handelns prüfen, indem sie „konstitutive und nicht-konstitutive Mandate" (ebd., S. 135) unterscheiden (vgl. ebd., S. 44 ff., S. 135 f.; B. Müller 2012, S. 966).
- Weiterhin gelte es anzuerkennen, dass andere Instanzen, wie beispielsweise weitere Ämter oder Schulen, einen größeren Einfluss auf die Lebensgestaltung der Adressat:innen haben als beispielsweise die Sozialpädagogischen Familienhelfer:innen selbst. In der Dimension „Fall für" (B. Müller 2017, S. 57)

ist entsprechend das Handlungsdilemma zu bearbeiten, zwar *ganzheitlich* zuständig zu sein, „aber nur selten ‚das Ganze' in der Hand [zu] haben" (ebd., S. 55). Die Handelnden können daher nicht vorschnell davon ausgehen, dass sie über die geeigneten Mittel zur Problemklärung und -lösung verfügen und müssen daher „ihre Funktion [...] und die Grenzen der Hilfsmöglichkeiten dieser Funktion vermitteln" (B. Müller 2002, S. 86). Weitere relevante Instanzen, z. B. psychiatrische Einrichtungen, müssen somit ebenso erfasst werden und es sollte eine Kooperation angestrebt werden, sodass sich diese möglichst konstruktiv im Sinne der Adressat:innen einbringen (vgl. B. Müller 2017, S. 47, S. 55 ff., S. 143 ff.; 2012, S. 966).

- Die bereits genannten Punkte müssen zudem in der Praxis mit einer „Bodenhaftung" (B. Müller 2017, S. 60) versehen werden. Damit wird in der Dimension „Fall mit" (ebd., S. 61) die elementare Anforderung verbunden, dass sozialpädagogisch-sozialarbeiterisches Handeln in Aushandlung mit den Adressat:innen zu erfolgen hat, indem sowohl deren subjektive Problemdefinitionen und Erwartungen als auch selbstreflexiv die der Praktiker:innen zu berücksichtigen sind. Die Beziehungsgestaltung wird in diesem Zusammenhang als anspruchsvolle Aufgabe definiert, die durch eine „paradoxe Balance zwischen dem Einhalten einer spezifischen Rolle [... und ...] der Duldung diffuser und emotionaler Sozialbeziehungen (z. B. durch ‚unverschämte' oder ‚depressive' Klienten) gefordert ist, ohne die letzteren zu ‚agieren'" (B. Müller 2002, S. 86, Fußnote 8). Von den Praktiker:innen ist demzufolge auch ein geduldiger, respektvoller und mitunter humorvoller Umgang mit den Adressat:innen gefragt. Für diese kann „die Hilfebeziehung eine Konfliktbeziehung" (Böhnisch 2016, S. 80) darstellen, wenn diese als bedrohlich empfunden wird und mit ablehnenden Reaktionen einhergeht (vgl. B. Müller 2017, S. 61 ff., S. 128 ff.; 2012, S. 966).

Diese komplexen Anforderungen an das praktische Handeln treffen auch auf die aufsuchende Soziale Arbeit mit Familien zu, die in diesem Verständnis „nur fallweise, d. h. in der kasuistischen Abwägung der je konkreten Situation, bewältigt werden kann" (Böhnisch/Schröer/Thiersch 2005, S. 160). Deren Gegenstandsbereich wird als kontingent verstanden und müsse immer wieder aufs Neue konstruiert werden (vgl. Köngeter 2017, S. 96).

Idealtypisch werden hierfür zwei Formen der Fallkonstruktion differenziert. Zum einen beziehen sich „Fälle erster Ordnung (unklare oder schwer zu bewältigende Konstellationen einer Praxis)" (B. Müller 2017, S. 40) darauf, dass Sozialpädagogische Familienhelfer:innen im Handlungsvollzug praktisch tätig werden (vgl. Köngeter 2009, S. 32). Beispielsweise vereinbaren sie Treffen mit Familien im Nachmittagsbereich, um einen Zugang zur familialen Situation zu erhalten.

Demgegenüber werden, zum anderen, „Fälle zweiter Ordnung" (B. Müller 2017, S. 40) dadurch konstruiert, dass sie in einen „kasuistischen Raum" (Hörster 2012, S. 680) überführt werden, in dem „die primären Verstehens- und Entscheidungsprozesse selbst noch einmal zur Disposition gestellt werden" (Köngeter 2009, S. 32). Dabei handele es sich um ein „Verstehen eines Verstehens" (ebd., S. 33), dessen „Pointe [...] in der Organisiertheit der Wissenskonstitution im Fallverstehen" (Hörster 2012, S. 682) bestehe. Der Fokus liegt dabei nicht direkt auf den praktischen Handlungsvollzügen, sondern auf ihrer Reflexion. Dies geschieht beispielsweise dann, wenn außerhalb des direkten Handlungsvollzuges, ergo einer Fallkonstruktion *erster Ordnung*, kommunikative Möglichkeiten geschaffen werden, um eine Reflexion zu ermöglichen, also ein Fall *zweiter Ordnung* entwickelt wird. Auf dieser Grundlage sollen dann neue Lösungs- und Handlungsmöglichkeiten entwickelt werden. Dies kann beispielsweise im Rahmen von Beratungen in Arbeitsteams, wie sie organisatorisch in der SPFH vorgesehen sind, umgesetzt werden (vgl. Kap. 5.1.2).

In diesem Modell der Fallbearbeitung wird die positive Grundannahme impliziert, dass die strukturellen Handlungsprobleme überwunden und gemeinsam mit Adressat:innen subjektiv sinnvolle Lösungsperspektiven hervorgebracht werden können (vgl. Köngeter 2009, S. 291 f.; 2017, S. 99). Die dafür zu etablierende Arbeitsbeziehung diene dabei „vor allem der Begrenzung von Macht und damit der Schaffung eines Raumes, in dem der Klient sich entfalten kann und die Kompetenz zur selbstbestimmten Lebensführung (zurück-)gewinnt" (Hamburger 2012, S. 182).

Relationale Erweiterungen

Darüber hinaus wird das Handeln in der Sozialen Arbeit in weiteren Modellen, die hier nur in ihren Grundzügen aufgezeigt werden können, im Kontext von Beziehungsnetzwerken konzeptualisiert und in einem dynamischen Interaktionsgeschehen verortet: Silke Birgitta Gahleitner (2017) konzipiert „Soziale Arbeit als Beziehungsprofession", indem sie die Beziehungsgestaltung zu Adressat:innen für die Entwicklung von deren persönlicher Beziehungsnetzwerke hervorhebt. Dabei wird neben der Berücksichtigung von Bindungsaspekten, Vertrauen, sozialen und institutionellen Kontextfaktoren ebenso die Analyse und Entwicklung sozialer bzw. persönlicher Beziehungsnetzwerke als konzeptionelle Aufgabe herausgearbeitet (vgl. Gahleitner 2017, S. 234 ff., S. 286 ff.; 2020b, S. 103 ff.).

Nach Pascal Bastian (2019) beruhen „Sozialpädagogische Entscheidungen" auf den Faktoren rational handelnder Praktiker:innen einerseits (vgl. Bastian 2019, S. 71 ff.; Freres/Bastian/Schrödter 2019, S. 140 ff.) und auf dem Einzelfall, der Organisation sowie externen Aspekten andererseits (z. B. wohlfahrtstaatliche Programmatik) (vgl. Bastian 2019, S. 76 ff.). Anhand dieses Zusammenspiels werden sozialpädagogische Entscheidungen in einem „Urteilsnetzwerkmodell" (ebd., S. 88) verortet:

> „Nicht nur die Interaktionen zwischen Fachkräften innerhalb des eigenen Systems und mit den Professionellen der anderer [sic] Systeme sind darin eingeschlossen, sondern auch solche zwischen Fachkräften und Adressat*innen. In diese Urteilspraxis sind aber auch in der Sozialen Arbeit neben menschlichen Akteuren auch Objekte, Dinge wie etwa Entscheidungslisten, Dokumentationssysteme, Räume, […] Wohnungseinrichtungen, Müll etc. eingebunden." (ebd., S. 103)

Im Rekurs auf die Akteur-Netzwerk-Theorie Bruno Latours (2008; 2010; vgl. auch Straus 2002, S. 85 ff.; Peuker 2010, S. 326 ff.) wird dies auf den Kontext der Sozialen Arbeit bezogen (vgl. Bastian 2019, S. 88 ff., S. 97 ff.; 2021, S. 167 ff.). Sozialarbeiterisch-sozialpädagogisches Handeln wird demgemäß „als ein reflexives Bearbeiten der Komplexität des Urteilens in seiner Eingewobenheit in Netzwerke verschiedener menschlicher und nichtmenschlicher Aktanten" (ebd., S. 123; vgl. auch ebd., S. 110 ff.) verstanden.[67]

In seiner empirischen Studie arbeitet Stefan Köngeter (2009) strukturell-beschreibend heraus, dass die Praxis der Erziehungshilfen als „Relationale Professionalität" gefasst werden kann. Sozialpädagogisch-sozialarbeiterisches Handeln vollzieht sich hierbei im Kontext einer „Netzwerkförmigkeit der Arbeitsbeziehungen" (Köngeter 2013, S. 195). Eine Beschränkung auf eine dyadische Arbeitsbeziehung ist demnach nur eingeschränkt geeignet um das Handlungsfeld der Erziehungshilfen zu beschreiben (vgl. ebd., S. 193). Demzufolge haben es Sozialpädagogische Familienhelfer:innen nicht nur mit einer/einem Adressat:in zu tun, sondern mit mehreren Akteur:innen. Sozialpädagogische Familienhelfer:innen sind demnach in ein weiteres Geflecht von sozialen Beziehungen und Netzwerken eingebettet, sie „agieren im Feld neben anderen Menschen, die für die

67 Beispielsweise wird mit ethnografischen Studien aufgezeigt, dass im Rahmen von unangemeldeten Hausbesuchen durch Jugendamtsmitarbeiter:innen zur Verdachtsabklärung einer Kindeswohlgefährdung eine halbe Bratwurst in einem Wäschekorb die Entscheidungsfindung beeinflusst. Eine Mutter wird einem situativen „Normalitätstest" (Freres/Bastian/Schrödter 2019, S. 149) unterzogen, indem sie damit konfrontiert wird, dass eine halbe Bratwurst im Wäschekorb liege. Anhand ihrer Reaktion – sie winkt mit dem Verweis auf das eben stattgefundene Mittagessen ab und zeigt sich somit weder peinlich berührt noch entsorgt sie die Bratwurst umgehend – bewerten die Praktiker:innen diese Situation als risikoreich. Diese basiere darauf, inwiefern sich die Mutter in der Interaktion in der Lage zeigt, einem Normalitätsideal zu entsprechen, indem sie den vermeintlich nicht normalen Zustand erkennt oder diesen zumindest zu rechtfertigen versucht (vgl. ebd., S. 149 f.; Freres 2020, S. 46 ff., S. 52 ff.). Als weitere Strategie wird der „Resistenztest" (Freres/Bastian/Schrödter 2019, S. 150) beschrieben, bei dem Eltern mit Einschätzungen hinsichtlich ihrer Erziehungsleistungen oder einer möglichen Inobhutnahme konfrontiert werden, um anhand deren Reaktion eine Entscheidung zu begründen (vgl. ebd., S. 150 f.).

Adressat:innen von Bedeutung sind" (Thiersch 2020, S. 147). Nach der Analyse von Stefan Köngeter strukturieren sich Arbeitsbeziehungen

- *feldförmig* (z. B. verschiedene Problemdeutungen machen den Gegenstand einer SPFH immer wieder aufs Neue aushandlungsbedürftig),
- *vernetzt* (z. B. durch die Beeinflussung durch weitere Sozial- und Arbeitsbeziehungen, etwa zu Lehrer:innen)
- sowie *prozessual* (z. B. wenn sich mehrere Arbeitsbeziehungen aneinanderreihen oder parallel zueinander bestehen: Kindertageseinrichtung, SPFH, Heimunterbringung) (vgl. Köngeter 2009, S. 247 ff., S. 259 ff., S. 273 ff., S. 289 ff.).

Praktiker:innen in den Erziehungshilfen seien somit strukturell „inmitten dieses Netzwerks eingestellt und müssen darin Position beziehen" (Köngeter 2013, S. 194). Dadurch, dass sie hierbei den Problemgegenstand mitkonstruieren, können sie diesen dramatisieren oder Situationen herstellen, in denen sie Handlungsansätze mit den Adressat:innen entwickeln (vgl. ebd., S. 193 f.; Köngeter 2009, S. 297 f.).

Allerdings sei es für die Praktiker:innen vorab nicht absehbar, welche Arbeitsbeziehungen bedeutsam sind und welche Wechselwirkungen sich infolge ihrer Handlungen ergeben können: Bereits in der Beziehungskonstellation zwischen Allgemeinen Sozialen Dienst und leistungserbringenden Trägern ist es zunächst nicht absehbar, wer eine bedeutsame Rolle in der Arbeit mit den Eltern erlangen wird. Ebenso sind Handelnde bereits bei der Bezugnahme auf die Kernfamilie in den Erziehungshilfen mit der grundlegenden Problematik konfrontiert, dass sie „mit dem Aufbau einer Arbeitsbeziehung mit den Kindern ihre potenzielle Arbeitsbeziehung zu den Eltern unterminieren, indem ein Konkurrenzverhältnis gegenüber den Eltern implementiert wird" (Köngeter 2013, S. 195). Auch wenn sich die Praktiker:innen nur auf die Eltern konzentrieren würden, kann nicht davon ausgegangen werden, dass zu beiden Elternteilen eine Beziehung etabliert bzw. auf Dauer gehalten werden kann. Hinzu kommt schließlich, dass das Beziehungsgeflecht interdependent strukturiert ist, wodurch eine konflikthafte Beziehung einer begleiteten Mutter zu ihrem Bruder oder den Erzieher:innen der Kindertageseinrichtung Einfluss auf die sozialarbeiterisch-sozialpädagogische Beziehung zu der/dem Sozialpädagogischen Familienhelfer:in haben kann (vgl. ebd., S. 192 f.).

Anhand des entwickelten Modells wird keine positive Zielbestimmung für das sozialarbeiterisch-sozialpädagogische Handeln abgeleitet. Hervorgehoben wird die oben bereits als Fallkonstruktion zweiter Ordnung beschriebene Notwendigkeit einer reflexiven Überprüfung des eigenen Handelns (vgl. Köngeter 2009, S. 298 f.; 2013, S. 194). Jenes sozialarbeiterisch-sozialpädagogisches Handeln sei jedoch krisenhaft, da „zwar nicht gesagt werden kann, was professionell ist, wohl aber, wann und warum professionelles Handeln scheitert" (Köngeter 2009,

S. 301). Letztlich wird damit nahegelegt, die Konzeptionen und Handlungsentwürfe in den Erziehungshilfen vor dem Hintergrund der Sozial- bzw. Arbeitsbeziehungen und damit einhergehender Handlungsprobleme und -möglichkeiten zu reflektieren (vgl. ebd., S. 300 f.).

5.2.2 Modi zum Ausbalancieren von Lebensbedingungen im Regelkreis der Fallbearbeitung

Es scheint wenig verwunderlich, dass die Metaphorik des Balancierens häufig gewählt wird, wenn die Handlungscharakteristik Sozialer Arbeit beschrieben wird. Da der Gegenstand der Fallbearbeitung in konkreten Handlungssituationen immer neu zu konstituieren sei und somit einem „ständigen Balanceakt" (Wolf 2015, S. 82) gleiche, werden angesichts der oben genannten Zielstellungen der SPFH konzeptionelle Modelle erforderlich, die diesen Umständen Rechnung tragen und gleichzeitig ein strukturiertes Vorgehen ermöglichen. Nachfolgend werden zwei instruktive Modelle dargestellt, in welchen zum einen die zirkuläre Grundstruktur der Fallarbeit sowie zum anderen die Einschätzung und Bearbeitung von Belastungen und Ressourcen im familialen Lebensumfeld thematisiert werden. Schließlich wird auf daraus resultierende Modi des sozialarbeiterisch-sozialpädagogischen Handelns eingegangen.

Ablaufschema der Fallarbeit

Im Entwicklungsverlauf der SPFH hat sich eine idealtypische Phasierung des gesamten Hilfeprozesses herauskristallisiert: Unterschieden wird hierbei in die *Entscheidung* zur SPFH, die *Probe-*, *Haupt-* und *Ablösephase* sowie eine *Nachbetreuung* (vgl. Nicolay 1993, S. 547 f.; Woog 2010, S. 185 f.; Schattner 2007, S. 603 f.). Demgegenüber kann das Vorgehen in der Fallbearbeitung allgemeiner als zyklisches Ablaufschema bzw. als „Regelkreis" (Wolf 2015, S. 83) entworfen werden, das sich konzeptionell in die Schritte der *Anamnese, Diagnose, Intervention* und *Evaluation* systematisieren lässt (vgl. B. Müller 2017, S. 74 ff.; Michel-Schwartze 2016, S. 249 ff.).[68] In der Praxis sind diese Schritte kaum trennbar und werden immer wieder durchlaufen (vgl. Abbildung 1[69]).

---

68 Matthias Müller schlägt ein weiteres Handlungsmodell vor, welches als „Dreidimensionaler Vierschritt der SPFH" (M. Müller 2010, S. 224) bezeichnet wird. Die Fallarbeit wird anhand der Dimensionen *Lebensweltorientierung, Familienkulturen* und *Inklusionsgrad in die Leistungsbereiche der Gesellschaft* strukturiert und mittels der Schritte *Beschreiben, Erklären, Bewerten* und *Handlung* ausdifferenziert (vgl. ebd., S. 220 ff.).

69 Die Darstellung soll einen Überblick über den Prozess gewährleisten: Burkhard Müller wendet die in Abschnitt 5.2.1 vorgestellten Dimensionen *Fall von, Fall für* und *Fall mit* auf jeden dieser Schritte an (vgl. B. Müller 2017, S. 76 ff.). Brigitta Michel-Schwartze differenziert jede Station in weitere Teilschritte (vgl. Michel-Schwartze 2016, S. 250 f.).

Abbildung 1: Ablaufschema der Fallarbeit, eigene Darstellung nach Burkhard Müller (2017, S. 82)

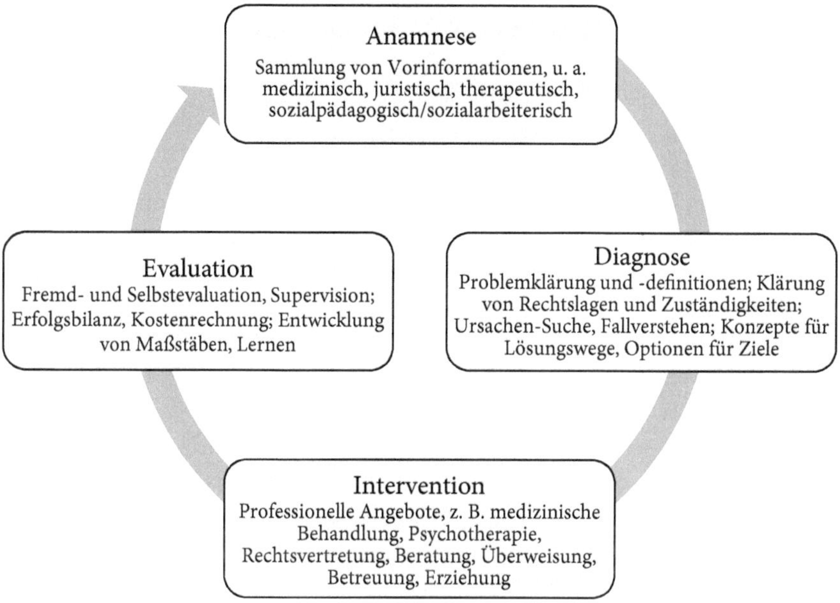

Die *Anamnese* wird als Querschnittsaufgabe im Prozess der Fallbearbeitung konzipiert, die als „ein Umschau [H]alten, ein umsichtiges Wahrnehmen, eine Kultivierung von Achtsamkeit“ (B. Müller 2017, S. 111) gedacht ist. Die soziale Anamnese ist somit nicht abschließbar und soll immer wieder dazu anregen, die eigene Perspektive auf die Fallkonstellation zu hinterfragen und zu erweitern (vgl. ebd., S. 107 ff.). Dafür kann ein ethnografischer Zugang zu der Kultur der Familie hilfreich sein (vgl. Schulze 1987, S. 31 ff.; Wolf 2006a, S. 232 ff.; Braun/Graßhoff/Schweppe 2011, S. 47 ff.). Nach Sabine Ader und Christian Schrapper lassen sich drei Zugänge zum Fall systematisieren (vgl. Ader/Schrapper 2020b, S. 38 ff.):

- Die Sammlung von Daten und Fakten zur Lebenssituation bzw. zu Lebensereignissen der Familie sowie die eigenen Wahrnehmungen der mit dem Fall betrauten Fachkräften und die von Dritten.
- Die Selbstdeutungen der einzelnen Familienmitglieder und die weiterer relevanter Personen aus dem sozialen Umfeld hinsichtlich ihrer biografischen und generationalen Erfahrungen, Situationseinschätzungen, Zukunftsvorstellungen und -ängsten.
- Die Reflexion des Hilfesystems dahingehend, dass die Hilfegeschichte der Familie, die diesbezüglichen Erfahrungen der Adressat:innen, aber auch die der beteiligten Fachkräfte hinterfragt werden, um Routinen und Dynamiken zu erkennen.

Die soziale *Diagnose* ist hinsichtlich ihrer Bedeutung und konzeptueller Vielschichtigkeit bereits dargestellt worden (vgl. Kap. 5.2.1). Betrachtet wird die Klärung der Problemlage, Mandate und Zuständigkeiten mit den Beteiligten, die jedoch aufgrund des Alltagsbezuges stets provisorisch bleiben muss (vgl. B. Müller 2017, S. 79f., S. 125ff.). In der SPFH bietet sich durch die Nähe zum Alltag die Möglichkeit, jedoch auch die Anforderung, die Perspektiven möglichst aller Familienmitglieder[70] in diesen Prozess einzubeziehen (vgl. BMFSFJ 1999, S. 239ff.; Wolf 2015, S. 76f.).

Die Entwicklung einer gemeinsamen Handlungsgrundlage ist dementsprechend eine wesentliche Anforderung an die Praxis. In methodischer Hinsicht wird der Verständigung über Aufträge und wechselseitige Erwartungen in der Zusammenarbeit sowie dem gemeinsamen Aushandeln und Planen von Zielen eine bedeutsame Stellung eingeräumt (vgl. Nielsen/Nielsen/C.W. Müller 1986, S. 113ff.; BMFSFJ 1999, S. 243ff.; Schwabe 2019, S. 116ff.; Ader/Schrapper 2020b, S. 267ff.). Der Terminus des „subjektiven Hilfeplan[s]" (Uhlendorff/Cinkl/Marthaler 2008, S. 89) beschreibt diese Ausrichtung an den Vorstellungen der Adressat:innen prägnant, da darin die „Wünsche nach persönlicher Unterstützung, Erwartungen an die institutionellen und informellen Helfersysteme, Vorstellungen, wie die Familienprobleme gelöst werden können, und Veränderungsziele" (ebd.) als Ausgangspunkt der Ausgestaltung der SPFH erhoben werden.

Die *Interventionen* werden in dem Modell separat betrachtet. Allerdings wird spätestens hier deutlich, dass die einzelnen Schritte eher analytisch als praktisch trennbar sind. Bereits die vorangegangen Schritte, die sich der „Situationsklärung" (Thiersch 2020, S. 167) widmen, sind durch eine Einflussnahme seitens der Fachkräfte gekennzeichnet. Interventionen können explizit als *Eingriffe* oder *Angebote* umgesetzt werden, welche die Möglichkeit zum gemeinsamen Handeln offenhalten sollen und an die „Wahrung der Selbstachtung" (Brumlik 2004, S. 252) der Adressat:innen zu binden sind (vgl. B. Müller 2017, S. 149ff.).

Anhand der gesetzlichen Grundlagen der Kindeswohlgefährdung ist bereits dargestellt worden, dass ein Eingriff in Familien unter Einhaltung verfahrensrechtlicher Schritte notwendig werden kann, um das Kindeswohl, möglicherweise auch gegen den Willen der Erziehungsberechtigten, zu gewährleisten. Derartig invasive Kontrollausübungen sind daher methodisch dahingehend zu prüfen, inwiefern sie wieder reduziert werden können. Grundsätzlich wird betont, dass Interventionen als Angebote zu konzipieren sind, die den Charakter eines

70 In seiner Studie zu Erfahrungen von Betroffenen mit ambulanten Hilfen im Vorfeld zu einer Heimunterbringung konstatiert Ulrich Bürger die unterschiedlichen Interessen von Eltern und Jugendlichen beispielhaft wie folgt: „Während die Eltern eher Wünsche an eine verbesserte Gestaltung der Hilfeverläufe mit der Zielsetzung einer Stabilisierung der familiären Situation äußern, zielen die Vorstellungen der jungen Menschen in allen erfragten Zusammenhängen eher auf eine Ablösung und die Entwicklung einer eigenständigen Lebensperspektive" (Bürger 1998, S. 197f.).

„sanktionsfreien Verhandelns über Ursachen, Folgen und eventuelle Lösungsperspektiven“ (Brumlik 2004, S. 209) haben sollen (vgl. B. Müller 2017, S. 150 ff., S. 163 ff.).

Aufgrund der Asymmetrie von Adressat:innen und institutionell Helfenden bedarf das sozialarbeiterisch-sozialpädagogische Handeln einer fachwissenschaftlichen und auch ethischen Legitimation (vgl. Gängler 2018, S. 627 f.). Auf der praktischen Handlungsebene wird eine solche Begründung insbesondere dann notwendig, wenn Adressat:innen keinen direkten Auftrag an Fachkräfte Sozialer Arbeit richten, sondern vormundschaftliches Handeln geboten ist: „*Eine advokatorische Ethik ist ein System von Behauptungen und Aufforderungen in [B]ezug auf die Interessen von Menschen, die nicht dazu in der Lage sind, diesen selbst nachzugehen sowie jenen Handlungen, zu denen uns diese Unfähigkeit anderer verpflichtet*“ (Brumlik 2004, S. 161). Allerdings bleibt hierbei die Gefahr unvermeidbar bestehen, den Interessen der Adressat:innen nur bedingt zu entsprechen, z. B. wenn Kinder durch den Einsatz einer SPFH in einer Familien verbleiben oder es zur Einschätzung für eine Fremdunterbringung kommt (vgl. ebd., S. 159 ff., S. 246 ff.; Wolf 2015, S. 69 ff.; Schäper 2020, S. 227 f.). Dass Interventionen an der Abwägung der je konkreten Lebensbedingungen mit ihren Belastungen und Ressourcen zu erfolgen haben, wird weiter unten gezeigt.

Schließlich ist die *Evaluation* der Fallbearbeitung durch verschiedene Formen reflexiver Kontrolle anzustreben (vgl. B. Müller 2017, S. 171 ff.). Dies dient auch dazu, die im sozialarbeiterisch-sozialpädagogischen Handeln enthaltene „Zumutung von neuen weiterführenden Möglichkeiten und Konfrontationen der Distanz und Transformation zu neuer Alltagsgestaltung“ (Thiersch 2018, S. 25 f.) für die Adressat:innen zu reflektieren. Geeignete Instrumente hierfür sind in den Organisationen der SPFH entsprechend zu verankern. Hierzu zählen Formen der Selbstevaluation, u. a. Dokumentationsinstrumente (z. B. Berichte, Fallakten) oder Teamarbeit, sowie der Fremdevaluation durch die Sozialadministration, Forschung oder durch die Adressat:innen selbst (vgl. BMFSFJ 1999, S. 312 ff.; Galuske 2013, S. 350 ff.; Spiegel 2018, S. 132 ff.).

Belastungs-Ressourcen-Balance

Familienbezogene Erziehungshilfen sind fachwissenschaftlich darauf bezogen, die Lebens- und Entwicklungsbedingungen von Kindern und Jugendlichen in ihren gesellschaftlichen, familialen, außerfamilialen sowie sozialräumlichen Dimensionen zu betrachten (vgl. Helming 2001, S. 548 ff.; Schattner 2007, S. 607 ff.; Moch 2018, S. 634 f.). Für die familienbezogene Arbeit hat Klaus Wolf das Modell der *Belastungs-Ressourcen-Balance* vorgelegt, anhand dessen die „Aufgaben und Belastungen und die benötigten Ressourcen *im Einzelfall* bestimmt“ (Wolf 2015, S. 35) und sozialarbeiterisch-sozialpädagogische Interventionen in Familien begründet und strukturiert werden können (vgl. ebd., S. 35 ff.; Wolf 2014a, S. 11 ff.).

Im ersten Bereich der *Belastungen* werden umfassende Grundlagen für die Entwicklung von Kindern und Jugendlichen zugrunde gelegt, die hier allenfalls angedeutet werden können: Eine positive Entwicklung wird erwartbarer, je qualitativ und quantitativ besser diese Aspekte gewährleistet sind, bzw. unwahrscheinlicher, je weniger diese vorhanden sind. Hierzu zählen zunächst die existenziellen *Bedürfnisse* nach Bindung, Erziehung und Förderung, die sich über verschiedene Systematiken hinweg zeigen (vgl. Kindler 2020, S. 115; Gahleitner 2020a, S. 185 ff.). Laut Klaus Wolf benötigen Kinder:

- „eine liebevolle Beziehung, zumindest aber ein hohes Maß an freundlicher, wohlwollender, respektvoller Interaktion,
- eine[…] ihrem Alter entsprechende Versorgung, Schutz und Sicherheit,
- einigermaßen stabile und berechenbare Lebensverhältnisse,
- einen Anregungsraum für ihren Forschungsdrang und eine Förderung ihrer individuellen Fähigkeiten,
- angemessene und wohlwollende Reaktionen auf ihre Aktivitäten und
- eine ihre Selbstständigkeit zulassende und fördernde Interaktion." (Wolf 2015, S. 30; vgl. auch ebd., S. 13 ff.)

Zum Bereich der Belastungen werden auch lebensphasenspezifische *Entwicklungsaufgaben* gezählt, die normativ betrachtet von jedem Kind oder Jugendlichen zu bewältigen sind. Hierzu gehören u. a. der Spracherwerb, der Aufbau erster Freundschaftsbeziehungen in der Kindheit oder die Entwicklung eines angemessenen Konsumverhaltens (z. B. Medien oder Drogen) im Jugendalter (vgl. Hurrelmann/Bauer 2020, S. 129 ff., S. 132 ff.; Wolf 2015, S. 36 f.). Zudem sind diese Aufgaben dynamischen gesellschaftlichen Rahmenbedingungen bezüglich der Familie, formaler Bildungssysteme, weiterer lebensweltlicher Kontexte, Diversität oder sozialer Ungleichheit unterworfen (vgl. Hurrelmann/Bauer 2020, S. 144 ff.; Böhnisch 2018, S. 79 ff., S. 115 ff.). Bezogen auf die Familie sind hierbei grundlegende Herausforderung bei der Gestaltung des Familienlebens, der Arbeits- und Zeiteinteilung, der Paarbeziehung und Kindererziehung sowie bei lebenszyklischen Übergängen zu berücksichtigen (vgl. Uhlendorff/Euteneuer/Sabla 2013, S. 48 ff., S. 65 ff.).

Neben diesen allgemeinen Bedürfnissen und Entwicklungsaufgaben kommen im Bereich der Erziehungshilfen *spezifische Belastungen und Problemlagen* hinzu, die im Einzelfall hinsichtlich ihrer Intensität oder Dauer deutlich variieren und auch kumuliert auftreten können. Hierzu können gezählt werden:

- Armutslagen, welche die Entwicklung von Kindern und Jugendlichen behindern, zu einer Einschränkung des Wohlbefindens und der Selbstwirksamkeit führen sowie mit Stigmatisierungserfahrungen und sozialem Ausschluss einhergehen können (vgl. BMFSFJ 1999, S. 74 ff.; Winkler 2012, S. 109 ff.;

Wolf 2015, S. 95 ff.; Uhlendorff/Euteneuer/Sabla 2013, S. 74 ff.). Existenzgrundlagen könnten mittels SPFH jedoch „günstigstenfalls marginal verbessert“ (Wolf 2015, S. 189) werden, indem Zugänge zu materiellen Ressourcen geschaffen werden, etwa wenn Rechtsansprüche geltend gemacht werden (vgl. ebd., S. 189 f.).

- Psychische Erkrankungen der Eltern, die mit belastenden Interaktionen, unberechenbaren Lebensverhältnissen, unzureichenden sozialen (Unterstützungs-)Netzwerken einhergehen sowie Stigmatisierung und negative Emotionen (z. B. Schuldgefühle, Angst, Zweifel) bei den Kindern hervorrufen (vgl. BMFSFJ 1999, S. 438 ff.; Wolf 2015, S. 111 ff.; Rothenburg/Trinkner 2015, S. 178 ff.; Wagenblass 2018, S. 315 ff.; 2020, S. 128 ff.).
- Flucht und Migration, die mit Beziehungsverlusten, Flucht- und Armutserfahrungen, unsicheren Zukunftsperspektiven, Sprachbarrieren oder mit Erfahrungen von Diskriminierung und Unterschieden zwischen den ethnischen Bezügen im Herkunfts- und Ankunftsland einhergehen können, beispielsweise hinsichtlich normativer Vorstellungen von Familienerziehung (vgl. BMFSFJ 1999, S. 443 ff.; Baban 2011, S. 104 f., S. 123 ff.; Kocabas 2014, S. 37 ff.; Seckinger 2017, S. 167 ff.).
- Krisenhafte Situationen, die neben den oben genannten Belastungen ebenso durch physische, seelische oder sexuelle Gewalt, Vernachlässigung, Sucht sowie Trennung oder Scheidung hervorgerufen werden können (vgl. BMFSFJ 1999, S. 382 ff.,; Schattner 2007, S. 609 f.; Biesel/Urban-Stahl 2018, S. 94 ff.; Uhlendorff/Euteneuer/Sabla 2013, S. 81 ff., S. 88 ff., S. 94 ff.).
- Digitale Medien, die allerdings bislang für Adressat:innen der SPFH noch wenig diskutiert worden sind und spezifische Anforderungen an die Aneignung und Bewältigung eines adäquaten Umganges stellen (vgl. Böhnisch 2016, S. 74 ff.; Spanhel 2020, S. 109 ff.; Kratzsch/Burkhardt 2020, S. 64 ff.; Witzel 2020, S. 498 ff.).

Demgegenüber richtet sich der zweite Bereich der *Ressourcen* darauf, die eben genannten Belastungen nicht nur defizitbezogen zu betrachten, sondern alle Mittel in den Blick zu nehmen, die unterstützend zur Bewältigung oder Milderung negativer Folgen eingesetzt werden können. Besonders deutlich wird Normativität dieser Fokussierung in Formulierungen wie der folgenden: „Für die Frage, *wie* die Probleme am besten verändert werden können, sind die Ressourcen […] aber wahrscheinlich wichtiger als [… die] Probleme“ (Grawe/Grawe-Gerber 1999, S. 63). Insbesondere durch den Ansatz des Empowerments hat eine Orientierung an den Ressourcen konzeptionell Eingang in die SPFH gefunden (vgl. BMFSFJ 1999, S. 183 ff., S. 259 ff.; Helming 2001, S. 548 ff.; Schattner 2007, S. 608 f.). Sie findet sich ebenso in resilienztheoretischen Grundlegungen wieder (vgl. Frindt 2009, S. 249 f.; 2020, S. 159 f.; Wagenblass 2020, S. 132 ff.).

Klassifizieren lassen sich Ressourcen danach, ob sie in der Person selbst oder in ihrer Umwelt angelegt sind. Anhand der Kategorien und Beispiele in der folgenden Tabelle 1 können diese – wenn auch nicht ganz trennscharf – differenziert werden (vgl. Herriger 2020, S. 95 ff.).

Tabelle 1: Ressourcentaxonomie für Personen- und Umweltressourcen, eigene Darstellung nach Norbert Herriger (2020, S. 95 ff.)

Personenressourcen	**Umweltressourcen**
Physische Ressourcen *Gesundheit, protektive Temperamentsmerkmale*	Soziale Ressourcen *Vertraute, liebevolle Beziehungen, Anerkennung, unterstützende Netzwerke*
Psychische Ressourcen *Begabungen, Selbstakzeptanz und -wertüberzeugung, Motivation, Bewältigungs- und Zukunftsoptimismus, emotionale Regulation*	Ökonomische Ressourcen *Arbeit, ökonomisches Kapital, Sozialstatus*
Kulturelle und symbolische Ressourcen *Kulturelles und berufsbezogenes Kapital, subjektive Handlungsethik, Engagement, Lebenssinnhaftigkeit, soziale Anerkennung und Zugehörigkeit*	Ökologische Ressourcen *Arbeitsplatz-, Wohn- und Wohnumfeldqualität*
Relationale Ressourcen *Empathie, Offenheit, Beziehungs-, Konflikt- und Kritikfähigkeit, Ambiguitätstoleranz*	Professionelle (Dienstleistungs-)Ressourcen *Orientierungswissen, Struktur-, Prozess- und Produktqualität*
Zudem in Lebenskrisen und belastenden Lebenslagen: *Veröffentlichungsbereitschaft, zielgerichtete Hilfenachfrage, Reziprozitätsbalance*	

Ein weiterer Kategorisierungsvorschlag fokussiert die vier Bereiche der *individuellen, sozialen, materiellen* und *infrastrukturell-institutionellen* Ressourcen (vgl. Schattner 2007, S. 608; Hinte/Treeß 2014, S. 60 ff.; Kleve 2010, S. 49 ff.). Auf die besondere Bedeutungszuschreibung von „sozialen Beziehungsressourcen" (Nestmann 2004, S. 72) ist an anderer Stelle bereits hingewiesen worden (vgl. Kap. 4.3).

Als Ressource könne „letztlich alles, was von einer bestimmten Person in einer bestimmten Situation wertgeschätzt wird oder als hilfreich erlebt wird" (Nestmann 2004, S. 73) angesehen werden (vgl. Kupfer 2016, S. 420 f.). Jede Betrachtung sollte daher am Einzelfall ausgerichtet erfolgen, wobei die subjektiven Einschätzungen der jeweiligen Familienmitglieder in der SPFH dafür als maßgeblich erachtet werden (vgl. BMFSFJ 1999, S. 259 ff.; B. Müller 2017, S. 140 ff.; Seckinger 2018, S. 310).

Schließlich sei eine *Balance* zwischen Belastungen und Ressourcen hinsichtlich der Lebens- und Entwicklungsbedingungen von Kindern und Jugendlichen in ihren Familien differenziert abzuwägen: „Nicht allein die Probleme sind das

Problem, sondern erst Probleme plus fehlende Ressourcen“ (Wolf 2015, S. 48). Eine einseitige Fokussierung auf die Ressourcen allein werde diesem Anspruch nicht gerecht. Diese seien aber notwendig, um angesichts vorliegender Belastungen ein ausgeglichenes oder positives Verhältnis zu erreichen (vgl. ebd., S. 58 ff.; Schattner 2007, S. 607 ff.). Neben den Kindern und Jugendlichen kommen in der SPFH ebenso die Eltern oder weitere erwachsene Personen im Beziehungsnetzwerk hinzu, die anhand ihrer spezifischen Lebenssituationen, Bedürfnisse und Ressourcen betrachtet werden sollten (vgl. Wolf 2015, S. 168 ff.; Böhnisch 2018, S. 184 ff.; Kindler 2020, S. 118). Eine solche Konzeption könne jenseits eines fürsorgerisch-moralisierenden Zugangs verortet werden, da es „nicht um die Bearbeitung von Defiziten sondern[,] um die Förderung von Wachstum“ (Woog 2010, S. 183) gehe. Auf dieser Grundlage seien im institutionellen Setting der SPFH dialogische Handlungsformen anzustreben, die Adressat:innen in ihrer Entwicklung und Lebensgestaltung unterstützen und von diesen auch als hilfreich erlebt werden, denn „Entwicklung, Lernen, Aneignung sind Eigenleistung des sich entwickelnden Subjektes“ (Wolf 2020b, S. 244).

Handlungsmodi

Die beschriebenen Zugänge zu Familien lassen sich in der Praxis nicht ohne Weiteres herstellen. Denn unabhängig davon, ob es sich um den lebensweltlichen oder institutionellen Kontext handelt, lässt sich die Annahme von Hilfe als „Inanspruchnahme der Leistungen anderer Menschen zur Bewältigung von Situationen, die man nicht selbst zu meistern vermag“ (Brumlik 2004, S. 210), verstehen. Für den Kontext aufsuchender Sozialer Arbeit mit Familien ist dies insofern folgenreich, da Anregungen zur Veränderung durch sozialarbeiterisch-sozialpädagogisches Handeln „ohne den Willen der Eltern“ (Woog 2010, S. 184) kaum denkbar erscheinen.

Klaus Wolf differenziert drei instruktive Handlungsmodi dazu, wie die eben dargestellte Balance von Ressourcen und Belastungen positiv beeinflusst werden kann bzw. die oben genannten Aufgabenbereiche der SPFH bearbeitet werden können (vgl. Wolf 2015, S. 60 ff.):

- *Modus 1:* Als Grundlage für die Zusammenarbeit stellen sich Fachkräfte als Ressource „unmittelbar selbst zur Verfügung“ (ebd., S. 62). Dieser Modus ist gekennzeichnet durch einen deutlichen Bezug auf die innerfamilialen Lebensbedingungen (vgl. Wolf 2012, S. 275). Dies wird insbesondere dann als notwendig diskutiert, wenn den Familien in krisenhaften Situationen „so gut wie kein Eigenpotential zur Verbesserung ihrer Lebenssituation zur Verfügung steht“ (Nicolay 1992b, S. 273). Damit wird dem Umstand Rechnung getragen, dass „[j]e geringer die Ressourcen in Personen und Lebenswelten sind, […] der Bedarf an Ressourceninput durch die Hilfebeziehung und die Hilfe selbst“ (Nestmann 2004, S. 82) umso größer werde.

- *Modus 2:* Ein Mittelweg kann darin bestehen, die Konzentration in der Fallbearbeitung auf die jeweiligen Fachkräfte dahingehend zu relativieren, dass Zugänge „durch die Fachkraft selbst eröffnet [… werden und] unabhängig von ihr bestehen bleiben" (Wolf 2015, S. 62), idealerweise auch nach der Beendigung der SPFH. Praktiker:innen sind hierbei dazu aufgefordert, „weniger direkt und selbst durch eigenes Hilfehandeln [zu intervenieren], sondern indirekt in einer Rolle, Ressourcen persönlicher Beziehungen zu entdecken, zur Geltung zu bringen und sie auf die Bedürfnisse eines Individuums oder einer Zielgruppe abzustimmen" (Nestmann 2009a, S. 957).
- *Modus 3:* Als Gegenpol zum ersten Modus kann „der Sozialraum, in dem die Menschen leben und ihre Suchbewegungen machen" (Wolf 2015, S. 62), zum Handlungsgegenstand werden. Dies werde insbesondere dann relevant, wenn dauerhaft eine Unterbringung außerhalb der Familie organisiert werden muss (vgl. Wolf 2012, S. 275).

Diese Handlungsmodi sind jedoch nicht statisch zu denken. Auch wenn sie sich grundlegend voneinander unterscheiden, wird betont, dass über Hilfeverläufe hinweg auch Mischformen denkbar sind (vgl. Wolf 2015, S. 63). Es soll also nicht darum gehen, diese Modi einander als Gegensätze gegenüberzustellen und nach ihrer vermeintlichen Eignung zu priorisieren. Vielmehr können sie vor dem Hintergrund belastender Lebenskonstellationen von den Adressat:innen als Unterstützungsstrategien angesehen werden, um die „komplementäre[n] Stärken und Schwächen" (Galuske 2013, S. 49) lebensweltlicher und institutioneller Unterstützungssysteme zu überwinden.

Inwiefern dies konzeptionelle Bestimmung in der der Praxis realisiert wird, ist letztlich auch eine empirische Fragestellung. Diese Grundlagen können aber zunächst dazu beitragen, die Perspektiven auf soziale Netzwerkbeziehungen in der aufsuchenden Sozialen Arbeit mit Familien zu systematisieren und reflektieren. Nachvollziehbar wird hierbei auch, dass der als Modus 1 bezeichnete Zugang gewissermaßen als Basis familienaufsuchender Sozialer Arbeit anzusehen ist, was sich ebenfalls in den Strukturmerkmalen des Handlungsfeldes zeigt.

5.2.3 Das Postulat der Netzwerkorientierung im Kontext paradoxaler Strukturmerkmale

Aufsuchende Soziale Arbeit mit Familien ist von normativen Veränderungsansprüchen gekennzeichnet, die sich in einer lebensweltorientierten Perspektive im Spannungsfeld von „Respekt und Transzendieren" (Thiersch 2015, S. 54) vollziehen. Im Rahmen eines behutsam-respektvollen Vorgehens soll eine Verbesserung der Lebensverhältnisse provoziert werden (vgl. Hofgesang 2005, S. 533). Mittels der dargestellten formalen Rahmenbedingungen sowie der Charakterisierung des sozialarbeiterisch-sozialpädagogischen Handelns wurde die Strukturiertheit der Handlungspraxis bereits verdeutlicht. Möchte man diese zusammenfassen, so besteht die paradoxale Aufgabe für praktisch Tätige darin, „etwas zu tun […], was logisch eigentlich nicht geht, wohl aber praktisch bewältigt werden kann und muss“ (B. Müller 2012, S. 966).

Konkretisieren lässt sich die Praxis der SPFH anhand der widersprüchlichen und ineinander verwobenen Strukturmerkmale von *Nähe und Distanz, Hilfe und Kontrolle* sowie *Netzwerkorientierung* (vgl. Hofgesang 2005, S. 532 f.; Helming 2001, S. 553 ff.; Wolf 2015, S. 144 ff.). Im Nachfolgenden wird deutlich werden, dass die beiden erstgenannten Strukturmerkmale bislang überwiegend auf die im vergangenen Kapitel als Modus 1 bezeichnete Form der Fallbearbeitung bezogen sind. Explizit auf die Netzwerkorientierung wird hingegen im Modus 2 verwiesen, in dem „die entwicklungsrelevanten Ressourcen außerhalb der Kernfamilie, z. B. in den privaten Netzwerken und pädagogischen Einrichtungen“ (Wolf 2012, S. 275), in den Fokus gerückt werden. Um die Anforderungen in der netzwerkorientierten Fallbearbeitung näher zu bestimmen, werden zunächst die Strukturmerkmale Nähe und Distanz sowie Hilfe und Kontrolle betrachtet.

Nähe und Distanz

Die Regulierung von Nähe und Distanz ist ein Merkmal, das Soziale Arbeit arbeitsfeldübergreifend strukturiert. Distanz ermöglicht eine Einschätzung der lebensweltlichen (Familien-)Verhältnisse hinsichtlich ihrer Entwicklungs- und Lebensbedingungen; Nähe hingegen kann als das Einlassen auf diese Verhältnisse durch neu aufgebaute Beziehungen verstanden werden (vgl. Dörr/B. Müller 2019, S. 14; Thiersch 2009, S. 132 f.). Vielversprechende Arbeitsbeziehungen in den Erziehungshilfen scheinen sich im Zusammenspiel eines „spezifischen wie persönlichen Vertrauens“ (Zeller 2012, S. 100) zu entwickeln. Dies geschieht dann, wenn Praktiker:innen für Adressat:innen in ihrer beruflich vermittelten Rolle im Prozess immer wieder erkennbar und gleichzeitig als Personen erlebbar werden (vgl. ebd., S. 94 ff.; Köngeter 2009, S. 298 f.; Straus/Höfer/Gmür 1988, S. 195 ff.). Als erforderlich hierfür wird die Fähigkeit zur Beziehungsgestaltung durch die Praktiker:innen angesehen (vgl. BMFSFJ 1999, S. 236 ff.; Dörr 2017, S. 204 f.; Kron-Klees 2008, S. 75 ff.; Tiefel 2012, S. 28 f.; Ader/Schrapper 2020b, S. 237 ff.).

Die Suche nach dem richtigen Maß zwischen Nähe und Distanz wird in den Bestimmungen zur SPFH zudem normativ verhandelt, weshalb sich deren Regulierung praktisch als besonders anspruchsvoll erweist: Praktiker:innen „können sich distanzlos solidarisieren oder versuchen, in falscher Distanz die eigenen Normen und Veränderungskonzepte der betreuten Familie aufzunötigen, sie können sich benutzen lassen oder die anderen gleichsam als Veränderungsobjekt benutzen“ (BMJFFG 1990, S. 139). Diese Nähe kann allerdings mit Distanz einhergehen, da Sozialpädagogische Familienhelfer:innen aufgrund ihrer institutionellen

Einbindung nur bedingt vertrauliche Informationen aus dem Privatbereich der Familien schützen können. Sie sind deshalb in ihrer Arbeit mit den Familien mit verschiedenen Herausforderungen konfrontiert. Joachim Nicolay hat diese instruktiv zusammengefasst; er beschreibt die ambivalenten Motivationslagen der Familien, deren Hoffnungen auf alltagspraktische Entlastung oder mögliche Wahrnehmungen der Hilfen als Bedrohung für die elterliche Kompetenz und familiale Autonomie (vgl. Nicolay 1993, S. 540 ff.).

Charakteristisch für das aufsuchende Setting ist die Begleitung in lebensweltlichen Räumen, beispielweise durch Haus- oder Spielplatzbesuche. Bereits die historische Entwicklung verweist auf die damit verbundenen Eingriffsmöglichkeiten in Familien und die Notwendigkeit, diese als anspruchsvolle sozialarbeiterisch-sozialpädagogische Aufgabe zu begreifen, um schwer erreichbare Adressat:innengruppen in belastendenden Lebenssituationen erreichen und unterstützen zu können (vgl. Urban-Stahl 2009, S. 5 ff.; 2015, S. 176 f., S. 178 ff.; P.-U. Wendt 2017a, S. 324 ff.; Maly 2019, S. 135 f.).

Im Hilfeverlauf bleibe nicht nur den Familien, sondern auch den Sozialpädagogischen Familienhelfer:innen selbst kaum eine Möglichkeit, sich „hinter einer Maske zu verstecken" (Woog 2010, S. 184). Die eindrücklichen und vielzitierten Falldarstellungen Astrid Woogs geben Zeugnis davon, etwa wenn im Beisein der Familienhelferin der Familienvater Herr Burger in Unterhosen nach Fotoalben kramt oder mit den Kindern ein Baderitual vollzieht (vgl. ebd., S. 103 ff.). Derartige Situationen können für Sozialpädagogische Familienhelfer:innen befremdlich[71] sein und Familien dazu bringen, sich in einer „demonstrativen Selbstbehauptung" (Böhnisch 2016, S. 59) zu inszenieren. Dadurch können aus der Interaktion mit Sozialpädagogischen Familienhelfer:innen Belastungen für die Familienmitglieder erwachsen, die zusätzlich zu den gegenwärtigen Problemlagen bewältigt werden müssen (vgl. ebd., S. 83 ff.). Um normative Zuschreibungen gegenüber Familien zu relativieren, wird ein selbstreflexives und hypothesengeleitetes Vorgehen in der Fallbearbeitung vorgeschlagen (vgl. Hofgesang 2005, S. 532 f.; Ader/Schrapper 2020b, S. 233 ff., S. 253 ff.).

Anhand konversationsanalytischer Studien konnte gezeigt werden, dass Nähe und Distanz in der SPFH durch spezifische Gesprächsformen hergestellt werden: „Nähe entsteht durch intensives Zuhören und differenzierendes Nachfragen, Anteilnahme und Anerkennung. […] Distanz meint […] weniger eine Distanz der

71 „Es ist eine merkwürdige Situation, in der ich mich befinde. Gegen meinen Willen werde ich in die mir merkwürdig erscheinenden Kommunikationsregeln der Familie einbezogen. Vielleicht will mir die Familie mit dem ‚Baderitual' demonstrieren, wie sauber sie ist, nachdem die Mitarbeiterin vom ASD die Unsauberkeit der Familie bei unserem Gespräch erwähnte. Möglicherweise verletzt die Familie aber auch absichtlich Intimitätsregeln, um mich als vertrauten Kumpel zu gewinnen und damit außer Gefecht zu setzen. Meinem Empfinden nach besteht in dieser Familie weder ein Unrechtsbewußtsein noch ein Schamgefühl" (Woog 2010, S. 104).

Fachkraft zu den Klienten, sondern eine gemeinsame Distanz zur Problemlage, die damit bearbeitbar wird" (Petko 2019, S. 201; vgl. auch ebd., S. 194 ff.). Auf der Grundlage von persönlichen und vertrauensvollen Beziehungen würden zudem direktive Impulse von Sozialpädagogischen Familienhelfer:innen zur Einschätzung oder Veränderung der familialen Situation eingesetzt (vgl. ebd., S. 198 ff.). Die Intensität dieser Impulse sowie das Ausmaß des Konfliktes scheint für längerfristige Veränderungen bedeutsam zu sein (vgl. Schuster 1997, S. 192 ff.). Der alltagsnahe, wenig formalisierte Rahmen in der SPFH biete darüber hinaus die Möglichkeit, auch jenseits verbaler Kommunikation einen Zugang zu Familien herzustellen, indem gemeinsame alltagspraktische Interventionen „des Mitlebens, Dabeiseins, Vorlebens, Steuerns und Miteinander-Tuns" (Woog 2010, S. 185) umgesetzt werden (vgl. BMFSFJ 1999, S. 236 ff.; Wolf 2015, S. 187 ff.).

Hilfe und Kontrolle

Die Reflexionen über das „doppelte Mandat" (Böhnisch/Lösch 1973, S. 27) sind zunächst in ihrem historischen Ertrag zu würdigen. Ausgehend von einer kritischen Auseinandersetzung mit den Funktionen Sozialer Arbeit kann das Handeln als „ein stets gefährdetes Gleichgewicht zwischen den Rechtsansprüchen, Bedürfnissen und Interessen des Klienten einerseits und den jeweils verfolgten sozialen Kontrollinteressen seitens öffentlicher Steuerungsagenturen andererseits" (ebd., S. 28) verstanden werden. Aufgrund dieser institutionellen Eingebundenheit der Sozialen Arbeit wird nicht nur Hilfe für Adressat:innen geleistet, sondern stets auch Kontrolle über sie ausgeübt, etwa indem gesellschaftliche Normvorstellungen zur (Klein-)Familie durch Soziale Arbeit reproduziert werden (vgl. Galuske 2013, S. 51 ff.; Richter 2013, S. 271 f.; Thieme 2017, S. 21 f.).[72]

Der Begriff der Hilfe lässt sich in diesem Kontext mit der Zielstellung von „Hilfe zur Selbsthilfe" (Thiersch/Grunwald/Köngeter 2012, S. 187) zusammenfassen. Dies geschehe „um den allerdings hohen Preis, dass [... dessen] normative[r] Kern inhaltlich vage und unbestimmt bleibt" (Gängler 2018, S. 628). In der SPFH ist das Hilfeverständnis dahingehend konzeptualisiert, dass „Erfahrungen von Ermutigung, Aktivierung und Kontrollgewinn (im Sinne eines stärkeren Einflusses auf das eigene Leben)" (Wolf 2008, S. 65) ermöglicht werden sollen. Hierfür liegen Stufenmodelle vor, welche von einer alle Lebensbereiche umspannenden „Hoffnungslosigkeit" (Wolf 2001, S. 210) bis hin zur selbstwirksamen (Zurück-)Erlangung „[p]imäre[r] Kontrolle" (ebd., S. 209) reichen (vgl. BMFSFJ 1999, S. 229 ff.; Conen 2011b, S. 33 f., S. 36 ff.; Wolf 2015, S. 177 ff.).

Um den unumgänglichen Aspekt der Kontrolle angemessen zu berücksichtigten, ist ein transparenter und reflektierter Umgang damit erforderlich (vgl. Helming 2001, S. 554 ff.). Insofern wird es als Auftrag angesehen, die strukturell gegebene „Gleichzeitigkeit von Hilfe und Kontrolle" (Schone 2016, S. 1108)

72 Für eine systematische Einführung, vgl. Hünersdorf (2010).

methodisch auszutarieren. Die Problematik wird besonders deutlich, wenn Sozialpädagogische Familienhilfen im Kontext eingeschränkter Freiwilligkeit der Familien stattfinden, beispielsweise wenn einzelne oder alle Familienmitglieder nicht zur Hilfsinanspruchnahme bereit sind (vgl. Wolf 2015, S. 149 f.). Handlungspraktisch aufgegriffen wird dies u. a. in familientherapeutischen Handlungsansätzen wie dem von Marie-Luise Conen (2011c), welche ihre Frage an die Familien folgendermaßen formuliert: „Wie kann ich Ihnen helfen, mich wieder loszuwerden?"

Ausgehend von den Wahrnehmungen der Familienmitglieder empfiehlt Klaus Wolf anhand empirischer Untersuchungen Kriterien für die Gestaltung von Interventionen mittels „kontrollierende[r] Elemente[...]" (Wolf 2015, S. 212), die von Adressat:innen auch als hilfreich erlebt werden können (vgl. ebd., S. 207 ff.; Wolf 2016, S. 156 ff.). Kontrolle sei deshalb nicht per se negativ zu verstehen, wenn sie, wie Klaus Wolf herausstellt, durch vertraute Menschen erfolge, inhaltlich und zeitlich begrenzt sei, gemeinsam und partizipativ entwickelt werde, nicht im Sinne eines Verrates missbraucht werde und die Fachkräfte in der Lage seien, offen Fehler eingestehen zu können (vgl. Wolf 2015, S. 214 ff.).

In den Erziehungshilfen zeigt sich in besonderem Maße, dass bisweilen nicht von einer kategorischen Trennung beider Formen ausgegangen werden kann, z. B. durch eine strikte Rollenaufteilung zwischen kontrollierendem Allgemeinen Sozialen Dienst und helfender SPFH (vgl. BMFSFJ 1999, S. 147 f.; Urban-Stahl 2012, S. 268 f.). Auszugehen ist vielmehr davon, dass beide Formen „gleichzeitig und ineinander verschränkt vorzufinden sind" (Köngeter 2017, S. 94; vgl. auch Urban 2004, S. 206 f.).

Dies vollziehe sich in einer spannungsvollen Abhängigkeit, je nachdem, ob das Kindeswohl als gewährleistet eingeschätzt wird und inwiefern eine Bereitschaft zur Inanspruchnahme durch die Eltern und Kinder bestehe (vgl. Köngeter 2009, S. 103 ff.; 2013, S. 188 ff.). Zwar lässt sich hieraus – zweifellos – die Forderung ableiten, dass es im Kontext von Hilfe und Kontrolle einen „bewussten und verantwortungsvollen Umgang mit Widersprüchlichkeiten und Kontingenzproblemen" (Urban-Stahl 2012, S. 271) brauche, dennoch bleibe ein strukturelles Dilemma bestehen:

> „Eltern, eigentlich Anspruchsberechtigte, also souveräne wie eigentlich autonome, freilich in ihrer Krisensituation doch beeinträchtigt agierende Akteure[,] werden unter der Hand nicht bloß zu Hilfebedürftigen, sondern zu Adressaten eines Erziehungshandelns deklariert." (Winkler 2012, S. 147)

Der sozialarbeiterisch-sozialpädagogische Umgang mit Eltern kann sich auf die familialen Interaktionen auswirken, beispielsweise wenn durch die bloße Anwesenheit Sozialpädagogischer Familienhelfer:innen bestehende „Machtbalancen innerhalb der Familie" (Wolf 2015, S. 171) beeinflusst werden (vgl. ebd., S. 166 ff.).

Auch wenn dies im Einzelfall als notwendig erscheinen mag, so müsse sich Fallbearbeitung in der SPFH stets daran messen lassen, wie sie „den Betroffenen bei geringstmöglichker [sic] Kontrolle optimal nützen" (Brumlik 2004, S. 250) kann. Die historische Entwicklung der Hilfeform liefert hierfür mahnende Beispiele, etwa wenn der Einsatz von SPFH „ein Mittel aus der Waffenkammer des Sozialarbeiters, um die Familie unter Druck zu setzen" (Nielsen/Nielsen/C. W. Müller 1986, S. 156), darstellt. Das Spannungsfeld von Hilfe und Kontrolle wird auch weiterhin die Diskussion um die Ausgestaltung der Erziehungshilfen begleiten. Allerdings könnten die bereits im historischen Teil dargelegten erosiven Entwicklungen in der SPFH ihren einseitigen Einsatz als „Kontrollinstrument" (Wolf 2015, S. 229) befördern.

Netzwerkorientierung

Die Orientierung am Beziehungsnetzwerk der Familien hat sich konzeptionell und sukzessive im Entwicklungsverlauf der Hilfeform herausgebildet und kann inzwischen zu einem zentralen Aufgabenbereich der SPFH gezählt werden. Wenn ein ausgewogenes Verhältnis zwischen Ressourcen und Belastungen für die Entwicklung und Lebensgestaltung von Kindern und Jugendlichen nicht mehr ausreichend gegeben ist, wird die „kompensatorische Funktion" (Wolf 2015, S. 202) sozialer Netzwerkbeziehungen hervorgehoben, um diese wiederherzustellen (vgl. Nicolay 1996, S. 213 ff.; Helming 2001, S. 548 ff.; Woog 2010, S. 37 ff.). Anhand der sozialen Unterstützungsforschung ist bereits dargestellt worden, dass das außerfamiliale Beziehungsnetzwerk mit seinen Ressourcen in den institutionell-formellen (z. B. Schulen, Vereine) und lebensweltlich-informellen Bereichen (z. B. Verwandtschaft oder Freunde) in den Blick genommen werden kann (vgl. Kap. 4.3.3).

Richten Sozialpädagogische Familienhelfer:innen den Fokus stärker auf das Beziehungsnetzwerk, so sind sie mit den Verhältnissen von Nähe und Distanz, wie sie sich in der Lebenswelt der Kinder und Jugendlichen darstellen, konfrontiert (vgl. Thiersch 2009, S. 122 ff.). Es geht dann nicht mehr nur um die Frage, wie die Praktiker:innen selbst ihre Beziehung zu den Kindern und Jugendlichen gestalten oder wie diese sie wiederum innerhalb ihrer Familie pflegen. Ins Blickfeld rücken beispielweise zusätzlich soziale Beziehungen zu Mitschüler:innen, Freund:innen, Verwandten, Lehrer:innen und Trainer:innen.

Gleiches gilt hinsichtlich der Merkmale Hilfe und Kontrolle. Die Kombination aus informellen und formellen Unterstützungsmöglichkeiten aus dem Beziehungsnetzwerk kann zu einer Verbesserung der Lebensbedingungen von Kindern, Jugendlichen und ihren Familien beitragen. Adressat:innen können dabei auch die Möglichkeit erhalten, „sich immer wieder aus der Zweierbeziehung der Hilfe [zu] lösen und neuen sozialen Anschluss [zu] finden" (Böhnisch 2016, S. 82). Allerdings könne mit der Netzwerkorientierung ebenso das Risiko einhergehen, die „Kontrollfunktion auszudehnen, den Stigmatisierungsprozeß in verschiedene Netzwerke auszuweiten" (Bullinger/Nowak 1998, S. 132).

Die paradoxalen Strukturmerkmale sozialpädagogisch-sozialarbeiterischen Handelns unterliegen im Kontext der Netzwerkorientierung somit einer potenziellen Entgrenzung, die wiederum Widersprüchlichkeiten produziert. In engeren Sinn lassen sich die damit verbundenen Fragen methodisch diskutieren, wie im Kontext der sozialen Netzwerkarbeit (vgl. Kap. 5.3.3). Grundlegend kann jedoch die Frage gestellt werden, ob mit der Aufmerksamkeit auf soziale Netzwerke stets einhergehen muss, „begrifflich wie praktisch in den Kontext des Netzwerkens zu gleiten" (Winkler 2018a, S. 32).

Hierbei kann die in Abschnitt 5.2.1 dargestellte Vergewisserung über die relationale Strukturiertheit der Beziehungen in den Erziehungshilfen weiterführend sein. In normativer Hinsicht bleibt das sozialpädagogisch-sozialarbeiterische Handeln dem Ziel einer autonomen Lebensgestaltung, gedacht als „gelingenderer Alltag" (Thiersch/Grunwald/Köngeter 2012, S. 178), verpflichtet. Folgt man an dieser Stelle Stefan Köngeter und seiner strukturellen Bestimmung des Beziehungsgefüges im Arbeitsfeld, so lässt sich diese Zielstellung angesichts der relationalen Eingebundenheit Sozialpädagogischer Familienhelfer:innen dahingehend relativieren, dass es sich zunächst um eine „Erweiterung von Entscheidungsmöglichkeiten im Netzwerk der Sozial- und Arbeitsbeziehungen" (Köngeter 2009, S. 300) handelt.

Netzwerkorientierung als die gezielte „Suche nach hilfreichen Dritten [zur …] Erweiterung der sozialisatorischen Netzwerke" (Wolf 2015, S. 204) könnte dann nicht mehr am Maßstab „der Autonomie des Kindes" (Köngeter 2009, S. 299) gemessen werden, sondern lediglich „an der Veränderung des sozialen Handlungszusammenhangs eines sozialisatorischen Milieus" (ebd.). Im günstigsten Falle würden dadurch „die Relationen der Beteiligten untereinander, einschließlich der Helfer selbst, klarer" (B. Müller 2017, S. 127). Sozialarbeiterisch-sozialpädagogisches Handelns wäre dann angesichts seiner Einbettung in interdependente Netzwerkbeziehungen dezidiert relational zu bestimmen.

5.3 Methoden: Vielfalt und eingelagerte Orientierungen

Zu Beginn des Kapitels wurde bereits auf die Rahmenbedingungen und den Begriff des *methodischen Handelns* eingegangen, der im Vergleich zu dem der *Methode* weiter gefasst ist.[73] Doch auch den Methoden wird eine bedeutsame Stellung beigemessen: Disziplinübergreifend dienen sie als Ausweis eines eigenständigen Handlungsprofils, sie haben „die Funktion eines Statusmarkierers"

73 In den Diskussionen zu methodischem Handeln und Methoden in der Sozialen Arbeit ist insgesamt zu konstatieren, dass die Suche nach einheitlichen Begrifflichkeiten noch nicht abgeschlossen ist (vgl. Galuske 2013, S. 29ff., S. 164ff.; Spiegel 2018, S. 67f.; Kreft/C.W. Müller 2019a, S. 14f.; Stimmer 2020, S. 25f.).

(Galuske 2013, S. 43; vgl. auch B. Müller 2012, S. 970 f.). Angesichts der oben dargestellten paradoxalen Handlungsstruktur können sie dazu beitragen, die Angebote Sozialer Arbeit für Adressat:innen vorhersehbarer werden zu lassen (vgl. Galuske 2013, S. 58 f.). Sie erfüllen für die Praktiker:innen nicht zuletzt eine komplexitätsreduzierende Funktion, indem sie suggerieren, „die Gefahr der Überforderung, der Konfrontation mit Unerwartetem und ggf. die Grenzen der eigenen Kompetenzen überschreitenden Erwartungen“ (ebd.) eindämmen zu können (vgl. Galuske/C. W. Müller 2012, S. 588 ff.; Hamburger 2012, S. 188 f.).

Eine Systematik der Methoden Sozialer Arbeit

Bevor auf einzelne Methoden im Arbeitsfeld der SPFH eingegangen wird, sollen zunächst die Anforderungen an Methoden vergegenwärtigt werden:

> „Methoden der Sozialen Arbeit thematisieren jene Aspekte im Rahmen sozialpädagogischer/sozialarbeiterischer Konzepte, die auf eine planvolle, nachvollziehbare und damit kontrollierbare Gestaltung von Hilfeprozessen abzielen und die dahingehend zu reflektieren und zu überprüfen sind, inwieweit sie dem Gegenstand, den gesellschaftlichen Rahmenbedingungen, den Interventionszielen, den Erfordernissen des Arbeitsfeldes, der Institutionen, der Situation sowie den beteiligten Personen gerecht werden.“ (Galuske 2013, S. 35)

Aus einer systematischen Perspektive heraus kann gemäß dieser Definition eine *Methode* bzw. ein *Verfahren*[74] (z. B. soziale Netzwerkarbeit) zunächst als komplexe, strukturierende Vorgehensweise zur Erreichung eines Zieles verstanden werden. Eine Methode ist in ein übergeordnetes *Konzept* (z. B. Lebensweltorientierung), in dem Aussagen zu Begründung, Planung, Durchführung, Zielen, Inhalten und anzuwendenden Methoden getroffen werden, oder in eine *Konzeption* (z. B. eine Leistungsbeschreibung zur SPFH) eingebettet, die innerhalb einer Organisation Ziele, Arbeitsformen und Aufgaben beschreibt. Operationalisiert wird eine Methode schließlich durch einzelne *Techniken* (z. B. Netzwerkkarte), die den Gegenstand und die Bearbeitung des Problems oder des Falles kleinschrittig und weniger komplex strukturieren (vgl. Galuske 2013, S. 30 ff.; Kreft/C. W. Müller 2019a, S. 20 ff.).

74 Dieter Kreft und C. Wolfgang Müller plädieren dafür, den Methodenbegriff ausschließlich für die klassischen drei Methoden der Einzelfallhilfe, Gruppen- und Gemeinwesenarbeit zu verwenden, und schlagen vor, den Begriff „Verfahren“ analog dazu für „[a]lle anderen Versuche, die Regeln der Kunst für einen bestimmten Teilbereich der Sozialen Arbeit zu beschreiben“ (Kreft/C. W. Müller 2019a, S. 22), zu verwenden. Damit setzen sie sich von dem breit rezipierten Systematisierungsvorschlag von Karlheinz A. Heißler und Marianne Hege ab, der den Verfahrensbegriff synonym zu dem der „Technik“ vorsieht (vgl. Geißler/Hege 1995, S. 29).

Darüber hinaus verweist die obige Methodendefinition darauf, dass die Möglichkeit, sozialpädagogisch-sozialarbeiterisches Handeln zu methodisieren, zugleich erheblichen Begrenzungen unterliegt. Zudem kann mit systemtheoretischen Arbeiten von einem „*Technologiedefizit*" (Luhmann/Schorr 1982a, S. 14) ausgegangen werden (vgl. ebd., S. 76ff.; Luhmann/Schorr 1982b, S. 248f.), wonach „autopoietische Systeme von außen nicht direkt und unmittelbar beeinflusst werden können" (Kleve 2007, S. 77). Demzufolge kann trotz eines Methodeneinsatzes das Erreichen normativer Zielstellungen nicht garantiert werden (vgl. Galuske 2013, S. 64ff.; Spiegel 2018, S. 31ff.). Zudem sei angesichts gesellschaftlicher Veränderungsprozesse die Funktionsbestimmung von Sozialer Arbeit selbst ebenso wie die familiale Lebensgestaltung ihrer (potenziellen) Adressat:innen unsicher (vgl. Galuske 2013, S. 69ff.; Thole 2012, S. 54ff.). Gewarnt wird in diesem Zusammenhang vor einfachen Zweck-Mittel-Schematisierungen in Form „einer Sozialtechnologisierung der sozialpädagogischen Praxis" (Galuske 2018, S. 1005), die angesichts neoliberaler Ökonomisierungstendenzen konstatiert wird (vgl. auch ebd., S. 1004f.; Galuske/Thole 2006, S. 12; Galuske/Rosenbauer 2013, S. 73ff.).

Zusammenfassend wird daher ein Methodenverständnis in der Sozialen Arbeit gefordert, das sich anhand eigens definierter Elemente[75] selbstreflexiv mit Rahmenbedingungen, Zielstellung und Folgen des eigenen Handelns auseinandersetzt, indem es „sein Augenmerk auf die Kontrolle von Verfahren, Prozessen und sozialpädagogischen Interventionen legt und zugleich den Subjektstatus des Klienten integriert" (Galuske/C. W. Müller 2012, S. 593; vgl. auch B. Müller 2012, S. 971f.; Galuske 2013, S. 67f., S. 158ff.).

Methodenvielfalt und -eklektizismus in der Sozialpädagogischen Familienhilfe

Darauf, dass nicht lediglich eine Methode das Mittel der Wahl in der SPFH darstellen kann, verweist bereits ihre historische Entwicklung. Im Kontext fürsorgerischer Hilfekonzepte für Familien werden verschiedene Methoden der Einzelfallhilfe, Gruppenarbeit und Gemeinwesenarbeit vereint, wenngleich der Fokus

75 Die Elemente der Methoden Sozialer Arbeit können wie folgt gebündelt werden; sie sind:
- „Hilfen zur *Informationsgewinnung* über und *Analyse* sowie *Reflexion* von Klienten(biographien), Situationen, sozialräumlichen Strukturen, Netzwerken und institutionellen Settings;
- Hilfen zur Gestaltung von *Kommunikation* und *Interaktion* mit Klienten, Klientengruppen und Akteuren in sozialen Netzwerken;
- Hilfen zur Gestaltung von flexiblen *institutionellen Settings*, je nach den Erfordernissen des Einzelfalls;
- Hilfen zur *Phasierung* des Hilfeprozesses in einzelne Handlungsschritte;
- Hilfen zur *Sicherung der Partizipation* von Klienten, Klientengruppen und soziale[n] Netzwerke[n] im Hilfeprozess;
- Hilfen zur prozessbegleitenden *Kontrolle* der Folgen der Intervention" (Galuske 2013, S. 161).

auf die Bearbeitung individueller Notsituationen gelegt wird. Schließlich werden infolge der kritischen Rezeption der Sozialen Arbeit in den 1970er-Jahren[76] im Rahmen des sogenannten *Psychobooms* verschiedene therapeutisch-humanistische Ansätze, wie die *klientenzentrierte Gesprächsführung* nach Carl Rogers (vgl. Rogers 1972; 1975; Weinberger 2013, S. 19ff.), integriert (vgl. Galuske 2013, S. 135f.; Schneider/Heidenreich 2018, S. 1750f.).

In der weiteren Methodenentwicklung ab den 1990er-Jahren findet eine Ausdifferenzierung statt (vgl. Galuske/C.W. Müller 2012, S. 604ff.). Für deren Anwendung zeichnet sich ein „Trend zu eklektischem Handeln und zur Methodenintegration“ (Sickendiek/Engel/Nestmann 2008, S. 136) ab, bei dem verschiedene Ansätze gezielt miteinander kombiniert werden (vgl. ebd., S. 135f.). Hans Thiersch hat hierfür den Begriff „Strukturierte Offenheit“ geprägt, unter der eine „Methode als Grundmuster verstanden wird, das in unterschiedlichen Aufgaben unterschiedlich akzentuiert und konkretisiert wird, indem aber immer das Moment der Strukturierung instrumentell für die Situation realisiert wird“ (Thiersch 1993, S. 24; vgl. auch Galuske/Rosenbauer 2004, S. 321f.). Für die SPFH stehen vielfältige Methoden bereit, deren eklektisch-integrative Anwendung hervorgehoben wird (vgl. Straus 1993, S. 29ff.; Ries 1995, S. 27ff.; BMFSFJ 1999, S. 258f.; Kreuzer 2001, S. 13ff.; Helming 2009, S. 171ff.; Wolf 2009, S. 73ff.; 2016, S. 152; Hansbauer 2016, S. 997ff.; Euteneuer/Sabla/Uhlendorff 2020, S. 13f.).

Im Arbeitsfeld der SPFH findet sich somit ein breites Spektrum an Methoden bzw. Verfahren (mit unterschiedlichen konzeptionellen Grundlagen), um den verschiedenen Konstellationen aus Einzelnen, Paaren, Familien, Gruppen, informellem oder institutionellem Beziehungsnetzwerk sowie dem Sozialraum angesichts der vorhandenen Belastungen und Ressourcen der Familienmitglieder gerecht zu werden und diese auszubalancieren. Hinzu kommen explizit für die SPFH entwickelte praxisbezogene Anleitungen (vgl. Rothe 1990/2017; Kron-Klees 2008; Rätz et al. 2021).

In Anlehnung an die von Michael Galuske entworfene Systematik erfolgt in diesem Teilkapitel eine Fokussierung auf „direkt interventionsbezogene“ (Galuske 2013, S. 168) Verfahren für das sozialarbeiterisch-sozialpädagogische Handeln, die sich sowohl auf den Einzelfall als auch auf Gruppen oder den Sozialraum beziehen können (vgl. ebd., S. 165ff.).[77] Die Darstellung hat einen skiz-

76 Bereits infolge des Zweiten Weltkrieges werden in der Einzelfallhilfe verschiedene angloamerikanische Konzepte psychologischen und psychotherapeutischen Ursprungs rezipiert. Der Aufbau einer Arbeitsbeziehung zu Adressat:innen sowie Elemente der Gesprächsführung nehmen hierbei eine zentrale Stellung ein (vgl. C.W. Müller 2013, S. 172ff., S. 183ff.; Galuske 2013, S. 82ff.).

77 Differenziert werden diese in „einzelfall- und primärgruppenbezogene und [...] eher gruppen- und sozialraumbezogene Konzepte und Methoden“ (Galuske 2013, S. 167). Unter den adressat:innenbezogenen Ansätzen unterscheidet Galuske zwei weitere Formen, „die *indirekt interventionsbezogenen Konzepte und Methoden*, wie die Supervision und die

zenhaften Charakter, da hier weder die Bandbreite der Methoden noch deren Inhalte detailliert abgebildet werden können. Vielmehr sollen in Bezug auf das zugrunde gelegte Forschungsthema die, den Methoden eingelagerten, idealtypischen Orientierungen aufgezeigt werden.

Gleichzeitig bringt die Auswahl mit sich, dass bestimmte methodische Zugänge ausgespart werden müssen. Als eigenständige Methode könnten hierbei die oben bereits erwähnte *Sozialpädagogische Diagnostik und das Fallverstehen* und darin genannte Techniken (vgl. Ader/Schrapper 2018a; Ader/Schrapper 2020b, S. 41 ff.) oder auch Ansätze der *Mediation* (vgl. BMFSFJ 1999, S. 292 ff.; Neuffer 2011, S. 34 ff.; Galuske 2013, S. 209 ff.) aufgegriffen werden. Zudem wird nicht näher auf das *Case-Management* eingegangen, das insbesondere für den Einsatz im Allgemeinen Sozialen Dienst diskutiert wird; SPFH könne eher als Ergebnis dieses Prozesses zum Einsatz kommen (vgl. W. R. Wendt 2009, S. 22 f.; Neuffer 2013, S. 64; Gissl-Palkovich 2019, S. 214 ff.). Ausgeschlossen wird damit jedoch nicht, dass methodische Elemente zur Strukturierung des sozialarbeiterisch-sozialpädagogischen Handelns in der SPFH integriert werden können (z. B. um familiale Lebensbedingungen dialogisch und hypothesenhaft zu kontextualisieren oder um Aufträge zu klären sowie Interventionen zu planen und zu evaluieren) (vgl. Straus 1993, S. 32 ff.; Ackermann 2011, S. 93 ff.; Haye/Kleve 2011; Neuffer 2013, S. 70 ff., S. 189 ff.).

Alle Systematisierungsversuche stehen angesichts einer integrativen Methodenentwicklung vor der Herausforderung, dass die Grenzen zwischen den einzelnen Methoden fließend verlaufen und Überlappungen sowohl hinsichtlich konzeptioneller Grundlagen und methodischer Verfahrensweisen als auch eingesetzter Techniken bestehen (vgl. Galuske 2013, S. 165 f.; Kreft/C. W. Müller 2019a, S. 14 f., S. 22).[78] Der hier gewählte Zuschnitt, unter dem die einzelnen Methoden subsumiert werden, orientiert sich an deren konzeptionellen Leitmotiven: Lebensweltorientierte Zugänge richten sich auf das Verstehen und Handeln im familialen Alltag (vgl. Kap. 5.3.1), systemisch-familientherapeutische Ansätze fokussieren das Restrukturieren familialer Beziehungsdynamiken (vgl. Kap. 5.3.2). In einer netzwerkbezogenen Perspektive können das

Selbstevaluation[, … sowie] die *struktur- und organisationsbezogenen Konzepte und Methoden*" (ebd.), zu denen er das Sozialmanagement oder die Jugendhilfeplanung zählt (vgl. ebd., S. 165 ff.).

78 Beispielsweise vereint das Konzept der integrierten, flexiblen und sozialräumlichen Erziehungshilfen Ansätze wie die Lebenswelt- und Sozialraumorientierung (vgl. Kap. 5.3.4). Gleichermaßen könnte das Verfahren des Familienrates, das zunächst und schwerpunktmäßig im Rahmen der Sozialraumorientierung entwickelt worden ist (vgl. Kap. 5.3.4), ebenso im Rahmen sozialer Netzwerkarbeit (vgl. Kap. 5.3.3) oder als Erweiterung systemisch-familientherapeutischer Ansätze (vgl. Kap. 5.3.2) diskutiert werden. Einzelne Techniken, wie Genogramme oder Netzwerkkarten, werden im Rahmen von sozialpädagogischer Beratung (vgl. Kap. 5.3.1), familientherapeutischer Verfahren (vgl. Kap. 5.3.2) sowie netzwerk- oder sozialraumbezogener Zugänge diskutiert (vgl. Kap. 5.3.3; Kap. 5.3.4).

Analysieren und Fördern sozialer Beziehungsnetzwerke (vgl. Kap. 5.3.3) sowie in einer reflexiv-institutionsbezogenen Perspektive das flexible, integrierte und sozialräumliche Ausgestalten erzieherischer Hilfen (vgl. Kap. 5.3.4) hervorgehoben werden.

5.3.1 Verstehen und Handeln im familialen Alltag

Die Entwicklung der Alltags- und Lebensweltorientierung kann auf einer methodischen Ebene unter dem Leitmotiv des Verstehens und Handelns im familialen Alltag in Form von sozialpädagogischer Beratung gefasst werden. Ihre Profilierung wird ab den 1970er-Jahren insbesondere entlang der Auseinandersetzung mit therapeutischen Methoden und der Reflexion der eigenen institutionellen Gebundenheit entwickelt (vgl. Thiersch 1978b, S. 9 ff., S. 19 ff.; 1989, S. 181 ff.; Galuske 2013, S. 136 ff.).

> „Sozialpädagogische Beratung sollte parteinehmende Praxis sein, die, gestützt auf Persönlichkeits- und Gesellschaftstheorie, durch reflektierte Beziehungen und Erschließen von Hilfsquellen verschiedener Art das Unterworfensein von Menschen unter belastenden Situationen verändern will. Sie hat die Offenheit von menschlichen Situationen zur Voraussetzung und arbeitert [sic] mit den zugleich methodischen wie inhaltlichen Mitteln der Akzeptierung, Sachkompetenz und Solidarisierung. Eine solche Zieldefinition zeigt, daß Beratung zwar mit Interaktion zwischen Personen beginnt, aber nicht dort verbleibt, sondern menschliche Lebensumstände mit ihrer mehrdimensionalen, insbesondere auch sozioökonomischen Bedingtheit angehen will. […] Auch wenn auf weite Strecken Menschlichkeit ihre Methode und gesellschaftliches Engagement ihr Motor wird, müssen Können, Distanz und Institutionalisierung erstrebt und überwunden werden. Eine Profession für solidarisches Alltagshandeln und Alltagsprobleme soll sich ihrer eigenen Ent-Professionalisierung nicht zu schämen haben." (Thiersch/Frommann/Schramm 1977, S. 129)

Sozialpädagogische Beratung wird als ein arbeitsfeldübergreifendes, aushandlungsorientiertes Angebot konzipiert, das die Freiwilligkeit der Adressat:innen betont (vgl. ebd., S. 116 ff.; Thiersch 2007b, S. 117 f., S. 120 ff.; Nestmann/Sickendiek 2018, S. 113). Zwar kann diese offene Struktur als Errungenschaft angesehen werden, für Praktiker:innen kann sich diese aber auch als problematisch und diffus erweisen – was sich in der gewollt überspitzten Bezeichnung eines „Aschenputtelgeschäfts" (Thiersch 1992/2014, S. 121) widerspiegelt. Im Kontext der SPFH kann Beratung als „*halbformalisiert*" (Sickendiek/Nestmann 2018, S. 219) angesehen werden, erbracht als eine Art „‚Querschnittsmethode', die andere regulierende, anleitende, versorgende oder unterstützende Leistungen durchzieht und ergänzt" (ebd.).

Sozialpädagogische Beratung lässt sich somit als übergeordnetes Konzept in der SPFH begreifen, dessen Weiterentwicklung bzw. Ausgestaltung anhand der oben beschriebenen eklektischen Adaption verschiedenster Methoden und Techniken möglich ist. Dieses Verständnis gehe jedoch mit einem „Mangel an methodischer und technologischer Konkretisierung“ (Galuske 2013, S. 179) einher. Ins Zentrum werden grundlegende Fragen des sozialarbeiterisch-sozialpädagogischen Zugangs zur Lebenswelt sowie des Verstehens und Handelns im Alltag gestellt (vgl. ebd., S. 176 ff.; Sickendiek/Engel/Nestmann 2008, S. 164 ff.; Belardi et al. 2007, S. 61 ff.; Thiersch 2018, S. 24 ff.; 2020, S. 145 ff.). Gefordert wird, dass hierbei informelle Beratungsprozesse im familialen und außerfamilialen Alltag in ihren unterstützenden oder belastenden Ausprägungen im Verhältnis zum Beratungshandeln in der Sozialen Arbeit Berücksichtigung finden sollten (vgl. Sickendiek/Engel/Nestmann 2008, S. 169 ff.; Thiersch 2007a, S. 703 ff.).

Für die Soziale Arbeit mit Familien im Arbeitsfeld der SPFH hat Astrid Woog (2004; 2010) ein handlungsorientiertes Konzept entwickelt. Mittels ethnografischer Studien zu ihrer eigenen Tätigkeit als Sozialpädagogische Familienhelferin rekonstruiert sie anhand von drei Fallgeschichten ein dezidiert alltags- und lebensweltorientiertes Modell (vgl. Woog 2010, S. 45 ff.). Entlang eines Phasenmodells werden neun idealtypische Handlungsdimensionen und damit korrespondierende Elemente entwickelt, die übergreifend auf „die Gestaltung pädagogischen Handelns unter Einbeziehung der AdressatInnen und ihrer räumlich und zeitlich überschaubaren Alltags- und Lebenswelt im Hinblick auf ein gelingenderes Leben“ (ebd., S. 202) abzielen.

In der Einstiegsphase sollen:

- durch *Beobachten* das alltägliche Familienleben und die Lebenswelt durch eine annähernde Teilnahme und möglichst ohne aktive Einmischung seitens der Sozialpädagogischen Familienhelfer:innen erfasst werden;
- das *Vertrauen* dadurch gewonnen werden, dass sich Fachkräfte möglichst an die Verhaltensweisen der Familienmitglieder anpassen, sie auch erdulden und die Personen in ihren Stärken anerkennen (vgl. Woog 2010, S. 186 ff.).

In der Zusammenarbeitsphase treten die Sozialpädagogischen Familienhelfer:innen als Handelnde deutlicher in Erscheinung:

- Das *Wahren von Gegenseitigkeit* bezieht sich darauf, Reziprozitätsverhältnisse in den lebensweltlichen Beziehungen wahrzunehmen (z. B. die elterliche Aufgabenverteilung in der Erziehung), aber auch darauf, den Familienmitgliedern Möglichkeiten einzuräumen, etwas geben zu können (z. B. Getränke oder Speisen anzunehmen).

- Das *Setzen von Grenzen* bezieht sich auf die Gestaltung von Nähe- und Distanzverhältnissen gegenüber der Familie und darauf, Grenzen innerhalb der Familie neu zu strukturieren (z. B., indem das Zimmer des Kindes nur mit dessen Zustimmung betreten wird).
- Unter *Anknüpfen an Möglichkeiten* und *Wecken von Interessen* wird die Suche nach alltagsorientieren Gelegenheiten zur Veränderung gefasst (z. B. Gespräche bei haushaltspraktischen Tätigkeiten oder das Nahebringen gesünderer Lebensmitteln beim gemeinsamen Mittagessen).
- Durch das *Öffnen und Erweitern des Raumes* werden „[n]eue Beziehungs- und Erfahrungsräume" (ebd., S. 198) außerhalb der Familie erschlossen, in denen Kompetenzen entdeckt und entwickelt werden sowie neue Sozialkontakte entstehen können (z. B. durch gemeinsame Aktivitäten oder die Heranführung an institutionelle Angebote).
- Das *Angehen von Konflikten* bezieht sich darauf, Reflexionsangebote zu unterbreiten, in Konflikten zu vermitteln oder diese sogar zu provozieren, um Veränderungen anzustoßen (z. B. indem gegenseitige Erwartungen und Wünsche thematisiert werden) (vgl. Woog 2010, S. 190 ff.).

In der Stabilisierungsphase sollen schließlich die erreichten Veränderungen gefestigt und die Beendigung der Erziehungshilfe vorbereitet werden:

- Das *Stabilisieren von Stärken* impliziert eine Reduktion der Intensität der SPFH, wodurch eine gegenseitige Ablösung angestoßen und Errungenschaften gefestigt werden soll (z. B., indem Veränderungen thematisiert und explizit eigenständig umgesetzt werden) (vgl. Woog 2010, S. 201 f.).

Das sozialarbeiterisch-sozialpädagogische Handeln in der SPFH wird anhand dieser konzeptionellen Dimensionen idealtypisch konkretisiert. Die Übergänge zwischen den Phasen werden allerdings nicht näher erläutert. Ebenso werden, analog zur sozialpädagogischen Beratung, methodische und technische Elemente zu der genaueren Umsetzung kaum systematisch entwickelt. Benannt werden lediglich vereinzelte Ansätze, wie z. B. alltagspraktische Begleitung, Genogrammarbeit, Gesprächsführung oder (Rollen-)Spiele. Betont wird angesichts des Lebensweltbezugs eine gewissermaßen notwendige Flexibilität Sozialpädagogischen Familienhelfer:innen:

> „Pädagogische Förderung in der Familie bedeutet, sich auf einen Prozeß mit unbekanntem Ausgang einzulassen, weil der Prozeß wegen seiner Eigendynamik nur bedingt planbar ist. Es bleibt der Kreativität, dem Geschick und der Phantasie der pädagogisch Handelnden überlassen, im erzieherischen Alltag, im Umgang mit den Familien und ihren Netzwerken in der jeweiligen Situation einerseits das jeweils

Passende zu tun, andererseits nicht auf geplantes, zielorientiertes Handeln zu verzichten. Welche Kompetenzen – also welches Fachwissen und Können – für die Arbeit gebraucht werden, zeigt sich meist erst im Prozeßverlauf." (Woog 2010, S. 182)

In den drei illustrativ beschriebenen Familiengeschichten thematisiert Astrid Woog Sozialbeziehungen durchweg als Handlungsgegenstand der SPFH. Unter Beziehungsklärung werden hierbei überwiegend familiale Beziehungsmuster reflektiert, welche mittels der Unterstützung der Familienhelferin neu strukturiert werden sollen (vgl. ebd., S. 70 ff., S. 117 ff., S. 160 ff.). Darüber hinaus werden eher außerfamiliale, und hierbei sowohl informelle als auch formelle, soziale Beziehungen beschrieben, die in ihrer Funktion für die Familie reflektiert und mittels verschiedener Handlungsstrategien bearbeitet werden (vgl. ebd., S. 80 ff.; S. 127 ff.; S. 165 ff.).

Auf soziale Netzwerkbeziehungen wird explizit in der Dimension *Öffnen und Erweitern des Raumes* eingegangen (vgl. Woog 2010, S. 198 f.). Zugrungegelegt wird hierbei die Auffassung, dass durch die Vermittlung neuer Erfahrungen „bei Kindern und Eltern gleichermaßen Lern- und Wachstumsprozesse" (ebd., S. 49) gefördert werden können (vgl. ebd., S. 37 ff.). Sozialpädagogische Familienhelfer:innen müssten hierbei eine Perspektive einnehmen, in der sie jenseits eigener Unterstützungsmöglichkeiten Anknüpfungspunkte im Beziehungsnetzwerk wahrnehmen, auf diese verweisen oder diese neu erschließen.

Zur Methodik des Verstehens und Handelns im Alltag gehört demnach die Gestaltung von familialen und außerfamilialen Erfahrungsräumen in informellen wie formellen Beziehungsnetzwerken. Ihr Ausgangspunkt wird in der Arbeitsbeziehung zu den Adressat:innen verortet. Vor dem Hintergrund des sozialpädagogischen Beratungskonzepts dürfen diese Instrumentarien „nicht als Selbstzweck genommen werden, von denen man sich eine Garantie des Gelingens erwartet, sondern nur als hilfreiches, aber nachgeordnetes Element zur Präzisierung und Ausschärfung des Beratungsprozesses" (Thiersch 2007a, S. 705).

5.3.2 Restrukturieren familialer Beziehungsdynamiken

Der Fokus auf die Restrukturierung familialer Beziehungsdynamik stellt eine zentrale Methodik in der SPFH dar. Insbesondere ab den Entwicklungsphasen der Konsolidierung und Ausdifferenzierung der SPFH wird eine Qualifizierung des Handelns mittels systemisch-konstruktivistischer Ansätze als weiterführend angesehen, um ein Verständnis familiendynamischer Prozesse und darauf bezogene Interventionen zu ermöglichen (vgl. Kühl 1997, S. 162 f.; BMFSFJ 1999, S. 202 ff.; Beushausen 2012, S. 42 ff.; König 2020, S. 143 ff.). Darüber hinaus findet eine Vielzahl methodischen Zugängen im Arbeitsfeld Anwendung, auf die an dieser Stelle aber nicht näher eingegangen werden soll (vgl. Gut et al. 2016, S. 108 f.).[79]

In diesem Zusammenhang kommen Konzepte systemischer Beratung bzw. spezifischer Settings der Familientherapie infrage.[80] Ab den 1960er-Jahren leisten diese einen wesentlichen Beitrag dazu, den pathologisierenden Fokus auf Störungen von Individuen zu hinterfragen, demzufolge „nicht das Individuum […] gestört oder krank [ist], sondern die Beziehung mit und innerhalb seiner familiären Umwelt“ (Sickendiek/Engel/Nestmann 2008, S. 183). Damit wird anstelle der Ursache von problematischem Verhalten dessen Aufkommen und Aufrechterhaltung in der familialen Interaktion im Alltag ins Blickfeld gerückt (vgl. ebd., S. 184 ff.; Thiersch 1978b, S. 19).

Die Heterogenität der Modelle, die hier nicht systematisch nachgezeichnet werden sollen, erlaubt es aber kaum, von einer Form der Familientherapie zu sprechen (vgl. ebd., S. 82 ff.; Schlippe/Schweitzer 2012, S. 31 ff.; Galuske 2013, S. 233 f.; Schneider/Heidenreich 2018, S. 1751). Zusammenfassend kann Familientherapie wie folgt definiert werden:

> „Familientherapie ist ein Überbegriff verschiedener therapeutischer Ansätze, welche auf Pflege, Sorge, Heilung und Selbstheilung familiärer Beziehungen, d. h. auf die Veränderung dysfunktionaler oder belastender familiärer Strukturen, auf die

---

79 Stattdessen folgt hier eine überblicksartige Aufzählung:
- In Kriseninterventionsprogrammen wie „Familien im Mittelpunkt“ (Gehrmann/K. D. Müller 2001) werden zeitlich befristet verschiedene Techniken eingesetzt, um familiale Konflikte zu deeskalieren sowie Familienmitglieder bei der Wiedererlangung ihrer Handlungsfähigkeit unter der Prämisse des Familienerhaltes und der Nutzung ihrer Ressourcen zu unterstützten (vgl. BMFSFJ 1999, S. 482 ff.; Neuffer 2011, S. 28 ff.; Galuske 2013, S. 242 ff.).
- SPFH wird auch kombiniert mit familienpflegerischen Angeboten und Trainingsprogrammen zur Haushaltsorganisation (vgl. Zerfaß 2009; Deutscher Caritasverband 2012).
- Mittels videogestützter Interventionen wie dem Video-Home-Training (vgl. Brockly/Jopek 1996, S. 332 ff.; Schepers/Kreuzer 2001) oder der Marte-Meo-Methode (vgl. Bünder/Sirringhaus-Bünder/Helfer 2010, S. 256 ff.) werden unter dem Aspekt der Entwicklungsförderung gelungene Eltern-Kind-Interaktionen reflektiert (vgl. Uhlendorff/Euteneuer/Sabla 2013, S. 190 ff.).
- Aus der Familienbildung werden ergänzend Programme wie Elternkurse und -trainings eingesetzt (vgl. zur Übersicht Uhlendorff/Euteneuer/Sabla 2013, S. 182 ff.).
- Die systemische Interaktionstherapie und -beratung stellt ein innerhalb der Erziehungshilfen erprobtes Modell dar, das mittels verschiedener systemischer Techniken darauf abzielt, Denk- und Handlungsmuster von Eltern zu hinterfragen, um die Interaktionen zu ihren Kindern neu zu strukturieren (vgl. Euteneuer et al. 2020, S. 15 ff., S. 24 ff.; Rhein 2013; Schrader 2017).

80 Außen vor gelassen werden demzufolge auch systemtheoretisch-konstruktivistische Grundlegungen Sozialer Arbeit (vgl. Kleve 2003, S. 17 ff.) oder Bestimmungen als Systemische Soziale Arbeit (vgl. Ritscher 2007, S. 30 ff.).

Verbesserung innerfamiliärer Beziehungen und Interaktionsmuster, auf die Erweiterung des familiären Kommunikationsrepertoires sowie auf Stärkung der Einzelpersönlichkeit und dessen positiver innerfamiliärer Erlebnisqualitäten hinwirken." (Gut 2014, S. 84)

Systemische Ansätze halten ein umfangreiches Spektrum an methodischen und technischen Elementen zur Strukturierung der Handlungspraxis bereit (vgl. ebd., S. 96 ff.; Ritscher 2013, S. 272 ff.; Schwing/Fryszer 2017).

Arist von Schlippe und Jochen Schweitzer (2012) systematisieren die Methoden für die Praxis anhand der Begriffe *Joining und Informationssammlung* als das Ankoppeln und den Beziehungsaufbau zur Familie sowie die Entwicklung erster Hypothesen (z. B. mittels eines Genogramms[81] oder Zeitstrahls). Hinzu kommen das *Klären und Aushandeln von Aufträgen (Contracting), systemisches Fragen* (z. B. zirkuläre Fragen, Skalierungsfragen, problem- und lösungsorientierte Fragen) sowie nonverbal-orientierte *symbolisch-handlungsorientierte Interventionen* (z. B. Skulpturarbeit, Familienbrett, Strukturaufstellungen). Des Weiteren werden das *Sprechen über Gefühle* (z. B. Mentalisierungsstrategien), *Kommentare im und nach dem Gespräch* (z. B. Komplimente, Reframing als Umdeuten von Problemkonstruktionen) sowie der Einsatz sogenannter *reflektierender Teams oder Positionen* als methodische Elemente beschrieben (vgl. Schlippe/Schweitzer 2012, S. 225 ff.).

In den Diskussionen um die SPFH wird die Adaption von systemischen Ansätzen wie der aufsuchenden Familientherapie nahegelegt, die auf problembelastete Adressat:innengruppen zugeschnitten werden, mit einer zeitlichen und phasenhaften Strukturierung einhergehen sowie eine lösungs- und ressourcenorientierte Orientierung proklamieren (vgl. BMFSFJ 1999, S. 200 ff., S. 244 f.; Kühling/Schweyer/Herwig-Lempp 1997, S. 21 ff.; Berg 2006, S. 17 ff.; Conen 2011a, S. 139 ff.). Andreas Gut zeigt in seiner ethnografischen Studie zu seiner Berufspraxis im Arbeitsfeld, wie familientherapeutische Methoden und Techniken alltags- und lebensweltorientiert integriert werden können (vgl. Gut 2014, S. 219 ff.; 2016, S. 409 ff.).

Die Kritik an familientherapeutischen Ansätzen richtet sich auf verschiedene Aspekte (vgl. Gut 2014, S. 100 ff.; 2019, S. 83 ff.). Ein wesentlicher Kritikpunkt besteht darin, dass Machtasymmetrien tendenziell stabilisiert werden, anstatt dass diese hinterfragt werden. Das bezieht sich sowohl auf Machtverhältnisse der Familienmitglieder untereinander als auch auf deren Interaktionen mit den Fachkräften, deren machtvolle Rolle angemahnt wird. Weitere Kritik wird an der Konzentration auf das System[82] Familie zuungunsten einer Perspektive auf weitere soziale

81 Hierzu ausführlich, vgl. Kühling/Richter (2009); Beushausen (2012, S. 96 ff.).

82 Für eine Differenzierung des System- und Netzwerkbegriffs, vgl. Schönig/Motzke (2016, S. 29 ff.); Tacke (2018).

Beziehungskontexte geübt: Außerfamiliale Einflüsse werden zwar anerkannt, in den Mittelpunkt werden jedoch familienimmanente Dynamiken und Regeln gerückt, wodurch „soziale Umwelten von Familien, Lebenslage, sozioökonomische Bedingungen oder gesellschaftliche Aufgabenzuweisungen weitgehend periphere Randeffekte“ (Sickendiek/Engel/Nestmann 2008, S. 191) bleiben würden. Hierbei wird insbesondere die Gefahr hervorgehoben, ein normatives, kleinfamiliales Familienleitbild zu befördern (vgl. ebd., S. 191 ff.; Galuske 2013, S. 239 f.).

Das idealtypische Leitmotiv der hier vorgestellten systemischen bzw. familientherapeutischen Methoden lässt sich somit als Restrukturieren familialer Beziehungsdynamiken fassen. Eine zur Diskussion stehende Weiterentwicklung systemischer Beratungs- und Therapieansätze firmiert unter dem Begriff der ökosystemischen Intervention, wobei insbesondere im Bereich der Kinder- und Jugendhilfe mittels netzwerkorientierter Verfahren Personen des informellen und institutionellen Beziehungsnetzwerkes einbezogen werden sollen (vgl. Schwing 2014, S. 87 ff.; Schlippe/Schweitzer 2012, S. 141 ff., S. 395 ff.).

Als konkrete Erweiterung wird der Einsatz von Netzwerkkarten, z. B. der „VIP-Karte“ (Herwig-Lempp 2009, S. 208 ff.), oder von Verfahren wie der Multifamilientherapie[83] gezählt, bei der mehrere Familien im Gruppenkontext ähnlich gelagerte Probleme bearbeiten und ihre jeweiligen Perspektiven einbringen (vgl. Schlippe/Schweitzer 2012, S. 232; Asen/Scholz 2012, S. 44 ff., S. 61 ff.; Kiehl/Kollewe 2017). In der aufsuchenden Familientherapie werden unter Netzwerkarbeit überwiegend Kooperationen mit institutionellen Akteur:innen wie beispielsweise Schulen oder Kindertagesstätten beschrieben (vgl. Conen 2011a, S. 124 ff.; Engelmann 2011, S. 122 f.). Wie der Fokus auf das Beziehungsnetzwerk auch jenseits familialer Konstellationen methodisch berücksichtigt werden kann, wird im nächsten Abschnitt dargestellt.

5.3.3 Analysieren und Fördern sozialer Beziehungsnetzwerke

Als besonderer Aufgabenbereich der SPFH hat sich die Perspektive auf die informelle und institutionelle Vernetzung von Familien entwickelt, die zumeist mit der Zielstellung eines Analysierens und Förderns sozialer Beziehungsnetzwerke in Verbindung gebracht wird. Auf Grundlage der sozialen Netzwerk- und Unterstützungsforschung werden methodische Ansätze der „Netzwerkintervention und sozialen Unterstützungsförderung“ (vgl. Nestmann 2009a, S. 956 ff.; 2009b, S. 592 ff.; 2005b, S. 134 ff.) oder der „Sozialen Netzwerkarbeit“ (vgl. Bullinger/Nowak 1998, S. 130 ff.) entwickelt:

83 In einzelnen Projekten wird hierbei auch das netzwerkorientierte Verfahren des Familienrates konzeptionell integriert (vgl. Adolf et al. 2016, S. 226 f.).

> „Unter Sozialer Netzwerkarbeit versteht man ein sozialpädagogisches Handlungsmodell, das aufbauend auf Methoden und Befunde[n] der sozialen Netzwerkforschung durch die Analyse, Nutzung, Gestaltung und Ausweitung des Beziehungsgeflechts der Klienten zu Personen, Gruppen und Institutionen auf eine Optimierung ihrer Unterstützungsnetzwerke und damit auf die Stärkung ihrer Selbsthilfepotentiale abzielt und sich zu diesem Zweck unterschiedlichster Techniken der Analyse von und Einflussnahme auf Klientennetzwerke bedient." (Galuske 2013, S. 330)

Im Rahmen der Analyse und Förderung sozialer Beziehungsnetzwerke wird netzwerkbezogenes Handeln explizit konzeptualisiert. Bezogen auf den Kontext aufsuchender Sozialer Arbeit mit Familien werden in diesem Teilkapitel maßgebliche Strategien sowie ausgewählte Verfahrensweisen dargestellt.

Sozialarbeiterisch-sozialpädagogisches Handeln im informellen Netzwerkkontext bedeute, „Hilfe zur Selbsthilfe *über, mit* oder *durch* informelle persönliche Beziehungen *in* persönlichen Beziehungen" (Kupfer/Nestmann 2016, S. 96) zu realisieren. Florian Straus und Renate Höfer differenzieren sieben[84] Strategien bzw. Elemente sozialer Netzwerkarbeit: *Netzwerkanalyse, Stärkung vorhandener Netzwerke, Schaffung neuer Netzwerke* und *Unterstützung beim Auflösen fragwürdiger Netzwerkstrukturen.* Weitere Strategien beziehen sich auf *Prüfung und Modifizierung der Vernetzung im institutionellem Helfernetzwerk* sowie die gezielte, netzwerkorientierte Beendigung von Hilfeprozessen in der *Ablösephase*[85]. Weiterhin beinhalte Netzwerkarbeit auch *soziale Identitätsarbeit*, da Adressat:innen in der Interaktion mit Sozialpädagogischen Familienhelfer:innen modellhaft lernen könnten, wie sie „auch in anderen Netzwerkbezügen besser mit Fragen von persönlicher Rückmeldung, sozialer Aufmerksamkeit und Anerkennung umgehen" (Straus/Höfer 1998, S. 81) können (vgl. ebd., S. 79 ff.; Straus 2007, S. 408 ff.; 2012, S. 229 ff.).[86]

---

84 Zwei weitere Elemente von Netzwerkarbeit beziehen sich auf deren konzeptionelle Anschlussfähigkeit an das *Empowerment*, die *Gemeinwesenarbeit* sowie eine *integrative psychosoziale Arbeit*, indem methodische Elemente integriert werden (vgl. Straus/Höfer 1998, S. 81 f.).

85 Als eine Verfahrensweise werden hierfür die „Netzwerkorientierte[n] Ablösestrategien" (Straus/Höfer 1998, S. 87) vorgestellt. Damit können in Fallsupervisionen und -beratungen die Rollen der Sozialpädagogischen Familienhelfer:innen im Beziehungsnetzwerk reflektiert und Schritte entwickelt werden, um zu prüfen welche Hilfefunktionen durch das soziale Beziehungsnetzwerk übernommen werden können (vgl. ebd., S. 87 ff., S. 93 f.).

86 Von anderen Autor:innen werden weitere Strategien genannt, wie die Erhaltung und (quantitative) Erweiterung des Netzwerks, die Neudefinition des Netzwerkes durch (qualitative) Vertiefung, die radikale Sanierung des Netzwerks durch Kontaktabbruch sowie die Stärkung des Umfeldes des sozialen Netzwerkes von Adressat:innen, z. B. durch den Aufbau einer Nachbarschaftshilfe (vgl. Bullinger/Nowak 1998, S. 172 f.; für weitere: Nestmann 2009a, S. 958 f.; Otto 2018, S. 1489).

Um die netzwerkanalytischen und -interventionistischen Verfahrensweisen zu systematisieren, liegen verschiedene Vorschläge vor (vgl. Bullinger/Nowak 1998, S. 123 ff.; Röhrle/Sommer 1998, S. 16 ff.; Nestmann 2009b, S. 592 ff.; Straus 2012, S. 227 f.; Schönig/Motzke 2016, S. 53 ff.). Vor dem Hintergrund der zu Kapitelbeginn zugrunde gelegten Methodensystematik bietet es sich an, die ausgewählten Verfahren anhand ihrer „*Ansatzpunkte und Interventionsebenen*" (Nestmann 2009a, S. 959) darzustellen (vgl. Nestmann 2009b, S. 592 f.). Allerdings wird die dort entwickelte feingliederige Unterscheidung ein wenig abstrahiert: Nachfolgend werden zunächst individuumsbezogene Verfahren vorgestellt, nachdem familienbezogene bereits an anderer Stelle aufgezeigt worden sind (vgl. Kap. 5.3.2). Unter gruppen- und netzwerkbezogenen Verfahren werden all jene zusammengefasst, die sich auf künstliche und natürliche Netzwerke beziehen. Hingegen werden organisationale und sozialraumbezogene Verfahren, die sich auf die Ebenen der Organisation, interorganisationaler Strukturen sowie der Gemeinde richten, im nachfolgenden Teilkapitel gesondert behandelt (vgl. Kap. 5.3.4).

Individuumsbezogene Verfahren

Richard E. Pearson (1997) hat in seinem Werk „Beratung und soziale Netzwerke" einen häufig rezipierten Ansatz vorgelegt, der sich damit befasst, wie soziale Unterstützung aus dem Umfeld der Adressat:innen gefördert werden kann (vgl. Nestmann 2009a, S. 959 f.; Bullinger/Nowak 1998, S. 139 ff.; Bauer 2018a, S. 390 f.).

Hingewiesen wird zunächst darauf, dass spezifische Lebensereignisse und -situationen im Zusammenhang mit sozialen Beziehungen zu sehen seien, da dadurch das Ausmaß der Unterstützung beeinflusst werde: Genannt werden Übergänge, wie z. B. Umzüge oder Scheidungen, und Veränderungen bei bzw. in der Interaktion mit Unterstützer:innen, wie z. B. innerfamiliale Streitigkeiten. Darüber hinaus wird der Blick auf die Adressat:innen von Beratung in ihrer Rolle als Empfänger:innen sozialer Unterstützung gelegt: Betont wird, dass ein diesbezüglicher Mangel auch „von den eigenen Einstellungen, dem eigenen Verhalten und/oder dem eigenen Status im Netzwerk" (Pearson 1997, S. 52) bedingt sein kann, wie z. B. ein gering ausgeprägtes Selbstwertgefühl oder einseitig gestellte, nicht reziproke Unterstützungsanforderungen an potenzielle Unterstützer:innen (vgl. ebd., S. 37 ff.). In der Beratung gilt es demzufolge zu klären, wie Adressat:innen die Verfügbarkeit von Unterstützungsleistungen in ihrem Umfeld einschätzen. Dafür wird u. a. ein Fragebogen vorgestellt (vgl. ebd., S. 64 ff., S. 261 ff.; Bullinger/Nowak 1998, S. 188 ff.; Straus 2002, S. 261 f.).

Für die Beratung unterscheidet Richard E. Pearson schließlich *klienten-* und *kontextbezogenen Faktoren*, die zu einer unzureichenden sozialen Unterstützung führen können, und entwickelt darauf basierende Interventionsansätze. Auf die kontextorientierten Aspekte wird im Folgenden anhand der gruppen- und netzwerkbezogenen Verfahren eingegangen. Die Beschreibung „klientenabhängiger Barrieren“ (Pearson 1997, S. 108) wird entlang der Kategorien *Rückzug, Sich gegen andere Personen wenden* und *soziale Ungeschicklichkeit* entwickelt und anhand von einstellungs- und verhaltensbezogenen Dimensionen ausgearbeitet (vgl. ebd., S. 108 ff.). Ausgehend davon werden kognitiv-behaviorale Strategien einer sogenannten *unterstützungsorientierten Einzelberatung* entworfen, die explizit auf die direkte Interaktion mit einzelnen Adressat:innen bezogen sind (vgl. ebd., S. 139 ff.). Als einstellungsbezogene Strategien werden selbstexplorative, konfrontative und erfahrungsbasierte Vorgehensweisen und als verhaltensbezogene Strategien konditionierende Elemente, aber auch Kompetenztraining und Modellernen beschrieben (vgl. ebd., S. 144 ff., S. 159 ff.).

Konzeptionell spiegeln sich in diesem Beratungsansatz Handlungsweisen wider, die auch in der SPFH diskutiert werden. Durch eine persönlich gestaltete Beziehung zwischen Sozialpädagogischen Familienhelfer:innen und Adressat:innen und die Integration alltagspraktischer Unterstützung soll ein Lernen am Modell erfolgen, wodurch soziale Kompetenzen erworben werden können (vgl. BMFSFJ 1999, S. 295 ff.; Wolf 2015, S. 187 ff.). In der Literatur zur SPFH finden sich verschiedene Beispiele für Situationen, in denen Sozialpädagogische Familienhelfer:innen ihre Adressat:innen dabei unterstützen, einen Zugang zu institutionellen Stellen, wie Arbeits- oder Sozialämtern, herzustellen und ihnen somit neue, ermutigende Erfahrungen zu ermöglichen (vgl. BMFSFJ 1999, S. 364 f.; Wolf 2001, S. 208 f.; 2015, S. 184 ff.).

Neben diesem Ansatz der Netzwerkberatung werden weitere individuums- und familienbezogene Verfahrensweisen und Techniken diskutiert: Für die Anwendung in der SPFH liegt ein „Handlungsleitfaden für die Netzwerkarbeit in der Sozialen Arbeit“ (Friedrich 2008, S. 116) vor. Je nach Beschaffenheit des sozialen Netzwerkes sollen durch den Erwerb von Sozialkompetenzen neue informelle wie formelle Beziehungen aufgebaut und genutzt werden sowie auf eine Klärung eventuell bestehender Konflikte hingewirkt werden (vgl. ebd., S. 116 ff., S. 350 ff.; Friedrich 2010, S. 78 ff.). Dadurch sollen Unterstützungsressourcen im Beziehungsnetzwerk aufgebaut werden, die dann systematisch in die Fallbearbeitung einbezogen werden können. Hierfür wird ein Modell *ressourcenorientierter Beratung* vorgestellt, welches strukturierende Schritte für die Ziel- und Handlungsplanung sowie deren Umsetzung mit einzelnen Adressat:innen beinhaltet (vgl. Friedrich 2010, S. 82 ff.).

Darüber hinaus wird der Einsatz netzwerkanalytischer Techniken vorgeschlagen: Hierzu zählen insbesondere unterschiedliche Variationen teils softwarebasierter, egozentrierter Netzwerkkarten (vgl. Straus/Höfer 1998, S. 82 ff.; Straus 2002, S. 255 ff., S. 266 ff.; Feuerstein 2010, S. 452 ff.; Friedrich 2010, S. 64 ff.; Kupfer 2018; Pantuček-Eisenbacher 2019, S. 189 ff.). Auch weitere Techniken wie Unterstützungs- bzw. Ressourcenkarten (vgl. Friedrich 2010, S. 73 ff.) oder das Netzwerkbrett (vgl. Bullinger/Nowak 1998, S. 185 ff.) können hierzu gezählt werden.

Gruppen- und netzwerkbezogene Verfahren

Ausgehend vom Konzept des Empowerments kann darauf hingewiesen werden, dass gruppenbezogene Ansätze der Selbstorganisation auf der Freiwilligkeit von Betroffenen beruhen, was im grundsätzlichen Widerspruch zu institutionalisierten Settings stehen kann – und auch in der SPFH nicht vorausgesetzt werden kann (vgl. Bullinger/Nowak 1998, S. 144 ff., S. 147 ff.; Galuske 2013, S. 101 f.).

Der Einsatz gruppenbezogener Verfahren wird immer wieder als ergänzender Bestandteil der SPFH diskutiert. In Praxisberichten wird geschildert, dass Adressat:innen bestehende Angebote, beispielsweise von Vereinen oder Kirchgemeinden, kaum nutzen. Mit der Initiierung künstlicher Gruppen durch Familienhilfedienste sollen neue Beziehungsnetzwerke und Erfahrungsräume für Adressat:innen geschaffen werden. Genannt werden hierbei alltagsbezogene Angebote, wie z. B. Familienfrühstücke oder -nachmittage, Ferienaktionen oder Ausfahrten (vgl. BMFSFJ 1999, S. 369 ff., S. 462 f.; Straus/Höfer 1998, S. 80).

Ebenso kommen themenbezogene Ansätze infrage, wie sie in der Familienbildung eingesetzt werden, etwa in Form von Elternkursen (vgl. Uhlendorff/Euteneuer/Sabla 2013, S. 181 f.), des Weiteren können mittels Verfahren wie der *themenzentrierten Interaktion* eigenständige Angebote konzipiert werden (vgl. Ries 1995, S. 30 ff.; Galuske 2013, S. 264 ff.; Klein 2017, S. 67 ff., S. 117 ff.).

Soziale Netzwerkarbeit kann sich hingegen auch explizit auf die Ebene der natürlichen Gruppen und Netzwerke beziehen. Der oben bereits dargestellte Beratungsansatz von Richard E. Pearson beinhaltet nicht nur *klienten-*, sondern auch *kontextbezogene* Aspekte, die jenseits der zu beratenen Adressat:innen liegen. Unter „kontextbezogene Barrieren“ (Pearson 1997, S. 182) werden – schematisch – äußere Faktoren gefasst, welche die Bereitstellung sozialer Unterstützung hemmen können. Als Hindernisse werden hierzu die *räumliche Trennung* (z. B. entfällt durch einen Umzug die Unterstützung von Personen), das *Fehlen von Ressourcen und Fähigkeiten* (z. B. haben andere Personen keine ausreichenden Kapazitäten oder passenden Kompetenzen für die benötige Unterstützung) sowie *dysfunktionale Einstellungen und Verhaltensweisen* (z. B. ziehen sich andere Personen zurück, verhalten sich ablehnend oder aggressiv) differenziert (vgl. ebd., S. 181 ff.).

Analog dazu werden Vorgehensweisen herausgearbeitet, die als geeignet erachtet werden, um diese für die Unterstützung hinderlichen Faktoren gezielt zu reduzieren. Hierzu zählt, dass die Beratung an *andere Personen* im Netzwerk gerichtet wird oder Teile des *informellen Netzwerkes* einbezogen werden (vgl. Pearson 1997, 222 ff.). Hinsichtlich der *physikalischen* und *sozialen Umwelt* werden bewusstseinsbildende Informationsaktionen bis hin zur politischen Einflussnahme und Gemeindeentwicklung genannt (vgl. ebd., S. 244 ff.).

Derartige Interventionen in das Beziehungsnetzwerk können jedoch auch unbeabsichtigte Nebenwirkungen auf die Adressat:innen haben, worauf Richard E. Pearson sensibilisierend hinweist. Er diskutiert in diesem

Zusammenhang verschiedene Fragen, die beim Einsatz netzwerkorientierter Interventionen abzuwägen sind (vgl. Pearson 1997, S. 214 ff.): Wird durch die Intervention die Chance auf soziale Unterstützung für die/den Adressat:in erhöht, oder ist es wahrscheinlicher, dass sich diese Personen stigmatisiert fühlen und möglicherweise sogar zurückziehen? Sollte überhaupt interveniert werden? Sollten die Fachkräfte direkt mit Personen im Netzwerk in Kontakt treten oder sollte dies eher die/der Adressat:in selbst übernehmen? Sollten einzelne oder mehrere Personen angesprochen werden?

Die hier dargestellten methodischen Zugänge der sozialen Netzwerkarbeit zeichnen sich insgesamt durch eine erhebliche Nähe zu alltäglich-lebensweltlichen Beziehungskontexten aus. Wie bei allen Methoden und Verfahren der Sozialen Arbeit ist die Gefahr der Kontrolle und einer sozialtechnologischen Instrumentalisierung gegeben, die aber in der Orientierung auf informelle Beziehungskontexte besonders deutlich wird (vgl. Bullinger/Nowak 1998, S. 131). In den Diskussionen um die soziale Netzwerkarbeit wird diesem Umstand dahingehend Rechnung getragen, dass eine Reflexion und Forderungen hinsichtlich sozialpolitischer und insbesondere materieller Voraussetzungen für die Lebensgestaltung thematisiert werden (vgl. Nestmann 1989, S. 120 f.; Straus 1990, S. 518 f.). Ebenso werden Handlungsprinzipien für die praktische Umsetzung sowie Kompetenzprofile für die Praktiker:innen formuliert, um die Autonomie der Adressat:innen methodisch abzusichern (vgl. Bullinger/Nowak 1998, S. 133 ff.; Kruse 2005, S. 42 ff.; Nestmann 2005b, S. 141 ff.; 2009a, S. 971 ff.; Möbius 2010, S. 28 f.).

Gleichwohl kann mit der netzwerkorientierten Ausrichtung von Beratung nicht nur eine Gefahr für die Adressat:innen einhergehen, sie könne ebenso „zu einer konzeptionellen und strukturellen Überfrachtung dessen, was Beratung leisten kann" (Bauer 2018a, S. 398), führen. Die Gefahr einer Entgrenzung von Beratung selbst kann demnach daraus resultieren, dass zunehmend unklar zu werden drohe, wer durch die Beratung überhaupt adressiert wird und welche Folgen das Beratungshandeln mit sich bringe (vgl. ebd., S. 392).

Die paradoxale Struktur sozialarbeiterisch-sozialpädagogischen Handelns kumuliert gewissermaßen in Verfahrensweisen, die hier idealtypisch unter der Überschrift Analysieren und Fördern sozialer Beziehungsnetzwerke subsumiert worden sind. Angesichts der Komplexität der zugrundeliegenden sozialen Netzwerk- und Unterstützungsforschung scheint es zutreffend anzumerken, dass derartige Ansätze – sicherlich abgesehen von einzelnen Projekten – „überhaupt nicht ausprobiert und evaluiert werden" (Nestmann 2009b, S. 591). Die netzwerkorientierte Perspektive auf soziale Netzwerke und Unterstützung könne zugespitzt formuliert auch bedeuten, „die Lebensproblematik eines Menschen allzumal in ihrer subjektiven Bedeutung nicht wahr- und nicht ernstnehmen zu wollen" (Winkler 2018a, S. 42). Wenn allerdings „die altbekannte Leitformel von der ‚Hilfe zur Selbsthilfe' ernst genommen wird, ist die Anknüpfung an und optimale Nutzung von vorhandenen bzw. die Erweiterung bestehender Netzwerke notwendiges Element einer lebensweltorientierten Handlungsstrategie" (Galuske 2013, S. 338).

5.3.4 Flexibles, integriertes und sozialräumliches Ausgestalten erzieherischer Hilfen

Die Berücksichtigung der sozialökologischen[87] Umwelt von Familien, hat im Entwicklungsverlauf der SPFH sukzessive Eingang in ihre Konzeptualisierung gefunden. Beschrieben wird dies beispielsweise im Rahmen gemeinwesenorientierter Familienberatung, in einem Einzelprojekt der *Familiendienste Wedding e. V.* (vgl. Meinhold 1987, S. 199 ff.; 1988, S. 265 ff.; Sickendiek/Engel/Nestmann 2008, S. 201 ff.).[88] Dieser Ansatz wird in der pionierhaften Phase der SPFH interessanterweise für Adressaten:innengruppen entworfen, für die SPFH gerade „nicht in Frage kommt" (Meinhold 1988, S. 266), da diese unterhalb der damaligen Legitimationsschwelle für diese Hilfeform liegen, Familienmitglieder Skepsis gegenüber dem Angebot hegen oder direkte Unterstützung ohne Wartezeit benötigen (vgl. ebd., S. 266 f.).

Eine ähnliche Distanz zur Hilfeform SPFH äußert sich im Konzept des flexiblen, integrierten und sozialräumlichen Ausgestaltens erzieherischer Hilfen. In Anknüpfung an Entwicklungslinien und Diskussionen der Jugendhilfe, und hierbei insbesondere den Strukturmaximen der Lebensweltorientierung (vgl. Kap. 4.1), ist das Konzept schwerpunktmäßig im Rahmen des Bundesmodellprojektes „‚INTEGRA' zur Förderung und Unterstützung *integrierter regionalisierter Angebote der Jugendhilfe*" (Koch/Peters 2004, S. 7) in den Jahren 1998 bis 2003 entwickelt worden (vgl. IGfH-Vorstand 1997; Peters/Hamberger 2004, S. 27, S. 35 ff.; Köngeter/Eßer/Thiersch 2004, S. 76 ff.).

Bereits die zehn Punkte umfassende Definition[89] verdeutlicht die Komplexität des Konzepts. Im Kern ziele das Konzept auf zweierlei Veränderungsbereiche

---

87 „Als sozialökologisch wird eine Sichtweise sozialer Phänomene bezeichnet, die sich in Anlehnung an den allgemeinen Ökologiebegriff mit der Analyse der Beziehungen von Menschen und ihrer Umwelt oder ihren Lebensbedingungen befasst" (Sickendiek/Engel/Nestmann 2008, S. 194).

88 Als Arbeitsprinzipien und Ziele werden hierbei genannt: Entlastung, Networking, Respektieren der Problemdefinition, kompetenzenorientiertes Arbeiten sowie primäre und sekundäre Ziele (der Einrichtung und in der Zusammenarbeit mit den Adressat:innen) (vgl. Meinhold 1988, S. 268 ff.).

89 „Integrierte, flexible Hilfen …
- … sind Hilfearrangements, die am individuellen Bedarf orientiert und flexibel für jeden Einzelfall ausgerichtet werden (‚Maßanzüge anstatt Hilfen von der Stange').
- … setzen eine Grundhaltung des Sich-Zuständig-Erklärens voraus, so dass Probleme nicht mit Verweis auf institutionelle Zuständigkeiten abgewiesen werden.

ab, „erstens auf der Ebene der Organisationen […] und zweitens auf der Ebene der Akteure, das heißt der direkten Erbringungssituation selbst" (Kessl/Reutlinger 2018, S. 1598). Auch wenn in dem Konzept auf ein Zusammenspiel dieser Bereiche gesetzt wird, können diese zu analytischen Zwecken differenziert und zur Strukturierung der weiteren Darstellung herangezogen werden.

Organisationsebene

In einer reflexiven Perspektive auf die Entwicklung der Erziehungshilfen wird davon ausgegangen, dass institutionelle Eigenlogiken dazu führen können, die Lebenswelten und Sozialräume ihrer Adressat:innen sowie deren individuelle erzieherische Bedarfe nicht adäquat zu berücksichtigen (vgl. Peters/Hamberger 2004, S. 28 ff., S. 46 ff.). Die SPFH kann als Teil dieser kritisierten Praxis gesehen werden, da angesichts ihrer Ausdifferenzierung fortwährend Angebote für spezifische Belastungen entwickelt werden. Sie kann so unter Verdacht geraten, die geforderte Orientierung auf den familialen Alltag und die Bedarfslagen der Adressat:innen zu verlieren, da es mit ihr möglich werde, die „Macht der professionellen Selbstreferentialität[, … mit welcher] die Probleme der Adressat_innen immer wieder nur in die gerade verfügbare und zahlbare Angebotsstruktur" (Thiersch 2018, S. 26) eingepasst werden, auszunutzen.

- … sind grundsätzlich sozialräumlich ausgerichtete Hilfen. Die Nutzung der Ressourcen des Sozialraums[…] wie auch[…] fallunspezifische und fallübergreifende Arbeit im Gemeinwesen[…] sind grundlegende Handlungsansätze.
- … beinhalten eine grundsätzliche Inklusionsoption (dies beinhaltet auch ‚Regeleinrichtung vor besonderen Hilfen') und das Festhalten an der sozialpolitischen Idee sozialer Gerechtigkeit.
- … basieren auf einer verbindlichen Arbeit im Team, das[,] um die Kommunikation und Flexibilität zu befördern[,] eine angemessene Größe haben muss. Kollegiale Beratung bildet ein grundlegendes Prinzip.
- … setzen eine (sozialräumlich organisierte verbindliche) Kooperationskultur zwischen öffentliche[n] und [f]reien Trägern voraus, die das Prinzip der Regionalisierung erzieherischer Hilfen durchgesetzt und verfahrensmäßig (kontraktuell) absichert. Regionalisierung meint dabei, dass Einrichtungen, Dienste und Träger räumlich an Orten angesiedelt sind, an denen ihre Angebote wirksam werden sollen.
- … bedürfen einer flexiblen Organisation der Einrichtung und/oder Dienste (‚lernende Organisation').
- … basieren auf einer flachen Hierarchie der Organisation[;] Entscheidungen werden weitgehend dezentral gefällt.
- … bedeuten selbstverantwortliche Arbeit sozialräumlich verantwortlicher[,] gemeinsamer Teams von MitarbeiterInnen des öffentlichen Trägers (in der Regel des ASD) und [f]reier Träger. Ein abgegrenztes und transparentes Rollenverständnis der beiden Partner ist dafür unerlässlich (auf der einen Seite Recherche, Koordination, Kontrolle, auf der anderen Seite konkrete und flexible Durchführung der Hilfe).
- … benötigen entsprechend flexible und bezogen auf die fachlichen Zielstellungen kompatible Finanzierungs-, Controlling- und auch Dokumentationsformen" (Peters/Hamberger 2004, S. 49).

Folglich wird unter den Leitmotiven *Flexibilisierung* und *Integration*[90] nicht die weitere Binnenspezialisierung einzelner Hilfeformen wie der SPFH anvisiert. Stattdessen setze das Konzept grundlegender an, indem es „auf eine neue *(Infra-) Strukturqualität einer bedarfsgerechten und flexiblen regionalen Jugendhilfe* und *nicht* auf die Entwicklung eines neuen Angebotstypus innerhalb einer nach Leistungsformen differenzierten Angebotsstruktur" (Peters 2019, S. 458) abziele (vgl. Hamberger/Peters 2020, S. 41 ff.). Mit dessen Umsetzung sind eine Vielzahl von jugendhilfestrukturellen Entwicklungsmaßnahmen verbunden (vgl. Peters/Hamberger 2004, S. 43 ff.; Peters 2020b, S. 107 ff.); diese beziehen sich beispielsweise auf die Finanzierung in Form der Fachleistungsstunde (vgl. Kap. 5.1.2) bzw. die Einführung sogenannter Sozialraumbudgets (vgl. Groppe/Noack 2019, S. 276 ff.; Hamberger/Koch/Peters 2020, S. 151 ff.) oder auf die Qualifizierung von Personal (Peters 2020a, S. 232 f.).[91]

Insbesondere in den 1990er-Jahren sind als alternative Organisationsform „Jugendhilfestationen" (Klatetzki 2005) implementiert worden, die sich nicht mehr über einzelne Paragraphen der Hilfen zur Erziehung legitimieren (vgl. Klatetzki 1994, S. 16 ff.; 2020, S. 26 ff.; BMFSFJ 1999, S. 42 f., S. 466 ff.). Zu entwickeln seien hierfür „flexible Organisationen, die in der Lage sind, die gemeinsam erarbeiteten Hilfeoptionen und notwendigen Unterstützungsleistungen individuell für den jeweiligen Einzelfall zu realisieren und sich dafür auch zuständig sehen" (Peters/Hamberger 2004, S. 50 f.). Wie bereits oben angedeutet, verliere die SPFH durch die damit verbundene „Entspezialisierung der ambulanten Hilfen […] ihre konzeptionelle und organisatorische Eigenständigkeit" (Hofgesang 2005, S. 537), allerdings könne man so adäquater auf veränderte Bedarfslagen der Familien reagieren, Betreuungskontinuität gewährleisten sowie interorganisationale Kooperationen und die Gestaltung des Gemeinwesens umsetzen.

Das Leitmotiv der *Sozialraumorientierung*[92] habe „[e]rst sukzessiv im Verlauf des Projekts […] an konzeptioneller Bedeutung" (Peters/Düring 2016, S. 1070) gewonnen, indem es als „als ein Konzeptbaustein unter anderen in das offene

---

90 Integration stehe neben dem organisationsbezogenen Aspekt „zugleich für die sozialpolitische Option der Inklusion" (Hamberger/Peters 2020, S. 43).

91 Für weitere Aspekte siehe Budde/Früchtel (2006, S. 37 ff., S. 40 ff.); Früchtel/Cyprian/Budde (2013, S. 117 ff., S. 163 ff.); Früchtel/Budde/Cyprian (2013, S. 189 ff., S. 253 ff.); Noack (2015, S. 130 ff., S. 140 ff., S. 146 ff.).

92 Als Sozialraum wird hierbei eine Verschränkung lebensweltlicher und administrativer Räume verstanden (vgl. Fehren 2009, S. 291 f.; Peters/Düring 2016, S. 1076 ff.; Hamberger/Peters 2020, S. 50 ff.). Fabian Kessl und Christian Reutlinger definieren hierzu: „Mit Sozialraum werden somit der gesellschaftliche Raum und der menschliche Handlungsraum bezeichnet, das heißt der von den handelnden Akteuren *(Subjekten)* konstituierte Raum und nicht nur der verdinglichte Ort *(Objekte)*. Ein solches Raumverständnis schließt an jüngere sozialgeografische, soziologische und erziehungswissenschaftliche wie sozialpädagogische Diskussionen an" (Kessl/Reutlinger 2010, S. 25).

Programm aufgenommen“ (Köngeter/Eßer/Thiersch 2004, S. 80) worden sei (vgl. Peters/Hamberger 2004, S. 54ff.). Wie bereits anhand des Namens der flexiblen, integrierten und sozialräumlichen Erziehungshilfen deutlich wird, erfolgt darin ein deutlich arbeitsfeldspezifischer Zuschnitt. Zurückgegriffen wird hierbei auf sozialraumorientierte Ansätze, die aufgrund ihres übergreifenden Anspruches auch als „Mehrebenen- und Ganzheitlichkeitsmodelle[…]“ (Kessl/Reutlinger 2018, S. 1600) bezeichnet werden.[93] Diese könne man zwar auch auf die Kinder- und Jugendhilfe beziehen, sie seien aber explizit auf die Weiterentwicklung weiterer Arbeitsfelder oder der Sozialen Arbeit insgesamt ausgelegt (vgl. ebd., S. 1601f.).

Explizit angeschlossen wird im Konzept der integrierten, flexiblen und sozialräumlichen Erziehungshilfen an zwei sozialraumorientiere Ansätze (vgl. Peters/Düring 2016, S. 1074ff.). Hierzu zählen das „Fachkonzept Sozialraumorientierung“ (Hinte 2006; 2009; 2019) und das „SONI-Modell“ (Früchtel/Cyprian/Budde 2013, S. 34), das die Ansatzebenen *Sozialstruktur* (gesellschafts- und kommunalpolitische Einflussnahme), *Organisation* (bedarfsgerechte, raumbezogene Organisations- und Finanzierungsstrukturen), *Netzwerk* (Berücksichtigung der sozialen Umwelt) und *Individuum* (Orientierung an individuellen Stärken und Willen) miteinander verbindet (vgl. Budde/Früchtel 2006, S. 27ff.; Früchtel/Cyprian/Budde 2013, S. 34ff., S. 45ff.). Durch das Zusammenspiel dieser Felder sollen für Adressat:innen sozialarbeiterisch-sozialpädagogisch initiierte „*Gelegenheiten* entstehen, die *integrieren*“ (Budde/Früchtel 2006, S. 45; vgl. auch Früchtel/Cyprian/Budde 2013, S. 20ff., S. 80ff.).

Fallebene

Auf der Ebene der Fallbearbeitung werden sozialraumbezogene Verfahren und Techniken vorgestellt, die im Rahmen des Konzeptes rezipiert werden (vgl. Hamberger 2020a, S. 171ff.; Bestmann/Brandl 2020, S. 193ff.). Für die fallbezogene Arbeit in der SPFH bietet es sich an, diese sozialräumlichen Arbeitsformen näher zu betrachten, auch wenn eine derartig hilfeformbezogene Betrachtungsweise Gefahr läuft den genuinen Konzeptanspruch der Flexibilisierung und Integration von Erziehungshilfen zu verkürzen, der auf eine „Durchlässigkeit der Hilfeformen“ (Peters 2019, S. 458) setzt. Dennoch können hierfür Anregungen[94] gefunden

93 Diese würden sich durch eine „Addition bzw. Verkopplung unterschiedlicher handlungspraktischer, -methodischer und theorie-systematischer Annahmen“ (Kessl/Reutlinger 2018, S. 1600) auszeichnen (vgl. ebd., S. 1597, S. 1600f.; May 2018b, S. 1608ff.).

94 In diesem Zusammenhang kann auch auf die Methodik der *Ambulanten Intensiven Begleitung* hingewiesen werden. Dieser Ansatz bezieht sich explizit auf die Unterstützung von Jugendlichen und ist „weniger an den Leitideen der Organisationsentwicklung orientiert“ (Möbius 2003, S. 23; vgl. auch ebd., S. 63ff.; Klawe 2005, S. 25f.). Hierbei wird, neben anderen sozialwissenschaftlichen Bezügen, konzeptionell eine dezidiert soziale Netzwerk- und Unterstützungsperspektive eingenommen, die auch entsprechende Techniken für die

werden, um das sozialarbeiterisch-sozialpädagogische Handeln in der SPFH im Kontext sozialer Netzwerkbeziehungen handlungsmethodisch auszuloten.

- Die *fallspezifische Arbeit* konzentriert sich in der direkten Zusammenarbeit mit den Adressat:innen „konsequent auf Stärken" (Früchtel/Budde 2006a, S. 219) und Ressourcen der Adressat:innen selbst und ihres sozialen Umfeldes (vgl. ebd., S. 219 ff.; Hinte/Treeß 2014, S. 119). Genannt werden hierbei Vorgehensweisen zur Berücksichtigung bedeutsamer Orte (Heimspiele organisieren) oder der Entwicklung von Hilfezielen (vgl. Früchtel/Budde/Cyprian 2013, S. 25 ff., S. 70 ff.). Mittels netzwerkorientierter Techniken soll es möglich werden, Ressourcen des sozialen Umfeldes fallbezogen miteinzubeziehen. Hierzu werden Eco-Maps (vgl. ebd., S. 86 ff.; Pantuček-Eisenbacher 2019, S. 218 ff.), Genogramme oder der Ressourcencheck gezählt (vgl. Früchtel/Budde/Cyprian 2013, S. 55 ff., S. 92 ff.).
- Die *fallübergreifende Arbeit* bezieht sich darauf, gruppenbezogene Angebote zu entwickeln, die sich aus der eben genannten einzelfallspezifischen Arbeit ergeben (vgl. Hinte/Treeß 2014, S. 119 f.; Noack 2015, S. 126).
- Die *fallunspezifische Arbeit* wird zunächst unabhängig vom konkreten Einzelfall betrieben, indem Ressourcen des Sozialraums ausfindig gemacht werden sollen, um sie später in der Fallbearbeitung nutzen zu können (vgl. Früchtel/Budde 2006b, S. 205 ff.; Hinte/Treeß 2014, S. 120; Noack 2015, S. 126 ff.). Nahegelegt werden verschiedene Techniken aus der Gemeinwesenarbeit oder der sozialräumlichen Jugendarbeit zur Erkundung (z. B. subjektive Landkarten, Stadtteilerkundungen) oder Mobilisierung (z. B. aktivierende Befragung, One-to-Ones, Ressourcenkartierungen) des sozialräumlichen Umfeldes (vgl. Früchtel/Budde/Cyprian 2013, S. 105 ff., S. 138 ff.; Bestmann/Brandl 2020, S. 196 f.).

Neben diesen Dimensionen der Fallbearbeitung wird der Qualifizierung der Hilfeplanung (§ 36 SGB VIII) eine bedeutende Stellung in der Realisierung einer integrierten, flexiblen und sozialräumlichen Ausgestaltung der Erziehungshilfen beigemessen. Hierzu werden die methodische Strukturierung von Entscheidungsfindungsprozessen in Teams weiterentwickelt und die partizipative Aushandlung mit den Adressat:innen hervorgehoben (vgl. Hamberger 2006, S. 79 ff.; 2020b, S. 206 ff.; Krause/Steinbacher 2014, S. 70 ff., S. 76 ff.; Bestmann/Brandl 2020, S. 198 ff.).

Die Weiterentwicklung der Hilfeplanung wird zudem mit dem Familienrat[95] in Verbindung gebracht, der als „integraler Bestandteil" (Schmid-Obkirchner 2015b,

---

praktische Umsetzung ausweist (vgl. Möbius 2003, S. 33 ff.; Trautwein 2003; Klawe 2005, S. 27 ff.).

95 Der Begriff ist abgeleitet von den neuseeländischen „Family Group Conferences" (MacRae/Zehr 2004; MacRae 2004). Inzwischen scheint sich der Begriff des „Familienrates" (Früchtel/Straub 2011) im deutschsprachigem Raum durchzusetzen. Weitere synonyme

Rn. 24 d) der Hilfeplanung verstanden wird (vgl. Früchtel 2002, S. 14 f.; Hansbauer et al. 2009, S. 15 ff.). Unter Einbezug des familialen und außerfamilialen Beziehungsnetzwerkes sollen anhand eines strukturierten Vorgehens informelle, formelle und sozialräumliche Unterstützungspotenziale für eine Problemstellung, bezüglich derer die Beteiligten eine gemeinsame Sorge teilen, miteinander verbunden und abgestimmt werden (vgl. Budde/Früchtel 2008, S. 123 ff.; Früchtel/Budde/Cyprian 2013, S. 30 ff.; Schwarzloos 2016, S. 147 ff.; Hilbert/Kubisch-Piesk/Schlizio-Jahnke 2017). Zunehmend wird der Familienrat auch im Zuge der Weiterentwicklung der SPFH als wichtig erachtet (vgl. Helming 2009, S. 174; Hofer/Lienhart 2008, S. 48 ff.; Frindt 2019, S. 75). Mit seiner Rezeption würden die „Motivierung, Aktivierung und Inszenierung des weiteren familialen Umfelds und die Konkretisierung von eigensinnigen Unterstützungspotentialen des Umfelds in den Mittelpunkt der Arbeit rücken" (Grunwald/Thiersch 2016, S. 47).

Das dezidiert fachlich motivierte Reformkonzept, welches im zurückliegenden Teilkapitel als flexibles, integriertes und sozialräumliches Ausgestalten erzieherischer Hilfen bezeichnet worden ist, ziele, so resümiert Michael Galuske, auf „ein Höchstmaß an Ausrichtung an den Bedürfnissen der Betroffenen" (Galuske 2013, S. 308). Die daran geübte Kritik wird anhand der intensiv geführten Debatte zur sozialräumlichen Ausrichtung der Erziehungshilfen deutlich (vgl. ebd., S. 312 ff.; Noack 2015, S. 162 ff.; Fehren/Kalter 2019, S. 34 ff., S. 39 ff.). Im Fokus steht hierbei insbesondere das Finanzierungsinstrument der Sozialraumbudgets, das einerseits als „hilfreiches Mosaiksteinchen im Gesamtprozess der Umsteuerung" (Düring/Peters 2020, S. 98) gesehen wird, um die angestrebten Veränderungen realisieren zu können (vgl. ebd., S. 98 ff.; Hamberger/Koch/Peters 2020, S. 148; Noack 2015, S. 182 ff.). Andererseits wird es als kommunalpolitische Strategie zur Einsparung öffentlicher Sozialleistungen kritisiert, in der überdies eine neoliberal-aktivierende Sozialpolitik ihren Ausdruck findet (vgl. Kessl/Reutlinger 2018, S. 1598; Galuske 2013, S. 312 ff.).

Die dargestellten handlungsmethodischen Optionen für die Fallebene seien angesichts der Kritik nicht nur als Potenziale im Sinne von „Suchstrategien" (Peters/Düring 2016, S. 1074) zu sehen. Sie könnten ebenso zur Verunsicherung der Praktiker:innen beitragen, da es sich „um Routinen [handelt], die einer Ent-Routinisierung der Hilfeplanung und -erbringung dienen, damit das ständige Erfinden neuer Lösungen zum Alltagsgeschäft [...] wird" (Noack 2015, S. 186).

Fabian Kessl und Christian Reutlinger machen grundsätzlich auf die Komplexität von „Sozialraumarbeit" (Kessl/Reutlinger 2010, S. 126) aufmerksam, indem sie auf verschiedene Dilemmata hinweisen, die sich in diesem Zusammenhang ergeben. Sozialräumliche Strategien könnten demzufolge eine

---

Begrifflichkeiten sind der „Verwandtschaftsrat" (Budde/Früchtel 2008) oder die „Familiengruppenkonferenz" (Hansbauer et al. 2009).

generelle Einheitlichkeit von Bevölkerungsgruppen suggerieren und reproduzieren (Homogenisierungsdilemma) oder aufgrund des präventiven Charakters zur Unterstellung und Stigmatisierung beispielsweise krimineller Jugendlichen beitragen (Präventionsdilemma). Zudem könnte der Anspruch der Vernetzung von Akteur:innen dazu führen, dass einflussreiche und bereits bekannte Personen begünstigt und andere übersehen werden (Vernetzungsdilemma), ebenso könnten Differenzierungen innerhalb der Bevölkerungsgruppen nicht (mehr) wahrgenommen werden, sodass tendenziell nur diejenigen Gruppen erreicht werden, die bereits vernetzt und mit Ressourcen ausgestattet sind (Milieudilemma) (vgl. ebd., S. 129 ff.).

Um diese Dilemmata zu berücksichtigen, wird deshalb „die Einnahme einer reflexiven räumlichen Haltung“ (Kessl/Reutlinger 2010, S. 130) eingefordert. In der Konsequenz für die Praxis impliziere diese „keine grundsätzlich alternative Vorgehensweise im Sinne einer ‚neuen‘ oder ‚anderen Sozialraumorientierung‘“ (ebd., S. 126), sondern zeichne sich „durch den bewussten und geplanten Umgang mit den auftretenden Dilemmata“ (ebd.) aus.

Die Ausführungen zu der flexiblen, integrierten und sozialräumlichen Ausgestaltung der Erziehungshilfen komplettieren die Darstellung des Methodenspektrums der SPFH. In den bisherigen Kapiteln wurden die Handlungsansätze, konzeptionelle, organisatorische und rechtliche Grundlagen der SPFH sowie die historische Entstehung des Feldes aufsuchender Sozialer Arbeit mit Familien im Hinblick auf die Bedeutung sozialer Netzwerkbeziehungen untersucht. Die verschiedenen Entwicklungen und Konzepte werden in der folgenden empirischen Untersuchung jedoch methodisch wieder eingegrenzt, um die Interviewdarstellungen Sozialpädagogischer Familienhelfer:innen zu ihrer Handlungspraxis und der darin liegenden sozialen Sinnhaftigkeit zu fokussieren. Auf diese Weise wird die netzwerkbezogene Praxis in der SPFH empirisch analysiert.

III Empirische Untersuchung zur Relevanz sozialer Netzwerkbeziehungen in der Sozialpädagogischen Familienhilfe

6 Stand der Forschung

Der Umfang der vorliegenden empirischen Befunde zur SPFH ist insgesamt eher überschaubar, was somit ein grundlegendes Forschungsdesiderat belegt, insbesondere gemessen an der quantitativen Konjunktur der Hilfeform. Im nachfolgenden Kapitel werden Untersuchungen vorgestellt, welche die SPFH zum Gegenstand haben. Zunächst werden überblicksartig statistische Daten rekapituliert (vgl. Kap. 6.1), bevor ausgewählte Studien vorgestellt werden, die eine weitere Annäherung an die Bedeutung sozialer Netzwerkbeziehungen in der SPFH erlauben (vgl. Kap. 6.2).

6.1 Statistische Übersicht

Mit der amtlichen Kinder- und Jugendhilfestatistik werden Daten generiert, die differenzierte Aussagen über die Leistungsangebote für Kinder und Jugendliche ermöglichen. Für das Arbeitsfeld der Hilfen zur Erziehung bzw. für die Hilfeform der SPFH liegen somit spezifische Auswertungen vor. Darin werden Auskünfte nicht nur zum Gesamtvolumen der Fallzahlen und den damit verbundenen Ausgaben bezüglich Sozialpädagogischer Familienhilfen, sondern ebenso zu familialen bzw. persönlichen Lebenslagen der jungen Menschen (z. B. Familienstatus oder Transferleistungsbezug), zu Träger- und Personalsituation oder zu regionalen Disparitäten bei der Inanspruchnahme und Bewilligungspraxis der Erziehungshilfen gegeben (vgl. Pothmann 2009; 2016, S. 38 f.; Frindt 2010, S. 6 ff.; 2020, S. 27 ff., S. 38 ff.; Fendrich/Pothmann/Tabel 2018, S. 70 f., S. 82 ff.).

Mit den in diesem Kapitel dargestellten statistischen Kennzahlen soll einen Überblick über die Hilfeform der SPFH verschafft werden; Bezug genommen wird dabei auf verschiedene Erhebungsjahre, die jeweils entsprechend angegeben werden. Zunächst wird auf die Bedeutung der SPFH im Leistungsspektrum der Erziehungshilfen eingegangen (vgl. Kap. 6.1.1), bevor Einblicke in die Lebenslagen von Adressat:innen (vgl. Kap. 6.1.2) sowie in die Hilfegewährung und -verläufe (vgl. Kap. 6.1.3) erfolgen.

6.1.1 Stellung im Spektrum der Hilfen zur Erziehung

Dem einschlägigen Monitoring der *Arbeitsstelle Kinder- und Jugendhilfestatistik* (Datengrundlage 2016) zufolge hat das Feld der Hilfen zur Erziehung ein Gesamtvolumen von insgesamt 956.268 durchgeführten Leistungen, die 1.083.177

junge Menschen[96] sowie ihre Familien erhalten (vgl. Fendrich/Pothmann/Tabel 2018, S. 8). In den Analysen werden die verschiedenen Hilfeformen in der Regel in drei Leistungssegmente systematisiert (vgl. Fendrich/Tabel 2019, S. 67; Kap. 5.1.1); diesen werden die jungen Menschen, die im Referenzzeitraum[97] Erziehungshilfen erhalten haben, prozentual zugeordnet (vgl. ebd., S. 64; Fendrich/Pothmann/Tabel 2018, S. 13 f., S. 62 ff.):

- Die *Erziehungsberatung* (§ 28 SGB VIII) macht mit rund 41,4 % (für 448.693 junge Menschen) den größten Anteil der Hilfen zur Erziehung aus.
- Die *ambulanten Erziehungshilfen* (§§ 27 Absatz 2, 29–32, 35 SGB VIII)[98] stellen ein heterogenes Angebotsfeld dar, das einen Anteil von rund 36,8 % (für 398.073 junge Menschen) ausmacht. Hierbei weisen die flexiblen Hilfen[99] (§ 27 Absatz 2 SGB VIII) einen Anteil von 6,2 % (für circa 67.157[100] junge Menschen) auf und die Soziale Gruppenarbeit (§ 29 SGB VIII) einen Anteil von 1,5 % (für circa 16.248[101] junge Menschen). Im Hinblick auf die beiden Formen der Einzelbetreuung (§ 30 SGB VIII) haben Erziehungsbeistandschaften einen Anteil von 4,5 % und Betreuungshilfen einen von 0,9 % (zusammen für 58.813 junge Menschen). Den Schwerpunkt im ambulanten Bereich bildet die SPFH (§ 31 SGB VIII) mit einem Anteil von 20,6 % (für 222.747 junge Menschen). Die Erziehung in Tagesgruppen[102] (§ 32 SGB VIII) macht 2,2 % (für 23.834 junge Menschen) aus und die Intensive sozialpädagogische Einzelbetreuung 0,9 % (für 9.327 junge Menschen).
- *Stationäre Erziehungshilfen* (§§ 27 Absatz 2, 33–34 SGB VIII) erhalten rund 21,8 %, also 236.411 in den Erziehungshilfen befindliche junge Menschen. Der Anteil stationär ausgerichteter flexibler Hilfen (§ 27 Absatz 2 SGB VIII) wird

96 Mit der Bezeichnung werden, gemäß § 7 Absatz 1 SGB VIII, alle diejenigen Kinder, Jugendlichen und jungen volljährige Menschen bezeichnet, die noch nicht 27 Jahre alt sind.

97 Aufsummierung der zum 31. Dezember 2016 andauernden und im Jahresverlauf beendeten Hilfen.

98 Für Analysen zum § 35 a SGB VIII, (vgl. Fendrich/Pothmann/Tabel 2018, S. 47 ff.; Fendrich/Schilling/Tabel 2019).

99 Zusammengefasst werden hier ambulante, teilstationäre und sonstige bzw. ergänzende Hilfen. Realisiert werden hierbei verschiedene Angebote, wie beispielsweise Zugänge kurzzeitiger Krisenintervention, Haushaltsorganisationstraining, der aufsuchenden Familientherapie oder der Familienrat (vgl. Frindt 2013, S. 35 ff.; Kap. 5.3).

100 Eigene Berechnung: Der Näherungswert wurde auf der Grundlage der ausgewiesenen Prozentangabe und der Gesamtzahl junger Menschen ermittelt, da die hilfeformbezogene Anzahl junger Menschen im Monitoring nicht explizit ausgewiesen wird.

101 Eigene Berechnung: Der Näherungswert wurde auf der Grundlage der ausgewiesenen Prozentangabe und der Gesamtzahl junger Menschen ermittelt, da die hilfeformbezogene Anzahl junger Menschen im Monitoring nicht explizit ausgewiesen wird.

102 Im Unterschied zu der in Kapitel 5.1.1 vorgestellten Systematik der Erziehungshilfen wird die Erziehung in Tagesgruppen in den Analysen den ambulanten Hilfen zugeordnet und somit nicht separat als teilstationäre Hilfeform behandelt.

mit einem Anteil von 0,5 % (für circa 5.416[103] junge Menschen) ausgewiesen. Die Vollzeitpflege entfällt hingegen auf einen Anteil von 8,3 % (für 89.731 junge Menschen) und die verschiedenen Formen der Heimerziehung auf 13,1 % (für 141.704 junge Menschen).

Rein statistisch gesehen rangiert die SPFH hinsichtlich junger Menschen, die Hilfen zur Erziehung erhalten, somit hinter der Erziehungsberatung an zweiter Stelle. Bezogen auf die absoluten Fallzahlen[104] (Datengrundlage 2016) liegt die SPFH mit 116.054 Hilfen an dritter Stelle hinter der Erziehungsberatung (448.693 Fälle) und der Heimerziehung (und sonstigen betreuten Wohnformen) mit 141.704 Fällen (vgl. Fendrich/Pothmann/Tabel 2018, S. 64, S. 70, S. 76). Angesichts dieser Betrachtung lässt sich die SPFH als eine der bedeutendsten Erziehungshilfen bezeichnen.

Die finanziellen Aufwendungen für die erzieherischen Hilfen werden für das Jahr 2019 auf 10,91 Milliarden Euro beziffert (vgl. Fendrich/Tabel 2021, S. 23, S. 25). Die detaillierten Monitoring-Analysen weisen für das Jahr 2016 Ausgaben von 9,12 Milliarden Euro für die unter 18-Jährigen[105] aus. Mit 58,3 % (5,3 Milliarden Euro) verzeichnen die Heimerziehung und sonstige betreute Wohnformen, die überwiegend nach Tagessätzen abgerechnet werden, den größten Anteil an diesen Geldern. Demgegenüber verzeichnet die SPFH, die überwiegend nach Fachleistungsstunden abgerechnet wird (vgl. Kap. 5.1.2), einen Anteil von 9,5 % (circa 0,87 Milliarden Euro) (vgl. Fendrich/Tabel 2019, S. 82 f.). Bevor im Folgenden näher auf die Ausgestaltung der SPFH eingegangen wird, sollen zunächst einige Daten zu den Lebenslagen der Adressat:innen präsentiert werden.

6.1.2 Lebenslagen der Adressat:innen

Auf der Grundlage der amtlichen Kinder- und Jugendhilfestatistik bzw. der aufbereiteten Monitoring-Daten können quantitative Einblicke in die Familienkonstellationen, die wirtschaftlichen Situationen sowie Migrationshintergründe der Familien gegeben werden, die SPFH in Anspruch nehmen.

---

103 Eigene Berechnung: Der Näherungswert wurde auf der Grundlage der ausgewiesenen Prozentangabe und der Gesamtzahl junger Menschen ermittelt, da die hilfeformbezogene Anzahl junger Menschen im Monitoring nicht explizit ausgewiesen wird.

104 Aufsummierung der zum 31. Dezember 2016 andauernden und im Jahresverlauf beendeten Hilfen.

105 Berücksichtigt man zudem die Hilfen für junge Volljährige, dann belaufen sich die kommunalen Ausgaben auf circa 10 Milliarden Euro (vgl. Fendrich/Tabel 2019, S. 81).

Betrachtet man die Gesamtheit der 538.016 im Jahr 2016 begonnen Erziehungshilfen, so machen alleinerziehende Elternteile einen Anteil von 38,7 % aus (vgl. Fendrich/Tabel 2019, S. 70). Innerhalb der einzelnen Hilfearten verzeichnet die SPFH mit 50,6 % den höchsten Anteil Alleinerziehender an den 46.941 begonnenen Hilfen. Der Anteil zusammenlebender Elternteile liegt bei 33,6 %, während 15,0 % der Elternteile mit neuen Partner:innen zusammen wohnen (vgl. Fendrich/Pothmann/Tabel 2018, S. 19 f.).[106]

Hinsichtlich des Alters der jungen Menschen, deren Familien mittels SPFH begleitet werden, handelt es sich überwiegend um Kinder unter zehn Jahren (vgl. Fendrich/Pothmann/Tabel 2018, S. 71). Der geschlechterbezogene Anteil männlicher junger Menschen wird mit 53,5 % und der weiblicher junger Menschen mit 46,5 % beziffert, wobei diesen Werten die 116.054 im Jahr 2016 durchgeführten[107] Sozialpädagogischen Familienhilfen zugrunde liegen (ebd., S. 17).

Die Anzahl der Kinder[108] verteilt sich eigenen Berechnungen zufolge bei 71.525 von SPFH begleiteten Familien (Hilfen am 31. Dezember 2015 insgesamt) wie folgt: 32.081 Familien (44,9 %) haben ein Kind, 19.348 Familien (27,1 %) haben zwei Kinder, 11.152 Familien (15,6 %) haben drei Kinder und 8.944 der Familien (12,5 %) haben vier oder mehr Kinder (vgl. Statistisches Bundesamt 2017, S. 22).

Durch das Monitoring der Erziehungshilfen wird auch ein Einblick in die wirtschaftliche Situation der mittels SPFH begleiteten Familien ermöglicht. Dies geschieht auf der Grundlage der oben erwähnten 46.941 begonnenen Sozialpädagogischen Familienhilfen im Jahr 2016. Demnach erhalten 63,4 % der Familien und 72,5 % der Alleinerziehenden staatliche Transferleistungen[109] (vgl. Fendrich/Pothmann/Tabel 2018, S. 21 f.).

Zudem wird in der Analyse auf den Migrationshintergrund (Sprache und Herkunft) eingegangen. Innerhalb der genannten bereits begonnenen Sozialpädagogischen Familienhilfen wird der Anteil junger Menschen, die in Familien leben, die zu Hause nicht die deutsche Sprache sprechen, mit 20,6 % angegeben (vgl. Fendrich/Pothmann/Tabel 2018, S. 70). Darüber hinaus werden deskriptive Aussagen zum Migrationshintergrund und dem Transferleistungsbezug

106 Die fehlenden 0,8 % werden als unbekannt bzw. verstorben angegeben (vgl. Fendrich/Pothmann/Tabel 2018, S. 20).

107 Aufsummierung der am 31. Dezember 2016 laufenden und im Jahresverlauf beendeten Hilfen.

108 Die Angaben beziehen sich sowohl auf Familien, deren Kinder teils innerhalb und teils außerhalb der Familie leben, als auch auf Familien, deren Kinder gänzlich außerhalb der Familie leben.

109 Die Herkunftsfamilie bzw. der/die junge Volljährige lebt teilweise oder ganz von Arbeitslosengeld II (SGB II), bedarfsorientierter Grundsicherung im Alter und bei Erwerbsminderung oder Sozialhilfe (SGB XII) oder bezieht einen Kinderzuschlag (vgl. Statistisches Bundesamt 2020).

getroffen: 62 % der Familien ohne Migrationshintergrund in der SPFH sind demzufolge auf Transferleistungen angewiesen, während sich dieser Anteil bei Familien, in denen mindestens ein Elternteil ausländischer Herkunft ist und in denen hauptsächlich Deutsch gesprochen wird, auf 63,7 % beläuft. Bei den Familien, die zu Hause hauptsächlich nicht die deutsche Sprache sprechen und in denen beide Elternteile einen Migrationshintergrund haben, liegt dieser Anteil bei 70,2 %. Demzufolge sind diejenigen jungen Menschen in der SPFH, deren Elternteile keinen Migrationshintergrund haben und in deren Familien vorrangig Deutsch gesprochen wird, tendenziell weniger von staatlichen Unterstützungsleistungen betroffen. Bei allen drei genannten Kennzahlen verzeichnet die SPFH innerhalb der ambulanten Erziehungshilfen die höchsten Werte (vgl. ebd., S. 25).

6.1.3 Hilfegewährung und -verläufe

Bereits in den Ausführungen zur historischen Entwicklung wurde darauf hingewiesen, dass die SPFH seit ihrer rechtlichen Kodifizierung im SGB VIII kontinuierliche Steigerungsraten der Fallzahlen verzeichnet (vgl. Abbildung 2).

Abbildung 2: Entwicklung der Fallzahlen von SPFH seit 1991 (jeweils Bestand am 31.12. und beendete Hilfen), eigene Zusammenstellung

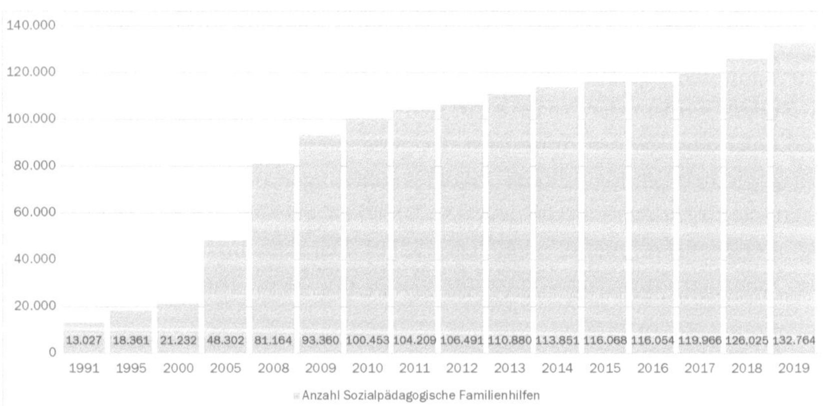

Quellen: bis einschließlich 1995 gemäß BMFSFJ (1999, S. 13); bis einschließlich 2005 gemäß Euteneuer/Sabla/Uhlendorff (2020, S. 11); ab 2008 eigene Berechnungen basierend auf Angaben des Statistischen Bundesamts (2020)

Von 1991 bis 2019 haben sich die Fallzahlen der SPFH mehr als verzehnfacht. Abgesehen von der Ausnahme im Jahr 2016, in dem es zu einem Rückgang um

14 Fälle gegenüber dem Vorjahr kam, ist ein stetiger Anstieg zu beobachten. Auch die Entwicklung der Fallzahlen seit 2016 deutet auf einen neuerlichen Anstiegstrend hin. Von den im Jahr 2019 geleisteten[110] Sozialpädagogischen Familienhilfen liegt der Anteil der von öffentlichen Trägern der Jugendhilfe durchgeführten Hilfen bei 22,1 % (absolut: 29.365) und der freien Träger bei 77,9 % (absolut: 103.399) (vgl. Statistisches Bundesamt 2020, eigene Berechnungen).

Regionale Unterschiede in der Gewährungspraxis ambulanter Erziehungshilfen

Der Einsatz Sozialpädagogischer Familienhilfen verteilt sich auf die einzelnen Länder und Regionen der BRD keineswegs gleichmäßig. Vielmehr weisen die Analysen auf erhebliche Disparitäten bei den Praktiken der regionalen Hilfegewährung hin, in denen die SPFH aber nicht durchweg explizit ausgewiesen wird. Für die Inanspruchnahme ambulanter Erziehungshilfen konstatiert Thomas Mühlmann für das Jahr 2017, dass die

> „Werte zwischen 9 und 523 Hilfen pro 10.000 junge[n] Menschen unter 21 Jahren in dem jeweiligen Jugendamtsbezirk [variieren], also um das 58-fache zwischen der Kommune mit der höchsten Inanspruchnahme und der mit der niedrigsten. Werden die 20 höchsten und 20 niedrigsten Werte nicht berücksichtigt, ergibt sich eine Spannweite zwischen 65 und 376, was immer noch dem Faktor 6 entspricht. Die regionalen Unterschiede bei den ambulanten Hilfen erscheinen also größer als bei der Gesamtbetrachtung." (Mühlmann 2019, S. 27)

Diese Berechnungen zur bevölkerungsbezogenen Inanspruchnahme liefern einen Hinweis darauf, dass die regionale Gewährungspraxis ambulanter Erziehungshilfen jeweils deutlich unterschiedlich ausfällt (vgl. ebd., S. 28). Der bundesweite Mittelwert für die SPFH (Datengrundlage von 2016) wird mit 72 eingesetzten Hilfen pro 10.000 unter 21-Jährigen beziffert (vgl. Fendrich/Pothmann/Tabel 2018, S. 70). Allerdings kann dieser Wert leidglich als grobe Orientierung dienen, da der Einsatz Sozialpädagogischer Familienhilfen in den einzelnen Bundesländern deutlich variiert (vgl. Abbildung 3).

110 Aufsummierung der am 31. Dezember 2019 laufenden und im Jahresverlauf beendeten Hilfen.

Abbildung 3: Anzahl der Sozialpädagogischen Familienhilfen (einschließlich der Hilfen für junge Volljährige) nach Bundesländern im Jahr 2016 (Aufsummierung der zum 31.12. eines Jahres andauernden und innerhalb eines Jahres beendeten Hilfen; Inanspruchnahme pro 10.000 unter 21-Jährigen)

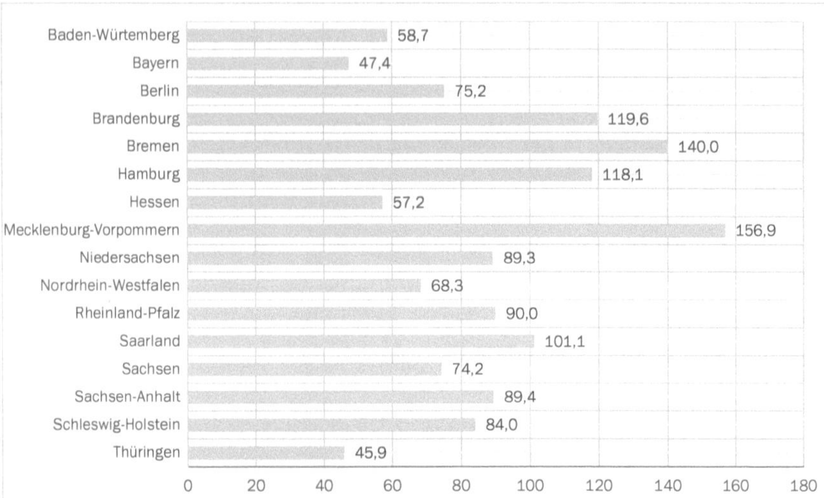

Quelle: Fendrich/Pothmann/Tabel (2018, S. 71)

Darüber hinaus weisen die statistischen Analysen ebenso auf regionale Unterschiede hinsichtlich der quantifizierbaren Intensitäten solcher Hilfseinsätze hin. Für ambulante Hilfen[111], die mittels Fachleistungsstunden finanziert werden, wird für das Jahr 2017 konstatiert, dass die Mittelwerte bewilligter Fachleistungsstunden pro Woche der berücksichtigten Kommunen[112] zwischen 3,3 und 8,8 liegen, also deutschlandweit mitunter fast um den Faktor drei variieren (vgl. Mühlmann 2019, S. 29).[113] Der Mittelwert der Fachleistungsstunden in den

111 Zusammengefasst werden folgende Hilfeformen: flexible Hilfen gemäß § 27 Absatz 2 SGB VIII, Soziale Gruppenarbeit, Erziehungsbeistandschaft/Betreuungshilfe sowie die SPFH (vgl. Mühlmann 2019, S. 29).

112 Die Jugendämter mit den jeweils 20 höchsten und niedrigsten Werten sind in diese Berechnung nicht miteinbezogen worden (vgl. Mühlmann 2019, S. 29).

113 Diese unterschiedliche Verteilung fällt den deskriptiven Analysen zufolge im regionalen Vergleich auf: Einzelne Bezirke gewähren bezogen auf die Bevölkerungszahl zwar mehr ambulante Hilfen als andere, bewilligen dafür wiederum aber weniger Fachleistungsstunden in den einzelnen Hilfen. Gleichzeitig finden sich jedoch entgegengesetzte Jugendamtsbezirke, die angesichts der Gesamtbevölkerung insgesamt weniger ambulante Hilfen gewähren, dafür aber höhere Stundenkontingente vergeben (vgl. Mühlmann 2019, S. 29 f.).

einbezogenen 557 Kommunen und ambulanten Hilfeformen wird mit fünf Wochenstunden (Median: 5) angegeben (vgl. ebd.).[114]

Im Jahr 2016 wird hinsichtlich der SPFH der Anteil eingesetzter Hilfen mit einem Umfang von weniger als fünf Stunden pro Woche mit 43 % angegeben (vgl. Fendrich/Tabel 2019, S. 76). Betrachtet man die dargestellte Gewährungspraxis der wöchentlichen Fachleistungsstunden und ebenso die bereits aufgeführten Entwicklungen der organisatorischen Rahmenbedingungen (vgl. Kap. 5.1.2), ist es fraglich, inwiefern das Handlungsprofil der SPFH eine Umsetzung in der Praxis finden kann, das dessen Ansprüchen gerecht wird.

Aspekte zu den Verläufen Sozialpädagogischer Familienhilfen

Anhand der Kinder- und Jugendhilfestatistik werden Anhaltspunkte zu den Verläufen erzieherischer Hilfen ersichtlich. Gleichwohl kann mittels dieser Daten allenfalls eine Annäherung an die komplexen Prozesse in den Erziehungshilfen gegeben werden. Zu beachten ist auch, dass die Angaben von den Fachkräften der Allgemeinen Sozialen Dienste selbst gemacht werden, wodurch „Filtermechanismen und Definitionsmuster“ (Fendrich/Tabel 2019, S. 73) nicht ausgeschlossen werden können.

Sozialpädagogische Familienhilfen werden von unterschiedlichen Institutionen und Personen angeregt. Im Jahr 2015 wurden insgesamt 45.379 Hilfen neu begonnen. Von Sozialen Diensten und anderen Institutionen (z. B. dem Jugendamt) werden 41,6 % der Hilfen angeregt und damit nahezu ebenso häufig wie von Eltern bzw. Personensorgeberechtigten (42,9 %). Von jungen Menschen werden Sozialpädagogische Familienhilfen nur in 1,7 % der Fälle angeregt. Die Statistik erfasst außerdem als weitere Akteur:innen Schulen und Kindertageseinrichtungen (5,8 %), Ärzte, Kliniken und Gesundheitsämter (3,0 %), Gerichte, Staatsanwaltschaften und Polizei (2,3 %), ehemalige Klienten und Bekannte (0,5 %) sowie sonstige (2,3 %) (vgl. Statistisches Bundesamt 2017, eigene Berechnungen).

Darüber hinaus werden Gründe für die Hilfegewährung hinsichtlich des erzieherischen Bedarfs im Einzelfall erfragt. Bezogen auf das Jahr 2019 lässt sich die Anzahl neu begonnener Sozialpädagogischer Familienhilfen auf 54.188 beziffern, die in neun Gründe für die Hilfegewährung[115] differenziert werden (vgl. Tabelle 2).

114 Der Umfang der von den kommunalen Jugendämtern eingesetzten wöchentlichen Fachleistungsstunden wird wie folgt differenziert: 20 % vergeben weniger als 4,1 Stunden (Mittelwert: 4, Median: 4), 48 % gewähren 4,1 bis unter 5,7 Stunden (Mittelwert: 4, Median: 5), 23 % bewilligen 5,7 bis unter 7,3 Stunden (Mittelwert: 6, Median: 6), 6 % setzen 7,3 bis unter 8,9 Fachleistungsstunden (Mittelwert: 8, Median: 8) ein und 3 % vereinbaren 8,9 und mehr Fachleistungsstunden (Mittelwert: 13, Median: 11) mit den durchführenden Leistungserbringern (vgl. Mühlmann 2019, S. 29).

115 In der Statistik wird zudem die Übernahme von einem anderen Jugendamt aufgrund eines Wechsels in der Zuständigkeit als Gewährungsgrund aufgeführt. Dieser beläuft sich

Tabelle 2: Gründe für die Gewährung Sozialpädagogischer Familienhilfen gemäß § 31 SGB VIII (begonnene Hilfen, 2019), nach Pothmann (2009, S. 70); Fendrich/Tabel (2019, S. 74)

Zahl der begonnenen Sozialpädagogischen Familienhilfen		Absolut	In Prozent
		54.188	100
Genannte Gründe* für die Hilfegewährung:			
Unzureichende Förderung/ Betreuung/ Versorgung	*Insgesamt*	*23.965*	*44,2*
	Unzureichende Förderung/Betreuung/Versorgung des jungen Menschen in der Familie	12.915	23,8
	Gefährdung des Kindeswohls	8.157	15,1
	Unversorgtheit des jungen Menschen	2.893	5,3
Familiäre Problemlagen	*Insgesamt*	*57.317*	*105,8*
	Eingeschränkte Erziehungskompetenz der Eltern/Personensorgeberechtigten	30.224	55,8
	Belastungen des jungen Menschen durch Problemlagen der Eltern	14.588	26,9
	Belastungen des jungen Menschen durch familiäre Konflikte	12.505	23,1
Individuelle Problemlagen	*Insgesamt*	*27.638*	*51,0*
	Auffälligkeiten im sozialen Verhalten (dissoziales Verhalten) des jungen Menschen	10.885	20,1
	Entwicklungsauffälligkeiten/seelische Probleme des jungen Menschen	10.218	18,9
	Schulische/berufliche Probleme des jungen Menschen	6.535	12,1

* Da bei den Angaben zu den Gründen für eine Hilfe Mehrfachnennungen möglich sind, stimmt die Summe der Nennungen nicht mit der Anzahl der Hilfen überein. Deshalb können Prozentwerte auch über 100 % liegen.

Quelle: Statistisches Bundesamt (2020), Statistiken der Kinder- und Jugendhilfe. Erzieherische Hilfe, Eingliederungshilfe für seelisch behinderte junge Menschen, Hilfe für junge Volljährige 2019, eigene Berechnungen

Im Durchschnitt werden zu Beginn jeder SPFH zwei Gründe für ihre Gewährung genannt. Betrachtet man sämtliche Einzelbegründungen, so macht die eingeschränkte Erziehungskompetenz der Eltern bzw. Personensorgeberechtigten mit 55,8 % den größten Anteil aus. An zweiter Stelle rangiert bei den Einzelnennungen die Belastung des jungen Menschen durch Problemlagen der Eltern (26,9 %),

auf 990 Nennungen, was bezogen auf die begonnenen Sozialpädagogischen Familienhilfen einen Anteil von 1,8 % ausmacht (vgl. Statistisches Bundesamt 2020, eigene Berechnungen). Aufgrund der relativ geringen Bedeutung wird dieser Gewährungsgrund auch in den Monitoring-Analysen vernachlässigt: „Bei diesen Hilfen handelt es sich aber um keinen ‚echten' Start einer Hilfe. Vielmehr ist davon auszugehen, dass die jeweilige Hilfe in Verantwortung eines anderen Jugendamtes begonnen worden ist und nunmehr weitergeführt wird" (Fendrich/Tabel 2019, S. 73, Fußnote 8).

gefolgt von der unzureichenden Förderung, Betreuung und Versorgung des jungen Menschen in der Familie (23,8 %).

Von den übergeordneten Kategorien sind am dritthäufigsten die unzureichende Förderung, Betreuung und Versorgung der jungen Menschen (44,2 %) der Grund für die Gewährung Sozialpädagogischer Familienhilfen und am zweithäufigsten die individuellen Problemlagen der jungen Menschen (51 %). Die meisten Nennungen entfallen auf den Bereich der familiären Problemlagen, was bereits an der leicht irreführenden kumulierten Prozentangabe (105,8 %) ersichtlich wird.

Darüber hinaus lässt sich der Anteil derjenigen Sozialpädagogischen Familienhilfen bestimmen, die aufgrund einer vorangegangenen Gefährdungseinschätzung (gemäß § 8 a Absatz 1 SGB VIII; vgl. Kap. 5.1.1) eingeleitet wurden: Hinsichtlich der im Jahr 2019 begonnenen Hilfen liegt dieser Anteil bei 16,8 % (absolut: 9.128, gesamt: 54.188). Bei den am 31. Dezember des Jahres 2019 laufenden und im selben Jahres beendeten Hilfen liegt der Anteil bei 15,9 % (absolut: 21.060, gesamt: 132.764) (vgl. Statistisches Bundesamt 2020, eigene Berechnungen).

In der gesetzlichen Grundlage der SPFH wird darauf verwiesen, dass diese „in der Regel auf längere Dauer angelegt" (§ 31 SGB VIII) sind. Die durchschnittliche Dauer der im Jahr 2016 beendeten Sozialpädagogischen Familienhilfen wird auf 16 Monate beziffert. Diese sind demzufolge zu 64,0 % planmäßig gemäß des Hilfeplanes (ohne Wechsel des zuständigen Jugendamtes) beendet worden (vgl. Fendrich/Pothmann/Tabel 2018, S. 70).

6.2 Ausgewählte Befunde

Die verschiedenen empirischen Untersuchungen mit Fokus auf die SPFH liegen systematisiert vor (vgl. BMFSFJ 1999, S. 16 ff.; Schattner 2007, S. 597 ff.; Frindt 2010, S. 10 ff.; 2020, S. 46 ff.; Richter 2013, S. 37 ff.; Rehder 2016, S. 109 ff.; Nüsken/Böttcher 2018, S. 73, S. 85 ff., S. 119, S. 162 ff.). Viele der einzelnen Befunde werden von den jeweiligen Autor:innen in konzeptionelle Entwürfe zur SPFH eingearbeitet, weshalb diese bereits verschiedentlich in den historischen und gegenstandsbezogenen Ausführungen der vorangegangenen Kapitel dieser Arbeit aufgegriffen wurden.

Hinsichtlich der sozialen Netzwerk- und Unterstützungsforschung lässt sich mit Frank Nestmann konstatieren, dass sich trotz ihrer vielfältigen Befunde hierzulande kein eigenständiges Forschungsgebiet zur Untersuchung alltäglicher Unterstützungsprozesse etabliert habe (vgl. Nestmann 2005a, S. 348 f.). Dies gelte für den Beratungskontext, in dem, obwohl konzeptionell angelegt, die Berücksichtigung sozialer Netzwerkbeziehungen als bislang nicht hinreichend untersucht und beforscht eingeschätzt werde (vgl. Kupfer/Nestmann/Weinhold 2013,

S. 1410f.). Annett Kupfers Analyse zufolge gewährleisten soziale Netzwerke vor und während den Beratungsverläufen unterstützende Funktionen für die Adressat:innen, jedoch werden diese von den Berater:innen kaum wahrgenommen, differenziert eingeschätzt oder explizit gefördert (vgl. Kupfer 2015, S. 280ff., S. 325ff.).

In der SPFH sind soziale Netzwerkbeziehungen hinsichtlich ihrer Bedeutung für die Fallbearbeitung kaum explizit zum Untersuchungsgegenstand gemacht worden, ebenso wenig wie die Beschaffenheit und Funktionalität der Beziehungsnetzwerke der begleiteten Familien (vgl. Messmer et al. 2019, S. 45).[116] Dennoch liegen empirische Arbeiten mit Bezug zur SPFH vor, in welchen diese Aspekte verschiedentlich thematisiert werden. Im Nachfolgenden werden deshalb Untersuchungen aus dem Feld der aufsuchenden Sozialen Arbeit mit Familien herangezogen, anhand derer die Bedeutung sozialer Netzwerkbeziehungen in der SPFH annäherungsweise verdeutlicht werden soll. Zu Systematisierungszwecken werden diese in Bestandsaufnahmen (vgl. Kap. 6.2.1), Untersuchungen mit Grundlagencharakter für die SPFH (vgl. Kap. 6.2.2) und explizit auf soziale Netzwerkbeziehungen fokussierte Untersuchungen (vgl. Kap. 6.2.3) unterschieden.

6.2.1 Bestandsaufnahmen

In der pionierhaften Phase wird in den 1980er-Jahren eine fragebogenbasierte Bestandsaufnahme zur SPFH durchgeführt, bei der ebenso Untersuchungen aus Nordrhein-Westfalen (vgl. Elger 1986) sowie Westberlin (vgl. Nielsen/Nielsen/C.W. Müller 1986) eingeschlossen werden. Auf diese Weise können alle Jugendämter der damaligen BRD befragt werden, die im Zuge dessen auch freie Träger benennen sollen, mit denen sie bezüglich der SPFH kooperieren; diese wiederum werden auch selbst zur Teilnahme gebeten. Insgesamt werden 90 % der Jugendämter und 68 % der von den Jugendämtern genannten freien Träger in die Auswertung miteinbezogen (vgl. Christmann/C.W. Müller 1986, S. 19ff.). Den Einschätzungen der Mitarbeiter:innen zufolge ist die SPFH insbesondere für Problemkonstellationen geeignet, die sich um das familiale Binnenleben drehen, wie beispielsweise die Bereiche Erziehung oder (Haus-)Wirtschaft (vgl. ebd., S. 57). Einen Unterschied zwischen den Einschätzungen der Jugendämter und der SPFH-Dienste in freier Trägerschaft sehen die Autor:innen darin, dass letztere „Probleme der Isolierung von Familienhilfe-Familien von ihrer sozialen Umwelt und das fehlende Durchsetzungsvermögen dieser Familien bei der Erschließung

116 Im Bereich stationärer Erziehungshilfen bzw. auch im Übergang aus der Heimerziehung ist diese Forschungsperspektive verschiedentlich eingenommen worden (vgl. Nestmann et al. 2008b; Straus et al. 2012, S. 73ff.; Riedl 2019, S. 619ff.; Theile 2020, S. 60ff., S. 305ff.).

zusätzlicher Hilfequellen stärker als Voraussetzungen für erfolgreiche Familienhilfe betonen" (ebd., S. 57 f.).

Für die Untersuchung „Die Bewältigung familiärer Probleme im sozialen Netzwerk" (Straus et al. 1987) werden qualitative Interviews mit 29 Familien in einer Münchener Trabantenstadt durchgeführt. Untersucht werden hierbei die familiale Netzwerkstruktur, ihre unterstützenden Funktionen bei familialen Problemen sowie subjektive Wahrnehmungen hinsichtlich des eigenen Netzwerkes. Die Autor:innen kommen zu dem Ergebnis, dass die Familien „über eine Reihe stabiler und funktionierender Sozialbeziehungen im Stadtteil und über die Grenzen des Stadtteils hinaus" (ebd., S. 181) verfügen, mit denen diese zufrieden seien. Allerdings resümieren die Autor:innen bezüglich der unterstützenden Funktionen von Verwandtschaft, Freundschaften und Nachbarschaft, dass die Familien diese *„nur sehr beschränkt nutzen: [m]it der Konsequenz, daß sich das Hilfesuchverhalten, je belastender Probleme werden und je enger sie mit Familien zusammenhängen, immer stärker und ausschließlicher auf den eigenen Partner reduziert*" (ebd., S. 187; vgl. auch ebd., S. 181 ff.; Buchholz et al. 1984, S. 170 ff.). Die Autor:innen diskutieren in diesem Zusammenhang, wie die Bereitschaft entsteht, eigene Probleme im Beziehungsnetzwerk offen zu legen, und leiten anhand der Ergebnisse netzwerkbezogene Verfahrensweisen ab, um die Familienmitglieder in ihrer Lebensbewältigung zu unterstützen (vgl. auch Straus et al. 1987, S. 188 ff., S. 196 ff.).

6.2.2 Untersuchungen mit Grundlagencharakter[117]

In ihrer Untersuchung entwickelt Eva-Marie Schuster (1997) „Aspekte eines mehrdimensionalen Handlungsansatzes für Multiproblemfamilien", die anhand zweier Fallstudien dargestellt werden. Hierbei wird der Bezug auf das soziale Beziehungsnetzwerk verschiedentlich integriert. In einer Mehrgenerationenperspektive wird aufgezeigt, wie informelle Beziehungsstrukturen (z. B. Beziehungsabbrüche zu Lebenspartnern) und Bewältigungsmuster (z. B. Loyalitätskonflikte eines Sohnes, der für seine Mutter sorgt) in Familien generationsübergreifend reproduziert werden und sich konflikthaft im Rahmen der SPFH zeigen (vgl.

117 Diese Charakterisierung könnte ebenso für weitere empirische Arbeiten geltend gemacht werden. Übersichten zu SPFH-Studien finden sich in den zu Kapitelbeginn angegebenen Quellenangaben (vgl. Kap. 6.2). Zudem können in einem weiteren Sinne vorliegende Jugendhilfestudien (vgl. BMFSFJ 2002; Albus et al. 2010) genannt werden. Zur SPFH im engeren Sinne liegen Studien vor, die organisatorische Rahmenbedingungen (vgl. C. Beckmann/Schrödter 2006; Fröhlich-Gildhoff/Engel/Rönnau 2006) und Erfahrungen der Fachkräfte im aufsuchenden Kontext untersuchen (vgl. Lüngen et al. 2014; Lüngen/M. Müller/Bräutigam 2016) oder als Evaluationen angelegt sind (vgl. Erzberger 2008).

Schuster 1997, S. 107 ff., S. 148 ff., S. 181 ff.). Zudem werden in den Falldarstellungen soziale Beziehungen außerhalb der Familie, beispielsweise in der Nachbarschaft oder im Freundeskreis, reflektiert und darauf bezogene Interventionsansätze beschrieben (vgl. ebd., S. 115 ff., S. 145, S. 154 ff., S. 175 f.).

Eva-Marie Schuster bezieht sich im Weiteren insbesondere auf formelle Netzwerke: Unter *Aufbau und Koordination des Netzwerkes* wird die fallbezogene Kooperation mit involvierten institutionellen Akteur:innen dargestellt (vgl. Schuster 1997, S. 135 ff., S. 172 ff., S. 205 f.). Darüber hinaus wird der *Aufbau außerfamilialer Netzwerke* als konzeptioneller Bestandteil herausgearbeitet. Außerdem wird die Einbindung einzelner Kinder betroffener Familien in institutionalisierte Angebote im Stadtteil dargestellt, die diesen neue Sozialisationserfahrungen und deren Eltern Entlastung von Betreuungsaufgaben ermöglichen sollen. Dabei können insbesondere die Mütter, der begleiteten Familien im Rahmen von Gruppenangeboten (z. B. Frauenfrühstück) neue Kontakte knüpfen und ihr Erziehungsverhalten reflektieren (vgl. ebd., S. 196 f.).

An dieser Stelle ließen sich auch weitere Untersuchungen aufführen, die aufgrund ihrer konzeptionellen Bedeutung für die SPFH bereits im Rahmen der Handlungsansätze berücksichtigt wurden, wie u. a. von Astrid Woog (2010), Stefan Köngeter (2009) oder Andreas Gut (2014). Ebenso wurden die Arbeiten von Klaus Wolf (2015) bereits eingehend thematisiert.

Hervorzuheben ist an dieser Stelle jedoch zusätzlich die Untersuchung „Sozialpädagogische Familienhilfe aus der Sicht der Klientinnen und Klienten“ (Wolf 2006b; vgl. auch Frindt/Wolf 2004), in der die Lebensbedingungen mittels SPFH begleiteter Familien hinsichtlich der Bewältigung ihrer Belastungen und Ressourcen untersucht werden. Anhand von circa 50 narrativen Interviews mit Familienmitgliedern werden fünf Bereiche herausgearbeitet, die sich als hilfreich für die Adressat:innen gezeigt haben bzw. die als wesentlich für die Weiterentwicklung der SPFH markiert werden. Hierzu zählt der reflektierte Einsatz von *direktiven und kontrollierenden Interventionselementen* und die Vermittlung von *Ermutigung, Aktivierung und Kontrollgewinn* durch die Fachkräfte. Ebenso wurde bereits auf die Erweiterung von Handlungsmöglichkeiten durch die *Gestaltung des familialen und außerfamilialen Sozialisationsfeldes* eingegangen. Darüber hinaus wird eine *qualifizierte Beendigung der SPFH* sowie eine *Selbstevaluation zur Verbesserung der Leistungsfähigkeit* empfohlen (vgl. Wolf 2006b, S. 86 ff.; Frindt 2006, S. 64 ff.). In weiteren Arbeiten beschreiben „Erfolgs- und Misserfolgs-Indikatoren“ (Wolf 2019, S. 402), welche Faktoren auf der Grundlage dieser Untersuchung das Gelingen von Sozialpädagogischen Familienhilfen positiv oder negativ beeinflussen (vgl. ebd., S. 417 f.; Wolf 2007, S. 26 f., S. 38).

Explizit Bezug auf diese Untersuchung nehmen Bettina Hofer und Christina Lienhart (2008) in ihrer Evaluationsstudie „Ambulante Familienarbeit Tirol unter besonderer Berücksichtigung der Perspektive der Familien“, die eine ähnliche Untersuchungsperspektive einnehmen. Die Untersuchung beinhaltet

Aktenanalysen zu 38 Familien, die SPFH in Anspruch genommen haben. Aufgezeigt werden damit soziodemografische Daten zu den Familien sowie zentrale Aspekte der Hilfeverläufe (vgl. Hofer/Lienhart 2008, S. 9, S. 13 ff.). Thematisiert werden in den Akten u. a. Ressourcen der Familien, wobei bezogen auf die Mitglieder der Familien hierbei in erster Linie die Mütter genannt werden (z. B. Eigeninitiative zur Veränderung, organisatorische Fähigkeiten, Förderung der Kinder). Ferner werden die Beziehung der Eltern, emotionale und vertrauensvolle Beziehungen der Familienmitglieder untereinander sowie weitere unterstützende Funktionen weiterer Familienmitglieder (z. B. Großeltern bzw. insbesondere Großmütter, vereinzelt auch ältere Geschwister) als Ressourcen beschrieben. Demgegenüber bewegen sich außerfamiliale Ressourcen „überwiegend im professionellen Kontext" (ebd., S. 25); als Beispiele werden hier Förder- und Beratungsstellen, Lehrstellen sowie Einrichtungen wie Kita oder Schule genannt. Die Autor:innen weisen auf weitere Entlastungsmöglichkeiten (z. B. durch die Unterstützung von Freund:innen, Haushaltshilfen) oder Freizeitaktivitäten von Kindern (z. B. Pfadfindergruppen oder sportliche Aktivitäten) hin, insgesamt fänden sich hinsichtlich informeller Unterstützung „in den Berichten allerdings wenige Hinweise auf ein ‚soziales Netz' wie FreundInnen, Verwandte oder NachbarInnen" (ebd.).

Die Perspektive der Adressat:innen auf die Verläufe der ambulanten Familienarbeit wird in zwölf teilstandardisierten Interviews mit Familienmitgliedern[118] erhoben. Was diese als lobenswert und kritisch an der erlebten Begleitung einschätzen, wird in der Studie illustrativ aufbereitet und zu diesbezüglichen Wirkfaktoren verdichtet (vgl. Hofer/Lienhart 2008, S. 9 ff., S. 28 ff.; 2009, S. 88 ff.). Die Autor:innen weisen darauf hin, dass „sich aus den Interviews nicht ableiten" (Hofer/Lienhart 2008, S. 41) ließe, in welchem Maße die Mitarbeiter:innen „auch an einem Erschließen sozialer Ressourcen im Lebensumfeld der Familien gearbeitet" (ebd.) hätten. Als Ergebnis wird darauf hingewiesen, was sich aus Sicht der Interviewpartner:innen in der aufsuchenden Sozialen Arbeit mit Familien bewährt hat[119] (vgl. ebd., S. 44 f.), und darauf aufbauend werden abschließend

118 „Von den 12 Interviews wurden 6 Gespräche mit Müttern geführt, 4 Gespräche mit Eltern, ein Gespräch mit Mutter und Jugendlichem und ein Gespräch mit einem Jugendlichen" (Hofer/Lienhart 2008, S. 10).

119 Hierzu werden gezählt:
- „Die Zusammenarbeit auf Basis einer Vertrauensbeziehung
- Transparente und klare Vereinbarungen
- Eine Annäherung an Deutungsmuster von KlientInnen
- Der Betreuungsprozess als Koproduktion
- Ein Zusammenspiel aus Beratung und Unterstützung in der Alltagsbewältigung
- Ein Überhang an professioneller Kompetenz
- Direktive Interventionen unter bestimmten Voraussetzungen
- Ermutigungsprozesse bei Erwachsenen und Kindern
- Vorbereitete, besonders inszenierte Abschlussphasen" (Hofer/Lienhart 2008, S. 50).

Weiterentwicklungspotenziale aufgezeigt. Diese beziehen sich neben der transparenten Zielvereinbarung mit den Familienmitgliedern auf die einheitliche Dokumentation und Gestaltung von Beendigungsprozessen. Zudem wird aus einer resilienztheoretischen Perspektive nahegelegt, Entwicklungsmöglichkeiten der Adressat:innen auch jenseits familialer Beziehungen stärker in den Blick zu nehmen (vgl. ebd., S. 45 ff.). Resümierend bleibt laut den Autor:innen jedoch offen, inwieweit die aufsuchende Familienarbeit „soziale Ressourcen erhebt und Kinder wie Erwachsene unterstützt, Ressourcen im außerfamiliären Lebensfeld zu erschließen" (ebd., S. 46).

Einen weiteren Forschungszugang stellen konversationsanalytische Untersuchungen dar, welche die Vielschichtigkeit der Interaktion zwischen Sozialpädagogischen Familienhelfer:innen und Adressat:innen aufzeigen. Für die Sozialpädagogische Familienbegleitung in der Schweiz arbeitet Dominic Petko anhand von Gesprächsmitschnitten, die von 25 Familienbegleiter:innen in insgesamt 50 Familien selbst aufgezeichnet worden sind (vgl. Petko 2004, S. 95 ff.), beispielsweise heraus, mittels welcher Gesprächsformen Probleme besprochen werden (vgl. ebd., S. 146 ff., S. 152 ff., S. 162 ff., S. 172 ff., S. 183 ff.) und wie sich Mitarbeiter:innen in alltäglichen Interaktionen verhalten (vgl. ebd., S. 194 ff.). Darauf aufbauend wird ein idealtypisches Modell entwickelt, wie Veränderungsimpulse durch Mitarbeiter:innen kommuniziert worden sind, die von Adressat:innen Zustimmung erfahren haben (vgl. ebd., S. 200 ff., S. 204 ff.).[120] Die Untersuchung thematisiert außerdem, dass die Familienbegleiter:innen im Rahmen der Familienbesuche überwiegend Kontakt mit den Eltern und Kindern haben, jedoch in variierenden Konstellationen (vgl. ebd., S. 139 f.).

Eine weitere konversationsanalytische Untersuchung zu „Gesprächspraktiken in der Sozialpädagogischen Familienhilfe" stammt von Martina Richter (2013). Drei Mitarbeiter:innen der SPFH wurden in ihrer Arbeit mit einer Familie jeweils über vier bis zwölf Wochen begleitet, wobei die Aufnahmen der Gespräche am Ende der Beobachtungsphase erfolgten (vgl. ebd., S. 80 f.). In der Untersuchung wird das gesprächsförmige Interaktionsgeschehen dargestellt, in dem sich insbesondere Mütter situativ als legitime, erziehungskompetente und um die Kinder sorgende Adressat:innen der SPFH ausweisen und gleichzeitig Einblicke in den teils problembehafteten Familienalltag geben. Rekonstruiert wird u. a. auch, dass Sozialpädagogische Familienhelfer:innen derartige Inszenierungen teils nicht

120 Darüber hinaus werden mittels leitfadengestützter, selbst-fokussierter Interviews mit Mitarbeitenden fall- und situationsbezogene Gesprächsstrategien zur Findung von Themen und Erarbeitung von Lösungen entwickelt (vgl. Petko 2004, S. 99 ff., S. 207 ff.). Dazu werden mittels teilstandardisierter Kurzfragebögen übergreifende *Handlungsorientierungen* herausgearbeitet, die als Arbeitsformen und -prinzipien aufgezeigt werden (vgl. ebd., S. 105 ff., S. 274 ff., S. 284 ff.). Die Auswertung der Arbeitsformen weist darauf hin, dass sich Fachkräfte vordergründig auf die Zusammenarbeit mit Eltern beziehen, wohingegen „die Einzelarbeit mit den Kindern und mit dem familiären Umfeld eher sekundär" (ebd., S. 277 f.) sei.

ansprechen und teils normative Zuschreibungen einsetzen, um Veränderungen anzustoßen (vgl. ebd., S. 265 ff.).

In einer Sequenz berichtet eine mittels SPFH begleitete Mutter von einer Freundin, die den Kontakt abgebrochen habe, weil die Mutter ein Geheimnis der Freundin weitergegeben habe. Anhand des Gesprächsverlaufs wird analysiert, dass durch die kommunikative Bearbeitung des Themas „Nähe und Vertrauen hergestellt werden bzw. kommunikativ angezeigt werden“ (Richter 2013, S. 107) können. Das eher als neutral eingeschätzte Kommunikationsverhalten der Sozialpädagogischen Familienhelferin eröffne zudem für die Mutter die Option „zu testen, ob die eigene Perspektive auf das ‚Alltagsproblem‘ mit der Freundin [...] kommunikativ ‚Mehrheiten‘ findet“ (ebd.; vgl. auch ebd., S. 103 ff., S. 268).

6.2.3 Untersuchungen mit Bezug zum Forschungsthema

Die Untersuchungen, die in den beiden vorangegangenen Abschnitten vorgestellt wurden, thematisieren verschiedentlich den Stellenwert sozialer Netzwerkbeziehungen in der SPFH, die im Folgenden weiter konkretisiert werden sollen.

Die Aktivierung sozialer Netzwerke in der SPFH
Sibylle Friedrich (2008) untersucht, inwiefern mittels des gezielten Einsatzes von netzwerkorientierten Interventionen in der SPFH soziale Unterstützung gefördert werden kann. Das Forschungsdesign ist eingebettet in ein Modellprojekt, in welchem 20 Sozialpädagogische Familienhelfer:innen bei acht freien Trägern in Hamburg in netzwerkorientierter Methodik geschult wurden. Untersucht wurden 26 Sozialpädagogische Familienhilfen, die von Mitarbeiter:innen, teils mit der genannten Schulung (Untersuchungsgruppe), teils ohne diese (Vergleichsgruppe), durchgeführt wurden. Um strukturelle Veränderungen im Beziehungsnetzwerk sowie Veränderungen hinsichtlich der wahrgenommenen sozialen Unterstützung zu untersuchen, wurden egozentrierte Netzwerkkarten und standardisierte Items in der Befragung einzelner Familienmitglieder[121] eingesetzt worden. Die Erhebung wurde in beiden Gruppen zu zwei Zeitpunkten, nämlich zu Projektbeginn und nach einer neunmonatigen Interventionsphase, durchgeführt (vgl. Friedrich 2008, S. 160 ff., S. 199 ff.).

Ein Befund besteht darin, dass die Adressat:innen zum ersten Erhebungszeitpunkt in beiden Gruppen wider Erwarten große und unterstützende Beziehungsnetzwerke angeben hätten: „[D]ie Klient(inn)en [verfügten] bereits

121 „Im Projekt wurde jeweils der Elternteil befragt, welcher von dem/der fallzuständigen Betreuer(in) als haupterziehungsverantwortlich bzw. als bereitwilliger, an der Untersuchung aktiv teilzunehmen, erlebt wurde. [...] Insgesamt wurden zum ersten Messzeitpunkt also 47 Mütter und Väter befragt“ (Friedrich 2008, S. 214 f.).

vor der Intervention sehr wohl über zahlreiche Netzwerkmitglieder [...], von denen sie auch soziale Unterstützung erhielten. Der Durchschnittswert war mit 13,76 Unterstützungspersonen unerwartet hoch" (Friedrich 2008, S. 282). Bei der zweiten Erhebung nach neun Monaten wird hinsichtlich der Adressat:innen in der Untersuchungsgruppe ein Anstieg der Verfügbarkeit von wahrgenommener Unterstützung in alltäglichen Belangen konstatiert, die von Mitgliedern der Familie oder Verwandtschaft erbracht würden (vgl. ebd., S. 287 f., S. 290 f.).

Abschließend können die Ursachen dafür nicht eindeutig aufgeklärt und somit auch nicht auf den verstärkten Einsatz der netzwerkorientierten Interventionen zurückgeführt werden (vgl. Friedrich 2008, S. 261, S. 292). Des Weiteren wird festgehalten, dass

> „[a]uch die professionellen Helfer(innen) [...] nach der Intervention offenbar als Unterstützungsquelle präsenter als zuvor [sind]; sowohl im Alltag als auch in der Krise konnten größtenteils mehr Klient(inn)en als bisher zumindest einen (potenziellen) Unterstützer aus ihrem professionellen Netzwerk benennen." (ebd., S. 291)

Bezogen auf das Verhältnis informeller und formeller Unterstützung bleibe die „Relevanz professioneller Helfer(inn)en [...] insgesamt jedoch weiterhin hinter der familiären und freundschaftlichen Unterstützung zurück" (ebd.).[122]

Sozialpädagogische Familiendiagnosen – Deutungsmuster: Erfahrungen mit professionellen Helfersystemen und Einbindung in informelle Helfersysteme

Eine weitere Untersuchung, die soziale Beziehungsnetzwerke in der SPFH thematisiert, ist im Kontext „Sozialpädagogische[r] Familiendiagnosen" (Uhlendorff/Cinkl/Marthaler 2008) entstanden. Die durchgeführte Untersuchung hat zum Ziel, „Problemtypen familiärer Belastungssituationen sowie erzieherischer

---

122 Kirsten Modrow (2018) kommt in ihrer querschnitthaft angelegten Vergleichsgruppenstudie „Stabilisierung von Hilfebedarfen statt Hilfe zur Selbsthilfe" zu einem gegenteiligen Ergebnis. Sie untersucht, inwiefern sich die Netzwerk*strukturen* von „Nutzern und Nutzerinnen der ambulanten Sozialpsychiatrie zur Eingliederungshilfe und Familienhilfe" (Modrow 2018, S. 211) von denen einer gebildeten Vergleichsgruppe unterscheiden. Sie konstatiert: „Die egozentrierten Netzwerke von Personen mit Bedarf an sozialarbeiterischen Hilfen unterscheiden sich von Personen ohne diesen Hilfebedarf in Netzwerkgröße, in der Netzwerkdichte innerhalb der einzelnen Sektoren und im Beziehungsgewicht" (ebd., S. 218). Darauf aufbauend stellt sie zur Diskussion, dass formell Helfende mitunter zentrale Netzwerkpositionen in der Untersuchungsgruppe besetzen würden und somit einen „großen Einfluss auf die Netzwerkqualität nehmen, sowohl durch ihre *Starpositionen* als auch durch die intersektoralen Beziehungen in den Sektoren Kollegen und Kolleginnen und Freundschaften" (ebd., S. 221). In diesem Zusammenhang stellt sie die Überlegung an, dass „Ressourcen, welche die Nutzer und Nutzerinnen für die Beziehungsgestaltung einsetzen, [...] möglicherweise bei der Gestaltung nicht professioneller Beziehungen" (ebd., S. 219 f.) fehlen könnten.

Notlagen zu eruieren" (ebd., S. 13). Der Untersuchung liegen 77 Interviews mit Familien (Anzahl der Einzelinterviews: 62 mit Frauen, 25 mit Männern, 24 mit Jugendlichen) zugrunde, die, teilweise gleichzeitig, unterschiedliche Arten von Hilfen zur Erziehung erhalten. Den Schwerpunkt bildet bei den eingesetzten Erziehungshilfen die SPFH, die 44,2 % der Familien angegeben haben (vgl. ebd., S. 17 f., S. 24 ff.).

Die Auswertung zielt nicht auf die Rekonstruktion von Einzelfällen, sondern auf eine Typisierung von *Selbstdeutungsmustern* der Familien, *eltern- und erwachsenenbezogener Konfliktthemen* und *Hilfethematiken* sowie *familiärer Aufgabentypen* (vgl. Uhlendorff/Cinkl/Marthaler 2008, S. 18 ff.). Angesichts des Themas dieser hier vorliegenden Arbeit wird lediglich auf zwei der zwölf[123] Selbstdeutungsmuster eingegangen: *Erfahrungen mit professionellen Helfersystemen* und *Einbindung in informelle Helfersysteme.*[124]

Die Erfahrungen mit professionellen Helfersystemen werden nach dem Fokus der jeweiligen Hilfen strukturiert, die entweder an einem Kind oder verschiedenen familiären Subsystemen sowie an deren zeitlichen Verläufen orientiert sind, da die Erziehungshilfen entweder als abrupt einsetzend und episodisch oder als längerfristig in der Biografie eines Familienmitgliedes dargestellt werden. Präsentiert werden hierbei folgende vier Typen: *lange Suche nach passender Hilfe für das Kind, professionelle Hilfe als Schicksalsschlag in Bezug auf ein Kind* oder *die Familie* sowie *Leben mit professionellen Helfersystemen.* Sozialpädagogische

123 Die weiteren zehn Erfahrungsdimensionen lauten wie folgt: biografische Leidensmuster, sozioökonomische Rahmenbedingungen, aktuell relevante familiäre Belastungen, familiäre Arbeitsteilung, familiäre Zeitstruktur, Erziehungsprobleme, Selbstzufriedenheit in Bezug auf familiäre Aufgaben und Beruf, Bewaltigung familiärer Konflikte – ‚Konfliktkultur', Partnerschaftserleben und subjektiver Hilfeplan (vgl. Uhlendorff/Cinkl/Marthaler 2008, S. 29 ff.).

124 Eine vergleichbare Forschungsperspektive nimmt Kim Patrick Sabla (2009) in seiner Untersuchung „Vaterschaft und Erziehungshilfen" ein, in der fünf (von insgesamt 16) befragten Vätern aktuell der Hilfeform SPFH zugeordnet werden (vgl. ebd., S. 74). Im Rahmen der Typenbildung werden u. a. die subjektiv erlebte Einbindung der Väter in den Hilfeprozess und die *Erwartungen an institutionelle Helfersysteme* herausgearbeitet (vgl. ebd., S. 170 ff.; Sabla 2012, S. 234 ff.). Zudem werden die *Netzwerke von Vätern und informelle Hilfen* berücksichtigt (vgl. Sabla 2009, S. 180 ff.). Aufgezeigt wird dabei, dass Väter vereinzelt informelle Unterstützung erhalten und akzeptieren, diese aber tendenziell ablehnen, da sie damit möglicherweise verbundene Eingriffe in die private Lebensgestaltung verhindern wollten. Väter begeben sich allerdings auch gezielt auf die Suche nach Informationen: „Keiner der interviewten Väter nennt einen guten oder langjährigen Freund als unterstützend bei der Frage nach informellen Helfersystemen. Ebenso wenig spielen wenig institutionalisierte Formen der Selbsthilfe (z. B. Selbsthilfegruppen o. Ä.) eine Rolle. Es sind eher punktuelle Hilfe-Beziehungen zu NachbarInnen oder KollegInnen und dabei der eher unverbindliche Meinungsaustausch, die für Väter attraktiv sind. Vätern ist es offensichtlich wichtig, jederzeit entscheiden zu können, wer Hilfe leisten darf und wann diese Unterstützungs-Beziehung beendet wird" (ebd., S. 187).

Familienhilfen wurden insbesondere in den letzten drei genannten Typen eingesetzt (vgl. Uhlendorff/Cinkl/Marthaler 2008, S. 42 ff.). Einen maßgeblichen Anteil nahmen sie im Typ *Leben mit professionellen Helfersystemen* ein (14 der 23 zugeordneten Familien). Dieser zeichne sich dadurch aus, dass formelle Hilfen als „selbstverständlicher Teil der Biografie" (ebd., S. 45) beschrieben werden. Die Erziehungshilfen werden durch einen deutlichen Alltagsbezug charakterisiert, sie bezögen sich im zeitlichen Verlauf auf verschiedene Kinder mit wechselnder Intensität und die Eltern sähen sich selbst ebenso als Adressat:innen. Insgesamt, so das Fazit der Autor:innen, verweist dieses Deutungsmuster darauf, dass die bisherigen subjektiven Erfahrungen der Adressat:innen mit formellen Hilfen die Wahrnehmung zukünftiger Hilfen bzw. der involvierten Mitarbeiter:innen beeinflussen würden (vgl. ebd., S. 45 f.).

Hinsichtlich des Deutungsmusters der Einbindung in informelle Helfersysteme weisen die Autor:innen resümierend darauf hin, dass mit 39 Familien circa die Hälfte der 72 einbezogenen Familien angäben, in ihrer erweiterten Familie bzw. Verwandtschaft auf keine Unterstützungspersonen zugreifen zu können. Die Gründe dafür seien „vielfältig" (Uhlendorff/Cinkl/Marthaler 2008, S. 49), von Umzug über Tod und Alter der eigenen Eltern bis hin zum explizierten Verzicht, zu dem sie sich angesichts belastender Erfahrungen oder Konflikte mit ihrer Familie oder ihren Eltern entschieden hätten (vgl. ebd.). Dieser Befund basiert auf der Typisierung der fünf Deutungsmuster, die nach den geäußerten Kontakthäufigkeiten und Hilfepotenzialen mit bzw. von Personen im Beziehungsnetzwerk strukturiert wurden. Diese lauten wie folgt: *eingebundene Familien, Familiensolidarität, Hilfe von Freunden und Nachbarn, nicht eingebundene Familien* und *ein bester Freund/eine beste Freundin* (vgl. ebd., S. 46 ff.). Da die Deutungsmuster nicht explizit nach der Inanspruchnahme der einzelnen Hilfeformen aufgeschlüsselt werden, sollen diese nicht näher dargestellt werden. Auch wenn anhand der Untersuchung kaum Rückschlüsse auf Familien, in denen Sozialpädagogische Familienhilfen eingesetzt wurden, möglich sind, so bieten sie dennoch eine Orientierung zum Stellenwert informeller sozialer Beziehungen aus Sicht der Familienmitglieder. Weiter konkretisieren lässt sich dies anhand der nachfolgend dargestellten Untersuchung.

Familie und Familienalltag als Bildungsherausforderung – Dimension: Familiennetzwerke

Matthias Euteneuer und Uwe Uhlendorff (2020) entwickeln ein „Familienkonzeptmodell"[125] (ebd., S. 23), mit dem sie Interdependenzen zwischen individu-

125 „Unter dem Begriff Familienkonzept verstehen wir folglich ein individuelles, mehr oder weniger klar strukturiertes Konglomerat bildhafter Deutungen und Vorstellungen von Familie, welche Familienmitglieder durch die Reflexion ihres Familienalltags sowie gesellschaftlich vermittelter Vorstellungen im Laufe ihres Lebens stetig weiterentwickeln" (Euteneuer/Uhlendorff 2020, S. 24).

ellen, biografisch geprägten Vorstellungen von Familie mit gesellschaftlichen Erwartungen und Wandlungsprozessen nicht nur der theoretischen Reflexion, sondern ebenso der empirischen Analyse zugänglich machen wollen (vgl. ebd., S. 23 ff.; Knuth/Sabla/Uhlendorff 2009, S. 182 ff.; Euteneuer/Mücher/Uhlendorff 2017, S. 231 ff.). Die empirische Untersuchung ist der Frage gewidmet, „wie subjektive Familienkonzepte von Eltern im Rahmen familiärer Übergänge entwickelt und verändert werden, welche Lern- und Bildungsprozesse hinter diesen Veränderungen stehen und welche Faktoren Lern- und Bildungsprozesse erleichtern bzw. blockieren“ (Euteneuer/Uhlendorff 2020, S. 30).

Die Erhebung zeichnet sich unter anderem durch einen längsschnitthaften-qualitativen Zugang aus und basiert auf einer umfangreichen methodischen Anlage (vgl. Euteneuer/Uhlendorff 2020, S. 30 ff.). Untersucht wurden Familien, die sich zum einen durch einen „lebenslaufbedingten Übergang[…] zur Elternschaft“ (ebd., S. 31) auszeichnen, wozu der Beginn der Elternschaft oder das Wiedereinsteigen in den Beruf gezählt werden. Zum anderen werden Familien mit „krisenbedingte[n] Übergänge[n] zu Ein-Eltern-Familien sowie Fortsetzungsfamilien“ (ebd., S. 31) ins Sample aufgenommen, für die eine Trennung oder Scheidung von den Partner:innen als kennzeichnend markiert wird. In der ersten Erhebung wurden insgesamt 58 Familien in 68 Interviews befragt, in denen zunächst Erzählungen zur Familiensituation und Familiengeschichte angeregt wurden, bevor mittels eines Leitfadens zeitlich-biografische Darstellungen zur Herkunftsfamilie, dem gegenwärtigen Familienalltag sowie subjektiven Zukunftsentwürfen zur Familie strukturiert erfragt wurden. In einer zweiten Erhebung, die nach 15 bis 18 Monaten durchgeführt wurde, konnten 31 Familien aus der ersten Welle in 33 Interviews hinsichtlich der Veränderung der Familienkonzepte erneut befragt werden (vgl. ebd., S. 31 ff.).

Relevant für das zugrundeliegende Interesse dieser Arbeit ist der Umstand, dass die Untersuchungsteilnehmer:innen aus familienunterstützenden Angeboten rekrutiert wurden, sodass sich neben dem Setting der Familienbildung auch Familien im Sample befinden, die zum Erhebungszeitpunkt eine SPFH in Anspruch nahmen. Darüber hinaus wurden explizit familiale Netzwerke rekonstruiert. Anhand der Interviews in der ersten Erhebungswelle wurden Typologien mit Deutungsmustern zur gegenwärtigen Alltagsgestaltung rekonstruiert. Diese wurden aus einer biografischen Perspektive zudem hinsichtlich ihrer Veränderungen gegenüber der familialen Herkunft sowie den zukünftig angestrebten Veränderungen untersucht (vgl. Euteneuer/Uhlendorff 2020, S. 38).

An dieser Stelle soll weder auf diese als „*Transformationspfade*“ (Euteneuer/Uhlendorff 2020, S. 38) bezeichneten Veränderungen eingegangen werden noch auf alle sechs typologisierten Alltagsdimensionen[126]. Stattdessen erfolgt hier eine

126 Bei diesen handelt es sich um Erziehungskonzepte, Balancen von Selbstsorge und familialer Fürsorge, Arbeitsteilung im Paar, zeitliche Organisationen des Familienalltags,

Fokussierung auf die Typologie, die sich explizit auf *Familiennetzwerke* in der gegenwärtigen Alltagswahrnehmung bezieht (vgl. ebd., S. 151 ff.). Gegenüber der Originalstudie wurden zu Darstellungszwecken sowohl die Beschreibungen der Elternfiguration als auch die quantitativen Angaben zu den Familien, in denen SPFH eingesetzt wurde, ergänzt (vgl. Tabelle 3).[127]

Tabelle 3: Merkmalsraum gegenwärtiges Familiennetzwerk (erste Erhebungswelle: 68 Einzelinterviews, 2 nicht zuordenbar), nach Euteneuer/Uhlendorff (2020, S. 154)

Erweitertes Netzwerk / Elternfiguration	ohne weitere Unterstützungsperson	mit weiteren Unterstützungspersonen
Alleinelternschaft (alleinige Fürsorge- und Erziehungsverantwortung einer Person)	**Typ 1: Alleinerziehend ohne Netzwerk** (4 Elternteile mit SPFH von insgesamt 6 Elternteilen)	**Typ 2: Alleinerziehend mit Netzwerk** (6 Elternteile mit SPFH von insgesamt 9 Elternteilen)
Eltern in Paarbeziehung (zwei als Paar lebende Eltern übernehmen die Elternfunktion)	**Typ 3: Kernfamilie ohne Netzwerk** (6 Elternteile mit SPFH von insgesamt 12 Elternteilen)	**Typ 4: Kernfamilie mit Netzwerk** (4 Elternteile mit SPFH von insgesamt 27 Elternteilen)
Geteilte Elternschaft (getrennt lebende Eltern in getrennten Haushalten, beide beteiligen sich an Fürsorge und Erziehung)	**Typ 5: Geteilte Elternschaft ohne Netzwerk** (6 Elternteile mit SPFH von insgesamt 7 Elternteilen)	**Typ 6: Geteilte Elternschaft mit Netzwerk** (2 Elternteile mit SPFH von insgesamt 4 Elternteilen)
Plurale Elternschaft (mehr als zwei Elternteile übernehmen Fürsorge- und Erziehungsaufgaben für ein oder mehrere Kind/er)	**Typ 7: Plurale Elternschaft** (1 Elternteil mit SPFH von insgesamt 1 Elternteil)	

Die in Tabelle 3 horizontal angeordneten *Elternfigurationen* beziehen sich auf die jeweilige Beziehungskonstellation auf der Elternebene in den untersuchten Familien; die vertikalen Achsen werden „pragmatisch verengt und vereinfacht" (Euteneuer/Uhlendorff 2020, S. 154) danach differenziert, ob Unterstützungspersonen von den Befragten als vorhanden oder nicht vorhanden angegeben werden (vgl. ebd., S. 151 ff.).[128]

Bezüglich der unterstützenden Personen wird ersichtlich, dass die soziale Unterstützungsforschung als konzeptioneller Bezugspunkt in der Typisierung der Familiennetzwerke aufgegriffen wird. Expliziert wird in diesem Zusammenhang,

Paarbeziehung in der Familie und Familiennetzwerke (vgl. Euteneuer/Uhlendorff 2020, S. 38, S. 42 f.).

127 Mein Dank gilt Uwe Uhlendorff für die konkretisierenden Auskünfte zur Verteilung Sozialpädagogischer Familienhilfen im Merkmalsraum Familiennetzwerk.

128 „Trotz der erkennbaren Unterschiede zwischen FreundInnen und Verwandten fragen wir einfach, ob die Elternteile auf signifikante Andere zurückgreifen können, die zu einer Entlastung des Familienalltags verlässlich und mehr oder weniger regelmäßig beitragen im Sinne praktischer Hilfestellungen" (Euteneuer/Uhlendorff 2020, S. 154).

dass funktional-alltagspraktische Unterstützungsdimensionen (z. B. Kinderbetreuung) im besonderen Maße berücksichtigt werden: „Aus einer sozialpädagogischen Sicht erscheint uns besonders die instrumentelle Unterstützung relevant, weil diese auf eine unmittelbare Unterstützung bei der Bewältigung des Familienalltags zielt" (Euteneuer/Uhlendorff 2020, S. 151). Begründet wird die Fokussierung praktischer Unterstützung weiterhin damit, dass informatorische, interpretativ-bewertende oder emotionale Unterstützungsleistungen „weniger systematisch durch die Interviewten thematisiert wurden" (ebd.).

Anhand der obigen Übersicht (vgl. Tabelle 3) wird ersichtlich, dass Sozialpädagogische Familienhilfen insbesondere von Familien in den Typen eins bis drei sowie fünf in Anspruch genommen werden und dort gehäuft vertreten sind. Diese werden im Folgenden wiedergegeben:

- Elternteile, die dem *Typ 1: Alleinerziehend ohne Netzwerk* zugeordnet wurden, gaben verschiedene Ursachen an, weshalb sie über kein Unterstützungsnetzwerk verfügten. Hierzu zählen Konflikte mit den eigenen Eltern, teilweise auch die räumliche Distanz zur eigenen Herkunftsfamilie. Zudem konstatierten die Eltern, über zu wenig Kapazitäten für den Aufbau von Freundesnetzwerken zu verfügen und eher Freundschaften zu Menschen in einer vergleichbaren Lebenssituationen wie sie selbst zu pflegen, weshalb diese kaum in der Lage wären, Unterstützung zu leisten. Als charakteristisch wird darüber hinaus auf materiell prekäre Lebenslagen hingewiesen, da lediglich eine Person halbtags einer Erwerbstätigkeit nachgehe (vgl. Euteneuer/Uhlendorff 2020, S. 155 f.).
- Elternteile des *Typs 2: Alleinerziehend mit Netzwerk* verfügten teilweise über Kontakt zum anderen Elternteil oder waren neue Partnerschaften eingegangen, wobei beide als kaum zuverlässig unterstützend im Alltagsleben beschrieben wurden. Allerdings stünden Verwandte und Freunde unterstützend zur Verfügung. Zudem gehe die Hälfte der Personen einer Berufstätigkeit nach (vgl. ebd., S. 156 f.).
- Familienkonstellationen, die als *Typ 3: Kernfamilie ohne Netzwerke* bezeichnet werden, zeichnen sich dadurch aus, dass die Befragten kaum über unterstützende Netzwerke jenseits der Paarbeziehung verfügten. Allerdings würden die interviewten Elternteile die fehlende Unterstützung beklagen. Die Befragten gaben weiterhin an, dass Freundesnetzwerke, die vor der Geburt der Kinder bestanden hatten, inzwischen nicht mehr vorhanden seien. Als weitere Gründe für das fehlende Netzwerk wurden bestehende Konflikte mit der Herkunftsfamilie, räumliche Distanz zu dieser sowie Krankheit, Alter oder, weniger häufig, die Erwerbstätigkeit einzelner Personen genannt. Zudem wird in diesem Zusammenhang auf die Migrationskonstellationen einiger Familien aufmerksam gemacht, da sich durch räumliche Entfernungen Einschränkungen hinsichtlich sozialer Unterstützungsleistungen ergeben könnten (vgl. ebd., S. 158 f.).

- Schließlich werden *Typ 5: Geteilte Elternschaft ohne Netzwerk* getrennt lebende Elternteile zugeordnet. Diese hätten verbindliche Regeln hinsichtlich der Fürsorge- und Erziehung ihrer Kinder etabliert. Die Beziehung der Eltern wird als überwiegend konfliktreich beschrieben, gleiches wird hinsichtlich eventueller neuer Partnerschaften konstatiert. Zudem kämen nach Angabe der Befragten die eigenen Eltern für die praktische Alltagsaufgabe der Kinderbetreuung nicht infrage. Gleiches gelte für weitere Personen, zu denen jedoch eine Beziehung bestehe: „Kontakte zu FreundInnen dienen zwar zum Austausch von täglichen Sorgen, jedoch nicht als Betreuungsmöglichkeit für die Kinder. Ähnliches gilt für Geschwister" (ebd., S. 160).

Ohne noch weiter auf die einzelnen Typen einzugehen (vgl. hierzu ebd., S. 155 ff.), lässt sich das Resümee der Autor:innen nachvollziehen: Hinsichtlich der wahrgenommenen Unterstützungsnetzwerke von Familien, in denen eine SPFH eingesetzt wurde, kommen jene zu der Einschätzung, dass diese überwiegend dadurch gekennzeichnet seien, dass „soziale Netzwerke fehl[t]en, und zwar sowohl bei den Ein-Eltern-Haushalten als auch bei den Zwei-Eltern-Haushalten" (ebd., S. 166). Insgesamt geben die Befragten an, ihre bestehenden Beziehungsnetzwerke beibehalten und ausbauen zu wollen; zudem wird ein funktionsfähiges Beziehungsnetzwerk, das auch Entlastung bei alltäglichen Aufgaben bietet, als wünschenswert eingeschätzt (vgl. ebd.).

Abschließend lässt sich darauf hinweisen, dass mit der oben bereits genannten Forschungsperspektive das Verständnis von informellen Netzwerken zugrunde gelegt wird, dass Beziehungen insbesondere dann als vorhanden in Blick genommen werden, wenn sie einen instrumentell-praktischen Alltagsnutzen aufweisen, was in der Studie durch die Auskünfte der Befragten zusätzlich gestützt wurde.

Ambivalente Bewältigungsaktivitäten beim Aufwachsen unter ungünstigen Bedingungen: Resilienztheoretische Abstraktionen eines Entwicklungs- und Hilfeprozesses in der aufsuchenden Familienarbeit

Wie der Titel bereits andeutet, rekonstruiert Anja Frindt (2020) in ihrer ethnografisch angelegten Untersuchung den Fallverlauf einer Sozialpädagogischen Familienhilfe im Längsschnitt. Ausgehend von der Aufarbeitung resilienztheoretischer Wissensbestände widmet sie ihr Forschungsinteresse der Art und Weise, wie in der aufsuchenden Familienarbeit „Resilienzprozesse beim Aufwachsen unter ungünstigen Bedingungen sowohl bezüglich verschiedener Lebenskontexte als auch gegenüber verschiedenen Risikofaktoren" (Frindt 2020, S. 168) gestaltet werden können. Um die „Feinmechanik" (ebd., S. 161) dieser Prozesse in den Blick zu bringen, werden im Sampling u. a. explizit „Fälle, in denen der Zugang zu Schutzfaktoren außerhalb der Familie hergestellt" (ebd.) werden konnte, einbezogen (vgl. ebd., S. 167 ff.).

Anhand eines Falles werden die Lebens- und Entwicklungsbedingungen, der Entwicklungsprozess eines Mädchens sowie der Hilfeverlauf einer SPFH rekonstruiert. Im Zeitraum von Dezember 2007 bis Januar 2009 werden die Perspektiven von verschiedenen Akteur:innen erhoben: der Mutter, der Tante, der Sozialpädagogischen Familienhelferin sowie eines zu Beginn der Erhebung 12-jährigen Mädchens (vgl. Frindt 2020, S. 189 f., S. 511 f.). Eingesetzt wurden verschiedene Methoden (offene Interviews, teilnehmende Beobachtungen), die insbesondere die Perspektive des Kindes (Netzwerkkarte, Fotos von wichtigen Menschen, narrative Landkarte, biografisch-narratives Interview) berücksichtigen sollten (vgl. ebd., S. 170 ff.). Entsprechend wurden verschiedene Auswertungsstrategien adaptiert (Dichte Beschreibungen, Genogrammarbeit, Instrumentarium der dokumentarischen Methode) (vgl. ebd., S. 181 ff.).

Aufbauend auf der detailliert beschriebenen Fallrekonstruktion werden die als resilienztheoretische Abstraktionen bezeichneten Ergebnisse verdichtet. Herausgearbeitet werden verschiedene „Bewältigungspraktiken, die die potenziell schädlichen Auswirkungen von Risikofaktoren abmildern bzw. verhindern, solche, die potenzielle Risikofaktoren verhindern, sowie ressourcenerhaltende und ressourcenerschließende Bewältigungspraktiken" (Frindt 2020, S. 463). Beispielsweise wird hinsichtlich letzterer beschrieben, wie die Tante als Ressource im Hilfeverlauf weitere Unterstützungsfunktionen für das Mädchen einnahm (z. B. Schenkung von Kleidung, Beratung zu Frisur, Mode, Körperpflege), aber auch spezifische Erwartungen an sie richtete (z. B. Zimmer aufräumen, Abgewöhnen des Nägel Kauens).

In Abgleich mit der Perspektive der Sozialpädagogischen Familienhelferin wird eine Diskrepanz zu den rekonstruierten Unterstützungsfunktionen aufgezeigt. Den intendierten Vorstellungen der Familienhelferin zur Gestaltung der Beziehung von Mädchen und Tante zufolge sollte letztere „als Ansprechpartnerin für weibliche Sozialisation und als emotional dichte und exklusive Beziehung" (Frindt 2020, S. 466) fungieren. Dies spiele hingegen „in den Überlegungen der Tante keine Rolle" (ebd.) und die angestrebte Funktionsübernahme sei allenfalls temporär umsetzbar (vgl. ebd., S. 465 f.).

Als zentrales Ergebnis wird festhalten, dass „das Zusammenspiel von Risikofaktoren und Ressourcen über Zeit und Situationen hinweg als ambivalente Bewältigungspraktiken" (Frindt 2020, S. 470) verstanden werden kann und schützende Faktoren vorhandene Risiken nicht vollständig kompensieren. Zudem müssten diese Praktiken der Bewältigung im Alltag „permanent hervorgebracht, stabilisiert und abgesichert" (ebd.) werden. Die Ambivalenz bestehe der Untersuchung zufolge darin, dass sich das Zusammenspiel in einem interdependenten Prozess vollziehe, der in die jeweiligen Lebenskontexte und zeitlichen Verläufe eingebettet sei und schließlich nach unterschiedlichen Ebenen differenziert werde (vgl. ebd., S. 473 ff.).

Hinsichtlich der Ressourcen aus sozialen Netzwerkbeziehungen wird auf Dynamiken verwiesen, innerhalb derer einige über den Hilfeverlauf stabil bleiben, hinzukommen, wegfallen oder nur noch eingeschränkt verfügbar sind. Herausgearbeitet wird auch, dass sich hierbei verschiedene Lebenskontexte wechselseitig beeinflussten. So wurde beispielsweise beobachtet, dass die gesteigerte Bedeutung von Peers dazu führt, dass die oben beschriebene Tante zeitweilig an subjektiver Bedeutung für das Mädchen verlor (vgl. Frindt 2020, S. 473 f.).

In der Darstellung der Ergebnisse wird ein Anschluss an die Arbeiten von Klaus Wolf vorgenommen, der als Grundlage familienbezogener Interventionen vorschlägt, „Entwicklungschancen und -hindernisse in sozialisationsrelevanten Interdependenzgeflechten" (Wolf 2019, S. 400) in den Blick zu nehmen.

Sozialpädagogische Familienbegleitung: Ausgangsbedingungen – Praxis – Wirkungen

In der Studie werden basierend auf einem integrativen Wirkungsmodell Voraussetzungen und Zielstellungen von Fachkräften bei ihren Interventionen in Familiensysteme und deren sozialökologische Umwelten hinsichtlich ihrer Wirkungen untersucht, wobei mit der Perspektive von Kindern auf SPFH und der Berücksichtigung sozialer Unterstützungsnetzwerke explizit zwei Forschungslücken aufgegriffen werden (vgl. Messmer et al. 2019, S. 48 f.; Messmer et al. 2021, S. 30 ff.). Insbesondere der letztgenannte Forschungsschwerpunkt korrespondiert mit der vorliegenden Untersuchung. Neben der thematischen Ausrichtung ist die methodische Anlage der Studie hervorzuheben, da im Unterschied zur qualitativ-rekonstruktiven Ausrichtung dieser Untersuchung auf das Instrumentarium der sozialen Netzwerkanalyse zurückgegriffen wird (vgl. Messmer et al. 2021, S. 35 ff.).

Als wesentliche Befunde halten die Autor:innen fest, dass Eltern, die SPFH erhalten, keineswegs als sozial isoliert bezeichnet werden können und scheinbar ausreichend emotionale Unterstützungsleistungen aus ihrem Beziehungsnetzwerk erhalten, wenngleich Alleinerziehende oder Eltern ohne Erwerbstätigkeit bzw. mit Transferleistungsbezug über weniger Ressourcen aus ihrem sozialen Netzwerk verfügen. Demgegenüber finden sich kaum explizite Zielstellungen und Vorgehensweisen in den untersuchten Familienbegleitungen, die auf das Netzwerk der Adressat:innen gerichtet sind. Fachkräfte konzentrieren ihre Interventionen demzufolge auf die Unterstützung der Eltern, wodurch im Hilfeverlauf auch Belastungen aus dem informellen Netzwerk abgebaut werden (vgl. Messmer et al. 2021, S. 200 ff., S. 220 ff., S. 246 ff.). Insgesamt wird konstatiert, dass familienexterne Unterstützung „eher selten systematisch und gezielt eruiert" (ebd., S. 249) werde. Allerdings fänden Fachkräfte in ihrer Arbeit mit den Familien „häufiger institutionalisierte Formen der Unterstützung anderer Professionen vor (bzw. werden von ihr selbst beigezogen oder vermittelt), die mit ihren eigenen Interventionen jedoch kaum koordiniert und abgestimmt werden" (ebd.).

Mit den dargestellten Untersuchungen lässt sich ein differenziertes Bild von sozialen Netzwerkbeziehungen in der SPFH zeichnen. Insgesamt ist festzustellen, dass soziale Netzwerkbeziehungen in der Forschung zur SPFH eine untergeordnete Rolle spielen. Es liegen wenige Untersuchungen vor, die sich explizit für die Beschaffenheit sozialer Beziehungsnetzwerke von Familien, in denen Sozialpädagogische Familienhilfen eingesetzt werden, interessieren. Welche Relevanz diese wiederum in der Praxis der Fallbearbeitung einnehmen, wird in einigen wenigen Forschungsarbeiten untersucht. Die überschaubaren Ergebnisse deuten nicht nur darauf hin, dass das Thema in der Praxis kaum Berücksichtigung zu finden scheint, sondern auch, dass es als ein Forschungsdesiderat im Feld der SPFH markiert werden kann. Dies wird in der nachfolgenden Untersuchung aufgegriffen.

7 Anlage und Durchführung der Untersuchung

Mit der Untersuchung soll ein Beitrag zur Aufklärung über die Bedeutung sozialer und hierbei insbesondere informeller Netzwerkbeziehungen von Familien in der Handlungspraxis der SPFH geleistet werden. Ausgehend von der Perspektive der Fachkräfte werden die „Relevanzstrukturen, die dem Handeln der Akteure zugrunde liegen“ (Meuser 2018, S. 208), in den Blick genommen. In diesem Kapitel werden die gewählte Untersuchungsanlage und ihre praktische Umsetzung vorgestellt. Basierend auf den Anforderungen, die für qualitative Forschungsarbeiten formuliert werden, soll der Forschungsprozess nachvollziehbar und transparent offengelegt werden (vgl. Steinke 2017, S. 323 ff.; Przyborski 2018; Kruse 2015, S. 54 ff.).[129]

Zunächst werden die Entwicklung des Erkenntnisinteresses und die Untersuchungsfragen dargestellt (vgl. Kap. 7.1). Danach wird auf die methodologischen Grundzüge des Forschungsansatzes eingegangen (vgl. Kap. 7.2). Darauf aufbauend wird das methodische Vorgehen im Anschluss an die dokumentarische Methode dargelegt, wobei auf das Erhebungsinstrument und die Auswertungsschritte eingegangen wird, bevor die Fallauswahl, praktische Aspekte des Feldzugangs und das realisierte Sample präsentiert werden (vgl. Kap. 7.3).

7.1 Erkenntnisinteresse und Forschungsfragen

Nachdem das basale Anliegen in der Einleitung dieser Arbeit bereits umrissen wurde, soll an dieser Stelle auf die Fragestellungen der empirischen Untersuchung konkretisiert werden. Bevor diese jedoch benannt werden, erfolgt ein Einblick in „die Reflexion und auch die Reformulierung der Fragestellung[en]“ (Flick 2017b, S. 132 f.) im Entstehungsprozess dieser Arbeit, da dieser im Zusammenhang mit dem methodischen Vorgehen steht (vgl. ebd., S. 132 f.; Flick 2017a, S. 257 ff.).

In der Forschung zu den Erziehungshilfen werden verschiedene Fragestellungen untersucht, wobei unterschiedliche Designs zum Einsatz kommen (vgl. Rosenbauer 2010, S. 467 ff.). Dies gilt auch für die SPFH, wie bereits anhand der vorliegenden Befunde verdeutlicht wurde (vgl. Kap. 6.2). Soziale

129 In Anlehnung an Jan Kruse (2015) werden in den empiriebezogenen Kapiteln Kriterien zur Reflexion der Forschung berücksichtigt, die sich auf die Forscherperson selbst, das Erhebungsinstrument, die Fallauswahl (qualitatives Sampling), den Feldzugang, den Daten- und Vertrauensschutz, die Teilnahmebereitschaft der Befragten sowie die Durchführung der Erhebung und das Auswertungsverfahren beziehen (vgl. ebd., S. 624 ff.).

Netzwerkbeziehungen werden nur in wenigen Studien explizit verfolgt, weshalb sich hier eine deutliche Forschungslücke erkennen lässt. Konkretisieren lässt sich diese mit der Forderung, die Petra Bauer für die netzwerkorientierte Beratung erhebt: Es sei

> „empirisch genauer zu fundieren, wie sich diese netzwerkbezogenen Anforderungen in Beratungsprozessen niederschlagen bzw. aufgegriffen werden, wie sie im professionellen Selbstverständnis von BeraterInnen verortet sind bzw. welche Rolle der Netzwerkbezug gerade auch für KlientInnen spielt.“ (Bauer 2018a, S. 398)

Bezieht man diesen Forschungsanspruch auf die SPFH, werden angesichts der vorhandenen Bandbreite an inhaltlichen und methodischen Forschungszugängen Auswahlentscheidungen erforderlich.

Im Entwicklungsprozess der Forschungsfragen kristallisierte sich heraus, dass der Fokus weniger auf der Untersuchung der sozialen Beziehungsnetzwerke liegen sollte, wie es beispielsweise in Anlehnung an die „Qualitative Netzwerkanalyse“ (Hollstein/Straus 2006) möglich gewesen wäre (vgl. Hollstein 2006, S. 20 ff.; Straus 2010, S. 528 ff.). Vielmehr soll der Schwerpunkt der Arbeit darauf liegen, wie soziale Netzwerkbeziehungen der Adressat:innen in der Handlungspraxis der SPFH relevant werden. Aus Beratungsstudien ist jedoch bekannt, dass konzeptionelle Bezugspunkte sozialarbeiterisch-sozialpädagogischer Fachkräfte empirisch zwar rekonstruiert werden können, aber dass „theoretische, sozialpädagogische Impulse und Konzepte kaum Eingang in die Begründungsmuster der befragten BeraterInnen gefunden haben“ (Schneider 2014, S. 193; vgl. auch Köngeter 2009, S. 54 f.).

Gewählt wird der Forschungszugang der dokumentarischen Interpretation von Interviews, um einen Zugang zur netzwerkbezogenen Handlungspraxis Sozialpädagogischer Familienhelfer:innen herzustellen (vgl. Nohl 2017, S. 16 ff., S. 29 ff.). Dementsprechend sind die Forschungsfragen so formuliert, dass mit ihnen implizite Handlungsweisen sichtbar gemacht werden können:

- Über welche spezifischen Erfahrungen verfügen Sozialpädagogische Familienhelfer:innen hinsichtlich sozialer Netzwerkbeziehungen der von ihnen begleiteten Adressat:innen?
- Welche handlungsleitenden Orientierungen lassen sich diesbezüglich rekonstruieren und typisieren?

Die erste Fragestellung spiegelt das basale Interesse wider. Zur Richtschnur des Forschungsprozesses werden handlungsbezogene Erfahrungen von Praktiker:innen hinsichtlich ihres Verständnisses sozialer Netzwerkbeziehungen der Adressat:innen erhoben. Die Formulierung der Frage schließt auch formelle Beziehungen ein, wenngleich der Fokus auf informellen Kontakten bestehen bleibt. Die zweite Forschungsfrage zielt auf die Rekonstruktion und Systematisierung von handlungsleitenden Typen ab, die von den einzelnen Interviews abstrahiert werden. Gemeint ist damit die „*sinngenetische Interpretation*[, …] die […] nach dem Prinzip des Kontrasts in der Gemeinsamkeit in eine *sinngenetische Typenbildung* mündet" (Bohnsack/Nentwig-Gesemann 2018, S. 240).

Die empirische Analyse beschäftigt sich weniger damit, ob sich in den Interviews Äußerungen finden lassen, die den dargestellten theoretischen Bezugsrahmen zugeordnet werden können, beispielsweise wenn diese als Elemente alltags- und lebensweltorientierter Sozialer Arbeit oder bestimmter Methoden identifiziert werden. Vielmehr sind die konzeptionellen Bezugspunkte im empirischen Teil in ihrer Aussagekraft einzugrenzen, um nicht „das vorgefundene Material lediglich subsumtionslogisch bereits vorhandenen Kategorien zuzuordnen" (Przyborski/Wohlrab-Sahr 2014, S. 30; vgl. auch ebd., S. 30f.; Reichertz 2018, S. 12f.; Stützel 2018b, S. 119f.).

Abschließend zu diesen einleitenden Überlegungen zum Design kann auf eine Aussage einer Mitarbeiterin der SPFH hingewiesen werden, die von Klaus Wolf zitiert wird. Sie stellt pointiert die Möglichkeiten des methodischen Handelns angesichts dessen situativer Gebundenheit infrage: „Vorher planen? Sinnlos, wenn ich hinkomm, ist immer wieder eine neue Katastrophe!" (Wolf 2009, S. 71). Die vorliegende Arbeit bezieht sich auf die „Herstellung sozialpädagogischer Erfahrungsfähigkeit ganz normaler SozialarbeiterInnen und PädagogInnen" (Hörster 2012, S. 685). Diese Untersuchung stellt den Anspruch, offen zu sein dafür, was Sozialpädagogische Familienhelfer:innen über ihre komplexe Tätigkeit zu berichten haben und wie sich das dargelegte Forschungsthema dabei gestaltet.

7.2 Grundzüge der dokumentarischen Methode

Die Untersuchung wird in Anlehnung an die dokumentarische Methode durchgeführt (vgl. Bohnsack 2018b; 2021; Bohnsack/Nentwig-Gesemann/Nohl 2013). Diese wird grundlagentheoretisch im Rahmen der „Praxeologischen Wissenssoziologie" (Bohnsack 2017b; 2018e) begründet und findet zunehmend Anwendung in der Forschung Sozialer Arbeit (vgl. Bohnsack/Kubisch/Streblow-Poser 2018). Das Forschungsprogramm wird auch als „rekonstruktiv-*praxeologische* Analyse" (Bohnsack/Kubisch/Streblow-Poser 2018, S. 20) bezeichnet, mit der in dieser Untersuchung ein „Zugang nicht nur zum reflexiven oder theoretischen, sondern auch zum *handlungsleitenden* Wissen der Akteure und somit zur Handlungspraxis" (Bohnsack 2010b, S. 40) hergestellt werden soll.

Im Nachfolgenden wird in die gewählte Untersuchungsperspektive eingeführt. Hierbei ist zu betonen, dass es sich um ausgewählte methodologische Grundlagen der dokumentarischen Methode handelt. Nach der Darlegung der in diesem Zusammenhang vorgenommenen Differenzierung von Wissensformen (vgl. Kap. 7.2.1) und Grundbegriffen (vgl. Kap. 7.2.2) werden vor diesem Hintergrund die Rekonstruktionen in dieser Untersuchung diskutiert (vgl. Kap. 7.2.3).

7.2.1 Wissensformen und Analyseeinstellung

In Bezugnahme auf Karl Mannheim werden in der dokumentarischen Methode drei Wissensformen differenziert. Die ersten beiden werden als „*immanent*" (Mannheim 1980, S. 85) bezeichnet; sie sind dadurch charakterisiert, dass sie sich auf das beziehen, was kommunikativ expliziert wird (vgl. Bohnsack 2010b, S. 42 f.). Während davon ausgegangen wird, dass der „intendierte[…] Ausdruckssinn" (Mannheim 1964, S. 104), also die Intentionalität des Handelns, der empirischen Analyse nicht zugänglich gemacht werden kann, verhält es sich beim „objektiven Sinn" (ebd.) bzw. dem „kommunikativen Wissen" (Bohnsack 2018b, S. 54) anders: Dieses beziehe sich auf normative, institutionalisierte Rollen- und Handlungserwartungen, allgemeingültige Wissensbestände (Common-Sense) sowie gesellschaftliche Normen (vgl. ebd., S. 54 f.; Bohnsack 2017b, S. 102 f.). Für die befragten Praktiker:innen können diese kommunikativ-erklärbare Bezugspunkte darstellen, die in der dokumentarischen Methode auch als „Orientierungs*schemata* der *propositionalen* […] Logik" (Bohnsack 2018d, S. 183) bezeichnet werden.

Als zentral für die dokumentarische Methode wird die dritte Wissensform angesehen, die als „Dokumentsinn" (Mannheim 1964, S. 104) bezeichnet wird. Anders als das kommunikative Wissen besitze sie keinen theoretischen, sondern einen „atheoretischen Charakter" (Mannheim 1980, S. 73). Sie wird auch als „*konjunktives* Wissen" (Bohnsack 2018b, S. 54) bezeichnet und sei implizit leitend für das Handeln „der beteiligten Subjekte auf der Grundlage gemeinsamer Praxis – jenseits des theoretischen Erkennens und der kommunikativen Absichten" (Bohnsack 2021, S. 65). Karl Mannheim zieht hierfür das Beispiel des Bindens eines Schuhknotens heran, um darauf hinzuweisen, dass die Funktion des Knotens ohne größere Umstände benannt werden könne, der Vorgang selbst aber ohne eine anschauliche Darstellung (z. B. grafische Abbildungen oder das eigene Vormachen) nur schwer begrifflich beschreibbar sei (vgl. Mannheim 1980, S. 73 f.). Analog dazu können Praktiken des familialen Alltags begriffen werden, die sich zwischen den Mitgliedern stillschweigend vollziehen (vgl. Bohnsack 2018b, S. 54 f.). Gleiches lässt sich ebenso auf Sozialpädagogische Familienhelfer:innen anwenden, die ihre Praxis zwar kommunikativ explizieren können, aber gleichwohl über ein implizit bleibendes, konjunktives Wissen diesbezüglich verfügen, welches sich der Explikation tendenziell entzieht. Dies wird im engeren Sinne als „Orientierungs*rahmen* der *performativen* Logik" (Bohnsack 2018d, S. 183) bezeichnet.

In der dokumentarischen Interpretation sind daher „[n]icht das ‚Was' eines objektiven Sinnes, sondern das ‚Daß' und das ‚Wie' […] von dominierender

Wichtigkeit" (Mannheim 1964, S. 134). Diese Analyseeinstellung wird als „Einklammerung des Geltungscharakters" (Mannheim 1980, S. 88) bezeichnet, wonach die empirische Analyse folglich nicht darauf gerichtet wird, die Gültigkeit getroffener Äußerungen zu prüfen, die dann bestätigt oder abgelehnt werden können (vgl. Przyborski/Wohlrab-Sahr 2014, S. 283 f.). Vielmehr sei Ralf Bohnsack zufolge zu fragen „*[w]ie* wird das, was für wahr und richtig gehalten wird, im Alltag *hergestellt*? Wie entstehen Orientierungen, Haltungen, Weltanschauungen im interaktiven und sozialisationsgeschichtlichen Herstellungsprozess?" (Bohnsack 2017b, S. 59). Demnach geht es in dieser Untersuchung weniger darum, ob in den Interviews die Arbeit mit dem sozialen Beziehungsnetzwerk der begleiteten Familien als bedeutsam eingeschätzt wird, sondern vielmehr, wie die darauf bezogene Handlungspraxis beschrieben wird.

Die bis hier benannten Wissensformen sind in der folgenden Darstellung als „*Orientierungsschemata*" und „*Orientierungsrahmen im engeren Sinne*" illustriert (vgl. Abbildung 4). Daran wird auch ersichtlich, dass das kommunikative Wissen nicht obsolet wird, sondern dass in der dokumentarischen Interpretation „die Differenz zwischen der grundlegend *propositionalen* Struktur und Logik des kommunikativen versus der grundlegend *performativen* Struktur und Logik des konjunktiven Wissens" (Bohnsack 2017b, S. 139) als forschungsleitend erklärt wird. Die Begrifflichkeiten des „konjunktiven Erfahrungsraumes" bzw. des „Orientierungsrahmens im weiteren Sinne" (Abbildung 4) beinhalten dieses Verhältnis, auf das im folgenden Abschnitt näher eingegangen wird.

Abbildung 4: Orientierungsmuster im weiteren Sinne, aus Ralf Bohnsack (2018d, S. 184)

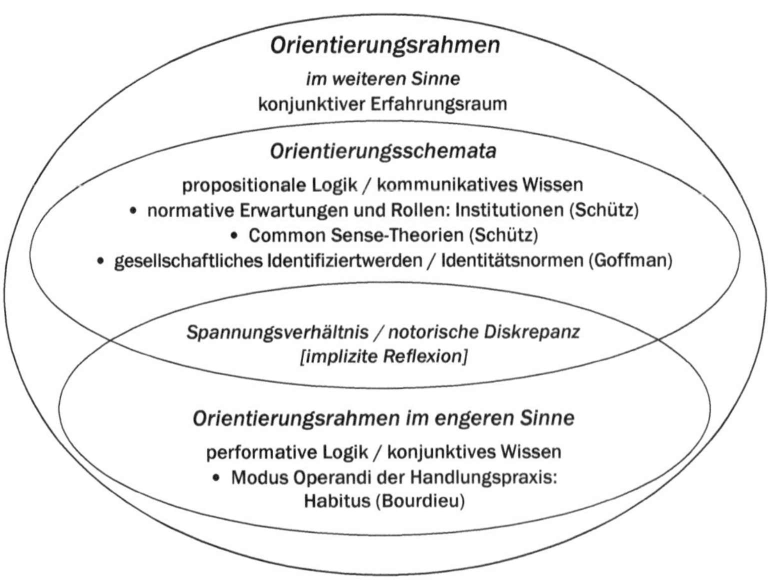

7.2.2 Konjunktiver Erfahrungsraum als Grundbegriff

Der Begriff der „*konjunktiven Erfahrung*“ (Mannheim 1980, S. 225) nimmt in der dokumentarischen Methode eine zentrale Stellung ein. Im Anschluss daran werden

> „[k]onjunktive Erfahrungsräume [...] als gemeinsame oder gleichartige Existenzbedingungen bzw. Schicksale, die Akteure auf der Grundlage von Face-to-Face-Interaktionen oder – auf gesellschaftlicher Ebene – von strukturidentischen Erlebnisschichtungen miteinander verb[u]nden“ (Nentwig-Gesemann 2018, S. 131)

verstanden. Ralf Bohnsack konzipiert konjunktive Erfahrungsräume in den Dimensionen „der *Gesellschaft*, der *Organisation* und der *Interaktion*“ (Bohnsack 2017b, S. 117). Dabei wird davon ausgegangen, „dass immer mehrere Erfahrungsräume einander überlagern (Mehrdimensionalität), die zudem auf mehreren Ebenen (gesellschaftlich, organisational, interaktional) liegen“ (Nentwig-Gesemann 2018, S. 133; vgl. auch Bohnsack 2017b, S. 117 ff., S. 128 ff.). Die kategoriale Differenzierung der Erfahrungsräume bzw. Orientierungsrahmen auf den Ebenen der *Gesellschaft, Organisation* und *Interaktion* hat für die Interpretation der Interviews bis hin zur Typenbildung in dieser Untersuchung eine heuristische Funktion, um zu differenzieren, auf welchen Erfahrungsraum die Interviewten Bezug nehmen. Deshalb werden diese als Bezugsrahmen für die empirische Analyse nachfolgend dargestellt.

Ebene der Gesellschaft

Auf der Ebene der Gesellschaft lassen sich zunächst recht grundsätzliche Bestimmungen zum konjunktiven Erfahrungsraum in der dokumentarischen Methode aufzeigen. Der Begriff des „Orientierungsrahmen[s] im *weiteren* Sinne [... wird] synonym zum Begriff des konjunktiven Erfahrungsraums“ (Bohnsack 2018d, S. 184) verwendet. Bezogen auf die oben genannten Wissensformen und -logiken bestehe dieser als Erfahrung einer „ubiquitären oder notorischen Diskrepanz zwischen Regel und Praxis“ (Bohnsack 2017b, S. 104). Der konjunktive Erfahrungsraum konstituiere sich somit im Verhältnis sowohl des kommunikativen Wissens, das „neben den Common-Sense-Theorien insbesondere auch die Auseinandersetzung mit gesellschaftlichen Identitätserwartungen und Identitätsnormen sowie institutionalisierten Normen“ (ebd., S. 99) umfasse, als auch des konjunktiven Wissens, das handlungspraktische Abläufe beinhalte (vgl. ebd., S. 98 ff.).

Die obige Abbildung 4 veranschaulicht, dass explizierte Normen, Regeln, Erwartungen oder theoretische Entwürfe („propositionale Logik/kommunikatives Wissen“) in ein spannungsreiches Verhältnis („Spannungsverhältnis/notorische Diskrepanz“) zu handlungspraktischen Vollzügen („performative Logik/

konjunktives Wissen") gestellt werden. Deshalb wird hinsichtlich des konjunktiven Erfahrungsraumes auch von einer „*Doppelstruktur*" (Bohnsack 2017b, S. 117) gesprochen. Angemerkt wird hierzu jedoch, dass es sich bei dieser kategorialen Differenzierung um eine „rein theoretisch-analytische Trennung" (ebd., S. 104) handele, „da [...] in der empirischen Rekonstruktion [...] das habitualisierte und inkorporierte Wissen [...] immer schon in seiner Relation zu den als exterior erfahrenen Erwartungen und Ansprüchen der Norm und der Fremdidentifizierung" (ebd.) gegeben sei.

Beispielhaft für die SPFH kann hierbei der Bezugspunkt „Familie [...] als eine Institution" (Lenz/Böhnisch 1999, S. 34) gesehen werden. Diese wird mit spezifischen Beziehungs- und Rollenmustern und wechselseitigen Sorgeverhältnissen assoziiert womit besondere gesellschaftliche Erwartungen an sie gerichtet werden (vgl. ebd., S. 34 ff.; Uhlendorff/Euteneuer/Sabla 2013, S. 42 ff.).

Ebene der Organisation

Angesichts der Einbindung Sozialpädagogischer Familienhelfer:innen in Organisationen bildet diese Ebene einen Schwerpunkt für diese Untersuchung. In den grundlagentheoretischen Arbeiten Ralf Bohnsacks werden „*organisationale konjunktive Erfahrungsräume*" (Bohnsack 2017b, S. 128) bzw. „*Organisationsmilieus*"[130] (ebd.) differenziert betrachtet.[131] Der Begriff der „*doppelten Doppelstruktur*" (ebd., S. 129) soll darauf verweisen, dass die bereits auf der Ebene Gesellschaft beschriebene organisationsexterne „Doppelstruktur von performativer und propositionaler Logik [...] hier also in doppelter Weise" (ebd.) von den Organisationsmitgliedern erfahren werde. Die organisational gebundene Handlungspraxis Sozialpädagogischer Familienhelfer:innen sei bezüglich des kommunikativen Wissens[132]

> „nicht nur [...] in Bezug zu den *gesellschaftlichen*, den institutionalisierten Normen, Rollen- und Identitätserwartungen zu setzen, sondern auch zu den kodifizierten Normen, Programmen der *Organisation selbst* und zu den organisationalen oder *organisationsinternen* Identitätsentwürfen resp. Identitätsnormen." (Bohnsack 2017b, S. 129)

130 Hierzu definiert Ralf Bohnsack: „Eine Organisation umfasst also unterschiedliche konjunktive Erfahrungsräume, welche ihre je eigene (interaktive) Praxis haben und die auch als Organisations*milieus* bezeichnet werden können" (Bohnsack 2017b, S. 130).

131 An dieser Stelle kann auf weitere methodologische Bestimmungen verwiesen werden, die sich grundlegend mit dem Organisationsbegriff innerhalb der dokumentarischen Methode (vgl. Jansen/Vogd 2017, S. 263 ff.) beschäftigen bzw. auf die Soziale Arbeit (vgl. Kubisch 2018, S. 181 ff.) bezogen werden. Jenseits der dokumentarischen Methode untersuchen Bernd Dewe und Corinna Peter (2016) „Relationierungen von Professionswissen und organisationalen Strukturen" in einer neo-institutionalistischen Perspektive auf Organisation am Beispiel der SPFH.

132 Dieses wird auch als „Organisations*kultur*" (Bohnsack 2017b, S. 129) bezeichnet.

Dabei wird von verschiedenen organisational geprägten Erfahrungsräumen ausgegangen, die sich gegenseitig „überlagern" (ebd., S. 133). Differenziert werden sie wie folgt:

- Erstens werden als „*Erfahrungsräume der Interaktion von MitarbeiterInnen und Klientel*" (Bohnsack 2017a, S. 249) diejenigen Interaktionen gefasst, die sich zwischen Mitarbeiter:innen und Adressat:innen vollziehen (vgl. ebd., S. 248 f.). In der SPFH könnten beispielsweise die eingesetzten Fachkräfte und verschiedenen Familienmitglieder infrage kommen.
- Zweitens werden als „*interorganisationale Erfahrungsräume*" (Bohnsack 2017a, S. 249 f.) Interaktionen bezeichnet, die schwerpunktmäßig „im Diskurs mit anderen Organisationen, Abteilungen[,] Instanzen oder Institutionen […] auf der Basis von Dokumenten" (Bohnsack 2017b, S. 134) verortet werden. Da dieser Diskurs „*über*" (ebd.) die Adressat:innen geführt werde, sei er als eigenständige Praxis zu verstehen (vgl. ebd.).[133] In der SPFH ist dies in Form von Berichten oder Leistungsdokumentationen im Rahmen der Hilfeplanung oder im direkten Kontakt der Akteur:innen[134] denkbar (z. B. Absprachen oder Fallbesprechungen zwischen Mitarbeiter:innen der SPFH und des Allgemeinen Sozialdienstes).
- Drittens werden schließlich als „*Erfahrungsräume der MitarbeiterInnen*" (Bohnsack 2017a, S. 250) diejenigen Interaktionen gefasst, „die reflexiv auf die anderen beiden Erfahrungsräume bezogen sind" (ebd.). Diese würden sich „durch die Interaktion der *Mitglieder untereinander* konstituier[en] (welche nicht notwendigerweise im Sinne einer realen Gruppe zu verstehen ist)" (ebd.). Für die Datenerhebung werden hierbei Audio- oder Videoaufzeichnungen zu beobachteten oder mittels Gruppendiskussionen entstandener Interaktionen der jeweils untersuchten Akteur:innen eingesetzt (vgl. Bohnsack 2017b, S. 100, S. 132 f.).

Die Differenzierung organisationaler Erfahrungsräume bezieht sich jedoch noch nicht explizit auf die informellen, sozialen Netzwerkbeziehungen der Adressat:innen, deren Stellenwert für die Handlungspraxis in der SPFH den Gegenstand der Untersuchung bildet. Hierzu kann mit Ralf Bohnsack angemerkt werden, dass „die Erfahrungsräume der Interaktion der […] AdressatInnen untereinander von wesentlicher Bedeutung für die Analyse der Interventionen von Organisationen sind" (Bohnsack 2017b, S. 134). Diese Interaktionen von Adressat:innen in ihren sozialen Beziehungsnetzwerken werden nicht als organisationale

133 Beispielsweise hat Claudia Streblow-Poser (2018) „Akten der Fürsorgeerziehung" aus den 1960er-Jahren untersucht.

134 Zum Beispiel hat Petra Bauer (2018b) „Fallbesprechungen in multiprofessionellen Teams in der Erziehungsberatung" untersucht (vgl. ebd., S. 294 ff.).

Erfahrungsräume gefasst, „da der Bezug der […] AdressatInnen zur Organisation primordial über andere Erfahrungsräume (vor allem diejenigen der Interaktion zwischen den AdressatInnen und den Mitgliedern) vermittelt ist" (ebd.). Entsprechend wird davon ausgegangen, dass der Zugang zu sozialen Netzwerkbeziehungen in den handlungspraktischen Vollzügen der SPFH an die Interaktionen der jeweiligen Mitarbeiter:innen mit den jeweiligen Adressat:innen gebunden ist bzw. er darüber vermittelt wird.

Neben dieser für die vorliegende Arbeit zentralen Differenzierung werden von Ralf Bohnsack organisationale Erfahrungsräume weiter charakterisiert, auf die nachfolgend eingegangen werden soll. Demnach seien Mitarbeiter:innen immer auch als Mitglieder der Organisationen zu verstehen, deren „Zugehörigkeit als Mitgliedschaft *geregelt*" (Bohnsack 2017b, S. 134) sei. Sie müssten sich deshalb entsprechend organisationaler Normen und Programme verhalten, die zwar kommunikativ expliziert werden können, aber in der handlungspraktischen Umsetzung zu Problemen führen könnten (vgl. ebd.). Beispielsweise wird in einem der durchgeführten Interviews geschildert, dass eine Dienstanweisung bestehe, wonach begleitete Familien im Rahmen der SPFH zwar zu Arztterminen begleitet werden, aber nicht im privaten Fahrzeug des Familienhelfers transportiert werden dürften. Der Konflikt besteht hierbei im Anspruch, die Familie alltagspraktisch zu unterstützten, sich aber dafür gleichzeitig über organisationale Regeln hinwegsetzen zu müssen.

Eine weitere Differenzierung organisationaler Erfahrungsräume bezieht sich auf deren strukturelle Bedingungen. Im Anschluss an systemtheoretische Arbeiten spricht Ralf Bohnsack von „konstituierenden Fremdrahmungen, die [… auch] als *Erst-Codierung*" (Bohnsack 2017b, S. 136) bezeichnet werden. Die Mitglieder von Organisationen greifen diese auf, „indem sie den Verfahrensbetroffenen Entscheidungen attribuieren und darüber entscheiden, welcher Art diese sind" (ebd.). In den Interviews wird beispielsweise deutlich, dass die Befragten bestimmte Aspekte aus dem Leben ihrer Adressat:innen aufgreifen und im Rahmen der SPFH bearbeiten.

Ausgehend von den konzeptionellen Bestimmungen der aufsuchenden Sozialen Arbeit mit Familien kann festgehalten werden, dass das sozialarbeiterisch-sozialpädagogische Handeln gegenüber den Adressat:innen asymmetrisch gestaltet und anfällig für die Ausübung von Macht, z. B. von Kontrolle, ist (vgl. Kap. 5.2). Ralf Bohnsack geht diesbezüglich davon aus, dass das Handeln „einer weiteren codespezifischen Transformation, einer Zweit-Codierung, unterzogen" (Bohnsack 2017b, S. 136) werde. Von Macht könne demzufolge dann gesprochen werden, wenn erstens eine „Fremdrahmung nämlich auf die Konstruktion der (Gesamt-) Person, der (totalen) Identität der Entscheidungsbetroffenen übertragen" (ebd.) werde und zweitens „Strukturen der Invisibilisierung gegeben [seien], zu denen insbesondere die Eliminierung von Metakommunikation" (ebd.) zähle (vgl. ebd., S. 136 ff., S. 246 ff.). Aufgrund der Tatsache, dass in dieser

Untersuchung weniger die Interaktionen zwischen Adressat:innen und Fachkräften erhoben werden, sondern die Perspektive letzterer auf die Interaktionen, kann dieser Aspekt nicht eingehend betrachtet werden.

Ebene der Interaktion

Die verbleibende Ebene der Interaktion wurde bereits angesprochen, da diese eng mit den Ebenen Organisation und der Gesellschaft verknüpft ist bzw. auf diese verweist. Anhand der dokumentarischen Methode wird davon ausgegangen, dass „die Referenzen auf organisationale und gesellschaftliche Erfahrungsräume nur durch die interaktiven Erfahrungsräume hindurch zugänglich" (Bohnsack 2017b, S. 122) seien. In der empirischen Analyse sei folglich „das Interaktionssystem in seiner Selbstreferentialität" (ebd.) in den Blick zu nehmen, wie es sich beispielsweise in Gruppendiskussionen vollziehe. Die Interpretation des Datenmaterials ziele infolge darauf, die in die beobachteten Interaktionen „eingelagerte besondere Struktur organisationaler und gesellschaftlicher Erfahrungsräume auf dem Wege der systematischen komparativen Analyse [zu] isolieren" (ebd.). Das heißt, dass die Genese, also die Entstehung dieser Erfahrungsräume, zu rekonstruieren sei.

Für diese Forschungsarbeit ergeben sich hieraus Einschränkungen, da die interviewten Sozialpädagogischen Familienhelfer:innen in den Interviews nicht „in *Interaktion* miteinander treten" (Bohnsack 2017b, S. 127). Nichtsdestotrotz können die Befragten in „Individualinterviews als *Träger* oder *Repräsentanten* konjunktiver Erfahrungsräume" (ebd.) für die empirische Analyse ertragreich sein. Die Orientierungsrahmen werden somit nicht anhand des gemeinsamen Diskurses Sozialpädagogischer Familienhelfer:innen rekonstruiert, sondern auf dem Wege der fallübergreifenden Analyse von Einzelinterviews. Was anhand des erhobenen Materials empirisch in den Blick gebracht wird, wird im folgenden Abschnitt (vgl. Kap. 7.2.3) sowie in den Teilkapiteln zur Erhebung und Auswertung der Daten weiter thematisiert (vgl. Kap. 7.3).

Zunächst lässt sich jedoch festhalten, dass für den weiteren Verlauf dieser Arbeit und die Interpretation der Daten folglich ein weit gefasster Begriff des Orientierungsrahmens zugrunde gelegt wird. Dieser ist auf organisationsexterne Orientierungsrahmen im weiteren Sinne, aber insbesondere auf organisationsinterne Orientierungsrahmen im weiteren Sinne Sozialpädagogischer Familienhelfer:innen bezogen. Er umschließt damit das Spannungsverhältnis zwischen kommunikativem und konjunktivem Wissen. Der Zugang zum Untersuchungsgegenstand der sozialen Netzwerkbeziehungen von Adressat:innen in der Handlungspraxis der SPFH wird über die im Interview dargestellten Interaktionen der Befragten mit den Adressat:innen hergestellt bzw. wird davon ausgegangen, dass die Bezugnahme Sozialpädagogischer Familienhelfer:innen auf soziale Netzwerkbeziehungen über deren Interaktionen mit den Adressat:innen vermittelt wird.

7.2.3 Hinweise zu den rekonstruierten Orientierungsrahmen

Abschließend zur Darstellung des Forschungsansatzes werden noch zwei konkretisierende Hinweise zu den Orientierungsrahmen in dieser Untersuchung gegeben. Mit dem Ersten wird auf grundlagentheoretische Perspektiven der dokumentarischen Methode und der Alltags- und Lebensweltorientierung hingewiesen, da letztere in der Gegenstandsbestimmung der SPFH eine wesentliche Rolle gespielt hat. Der zweite Hinweis bezieht sich auf Einschränkungen der typisierten Orientierungsrahmen und stellt somit bereits eine Diskussion zu deren Reichweite dar.

In der dokumentarischen Methode wird **erstens** davon ausgegangen, dass sich konjunktive Erfahrungsräume bzw. Orientierungsrahmen in einem impliziten sozialen Herstellungsprozess des „menschliche[n] Miteinandersein[s], das sich in der gelebten Praxis fraglos und selbstverständlich vollzieht" (Przyborski/Wohlrab-Sahr 2014, S. 285), konstituieren. In dieser Formulierung finden sich Bezüge zum intersubjektiven Verständnis der soziologischen Phänomenologie, auf das bereits im theoretischen Bezugsrahmen der Alltags- und Lebensweltorientierung eingegangen wurde. Hingewiesen wurde dabei auf Implikationen des Verstehens in sozialarbeiterisch-sozialpädagogischen Beziehungen, die den Anspruch erheben, einen Zugang zu den subjektiven Deutungen der Adressat:innen herzustellen (vgl. Kap. 4.2).

Zu betonen ist, dass der empirische Teil dieser Arbeit weder darauf ausgerichtet, einen Zugang zu den intentionalen Deutungen der befragten Sozialpädagogischen Familienhelfer:innen herzustellen, noch darauf, zu überprüfen, ob oder wie es ihnen gelungen ist, die Intentionen ihrer Adressat:innen zu verstehen.[135] In der dokumentarischen Methode wird erkenntnistheoretisch zwar an die sozialphänomenologischen Grundlagen angeschlossen, jedoch auch eine dazu differente Perspektive eingenommen. Hierzu legt Ralf Bohnsack zugrunde, dass

> „Sozialität […] bereits ‚unterhalb' subjektiver Intentionen in Gemeinsamkeiten des biographischen Erlebens, Gemeinsamkeiten des Schicksals verankert [ist]. Diejenigen, für die dies zutrifft, sind in Bezug auf spezifische (Er-)Lebensbereiche durch ‚konjunktive Erfahrungen' im Sinne von Mannheim miteinander verbunden, durch

135 Das Verhältnis von Alltags- und Lebensweltorientierung und dokumentarischer Methode bzw. ihrer wissenssoziologischen Grundlagen zu diskutieren oder letztere handlungsmethodisch für die Soziale Arbeit aufzuschließen, stellt ein Desiderat dar. Unter dem Begriff „Rekonstruktive Soziale Arbeit als professionelle Praxis" (Reichmann/Völter 2017) wird insbesondere auf interpretativ orientierte Forschungsmethoden zurückgegriffen (vgl. Kubisch 2014, S. 163 f.; Bohnsack/Kubisch/Streblow-Poser 2018, S. 16 f., Fußnote 18). Diese werden u. a. als „Konzept der Rekonstruktiven Sozialen Arbeit" (Völter 2017) ausformuliert oder als methodische Ansätze entwickelt, wie am Beispiel der SPFH das „Deuten und Verstehen in der Jugendhilfe" (Reichmann 2017).

> Erfahrungen, die im Diskurs nicht erst hergestellt, sondern dort lediglich aktualisiert werden – auf dem Wege von Erzählungen und Beschreibungen oder in begrifflich-theoretischer Explikation." (Bohnsack 2021, S. 115)

Demzufolge werde in sozialphänomenologischen Zugängen davon ausgegangen, dass „sich die *kommunikative* Sozialität auf der Grundlage der auf wechselseitigen *Vermutungen* über die Perspektive des anderen basierenden *Attribuierungen von Intentionen und Motiven*" (Bohnsack 2017b, S. 139) konstituiere. Demgegenüber sei das konjunktive Wissen an einen vorgängigen Erfahrungskontext gebunden, der als „*primordiale*[…] *Sozialität* des Konjunktiven" (ebd., S. 105) bezeichnet und auf den in der jeweiligen Situation zurückgegriffen werde (vgl. ebd., S. 81 ff., S. 104 f.). In den Interviews getätigte Äußerungen beruhen damit „auf dem Vertrauen in die Reproduzierbarkeit der Handlungspraxis" (Bohnsack 2017b, S. 140); denn das, „was festgehalten und wie es festgehalten wird, ist dadurch bestimmt, daß es für eine bestimmte Erfahrungsgemeinschaft […] fixiert wird" (Mannheim 1980, S. 222).

Im Anschluss an die obigen Darstellungen soll hiermit verdeutlicht werden, dass die dokumentarische Methode als Forschungsprogramm nicht auf die Rekonstruktion subjektiver Deutungen oder die Analyse ausgerichtet ist, „ob die Darstellungen (faktisch) wahr oder richtig sind, sondern es interessiert, was sich in ihnen über die Darstellenden und deren Orientierungen *dokumentiert*" (Bohnsack 2021, S. 67). Es geht folglich um die spezifische „Herstellungsweise" (Nohl 2017, S. 4) der in den Interviews getätigten Äußerungen. Um sich der Erfahrungsgemeinschaft Sozialpädagogischer Familienhelfer:innen anzunähern, sind in dieser Untersuchung die oben dargestellten Wissensformen und die kategorialen Differenzierungen des Orientierungsrahmens für die Interpretation der in den Interviews geschilderten Handlungspraxis instruktiv.

Weiterhin ist **zweitens** darauf hinzuweisen, dass die in dieser Untersuchung rekonstruierten Orientierungsrahmen den methodologischen Grundlagen der dokumentarischen Methode nur eingeschränkt entsprechen. Zur Rekonstruktion des konjunktiven Erfahrungsraums sind in der dokumentarischen Typenbildung zwei aufeinander aufbauende Verfahren vorgesehen und zwar die „der *sinngenetischen* und der – auf die *Genese der Sinngenese* zielenden – *soziogenetischen* Typenbildung" (Bohnsack 2017b, S. 115; vgl. auch Bohnsack 2021, S. 154 ff.; Bohnsack/Nentwig-Gesemann 2018, S. 240 f.).

Mit Bezug auf Karl Mannheim können „die besonderen existentiell gebundenen perspektivischen Bedeutungen nur [erfasst werden], wenn wir uns den hinter ihnen stehenden Erlebnisraum und Erlebniszusammenhang irgendwie erarbeiten" (Mannheim 1980, S. 272). Forschungspraktisch werden die „Bedingungen der Genese und der Reproduzierbarkeit der zentralen Orientierungsrahmen" (Bohnsack/Hoffmann/Nentwig-Gesemann 2018, S. 29) im Schritt der soziogenetischen Typenbildung realisiert. Hierbei werden die gebildeten sinngenetischen Typen im Rahmen einer „*soziogenetischen Interpretation* und *soziogenetischen Typenbildung* […] einem migrations- oder aber auch alters-, generations-, geschlechts- und *milieutypischen* Erfahrungsraum" (Bohnsack/Nentwig-Gesemann 2018, S. 240) zugeordnet. Erst damit werde den methodologischen Prämissen Rechnung getragen, dass ein Erfahrungsraum stets in seiner „mehrdimensionalen Überlagerung durch andere Erfahrungsräume" (Bohnsack 2017b, S. 118) zu rekonstruieren sei, die bereits anhand der Ebenen Gesellschaft, Organisation und Interaktion dargestellt wurden.

In dieser Untersuchung konnte diese „Rekonstruktion der […] Genese unterschiedlicher sozialer Strukturen" (Wohlrab-Sahr/Przyborski 2018, S. 96), also der hintergründigen Entstehungsbedingungen im Sinne der Soziogenese, nicht geleistet werden.[136] Es ließen sich keine Faktoren oder systematische Verteilungen identifizieren, welche das Zustandekommen der Orientierungsrahmen erklären würden. Abgefragt wurden hierfür soziodemografische Daten sowie die Bildungs- und Berufsbiografie der Interviewten (vgl. Kap. 7.3.1); zudem wurde über das Sampling eine Variation der Arbeitsorte realisiert (vgl. Kap. 7.3.3). Somit bleibt offen, inwiefern diese mit dem Alter, dem Aus- oder Weiterbildungshintergrund der Sozialpädagogischen Familienhelfer:innen oder auch den formalen Rahmenbedingungen, wie dem Umfang an Fachleistungsstunden, korrespondieren. Es zeigten sich zwar Auffälligkeiten bei der Verteilung einzelner Merkmale, wie z. B. vorausgegangener Einschätzungen zu Kindeswohlgefährdungen oder der Zugang zur SPFH über Frühe Hilfen, diese konnten jedoch nicht trennscharf den einzelnen Typen zugeordnet werden.

136 Innerhalb der dokumentarischen Methode wird die Frage diskutiert, inwiefern mittels Interviews überhaupt eine soziogenetische Rekonstruktion konjunktiver Erfahrungsräume geleistet werden kann (vgl. Stützel 2020, S. 56 ff.): Arnd-Michael Nohl (2013b) schlägt im Rahmen der relationalen Typenbildung eine alternative Analyseform von Interviews vor. Mit deren Hilfe ließe sich zeigen, „in welchem systematischen Zusammenhang unterschiedliche Dimensionen von typischen Orientierungen stehen" (Nohl 2013b, S. 61). Rekonstruiert werden könnten damit verschiedene „Handlungsorientierungen unterhalb der Ebene des […] Orientierungsrahmens" (Nohl 2017, S. 104) und somit das „Zusammenspiel von unterschiedlichen Handlungsorientierungen" (Nohl/Rosenberg/Thomsen 2015, S. 218) in ihren „praktischen Veränderungen" (ebd.). Darauf Bezug nehmend merkt Ralf Bohnsack an, dass in der Rezeption dieses Ansatzes der relationalen Typenbildung der Eindruck entstehen könne, dass man damit einen „umfassenden Zugang zum individuellen Erfahrungsraum, Orientierungsrahmen oder Habitus" (Bohnsack 2017b, S. 125) herstellen könne. Stattdessen, so Ralf Bohnsack weiter, bestehe der Zielhorizont dokumentarischer Typenbildung darin, „die Totalität der unterschiedlichen Erfahrungsräume, an denen das Individuum teilhat" (Bohnsack 2020a, S. 40), zu rekonstruieren und „damit keineswegs die Totalität eines Individuums" (ebd.) selbst (vgl. ebd., S. 40 f.; Bohnsack 2017b, S. 124 ff.). Kevin Stützel identifiziert in dieser Diskussion um die Ansätze der Typenbildung jedoch „mehr Gemeinsamkeiten als Unterschiede" (Stützel 2020, S. 63), da diese allesamt „auf die Primordialität des Kollektiven und nicht auf die Primordialität oder Totalität des Einzelfalls" (ebd., S. 62) abzielen würden.

Realisiert wurde eine Typenbildung in einer „sinngenetischen […] Dimension des konjunktiven Erfahrungsraums" (Bohnsack 2017b, S. 115). Auf diese Weise konnten „unterschiedliche Orientierungsrahmen der Bearbeitung einer Problemstellung in verschiedenen Fällen herausgearbeitet und typisiert" (Nohl 2017, S. 10) werden. Dieser erste Schritt der Typenbildung in der dokumentarischen Methode beziehe sich bereits auf einen „primordiale[n] Erfahrungsraum mit einer spezifischen Orientierungsproblematik" (Bohnsack/Nentwig-Gesemann 2018, S. 240). Nach Karl Mannheim handele es sich dabei um eine Analyse „der geistigen Realitäten" (Mannheim 1980, S. 272). Mit dem dargestellten Forschungsansatz ließen sich somit verschiedene Orientierungen in der (netzwerkbezogenen) Handlungspraxis der SPFH auf einem sinngenetischen Niveau rekonstruieren.

7.3 Methodisches Vorgehen

Die Datenerhebung erfolgt mittels leitfadengestützter Interviews mit Sozialpädagogischen Familienhelfer:innen.[137] Instruktiv für die Interpretation sind hierbei sowohl die Vorschläge von Ralf Bohnsack (2021) und Arnd-Michael Nohl (2017) als auch Forschungsarbeiten, die sich auf die Rekonstruktion handlungsleitender Orientierungen von Praktiker:innen in der Sozialen Arbeit beziehen (vgl. Radvan 2010; 2017, S. 205 ff.; Stützel 2019; 2018a, S. 104 ff.; Franz/Sobočan 2018, S. 126 ff.).

Wie das methodische Vorgehen in dieser Studie konzipiert und umgesetzt wurde, wird in den folgenden Abschnitten vorgestellt. Nachfolgend wird auf die Erhebung der Daten (vgl. Kap. 7.3.1), ihre Auswertung (vgl. Kap. 7.3.2) sowie auf das Sample und die Forschungspraxis (vgl. Kap. 7.3.3) eingegangen.

7.3.1 Erhebung: Leitfadengestützte Interviews

Ein Zugang zur Handlungspraxis lässt sich anhand von sprachlichem Material herstellen, wenngleich es nicht mit der Praxis selbst gleichgesetzt werden kann (vgl. Przyborski/Wohlrab-Sahr 2014, S. 278 f.; Rosenbauer 2010, S. 470). Im Anschluss an die oben dargestellten methodologischen Grundzüge der

137 Maßgeblich wurde die dokumentarische Methode im Kontext von Gruppendiskussionen entwickelt (vgl. Bohnsack/Przyborski/Schäffer 2009, S. 10 ff.; Nentwig-Gesemann 2010, S. 260 ff.; Schäffer 2018, S. 103 f.). Diese werden auch in Kombination mit teilnehmenden Beobachtungen, erzählgenerierenden Interviews oder Dokumentenanalysen eingesetzt (vgl. Przyborski/Wohlrab-Sahr 2014, S. 278 ff.; Bohnsack/Kubisch/Streblow-Poser 2018, S. 8 f.). Weiter ausgearbeitet werden darüber hinaus Bildinterpretationen (vgl. Bohnsack 2018a) und Videoanalysen (vgl. Baltruschat/Wagner-Willi 2018).

dokumentarischen Methode verweisen die Berichte Sozialpädagogischer Familienhelfer:innen „reflexiv" (Bohnsack 2017b, S. 133) auf ihre Erfahrungsräume mit den Adressat:innen, die organisational, gesellschaftlich und interaktional gebunden sein können (vgl. Kap. 7.2). Die mittels Interviews erhobene Handlungspraxis kann als „*Erinnerung* des *Erlebten*" (Bohnsack 2017b, S. 116) gefasst werden, die sich dadurch auszeichnet, dass die Befragten die geschilderten Darstellungen selbst erlebt haben und es sich somit nicht um eine „lediglich kommunikativ vermittelte Wissensaneignung" (ebd.) handelt.

Da bereits der Form der Datenerhebung eine wesentliche Bedeutung für die Datenanalyse beizumessen ist (vgl. Nohl 2017, S. 15 f.), wird im Weiteren auf das eingesetzte Interviewformat und die Konstruktion des Leitfadens eingegangen.

Leitfadengestützte Interviews im Kontext der dokumentarischen Methode

Als eine Form des Leitfadeninterviews wird von Arnd-Michael Nohl der Einsatz von *Expert:inneninterviews* nach Michael Meuser und Ulrike Nagel (2005; 2018) in der dokumentarischen Methode diskutiert (vgl. Nohl 2017, S. 16 ff.). Als klärungsbedürftig gilt zunächst der Expert:innenbegriff, da er über einen „relationale[n] Status" (Meuser/Nagel 2005, S. 73) verfüge, weshalb im Zusammenhang mit dem Forschungsinteresse geklärt werden müsse, wer als Expert:in angesehen werden kann (vgl. ebd., S. 73 ff.). Grundlegend geht es in dieser Untersuchung um den „Funktionskontext" (Meuser/Nagel 2018, S. 77) Sozialpädagogischer Familienhelfer:innen, die in einem institutionellen Setting agieren (vgl. Meuser/Nagel 2009, S. 466 ff.).

Während die diesbezüglichen Rahmenbedingungen und Konturen sozialarbeiterisch-sozialpädagogischen Handelns bereits in den Grundlagenkapiteln zur SPFH dargestellt wurden, ist hinsichtlich des Expert:innenbegriffs dessen wissenssoziologischer Hintergrund interessant: Demnach ist laut Burkhard Müller für Handlungsvollzüge in der Sozialen Arbeit nicht ausschließlich das Vorhandensein eines alltäglichen oder spezifischen Sachwissens charakteristisch, vielmehr zeichnen sich diese dadurch aus, dass im Einzelfall und in Beziehung mit den Adressat:innen entschieden werden müsse, welches Wissen und welche dafür zuständigen Akteur:innen einzubeziehen seien (vgl. B. Müller 2017, S. 58 ff.; Kap. 5.2.1).

Im Kontext der dokumentarischen Methode werden von Ralf Bohnsack (2020b) Vorschläge zur „Professionalisierung in praxeologischer Perspektive" unterbreitet (vgl. auch Kubisch 2018, S. 175 ff.). Analog zu den Darstellungen im vorherigen Kapitel bezüglich des Orientierungsrahmens wird für die dokumentarische Interpretation nahegelegt, den „Bereich des Expertenwissens mit einem *primordial propositionalen* und prinzipiell explizierbaren Wissen" (Bohnsack 2020b, S. 20) von einem „Wissen des Professionellen" (ebd.) kategorial zu unterscheiden, das „*primordial* ein weitgehend *performatives*, ein *implizites* Wissen" (ebd.) sei. In der dokumentarischen Methode gehe es folglich darum, die

„komplexe Spannung zwischen diesen beiden Ebenen" (ebd., S. 20), also der des kommunikativen und konjunktiven Wissens, zu analysieren (vgl. ebd., S. 20 ff.; Kap. 7.2.1).

Sozialpädagogische Familienhelfer:innen als Expert:innen zu begreifen zielt in dieser Untersuchung in erster Linie auf ihr Wissen über ihre Handlungspraxis ab. Allerdings kann bereits in der Datenerhebung reflektiert werden, welche Konsequenzen die gewählte Erhebungsmethode nach sich ziehen kann und wie dies methodisch zu berücksichtigen ist. Hierbei kann zunächst grundsätzlich davon ausgegangen werden, dass die dargestellten Sachverhalte von den Befragten „in einer für uns methodisch nicht mehr kontrollierbaren Weise überformt" (Bohnsack 2017b, S. 99) würden. Dieser Umstand wird in der vorliegenden Untersuchung dadurch gesteigert, dass Sozialpädagogischen Familienhelfer:innen ein „spezifisches Rollenwissen" (Przyborski/Wohlrab-Sahr 2014, S. 119) über ihr Tätigkeitsfeld zugeschrieben wird.

Es kann demnach davon ausgegangen werden, dass sich die Befragten in der Interviewsituation, insbesondere auf der Ebene des explizierbaren kommunikativen Wissens, mit „an die Praxis gerichteten (normativen) *Erwartungserwartungen*" (Bohnsack 2020b, S. 24) auseinandersetzen und sich dazu positionieren (vgl. Rauschenberg 2019, S. 150 f.). Dies kann beispielsweise dann gegeben sein, wenn auf konzeptionelle oder gesetzliche Anforderungen an die Tätigkeit (z. B. Kinderschutz, Partizipation oder Netzwerkarbeit) Bezug genommen wird. In der späteren Datenauswertung ist dies entsprechend zu berücksichtigen, da eine Analyse, die sich auf diese explizierten Bezüge allein beschränke, noch „keine Rekonstruktion dieser Praxis *selbst*" (ebd.) darstelle (vgl. Bohnsack 2020b, S. 20 ff.).

Weiter verdeutlichen lässt sich der mittels Leitfadeninterviews gewählte Zugang zur Handlungspraxis Sozialpädagogischer Familienhelfer:innen anhand der von Michael Meuser und Ulrike Nagel (2005) vorgenommenen Kategorisierung zweier Wissensformen: Mithilfe von „*Kontextwissen*" (Meuser/Nagel 2005, S. 75) kann demzufolge ein ergänzendes Wissen über Sachverhalte generiert werden, wobei die Interviewten nicht die originäre Untersuchungsgruppe darstellen (vgl. ebd., S. 75 ff.). Dies ist zum Beispiel dann der Fall, wenn Mitarbeitende der SPFH um Einschätzungen zu sozialen Unterstützungsfunktionen in den Beziehungsnetzwerken der Adressat:innen befragt werden.

Um hingegen den Erfahrungshorizont der Mitarbeitenden in der SPFH in den Blick zu nehmen, liegt der Schwerpunkt dieser Untersuchung auf dem sogenannten „*Betriebswissen*" (Meuser/Nagel 2005, S. 75). Auf diese Weise sollen Darstellungen zu handlungspraktischen Abläufen, Routinen und ebenso möglichen Diskrepanzen gegenüber organisationalen Vorgaben durch die interviewten Sozialpädagogischen Familienhelfer:innen in Gang gesetzt werden (vgl. ebd., S. 75 ff.; Meuser/Nagel 2009, S. 470 ff.; Nohl 2017, S. 16 f.). Auch wenn damit der Fokus deutlich auf dem sozialarbeiterisch-sozialpädagogischen Handeln in der SPFH liegt, könnten gleichzeitig die „Relevanzen der Privatperson" (Meuser/Nagel 2009, S. 469) zum

Tragen kommen, da sie für die „primären funktionsbezogenen Relevanzen" (ebd.) in der Handlungspraxis bedeutsam sein können. Dies wäre beispielsweise gegeben, wenn Normvorstellungen aus dem privaten Familienleben der Befragten in den Interviews für deren Tätigkeit bedeutsam würden.

Im gewählten Erhebungsformat wird den Interviewten letztlich eine gewisse Deutungshoheit über die Prozesse in den dargestellten Sozialpädagogischen Familienhilfen beigemessen (vgl. Bogner/Menz 2005, S. 40 f.; Przyborski/Wohlrab-Sahr 2014, S. 120 f.). Mit der Befragung der beruflichen Akteur:innen ist jedoch keineswegs eine Hierarchisierung der Perspektiven, beispielsweise gegenüber denjenigen der Adressat:innen, impliziert.

Konstruktion des erzählgenerierenden Leitfadens

Da davon ausgegangen werden kann, dass den Interviewten die „Relevanzen ihres Handelns keineswegs durchweg bewusst sind" (Meuser/Nagel 2018, S. 77), zielt die Konstruktion des Leitfadens darauf ab, „möglichst viel von der gewünschten Information durch den Interviewpartner selbstläufig" (Przyborski/Wohlrab-Sahr 2014, S. 122) zu präsentieren. Im Interviewkontext wird es als wichtig erachtet, insbesondere „erzählgenerierende Fragen zu stellen und die Schilderungen der Befragten durch immanente narrative Nachfragen zu vertiefen" (Nohl 2017, S. 19). Deshalb werden in der Konstruktion des Leitfadens entsprechende Vorschläge miteinander kombiniert, wie sie im Rahmen von Expert:inneninterviews (vgl. ebd., S. 16 ff.; Meuser/Nagel 2009, S. 472 f.) oder zur grundlegenden Durchführung von Leitfadeninterviews vorliegen (vgl. Przyborski/Wohlrab-Sahr 2014, S. 67 ff., S. 122 ff., S. 126 ff.).

Die Struktur des Leitfadens orientiert sich an dem Prinzip „vom Allgemeinen zum Spezifischen" (Przyborski/Wohlrab-Sahr 2014, S. 127) und gliedert sich in die folgenden Abschnitte: Klärung organisatorischer Aspekte und Ankommen in der Interviewsituation, Erzählstimulus, immanente Nachfragen, exmanente Nachfragen, Erhebung soziodemografischer Daten und Interviewabschluss (vgl. ebd., S. 67 ff., S. 122 ff.). Nachfolgend wird der entwickelte Leitfaden, der sich im Anhang dieser Arbeit befindet (vgl. Anhang 1), näher beschrieben.

Die zentrale Erhebungsstrategie besteht in dem offenen Eingangsstimulus, der am Prinzip der „demonstrativen oder demonstrierten Vagheit" (Bohnsack 2021, S. 228) orientiert ist. Demnach soll angesichts des spezifische Erkenntnisinteresses und der Vorerfahrungen des Interviewers methodisch eine „Fremdheit und Unkenntnis" (ebd.) signalisiert werden. Gleichzeitig soll erreicht werden, gegenüber den Interviewten „als fachlich kompetent, aber gleichzeitig im Hinblick auf dieses spezielle Erfahrungswissen informationsbedürftig" (Przyborski/Wohlrab-Sahr 2014, S. 125) zu wirken. Der Stimulus lautet wie folgt:

> „Ich möchte Sie nun bitten, mir von einer konkreten Sozialpädagogischen Familienhilfe zu berichten. Erzählen Sie mir bitte möglichst genau, wie ich mir Ihre Arbeit

> vorstellen muss, wie sie sich tatsächlich in der Praxis vollzieht. Beginnen Sie bitte beim Beginn der Hilfe, möglichst ab Anfrage durch den ASD, und berichten bis zum Ende beziehungsweise bis zum aktuellen Stand, falls sie noch laufen sollte. Alles, was für Sie wichtig ist, ist für mich von Interesse. Wir haben dafür genügend Zeit." (Anhang 1)

Entsprechend des gewählten Untersuchungsfeldes liegt der Fokus auf der SPFH. Die Interviewten werden gebeten, eine konkrete Darstellung eines Fallverlaufes zu geben und auf praktische Handlungsvollzüge einzugehen. Mit dem Hinweis, die Fallschilderung bereits ab der Anfrage durch den Allgemeinen Sozialdienst zu beginnen, sind zeitliche und inhaltliche Vorgaben verbunden. Damit wird das formale Beauftragungsprozedere von SPFH berücksichtigt und sie sollen den Befragten den Einstieg in die Falldarstellung ermöglichen sowie zur Vergleichbarkeit der Interviewtexte beitragen. Die Vorgaben sowie die Verwendung der Abkürzung für den Allgemeinen Sozialen Dienst („ASD") sollen die Befragten auch auf bereits vorhandenes Wissen des Interviewenden zu dem Untersuchungsfeld aufmerksam machen.

Mit dem Stimulus wird die Darstellung eines längerfristigen Zeitraums abverlangt, womit der durchschnittlichen Dauer einer SPFH von circa 16 Monaten Rechnung getragen wird (vgl. Fendrich/Pothmann/Tabel 2018, S. 70). Dabei wird den Befragten nicht nur überlassen, ob sie eine beendete oder noch laufende SPFH darstellen, sondern auch die thematischen Schwerpunkte sowie als relevant erachtete Aspekte im Hilfeverlauf. Auf diese Weise soll das spezifische Erkenntnisinteresse der Untersuchung methodisch zurückgestellt werden, sodass die „Relevanzstrukturen der Befragten [...] zur Geltung kommen, nicht die eigenen" (Meuser/Nagel 2009, S. 474).

Unmittelbar an die selbstläufige Darstellung anschließend, werden immanente Nachfragen gestellt. Die Interviewpartner:innen werden gebeten, angesprochene Themen zu detaillieren, Leerstellen zu füllen bzw. Erzählabbrüche zu vervollständigen sowie genannte Verweise oder Unverständliches genauer auszuführen (vgl. Przyborski/Wohlrab-Sahr 2014, S. 70 f.).

Im Anschluss daran fokussieren exmanente Fragen das Forschungsinteresse, wodurch die Befragten zu weiteren Darstellungen und Stellungnahmen aufgefordert werden. Hierfür wurden folgende vier Themenbereiche entwickelt, die auf Erfahrungen bezüglich sozialer Beziehungen der Adressat:innen, den diesbezüglichen Methodeneinsatz sowie deren Stellenwert in der Teamarbeit und Kontakte mit den Mitarbeiter:innen des Allgemeinen Sozialdienstes ausgerichtet sind.

Abschließend werden die Interviewten gebeten, soziodemografische Daten anzugeben und ihre Bildungs- und Berufsbiografie darzustellen (höchster Bildungsabschluss, Zusatzqualifikationen, Stationen und Funktionen im Berufsleben, Arbeitsschwerpunkte). Direkt im Anschluss an die Erhebung werden die jeweiligen Eindrücke zur Interviewsituation schriftlich festgehalten (vgl. Przyborski/Wohlrab-Sahr 2014, S. 72 f.).

In Ergänzung zu diesen Überlegungen zur Konstruktion des Leitfadens werden weitere Informationen zur praktischen Umsetzung der Erhebung im Rahmen des Samplings gegeben (vgl. Kap. 7.3.3). Insgesamt ist die narrative Ausrichtung des Leitfadens bereits im Zusammenhang mit der Auswertung des Interviewmaterials zu sehen, auf die im folgenden Abschnitt eingegangen wird.

7.3.2 Auswertung: Schritte in der Interpretation

Die Datenauswertung kann als Prozess verstanden werden, der darauf ausgerichtet ist, „die eigenen, mühsam erlernten Wissensbestände ins Straucheln zu bringen" (Reichertz 2016, S. 157). Mit der dokumentarischen Methode wird ein strukturiertes, sequenzanalytisches Auswertungsverfahren angewendet, mit dem „Vorwissen [...] zwar nicht suspendiert, aber methodisch relativiert" (Nohl 2017, S. 9) werden könne. Von der Interpretation einzelner Interviewsequenzen bis hin zur Typenbildung ist die „komparative Analyse" (Nohl 2018, S. 130) als wesentliches Element des gesamten Auswertungsprozess vorgesehen, um eine methodische „Kontrolle der Standortverbundenheit" (Nentwig-Gesemann 2013, S. 310) der Interpret:innen zu gewährleisten. Auf diese Weise sollen die „gedankenexperimentellen Interpretationsfolien sukzessive und tendenziell durch empirische Vergleichshorizonte ersetzt werden" (Nohl 2018, S. 130), an deren Stelle „das den Vergleich strukturierende Dritte, das tertium comparationis" (ebd.) trete.

In den einzelnen Interpretationsschritten erfahren die dargestellten Grundzüge des Untersuchungsansatzes, wie die Differenzierung der Wissensformen, die Analyseeinstellung oder der Begriff des Orientierungsrahmens, eine methodische Umsetzung. Darauf aufbauend bestehe eine wesentliche Annahme in der Dateninterpretation darin, nicht davon auszugehen, „*mehr* [zu] wissen als die Akteure oder Akteurinnen, sondern davon, dass letztere selbst nicht wissen, was sie da eigentlich alles wissen, somit also über ein implizites Wissen verfügen, welches ihnen reflexiv nicht so ohne weiteres zugänglich ist" (Bohnsack/Nentwig-Gesemann/Nohl 2013, S. 12).

Im Sinne einer „Intersubjektivität und Nachvollziehbarkeit" (Steinke 2017, S. 326) wurden entwickelte Interpretationen zu einzelnen Interviewsequenzen bis hin zur Typenbildung in verschiedene (informell und formell organisierten) Forschungswerkstätten und Kolloquien eingebracht. In diesem Abschnitt werden die realisierten Interpretationsschritte der Leitfadeninterviews dargestellt.

Formulierende Interpretation

Die formulierende Interpretation bezieht sich auf das kommunikative Wissen und widmet sich somit „der Frage nach dem *Was*" (Bohnsack/Nentwig-Gesemann/Nohl 2013, S. 15), das von den Interviewten geäußert wird. In einem ersten Schritt beim Abhören der Audioaufzeichnungen der Interviews wird eine Übersicht über den „*thematischen Verlauf*“ (Bohnsack 2021, S. 139) angefertigt, der auch dazu dient, die Abschnitte für die Transkription auszuwählen (vgl. Nohl 2017, S. 30). Die Aufbereitung des Interviewmaterials erfolgt nach den Transkriptionsrichtlinien des „TiQ: Talk in Qualitative Social Research“ (Bohnsack 2021, S. 255), die sich im Anhang dieser Arbeit befinden (vgl. Anhang 2). Die Interviews mit den Sozialpädagogischen Familienhelfer:innen werden weitestgehend, aber nicht vollständig transkribiert. Die Auswahl der entsprechenden Interviewteile erfolgt anhand dieser Kriterien:

- Ausgewählt werden Abschnitte, in denen das Forschungsinteresse thematisiert wird, sowie im fortschreitenden Erhebungsverlauf auch unabhängig davon diejenigen, die von verschiedenen Befragten thematisiert werden und sich somit für die fallübergreifende Analyse eignen (vgl. Nohl 2017, S. 30). Hierzu zählen neben der Erwähnung informeller und formeller Netzwerkakteur:innen auch verschiedene familiäre Ereignisse (z. B. Einschulungsfeiern, aber auch Todesfälle und als kinderschutzrelevant markierte Themen) sowie verlaufstypische Aspekte der SPFH (z. B. deren Beginn und Ende).
- Ausgewählt werden ebenso Passagen mit einem metaphorischen Gehalt, da „Fokussierungsmetaphern“ (Bohnsack 2018c, S. 85) als Verweise auf Orientierungsrahmen gelten. Ebenso berücksichtigt werden Stellen, die „Beschreibungen und Erzählungen von (relativ) hohem Detaillierungsgrad“ (ebd.) enthalten, da sich dort Hinweise auf Orientierungsgehalte der Interviewten zeigen können, die in der weiteren Interpretation durchaus zu einem „Korrektiv“ (Nohl 2017, S. 30) des Untersuchungsthemas werden können.
- Hinzu kommen Abschnitte, die formale Besonderheiten aufweisen (vgl. Przyborski/Wohlrab-Sahr 2014, S. 292 f.). Berücksichtigt werden insbesondere die von den Interviewten selbstläufig dargestellten Abschnitte, Stellen mit längeren Pausen und in den Nachfrageteilen auch mit Besonderheiten bei der Interaktion mit dem Interviewer.
- Des Weiteren werden Ausschnitte ausgewählt, die auf „Störungen des Routinebetriebs“ (Meuser/Nagel 2009, S. 474) verweisen, um Hinweise auf „Mechanismen des normalen Funktionierens“ (ebd.) der Handlungspraxis zu erhalten. Berücksichtigt werden ebenso Stellen in den Interviews, in denen die Befragten private Lebensbereiche jenseits ihrer beruflichen Tätigkeit thematisieren (vgl. ebd., S. 469; Nohl 2017, S. 47).

Entlang dieser Kriterien entsteht eine thematische Übersicht für jedes Interview, die mithilfe der Analysesoftware MAXQDA zudem mit Zeitmarken versehen wird.

Der zweite Schritt, der als „*formulierende Feininterpretation*“ (Nohl 2017, S. 31) bezeichnet wird, dient dazu, die analytische Trennung der Wissensformen zu gewährleisten und einen Zugang zum kommunikativen Wissen der Befragten herzustellen (vgl. ebd.; Przyborski/Wohlrab-Sahr 2014, S. 293 f.). Hierfür wird eine zusammenfassende Reformulierung der ausgewählten Passage in eigenen Worten angefertigt.

Reflektierende Interpretation

Im Schritt der reflektierenden Interpretation ist die „Frage nach dem *Wie*" (Bohnsack/Nentwig-Gesemann/Nohl 2013, S. 15) zu stellen. Die Analyse konzentriert sich darauf, „in welchem Orientierungsrahmen ein Thema oder eine Problemstellung abgehandelt wird" (Nohl 2017, S. 5). Wie die formulierende Interpretation ist auch die reflektierende Interpretation der Interviews analytisch in zwei aufeinander aufbauende Vorgehensweisen gegliedert: die formale und die semantische Interpretation (vgl. Nohl 2017, S. 31 f.).

Die formale Interpretation zielt bei der Analyse des Interviewtexts darauf ab, auf welche Art und Weise die Befragten eigene Erfahrungen ihrer Handlungspraxis darstellen. Hierfür wird auf Fritz Schützes Differenzierung von „Textsorten" (Schütze 1987, S. 148) in der Narrationsanalyse zurückgegriffen (vgl. Nohl 2017, S. 23 f., S. 32 ff.; Kleemann/Krähnke/Matuschek 2009, S. 65 f.; Przyborski/Wohlrab-Sahr 2014, S. 234 ff.), wonach die analytische Kategorisierung auf folgende Aspekte ausgerichtet wird:

- *Erzählungen*, die differenzierte Darstellungen konkreter Handlungsvollzüge oder Ereignisse beinhalten und definiert sind als „singuläres Ereignis […], das durch spezifische Zeit- und Ortsbezüge gekennzeichnet" (Schütze 1987, S. 146) ist.
- *Beschreibungen*, die Sachverhalte oder sich wiederholende Abläufe darstellen. Denn darin träten „Personen und soziale Situationen […] nicht – wie in Erzählungen – als Handlungs- und Ereignisträger auf" (Przyborski/Wohlrab-Sahr 2014, S. 236), sondern eher exemplarisch „als *Träger für Eigenschaften und soziale Beziehungen*" (ebd.; Hervorhebung im Original im Fettdruck). Folglich beziehen sich diese eher auf „die abstrakten Merkmale der Situation, des Milieus oder des sozialen Bedingungsgefüges, in dem sich eine bestimmte Geschichte ereignet hat" (ebd.).
- *Argumentationen*, die sich als „(alltags-) theoretische Zusammenfassungen und Stellungnahmen zu den Motiven, Gründen und Bedingungen für eigenes oder fremdes Handeln" (Nohl 2017, S. 24) definieren lassen.
- *Bewertungen* oder auch *Evaluationen*, die im engen Zusammenhang mit den *Argumentationen* stehen und als „zusätzlich bewertende Prädikate [… und] Einschätzungsformeln" (Przyborski/Wohlrab-Sahr 2014, S. 235) verstanden werden.

Die Analyse der formalen Struktur des Interviewtextes soll der in der dokumentarischen Methode vorgenommenen kategorialen Differenzierung der Wissensformen und ihrem spannungsreichen Verhältnis Rechnung tragen: Während die beiden ersten Textformen auf das konjunktive Wissen verweisen, entsprechen die beiden zuletzt genannten dem kommunikativen Wissen (vgl. Nohl 2017, S. 33 f.). In diesem Zusammenhang wird jedoch darauf hingewiesen,

> „dass die Unterscheidung zwischen atheoretischem/konjunktivem und kommunikativem Wissen eine analytische ist; gerade das Zusammenspiel von Erzählung/Beschreibung und Argumentation/Bewertung im narrativen Interview macht deutlich, dass die Menschen stets in beiden Ebenen der Sprache leben." (ebd., S. 34)

Für Darstellungen in Interviews wird angenommen, dass diese Textarten in „mehrere ineinander verschachtelte *Vordergrund-Hintergrund-Verhältnisse*" (ebd., S. 24) strukturiert seien und dass die „Selbstverständlichkeiten der Informanten" (ebd., S. 33) zu ihrer Handlungspraxis „kaum kommunikativ expliziert, sondern nur erzählt oder beschrieben werden" (ebd.) können.

In der Datenauswertung wird dies wie folgt berücksichtigt: Es wird schwerpunktmäßig davon ausgegangen, dass ein Zugang zu den Erfahrungen der Handlungspraxis Sozialpädagogischer Familienhelfer:innen über die Interpretation von „Erzählungen und Beschreibungen, soweit sie im Vordergrund der Schilderung liegen" (Nohl 2017, S. 34), hergestellt werden kann. Darüber hinaus werden in der weiteren Interpretation auch argumentative und evaluative Äußerungen beachtet, in denen die Befragten – auch der Interviewsituation geschuldet – Motive ihrer Handlungspraxis explizieren und diese begründen (vgl. ebd., S. 32 f.). Die Analyse wird folglich auf deren „Herstellungs- bzw. Konstruktionsweise" (ebd., S. 35) fokussiert, um zu rekonstruieren „*wie* jemand seine Handlungsweisen rechtfertigt bzw. bewertet" (ebd.).[138]

Im zweiten Analyseschritt der semantischen Interpretation sind die sprachlichen Darstellungen daraufhin zu untersuchen, welche Erfahrungen bzw. Orientierungsrahmen dort „*dokumentiert*" (Mannheim 1964, S. 108) werden. Methodisch wird hierbei auf die oben bereits erwähne komparative Analyse zurückgegriffen, die auch als „das systematische Gegeneinanderhalten von empirischen Gegebenheiten" (Przyborski/Wohlrab-Sahr 2014, S. 282) beschrieben wird. Die Äußerungen der Befragten in ausgewählten Interviewsequenzen sind hierbei auf die „implizite Regelhaftigkeit von Erfahrungen und den in dieser Regelhaftigkeit liegenden dokumentarischen Sinngehalt, d. h. den Orientierungsrahmen dieser Erfahrung" (Nohl 2017, S. 36) hin zu untersuchen. Dabei wird davon ausgegangen, „dass auf einen ersten Erzählabschnitt nur ein spezifischer,

138 Ergänzend kann hierzu im folgenden Schritt der semantischen Interpretation auf das gesprächsanalytische Instrumentarium der dokumentarischen Methode zurückgegriffen werden, wenn Abschnitte überwiegend von Argumentationen und Evaluationen geprägt sind (vgl. Nohl 2017, S. 25, Fußnote 5; Przyborski/Wohlrab-Sahr 2014, S. 298 ff.; Przyborski 2004, S. 61 ff., S. 285 ff.).

nämlich ein der jeweiligen Erfahrungsweise, dem jeweiligen Rahmen entsprechender zweiter Abschnitt folgen kann" (ebd., S. 37).

Um davon ausgehend Orientierungsrahmen zu rekonstruieren, stellen die „Erwartungshorizonte" (Lamprecht 2012, S. 42), wie sie Tabelle 4 entnommen werden können, ein wesentliches Analyseinstrument dar (vgl. ebd., S. 41 ff.; Bohnsack 2021, S. 139 f.).

Tabelle 4: Erwartungshorizonte der Interpretation, nach Juliane Lamprecht (2012, S. 42)

Positive Gegenhorizonte: Vorstellungen, die nicht erreicht werden können/müssen und anhand derer die eigene Praxis bewertet, aber nicht verändert wird.	***Positive Horizonte:*** Vorstellungen, die erstrebenswert und potenziell durchführbar, d. h. enaktierbar sind.	***Negative Horizonte:*** Vorstellungen, die abgelehnt und deren potenzielle Annäherung vermieden werden soll.

Die Horizonte werden hinsichtlich der „*Enaktierungspotentiale*" (Bohnsack 2021, S. 140) unterschieden, also danach, ob sie in der Handlungspraxis umgesetzt oder für umsetzbar gehalten werden oder ob sie eher eine evaluative Funktion für diese innehaben (vgl. Tabelle 4). Auf dieser Grundlage werden in der Rekonstruktion der Orientierungsrahmen die folgenden Fragestellungen an den jeweiligen Interviewtext herangetragen: „Wo strebt er hin? Wovon wendet/grenzt er sich ab? Wo werden Durchführungsmöglichkeiten oder -probleme gesehen?" (Przyborski/Wohlrab-Sahr 2014, S. 296).

Die reflektierende Interpretation zielt auf die Rekonstruktion von Orientierungsrahmen im jeweiligen Interview ab. Ausgehend von einzelnen Sequenzen sind neben gedankenexperimentellen sukzessive auch empirische Vergleichshorizonte in den jeweiligen Interviews bzw. im Forschungsverlauf auch in weiteren Befragungen zu suchen. Hierbei werden minimalkontrastiv zunächst diejenigen ausgewählt, die „nicht nur thematisch sinnvoll [...], sondern die auch homolog oder funktional äquivalent" (Nohl 2017, S. 37) erscheinen (vgl. ebd., S. 37 ff.; Nohl 2013a, S. 274 ff.). Dieser Vergleich wird anhand des bereits erwähnten „gemeinsame[n] Dritte[n]" (Nohl 2017, S. 40) strukturiert, indem interviewintern und -übergreifend explizierte Themen oder spezifische Umgangsweisen mit diesen analysiert werden (vgl. Nohl 2013a, S. 280 ff.). Dabei zielt die Interpretation nicht darauf ab, die geschilderten Praxisprozesse zu bewerten, sondern sie unter Zuhilfenahme der beschriebenen Analyseeinstellung differenziert zu rekonstruieren und zu typisieren.

Sinngenetische Typenbildung

Während die reflektierende Interpretation auf das Einzelinterview bezogen bleibt, wird in der sinngenetischen Typenbildung an diese Rekonstruktionen angeschlossen. Damit wird das Ziel verfolgt, sie vom Einzelfall zu abstrahieren (vgl.

Nohl 2017, S. 42), um aufzuzeigen, „in welch *unterschiedlichen* Orientierungsrahmen die erforschten Personen jene Themen und Problemstellungen bearbeiten, die im Zentrum der Forschung stehen" (ebd., S. 43).

Auch wenn die Darstellung des methodischen Vorgehens einen linearen Ablauf der Interpretationsschritte suggerieren mag, setzt die Typenbildung bereits beim fallübergreifenden Vergleich in der reflektierenden Interpretation an. Die in diesem Interpretationsschritt noch stark interviewbezogenen Orientierungsrahmen werden „sukzessive von einer konkreteren zu einer abstrakteren Stufe" (Nohl 2013a, S. 286) weiterentwickelt (vgl. ebd., S. 285 ff.; Bohnsack 2013, S. 251 ff.; Wäckerle 2018, S. 331 ff.). In der sinngenetischen Interpretation erhalten sie „eine eigenständige Bedeutung und werden in ihrer eigenen Sinnhaftigkeit gesehen" (Nohl 2017, S. 42). Der Vergleich der Interviews richtet sich jeweils darauf, ein interviewübergreifendes „Orientierungsproblem in abstrakter Weise zu definieren" (Bohnsack/Hoffmann/Nentwig-Gesemann 2018, S. 26).

Damit wird der Vergleich immer weniger durch explizierte Themen der Interviewten strukturiert, sondern vielmehr anhand „homologer Orientierungsrahmen" (Nohl 2013a, S. 287), also gleichartiger (und somit auch maximalkontrastiver) Bearbeitungsweisen eines Themas bzw. verschiedener Themen in verschiedenen Interviews: „Das gemeinsame Dritte, das Tertium Comparationis ist nun nicht mehr durch ein (fallübergreifend) vergleichbares Thema gegeben, sondern durch den (fallübergreifend) abstrahierten Orientierungsrahmen" (Bohnsack 2013, S. 253). Da diese nie identisch sind, aber verschiedene Grade an Heterogenität aufweisen, wird in diesem Zusammenhang auch von „*Gemeinsamkeiten im Kontrast* und von *Kontrasten in der Gemeinsamkeit*" (Bohnsack 2020a, S. 34) gesprochen.

In der sinngenetischen Typenbildung dieser Untersuchung konnten anhand von drei interviewübergreifenden Problemstellungen, die sich aufgrund der kontrastierenden bzw. homologen Bearbeitungsweisen als Vergleichsebenen für die Interviews als geeignet erwiesen haben, drei Orientierungsrahmen typisiert werden.

7.3.3 Sample, Feldzugang und Erhebungspraxis

Die Fallauswahl zielt darauf, „die Strukturiertheit des Phänomens und das Spektrum seiner Ausprägungen zu erfassen" (Przyborski/Wohlrab-Sahr 2014, S. 180). In Anlehnung an die Grounded Theory wird auch für die dokumentarische Methode das Verfahren des *theoretischen Samplings* vorgesehen (vgl. Strübing 2018; Bohnsack/Nentwig-Gesemann 2018, S. 239). Als charakteristisch gilt dabei, dass die Fallauswahl nicht zu Untersuchungsbeginn festgelegt wird, „sondern nach den theoretischen Gesichtspunkten, die sich im Verlauf der empirischen Analyse herauskristallisieren" (Przyborski/Wohlrab-Sahr 2014, S. 181). Das Sampling entsteht demzufolge im Forschungsprozess; dabei werden nach dem Prinzip der „Minimierung und Maximierung von Unterschieden die gewonnenen theoretischen Kategorien überprüft und elaboriert sowie die Varianz des Feldes ausgelotet, bis allmählich eine theoretische Sättigung erreicht ist" (ebd., S. 182). Diese sei dann erreicht, wenn „wenn keine theoretisch relevanten Ähnlichkeiten und Unterschiede mehr im Datenmaterial entdeckt werden können" (Kelle/Kluge 2010, S. 49). Somit sei auch nicht die Anzahl der Fälle bzw. Interviews in einem Sample ausschlaggebend, vielmehr müsse dieses eine „adäquate Erfassung eines Gegenstandsbereiches" (Przyborski/Wohlrab-Sahr 2014, S. 186) gewährleisten und sich somit dazu eignen, „um kontrastierende Fälle zu finden" (ebd., S. 187).

Ein weiteres Verfahren zur Strukturierung der Fallauswahl ist der Entwurf eines „qualitativen Stichprobenplan[s]" (Kelle/Kluge 2010, S. 55). Hierbei soll vor Erhebungsbeginn „durch eine *a priori* Definition von Auswahlmerkmalen sichergestellt werden, dass TrägerInnen bestimmter theoretisch relevanter Merkmalskombinationen im qualitativen Sample vertreten sind" (ebd., S. 50; vgl. auch Przyborski/Wohlrab-Sahr 2014, S. 182 ff.). Damit wird das Ziel verfolgt, „bislang unbekannte Phänomene zu identifizieren [… ,] neue Kategorien zu entwickeln und Typologien zu konstruieren" (Kelle/Kluge 2010, S. 55). Ein derart vorab festgelegter Erhebungsplan wird dahingehend kritisiert, dass er den unterschiedlichen Erfahrungskontexten, deren Entstehung insbesondere in der soziogenetischen Typenbildung untersucht wird, der Befragten nicht gerecht werde, da „jene Konzepte und Vergleichsdimensionen, die konstitutiv für [die] Typenbildung sind, schon zu Beginn des Forschungsprozesses die Fallauswahl" (Bohnsack/Nentwig-Gesemann 2018, S. 239) anleiten. Beide Sampling-Strategien können jedoch in der Praxis miteinander kombiniert werden (vgl. Przyborski/Wohlrab-Sahr 2014, S. 185). Im Folgenden wird dementsprechend auf die in dieser Untersuchung umgesetzte Fallauswahl eingegangen.

Zu Beginn der Erhebung stellt sich vor dem Hintergrund des Forschungskontextes und des gewählten Untersuchungsdesigns die Frage, wie die heterogene Struktur des Untersuchungsgegenstandes angemessen berücksichtigt und gleichzeitig die Vergleichbarkeit der Interviews gewährleistet werden kann. Besonders wichtig wird dieser Aspekt angesichts der Heterogenität des Feldes der SPFH, auf die bereits im Zusammenhang mit den formalen Rahmenbedingungen, den empirischen Befunden zur Hilfegewährung, den Lebenslagen der Adressat:innen und ihren sozialen Beziehungsnetzwerken hingewiesen wurde (vgl. Kap. 5.1; Kap. 6.).

Während zunächst „der gemeinsam geteilte institutionell-organisatorische Kontext" (Meuser/Nagel 2005, S. 81) der Befragten sowie der entwickelte Leitfaden eine Vergleichbarkeit gewährleisten sollen, erfolgt eine zusätzliche Eingrenzung in der Fallauswahl durch „*Modalkategorien*" (Kelle/Kluge 2010, S. 54), anhand derer verbreitete Ausprägungen im Arbeitsfeld in den Blick gebracht werden sollen. Die Interviews werden mit Sozialpädagogischen Familienhelfer:innen geführt, die bei unterschiedlichen freien Trägern der Kinder- und Jugendhilfe in verschiedenen Regionen Deutschlands arbeiten. Recherchiert werden daher Angebote der SPFH, die eine themenoffene Konzeption vorweisen und keine expliziten Spezialisierungen (z. B. psychische Erkrankungen) haben. Um die berufspraktische Erfahrung der Interviewten sicherzustellen, wurde im Rahmen der Kontaktaufnahme kommuniziert, dass Personen mit einem (Fach-)Hochschulabschluss in Sozialarbeit, Sozialpädagogik bzw. Sozialer Arbeit und mehreren Jahren Erfahrung im Arbeitsfeld gesucht werden.

Da Kontrastierungen innerhalb der Fallauswahl angestrebt werden, wird zudem auf eine heterogene geografische Verteilung der Familienhilfedienste geachtet. Eine Orientierung hierfür bieten die „Raumabgrenzungen siedlungsstruktureller Kreistypen“ des Bundesinstituts für Bau-, Stadt- und Raumforschung (2021), auf deren Grundlage die Auswahl der nach großstädtischen, städtischen und ländlichen Gebieten[139] differenziert wurde.

Kontaktiert wurden insgesamt dreizehn Träger mit SPFH in ihrem Angebotsprofil. Ausgewählt wurden die Träger anhand der Angaben auf ihren Webseiten, teilweise erfolgte die Kontaktaufnahme auf Hinweis von Multiplikator:innen aus dem eigenen beruflichen Netzwerk. Die einzelnen Ansprechpartner:innen wurden per E-Mail angeschrieben, wobei hierbei das Interesse an dem Tätigkeitsfeld der SPFH betont und das Untersuchungsthema im Anschreiben als Arbeitstitel lediglich genannt wurde. Neben der Ankündigung des leifadengestützten Interviewformates wurde darauf hingewiesen, dass das empirische Forschungsinteresse auf der Handlungspraxis in der SPFH liegt. Im anschließenden telefonischen Kontakt wurde das Interesse an der konkreten beruflichen Praxis hervorgehoben. Als Erhebungsort wurde die jeweilige Arbeitsstätte vorgeschlagen, um eine vertrauliche Atmosphäre nahe am Arbeitsalltag zu schaffen. In einer Ausnahme fand

139 Die Gruppierung wird wie folgt vorgenommen (vgl. BBSR 2021):

- Als „kreisfreie Großstädte“ werden Städte mit mindestens 100.000 Einwohner:innen gezählt.
- Als „städtische Kreise“ werden Kreise bezeichnet, die einen Bevölkerungsanteil in Groß- und Mittelstädten von mindestens 50 % und einer Einwohnerdichte von mindestens 150 Einwohner:innen pro Quadratkilometer aufweisen, sowie Kreise ohne Groß- und Mittelstädte mit einer Einwohnerdichte von mindestens 150 Einwohner:innen pro Quadratkilometer.
- Als „ländliche Kreise“ werden zum einen „ländliche Kreise mit Verdichtungsansätzen“ gezählt, die einen Bevölkerungsanteil in Groß- und Mittelstädten von mindestens 50 %, aber eine Einwohner:innendichte unter 150 Einwohner:innen pro Quadratkilometer aufweisen, sowie Kreise mit einem Bevölkerungsanteil in Groß- und Mittelstädten von unter 50 % mit einer Einwohnerdichte ohne Groß- und Mittelstädte von mindestens 100 Einwohner:innen pro Quadratkilometer. Zweitens gehören hierzu „dünn besiedelte ländliche Kreise“, die einen Bevölkerungsanteil in Groß- und Mittelstädten von unter 50 % aufweisen und deren Einwohner:innendichte ohne die Berücksichtigung des Bevölkerungsanteils, der in den Groß- und Mittelstädten lebt, bei unter 100 Einwohner:innen pro Quadratkilometer liegt.

das Interview aufgrund der räumlichen Gegebenheiten der Arbeitsstätte in den Räumlichkeiten einer Hochschule statt.

Die Rückmeldungen fielen mit neun Interviewzusagen überwiegend positiv aus. Eine Zusage wurde kurzfristig und ersatzlos zurückgezogen, allerdings zeigte sich der Ansprechpartner bereits im Anfrageprozess skeptisch gegenüber einer wissenschaftlichen Befragung, da der Träger erst seit wenigen Monaten existiere und SPFH anbiete. Drei weitere Anfragen blieben auch auf telefonische Nachfrage hin unbeantwortet, eine negative Rückmeldung wurde damit begründet, dass der Träger zwar in seinem Portfolio SPFH führe, aber kaum entsprechende Hilfen realisiere. In der Regel meldeten sich Sozialpädagogische Familienhelfer:innen zurück, die neben der praktischen Fallarbeit auch anteilsmäßig mit Leitungsaufgaben betraut sind. Sie gaben an, aufgrund dessen Zeit für die Befragung erübrigen zu können, im Gegensatz zu ihren Kolleg:innen, die ausschließlich mit Fallarbeit betraut seien. Vor diesem Hintergrund erwies sich auch die gewählte Erhebungsform des Interviews als praktikabel.

Eine Übersicht zu den Befragten bzw. über die vergebenen Pseudonyme der Befragten, ihr Alter, Auskünfte zu ihren Ausbildungen sowie Arbeitsorten bietet die nachstehende Tabelle 5.

Tabelle 5: Sampleübersicht

Name (Kürzel)*	Alter	Ausbildung	Arbeitsort
Frau Blumental (Aw)	42	Sozialarbeit/Sozialpädagogik (Diplom)	Kreisfreie Großstadt
Herr Keitz (Bm)	39	Soziale Arbeit (B. A.)	Ländlicher Kreis
Frau Bernhard (Cw)	48	Sozialpädagogik (Diplom)	Städtischer Kreis
Herr Würfel (Dm)	51	Sozialarbeit (Diplom)	Städtischer Kreis
Frau Baumbach (Ew)	55	Psychologie (Diplom)	Kreisfreie Großstadt
Frau Schulze (Fw)	54	Sozialarbeit (Diplom)	Städtischer Kreis
Frau Fries (Gw)	50	Erzieherin	Ländlicher Kreis
Frau Rohner (Hw)	42	Sozialarbeit/Sozialpädagogik (Diplom)	Ländlicher Kreis

* Die Namen wurden aus Datenschutzgründen anonymisiert und gemäß der Transkriptionsrichtlinien (vgl. Anhang 2) mit den entsprechenden Kürzeln versehen, die auch in den Transkripten verwendet werden. Beispielsweise steht das Kürzel „Aw" für die erste Interviewte und weibliche Befragte Frau Blumental.

Die Erhebung wurde früh im Forschungsprozess begonnen und im Jahr 2018 realisiert. Sie erfolgte in der in Tabelle 5 dargestellten Reihenfolge. Deutlich wird anhand der Übersicht, dass zwei Interviewpartner:innen aufgenommen wurden, die über keinen Abschluss in Sozialer Arbeit verfügen. Dies ergaben die Rückmeldungen im Anfrageprozess der Interviews, womit das Sample aber ungefähr dem Anteil von entsprechend qualifizierten Akademiker:innen im Arbeitsfeld der SPFH von 71,6 % entspricht; gleiches gilt für den Anteil männlicher Beschäftigter von 21 % (vgl. Fendrich/Pothmann/Tabel 2018, S. 42, S. 70; Kap. 5.1.2).

Zudem wurde der zweite Interviewpartner ins Sample aufgenommen, obwohl er angab, lediglich über circa ein Jahr Berufserfahrung zu verfügen. Allerdings stellte seine Tätigkeit im ländlichen Raum zu dem frühen Erhebungszeitpunkt einen interessanten Maximalkontrast dar und erwies sich bei der späteren Interpretation als kontrastreicher Vergleich. Da es für ihn eine angenehmere Gesprächsatmosphäre darstellte, bat er zu Interviewbeginn darum, den Interviewer in der Du-Form ansprechen zu können, was in diesem Interview entsprechend umgesetzt wurde. In der Erhebung wurde insgesamt darauf geachtet, eine Gesprächsatmosphäre zu schaffen, in der die Befragten detaillierte Einblicke in ihre Handlungspraxis geben würden, was in der Interviewführung neben dem Stimulus insbesondere durch möglichst erzählgenerierend angelegte Fragen unterstützt wurde (vgl. Przyborski/Wohlrab-Sahr 2014, S. 67 ff., S. 87; Hermanns 2017, S. 367 f.).

Insgesamt umfassen die Interviewmitschnitte circa 14 Stunden, wobei das kürzeste Interview 71 Minuten und das längste 137 Minuten dauerten. Neben der bereits dargestellten Teilnahmebereitschaft der Sozialpädagogischen Familienhelfer:innen zeichnen sich die Interviews insgesamt durch eine große Auskunftsbereitschaft aus. Nach der Zusicherung der Anonymisierung aller Angaben wurde die Aufnahme begonnen und die Befragten zudem gebeten, möglichst konkret auf ihre berufliche Praxis einzugehen. Außerdem wurden sie darauf hingewiesen, dass davon ausgegangen wird, dass diese nicht immer in Einklang mit konzeptionellen Prinzipien ist. Die eigenen Vorerfahrungen des Interviewers im Arbeitsfeld wurden nicht explizit thematisiert, wobei aber nicht ausgeschlossen werden kann, dass diese von den Interviewten erkannt wurden (z. B. durch Internetrecherche infolge der Anfrage).

Es entstand beim Forschenden der Eindruck, dass die Befragten sich Zeit für das Interview nahmen, da sie vor Interviewbeginn teilweise die Räumlichkeiten zeigten und den Eindruck vermittelten, einen umfassenden Einblick in ihre Arbeit und die begleiteten Fälle geben zu wollen. Sie schilderten Situationen, die sie als schwierig empfanden und die teilweise auch in der später hier vorzunehmenden Fachdebatte kritisch oder als besonders herausfordernd diskutiert werden, wie beispielsweise Kontrollaspekte oder der Umgang mit Kindeswohlgefährdung. Dabei sprachen sie auch über Ansätze und Stellungnahmen zu eigenen Arbeitsweisen in der SPFH oder Bewertungen hinsichtlich der Adressat:innen. Zudem brachten einige Akten mit, um genaue Auskünfte geben zu können, und meldeten im Anschluss an das Interview zurück, dass sie es als gelungene Möglichkeit zur Selbstreflexion erlebt hätten. Während der Interviews kam es lediglich zu kleineren Störungen (z. B. Telefonklingeln nebenan, Kolleg:in kam ins Zimmer). Die umfangreichen Falldarstellungen der Sozialpädagogischen Familienhelfer:innen konnten nicht nur durch den Erzählstimulus generiert werden, sondern auch in den immanenten und exmanenten Nachfragteilen, die allesamt die Datengrundlage für die Interpretation bilden.

8 Typenbildung

Mit der sinngenetischen Typenbildung wird das zentrale Anliegen dieser empirischen Untersuchung bearbeitet. In der Untersuchungsanlage wurde entsprechend dargestellt, dass die rekonstruierten Typen „auf der Ebene von Themen oder Orientierungen bzw. der unterschiedlichen Bearbeitung eines Orientierungsproblems" (Nentwig-Gesemann 2013, S. 316f.) anzusiedeln sind. Der Fokus wird auf Vollzüge in der Handlungspraxis Sozialpädagogischer Familienhelfer:innen gerichtet und mit der Zielsetzung verbunden, unter besonderer Berücksichtigung der Forschungsfragestellungen handlungsleitende Orientierungen zu typisieren, die von den Einzelinterviews abgelöst und damit übergreifend angelegt sind. Diesbezüglich wurde in den Ausführungen zur Datenauswertung darauf hingewiesen, dass in der komparativ angelegten Interviewinterpretation danach gefragt wird, inwiefern sich die im Einzelinterview „gefundene Struktur auch in anderen Fällen findet und wie man das Gemeinsame […] der beiden Strukturen identifiziert und formuliert" (Przyborski/Wohlrab-Sahr 2014, S. 383). Auf eine detaillierte „Fallbeschreibung" (Bohnsack 2021, S. 143) der einzelnen Interviews wird zugunsten der Präsentation der sinngenetischen Typen verzichtet, die das Kondensat der Interpretation darstellen.

Bevor die Darstellung der gebildeten Typen erfolgt, ist ein Aspekt nochmals zu betonen: Es handelt sich um idealtypische Rekonstruktionen, mit denen „sozialer Sinn in abstrahierter Form" (Przyborski/Wohlrab-Sahr 2014, S. 32) gefasst wird. Sie entsprechen nicht den individuellen Orientierungsrahmen der Befragten und wurden „durch Übersteigerung und Vernachlässigung von einzelnen Aspekten der beobachteten Wirklichkeit" (Nentwig-Gesemann 2013, S. 299) rekonstruiert (vgl. ebd., S. 300ff.; Przyborski/Wohlrab-Sahr 2014, S. 376ff.). Insofern dient die Typenbildung nicht der Beschreibung von Einzelfällen bzw. -interviews, sondern der „Veranschaulichung und Erklärung" (Nentwig-Gesemann 2013, S. 299) des beforschten Phänomens.

8.1 Übersicht

In allen erhobenen Interviews zeigt sich, dass ein zentrales Orientierungsproblem Sozialpädagogischer Familienhelfer:innen in der Gestaltung der Interaktion mit den Adressat:innen besteht. Dieser an sich bereits komplexe Aspekt wird in dieser Arbeit zusätzlich mit einem Interesse an sozialen Netzwerkbeziehungen der Adressat:innen verbunden. Da die Bezugnahme auf das soziale Beziehungsnetzwerk an die Beziehungsgestaltung mit den Adressat:innen gebunden ist bzw. darüber vermittelt wird (vgl. Kap. 7.2.2), bestand die Herausforderung in der Typenbildung somit darin, zunächst die Bandbreite der Handlungspraxis zu untersuchen, um den spezifischen Ausschnitt des Forschungsinteresses abbilden zu können. Für die Strukturierung der drei rekonstruierten Orientierungsrahmen bzw. Typen haben sich in der Datenauswertung drei Vergleichsebenen herauskristallisiert: die *Konstruktion des Settings*, die *Gestaltung der Arbeitsbeziehungen* und die *Bezugnahme auf soziale Netzwerkbeziehungen* (vgl. Tabelle 6).

Tabelle 6: Übersicht Typenbildung

Orientierungen in der SPFH / Orientierungsproblematik	**Typ I: Protegieren als verantwortbarer Umgang mit Limitationen**	**Typ II: Arrangieren von gängigen Standards**	**Typ III: Engagieren für eine konstruktive Koalition**
Konstruktion des Settings	*Einschätzen vermeintlicher Fakten*	*Konfigurieren von Begründungsmustern*	*Legitimieren von externen Perspektiven*
Gestaltung der Arbeitsbeziehungen	*Sachorientierte Beziehungsgestaltung mit entgrenztem Charakter*	*Rollenorientierte Beziehungsgestaltung durch Lotsen*	*Entgegenkommende Beziehungsgestaltung als konvergentes Einlassen*
Bezugnahme auf soziale Netzwerkbeziehungen	*Kalkulieren und Auflösen von Interessenkonflikten*	*Prüfen und Aufzeigen von Handlungsoptionen*	*Inkorporieren und teilweises Koproduzieren*
Falldarstellungen	Frau Bernhard, Herr Würfel, Frau Rohner	Frau Baumbach, Frau Schulze	Frau Blumental, Herr Keitz, Frau Fries

Auf der Vergleichsebene der *Konstruktion des Settings* wird deutlich, dass die Darstellung der jeweiligen SPFH mit spezifischen Wahrnehmungen und Entwürfen der Befragten einhergeht, die auch dazu dienen, die eigene Tätigkeit zu legitimieren und Handlungsfähigkeit herzustellen. Anhand der Darstellungen lässt sich rekonstruieren, dass die SPFH von verschiedenen Akteur:innen unterschiedlich gerahmt und mit bestimmten Erwartungen adressiert wird, auf welche die Sozialpädagogischen Familienhelfer:innen Bezug nehmen. Aus den Interviews geht hervor, dass die Befragten mit einer spezifischen vorformatierten Anordnung oder Zusammenstellung des Gegenstandsbereiches konfrontiert sind, den sie auf eine je spezifische Art und Weise erfassen, mit dem sie sich auseinandersetzen und dadurch zugleich mit konstruieren. Dies zeigt sich jeweils im Verlauf der dargestellten Sozialpädagogischen Familienhilfen, da die jeweiligen Orientierungen aber insbesondere im Anfrageprozedere deutlich werden, ist die Darstellung der Vergleichsebene maßgeblich darüber angelegt. Insgesamt entstehen hierbei verschiedene Perspektiven auf den dargestellten Fall von SPFH, die miteinander ins Verhältnis gesetzt werden.

Auf der Vergleichsebene der *Gestaltung der Arbeitsbeziehungen* konnte anhand der Darstellungen herausgearbeitet werden, dass bzw. wie die Befragten erfahrungsgemäß für ihre Handlungspraxis konstitutive Beziehungen aufnehmen und im Verlauf der Jugendhilfemaßnahme gestalten. Interviewübergreifend wird deutlich, dass die Fachkräfte eigene Arbeitsbeziehungen zu Akteur:innen darstellen, die zumeist der Kern- bzw. Kleinfamilie angehören. Charakteristisch ist hierbei, dass sich in allen Typen eine Beziehungsgestaltung zeigt, mit der spezifische Entgrenzungstendenzen und wechselseitige Erwartungen einhergehen, die Anforderungen stellt und handlungspraktische Bearbeitungsweisen erforderlich macht.

Rekonstruiert werden konnte schließlich, wie sich die Handlungspraxis Sozialpädagogischer Familienhelfer:innen hinsichtlich weiterer Sozialbeziehungen der Adressat:innen gestaltet. Auf der Vergleichsebene *Bezugnahme auf soziale Netzwerkbeziehungen* werden verschiedene Umgangsweisen dargestellt, die sich in erster Linie auf informelle Akteur:innen im sozialen Umfeld der Adressat:innen beziehen. In den Interviews werden diese vergleichsweise wenig erwähnt und die Darstellungen stellen sich entweder recht abstrakt und unproblematisch oder aber ausgesprochen problematisch bzw. dilemmatisch dar. Als wesentlich für die Interpretation erwies sich die Kontrastierung mit den Thematisierungen zu formellen Netzwerkakteur:innen, da sich in der Bezugnahme homologe Vorgehensweisen hinsichtlich informeller zeigten. Die Netzwerkorientierungen stellen somit routinierte Bezugnahmen auf bzw. Umgangsweisen mit sozialen Netzwerkbeziehungen der Adressat:innen von Sozialpädagogischen Familienhilfen dar.

Da die drei Vergleichsebenen im weiteren Kapitelverlauf dazu dienen, die typisierten Orientierungsrahmen vorzustellen, soll darauf hingewiesen werden, dass eine Annäherung an die beforschte Praxis erst über deren Zusammenschau möglich wird. Durch das Ausbleiben konzeptioneller und empirischer Einordnungen in der Darstellung der Typenbildung kann die Handlungspraxis zunächst unfachlich wirken oder der Eindruck entstehen, dass diese personengebunden ist. Vielmehr ist die Anordnung der Ergebnisse den Darstellungszwecken geschuldet und soll gemäß der in den forschungsmethodischen Kapiteln zugrunde gelegten Analyseeinstellung keine Bewertung dahingehend implizieren, inwiefern die dargestellten Handlungsweisen etwa den Konzepten aufsuchender Sozialer Arbeit mit Familien entsprechen, sondern deren Vielfalt differenziert und interviewübergreifend aufzeigen.

Beispielsweise konnte der mittlere Typ II *(Arrangieren von gängigen Standards)* über den kontrastierenden Vergleich mit den beiden anderen rekonstruiert werden. In ihm zeigen sich Vorgehensweisen, die auch in anderen Orientierungsrahmen vorkommen, wobei deren dabei durchaus erkennbare Kombination und Weiterführung keineswegs als das Nonplusultra der typisierten Handlungspraxis in der SPFH misszuverstehen ist. Dieser Typ verweist vielmehr darauf, dass die dargestellten Vorgehensweisen in den Interviews nicht identisch sind. Sie wurden deshalb miteinander typisiert, da sie sich in der Analyse als überwiegend homolog bzw. gegenüber anderen Typen als weniger kontrastreich zeigten (vgl. Kap. 7.3.2).

Abschließend zu diesen einleitenden Worten noch ein Hinweis, wie die Typenbildung gelesen werden kann: Die typisierten Orientierungsrahmen können separat gelesen werden, womit ein umfassender Eindruck geschaffen wird; ebenso bietet es sich an, die verschiedenen Bearbeitungsweisen auf den Vergleichsebenen typenübergreifend zu lesen, um ein Bild über die Kontraste der verschiedenen Typen zu erhalten.

8.2 Typ I: Protegieren als verantwortbarer Umgang mit Limitationen

Im typisierten Orientierungsrahmen, der als *Protegieren* bezeichnet wurde, dokumentiert sich, dass die Handlungspraxis darauf gerichtet ist, eine oder mehrere Personen vor spezifischen, meist als belastend eingeschätzten Einflüssen oder schädigenden Entwicklungen zu schützen bzw. diesen entgegenzuwirken. Sozialpädagogische Familienhelfer:innen machen dafür situativ und insbesondere sachbezogen ihren eigenen Einfluss geltend, indem sie spezifische Unterstützungsmaßnahmen entwickeln, realisieren bzw. organisieren. Ihr Handeln ist sprichwörtlich darauf gerichtet, ihre Adressat:innen wieder in den Sattel zu heben. Dies geht mit Erfahrungen einer eingeschränkten Handlungsfähigkeit der Adressat:innen einher. In den Darstellungen zeigt sich, dass in diesem Zusammenhang neben normativen Konstruktionen auch idealisierte Vorstellungen über eine gelingende Praxis entwickelt werden, die inhaltlich aber nicht immer konkret bestimmt und zudem handlungspraktisch nur eingeschränkt realisiert werden können. Charakteristisch für Typ I ist, dass mit wahrgenommenen *Limitationen* der eigenen Handlungspraxis ein *verantwortbarer Umgang* zu finden ist.

8.2.1 Einschätzen vermeintlicher Fakten

Anhand der dargestellten Sozialpädagogischen Familienhilfen lässt sich rekonstruieren, dass die Befragten mit bereits vorliegenden Rahmungen des Settings konfrontiert und dazu herausgefordert werden, einen Umgang mit diesen zu finden. Die Fachkräfte setzen sich mit den Erwartungen an ihre Tätigkeit auseinander und arbeiten mit begrenzten Informationslagen zum Setting der SPFH. Die Befragten greifen diese Vorgaben auf und agieren innerhalb des damit abgesteckten Rahmens. Auf dieser Grundlage sind sie darauf orientiert, einen Zugang zu den Adressat:innen herzustellen. Das *Einschätzen vermeintlicher Fakten* erfolgt jedoch weniger durch eine offene Thematisierung mit den beteiligten

Akteur:innen, vielmehr bleiben die in der Handlungspraxis generierten Informationen und Sachverhalte implizit.

Im Typenvergleich legitimieren die Interviewten hierbei zunächst weniger die Perspektiven anderer Akteur:innen (vgl. Kap. 8.4.1, Typ III *Engagieren für eine konstruktive Koalition*) oder gehen auf eigenständig wahrgenommene Bedarfslagen ein (vgl. Kap. 8.3.1, Typ II *Arrangieren von gängigen Standards*).

Deutlich wird dies im Interview mit Frau Rohner, die den Anfrageprozess in der dargestellten SPFH wie folgt beschreibt.

> Hw: […] (.) in dem Fall war=et so dass et=n acht a war. (.) meine Kollegin und ick wurdn angefragt ähm (.) ob wir den überne:hm, (.) junge Mutter alleinerziehnd zu da- zum damaligen Zeitpunkt mit zwei Kindern; die, zu dem Zeitpunkt fünf und drei Jahre alt warn. //mhm// (.) ä:hm (.) die Kindeswohlgefährdung ähm entstand dadurch dass die Kita sich jemeldet hatte. //mhm// Kinder erschein unregelmäßig in der Kita, oft zu spät mh: (.) sprechen mit der Mutter is fast unmöglich, die is- wird halt laut. (.) ähm verbal aggressiv. //mhm// ähm (.) und ähm (.) dazu kam denn ä- noch Stromschuldn. und das is ja auch immer n=großet Thema, //mhm// dass ähm (.) sag ick mal die Abklemmung vom Strom drohte. //mhm// ((atmet ein)) sin natürlich nich die bestn Voraussetzung mit=ner Hilfe zu beginn. //mhm// ähm; (.) und zu sagn, ja jetzt sind=wa hier, nu arbeiten=se @ma hier mit uns zusamm.@ (.) Zwangskontext is immer; ähm eher ähm (.) der schwierige Part. (2) hm:: ick find dat hat dann och viel mit Haltung zu tun, wir ham der Ko- der Mutter och noch mal erklärt, ähm (.) dass wir natürlich trotzdem sehr transparent mit ihr arbeitn, alle Schritte, die wir hier machen och erst mit ihr besprechn bevor wir dit Jugendamt ähm (.) äh da mit einbeziehn. […]

Frau Rohner, Z. 61–81

Frau Rohner spricht in dieser Passage verschiedene Themen an; als juristische Grundlage des Falles benennt sie den § 8 a SGB VIII („acht a"), stellt eine personenbezogene Anfrage an eine Kollegin und sie selbst dar und benennt die potenziellen Adressat:innen, bevor sie das Zustandekommen der „Kindeswohlgefährdung" thematisiert. In ihrer abstrakt bleibenden Beschreibung geht sie zudem auf einen Entscheidungsspielraum im Anfrageprozess ein („ob wir den überne:hm"). Dabei deutet sich semantisch bereits an, dass mit einer möglichen Annahme der Anfrage auch einhergeht, dass die darin enthalte Perspektive zu übernehmen sei. Infolge dessen nimmt sie auf Attribuierungen des Settings bzw.

der Adressat:innen Bezug, die sie schlagwortartig wiedergibt und die auf teils existenzielle Einschränkungen in der Lebensführung verweisen (z. B. „die Abklemmung vom Strom drohte").

Anhand dieser Darstellung zeigt sich auch, dass zwischen Frau Rohner und der anfragenden Person des Jugendamtes womöglich ein geteilter Erfahrungsraum besteht, auf den hier zurückgegriffen wird. Die SPFH wird nicht weiter begründet, stattdessen kann scheinbar routinemäßig auf der Grundlage dieser Informationen mit der Umsetzung der SPFH begonnen werden.

Im Weiteren thematisiert Frau Rohner die damit gegebenen Bedingungen für die SPFH, wobei sie Begriffe wie „Zwangskontext" oder „Haltung" verwendet sowie auf ein transparentes Vorgehen hinsichtlich der Weitergabe von Informationen an das Jugendamt verweist. Dabei greift sie zunehmend auf evaluative und argumentative Darstellungsmodi zurück, womit sie die Beschreibung der Konstellation schließlich abbricht, was sich auch in den nonverbalen Äußerungen (Einatmen und Lachen) zeigt. Insbesondere in der evaluativen Stellungnahme zu den Stromschulden („immer n=großet Thema") wird von Frau Rohner angezeigt, dass diese Thematik erfahrungsgemäß eine besondere Relevanz besitzt. Angesichts der bis dahin dargestellten Bedingungen der SPFH nimmt sie eine Theoretisierung hinsichtlich ihres Umganges mit diesen vor. Sie verweist darauf, dass diese Konstellation für die Handlungspraxis einen stark begrenzenden Horizont darstellt („nich die bestn Voraussetzung mit=ner Hilfe zu beginn"), was aber scheinbar nicht zu einer Ablehnung der angefragten SPFH, sondern zu ihrer Annahme führt. Die Entscheidung über die Anfrage wird nicht näher thematisiert, stattdessen wird routinisiert zu damit verbundenen Problemstellungen in der Handlungspraxis übergangen, die daraus erfahrungsgemäß erwachsen.

In den anschließenden theoretisierenden Ausführungen gibt Frau Rohner an, dass dies „dann och viel mit Haltung zu tun" habe. Sie entwickelt damit einen Handlungsentwurf, der Sozialpädagogische Familienhelfer:innen generalisierend dazu verpflichtet, einen adäquaten Umgang mit vergleichbaren Settings zu entwickeln. Die scheinbar notwendige Bearbeitung der vorgegebenen Themen und das damit verbundene Erfordernis, das Jugendamt über bestimmte Vorgänge zu informieren, wird dabei nicht infrage gestellt oder aufgelöst – stattdessen sei es „der Mutter och noch mal erklärt" worden. Der Umgang mit der Mutter sei angesichts dieser Einschränkungen „natürlich trotzdem sehr transparent" zu gestalten. Hervorgehoben wird somit die Erforderlichkeit eines spezifischen Vorgehens gegenüber der Adressatin, um in der SPFH handlungsfähig zu werden.

Im dargestellten Interviewausschnitt dokumentiert sich, dass die wahrgenommenen Sachverhalte bezüglich des Settings der SPFH einen Aufforderungscharakter haben und dass sich daraus spannungsreiche Einschränkungen ergeben, die handlungspraktisch nicht ohne Weiteres aufgelöst werden können. Bearbeitbar werden diese insbesondere im Umgang mit der Adressatin, indem ihr gegenüber eigene Handlungszwänge, angestrebte Vorgehensweisen und Selbstverständnisse thematisiert werden. Die SPFH wird angesichts dieses Umgangs mit der eingeschränkten Informationslage paradoxerweise darüber konstituiert, dass diese zunächst nicht explizit infrage gestellt, sondern aufrechterhalten wird.

Im Vergleich zu der vorherigen Passage zeigt sich im weiteren Interviewverlauf, dass Frau Rohner den vorgegebenen Sachverhalten für die SPFH Rechnung trägt, was u. a. bezogen auf die Thematik der Anwesenheit der Kinder in der Kindertagesstätte deutlich wird. In der vorherigen Passage sind der Mutter in diesem Zusammenhang Einschränkungen hinsichtlich ihrer Kommunikationsfähigkeit zugeschrieben worden: „Kinder erschein unregelmäßig in der Kita, oft zu spät mh: (.) sprechen mit der Mutter is fast unmöglich, die is- wird halt laut. (.) ähm verbal aggressiv“ (Frau Rohner, Z. 67–69). In der nachfolgenden Interviewsequenz zeigt sich jedoch, dass Frau Rohner im weiteren Verlauf der SPFH die damit verbundene Attribuierung der Adressatin infrage stellt.

> Hw: […] wir ham ganz schwierige ähm: Gespräche mit der Kita geführt? also. (.) und ähm (.) ham dabei och gemerkt, die Haltung der Erzieherin dieser Mutter gegenüber dat war ganz schwierich und ham (.) ä- begriffn; (.) da wird och mit ganz viel Beratungsgesprächn irgendwie ke:n Weg mehr rinführn dass sich alle da gut öh (.) wohlfühln und mitn=nander ins Arbeitn komm;
>
> Frau Rohner, Z. 107–112

In dieser von Argumentationen geprägten Interviewsequenz stellt Frau Rohner „schwierige“ Kontakte mit der Kindertagesstätte dar, die zu Hilfebeginn stattfanden. Frau Rohner bezieht sich nicht auf die Mutter, sondern auf die „Haltung“ der Erzieherin gegenüber dieser, welche sie als „ganz schwierich“ einschätzt. Auch wenn an dieser Stelle unklar bleibt, welche konkreten Versuche Frau Rohner diesbezüglich unternommen hat, wird deutlich, dass sie im Rahmen ihrer Handlungspraxis scheinbar zu einer Einschätzung hinsichtlich der Erzieherin gekommen ist: Sie habe „begriffn“. Eine konstruktive Auflösung der Situation mittels Beratungskommunikation steht aufgrund dieser Wahrnehmung in einem negativen Horizont („ke:n Weg mehr rinführen“).

Festhalten lässt sich, dass Frau Rohner im Hilfeverlauf dadurch zu der ergänzenden Information des unregelmäßigen Kitabesuchs gelangt, dass sie auf die oben beschriebenen Vorgaben zu ihrer Tätigkeit Bezug nimmt und diese zunächst aufrechterhält. Das heißt auch, dass sie die vorgegebenen Informationen und die damit transportierten Attributionen der Mutter durch den Allgemeinen Sozialen Dienst zunächst nicht explizit problematisiert. Allerdings werden mittels der dargestellten Vorgehensweise erfahrungsbasierte Informationen generiert, anhand derer nicht mehr ausschließlich die Mutter als eingeschränkt handlungsfähig attribuiert wird, sondern ebenso die Erzieherin. Darin dokumentiert sich eine Umgangsweise mit vorgefundenen Sachverhalten, die als *Einschätzen vermeintlicher Fakten* bezeichnet wird.

Eine dazu vergleichbare Darstellung findet sich bei Frau Bernhard. Es zeigt sich, dass seitens des Allgemeinen Sozialen Dienstes eine bestimmte Betrachtungsweise konstruiert wird, die auf einer spezifischen Situation in einer Familie beruht. Darauf bezieht sich auch Frau Bernhard ihrer Darstellung.

> Cw: └Okay;
> ähm: ja die Anfrage kam vom Jugendamt [Stadt 12]; im September
> 20[xy], (.) ähm (.) gan:z: heißer Fall: dringender Fall: der ASD
> wollte zwei Leute habn, (.) ähm gerne Frau und Mann, //mhm// und
> es war ähm die Ansage vorher es isn; äh n=ein=ein fünf jähriger
> Junge in der Familie der mit schwersten Verbrühungen in der
> Kinderklinik liegt, und es sei noch ein Baby in der Familie; ähm
> (.) und die Anfrage ging also quasi für das Baby, weil der der
> Junge lag ja in der in der //mhm// Klinik, ähm das Baby war also
> noch in der Familie und das große Thema war, darf dieses Baby
> in der Familie bleiben obwohl äh ein fünf jähriger Junge; schwer
> verbrüht wurde; ähm die Anfrage war insofern (.) ungewöhnlich
> weil es hieß wir brauchen jemand=n an sieben Tagen die Woche;
>
> Frau Bernhard, Z. 34–46

Im Gegensatz zu Frau Rohner werden in dieser Anfrage die Mitarbeiter:innen nicht personalisiert angesprochen, sondern deutlich dezidierte Vorstellungen zum eingesetzten Personal („gerne Frau und Mann") und den Einsatzzeiten („sieben Tagen die Woche") angesprochen. In homologer Weise zu Frau Rohners Darstellung zeigt sich der Aufforderungscharakter dieser vorgegebenen Sachverhalte für Frau Bernhard. Sie legt dar, dass der Allgemeine Soziale Dienst („ASD") eine „Ansage" zu vorliegenden Sachverhalten („fünf jähriger Junge in der Familie der mit schwersten Verbrühungen in der Kinderklinik liegt") und der zu bearbeiteten Thematik („darf dieses Baby in der Familie bleiben") vorgenommen hat. Verstärkt wird dies durch dramatisierende Einschätzungsformeln („gan:z: heißer Fall: dringender Fall:", „das große Thema", „ungewöhnlich"), die den nachdrücklichen Charakter unterstreichen und als wahrgenommene Restriktion des Settings interpretiert werden können.

In der folgenden Passage beschreibt Frau Bernhard den ersten Kontakt mit den Adressat:innen. Zunächst wird darin zwar kaum ein thematischer Bezug zur vorherigen Passage deutlich, dafür zeigt sich jedoch eine spezifische Erfahrung von Frau Bernhard:

Cw: Ähm: kennengelernt haben wi:r; die Eltern, (.) ähm eine (.) ä-
Mutter, die Frau [M] war damals:: muss ich
rechnen (.) 24, und der Herr [M] war; (.) sogar
nochmal zwei Jahre jünger; (.) ähm genau 22; also junge //mhm//
Eltern, (.) ähm die hattn ein gemeinsames Kind, das war die ähm
[Emily], (.) und wie sich in dem Gespräch rausgestellt
hat hatten sie kurz davor geheiratet. das war aber auch was was
der Sachbearbeiter zum Beispiel gar nich wusste, das hat //mhm//
sich dann in dem Gespräch irgendwie @zufällig@ rausgestellt. (2)

Frau Bernhard, Z. 53–61

Im Zuge der Darstellung des ersten Zusammentreffens mit den Adressat:innen führt Frau Bernhard im Interview die Eltern ein, die sie anhand der Initiale ihres Nachnamens und ihres Alters darstellt und in diesem Zusammenhang als „junge“ Eltern bezeichnet. Anhand ihrer Formulierung bleibt offen, inwiefern sie dabei auch deren Kind kennengelernt hat („hattn ein gemeinsames Kind“), welches sie beim Vornamen nennt. In diesem Zusammenhang kommt sie auf die vor Kurzem stattgefundene Heirat der Eltern zu sprechen. Von dieser habe der „Sachbearbeiter“, womit der Mitarbeiter des Allgemeinen Sozialen Dienstes gemeint sein dürfte, zum damaligen Zeitpunkt unter anderem keine Kenntnis gehabt. Es habe sich „@zufällig@“ herausgestellt. Ohne darauf näher einzugehen, impliziert sie damit, dass es mehrere Sachverhalte gegeben haben könnte, die sich seinem Wissen entzogen.

Darin wird die Erfahrung erkennbar, dass Frau Bernhard durch den Kontakt mit den Adressat:innen ergänzende Informationen erhält. Diese haben scheinbar nicht die Qualität, um die vom Allgemeinen Sozialen Dienst gegebenen Informationen explizit infrage zu stellen. Sie zeigen aber, dass für Frau Bernhard darin liegende Kontingenzen erfahrbar werden.

Im weiteren Interviewverlauf wird deutlich, dass Frau Bernhard in der Kommunikation mit den Adressat:innen drauf orientiert ist, den ursprünglichen Sachverhalt der SPFH zu explorieren und zu bewerten.

Cw: […] (.) genau. passiert war
folgendes, so wurde es uns berichtet, ähm der Herr [M]
was ja nu der Stiefvater, von diesm //mhm// fünf
jährigen Jungn war, (.) war mit dem alleine zuhause, (.) der ähm
(.) Junge; also er hätte den Jungn gebadet, ist selber aus dem;
also das is jetzt die Variante des des Stiefvaters, ähm der Junge
hätte in der Badewanne gesessen, er selber sei rausgegang; und
der Junge hätte heißes Wasser; in die Badewanne noch zusätzlich
einlaufen lassen, und hätte sich dabei verbrüht. (.) und ähm (.)
es war dann so dass der Stiefvater tatsächlich auch; (.) mh also

> als er diese Verbrühungn festgestellt hat hat er richtig gehandelt, also; ähm er hat den ähm den=den Krankenwagen gerufen, (.) ähm wobei dann auch irgendwie die Mutter mit ins Spiel kam; aber sag ich mal an der Stelle hat er irgendwie korrekt gehandelt, er hat also wirklich auch die Rettung alarmiert; //mhm// und und und; dieser Junge hatte recht starke Verbrühungen ähm (.) und ist dann in in in ne; spezielle Kinderklinik gekomm; wo er eben behandelt wurde. [...]
>
> Frau Bernhard, Z. 70–87

Geschildert wird ein Kenntnisstand über die Situation, der über Dritte erlangt wurde („so wurde es uns berichtet“). Frau Bernhard bezieht sich auf den Stiefvater des Kindes, „Herrn [M]“, und zeigt konkretisierend an, dass es sich um dessen Darstellung handelt („also das is jetzt die Variante des des Stiefvaters“). In der folgenden Beschreibung wird deutlich, dass sie sich auf seine Perspektive einlässt, aber auch pragmatisch Distanz dazu hält, was sich insbesondere in der Verwendung des Konjunktivs zeigt.

In der weiteren Darstellung thematisiert Frau Bernhard den Umgang des Vaters mit der Situation und bewertet diesen anhand von Einschätzungsformeln („tatsächlich“, „richtig gehandelt“). Allerdings scheint sie von dessen Darstellung nicht vollumfänglich überzeugt zu sein und stellt sie durch eine Relativierung infrage („irgendwie korrekt gehandelt“). Im Anschluss kommt sie auf die ihr darüber hinaus vorliegende Information zu sprechen, dass der Junge in einer Kinderklinik liege. Es gelingt ihr anhand ihres explorierenden Vorgehens scheinbar nur bedingt, die Darstellung hinsichtlich ihres Wahrheitsgehaltes eindeutig zu beurteilen, die somit letztlich widersprüchlich bleibt.

In den Darstellungen von Frau Bernhard und Frau Rohner wird deutlich, dass im Umgang mit den Adressat:innen maßgeblich erfahrungsbasierte Einschätzungen generiert werden, anhand derer eine Exploration und Beurteilung der Vorgaben zur jeweiligen SPFH erfolgt. Die als *Einschätzen vermeintlicher Fakten* beschriebene Orientierung erweist sich für die Sozialpädagogischen Familienhelfer:innen als praktikabel im Umgang mit den vorgegebenen Sachverhalten, die dadurch allerdings reproduziert und aufrechterhalten werden.

8.2.2 Sachorientierte Beziehungsgestaltung mit entgrenztem Charakter

In allen Interviews zeigt sich, dass die Beziehung zu den Adressat:innen entlang spezifischer Sachverhalte, Bedarfskonstruktionen oder Anliegen konstituiert wird. Für die Sozialpädagogischen Familienhelfer:innen im Typ I *(Protegieren als verantwortbarer Umgang mit Limitationen)* konnte jedoch rekonstruiert werden, dass spezifische Sachverhalte eine eigenständige, handlungsleitende Bedeutung besitzen, da über sie die Gestaltung der Arbeitsbeziehungen mit den Adressat:innen reguliert wird. Dabei werden nicht nur verschiedene Themen als problematisch eingeschätzt, sondern die Adressat:innen in ihrem Bewältigungsvermögen derselben als eingeschränkt handlungsfähig wahrgenommen. Die Sozialpädagogischen Familienhelfer:innen versuchen, den damit einhergehenden Limitationen für ihre Handlungspraxis entgegenzuwirken, wozu sie diese Themen im Rahmen einer *sachorientieren Beziehungsgestaltung* bearbeiten. Dabei zeigt sich auch ein *entgrenzter Charakter* der Handlungspraxis, da die Grenzen dessen, was im Rahmen der SPFH für noch verantwortbar gehalten wird, um Themen adäquat zu bearbeiten, ausgelotet werden.

Mit Frau Bernhards Darstellung lässt sich illustrieren, dass die Arbeitsbeziehung über spezifische Themen etabliert wird und bestehen bleibt.

Cw: […] (.) ja; es war dann so dass: ähm die diese die diese
beiden Mädchen, ham ja ein Abstand von; ähm (3) ((atmet aus))
einem Jahr und zehn Monatn? also relativ eng; und ähm (.) es
stellte sich raus dass die [Emily] also das größere
Mädchen; die sich im ersten Jahr tatsächlich sehr gut entwickelt
hat, ähm; die sich aber primär motorisch; gut entwickelt hat;
also (.) hat unheimlich früh angefangen zu krabbeln und war da
echt ganz fit unterwegs, (.) man hat aber dann so im zweitn Jahr
gemerkt so sprachlich kam da wenich? (.) äh:m und vom Verhalten
her (m: ma-) die musste schon sehr klar begrenzt werdn, wo wir
das Gefühl hatten das is den; (.) das war n schwieriges Thema.
//mhm// ähm ich hab zu dem Zeitpunkt ganz viel mit der Mutter
zum Thema Bindung gearbeitet; //mhm// äh was brauchen Kinder,
also auf der ein Seite so n sicheren Hafen, auf der andern Seite
daraus dann so die Möglichkeit sich auch in die Welt zu bewegen
ne, //mhm// gut; es war jetz wir redn jetz von nem Kleinkind;
aber auch da ganz klar das Thema was kann sie selber schon
bestimm, ja? und wo muss man aber auch ganz klare Grenzen setzn;
was sind die Bedürfnisse von klein Kindern, //mhm// was brauchen
die, (.) ähm also letztlich dieses Thema was wir ganz am Anfang
mit dem Vater, hattn? so; was braucht ein Baby was hat ne? das
braucht //mhm// Blickkontakt; das brauch Ansprache; das braucht
nich nur Nahrung und warme Windeln, (.) war dann auch ein Thema
bei der Mutter, in Bezug auf dieses Kleinkind. […]

Frau Bernhard, Z. 376–399

Nach der Darstellung der veränderten Familienkonstellation geht Frau Bernhard auf die beiden Kinder, ihre Entwicklung und Bedürfnisse sowie das Erziehungsverhalten der Eltern ein. Ausgehend von ihren Beobachtungen und Einschätzungen, die sie durch ein längerfristiges Einlassen auf die Familie gewonnen hat, verwendet sie den Fachbegriff „Bindung". Die formale Struktur der Passage ist insgesamt argumentativ und evaluativ strukturiert, wobei insbesondere die Verwendung der Einschätzungsformeln auffällig ist (z. B. „echt ganz fit" oder „schwieriges Thema").

Im Kontrast zu dieser dezidiert sachlichen Darstellung bleiben die Begründungen Frau Bernhards inhaltlich vage („sprachlich kam da wenich", „schon sehr klar begrenzt werdn"). Zudem werden in Zeile 386 affektive Anteile, vermutlich hinsichtlich der Eltern, thematisiert. Der Satz wird nicht zu Ende geführt, sondern mit einer allsatzartigen Bewertung beendet, ohne dass der aufgeworfene Sachverhalt abschließend bearbeitet wird („schwieriges Thema"). Lediglich die Verwendung von „wir" verweist darauf, dass die dargestellte Perspektive Frau Bernhards von ihrem Kollegen, oder möglicherweise auch weiteren Kolleg:innen, geteilt wird. Hierin deutet sich bereits ein Orientierungsdilemma in der Beziehungsgestaltung mit den Adressat:innen an.

In der weiteren Darstellung ist auffällig, dass Frau Bernhard bei der inhaltlichen Darstellung ihrer Tätigkeit bleibt, sie habe „gearbeitet", wohingegen sie die Ergebnisse ihrer Interventionen nicht näher thematisiert. Darüber hinaus zeigt sich, dass die Argumentationsweise zur Bindungsthematik von Frau Bernhard nicht bruchlos dargestellt, sondern in der Passage von ihr selbst verhandelt wird und sie sich in der Diskussion derselben zu verstricken scheint. Beispielsweise relativiert sie die von ihr explizierte Norm sogleich wieder durch die Thematisierung des Kindesalters („gut; es war jetz wir redn jetz von nem Kleinkind"), aber ohne deren Notwendigkeit aufzugeben („aber auch da ganz klar das Thema").

Auch mit dem thematischen Wechsel zur vorangegangenen Beratung des Vaters ab Zeile 395 zeigt sich eine Begrenzung der Handlungspraxis. Differenziert werden verschiedene Bedürfnisse von Kindern, wobei ein Anspruch Frau Bernhards deutlich wird („das brauch Ansprache"), über den aber scheinbar nur bedingt ein Konsens mit dem Vater erreicht werden kann („das braucht nich nur Nahrung und warme Windeln").

Hierin dokumentiert sich, dass ein positiver Horizont darin besteht, entlang von Beobachtungen und Einschätzungen diejenigen Themen auf einer Metaebene zum Gegenstand der SPFH zu machen, die vom normativ notwendigen Standpunkt der Fachkraft aus als eingeschränkt realisiert wahrgenommen werden. Darauf beruhend wird die *Beziehung* zu den Adressat:innen *sachorientiert gestaltet*, indem die entwickelten Perspektiven kommunikativ vertreten werden, ohne die damit verbundenen Veränderungserwartungen realisieren zu können.

Angesichts dieser Pattsituation wird nicht deutlich, wie die Beziehung wieder beendet werden kann. Sie erhält einen *entgrenzten Charakter.*

In der weiteren Falldarstellung geht Frau Bernhard darauf ein, dass die Mutter, „Frau [M]", ihr gegenüber zunächst äußerte, sich von ihrem Mann trennen zu wollen, und sich schließlich an den Allgemeinen Sozialdienst wendete. Sie nahm das Angebot, in eine Mutter-Kind-Einrichtung zu ziehen, in Anspruch und die SPFH wurde weitergeführt.

Cw: 582 […] (.) die ersten paar Tage war es so, dass äh die
583 Mutter dabei blieb, das is ne gute Entscheidung ich muss jetz
584 erstmal zur Ruhe komm; ich muss mich um mich kümmern; ich muss
585 mich um meine Kinder kümmern; ähm das konnte sie ein paar Tage
586 ganz gut vertretn, (.) sie hatte ein technisches Problem mit ihrm
587 Handy? das hatte sie ich weiß nich ob in der Hektik; hatte sie
588 irgendwie sich selber gesperrt; und die Zugangsdaten warn
589 zuhause quasi. und ähm; wir hatten auch die ersten (Kontage)
590 Kontakt mit ihr über die die Gruppe, //mhm// also nich auf dem
591 Handy sondern ham dann in der Gruppe angerufn, (.) und irgendwann
592 hats aber ich weiß gar nicht genau wie da der Weg war; auf jeden
593 Fall hat sie dieses Handy wieder, in Gang gekricht, und damit
594 hatte sie wieder Kontakt zu ihrm Mann, //mhm// und der hat dann
595 nach wenign Tagn; sie umgestimmt ne, und sie war dann plötzlich
596 der Überzeugung ihr Mann hat sich geändert //mhm// der würde sich
597 total um sie kümmern und um die Kinder kümmern und sie wolle zu
598 dem Mann zurück, (.) und ähm; es is ihr dann sehr dringend und
599 auch sehr eindr- wirklich sehr eindringlich von uns und auch vom
600 Jugendamt gesagt worden wir wolln überhaupt nich ihre; ihre
601 Beziehung irgendwie unterbindn es liegt auch gar nich in unserer
602 Macht ja, aber mh: sie ihr is sehr gera:tn, wordn; erstmal zu
603 bleiben wo sie is. //mhm// um erstmal zur Ruhe zu komm; (.) es
604 war zu dem Zeitpunkt so; sie hatte sehr stark abgenomm, //mhm//
605 ähm; hat hatte selber gesagt sie, kann nichmehr für sich sorgen
606 so? das war schon länger das Thema, (.) […]

Frau Bernhard, Z. 582–606

In der Beschreibung zeigt sich, dass zunächst scheinbar problemlos eine geteilte Einschätzung zur Situation und Perspektive hinsichtlich der Jugendhilfemaßnahme zwischen Frau Bernhard und der Mutter besteht. Hierin wird ein wesentlicher Unterschied zur vorherigen Passage erkennbar. Die Darstellung wird im Folgenden über die telefonische Erreichbarkeit der Mutter in der Einrichtung entwickelt. Ein negativer Horizont besteht im zeitlichen Verlauf darin, dass die geteilte Perspektive durch den wiederhergestellten Kontakt zum Ehemann infrage gestellt wird und die Mutter die Jugendhilfemaßnahme beenden und zu ihm zurückkehren möchte.

Infolgedessen bleibt die Handlungspraxis, homolog zur vorherigen Passage, wieder darauf beschränkt, die entwickelte Perspektive kommunikativ und nachdrücklich („wirklich sehr eindringlich") zu vertreten. Auch wenn der konkrete Gesprächsablauf nicht deutlich wird, zeigt sich, dass Frau Bernhard den Ratschlag im Grenzbereich nahe der Überschreitung der Selbstbestimmung der Mutter verortet. In der weiteren Beschreibung ab Zeile 600 zeigt sich allerdings, dass diese Prämisse lediglich kommunikativ in Form einer Verneinung aufrechterhalten („wir wolln überhaupt nich ihre; ihre Beziehung irgendwie unterbindn"), aber nicht mehr handlungspraktisch umgesetzt werden kann („ihr is sehr gera:tn, wordn; erstmal zu bleiben wo sie is").

Begründet wird dieses Vorgehen mit der Einschätzung, dass die Adressatin nur eingeschränkt in der Lage gewesen sei, eigenständig zu handeln. Hierzu wird auf die beobachtete veränderte Physis und vorherige Äußerungen der Mutter Bezug genommen. In dem erkennbaren Vorhaben, der Adressatin bei bzw. mit der Inanspruchnahme eines institutionellen Schutzraumes Unterstützung zu bieten („um erstmal zur Ruhe zu komm"), dokumentiert sich die *sachorientierte Beziehungsgestaltung* mit ihrem *entgrenzten Charakter.*

Auch in der von Herrn Würfel dargestellten SPFH zeigt sich, dass die Handlungspraxis auf die Bearbeitung spezifischer Sachthemen orientiert ist, was er am Beispiel der Organisation von Facharztterminen für die Kinder ausführt.

Dm: 339 […] das heißt wenn die mir gesagt
340 hat; ich hab ich war beim Kinderarzt oder ich hab ähm (.) hab
341 da n=Termin vereinbart, oder ich hab mit den mit dem Spz ähm (.)
342 schon telefoniert wegn Termin für die Diagnostik, (.) ähm dann
343 hab ich mich da lange Zeit auch ma- (.) ich hab mich da auch lange
344 Zeit drauf verlassn? (.) //mhm// ähm ä:- we:il die schon auch
345 signalisiert habn dass die von den vorherign Helfern, halt ähm
346 (.) enttäuscht warn; ähm die ham sie hintergangen und ähm hinter
347 ihrem Rückn; und (.) ich hab halt versucht erstmal so auch=n
348 Stück; (.) offen zu sein mit den; und=und (.) das anzunehmen?
349 //mhm// aber es hat sich dann eben (.) irgendwann
350 herausgestellt, es war so vor nem (.) dreiviertel Jahr oder Jahr
351 (.) dreiviertel Jahr hat sich dann (.) herausgestellt, (.) ä:-
352 die hat gelogn? (.) so das hat die alles nich gemacht. ja die
353 hat mir Dinge erzählt (.) äh wo sich dann herausgestellt hat auf
354 äh nachdem ich mal gesagt hab so; (.) ich versteh nich warum sich
355 da nix tut mit Termin, ich frag da jetzt mal nach. so dann hab
356 ich dann da angerufn, ne im=im Spz oder auch bei=bei Kinderarzt;

357 (.) und dann=dann ham die mir gesagt ne; die=die war hier schon
358 (irgend) n=halbes Jahr nich; die hat sich auch hier nich
359 gemeldet, so. //mhm// aber hat mir immer gesagt sie hätte das
360 alles getan, […]

Herr Würfel, Z. 339–360

Herr Würfel stellt zunächst dar, dass er die von der Mutter geäußerten Bemühungen zur Organisation von Arztterminen für die Kinder „lange Zeit" nicht hinterfragt habe. Hierbei zeigt er sich sensibel für ihre biografischen Erfahrungen mit „vorherigen Helfern", welche ihre Erwartungen nicht erfüllt hätten und mit denen es auch zu Erfahrungen von Verrat gekommen sei. Hieraus entwirft er einen positiven Horizont für seine Tätigkeit, wobei nicht deutlich wird, wie der explizierte Anspruch („offen zu sein", „das anzunehmen") handlungspraktisch gestaltet und mit der Mutter thematisiert wird.

Problematisch wird die Handlungspraxis für Herrn Würfel, als er angesichts ausbleibender Terminvereinbarungen beginnt, Zweifel an seiner Einschätzung zu hegen, dass die Organisation von der Mutter adäquat bearbeitet wird. Durch seine Recherchen kommt er zu Informationen, die den Wahrheitsgehalt der Äußerungen der Mutter widerlegen („die hat gelogn"). Hierin zeigt sich, dass der Sozialpädagogische Familienhelfer mit seinem Vorgehen die Beziehung zur Mutter entgrenzt und seinerseits eine Entgrenzung durch die Mutter erfahren musste, da diese der seinerseits bestehenden Erwartung einer verlässlichen Bearbeitung der Kinderarzttermine nicht entsprochen hatte.

Nach der Konfrontation der Adressatin mit den nicht mehr bestreitbaren Diskrepanzen schildert Herr Würfel Folgendes:

Dm: 451 […] und dann hab ich gesagt Frau (.) Frau
452 [Raab] wir könn das jetz hier alles mal so stehn lassn, ja
453 ich mach ihn jetz kein Vorwurf, also; (.) darum gehts gar nich
454 ich möcht gerne mit ihn klären, (.) wie arbeiten wir hier weiter
455 mitnander; damit es Sinn macht für die vie- für ihre Kinder und
456 fü- so. (.) und (.) hab dann halt; dann auch ((räuspert sich))
457 gesagt dass meine Stra- dass jetzt meine=meine Idee is mein Plan
458 ist, (.) ich nehme diese Dinge in die Hand und steuere das; (.)
459 ich übernehm die Steuerung dieser; (.) ganzn Geschichtn, und
460 überlass ihn das nich weil da kommt nix bei rum, //mhm// so. (.)
461 und da war sie mit einverstandn; […]

Herr Würfel, Z. 451–461

In der Darstellung zeigt sich das Anliegen, die Beziehung auf einer sachlichen Ebene fortzuführen. Auch wenn Herr Würfel angibt, mit „Frau [Raab]" thematisieren zu wollen, „wie“ die weitere Zusammenarbeit gestaltet werden kann, wird deutlich, dass für ihn lediglich eine Vorgehensweise in Betracht kommt, unter der die SPFH fortzuführen ist.

Die Beziehung zur Adressatin wird dadurch aufrechterhalten, dass Herr Würfel die „Steuerung“ der Organisation von Facharztterminen künftig stellvertretend übernimmt. Begründend wird hierfür in Zeile 455 allsatzartig ein Anspruch geltend gemacht und die Adressatin in Zeile 460 zudem in dieser Angelegenheit als nachweislich in ihrer Handlungsfähigkeit limitiert konstruiert. Ebenso wie schon in der vorherigen Passage lässt auch diese Interviewsequenz erkennen, dass die *sachorientiert* gestaltete Arbeitsbeziehung einen *entgrenzten Charakter* besitzt. Die Entgrenzung beruht darauf, dass die Mutter die Terminorganisation nicht mehr eigenständig vornehmen soll, sondern dass diese von Herrn Würfel kompensatorisch übernommen wird, wodurch offenbleibt, wie die SPFH wieder beendet werden kann.

Unklar bleibt in der Passage, ob dieses Vorgehen für die Adressatin möglicherweise aufgrund homologer vorgängiger Erfahrungen in der SPFH oder auch anderen Jugendhilfemaßnahmen erwartbar war, da sie sich der Darstellung zufolge scheinbar routiniert auf diese Praxis einlässt.

Eine vergleichbare Handlungspraxis wird auch in der Darstellung Frau Rohners deutlich. Anhand einer Situation, deren Ausnahmecharakter sie hervorhebt, wird das Handeln im Grenzbereich der SPFH ersichtlich.

Hw: 382 […] (.) also; wir hattn
383 ne große Krise als wir die erst- den erstn OP Termin fü:r den
384 Sohn hattn? (3) der wa:r (.) na wie OPs so sind, der war morgens
385 um acht angesetzt. //mhm// und wir hattn (.) uns verabredet (.)
386 in der Klinik hier in [Stadt 28]? war allet vorbesprochn, sie
387 fährt mitn Bus mit ihm, //mhm// (.) ick steh am Krankenhaus (2)
388 @wer kommt nich,@ so. //mhm// bin ick runter, hab den janzn o-
389 mit diesn OP Schwestern (.) den ja- den janzen OP äh Plan
390 verschobn. (.) dass sie an dem Tach wirklich noch ran komm kann.
391 (.) hab mich ins Auto jesetzt und bin zu ihr nach Hause. hab mit
392 meiner Kollegin geklingelt. (.) und sie hatte verschlafn. (.)
393 die=hat uns so angebrüllt. und is uns so: ähm (.) da war die alte
394 also da kam noch mal wieder dieset (.) in=ner absoluten
395 Stresssituation so wirklich (.) (ä-) also so dieset (.) verbal
396 aggressive. ne, //mhm// sie is mir so nahe gekomm, (und) @meine
397 Kollegin schon sagt@, sie stand; also sie is schon die Treppe
398 runtergegang, weil sie dachte; jetzt kriegt meine Kollegin
399 sofort e:ne, also (.) also sie hatte wirklich Angst, ne? //mhm//

wir standn wirklich och so Nase an Nase. ick hab aber och wirklich
in der Situation (.) ähm oh=nich wirklich darüber nachgedacht
zurückzugehn oder so. also ne? wat man so ähm lernt; och im
Studium, und @och in Weiterbildung@, wie arbeitet man
deeskaliernd. @ick hab im dem Moment überhaupt nich deeskaliernd
gearbeitet, sondern eher noch@ (.) also wir standn da sehr nah
dran. [...]

Frau Rohner, Z. 382–406

Die Situation wird von Frau Rohner explizit als „große Krise“ in der SPFH gerahmt. Sie stellt dar, dass der geplante Ablauf („war allet vorbesprochn“) durch das Nicht-Erscheinen der Mutter nicht umgesetzt werden konnte. Infolgedessen gerät sie unter Handlungsdruck, den sie durch Aktionismus auflöst, wobei sie an der Zielstellung des Arztbesuches am vereinbarten Tag festhält („den janzen OP äh Plan verschobn“ oder „hab mich ins Auto jesetzt“). In der Reorganisation des Operationsplanes und dem direkten Aufsuchen der Mutter zeigt sich eine themengeleitete Vorgehensweise, bei der die getroffenen Absprachen letztlich nicht nur von der Mutter nicht eingehalten werden, sondern infolge auch seitens der Sozialpädagogischen Familienhelfer:in überschritten werden.

Der *entgrenzte Charakter* dokumentiert sich im Einlassen auf ein intensives Interaktionsgeschehen in einer „absoluten Stresssituation“, in der einer verbalen und physischen Konfrontation mit der Adressatin nicht ausgewichen wird („so angebrüllt“, „Nase an Nase“). Vielmehr hat Frau Rohner scheinbar sogar zur weiteren Eskalation beigetragen („oh=nich wirklich darüber nachgedacht zurückzugehn oder so“), was sie retrospektiv vor dem Hintergrund fachlich gebotenen deeskalierenden Verhaltens in den evaluativen Abschnitten reflektiert („wat man so ähm lernt“). Im Handlungsvollzug konnte sie diese Grenzen nicht wahren (z. B. lautstarke Kommunikation, Überwindung physischer Distanz), wodurch die Arbeitsbeziehung einen nahezu entformalisierten Charakter erhält.

Homolog zu den vorherigen Passagen zeigt sich eine *sachorientierte Beziehungsgestaltung*. Hierbei sind jeweils normative Ansprüche der Handelnden maßgeblich, woraus spezifische Verhaltenserwartungen an die Adressat:innen resultieren. In Abhängigkeit vom qualitativen Ausmaß, in dem die Sozialpädagogischen Familienhelfer:innen ihre entwickelten Perspektiven oder Vorgehensweisen als eingeschränkt realisierbar erfahren, werden Praktiken umgesetzt, die teilweise lediglich noch reflexiv eingeholt, aber handlungspraktisch nicht abgewendet werden.

Insgesamt zeigt sich hierin auch die für Typ I charakteristische Orientierung des *Protegierens*, bei der vermeintlich förderliche Maßnahmen für einzelne Adressat:innen dadurch legitimiert werden, dass diese erfahrungsgemäß als geeignet und *verantwortbar* erachtet werden, um diese in ihrer Lebenssituation zu unterstützen. Letztlich wird auf diese Weise auch die Handlungsfähigkeit der

Sozialpädagogischen Familienhelfer:innen angesichts der wahrgenommenen *Limitationen* hergestellt.

8.2.3 Kalkulieren und Auflösen von Interessenkonflikten

Auf den beiden vorherigen Vergleichsebenen wurde bereits deutlich, dass Sozialpädagogische Familienhelfer:innen vielfältige Beziehungserfahrungen machen. Dass sie in ihrer Tätigkeit mit dem sozialen Beziehungsnetzwerk ihrer Adressat:innen in Berührung kommen und wie sie damit umgehen, wird nachfolgend eigenständig betrachtet.

Charakteristisch ist, dass einzelne Personen aus dem sozialen Umfeld hinsichtlich ihres Einflusses auf die Adressat:innen, und somit auch auf die Handlungspraxis der SPFH selbst, reflektiert bzw. *kalkuliert* werden. Der Kontakt zu den betreffenden Akteur:innen wird mitunter von den Sozialpädagogischen Familienhelfer:innen aktiv gesucht, kennzeichnend ist jedoch vielmehr, dass diese ohne das Zutun der handelnden Fachkräfte in Erscheinung treten und sich dabei konfligierende Interessen zeigen. Die Mitarbeiter:innen zeigen sich hierbei sensibel für Belastungen, die für die Adressat:innen aus dem Umgang mit diesen Personen resultieren. Handlungspraktisch relevant werden die Sozialbeziehungen insbesondere dann, wenn die Konflikte ein spezifisches qualitatives Ausmaß erreichen, das analytisch nur vage bestimmt werden kann. Als Reaktion darauf werden Interventionen entwickelt, die sich im Rahmen dessen bewegen, was angesichts der eigenen Handlungsmöglichkeiten für realisierbar gehalten wird. Sie zielen auf die *Auflösung* der wahrgenommenen *Interessenkonflikte* ab.

Diese Netzwerkorientierung unterscheidet sich von denjenigen in anderen Orientierungsrahmen. Im Gegensatz dazu konnte in Typ III *(Engagieren für eine konstruktive Koalition)* rekonstruiert werden, dass die Bezugnahme durch die Reproduktion von Perspektiven der Adressat:innen erfolgt und in der Zusammenarbeit eine Gewährleistung von Unterstützungsleistungen angestrebt wird (vgl. Kap. 8.4.3). Zudem konnte in Typ II *(Arrangieren von gängigen Standards)* analysiert werden, dass einzelne Personen zur Kenntnis genommen und ihnen bestehende Handlungsmöglichkeiten vermittelt werden (vgl. Kap. 8.3.3).

Frau Bernhard beschreibt, dass die im Interview als „Frau [M]“ bezeichnete Mutter im Rahmen der SPFH dabei unterstützt worden sei, ihren Sohn im Rahmen von begleiteten Umgängen sehen zu können. Er sei infolge der Verbrühungen und der anschließenden medizinischen Behandlungen zu seinem leiblichen Vater gezogen, der das Aufenthaltsbestimmungsrecht erhalten habe. In der Organisation der begleiteten Umgänge sei auch versucht worden, die Schwiegereltern der Mutter, also die Eltern ihres Ehemanns, „Herrn [M]“, einzubinden:

Cw: es gab tatsächlich so Ansätze dass die, ihre Schwiegermutter gesacht hat ach komm dann; dann pass ich immer auf [Emily] auf wenn du nach [Stadt 14] fährst; aber im Endeffekt; wir wissn nich wer das vereitelt hat aber im Endeffekt is immer was dazwischn gekomm; ja? dass die Mutter ne; also die; die; die; Schwiegermutter quasi, dann nochmal ne extra Schicht bei der Arbeit machen musste; und dass (.) leider doch nich ging; also; das war für uns son bisschen undurchsichtig; //mhm// mein Kollege hat aber tatsächlich ähm (.) die Schwiegereltern kenngelernt? //mh// (.) ähm der hatte mal n Termin mit denen gemeinsam, ähm hat die so kenngelernt als (.) als einfache; L- Leute, dies n- alles nich so richtig verstandn habn; (.) warum denn alle; (.) so schrecklich schlecht über ihrn Sohn redn würdn; das wär son; son lieber und son ehrlicher Kerl: und son netter Kerl: und //mhm// meine Güte es warn Unfall, mit dieser Badewanne, und jetz würdn alle so schlecht über ihrn Sohn redn. so. (.) und //mhm// ähm (2) ja: und; ä-(.) das; (.) war son bisschn das war ja gar nich unser Thema; mit den; mit den ähm; mit den Schwiegereltern, sondern das Thema war ja eher; ob sie, ihre Schwiegertochter unterstützn könn; durch Kinderbetreuung; durch was auch immer dass sie ihrn ihrn älteren Sohn sehn kann;

Frau Bernhard, Z. 910–930

Bereits zu Beginn lässt Frau Bernhard mit der Formulierung „tatsächlich so Ansätze" erkennen, dass in der nachfolgenden Darstellung lediglich vereinzelte Versuche beschrieben werden, die zwar unbestreitbar stattgefunden haben, aber als unvollendet eingeschätzt werden. Dies trifft auf die versprochene Kinderbetreuung seitens der Schwiegermutter zu, die nicht realisiert worden sei. Deutlich wird die Wahrnehmung, dass einzelne Personen aus dem sozialen Umfeld konkrete Unterstützungsleistungen in Aussicht gestellt hätten. Weiterhin wird thematisiert, dass der Kollege die Schwiegereltern kennengelernt habe („hatte mal n Termin"), wobei er die Zielstellung, praktische Unterstützungsleistungen für die Mutter zu generieren, nicht erreichen konnte.

In der Darstellungsweise, in der in formaler Hinsicht die Beschreibungen mit hintergründigen Evaluationen verknüpft werden, wird kein Dissens Frau Bernhards mit ihrem Kollegen ersichtlich. Vielmehr scheint sie dessen erfahrungsbasierte Sichtweise zu teilen, worauf auch die von ihr getätigten Evaluationen hinweisen („das war ja gar nich unser Thema"). Deutlich wird zudem, dass zwischen dem Kollegen und den Schwiegereltern divergente Ansichten bzw. Interessen bestehen. Während letztere die Attribuierungen ihres Sohnes im Zusammenhang mit der Verbrühung des leiblichen Sohnes von „Frau [M]" explizit infrage gestellt hätten („meine Güte es warn Unfall"), sei der Kollege darauf bedacht gewesen, praktische Unterstützungsmaßnahmen hinsichtlich der Organisation begleiteter Umgänge der Mutter anzuregen.

Basierend auf Äußerungen einzelner Personen aus dem sozialen Umfeld der Adressatin wird eine potenzielle Verfügbarkeit sozialer Unterstützungsleistungsleistungen eingeschätzt bzw. *kalkuliert.* Erkennbar wird, dass das Vorgehen darauf abzielt, die entstandene Funktionserwartung zu erfüllen und somit einen *Interessenkonflikt* im Beziehungsnetzwerk zielgerichtet *aufzulösen.* Allerdings bleibt der Vermittlungsversuch letztlich unvollendet, da sich im direkten Kontakt mit Personen aus dem Beziehungsnetzwerk die angestrebte Unterstützung nicht herstellen lässt.

Eine dazu homologe Vorgehensweise findet sich im Interview mit Herrn Würfel. Hierbei wird deutlich, dass insbesondere wahrgenommene Belastungen der Adressat:innen handlungsleitend werden, die aus sozialen Beziehungen resultieren.

Dm: 152 […] ja bei der Großen, also bei der
153 bei der Großen bei der [Kim] is=so das Thema dass die;
154 (.) die hat ja=n Vater der halt ne, also der der nich da lebt,
155 //mhm// der; der in ähm ich glaub Richtung [Stadt 20] irgendwie
156 auch da ähm (.) äh lebt ähm: (.) äh die:, da is=n großes Thema
157 is Enttäuschung; von diesem Vater, der immer wieder auch Dinge
158 verspricht, der dann auch Geschenke verspricht, und
159 irgendwelche Dinge schickt, oder ne, also und dann und dann
160 kommen; dann kommen diese Dinge nicht, also m:- irgendwelche
161 Geschenke die angekündigt werden die kommen nicht, (.) äh: sie
162 hat den Vater im; (.) im letztn Jahr war das; hat sie ihn mal
163 besucht? und das war wohl auch für sie n=ganz; m:- ganz schönes
164 Erlebnis, so hat sich da gefreut, und ähm; aber so danach is das
165 wieder irgendwie alles ziemlich eingebrochn, (.) und (.)
166 ((räuspert sich)) da steht halt so Enttäuschung eigentlich über
167 allem, (.) und die is auch grade jetz, grade jetz am Freitag war
168 ich nochmal da, jetz vergangnen Freitag die is da auch ähm;
169 bricht grade schulisch wieder sehr ein die Große, die [Vorname
170 Kind 3], ähm weil die glaub ich einfach ähm gedanklich: (2) mit
171 diesem Thema sehr beschäftigt ist; //mhm// so ne, so der; die
172 Enttäuschung durch den Vater. (.) so. […]

Herr Würfel, Z. 152–172

Dieser Abschnitt bezieht sich auf die älteste Tochter der begleiteten Familie und ihren leiblichen Vater, der räumlich entfernt von ihr wohnt. Wiederholt wird ihre „Enttäuschung" hinsichtlich des Vaters thematisiert, deren Bedeutung hervorgehoben wird („über allem"). Entwickelt habe sich die Frustration infolge eines zurückliegenden und demgegenüber als positiv besetzten Kontaktes („schönes Erlebnis"), der zugleich relativiert wird („wohl auch"). Die Entwicklung der Beziehung ab diesem „Erlebnis" wird nicht näher dargestellt, sondern in ihrer Gestalt zum gegenwärtigen Zeitpunkt eingeschätzt („irgendwie alles ziemlich eingebrochen").

Angesichts der gegenwärtigen schulischen Situation („jetz vergangnen Freitag") wird eine sich scheinbar wiederholende Entwicklung dramatisiert („bricht gerade schulisch wieder sehr ein") und argumentativ mit dem scheinbar omnipräsenten Belastungsempfinden von Kim hinsichtlich ihres Vaters verbunden. Im Kontrast zu dieser defizitorientierten Konstruktion des Vaters steht, dass diese gleichsam unkonkret bleibt. Er wird nicht nur namentlich nicht genannt, vielmehr wird auch sein Wohnort nur annäherungsweise bestimmt („irgendwie auch da") und eine Elaboration der positiven Erfahrungen „im letztn Jahr" bleibt aus.

Hierin zeigt sich, dass eine vom Vater ausgehende (emotionale) Belastung in ihrer Bedeutung für die Adressatin *kalkuliert* wird und mit einer scheinbar erneut auftretenden Beeinträchtigung im Lebensbereich Schule assoziiert wird. Es dokumentiert sich, dass die Sensibilität für Beziehungserfahrungen, hier insbesondere in ihrer belastenden Dimension hinsichtlich daraus resultierender Auswirkungen auf der Sachebene überlagert werden.

In der nachfolgenden Darstellung von Herrn Würfel, die unmittelbar an die vorherige anschließt, wird deutlich, dass sich aus der Beziehung zum Vater ebenso beziehungsdynamische Konflikte innerhalb der Familie ergeben haben.

Dm: […] und äh genau die hat ne;
(.) ja die hat auch ne Zahnspange, und da war jetz irgendwie Thema
dass die Zahnspange unter Umständen von den; (.) von den
Kiefernorthopäden wieder entfernt wird, weil, (.) ähm der Vater
die Krankenversicherung nich sichergestellt hat und dann
irgendwie //mhm// nich klar war wer=wer finanziert diese
Zahnspange? (.) äh auch=n riesn Thema, wo die auch dann ne, also
die Mutter is da total wütend, und die [Kim] lässt
zu Hause also die: (.) is hal- is halt=n sehr unangenehmes Thema
auch für [Kim] zuhause, ähm einerseits diese große
Wut auf den Vater, andrerseits irgendwie das nich so äußern
können, dürfen; (.) weil diese Mutter dann wieder unter die Decke
geht (.) […]

Herr Würfel, Z. 172–184

Dargestellt wird erneut, dass eine erwartete Unterstützungsleistung für Kim durch ihren Vater ausgeblieben sei. Aus ihrer Perspektive wird auch auf die daraus resultierenden Folgen eingegangen, die in verschiedener Hinsicht auf eine dilemmatische und belastende Situation verweisen. Herr Würfel führt das weitere Vorgehen wie folgt aus:

Dm: 1140 […] (.) und das is so dann auch n=Stück denk
1141 ich unseres Auftrags, oder meiner Kollegin, (.) äh da mit ihr
1142 nochmal zu kuckn, n=Angebot zu machn; ähm wo kann sie mit diesen
1143 Sachn bleibn; was=was will sie da für sich klär:n, könn wir
1144 irgendwas für sie tun, //mhm// könn wir (.) könn wir sie
1145 unterstützen in der Klärung, //mhm// so. (2) ((stöhnt)) und
1146 dieser Vater der; ja das is halt ne, wie gesagt der; (.) der hat
1147 jetzt auch letztlich wohl dafür gesorgt, oder nich gesorgt; dass
1148 sie halt nich krankenversichert war, //mhm// ja; (.) der zahlt
1149 diese; der zahlt halt diesn Eigenbeitrag, oder hat diesen
1150 Eigenbeitrag zu der kieferorthopädischn Behandlung; nich
1151 gezahlt, //mhm// (3) ja, ähm woraus dann eben resultiert is dass
1152 die Praxis halt gesagt hat ähm so jetzt äh (.) nehm @(.)@ wir
1153 ne- @(.)@ wir nehm das ganze jetzt wieder raus, //mhm// ja? (.)
1154 ähm (2) aber letztlich gibs jetzt wohl n=Weg ähm (.) also der
1155 äh: die=die [Kim] wird wohl jetz über den äh: (.) Herrn
1156 [Raab] versichert; das geht wohl; (.) //mhm// weil die halt
1157 da lebt; (.) ne, und also weil sie halt da lebt, und der
1158 vorrangich halt auch finanziell da:für für=für sie ähm: (.)
1159 verantwortlich ist, ((räuspert sich)) das is so die
1160 Voraussetzung; (.) ähm kann er wohl; also kann [Kim]
1161 wohl über seine Krankenversicherung //mhm// dann (.) versichert
1162 werden. das ham wir jetz (.) grade geklärt. […]

Herr Würfel, Z. 1140–1162

Herr Würfel verweist darauf, dass er, offensichtlich gemeinsam mit seiner Kollegin, die eigene Aufgabe in der SPFH dahingehend definiert hat („auch n=Stück denk ich unseres Auftrags"), gemeinsam mit Kim Themen aufzugreifen, die sie in dieser Konstellation belasten und hinsichtlich derer sie eine „Klärung" für sich herbeiführen möchte. Im Gegensatz zu Frau Bernhards Darstellung wird hier, bezogen auf die medizinische Behandlung, hingegen kein Versuch ersichtlich, in vermittelnden Kontakt mit dem leiblichen Vater zu treten. Eine Gemeinsamkeit besteht jedoch angesichts eines Handlungsdrucks („das ganze jetzt wieder raus") darin, bestehende *Interessenkonflikte aufzulösen*, wozu sich versicherungsrechtliche Aspekte als geeignet erweisen.

Dennoch wird der leibliche Vater, der als Auslöser des Konfliktes hinsichtlich der Krankenversicherung dargestellt wurde, zum Bezugspunkt in der SPFH. Die Beziehung zum leiblichen Vater wird allerdings dadurch relevant, da sich aus ihr Themen mit einem gesteigerten Problemniveau ergeben haben und die

Adressat:innen im Umgang damit als unterstützungsbedürftig erfahren worden sind. Die Bezugnahme auf soziale Netzwerkbeziehungen führt somit letztlich dazu, dass die Beziehung der Sozialpädagogischen Familienhelfer:innen zu den Adressat:innen auf eine Weise konsolidiert wird, die bereits im Rahmen der *sachorientieren Beziehungsgestaltung* innerhalb von Typ I *(Protegieren als verantwortbarer Umgang mit Limitationen)* beschrieben wurde.

Auch im Interview mit Frau Rohner konnte rekonstruiert werden, dass bezogen auf Personen aus dem Beziehungsnetzwerk widerstreitende Interessenlagen bestehen können. Verdeutlichen lässt sich dies anhand einer Passage, in der Frau Rohner darauf eingeht, dass im Verlauf der SPFH der Bruder der Adressatin in deren Wohnung eingezogen ist.

Hw: 224 […] ihr Bruder, der ja aus, (.) der ja (.) aus der
225 glei- also; der mit ihr zusamm in der Familie jelebt hat sie;
226 ähm (.) wurde halt och ganz schwer misshandelt und is
227 drogenabhängich. //mhm// (.) wurde aus der Haft entlassn und hat
228 bei ihr Unterschlupf gesucht, ne? //mhm// so. dit warn n=großet
229 Thema so für uns, (.) weil (.) der (.) weil sich bei ihm aus der
230 ähm (.) Drogenabhänigkeit och noch ne Schizophrenie entwickelt
231 hat. (.) //mhm// wir ham ihr och gesacht, das dit och
232 kindeswohlgefährdend is ne? also er hört Stimm, er; (.) ne, man
233 also; für mich is der ne tickende Zeitbombe; sie hat sich janz
234 viel jekümmert und wir ham (.) sie beratn dahingehnd dass wir
235 findn dass dit nich ihr Auftrag is. sie is die Schwester. ne?
236 (.) sie is mit uns den Weg gegang zur Betreuungsbehörde, hat für
237 ihn n=gesetzlichn Betreuer beantragt, er; is dann och mit
238 hingegang, so dass sie entlastet wird. //mhm// also weil dit zu
239 ihrn; Them sich nach, dann noch um den zu kümmern; ne, //mhm//
240 ne Wohnung für den zu findn, (.) zu kuckn dass der Gelder hat.
241 ähm (.) dit war für sie am Anfang ne <u>Hürde</u>, weil für sie natürlich
242 Familie, ne? […]

Frau Rohner, Z. 224–242

Zu Beginn werden vergleichbare biografische Belastungserfahrungen der Geschwister in ihrer Familie hervorgehoben („och ganz schwer misshandelt"). Zudem werden bezogen auf den Bruder verschiedene Merkmale benannt, die ihn in einem negativen Horizont erscheinen lassen. Dies wird insbesondere mit dem Verweis auf die Gefährdung des Kindeswohls ersichtlich, vor dessen Hintergrund der Bruder metaphorisch zugespitzt in seinem Gefährdungspotenzial eingeschätzt wird („für mich is der ne tickende Zeitbombe"). Eine mögliche Verletzung der Norm des Kindeswohls besteht für Frau Rohner darin, dass der Bruder im Haushalt der durch sie begleiteten Familie wohnt und sie Kenntnis davon hat. Ein weiterer Konflikt ergebe sich aus dem Umgang der Mutter mit ihrem Bruder („janz viel jekümmert") bzw. daraus, dass sie nicht in der Lage gewesen sei, sich ausreichend von diesem abzugrenzen.

Anhand der abstrakt bleibenden Beschreibung wird ersichtlich, dass Frau Rohner, offensichtlich gemeinsam mit ihrer Kollegin, gegenüber der Mutter eine Position vertreten hat, welche deren Unterstützungsverhalten hinsichtlich des Bruders problematisiert („dass wir findn dass dit nich ihr Auftrag is"). Ein weiterer positiver Horizont scheint in diesem Zusammenhang darin bestanden zu haben, Maßnahmen vorzugeben, die eine ausreichende Abgrenzung und Reduktion der Beziehung durch die Mutter gewährleisten. Dem sei schließlich nicht nur sie gefolgt („sie is mit uns den Weg gegang"), sondern auch der Bruder („er; is dann och mit hingegang"). Insbesondere in den Zeilen 235 und 241 f. zeigt sich zudem, dass Frau Rohner die Perspektive der Adressatin angesichts der Beziehungsqualität durchaus nachvollziehen kann. Hierbei wird auch der prozesshafte Charakter deutlich, da nicht ausschlaggebend zu sein scheint, dass die Situation sofort abschließend geklärt wird, sondern dass eher mittelfristig eine adäquate Bearbeitung der Thematik erkennbar werden soll.

Es dokumentiert sich, dass die Sozialpädagogischen Familienhelfer:innen in ihrer Handlungspraxis mit informellen Netzwerkbeziehungen ihrer Adressat:innen konfrontiert werden, die sie angesichts der angelegten Maßstäbe als Beeinträchtigung oder gar Schädigung einzelner Familienmitglieder *kalkulieren*. Dies geht einher mit der Wahrnehmung, dass diese nicht ausreichend in der Lage seien, sich selbstständig vor diesen Einflüssen zu schützen. Infolgedessen wird eine Orientierung darauf erkennbar, diese *Interessenskonflikte* dahingehend *aufzulösen*, dass Hilfestellungen zu einer adäquaten Beziehungsgestaltung unterbreitet und darauf bezogene Maßnahmen geltend gemacht werden. Maßgeblich für deren Eignung ist einerseits, dass diese anschlussfähig an die Relevanzen der Adressat:innen sind, und andererseits, dass sie als adäquat erachtet werden, um den zugrundegelegten Normen gerecht zu werden. Die Verantwortung für die Umsetzung der Maßnahmen liegt damit nicht mehr ausschließlich bei den Adressat:innen, sondern geht auch auf die Sozialpädagogischen Familienhelfer:innen über. Da die Fachkräfte auf die Mitwirkung der jeweiligen Personen angewiesen bleiben, werden die Unwägbarkeiten ihrer Handlungspraxis gesteigert.

Allerdings geht mit der Orientierung auch einher, dass soziale Netzwerkbeziehungen maßgeblich anhand von ausbleibenden Unterstützungsleitungen oder Belastungen betrachtet werden. Unabhängig davon, wie man die dabei deutlich werdenden Relevanzsetzungen der Sozialpädagogischen Familienhelfer:innen bewertet, kann eine derartige Bezugnahme auf soziale Netzwerkbeziehungen dazu beitragen, sie in ihrer Bedeutung zu entwerten und die eigene Handlungspraxis zu konsolidieren.

8.3 Typ II: Arrangieren von gängigen Standards

Während alle Befragten in dieser Untersuchung Erwartungen an ihre Praxis thematisieren, z. B. konzeptionelle Prämissen oder juristische Vorgaben, konnte der Orientierungsrahmen *Arrangieren von gängigen Standards* abgegrenzt werden. Kennzeichnend ist, dass die Sozialpädagogischen Familienhelfer:innen darauf orientiert sind, ihre Praxis entlang anerkannter Verfahrensweisen auszurichten und diese zuverlässig zu realisieren. In den Interviews wird auf diese Weise eine Handlungspraxis entworfen, in der bestehende Gestaltungsmöglichkeiten der Tätigkeit erkannt und genutzt werden. Allerdings wird auch deutlich, dass sich dabei Spannungsverhältnisse ergeben, da es nicht durchgängig gelingt diese Anforderungen an die zu gestaltende Praxis zu realisieren und das eigene Handeln letztlich auf deren Realisierung begrenzt bleibt.

8.3.1 Konfigurieren von Begründungsmustern

Auf der Vergleichsebene der Konstruktion des Settings zeigt sich, dass sich die Sozialpädagogischen Familienhelfer:innen des Typs II *(Arrangieren von gängigen Standards)* im Vergleich zu den anderen Typen deutlicher eigenständige Bestimmungen des Gegenstandsbereiches der SPFH vornehmen. Dennoch bleiben sie in ihrem Handeln an die organisationalen Zuständigkeiten und Vorgaben des Tätigkeitsfeldes gebunden. Sie sind folglich darauf orientiert, ausgewählte Bedarfe der Adressat:innen zu identifizieren, anhand derer eine SPFH erfahrungsgemäß begründet werden kann oder sollte. Die Fachkräfte vermitteln ihre Perspektive den dafür relevanten Akteur:innen und wirken so auf eine geteilte Betrachtungsweise hin. Diese Orientierung der Sozialpädagogischen Familienhelfer:innen wird als *Konfigurieren von Begründungsmustern* bezeichnet.

Erkennbar wird sie im Interview mit Frau Schulze. Nachdem die Familie zunächst ohne erzieherische Hilfe im Rahmen eines präventiven Jugendhilfeangebotes begleitet wurde, lässt dessen Verlauf Situationen erkennen, anhand derer der Einsatz einer SPFH begründet wird.

Fw: 166 […] dann (.) kam doch
167 immer mal wieder Meldungen aus der Schule, (.) also: dass; über
168 sie? sie erzählte dann ja, (.) die Klassenlehrerin hat schon
169 wieder angerufn; oder ich war schon wieder in der Schule, und
170 (.) ähm (.) es läuft einfach nicht; (.) äh: (.) das war für uns
171 son=Punkt wo wir gesacht ham gut; wir könn kein Kontakt zur
172 Schule aufnehmen, //mhm// das muss mal jetz irgndwie alles über

sie laufn; weil; (.) wir °machn ja nur Marte Meo;° //mhm// mh, (.) wenn sie mehr Hilfe brauchn? und (.) äh wenn sie so das Gefühl habn; das reicht so: nicht (.) dann müsstn sie halt doch zum Jugendamt gehn und müssen halt; ähm (.) ne Hilfe zur Erziehung beantragen, damit wir als SPFH tätich werdn könn und dann könn wir das auch nochmal in der Schule irgendwie; äh //mhm// mitnander klären; und könn sie auch begleitn in die Schule //mhm// zu solchn Gesprächn; (.) sie fand diese Gespräche in der Schule auch ähm (.) ja, für sie, (.) selbst; persönlich so äh (.) ja, mh sehr vorwurfsvoll auch; //mhm// ne, und hat sich da auch in der Schule einfach nich so; (.) wohl gefühlt bei den Gesprächn; //mhm// (.) mh: wir hattn dann einfach; (.) den: Vorteil (.) dass wir son=gutes, Paket an; (.) ähm (.) Beziehung schon zu ihr hattn; //mhm// wir ham: (.) ich überleg grad wie lange, also mindestens n=halbes Jahr, mit ihr Marte Meo alleine gemacht (.) //mhm// und (.) dann (.) konnte sie mit uns mitgehn, und sagn okay, ich brauche wirklich mehr Hilfe, und äh wir //mhm// beglei- wir ham dann ihr angebotn sie zu begleitn, dass wir den Antrag gemeinsam stelln beim Jugendamt, (.) ham das auch gemacht; […]

Frau Schulze, Z. 166–192

Die tätigen Fachkräfte erhalten durch die Mutter Kenntnis von einer problematischen Entwicklung in der Schule („immer mal wieder Meldungen aus der Schule"), welche als belastend für die Adressatin eingeschätzt wird. Eingegangen wird zudem auf die alleinige Zuständigkeit der Adressatin für diese Thematik („das muss mal jetz irgndwie alles über sie laufn") sowie die Grenzen des präventiven Angebots („wir °machn ja nur Marte Meo;°). Ausgehend davon wird der Ablauf für den möglichen Einsatz einer SPFH aufgeworfen („dann müsstn sie halt doch zum Jugendamt gehn").

Dieser positiv besetzte Handlungsentwurf wird ab Zeile 177 zugleich mit möglichen Inhalten für die Erziehungshilfe verknüpft, wobei ein Zugewinn an Unterstützung für die Adressatin in Aussicht gestellt wird. Der Darstellung zufolge ist es gelungen, die Adressatin von der Notwendigkeit der Inanspruchnahme einer SPFH zu überzeugen („okay, ich brauche wirklich mehr Hilfe"), nicht zuletzt aufgrund der bereits bestehenden Arbeitsbeziehung („mindestens n=halbes Jahr") sowie der Unterstützung bei der Beantragung („wir den Antrag gemeinsam stelln"). Eine Reaktion auf wahrgenommene Belastungen der Adressatin erfolgt somit dahingehend, dass im Rahmen des Präventionsangebots ein *Begründungsmuster* für eine Erziehungshilfe *konfiguriert* wird, welches gegenüber dem Jugendamt gemeinschaftlich vertreten wird. Auf diese Weise kann eine SPFH gerechtfertigt und deren Einsatz herbeigeführt werden.

Eine ähnliche Vorgehensweise dokumentiert sich ebenso im Interview mit Frau Baumbach, die auf das Zustandekommen der SPFH für die von ihr begleitete Familie eingeht.

Ew: 47 […] (.) hab=eine Familie rausgesucht, die habn wir
48 kennengelernt als die werdende Mutter noch schwanger war, (2)
49 und zwar (.) äh sozusagn aus dem eigenen Haus? wir habn ein
50 Angebot; was im primä:rpräventivn Bereich arbeitet
51 [Angebotsbezeichnung] frühe Hilfn (.) //mhm// steht jeder m:-
52 [Stadt 21]er Familie offn für, ab Schwangerschaft; bis das
53 jüngste Kind drei Jahre alt is; //mhm// und da @kristallisierte
54 sich halt schnell raus@ dass da=n: höherer Hilfebedarf is der
55 sich jetzt nich //mhm// mehr im Primärpräventivn abbildn lässt
56 und dann habn sozusagn wir den Kontakt ähm; zum Jugendamt (.)
57 hergestellt mit den Eltern zusamm (.) °oder° mit den werdendn
58 Eltern zusammen ne; […]

Frau Baumbach, Z. 47–58

Die Familie wird vor dem Hintergrund der prinzipiellen Zuständigkeit des Jugendhilfeangebotes beschrieben, die anhand des Wohnorts und des Kindesalters hergeleitet wird. Eingegangen wird in diesem Zusammenhang insbesondere auf die Mutter, die das Angebot in ihrer Schwangerschaft offenbar in Anspruch genommen hat. Ohne auf den Einschätzungsprozess näher einzugehen („@kristallisierte sich halt schnell raus@"), wird auf eine gesteigerte Bedarfslage verwiesen, welche die Möglichkeiten des präventiven Angebots überschreitet.

Ab Zeile 56 wird deutlich, dass die Mitarbeiter:innen („wir") den Kontakt zum Jugendamt vor der Geburt gesucht hätten, was jedoch gemeinsam mit den Eltern geschehen sei. Auffällig ist in der Passage, dass der Vorgang offensichtlich unproblematisch realisiert werden konnte und dass dabei die Relevanzen der Mitarbeiter:innen ausschlaggebend waren. Das wird auch im unmittelbar an die Passage anschließenden Interviewverlauf deutlich.

Ew: 58 […] und ä- mit Geburt der Kinder warn
59 wir dann sozusagn über äh auch mit dem Auftrach des Jugendamtes
60 //mhm// da unterwegs? und habn aber in der Schwangerschaft schon
61 (.) so begleitet? und gekuckt was geht, und da wurde eben ganz
62 schnell klar o:h? das geht nicht so frei, (.) beide Eltern hattn
63 äh (.) psychatrische Diagnosn //mhm// beide eben=so im
64 Borderlinepersönlichkeits (.) //mhm// störungs (.) bi:ld; joa
65 (.) und die Wohnsituation war echt ne Katastrophe das war ein
66 verdreckte; (Buke) (.) //mh// @kann ich gar nich schöner sagn
67 ne@ auch=ja (.) genau also=zwei ganz kluge, äh (.) junge Menschn

68 die sich da, (.) äh zusammgefundn hattn in der hiesign Psychatrie
69 hattn die sich kenngelernt; //mhm// bei nem: (.) gemeinsam
70 Aufenthalt ja und dann war die Frau schwanger mit Zwilling (.)
71 genau; hatte=n Bewo zur Seite, //mhm// betreutes Wohn //mhm//
72 hier nach dreiundfuf:zich (.) genau die sich ganz, große Sorgn
73 machtn äh wie das denn gehn sollte ne, //mhm// dann habn wir;
74 zunächst die Schwangerschaft so=n bissel begleitet und da
75 gekuckt ähm (.) ja wie kann sie=sich besser vorbereitn die
76 Zwillingsschwangerschaft is natürlich auch nochmal was
77 Besonderes //mhm// (.) ähm (.) wie ist die Ausstattung für äh
78 die Babys die da kommn werdn (.) und habn versucht schon mal an
79 der Wohnsituation mit den zu arbeitn //mhm// und das zu
80 @verbessern@ (.) in enger Abstimmung mit dem Bewo und (.) da äh
81 war nicht viel zu wolln; so; (.) ja? und sind dann mit Geburt
82 der Kinder als äh (.) Jugendamts=beauftragte da eingestiegn ne,

Frau Baumbach, Z. 58–82

Die Beauftragung durch das Jugendamt konnte angesichts der getroffenen Einschätzungen der Mitarbeiter:innen der SPFH realisiert werden. Hierfür seien im Vorfeld mit den Adressat:innen potenzielle Möglichkeiten ausgelotet worden („so begleitet? und gekuckt was geht") mit dem Ergebnis, dass Einschränkungen vorzunehmen seien („schnell klar o:h? das geht nicht so frei").

Anschließend erfolgt ab Zeile 62 eine umfangreiche Kontextualisierung der Adressat:innen, in der ausgewählte Merkmale bzw. eine Kombination von Merkmalen dargestellt werden, welche für die Interviewte den Einsatz der SPFH induzieren. Es erfolgt eine Konstruktion des Paares, das bezogen auf die zukünftige Elternschaft aufgrund objektivierbarer Sachverhalte als eingeschränkt handlungsfähig eingeschätzt wird: Eingegangen wird auf psychiatrische Diagnosen und insbesondere die häusliche Situation, die auch sprachlich und semantisch hervorgehoben und unzweideutig als defizitär evaluiert wird („echt ne Katastrophe"). Ab Zeile 67 wird auf Intellekt und Alter des Paares eingegangen, wobei ihre kognitiven Fähigkeiten positiv eingeschätzt werden. Zudem wird das Elternpaar als Adressat:innen psychiatrischer Versorgung ausgewiesen und in diesem Zusammenhang die Zwillingsschwangerschaft thematisiert. Zusätzlich gestützt wird die Darstellung durch die Befürchtungen („ganz, große Sorgn") der Mitarbeiter:innen des betreuten Wohnens. Letztlich wird in der Aufzählung ab Zeile 77 darauf eingegangen, dass sich vorherige und gemeinsame Unterstützungsbemühungen mit diesen („enger Abstimmung") als nicht ausreichend erwiesen hätten („war nicht viel zu wolln"). Die Beauftragung der SPFH als institutionalisierte Jugendhilfemaßnahme („Jugendamts=beauftragte") wird vor diesem Hintergrund als logische Konsequenz entworfen.

Durch die Bezugnahme auf überwiegend fachliche Perspektiven wird ein *Begründungsmuster konfiguriert*, das offensichtlich anschlussfähig an institutionelle

Vorgaben bezüglich des Einsatzes von SPFH ist. Inwiefern die Perspektiven und Erwartungen der Adressat:innen dabei berücksichtigt wurden, ist anhand der Darstellung nicht ersichtlich. So bleibt auch offen, inwiefern das ursprüngliche Anliegen des Paares bei der Inanspruchnahme des Präventivangebotes Früher Hilfen eine spätere SPFH war und wie der Prozess der Hilfeplanung von ihnen wahrgenommen wurde.

Im Vergleich mit den Orientierungen in den anderen Typen ist auffällig, dass hierbei weniger als bei Typ I *(Protegieren als verantwortbarer Umgang mit Limitationen)* vorgegebene Sachverhalte eingeschätzt werden (vgl. Kap. 8.2.1) oder als bei Typ III *(Engagieren für eine konstruktive Koalition)* bestehende Perspektiven legitimierend aufgegriffen werden (vgl. Kap. 8.4.1). Stattdessen ist die Vorgehensweise in Typ II stärker darauf gerichtet, ein eigenständiges Begründungsmuster zu entwickeln. Bezug genommen wird auf implizit bestehende Erwartungen bzw. *gängige Standards* im Handlungsfeld, die antizipiert bzw. *arrangiert* werden.

8.3.2 Rollenorientierte Beziehungsgestaltung durch Lotsen

Die Sozialpädagogischen Familienhelfer:innen im Typ II *(Arrangieren von gängigen Standards)* sind darauf orientiert, die Arbeitsbeziehungen mit den Adressat:innen entlang institutionalisierter oder konzeptioneller Rollenverständnisse zu gestalten. Die Adressat:innen werden auf diese Weise punktuell in ihrer Lebensgestaltung angeleitet und es werden Handlungserwartungen an sie gerichtet. Als handlungsleitend konnte eine Orientierung rekonstruiert werden, die als *rollenorientierte Beziehungsgestaltung durch Lotsen* bezeichnet wird.

Verdeutlichen lässt sich diese Orientierung mit einer Interviewdarstellung von Frau Schulze, in der sie auf den Umgang mit der Schulsituation im Rahmen der SPFH eingeht.

Fw: 233 (.) und zwa:r, ähm (2) ham wi:r (.) irgendwann gesagt, und auch
234 im=im Kontakt mit der Schule dann, (.) das is hier nich die
235 richtige Schule für dieses Kind; //mhm// und ham dann diesen
236 Übergang in die Förderschule begleitet; //mhm// (.) ähm (.) da:
237 war die Mama auch am Anfang; sehr, skeptisch (.) weil sie wollte
238 einfach nicht gerne so; (.) ne, dass ihr Kind, dass das so=son;
239 (.) son=Stempel irgendwo is ne, mein Kind äh is //mhm// einfach
240 ähm (.) intellektuell nicht in der Lage ne normale Grundschule
241 zu besuchen, (.) mhm wir sind dann aber ne, auch mit ihr durch
242 ne Diagnostik gegangen, er is beim Z- äh SPZ, ähm (.)
243 diagnostiziert wordn; (.) man hat n=sehr=sehr niedrigen NIQ- IQ

auch bei ihm festgestellt; //mhm// (.) äh (.) wo alle, ähm (.) ja; (.) alle Ergebnisse eigntlich darauf hinausliefn; (.) dass er; (.) wirklich=n andern Förderbedarf hat und äh //mhm// dass es besser wäre in ner Förderschule ihn zu beschuln; (.) als ihn da weiter einfach auch mit dieser Grundschule da zu quäln; //mhm// (.) mh: ja, das hat die Mutter dann; auch ähm (.) mit tragn könn? //mhm// und wie der dann nachher in der Förderschule war, da war sie sehr froh über diesn Wechsel; //mhm// weil das hat einfach da besser geklappt; das warn kleinere Klassn, (.) ähm (.) er konnte (.) da irgendwo besse:r ähm (.) beschult werdn, //mhm// und ähm ja; es war dann; (.) doch; irgendwo; (.) auf jedenfall ne wesentliche Verbesserung; für ihn auch; in der Situation. […]

Frau Schulze, Z. 233–256

Die Sozialpädagogischen Familienhelfer:innen beziehen im Verlauf der Hilfe nach einem nicht näher definierten Zeitraum („wi:r (.) irgendwann gesagt") eine eigene Position gegenüber den beteiligten Akteur:innen. Diese besteht darin, die Eignung der bisherigen Schulform infrage zu stellen („das is hier nich die richtige Schule für dieses Kind"). Reflektiert wird, dass der unterbreitete Vorschlag des Schulwechsels Bedenken bei der Adressatin hervorruft („sehr, skeptisch"), was aber nicht zu einer Veränderung der getroffenen Einschätzung führt. Nicht ersichtlich bleibt an dieser Stelle, wie dieser Entscheidungsprozess konkret gestaltet wurde und welche Folgen daraus resultiert wären, wenn die beteiligten Akteur:innen diesen Vorschlag nicht mitgetragen hätten.

Gemäß der Darstellung wird die Realisierung des angestrebten Schulwechsels durch das Agieren der Sozialpädagogischen Familienhelfer:innen ermöglicht. Diese hätten die Mutter durch klares und überlegtes Agieren durch das für sie negativ besetzte und unbekannte Terrain des Förderschulwechsels geführt. Illustriert wird dies anhand der Begleitung des institutionalisierten Diagnostikprozederes im Sozialpädiatrischen Zentrum (SPZ) („auch mit ihr durch ne Diagnostik gegangen"). Hierbei sei die zuvor von den Mitarbeiter:innen der SPFH getroffene Einschätzung bestätigt worden („wirklich=n andern Förderbedarf"). Auffällig ist, dass insbesondere ab Zeile 248 retrospektiv ein zweifelsfrei bestehender Mehrwert für die Adressat:innen dargelegt wird, mit dem letztlich auch die eigene Handlungspraxis als folgerichtig dargestellt wird. Hierin dokumentiert sich die Orientierung, SPFH entlang einer *rollenorientierten Beziehungsgestaltung* zu realisieren und die Adressat:innen durch herausfordernde Lebenssituationen zu *lotsen*.

In einer weiteren Passage aus dem Interview mit Frau Schulze wird deutlich, dass sich diese Orientierung auch im Hinblick auf die Begleitung von Umgängen zwischen dem ältesten Sohn und seinem leiblichen Vater zeigt.

Fw: […] (.) und dann
ham wir mit ihm: (.) so ne Vereinbarung unterschriebn, das ham
wir ihm: //mhm// schriftlich gegeben, der möchte das bit- das
machn wir mit alln. (.) hier //mhm// wenn wir hier Umgänge
begleiten, (.) das is ne Vereinbarung gibt die die Eltern
unterschreibn, (.) das is natürlich keine Garantie dafür dass
das doch nich klappt ne, //mhm// aber; so ein bisschen hilfreich
is=es schon, und das (.) is=son bisschen so: m: das Gefühl der
Verbindlichkeit dann doch da ne, //mhm// wo man immer sagn kann
also sie ham dass hier, uns unterschriebn; ne, (.) und äh (.)
ja? jetz müssn sie auch kommen. //mhm// (2) das hat geklappt,
der is gekommen, (.) der wohnt also hier auch in der
Nachbarstadt und äh (.) hat sich dann diesen Nachmittag hier
irgendwie äh dann freigenommen und (.) der war auch, (.) ganz,
(.) am Anfang sehr unsicher im Umgang mit dem; mit dem Jungen,
/mhm// (.) ähm wir ham; was ham wir denn; ham; ich überleg grad
ob wir mit dem auch noch Marte Meo @gemacht habn@ (.) weil das
machn wir schon durchaus auch äh dass wir, äh Umgänge mit Marte
Meo begleiten, (.) ne: ham wir, wir ham den nich gefilmt; (.)
wir ham ihm so einfach; (.) immer mal so n=paar (.) äh (.) Tipps
gegeben, //mhm// weil er; sehr unsicher war was kann so ein Kind;
oder was kann mein Kind in dem Alter, //mhm// was kann ich mit
dem eigentlich machn, //mhm// was kann ich mit dem spieln, (.)
mh ne? will der überhaupt irgendwas von mir, //mhm// will ich
was von dem, (.) was mach ich ne Stunde mit so; //mhm// nem Kind,
ne, (.) aber das ha- (.) hat er eigentlich ganz gut gemacht, (.)

Frau Schulze, Z. 509–534

Die Interviewte beschreibt eine realisierte und insgesamt positiv evaluierte Handlungspraxis („das hat geklappt"). Die Orientierung, die Arbeitsbeziehung zum Vater *rollenförmig* zu gestalten, zeigt sich unter anderem in der Bestrebung, das Hilfesetting zu formalisieren, was in der getroffenen schriftlichen Vereinbarung mit dem Vater deutlich wird. Diese wird im Bewusstsein geschlossen, dass ihre Qualität weniger in ihrer rechtlichen Durchsetzbarkeit besteht („natürlich keine Garantie"); stattdessen wird sie vielmehr als Instrument eingesetzt, um die „Verbindlichkeit" in der Arbeitsbeziehung herzustellen und ihn auf die Wahrnehmung der Umgangstermine verpflichten zu können. In diesem Vorgehen zeigt sich die Erfahrung, dass derartige Umgänge nicht umstandslos realisierbar sind. Handelnde in der SPFH müssen demnach in ihrer Tätigkeit auf die Abhängigkeit von Personen reagieren, die als zuständig für die Entwicklung und Lebensgestaltung der begleiteten Kinder angesehen werden, diese Verantwortung bislang allerdings nicht in adäquater Weise übernommen haben.

Darüber hinaus zeigt sich ab Zeile 522 die Orientierung des *lotsenden* Charakters. Auch wenn das routiniert angewandte Handlungskonzept nicht zum Einsatz gekommen ist („wir ham den nich gefilmt“), leiten die Sozialpädagogischen Familienhelfer:innen den Vater in seiner Beziehungsgestaltung zu seinem Sohn an („immer mal so n=paar (.) äh (.) Tipps gegeben“). Nachdem der Vater in dieser Hinsicht ursprünglich als eingeschränkt handlungsfähig konstruiert wurde („weil er; sehr unsicher war“), wird nicht nur er mit der Einschätzung des gezeigten Verhaltens während der Umgänge („hat er eigentlich ganz gut gemacht“) positiv evaluiert, sondern implizit auch die vorgenommene Intervention selbst.

Eine dazu homologe Darstellung wird im Interview mit Frau Baumbach erkennbar. In der folgenden Passage geht sie auf die Gestaltung der SPFH infolge einer Situation ein, in der die begleitete Familie mit frühgeborenen Zwillingen als überfordert wahrgenommen wurde.

Ew: 229 […] von der
230 äh:m: Kindesmutter wohnte die Familie in [Stadt 22], (.) und vom
231 Kindsvater in [Stadt 23], //mhm// also auch jetz nich grad mal
232 so; um die Ecke, //mhm// (.) dass=sie sag ich mal auf Zu:ruf komm
233 konntn //mhm// bei ner Überforderungssituation (.) dann habn wir
234 am Anfang tatsächlich viel konkrete Dinge gemacht; ähm wie, wie
235 badet man die Kinder; //mhm// wie versorgt man; den Nabel ä:hm
236 (.) wie kann se=das hinkriegn wenn beide gleichzeitig schrein
237 dass das Füttern so geht dass die Kinder nich so viel Stress habn
238 und sie auch nich //mhm// also da (.) habn wir tatsächlich ganz
239 viel so //mhm// konkrete Dinge; //mhm// gemacht und: ähm (2) ja
240 (.) äh nochmal auf die Hau- @Haushaltsführung@ zu komm ne (.)
241 äh (.) also die Küche die wa:r dann manchmal in so=m Zustand;
242 dass man dachte kann man noch nich mal ne Babyflasche abstelln;
243 (.) also; auch immer wieder mal was freigeschaufelt mit=m; mit
244 dem; mit ihrm Bewo, hattn die dran gearbeitet da systematischer,
245 was in Ordnung zu bringn aber es war ganz klar so, dass man
246 m:anchmal um die Kinder nich zu gefährdn da auch nochmal Sachn
247 sterilisieren musste; (.) oder sowas ne, […]

Frau Baumbach, Z. 229–247

Familienbeziehungen der Adressat:innen werden bezüglich ihrer räumlichen Entfernung („nich grad mal so; um die Ecke“) und vor dem Hintergrund der mangelnden Verfügbarkeit thematisiert. Im Folgenden wird eine Aufzählung praktischer Unterstützungsleistungen vorgenommen („viel konkrete Dinge gemacht“), welche zur Gewährleistung der Versorgung der Neugeborenen von den

Mitarbeiter:innen der SPFH erbracht worden sind („dann habn wir"). Insbesondere in Bezug auf die Haushaltsführung wird eine ausführlichere Begründung des Agierens („freigeschaufelt") angestellt, wobei auch die Sicherung des Kindeswohls aufgeworfen wird. Verwiesen wird zudem auf die Zusammenarbeit mit den ebenfalls ambulant arbeitenden Fachkräften des betreuten Wohnens.

In dieser Darstellungsweise wird eine couragierte und umsichtige Bearbeitung einer herausfordernden Situation expliziert, durch welche die begleitete Familie zielgerichtet *gelotst* wurde. Die Notwendigkeit dieses kompensatorischen Vorgehens wird angesichts eines eingeschätzten Mangels an verfügbaren Unterstützungsleistungen aus dem Familiennetzwerk abgeleitet. In der Darstellung bleibt jedoch offen, ob die entwickelte Zielvorstellung einer Restrukturierung des Familienhaushaltes („systematischer, was in Ordnung zu bringn") nachhaltig realisiert werden konnte. Auch die Perspektive der Familienmitglieder wird nicht näher dargelegt, die sich offensichtlich auf diese Vorgehensweise eingelassen haben. In der Schilderung der alltagspraktischen Unterstützung deutet sich das Selbstverständnis einer *rollenorientierten Beziehungsgestaltung* an.

Dies zeigt sich auch im weiteren Interviewverlauf, wenn auf den angestrebten Ablauf jenseits der Ausnahmesituation in der vorherigen Passage eingegangen wird.

Ew: 247 […] (.) ja (.)
248 Begleitung zu: äh:m: Kinderarzt mit zwei Kindern is mitunter
249 //mhm// gar nich so einfach; (.) die warn bei=nem Kinderarzt
250 angebundn wo dieser Zwillingswagn definitiv nicht in den Aufzug
251 passte; also brauchte=se immer noch=n zweitn Erwachsnen um die
252 Sachn überhaupt da, //mhm// hochzutranspor- eher solche
253 handfestn Sachn //mhm// ham wir (da) gemacht oder, (.) ähm sachte
254 die junge Frau (.) weil die manchmal auch so Angstzustände hatte;
255 ähm (.) dass sie das übn muss nach draußn zu gehn mit den Kindern
256 um äh sich zu traun diese Wege zu machn //mhm// sind wir manchmal
257 (.) diese Wege gegangn und da konnt=ich dann halt ja auch nutzn
258 da mit ihr zu sprechn oder so ne, //mhm// dann; ham uns da
259 aufgeteilt (.) //mhm// also (.) He- Familienhebammkollegin zu
260 den Versorgungs- äh Fragn der Kinder; eine (.) Kollegin die
261 Familien Kinderkrankenschwester is (.) auch dann äh
262 Vorsorgetermine; die Kinder sind dann auch angebundn an (.)
263 //mhm// Risikosprechstundn als Früh- Frühgeburt ne, ähm //mhm//
264 hatte die=die Termine begleitet und ja ich als Psychologin immer
265 wieder mal, mit den Eltern gesprochn darüber; wie läufts grad
266 mit der Partnerschaft; wo könn die sich besser unterstützn,
267 //mhm// wie sieht das mit der Bindung aus, wie gut nimmt die

Mutter die Kinder wahr, //mhm// und solche Dinge also da ham=wer
uns die Bälle so n=bisschn (.) //mhm// zugespielt je nachdem was
da grad auch notwendich war ne //mhm// (.) mh. (.) […]

Frau Baumbach, Z. 247–270

Die Begleitung zum Kinderarzt wird anhand einer praktischen Unterstützungsnotwendigkeit dargestellt („handfestn Sachn"). Dahingegen wird die Begleitung der „Wege" vor dem Hintergrund einer Äußerung der Adressatin („sacht die junge Frau") sowie einer psychologischen Kategorie („Angstzustände") begründet und in den Kontext der Kommunikation mit der Adressatin gestellt („auch nutzn da mit ihr zu sprechn"). Die auch im weiteren Verlauf der Passage abstrakt bleibende Darstellung der Kontaktgestaltung mit den Adressat:innen wird vor dem Hintergrund der jeweiligen Qualifikation der Mitarbeiter:innen der SPFH thematisiert: Angelegenheiten der Kinderversorgung sowie Vorsorgetermine seien von der „Familienhebammkollegin" durchgeführt worden; Aspekte der Partnerschaft und Bindung seien jedoch von der Interviewten übernommen worden („ich als Psychologin").

Hierin zeigt sich die Orientierung einer *rollenorientierten Beziehungsgestaltung*. Ein positiver Horizont besteht darin, den Kontakt zu den Adressat:innen über thematische Zuständigkeiten und Rollenverständnisse der tätigen Fachkräfte zu regulieren, wobei auch verschiedene alltagspraktische Angelegenheiten zum Gegenstand der SPFH werden können. Deutlich wird dabei auch, dass die Praxis von Relevanzen der jeweiligen Sozialpädagogischen Familienhelfer:innen geleitet wird, die in Zusammenhang mit den eingeschätzten Bedarfen der Adressat:innen gestellt werden.

Auch wenn nicht näher drauf eingegangen wird, wie sich die Mitarbeiter:innen untereinander abgestimmt haben („Bälle so n=bisschn (.) […] zugespielt"), besteht ein geteilter Horizont in der Sicherstellung einer adäquaten Kinderversorgung. Dies zeigt sich neben den medizinischen Aspekten auch anhand der Fokussierung des Unterstützungsverhaltens auf die Elternebene („wo könn die sich besser unterstützn") sowie der Mutter-Kinder-Interaktion („wie gut nimmt die Mutter die Kinder wahr").

Unabhängig von dieser positiven Evaluation des eigenen Handelns erfolgt in der Darstellung eine Auseinandersetzung mit Anforderungen an die Tätigkeit in der SPFH. Diesen durch möglichst umsichtiges Handeln zu entsprechen, ist charakteristisch für das *Arrangieren von gängigen Standards* in Typ II. Die *rollenorientierte Beziehungsgestaltung durch Lotsen* vollzieht sich somit in Abhängigkeit zu den jeweils angelegten Rollenverständnissen und Zielstellungen der Fachkräfte. Trotz dieser scheinbar unproblematisch realisierten Handlungspraxis soll hier darauf hingewiesen werden, dass die spezialisierten Relevanzen der Fachkräfte die der Adressat:innen potenziell überformen können.

8.3.3 Prüfen und Aufzeigen von Handlungsoptionen

Sozialpädagogische Familienhelfer:innen des Typs II *(Arrangieren von gängigen Standards)* sind darauf orientiert, soziale Netzwerkbeziehungen, die sich im Hilfeverlauf als bedeutsam für ihre Adressat:innen erweisen, hinsichtlich ihres Einflusses auf ihre Adressat:innen sowie die Gestaltung der SPFH zu reflektieren. Im punktuellen und direkten Kontakt mit einzelnen Personen wird situativ versucht, eigene Standpunkte geltend zu machen und auf deren Realisierung hinzuwirken. Dieses Vorgehen wird als *Prüfen und Aufzeigen von Handlungsoptionen* bezeichnet.

Diese Praxis zeigt sich im Interview mit Frau Schulze, die auf die Position der Großmutter des älteren Sohnes hinsichtlich dessen Schulwechsels eingeht.

Fw: 671 […] (.) äh diese Idee: ähm:: sie will unbedingt dass
672 das Kind auf der Grundschule bleibt. und nich auf ne Förderschule
673 geht, //mhm// (.) da w- das, das war son bisschen von der; von
674 der; Mu- ihrer Mutter, son bisschen ähm (.) ja, (.) äh so ne Idee:
675 (.) äh zu (.) ne, das kann doch nich sein dass der auf ne
676 Förderschule geht, //mhm// und der soll zu; m- auf der
677 Grundschule bleibn, […]

Frau Schulze, Z. 671–677

Mit der Großmutter wird eine Person aus dem sozialen Umfeld der Kernfamilie *prüfend* zur Kenntnis genommen. Sie wird nicht nur hinsichtlich ihrer Position reflektiert, den im Rahmen der SPFH angestrebten Schulwechsel nicht gut zu heißen, sondern insbesondere im Hinblick auf den Einfluss, den sie in diesem Zusammenhang auf ihre Tochter bzw. die mittels SPFH begleitete Mutter ausübt. Hierin zeigt sich, dass aufgrund der Dynamik im sozialen Beziehungsnetzwerk der eigene Geltungsbereich hinsichtlich des nahegelegten Schulwechsels von den Sozialpädagogischen Familienhelfer:innen als eingeschränkt erfahren wird.

Im Rahmen von Hausbesuchen kommt es zudem zu direkten Kontakten mit der Großmutter, während derer Frau Schulzes Kollegin den Versuch unternimmt, einen Umgang mit dieser Situation zu finden.

Fw: 680 […] dass sie ihr das no- auch nochmal
681 versucht hat zu erklären warum wir das so sehn und warum wir
682 meinen (.) dass es für ihn doch besser wäre ähm //mhm// dass er
683 da mehr gefördert werden könnte, (.) und ich meine die is auch
684 mal mitgewesen, (.) ähm (.) weiß ich nich; irgendwie zu nem Tach
685 der offnen Tür, oder irgendwas wo wir dann gesacht ham soll sie
686 sich doch mal die Förderschule mit ankucken, (.) //mhm// dass
687 sie irgendwie da mal; mal; (.) hingeht? und mal kuckt? und;

> //mhm// vielleicht auch mal, (.) ja; ähm (.) sich einfach
> anschaut (.) ne, //mhm// das was da eigentlich auch ganz nett
> is ne, und dass das; (.) nichts: nichts Schlimmes irgendwie is;
>
> Frau Schulze, Z. 680–690

Im Austausch mit der Großmutter wird als Reaktion auf deren konkurrierende Sichtweise bezüglich des Schulwechsels der von den Sozialpädagogischen Familienhelfer:innen entwickelte Ansatz vertreten. Um die eigene Perspektive nachvollziehbar zu machen, weisen diese die Großmutter auf den Mehrwert für ihren Enkel hin („dass er da mehr gefördert werden könnte"), womit ihr nahegelegt wird, ihre Ansichten gegenüber der Förderschule zu überdenken. Zudem sei sie in diesem Zusammenhang aufgefordert worden, sich einen eigenen Eindruck zu verschaffen („sich einfach anschaut"). Der Großmutter werden auf diese Weise *Handlungsoptionen aufgezeigt*, die letztlich darauf gerichtet sind, ihre Vorbehalte zu relativieren und sich auf die Perspektive der Fachkräfte einzulassen.

Eine dazu vergleichbare Verfahrensweise zeigt sich in der folgenden Interviewpassage, in der Frau Baumbach auf den Kontakt zum Beziehungsnetzwerk ihrer Adressat:innen eingeht. Dieser sei zustande gekommen, nachdem die Mutter des drei Monate alten Zwillingspaares psychische Krisen mit Suizidversuchen durchlebt habe.

> Ew: […] und dann äh war halt die Fra:ge; wer kümmert sich jetzt
> mit um die Kinder, (.) //mhm// und da war den (n:-) äh den Eltern
> war ganz wichtich äh dass die nicht in eine Pflegefamilie gehn
> sondern dass=sie das selber wuppn; und dann, ähm sind halt
> Menschn aus der Herkunftsfamilie mit; unterstütznd dazugekomm
> und die ha- konntn wir dann auch kennenlern; //mhm// also zum
> Beispiel den Vater, des Kindsvaters, (.) die Schwester und die
> Mutter der Kindsmutter, //mhm// und so; die dann immer so;
> phasnweise dann sehr intensiv einfach die Versorgung mit
> sichergestellt habn //mhm// °bei zwei Kindern ne,° (.)
>
> Frau Baumbach, Z. 390–399

Die Adressat:innen haben ein Bestreben („selber wuppn") dahingehend umgesetzt, dass einzelne Personen aus dem familialen Beziehungsnetzwerk („Menschn aus der Herkunftsfamilie") eigenständig Unterstützungsleistungen bereitgestellt hätten. In diesem Zusammenhang sei auch der Kontakt zur Interviewten zustande gekommen („konntn wir dann auch kennenlern"). Die Familienmitglieder werden von der Sozialpädagogischen Familienhelferin vor dem Hintergrund ihrer anteilsmäßigen Unterstützung eingeschätzt bzw. *geprüft* („phasnweise dann sehr intensiv").

Dies zeigt sich auch in der folgenden Passage, in der Frau Baumbach ihre Einschätzung zur Bedeutung der Eltern der Adressat:innen umfangreich darlegt.

Ew: (.) ne, aber beide Herkunftsfamilien warn insofern wichtich als
dass sie, äh (.) äh (.) ja immer wieder auch unterstützt habn
in dem Sinne wir wolln; dass ihr das schafft; wir wolln dass die
Kinder bei euch bleibn; (.) //mhm// könn, (.) äh (2) und
die=jungn Leute eher; sag ich mal so ne eigene Position findn
musstn; in der Herkunftsfamilie der jungn Frau, war das so: dass
da Eltern sich getre- die Eltern sich getrennt habn (.) in der
äh (2) m::hm: äh: d- die Mutter, und ihre Schwester bei ihrer
Mutter, weiterhin gelebt habn; ne=Frau die psychisch selber
hoch, belastet war (.) ähm (2) Pflegerin auf=ner
Intensivstation, also Kr- Krankenschwester auf=ner
Intensivstation zuhause der, (.) Vollmessi, (.) //mhm//
Katastrophe muss das da gewesn sein auch; und die, ihre Töchter
immer; äh (.) (a-) ä:hm: sozusagn instrumentalisiert hat; über
ihre Gesundheit; die hat sich; die hat äh sich selbst äh nich:
behandelt auf ihrn Diabetes hin, die junge Mutter hat die
mehrfach gefundn äh wie sie im; ähm (.) Zuckerkoma lag; //mhm//
und äh: (.) immer, beschriebn; ich bin so, zupass weil euer Vater
mich verlassn hat; ich bin so zupass; //mhm// ne, oder ihr könnt
ja zu eurm Vater gehn; lasst mich auch alleine; also diese (.)
//mhm// ähm (.) äh=ä- und; und das massiv, (.) also; dass
die=junge Frau, ne=ne ausgeprägte °Bindungsstörung auch hatte,°
//mhm// (.) und identisch, ist das tatsächlich passiert (.) beim
Kindsvater, //mhm// äh nur mit; ner anderen Konnotatio:n aber
genau: so: wurde der junge Vater und sein Bruder; zerrissn im:
äh sach ich mal Partnerschaftskonflikt der Eltern; //mhm// ne
so weitgehend dass sie äh jeweils beide, sich sehr haltlos durch
die Welt bewegn; ähm m:- (.) ganz schwierich angemessene
Bindungn eingehn könn und so. (.) //mhm// (.) und die kriegn
ausgerechnet Zwillinge; //mhm// is doch manchmal @(.)@ gibt=s
keine Zufälle ne, (.) ja. (2)

Frau Baumbach, Z. 348–378

In der Stellungnahme wird zunächst die einhellige Unterstützungsabsicht der „Herkunftsfamilien" aufgeworfen, dass die Zwillingskinder bei den Eltern verbleiben sollen. Darüber hinaus wird auf die Anforderungen für die Adressat:innen eingegangen („so ne eigene Position findn musstn"). Deren leibliche Eltern werden im Folgenden umfangreich bezüglich ihrer belastenden Funktionen für die Lebensgestaltung der Adressat:innen dargestellt und als kausal für die Genese deren psychischer Störungsbilder gerahmt. In den Belegbeschreibungen, ab Zeile 355 für die begleitete Mutter und ab Zeile 370 für den begleiteten Vater, werden Verhältnisse und beziehungsdynamische Prozesse in den jeweiligen Familien beschrieben, die mittels drastischer Einschätzungsformeln verstärkt werden („Katastrophe", „instrumentalisiert", „zerrissn").

Auffällig ist hierbei, dass von einer besonders defizitären Qualität von Bindungen bzw. der Fähigkeit des Eingehens von Bindungen gesprochen wird. Vor dem Hintergrund der Sozialisationserfahrungen der Adressat:innen in ihren Familien werden letztlich nicht nur die Eltern der Adressat:innen, sondern auch diese selbst als erheblich eingeschränkt in ihrer Bindungsfähigkeit dargestellt („Bindungsstörung", „sehr haltlos durch die Welt bewegn", „ganz schwierich angemessene Bindungn eingehn könn"). Dass in der Bezugnahme auf die dargestellten familialen Beziehungen auch für die Interviewte ein unauflösbares Orientierungsdilemma für ihre Handlungspraxis existiert, wird insbesondere mit dem allsatzartigen Verweis zum Abschluss der Darstellung deutlich („gibt=s keine Zufälle ne").

Ersichtlich wird, dass die Sozialpädagogische Familienhelferin herausgefordert ist eine Ambiguität bezüglich der familialen Beziehungen zu tolerieren, da diese gleichzeitig als dysfunktional sowie als funktional für die Lebensgestaltung der Adressat:innen erfahren bzw. reflektiert werden. Sie ist darauf orientiert, die Beziehungen der Adressat:innen zu *prüfen*.

Hinsichtlich des Kontakts mit Personen aus dem sozialen Umfeld zeigt sich im nächsten Interviewausschnitt die Orientierung des *Aufzeigens von Handlungsoptionen*.

Ew: […] angeregt habn wir eher, ähm (.) weil
wir dachtn fü- um für diese Kinder geht=s auch um Konstanz: (.)
dass die, relevantn Person: die dann da, waren auch bliebn und
nicht nochma wechseltn; also dann nicht nochma:; Freund xy oder
Freundin mh=mh=mh; sondern; habn dann versucht in den sowieso:
vollkomm unruhign z- Umständn für die Kinder, (.) denn in so=ne;
Krise reinzurutschn heißt ja immer sehr viel Unruhe //mhm// auch
die Alltagsstruktur nich mehr haltn zu könn und so, habn wir dann
eher dazu beratn; zu versuchn; dann; da, die Konstanz für die
Kinder //mhm// zu behaltn ne; […]

Frau Baumbach, Z. 479–488

Frau Baumbach geht darauf ein, dass seitens der Mitarbeiter:innen der SPFH darauf hingewirkt wurde, den Personenkreis im direkten Kontakt mit den Kindern zu begrenzen, um eine Kontinuität für diese sicherzustellen. Bezug genommen wird auf freundschaftliche Beziehungen, die neben der bereits bestehenden Lage der Familie zusätzlich zu einer Destabilisierung des Alltags beitragen könnten. Ein positiver Horizont besteht darin, einen regulierenden Einfluss auf die Sozialkontakte der Adressat:innen zu nehmen. Zwar wird die Intervention nicht als zwingend notwendig charakterisiert („eher dazu beratn; zu versuchn"), dennoch wird hinsichtlich des sozialen Beziehungsnetzwerkes ein Geltungsanspruch der eigenen Perspektive von den Sozialpädagogischen Familienhelfer:innen markiert.

Insofern erfolgt im Rahmen der Orientierung des *Prüfens und Aufzeigens von Handlungsoptionen* eine Bezugnahme auf soziale Netzwerkbeziehungen, mit der die Fachkräfte einen Umgang mit Erfahrungen von Widersprüchlichkeiten in informellen Sozialbeziehungen realisieren, ohne dabei eigene Handlungsprämissen aufzugeben.

8.4 Typ III: Engagieren für eine konstruktive Koalition

In allen Interviewdarstellungen wird ein hohes Maß an Einsatz der Interviewten in ihrer Tätigkeit erkennbar. Im Orientierungsrahmen des Typs III konnte jedoch rekonstruiert werden, dass dieser auf einer spezifischen Verbundenheit mit den Adressat:innen beruht und deshalb mit dem Begriff des *Engagierens* bezeichnet wird. Über alle Vergleichsebenen hinweg dokumentiert sich, dass die eingegangene Verbindung mit den Adressat:innen mit tiefgreifenden Erwartungen und Verpflichtungen assoziiert wird. Widersprüchlichkeiten oder Konflikte sind dabei nicht ausgeschlossen, es zeige sich aber, dass diese im Horizont einer *konstruktiven Koalition* weitestgehend routiniert und unproblematisch zurückgestellt werden. Charakteristisch ist, dass sich die dargestellten Perspektiven der einzelnen Akteur:innen tendenziell ergänzen und miteinander vermischen. Die Positionen der Interviewten können mitunter weniger deutlich in ihrer Eigenständigkeit abgegrenzt werden, als dies in den anderen typisierten Orientierungsahmen der Fall ist.

8.4.1 Legitimieren von externen Perspektiven

Anhand der typisierten Interviews kann rekonstruiert werden, dass in den Begründungen zur SPFH an explizierte Sachverhalte und Anliegen von anderen beteiligten Akteur:innen angeschlossen wird. Handlungsleitend werden insbesondere die Perspektiven und Lebenssituationen der Adressat:innen, wobei deren Handlungsfähigkeit und Bereitschaft zur Inanspruchnahme der SPFH als positiv konstruiert werden. Sozialpädagogische Familienhelfer:innen agieren dabei nicht losgelöst von organisationalen Vorgaben, vielmehr werden diese aufgegriffen und anhand von kommunizierten oder wahrgenommenen Anliegen insbesondere seitens der Adressat:innen bekräftigt oder erweitert. Entworfen wird eine Handlungspraxis, bei der ein gemeinschaftlicher Charakter im Vordergrund steht und kontinuierlich ein umfassender Nutzen für die Beteiligten demonstriert wird. Vorgegebene Bedarfslagen oder Erwartungen an die SPFH werden tendenziell übernommen und punktuell mit eigenen Akzentuierungen versehen, weshalb die Bezeichnung *Legitimieren von externen Perspektiven* gewählt wird.

Mit Frau Blumentals Falldarstellung lässt sich verdeutlichen, dass sie bestehende Sichtweisen in ihr Begründungsmuster für die SPFH integriert.

Aw: […] (.) ähm es ist ne ne Familienhilfe
für eine Familie, da: (.) ist der Mann; war erkrankt an nen
Hirntumor und ist auch daran verstorben. das war überhaupt der
Grund warum diese Familie ins Hilfesystem gekommen is, und die
hatten, zuvor, schon ne Familienhelferin über nen anderen Träger
über nen Spezialträger auch, ähm (.) und warn mit dieser
Familienhilfe überhaupt nicht glücklich, weil sie die als
überhaupt nicht hilfreich empfunden habn, //mhm// und ähm die
Anfrage kam zu mir über ne Bekannte die ähm (.) beim
[Trägername 3] Hospizdienst arbeitete im und=und die Familie
sozusagen von deren Seite begleitet hat, ähm (3) weil sozusagen
in ihrer Not die Mutter. ä- dann gesagt hat sie schafft das nich
mehr sie m:uss jetzt den den Cut machen mit dieser
Familienhelferin; //mhm// weil das ist ne größere Belastung als
es ne Hilfe ist und ähm genau. und meine Freundin Kollegin ebend
meinte sie will da irgendwen wo sie weiß da kann sie sich drauf
verlassn dass das so auch klappt. //mhm// da will sie jetzt nich
mehr; genau. das war **sozusagen** auch mal was ganz Ungewöhnliches;
weil es nich der Rahm is der sonst ist; Jugendamt ruft an und
sagt wir brauchen das und das, […]

Frau Blumental, Z. 207–226

Bereits anhand der sprachlichen Hervorhebungen (Betonung, laut gesprochen) und Einschätzungsformeln werden Relevanzsetzungen erkennbar. Deutlich wird, dass eine spezifische Thematik maßgeblich für die Inanspruchnahme von Jugendhilfeleistungen gewesen ist. In den Vordergrund werden vorgängige Erfahrungen der adressierten Familie bzw. der Mutter („sie") gestellt. Mit der Ablehnung der vorherigen, spezialisierten Familienhelferin wird die Einschätzung der Adressatin („als überhaupt nicht hilfreich empfunden") zum Bewertungsmaßstab der SPFH erhoben. Hierin deutet sich bereits die Orientierung an, dass SPFH nicht per se Unterstützung für Adressat:innen bedeutet, sondern erst auf der Grundlage einer *konstruktiven Koalition* möglich wird, in der geteilte Zielstellungen bearbeitet werden und die von den Adressat:innen auch entsprechend als geeignet bewertet wird.

Dass sich dies nicht naturwüchsig ergibt, sondern auf einer besonderen Passung und einem besonderen *Engagement* der Sozialpädagogischen Familienhelfer:innen beruht, wird ab Zeile 214 deutlich. Der schicksalhafte Charakter der Darstellung, der sich bereits thematisch in der Krebserkrankung andeutet, zeigt sich auch hinsichtlich des Anfrageprozesses („die Anfrage kam zu mir"). Mit der Darstellungsweise *legitimiert* Frau Blumental eine *externe Perspektive,* wonach die vorangegangene SPFH mehr „Belastung" als „Hilfe" für die Mutter gewesen sei. In der Wiedergabe der direktiven Erwartung von ihrer „Freundin", die zugleich eine „Kollegin" sei, zeichnet sich ab Zeile 222 eine Vermischung beruflicher und privater Bereiche ab. Es wird als zweifelsfrei gegeben dargestellt, dass Frau Blumental als geeignet erachtet wird, um die an sie gerichteten Erwartungen bezüglich der Ausgestaltung der SPFH zu erfüllen, die aber nicht näher benannt werden („dass das so auch klappt"). Reflektiert wird hingegen, dass der Anfrageprozess nicht auf herkömmliche Weise durch eine telefonische Kontaktaufnahme durch das „Jugendamt" erfolgt sei.

Im weiteren Interviewverlauf geht Frau Blumental darauf ein, dass sie mit der Durchführung der SPFH betraut wurde. In der folgenden Passage bezieht sie sich auf ihre Wahrnehmung bezüglich der Mutter, die sie in diesem Zusammenhang kennenlernte.

Aw: 251 […] **ja,** und diese
252 Frau aber sehr sehr klar sagen konnte sie kann sich sie kümmert
253 sich um die Angelegenheiten ihres Mannes und sie kümmert sich
254 auch um die Kinder? beziehungsweise die Kinder hattn noch
255 ehrenamtliche Helfer f- über die [Trägername 3], //mhm// ähm
256 also sie möchte einfach äh sie braucht niemanden der mit den
257 Kindern spielt, weil; (.) //mhm// da ä- hat sie auch Angst dass
258 das zuviele Bezugspersonen werden; und die Kinder //mhm//
259 garnicht mehr wissen an wem sie sich orientieren sollen=sondern
260 sie braucht eigentlich; tatsächlich handfeste Unterstützung in
261 diesen ganzen; Verwaltungs- (.) Monstrum was da auf einen
262 zukommt wenn jemand erkrankt ist; ähm //mhm// und nicht weil sie
263 es selber nicht kann, das ist eine hochgebildete Frau; sondern
264 weil es einfach, sie es nicht schafft und ihre Zeit //mhm// für;
265 ihre Familie haben möchte; genau. […]

Frau Blumental, Z. 251–265

Anhand der von Frau Blumental als außerordentlich präzise eingeordneten Äußerungen der Mutter („sehr sehr klar sagen konnte") wird ein spezifischer

Unterstützungsbedarf kenntlich gemacht („handfeste Unterstützung“) und gleichsam ausgeschlossen, was nicht passieren sollte („sie braucht niemanden der mit den Kindern spielt“). In der argumentativ und evaluativ strukturierten Passage werden die Vorstellungen der Mutter zu den Hilfeinhalten nicht nur wiedergegeben, sondern direkt von Frau Blumental vertreten und damit verstärkt. Ein Hinterfragen dieser Ansichten, z. B. vor dem Hintergrund fachlicher Begründungsmuster, wird an dieser Stelle nicht ersichtlich.

Die Problematik besteht weniger darin, auf die *externe Perspektive* der Adressatin Bezug zu nehmen, sondern vielmehr darin, diese als *legitime* Grundlage der SPFH auszuweisen. Das dokumentiert sich auch darin, dass die Argumentation im Verlauf der Passage metaphorisch zugespitzt und immer stärker auf Allgemeinplätzen aufbaut wird, die kaum angreifbar sind oder in Abrede gestellt werden könnten („zuviele Bezugspersonen“ oder „Zeit //mhm// für; ihre Familie haben möchte“). Zudem geht die Sozialpädagogische Familienhelferin ab Zeile 262 auf die schicksalhafte Erkrankung des Mannes ein und verweist idealisierend auf das Bewältigungsvermögen sowie den Bildungsstand der Mutter. Auf diese Weise wird der legitime Anspruch auf Erziehungshilfe ausgewiesen und zugleich die eigene Handlungspraxis konstituiert.

Eine dazu vergleichbare Vorgehensweise findet sich bei Frau Fries, die von einer vom Jugendamt angefragten SPFH berichtet. Sie gibt an, dass die Familie infolge der Frühgeburt der Tochter bereits in der Vergangenheit eine SPFH erhalten hätte, bei welcher die Entwicklung der Neugeborenen begleitet worden sei. Die neuerliche Anfrage beruhe auf einem Unterstützungsanliegen der Kindeseltern, welches Frau Fries wie folgt beschreibt.

Gw: 72 und dann ähm: äh: hat die Familie dann festgestellt als die (.)
73 [Maja], so heißt äh das Mädchen; die [Maja] dann
74 ähm im Kindergartenalter is (.) ähm; (.) ma:, wir komm nich so
75 richtig zurecht, //mhm// mit den Trotzphasen, und äh ä- (.)
76 bockt, und schreit, und kneift, und beißt, //mhm// und; ähm wir
77 wissen denn immer gar nich was wer machn solln, äh:; wir wolln
78 sie ja nich haun; ham //mhm// wir auch noch nie gemacht, (.) ähm;
79 aber ähm; äh wir sind so am Ende. //mhm// und dann is=die Familie
80 zum Jugendamt gegangn und hat gesagt wir möchten gerne eine;
81 Hilfe ham. //mhm// das Jugendamt hat mich, konkret angesprochn,
82 hat gesacht ob ich mir das vorstelln, könnte; //mhm// (.) die
83 Familie [Riebeck] (.) ähm: zu begleitn. (.) […]

Frau Fries, Z. 72–83

Entlang des Handlungsablaufes, an dem Frau Fries selbst nicht teilgenommen hat, wird eine Einschätzung wiedergegeben, welche die „Familie“ eigenständig entwickelt habe. Demnach hätten im Umgang mit Maja keine Handlungsoptionen mehr bestanden, die ohne den Einsatz körperlicher Gewalt auskämen, und die Familie habe ein konkretes Unterstützungsgesuch vorgetragen („wir möchten gerne eine; Hilfe ham"). Auf diese Weise werden die Adressat:innen als legitime Inanspruchnehmende von Jugendhilfeleistungen konstruiert. Verwiesen wird somit nicht nur auf deren Kenntnis über bestehende gesellschaftliche Normen und damit verbundene Aufträge der Kinder- und Jugendhilfe, sondern auch darauf, dass dieses Wissen in ein entsprechendes Handeln übersetzt wurde.

Auffällig ist, dass in der Darstellung kaum ein Dissens deutlich wird. Zum einen wird durchgängig von der „Familie" gesprochen, womit eine homogene Perspektive der Adressat:innen auf das Problem suggeriert wird („wir komm nich so richtig zurecht"). Zum anderen wird die Beschreibung nicht durch Argumentationen oder Bewertungen der Interviewten unterbrochen. Es erfolgt eine abstrahierte Wiedergabe der *externen Perspektive* der Adressat:innen, die widerspruchsfrei bleibt und als geeignet konstruiert wird, um eine SPFH zu *legitimieren*. Im weiteren Verlauf wird deren Einsatz mittels einer personenbezogenen Anfrage an Frau Fries routinemäßig umgesetzt.

Bevor Frau Fries auf den Beginn ihrer Tätigkeit mit der Familie eingeht, berichtet sie von der Beauftragung durch die zu diesem Zeitpunkt zuständige „Jugendamtsmitarbeiterin":

Gw: […] und ähm:; also wie
gesacht, es ging, da los dass im; äh die damalige
Jugendamtsmitarbeiterin sachte; (.) begleiten sie doch mal die
Familie dass die: kucken dass sie in ihrer Mutterrolle? und ihrer
Vaterrolle? bleibn, //mhm// äh:; also auch wenn [Vorname Kind],
(.) sie; sehr; provoziert, sehr fordert, //mhm// ähm: in ihrn;
in ihrn; in ihrer Entwicklung, ähm und dass sie da ebnd; ähm (.)
ähm erfahrn könn dass sie ebnd; (.) //mhm// Eltern sein könn.

Frau Fries, Z. 94–101

Deutlicher als in der Passage zuvor werden einzelne Personen adressiert. Die Begleitung solle ein potenzielles Verlassen der jeweiligen Elternrolle verhindern. Für die Interviewpartnerin besteht auch hier ein positiver Horizont darin, die *externen Perspektiven* von den Adressat:innen sowie der Mitarbeiterin des Jugendamtes zu reproduzieren, wodurch die SPFH *legitimiert* wird. Dem dargestellten Auftrag wird auf diesem Wege implizit zugestimmt, wodurch der Korridor der Handlungspraxis auf die Umsetzung der vorgetragenen Perspektiven festgelegt wird. Dies kommt auch in der Beziehungsgestaltung zu den Adressat:innen zum Tragen, wie im Nachfolgenden dargestellt wird.

8.4.2 Entgegenkommende Beziehungsgestaltung als konvergentes Einlassen

Auch auf der Vergleichsebene der Beziehungsgestaltung lässt sich das für den Typ III charakteristische Engagement der Interviewten für ein konstruktives Miteinander aufzeigen. Es wird als *entgegenkommende Beziehungsgestaltung als konvergentes Einlassen* bezeichnet. Die Fachkräfte sind darauf orientiert, auf kommunizierte oder teils auch antizipierte Anliegen von anderen Akteur:innen, und hierbei insbesondere den Adressat:innen, einzugehen und diesen möglichst zu entsprechen. In diesem Zusammenhang wird eine gemeinschaftliche Verbindung angestrebt, in der sich die Fachkräfte nahezu intuitiv auf die Perspektiven ihrer Adressat:innen beziehen und ihre Handlungspraxis möglichst in Übereinstimmung mit diesen realisieren.

Der zugewandte Charakter in der Gestaltung der Arbeitsbeziehung lässt sich anhand von Frau Fries' Ausführungen veranschaulichen. Nach Gesprächen mit den Eltern zu Hilfebeginn habe auch die Tochter einen Anspruch auf gemeinsame Zeit mit den beiden Mitarbeiter:innen der SPFH formuliert, woraufhin mit Familie Riebeck folgende Vereinbarungen zum Ablauf getroffen wurden:

Gw: 153 […] und äh wir ham uns dann so verabredet; also
154 dass es dann äh diese Elterngespräche, gegeben hat aber ebend
155 och die Zeit mit [Maja]; //mhm// also dass äh alle
156 Familienangehörign ge- gewusst ham okay. also wenn jetz die Frau
157 [Fries] kommt, //mhm// und vielleicht die [Maja]
158 im Kindergartn, gewesn is; ähm dann gibs die Elterngespräche,
159 //mhm// und wenn; (.) entweder ham wir gemeinsam die [Maja]
160 abgeholt, ausm Kindergartn ähm; (.) oder; also die is so
161 mitn Fahrdienst gefahrn wordn; ähm; äh und sie is gekomm; dann
162 hieß es okay und jetz is [Maja] da, und jetz äh werdn
163 wir; //mhm// kuckn also was; (.) was sind da für Them: denn da.
164 //mhm// ne? und das is son Ablauf gewesn. wir //mhm// habn uns
165 geeinigt dass wir; (.) einen Termin in der Woche auf alle Fälle?
166 (.) //mhm// fest verabredn. //mhm// ähm; äh solltn irgendwelche
167 andren Dinge, noch äh; parallel laufn; also die n=jetz nich
168 intern der Familie sind; sondern ebnd; (.) ähm; da gabs ganz
169 konkrete Wünsche, von der Familie; könntn sie uns bitte
170 begleitn; wenn es: (.) vom Jobcenter her //mhm// irgendwelche
171 Termine gibt. könn sie uns bitte begleitn wenn wir zum Kinderarzt
172 müssn; //mhm// oder zum Augenarzt; oder also al- Fachärzte ne?

//mhm// also wo sie gesacht ham; n- ja naja wir=wir=wir traun uns schon; aber wir fühln uns sicherer wenn //mhm// ebnd //mhm// vielleicht noch ne Person dabei is; die vielleicht ne ganz andere Frage noch hat, ähm; //mhm// oder ebnd och nochmal Dinge viellei- n=bisschen kritischer hinterfragen kann; //mhm// und so ne? (.) //mhm// ähm; das war dann der zweite Termin, (.) äh; und das hat sich dann so manifestiert. […]

Frau Fries, Z. 153–179

Der dargestellte und gemeinsam vereinbarte Ablauf der SPFH („wir ham uns dann so verabredet") habe sich in ihrem Verlauf herausgebildet („manifestiert"). Ferner wird darauf eingegangen, dass der Ablauf in der personellen Zusammensetzung sowie der inhaltlichen, zeitlichen oder auch räumlichen Ausgestaltung für die Familienmitglieder, und hier insbesondere für die Tochter Maja, erwartbar („gewusst ham") und gleichsam flexibel gestaltet wurde. Beispielhaft werden verschiedene Konstellationen zur Abholung aus dem Kindergarten benannt („entweder […] oder") sowie die unterschiedlichen Inhalte für die beiden geplanten wöchentlichen Termine. Hervorgehoben wird darüber hinaus eine Verbindlichkeit („fest verabredn"), die gleichzeitig eine gewisse Spontanität erlaubt, um situativ auf Eventualitäten und Bedürfnisse der Adressat:innen („kuckn also was; (.) was sind da für Them: denn da") reagieren zu können.

In der formalen Struktur zeigt sich, dass der beschriebene Ablauf durchweg mit Begründungen („also") versehen wird. Semantisch wird zugleich stringent ein Bezug zu Sachverhalten hergestellt, die in Verbindung zur Lebenssituation der Familie stehen. Insbesondere in der Darstellung von Themen, die extern gelagert sind („nich intern der Familie"), wird explizit Rekurs auf kommunizierte Anliegen der Familienmitglieder genommen. Obwohl deren Aufforderungscharakter durch die Formulierung „konkrete Wünsche" relativiert wird, deutet sich in der umfangreichen Begründung ab Zeile 169 an, dass die spezifischen Anliegen einen positiven Horizont für Frau Fries darstellen.

In der darauf bezogenen Argumentation wird auf Äußerungen der Adressat:innen explizit Bezug genommen. Insbesondere in der wiederholten Verwendung von „vielleicht" wird deutlich, dass Gründe für die Begleitung gesucht werden und dies nicht umstandslos möglich ist. Ein weiteres Argument liegt auf der Ebene der emotionalen Unterstützung, welches der Darstellung zufolge von den Adressat:innen benannt werden konnte („aber wir fühln uns sicherer"). Neben der sachgerechten Bearbeitung der jeweiligen Thematik werden somit auch von den Adressat:innen kommunizierte Gefühle aufgeworfen. Darin dokumentiert sich ein *Entgegenkommen* der Sozialpädagogischen Familienhelfer:innen, welches im Rahmen eines *konvergenten Einlassens* durch eine Annäherung an sachliche und emotionsbasierte Erwartungen von Mitgliedern der Kernfamilie realisiert wird.

Dass dies auch handlungspraktisch realisiert wird, zeigt sich im weiteren Interviewverlauf mit Frau Fries, wenn sie zusammenfassend die Inhalte der von ihr begleiteten Kontakte zum Sozialpädiatrischen Zentrum (SPZ) schildert. Aufgrund des Umfangs der Darstellung wird diese auszugsweise wiedergegeben.

Gw: […] in einer
Sportgruppe, war sie dort, also was vom SPZ angebortn; angebotn
wordn is, ähm (.) und auch immer wieder mit dem Hinweis also:
ä:h [Maja] brauch, (.) schon; die Zeit also wo nur sie
dann gefördert wird, //mhm// auch äh unabhängig von alln
anderen, die ebnd rundherum sind; (.) ähm (.) da, also ä- damit
sie einfach auch=n Gespür dafür bekommt okay; ich ich kann mich
entwickeln. //mhm// also; ich //mhm// ich lerne was, und; (.)
kann mich entwickeln. //mhm// also s- is (n- n-) Thema ebnd bei
ihr gewesn; ä:hm äh (w:- w-) wie lange, und wie doll kann sie
sich konzentriern; ebnd //mhm// auf eine Sache ne, also; lass
ich mich ablenkn (.) wobei, ich jetz ehrlich gestehn muss ich
weiß jetz gar nich ob, ne Diagnose als solches festgesetzt wordn
is; also //mhm// das fand ich gut, dass das SPZ gesacht hat, wir
wolln jetz nich ne Diagnose fe:stle:gen:, also zumal jetz so wie
ADS oder ADHS //mhm// oder irgend ne hyperaktive Geschichte
oder, ich weiß nich wie die Sachn alle heißn, //mhm// also SPZ
hat immer jesacht nein? wir begleitn das ähm äh w- wir wir kuckn,
also wir gegebn (.) diesm Kind, einfach ne Chance sich zu
entwickeln, und //mhm// dann kuckn wir immer, (.) ob es
altersgerecht is, oder gibs da ebnd irgendwelche //mhm//
Reserven; denn da ne, //mhm// und wenns die gibt die Reserven
was könn wir tun. //mhm// oder was bieten wir denn da, //mhm//
noch an denn da ne, (.) und äh das fand ich gut dass die Eltern
gesacht ham, (.) äh Frau [Fries] sein Sie bitte mit
dabei. (.) begleitn //mhm// Sies bitte. //mhm// ähm also die
Eltern warn //mhm// mit dabei und ich °auch.° //mhm// also
manchmal wars ne Situation °da dacht ick° ach du liebes bisschen,
(.) jetz sind wir (.) drei Erwachsene dieses kleine Kind und dann
(weiß nich n) kleines Behandlungszimmer, oder irgendwie etwas
//mhm// so dann ne? aber das is so:, ähm ähm (.) dass dass dass
äh Mutter gesacht hat grade Mutter gesacht; mir is das janz
wichtig, ich äh ich habe die Befürchtung ich versteh nich alles,
(.) //mhm// richtig vielleicht, //mhm// ähm und dann wäre es
schade dadrum; (.) wenn ich irgend ne Hausaufgabe mitbekomme,
mach ich vielleicht was falsch, (.) oder mach ichs //mhm// nich
richtig oder so; und //mhm// dann; (.) wäre vielleicht noch=n

536 noch; zwei Ohrn da die dann; mir das vielleicht nochmal erklärn
537 könntn, dann //mhm mhm// äh wie kann ich was umsetzn; denn dann
538 //mhm// ne, (.) ja. (.) so ham wirs denn eigentlich ä- gut
539 begleitet. (.) […]

Frau Fries, Z. 499–539

Die Diagnostik und Behandlung Majas durch das SPZ wird detailreich elaboriert. Kennzeichnend für diese Passage sind die Begründungen fremden Handelns („also"), die mit positiven Evaluationen verknüpft werden (z. B. „das fand ich gut, dass das SPZ gesacht hat"), wodurch die Vorgehensweise in einen positiven Horizont gestellt wird. Deutlich wird in der Deskription, dass Frau Fries durch ihre Anwesenheit bei den Terminen vielfältige Informationen erhalten konnte. Wie bereits in der vorherigen Passage zeigt sich, dass die Begleitung auf einem explizierten Anliegen der Eltern beruht („sein Sie bitte mit dabei"), das als unterstützenswert eingeschätzt wird („fand ich gut") und in eine positive Evaluation des eigenen Handelns mündet („gut begleitet"). Vor diesem Hintergrund wird die Sinnhaftigkeit der Maßnahme lediglich reflexiv infrage gestellt („ach du liebes bisschen"), was aber nicht zu einer Veränderung der Handlungspraxis führt.

Das *konvergente Einlassen* auf Anliegen der Adressat:innen mit einer sachlichen (mangelndes Verständnis medizinischer Sachverhalte) und emotionalen (explizierte Unsicherheit) Dimension zeigt sich somit auch in dieser Passage. Indem die Sozialpädagogische Familienhelferin Zugeständnisse macht und den fortlaufenden Anliegen trotz Zweifeln nachkommt, wird die Beziehung zu den Adressat:innen aufrechterhalten. Bestehende Erwartungen an und Normen für die Handlungspraxis werden zwar reflektiert, aber zugunsten des *Entgegenkommens* in einem Maße überschritten, das für vertretbar gehalten wird. Dieses Vorgehen bringt allerdings nicht nur den Adressat:innen der SPFH einen Nutzen. Die Sozialpädagogische Familienhelferin füllt durch die kontinuierliche Begleitung einen Ermessensspielraum in ihrer Tätigkeit aus, wodurch sie eigene Schwerpunkte setzt und Handlungsfähigkeit erlangt. Auf diese Weise entsteht ein Erfahrungsraum zwischen den Beteiligten, in dem durch gemeinsame Aktivitäten eine erwartbare Handlungspraxis zum beiderseitigen Nutzen realisiert wird.

Eine dazu homologe Handlungspraxis konnte zudem im Interview mit Herrn Keitz rekonstruiert werden. Mit der nachfolgenden Passage soll deutlich gemacht werden, dass sich die Handlungspraxis in der SPFH im Spannungsfeld organisationaler Regelungen vollzieht, die mitunter überschritten werden:

Bm: 257 […] da war dann war da Inhalt der Hilfe
258 auch ganz oft einfach nur so ey ich hol dich ab und fahr dich
259 zum Arzt. //mhm// so also was halt unser unser (.) äh Arbeitgeber
260 immer so n bisschen ausschließt; so mit diesem lapidaren Satz

261 wir sind ja kein Taxiunternehmen, aber tatsächlich wenn die n
262 Arzttermin habn; und danach die Kinder abholen müssen; und
263 wissen nich //mhm// wie sie dahin komm können; //mhm// is die
264 einfachste und konkreteste Hilfe //mhm// halt die zu begleiten
265 und das halt auch einfach mitm Kraftfahrzeug //mhm// zu machen
266 so ja. ohne zu sagen wir treffen uns dann beim Arzt was dann so
267 Dienstanweisung war; also das is; wie gesagt das waren halt
268 relativ konkrete Sachen. [...]

Herr Keitz, Z. 257–268

Der Thematisierung des Gegenstandes der SPFH folgen umfangreiche Argumentationen und evaluative Stellungnahmen. Spannungsreich abgewogen werden bestehende organisationale Vorgaben („kein Taxiunternehmen"), die im Kontrast zu praktischen Unterstützungsbedarfen der Adressat:innen verhandelt werden. Wie auch in den obigen Ausführungen von Frau Fries zeigt sich, dass Herr Keitz eine *entgegenkommende Beziehungsgestaltung* anstrebt und sich auf alltagspraktische Erforderlichkeiten bezieht („einfachste und konkreteste Hilfe"). Die sich in diesem Zusammenhang für Herrn Keitz ergebenden Widersprüche hinsichtlich der Organisationsregeln mit der Qualität einer „Dienstanweisung" werden durch deren Reflexion in ihrer Bedeutung für das eigene Handeln hervorgehoben. In der Praxis werden sie situativ überwunden, wodurch ein *konvergentes Einlassen* auf die Adressat:innen möglich wird.

Die für Typ III *(Engagieren für eine konstruktive Koalition)* charakteristische Form der Beziehungsgestaltung lässt sich auch im Interview mit Frau Blumental rekonstruieren. In der folgenden Passage, wird darauf eingegangen, dass zwei Familienmitglieder Angebote zur Trauerbegleitung in Anspruch nahmen, nachdem der Mann bzw. Vater der begleiteten Familie verstorben war.

Aw: 571 [...] und dann ging es halt
572 letztendlich; ähm; ich glaube es begann damit dass er; der Große,
573 einen Platz bekam in der Trau-Kindertrauergruppe? //mhm// und
574 die is halt in [Stadtteil 1], und ähm; das ist ein weiter Weg,
575 u:nd (.) da war die Mutter °das erste Mal glaub ich° mit
576 wahrscheinlich auch mit allen Kindern, und hat das für sich als
577 unheimlich hilfreich erlebt dass da die, oder die Kleinen konnte
578 sie bei jemand anderen lassen, bei Freunden oder so; //mhm// dass
579 sie dort ähm auf andere; Eltern trifft die dasselbe erlebt haben;
580 also //mhm// die auch jeder einen Partner verloren habn und das
581 ähm war dann so dass die sozusagen ihre Kinder da in dieser
582 Kindertrauergruppe abgegeben hatten; //mhm// der der Junge
583 fand auch das ganz toll, ganz ganz schön; und die dann ebend die

584 anderthalb Stunden; sich in n Café gesetzt haben und dort einfach
585 gesprochen haben //mhm// und geweint haben und so weiter;
586 //mhm// und das fand sie wahnsinnig; für sich wahnsinnig
587 hilfreich; so ein Ort wo sie wirklich auch mal loslassen konnte
588 und ähm; auch nochmal anders als ähm; sie hatte ja dann auch ne:
589 Psychotherapie gemacht, //mhm// anders als das, ähm (.) […]

Frau Blumental, Z. 571–589

Die Beschreibung des Ablaufes wird von argumentativen und evaluativen Hintergrundkonstruktionen unterbrochen, mit welchen insbesondere die Situation und Perspektive der Adressat:innen begründet wird. Auch wenn offen ist, wie der „Platz" konkret organisiert wurde, und die Darstellung stellenweise vage bleibt („ich glaube"), werden damit verbundene Herausforderungen für die Organisation (z. B räumliche Entfernung, Kinderbetreuung) dargelegt.

Für die Mutter sei eine Möglichkeit entstanden, einen Zugang zu Personen mit einem ähnlichen Erfahrungshintergrund zu erlangen („die auch jeder einen Partner verloren habn") und sich mit diesen auszutauschen („gesprochen"). Bezogen auf den Trauerprozess wird die damit verbundene Qualität dieser Erfahrungen hervorgehoben: Das Zeigen von Emotionen („geweint"), welches zudem im öffentlichen Raum stattfindet, wird als adäquate Verarbeitungsweise angesehen. Die Angebote werden durch die Bewertungen der Interviewten in einen positiven Horizont gestellt, wobei die Einschätzungen des Sohnes („ganz ganz schön") und der Mutter („wahnsinnig hilfreich") herangezogen werden. Für letztere wird zudem der informelle Charakter bzw. die Außeralltäglichkeit des Angebotes hervorgehoben („wo sie wirklich auch mal loslassen konnte") und ein Vergleich zur stärker formalisierten „Psychotherapie" vorgenommen.

Auffällig in der Passage ist, dass der Vollzug der Geschehnisse von den Protagonist:innen selbst realisiert wird, den Frau Blumental eher aus der Perspektive einer Beobachterin heraus beschreibt. Sie lässt sich scheinbar auf die Erlebnisse ihrer Adressat:innen ein und nähert sich deren Betrachtungen und Empfindungen an.

In der folgenden Passage, die unmittelbar an die vorherige anschließt, tritt Frau Blumental auch selbst als Handelnde auf.

Aw: 589 […] und;
590 dann war immer das Thema was ist dann mit den Kleinen; //mhm//
591 weil die will sie nicht mitnehmen; denn dann hat sie nicht die
592 Möglichkeit mit den andern Eltern so zu zu sprechen; und sich
593 //mhm mhm// auch mal für sich was abzuholen; und da bin ich so
594 Stück für Stück eingestiegen; //mhm// die waren ja noch sehr
595 klein, die kannten mich noch nich, ähm, das heißt ich hab mich
596 dann am Anfang immer rein geteilt mit mit anderen //mhm//

597 Bekannten, die nich so lange konnten; ähm; (.) und hab dann ebend
598 auf die Kleinen aufgepasst zu Hause; //mhm// dann um um ihr das
599 zu ermöglichen […]

Frau Blumental, Z. 589–599

Die angesprochenen Organisationschwierigkeiten der Kinderbetreuung während der Gruppenangebote werden entlang der Sichtweise der Adressatin entwickelt („die will sie nicht mitnehmen"). Danach geht Frau Blumental auf ihr eigenes Handeln ein („da bin ich so Stück für Stück eingestiegen"). Die nicht ausreichenden zeitlichen Kapazitäten der „Bekannten" sowie der Mehrwert für die Adressatin („um ihr das zu ermöglichen") werden als selbstverständliche Begründungen des eigenen Handelns dargelegt, wodurch auch der direkte Kontakt der Sozialpädagogischen Familienhelferin mit den Kleinkindern gerechtfertigt wird.

In der Darstellung zeigt sich die Erfahrung begrenzter Handlungsmöglichkeiten in der SPFH. Die Sozialpädagogische Familienhelferin reagiert darauf mit einer *entgegenkommenden Beziehungsgestaltung* gegenüber den Adressat:innen, wobei sie sich handlungspraktisch *konvergent* auf deren alltägliche Bewältigungsanforderungen und -vorstellungen einlässt. Folglich bleibt der Handlungsspielraum daran gebunden, wenngleich auch Freiheitsgrade in der Ausführung entstehen.

8.4.3 Inkorporieren und teilweises Koproduzieren

Soziale Netzwerkbeziehungen werden in Typ III (*Engagieren für eine konstruktive Koalition*) handlungspraktisch bezüglich des Koalitionszwecks relevant. Demzufolge werden einzelne Personen aus dem sozialen Umfeld hinsichtlich ihrer Funktion für diesen Hintergrund betrachtet; eine besondere Beachtung finden konkrete Unterstützungsleistungen, deren Passgenauigkeit und Kontinuität beurteilt wird. Schwerpunktmäßig beziehen sich die Sozialpädagogischen Familienhelfer:innen affirmativ auf diesbezügliche Einschätzungen ihrer Adressat:innen, machen sich diese zu eigen und verstärken sie dadurch. Letztlich bleiben die Darstellungen zu den sozialen Beziehungsnetzwerken diffus. Allerdings kommt es auch zu direkten Kontakten mit einzelnen Personen aus dem Beziehungsnetzwerk. Hierbei sind die Fachkräfte darauf orientiert, ihre eigene Handlungspraxis dadurch zu konstituieren, dass sie einen ausweisbaren Mehrwert für die Adressat:innen produziert; partiell arbeiten sie dafür mit einzelnen Personen aus dem Beziehungsnetzwerk zusammen. Hierfür wird die Bezeichnung *Inkorporieren und teilweises Koproduzieren* gewählt.

Im Vergleich zu den anderen Typen sind demnach weniger bestehende Interessenkonflikte leitend, die durch eigenständiges Handeln gezielt aufgelöst werden sollen (vgl. Kap. 8.2.3, Typ I *Protegieren als verantwortbarer Umgang mit Limitationen*). Auch werden die Sozialbeziehungen weniger eigenständig als Handlungsbereich ausgewiesen, etwa indem den jeweiligen Personen aus dem sozialen Umfeld spezifische Handlungsoptionen aufgezeigt werden (vgl. Kap. 8.3.3, Typ II *Arrangieren von gängigen Standards*).

Anhand einer Passage aus dem Interview mit Herrn Keitz lässt sich zeigen, dass er im Rahmen seiner Tätigkeit in der begleiteten Familie eher zufällig in direkten Kontakt mit der Mutter väterlicherseits tritt, welche die Familie regelmäßig an den Wochenenden besuche.

Bm: […] und
da hatten wir dann einfach n=Termin Freitag nachmittags, und da
war die, schon da. //mhm// und ähm ich war eigentlich nur da:,
um ähm (.) ähm Abrechnung, unterschreiben zu lassen, (.) also
die Familien müssen die; //mhm// äh Termine, bestätigen, die wir
mit ihnen abgehaltn haben, //mhm// für die Abrechnung mit dem
Jugendamt, //mhm// (.) ähm und dann; ah hier, meine Mutter is
da, willst du n Kaffee, ja:, alles klar, und dann ham wir halt
einfach nur n Kaffee zusamm getrunken, und die hat son bisschen
erzählt; //mhm mhm// wie lang sie da: is, und was sie vorhaben
und //mhm// Sie sind also Herr [Keitz], aha, da
hab ich ja auch schon viel von gehört, und //mhm// son Gespräch
und (3) ja; son bisschen zwischen Tür und Angel. war das //mhm//
aber also kam deutlich rüber; so dass sie sich sehr w:ohl f:ühlt,
//mhm// in der Familie, und; ähm (2) ja dass sie son (.) das hab
ich son bisschen mit rausgenomm, ähm, aus dem Gespräch dass die
son son Mutterauftrag; auch auf jeden Fall noch für sich.
an=nimmt. so, //mhm// auch wenn sie d- ne? sie h- sa- hat gesagt;
der Junge, is ja gro:ß, und der kriegt das auch alles hin:, so.
//mhm// Sachen aber ne? aber, ne wenn die dann da is, räumt die
auf, und backt, und macht halt so Omasachen. […]

Herr Keitz, Z. 834–854

Herr Keitz gibt an, die Familie aufgesucht zu haben, um die vom Jugendamt geforderte Bestätigung der stattgefundenen Termine unterzeichnen zu lassen („einfach n=Termin Freitag nachmittags"). Die Mutter des Adressaten sei zu diesem Zeitpunkt bereits vor Ort gewesen. Es folgt eine abstrakte Inszenierung des Gesprächsverlaufes und seiner Inhalte („die hat son bisschen erzählt"). Anhand der Einschätzungsformeln („eigentlich nur", „einfach nur") wird deutlich, dass der Kontakt in seiner Bedeutung explizit relativiert wird und für den Interviewten für das vereinbarte Treffen nicht erforderlich ist. Das zeigt sich auch darin, dass Herr Keitz im inszenierten Gesprächsablauf eine passive Rolle einnimmt („die hat son bisschen erzählt“) und in der anschließenden Bewertung den Kontakt („son bisschen zwischen Tür und Angel“) weiter relativiert. Reflexiv eingeordnet werden jedoch wahrgenommene Empfindungen der Besucherin („sehr w:ohl f:ühlt“) sowie ihre Unterstützungsfunktion innerhalb der begleiteten Familie („Mutterauftrag“, „halt so Omasachen“).

Herr Keitz hat dem Angebot, welches an ihn gerichtet wurde, entsprochen („willst du n Kaffee, ja:“). Auf diese Weise erhält er unmittelbare Einblicke in die Wochenendbesuche der Netzwerkpersonen seiner Adressat:innen, die von den Akteur:innen offensichtlich positiv erfahren werden. Folgt man der Darstellung des Interviewten weiter, bestehen seitens des Adressaten jenseits der Teilnahme an dem Gespräch keine weiteren Erwartungen gegenüber dem Sozialpädagogischen Familienhelfer. Insofern übernimmt er die Perspektive der beteiligten Akteur:innen, in der keine Anliegen ersichtlich werden, auf die er sich beziehen und mit denen er eine weiterführende Handlungspraxis begründen könnte. Ein positiver Horizont besteht darin, die Beziehung zur Mutter väterlicherseits hinsichtlich ihrer Bedeutung für den Adressaten bzw. für die Familie reflexiv einzuordnen („wenn die dann da is, räumt die auf, und backt“). Diese Bezugnahme auf das soziale Beziehungsnetzwerk wird als *inkorporierender* Zugang bezeichnet.

Die Orientierung des *teilweisen Koproduzierens* kann mit einem Ausschnitt aus dem Interview mit Frau Fries aufgezeigt werden. Es wird darin ein positiv bewerteter Ablauf des Elternfrühstücks geschildert, welches von den Mitarbeiter:innen des freien Trägers für Familien angeboten wird, die mittels SPFH begleitet werden.

Gw: 1064 […] und dann ähm (.) ja; wird
1065 gefrühstückt, (.) äh und dann entstehn da eigentlich schon so
1066 Themen; also; //mhm// (.) wir ham uns am Anfang ham wir uns mal
1067 vorgenomm; okay. was wolln wer dieses Mal beim Elternfrühstück
1068 //mhm// besprechn, okay. also jetz warn wieder ganz viele: äh
1069 äh Briefe vom Jobcenter, und so vie:l Missverständnisse,
1070 Unzufriedenheitn, wolln wir das mal zum Thema machn, wer hat
1071 welche Erfahrung gemacht, könn kann da nochmal n Austausch
1072 passiern, //mhm// so sinngemäß, ich hab die Erfahrung gemacht
1073 (.) du sprich doch mal bitte mit deim; (.) Berater dass du das
1074 so und so machst, oder //mhm// hier geh doch mal dahin, handel
1075 doch mal; äh wenn jetzt weiß nich um Rückzahlung geht ne, handel
1076 das doch mal aus dass du in Raten zahln kannst, //mhm// und so
1077 weiter; also; so ne Sachn denn dann ne, und dann nimmt man sich
1078 das vor? und dann merkt man aber; hey, die sind ga- grade an gan:z
1079 andern? Themn dran, //mhm// da war dann zum Beispiel, ja? die
1080 Erzieherin im Kindergarten, die hat gesacht, ähm äh ich ziehe
1081 mein Kind immer falsch an; und so; (.) ähm (.) sag mal, und denn

1082 (ä=ja:) ne und bei mir war das so und so, also war das Thema Kita;
1083 was //mhm// was, oder Thema Schule, irgendwie oder //mhm// so
1084 ne, und dann, (.) hat das hier, (.) nimmt das ja so; ä- is mehr
1085 n Selbstläufer, //mhm// (.) da merkn wir Kollegin: auch immer,
1086 Mensch da sind wir auch=n Teil davon; //mhm// also wir brauchn
1087 da gar nich viel reingebn, sondern wir könn auch unsre Erfahrung
1088 dann mit reingebn, //mhm mhm // und dann sind wir da im
1089 Austausch; […]

Frau Fries, Z. 1064–1089

Im als wiederkehrend beschriebenen Ablauf würden sich laut Frau Fries erfahrungsgemäß Themen während der Durchführung des Angebotes ergeben („entstehn"). Die Beschreibung wird von einer argumentativen Hintergrundkonstruktion unterbrochen, in der ein ursprünglich idealisiertes Vorgehen beschrieben wird. Demzufolge werden als Input für das Elternfrühstück spezifische Themen von den Sozialpädagogischen Familienhelfer:innen im Vorfeld angesetzt („was wolln wer dieses Mal […] besprechn"). Ab Zeile 1068 wird eine umfangreiche Belegbeschreibung vorgenommen, in welcher ein idealtypischer Ablauf entworfen wird, mit dem funktionalistisch ein optimaler Output erreicht werden solle. Dem konzipierten Ablauf zufolge sollen sich die Adressat:innen aufgrund ihrer eigenen Erfahrungen gegenseitig und direktiv zu vorab definierten Themen unterstützen und beraten („handel das doch mal aus dass du in Raten zahln kannst").

In der Darstellung ab Zeile 1077 wird ein Bruch dieses Handlungsentwurfs thematisiert. Basierend auf den wahrgenommenen Interessen der Adressat:innen werden statt der von den Sozialpädagogischen Familienhelfer:innen geplanten Aspekte Themen bearbeitet, mit denen sich jene aktuell beschäftigten („an gan:z andern? Themn dran"), beispielsweise die abstrakten Belegbeispiele zum Thema Kindergarten und Schule. Insgesamt ändert dieser Umstand nichts daran, dass die idealisierte Praxis der wechselseitigen Beratung der Adressat:innen dennoch umgesetzt wird („Selbstläufer"). Darüber hinaus wird in der weiteren Evaluation des Elternfrühstücks eine Gleichberechtigung der Adressat:innen und der Kolleg:innen der SPFH im Hinblick auf die Bearbeitung dieser Themen postuliert. Hiermit wird der Anspruch formuliert, Themen der Adressat:innen situativ und gemeinsam mit ihnen aufzugreifen und zielgerichtet zu bearbeiten. Allerdings wird dabei die eigene Rolle als Fachkraft relativiert.

Dass sich der Anspruch der gleichberechtigten Themenfindung und -beratung handlungspraktisch auch als problematisch erweisen kann, zeigt sich in der folgenden Passage:

Gw: 1119 […] **ach sogar über Liebe;**
1120 **Li:ebe? das war auch** wo wir denkn; mh, na:? jetz müss mer mal
1121 aufpassn, dass das hier nich so=ne Oberhand nimmt dann ne, (.)

1122 also so (.) also. (.) och Sexualität, in=ner in=ner
1123 Partnerschaft, (.) auch dieses dann ja, das das ebnd (.) ähm:
1124 (.) hier am Tisch besprochn wird, also alles noch so wo man sacht;
1125 //mhm// ja, das //mhm// kann man vertreten ne, aber ich dachte,
1126 (.) meine Güte ey, das das sind ja schon so=ne, (.) äh inti:ms:,
1127 äh Themen? (.) also; ich hätte mir das gar nich jetz getraut hier,
1128 aufn: ä- Tisch zu packn, oder so dann ne, also; //mhm// (.) guck
1129 mal an, ja; mhm; (2)

Frau Fries, Z. 1119–1129

Auffällig sind das besonders laute und betonte Sprechen sowie die Wortwiederholung zu Beginn. Im Gegensatz zur vorherigen Passage zeigt sich, dass im Rahmen des Elternfrühstücks von den Adressat:innen nicht nur Themen aufgerufen wurden, die unproblematisch miteinander besprochen werden konnten. Einige Themen hätten hingegen einer besonderen Aufmerksamkeit bedurft („aufpassn"), da die Gefahr bestanden hätte, dass sich diese gegenüber vorgesehenen Themen durchsetzen („Oberhand nimmt"). Der Anspruch des gleichberechtigten Einbringens von Themen gerät hier an Grenzen. Durch die Thematisierung von Sexualität in der Partnerschaft wird der vordefinierte Möglichkeitskorridor des Elternfrühstücks nicht verlassen, da sie als legitimes Thema gewertet wird („kann man vertreten"), aber er wird ausgereizt. Dies zeigt sich darin, dass die Thematik vor dem Hintergrund der persönlichen Schamgrenze der Sozialpädagogischen Familienhelferin reflektiert wird, die hierbei offensichtlich erreicht wurde („meine Güte ey").

Das Aufgreifen von Vorstellungen der Adressat:innen wird auch als Herausforderung erfahren, wodurch die eigene Handlungspraxis gegebenenfalls misslingen kann. Da die Fachkräfte jedoch die Perspektiven der Adressat:innen, die für sie nicht durchweg planbar sind, aufgreifen und versuchen situativ eine gemeinschaftlich getragene Praxis zu etablieren, wird diese Orientierung als *Inkorporieren und teilweises Koproduzieren* bezeichnet.

Eine vergleichbare Vorgehensweise konnte auch im Interview mit Frau Blumental rekonstruiert werden, die abschließend dargestellt wird. Im folgenden Auszug stellt die Sozialpädagogische Familienhelferin eine Situation aus der Zeit dar, als der Ehepartner bzw. Familienvater an einem Hirntumor im Hospiz verstorben war. In diesem Zusammenhang wird das soziale Beziehungsnetzwerk thematisiert, wobei deutlich wird, dass sich Frau Blumental die Perspektive ihrer Adressatin zu eigen macht:

Aw: 303 […] und ähm (.) dann, ging das halt sozusagen; dann stand sie
304 da? alleine; mit drei Kindern; //mhm// drei kleinen Kindern. und
305 ähm (.) irgendwann kam dann glaub ich für sie so tatsächlich

306 diese Masse an, Überforderung. und (.) son Gemisch aus Trauer,
307 und Alleine=sein, //mhm// weil am Anfang gabs nochn Netzwerk;
308 aber sie hat auch gesagt dass so spätestens nach nem halben Jahr?
309 denken halt alle es ist alles wieder gu:t. //mhm// aber es is
310 halt noch garnix; gut; und ähm die Trauer is nich vorbei; und
311 es is ga- //mhm// also ne, es is so; ähm und sie selber hat auch
312 ne, (2) ähm (.) n=familiären Hintergrund mit mit also ihre Mutter
313 ist schwerst depressiv; //mhm// ähm; und is natürlich nach dem
314 Tod von von ihrem Schwiegersohn nochmal in so ne Depression
315 gerutscht also //mhm// wirklich auch klinisch; mit Suizid-
316 //mhm// ö:h Gedanken also: mit äh- und so weiter was natürlich
317 für die; Frau auch keine Hilfe; is //mhm mhm// also sozusagen
318 nochn krankes Umfeld was dann auch weg; bricht und ähm (2) die
319 die Schwiegereltern; die dann der Meinung warn; sie, könn nich
320 nach [Stadt 1] komm; sie könn nich in der Wohnung sein wo ihr
321 verstorbener Sohn gelebt hat, […]

Frau Blumental, Z. 303–321

Infolge des Todesfalles werden die Lebenssituation der Mutter („alleine; mit drei Kindern") und ihre Gefühlslagen thematisiert, bevor auf das Beziehungsnetzwerk eingegangen wird. Dabei wird retrospektiv auf Veränderungen im zeitlichen Verlauf hingewiesen und es werden Erwartungen sowie individuelle Belastungen, Ansichten und Verhaltensweisen einzelner Personen dargestellt. Sie werden als nicht hilfreich für die Adressatin eingeschätzt.

Die Darstellung zum weiteren Ablauf der Geschehnisse wird durch argumentative und evaluative Hintergrundkonstruktionen unterbrochen. Charakteristisch ist hier, dass sich die Sozialpädagogische Familienhelferin auf die Perspektive der begleiteten Adressatin einlässt, diese dadurch reproduziert und zur Referenzperspektive erhebt. Dies zeigt sich an der wiederholten Verwendung von „sie" und der Belegbeschreibung, in welcher die Sichtweise der Adressatin wiedergegeben wird („sie hat auch gesagt"). In der Darstellung verschmelzen die Betrachtungsweisen der Adressatin und der Sozialpädagogischen Familienhelferin förmlich miteinander.

Auf diese Weise wird auch das soziale Beziehungsnetzwerk verhandelt. Dessen Vorhandensein zu einem vorherigen Zeitpunkt wird lediglich kontrastierend aufgeworfen („am Anfang gabs nochn Netzwerk"), inhaltlich aber nicht näher bestimmt. Demnach scheint gegenüber der Adressatin eine abstrakte Erwartung im Hinblick auf die legitime Dauer des Trauerprozesses bestanden zu haben („alles wieder gu:t"), die aber als unrealistisch zurückgewiesen wird („aber es is halt noch garnix; gut"). Hierbei zeigt sich eine Tendenz zur Dichotomisierung: die Mutter, „sie", versus „alle" aus dem Netzwerk. Darin deutet sich auch an, dass ein soziales Beziehungsnetzwerk nur dann als vorhanden betrachtet wird, wenn es in der Lage ist, spezifische, scheinbar positiv konnotierte Funktionen zu erfüllen. Dass dies in der geschilderten Situation für die Sozialpädagogische Familienhelferin, die sich an die Perspektive ihrer Adressatin orientiert, offensichtlich nicht der Fall ist, wird im weiteren Verlauf der Passage begründet.

Ab Zeile 311 bezieht sich Frau Blumental in ihrer Darstellung auf einen spezifischen Ausschnitt des Beziehungsnetzwerks, welcher ihr zufolge zunehmend degeneriert. Frau Blumental geht auf drei Familienmitglieder ein, die aufgrund ihrer jeweiligen psychischen Verfassung oder Standpunkte („Meinung") sowie im Hinblick auf ihre dysfunktionale Passung bezüglich der Alltagsbewältigung der Adressatin vorgestellt und eingeschätzt werden („keine Hilfe"). Im Umkehrschluss kann davon ausgegangen werden, dass gegenüber diesen Personen bestimmte Unterstützungserwartungen bestanden haben müssen, die nicht erfüllt wurden. Das spiegelt sich auch in der Verwendung von Einschätzungsformeln und Superlativen wider („garnix", „schwerst", „krankes"). Über den Verlauf der Passage hinweg zeigt sich die Perspektivübernahme durch die Interviewte auch darin, dass die zu Beginn durchaus vagen Äußerungen („glaub ich", „son Gemisch") im Verlauf der Passage zweifelsfreien Bemerkung („wirklich", „natürlich") weichen, was zusätzlich durch die betonte Sprechweise verstärkt wird.

In der Passage dokumentiert sich der *inkorporierende* Zugang zum sozialen Beziehungsnetzwerk, der über die Adressatin vermittelt wird. Die Perspektiven der Adressatin werden in die eigene Betrachtungsweise aufgenommen und beeinflussen somit Frau Blumentals Wissen und Einschätzungen über das soziale Beziehungsnetzwerk. Dadurch können vorhandene und auch einflussreiche Sozialbeziehungen der begleiteten Mutter bzw. Familie zwar affirmativ und pointiert thematisiert werden, deren Darstellung bleibt aber fragmentarisch und letztlich undurchsichtig.

Da die Reflexion sozialer Netzwerkbeziehungen in enger Bezugnahme auf die Perspektive der Adressat:innen erfolgt, muss diese thematisch nicht zwangsläufig defizitär ausgeprägt sein. Frau Blumental beispielsweise entwickelt im weiteren Interviewverlauf eine homologe Darstellungsweise, indem sie sich auf die gegenwärtige Situation mit den Schwiegereltern der Adressatin bezieht.

Aw: 866 mittlerweile sind die aber; nehm die aber die Kinder zu sich.
867 //mhm// also; ähm manchmal holn sie sie auch von hier ab, //mhm//
868 aber ähm; also es=die wohn ziemlich tief im Westen; von
869 Deutschland; //mhm// von daher is das schon=n ganz schöner Weg;
870 und ähm (.) nehm aber da jetz immer mal wieder; die die die
871 Kinder. //mhm// also wie gesagt sie warn jetzt zwei Wochen dort?
872 //mhm// ich glaube ihre Eltern warn dann och dort? (.) also ihr
873 ihr Stiefvater und der; oder der Mann ihrer Mutter und ihre
874 Mutter, weiß garnich die die sind irgendwie weggezogen, keine
875 Ahnung. so richtig; aber die sind dann; schon jetzt wieder ne

876 Ressource; für die Kinder; //mhm mhm// so; auch wenn sie
877 manchmal, da Bauchschmerzen kricht weil sie das Gefühl hat die
878 Kinder dürfen och nie; über=also wenn sie dort sind; darf och
879 der Papa; nich erwähnt werden; //mhm// aber (.) da kann sie jetzt
880 glaub ich auch; gut; //mhm mhm// so n Stückchen das (.)
881 zurückstecken; und sagen ja, egal, aber dafür; die Kinder sind
882 hier trotzdem gut versorgt; und sie sie //mhm// sie sie sie kann
883 einfach mal durchatmen. mal kurz; //mhm mhm// hat mal ne Woche
884 kindfrei; und sowas; […]

Frau Blumental, Z. 866–884

Angezeigt wird, dass sich „mittlerweile" eine Veränderung in der Unterstützung eingestellt habe. Die Schwiegereltern würden „die Kinder" in wiederkehrenden Abständen abholen und sie könnten wochenweise bei ihnen bleiben. In der argumentativen Darstellung („also") wird deutlich, dass Frau Blumental Informationen zu den Schwiegereltern wiedergibt und sich derer auch zu vergewissern scheint.

Auch in den ab Zeile 872 vorgetragenen Vermutungen („ich glaube"), wonach die Kinder dabei ebenso Kontakt zu den Eltern mütterlicherseits gehabt hätten, wird deutlich, dass die Darstellung weniger auf eigenen Erfahrungen der Sozialpädagogischen Familienhelferin mit den betreffenden Personen beruht. Dies zeigt sich nicht nur daran, dass die veränderte Konstellation in der Paarbeziehung der Eltern mütterlicherseits nicht umstandslos erklärt werden kann. Vielmehr wird auch die Information zu deren Umzug („irgendwie weggezogen") explizit abgebrochen („keine Ahnung. so richtig") und mit einem Allgemeinplatz beendet („schon jetzt wieder ne Ressource; für die Kinder").

Ab Zeile 876 zeigt sich, dass die Darstellung in Anlehnung an die Perspektive der Adressatin erfolgt. Hierbei werden die Bedürfnisse der Kinder abgewogen und mögliche Einschnitte („darf och der Papa; nich erwähnt werden") vor dem Hintergrund der Bedürfnisse der Mutter („einfach mal durchatmen") als akzeptabel evaluiert („trotzdem gut versorgt"). Auch in dieser Passage kann der Zugang der Sozialpädagogischen Familienhelferin zum sozialen Beziehungsnetzwerk als *inkorporierend* bezeichnet werden.

Eine *teilweise Koproduktion* konnte anhand Frau Blumentals Ausführungen zu direkten Kontakten mit weiteren Personen aus dem informellen Umfeld rekonstruiert werden:

Aw: 737 […] die hatten Freunde im im im im [Stadtteil 2],
738 sozusagen ne so ähm (.) und wie gesagt diese eine Familie
739 war auch wirklich; eigentlich immer da, dann vielleicht weniger
740 intensiv weil die natürlich auch zu tun hatten //mhm// aber die
741 warn schon auch sehr hilfreich, //mhm mhm// und mit denen zum

> Beispiel hab ich mich ja auch reingeteilt. in die Betreuung der Kinder. //mhm mhm// also ich hab einige von denen kennen gelernt über diese; Sequenzen mit den Kindern, um die Mutter zu entlasten //mhm// oder um die äh den den Trauergruppenbesuch zu ermöglichen. //mhm// und das warn ebend einmal diese F- die die einen Freunde; die dann irgendwann weggezogen, letztes Jahr weggezogen sind; //mhm// dann, noch ne andere Frau, auch die sich auch aus der Kita kannten, die aber dann; schneller schon, sich distanziert hatte; //mhm// weil sie es glaub ich nich mehr konnte? […]

Frau Blumental, Z. 737–751

Die befreundete Familie der Adressat:innen wird in ihrer Verfügbarkeit und Funktionalität für die begleitete Familie einer positiven Evaluation unterzogen („wirklich; eigentlich immer da“), wobei diese sogleich wieder relativiert wird („dann vielleicht weniger intensiv“, „schon auch sehr hilfreich“). In der Anschlussäußerung wird deutlich, dass dies vor dem Hintergrund der Zielstellungen geschieht, welche die Sozialpädagogische Familienhelferin verfolgt („Mutter zu entlasten“, „den Trauergruppenbesuch zu ermöglichen“). Die Darstellung zum Kontakt mit der befreundeten Familie bezieht sich nicht auf die einzelnen Familienmitglieder oder die Erfahrungen im Umgang mit ihnen, sondern auf die arbeitsteilige Kinderbetreuung („reingeteilt“).

Zwischen der befreundeten Familie und der Sozialpädagogischen Familienhelferin wird eine gemeinsame Handlungspraxis konstituiert, welche im Modus eines *teilweisen Koproduzierens* erfolgt. Auf diese Weise wird ein Mehrwert für die begleitete Familie bzw. die Adressatin geschaffen und gleichzeitig die Tätigkeit der Sozialpädagogischen Familienhelferin partiell unterstützt. Allerdings geht diese koproduktive Handlungspraxis mit dem informellen Umfeld der Adressat:innen auch mit potenziell dilemmatischen Situationen einher: In den Relativierungen der Unterstützungsleistungen der befreundeten Familie sowie ihren Umzug wird außerdem deutlich, dass sich diese Zusammenarbeit in Abhängigkeit zu den jeweiligen Netzwerkpersonen vollzieht und zeitlich begrenzt ist. In der Darstellung zu der Bekannten aus der Kindertagesstätte wird eine vergleichbare Erfahrung aufgeworfen. Die sozialen Netzwerkbeziehungen stellen somit eine Bezugsgröße der Handlungspraxis dar, die im Kontext der Orientierung des *Engagierens für eine konstruktive Koalition* des Typs III mitunter als beschränkt geeignet erfahren werden.

9 Zusammenfassung und Diskussion: Soziale Netzwerkbeziehungen als impliziter Bestandteil der Handlungspraxis in der Sozialpädagogischen Familienhilfe

Welche Erfahrungen machen Sozialpädagogische Familienhelfer:innen mit sozialen Netzwerkbeziehungen von Adressat:innen und welche handlungsleitenden Orientierungen lassen sich in diesem Zusammenhang rekonstruieren? Ausgehend von diesen Fragestellungen wurden in der Typenbildung Eigenlogiken in der Handlungspraxis der SPFH unter besonderer Berücksichtigung netzwerkbezogener Orientierungen rekonstruiert. Die vorgelegte Typenbildung stellt das zentrale Ergebnis der empirischen Untersuchung dar, die zu einer Vergewisserung des Stellenwertes sozialer Netzwerkbeziehungen bei der Fallbearbeitung in der aufsuchenden Sozialen Arbeit mit Familien im Kontext der SPFH beitragen soll.

Festhalten lässt sich zunächst, dass in der Typenbildung kein eigenständiger Orientierungsrahmen rekonstruiert werden konnte, der dezidiert auf den Forschungsgegenstand ausgerichtet ist. Soziale Netzwerkbeziehungen können somit als Querschnittsthema in den untersuchten Sozialpädagogischen Familienhilfen angesehen werden, die anhand verschiedener Orientierungsrahmen bearbeitet werden. In den Rekonstruktionen zur Fallbearbeitung kristallisierten sich drei strukturierende Vergleichsebenen heraus, in die die Bezugnahme auf soziale Netzwerkbeziehungen eingebettet ist: Informelle, soziale Netzwerkbeziehungen werden somit als ein impliziter Bestandteil der Handlungspraxis in der SPFH gefasst.

Bevor die Ergebnisse näher betrachtet werden, soll darauf eingegangen werden, welche Aussagen aus der vorgelegten Typenbildung abgeleitet werden können. Als Ergänzung zu den Ausführungen in der methodischen Anlage (vgl. Kap. 7) ist hervorzuheben, dass die Orientierungsrahmen auf einem sinngenetischen Niveau idealtypische Bearbeitungsweisen von Problemstellungen in der Praxis der SPFH darstellen. Sie beruhen auf den Interviewdarstellungen, also reflexiven Thematisierungen, von Sozialpädagogischen Familienhelfer:innen zu Hilfeverläufen, die im Fallvergleich rekonstruiert wurden. Somit wird auch erst aus der Zusammenschau der Typenbildung ein differenzierter Einblick in die empirische Bandbreite von handlungsleitenden Orientierungen in der SPFH möglich.

Neben den vorgelegten Befunden konnten darüber hinaus Hinweise auf weitere Aspekte herausgearbeitet werden, die für die Fallbearbeitung bedeutsam sein und in weiteren Untersuchungen aufgegriffen werden können. Hierzu gehören interorganisationale Erfahrungsräume, die sich fallbezogen oder fallübergreifend in den Interaktionen zwischen den Mitarbeiter:innen der beauftragenden Allgemeinen Sozialdienste und der SPFH konstituieren, sowie diejenigen, die sich innerhalb der Teams in den Familienhilfediensten einstellen. In den Interviews finden sich auch Anhaltspunkte für die handlungspraktische Bedeutsamkeit biografischer Erfahrungen der Adressat:innen mit ihrem informellen Beziehungsnetzwerk sowie (berufs-)biografischer Erfahrungen der Sozialpädagogischer Familienhelfer:innen in diesem Zusammenhang. Ferner wäre es interessant, die Handlungspraxis stärker vor dem Hintergrund der Verschiedenheit der Familien zu kontextualisieren, indem deren spezifische Problemlagen und Bewältigungsvermögen und schließlich auch die Beschaffenheit deren sozialer Beziehungsnetzwerke einbezogen werden.

Anhand der drei Typen dieser Untersuchung lässt sich verdeutlichen, dass ähnlich gelagerte Problemstellungen innerhalb der SPFH in unterschiedlichen Orientierungsrahmen bearbeitet werden (vgl. Kap. 8):

- Charakteristisch für Typ I *(Protegieren als verantwortbarer Umgang mit Limitationen)* ist, dass die Möglichkeiten in der Ausgestaltung der SPFH als erheblich begrenzt erfahren werden. Angesichts dieser Einschränkungen sind die Fachkräfte auf die Umsetzung sachlicher Erfordernisse orientiert, wobei sie Maßnahmen realisieren, die als vertretbar erscheinen und sich souverän umsetzen lassen.
- In Typ II *(Arrangieren von gängigen Standards)* wird die SPFH verlässlich entlang von etablierten Vorgehensweisen gestaltet, die erfahrungsgemäß den fachlichen Anforderungen an die Praxis Rechnung tragen. Auf diese Weise werden verschiedene Bedarfe der Adressat:innen konstruiert und drauf bezogene Unterstützungsmaßnahmen entwickelt. Damit geht einher, dass tendenziell lediglich ins Blickfeld der Fachkräfte gerät, was mittels der herkömmlichen Vorgehensweisen als bearbeitbar gilt.
- Kennzeichnend für Typ III *(Engagieren für eine konstruktive Koalition)* ist das Hinarbeiten Sozialpädagogischer Familienhelfer:innen auf eine Übereinstimmung mit bestehenden Sichtweisen und Erwartungen, die insbesondere von den Adressat:innen an sie herangetragen werden. Auf diese Weise wird eine gemeinschaftlich getragene Handlungspraxis konstituiert, bei der sich die Fachkräfte fortlaufend auf die Anliegen der Adressat:innen beziehen. Vor diesem Hintergrund werden auch mögliche Konflikte, die sich beispielsweise aus der institutionellen Einbindung ergeben, harmonisierend aufgelöst.

Die Orientierungsrahmen verweisen auf die Vielfalt der Handlungspraxis in der SPFH. Aus der eingenommenen Forschungsperspektive ergibt sich, dass die Orientierungen nicht hinsichtlich ihrer Angemessenheit zu bewerten sind, sondern hinsichtlich ihrer Potenziale und Begrenzungen diskutiert werden können. Nachfolgend werden die Orientierungen anhand der drei Vergleichsebenen aus der Typenbildung näher betrachtet.

9.1 Konstruktion des Settings

Über alle Interviewdarstellungen hinweg werden unterschiedliche Perspektiven verschiedener Akteur:innen auf die Fallkonstellation dargestellt, die von den Befragten miteinander verbunden und priorisiert werden. Verknüpft werden sie mit einer eigenen Interventionsperspektive. Die Orientierungen liefern somit Hinweise darauf, dass mit der Erfassung und Bearbeitung des Gegenstandsbereiches der SPFH Handlungsschwierigkeiten für die Fachkräfte einhergehen, die unterschiedlich bearbeitet werden (vgl. Kap. 8):

- *Einschätzen vermeintlicher Fakten:* Im Typ I *(Protegieren als verantwortbarer Umgang mit Limitationen)* entfalten vorgegebene Fakten, die überwiegend von den beauftragenden Mitarbeiter:innen der Allgemeinen Sozialen Dienste stammen, einen Aufforderungscharakter für die Mitarbeitenden der SPFH. Letztere reproduzieren die vorgegebenen Sachverhalte und sind darauf orientiert, eine eigenständige Situationseinschätzung vorzunehmen, die aber eher latent bleibt.
- *Konfigurieren von Begründungsmustern:* Demgegenüber ist für Typ II *(Arrangieren von gängigen Standards)* kennzeichnend, dass Bedarfslagen umsichtig und eigenständig wahrgenommen werden und auf diese mit einem flexiblen Konstruktionsmechanismus hinsichtlich der SPFH reagiert wird. Allerdings unterliegen die entwickelten Begründungsmuster auch einer Vorstrukturierung, da sie sich im Rahmen von Hilfeanlässen bewegen, die üblicherweise zum Einsatz einer SPFH führen.
- *Legitimieren von externen Perspektiven:* Für Typ III *(Engagieren für eine konstruktive Koalition)* ist charakteristisch, dass explizierte Anliegen anderer Akteur:innen, hierbei insbesondere der Adressat:innen, für die Begründung einer SPFH aufgegriffen und übernommen werden.

Die Analyse zeigt, dass Sozialpädagogische Familienhelfer:innen darauf orientiert sind, den Gegenstandsbereich ihres Tätigkeitsfeldes mit den beteiligten Akteur:innen abzustecken. In diesem Zusammenhang erhalten verschiedene Problemsituationen, die von Mitarbeiter:innen des Allgemeinen Sozialdienstes oder anderen Institutionen als Überweisungsinstanz geltend gemacht werden, handlungspraktische Bedeutung.

Es lässt sich einerseits argumentieren, dass auf diese Weise auch Familien Erziehungshilfen erhalten, die ohne diese Impulse von außen womöglich keine

Jugendhilfemaßnahme in Anspruch genommen hätten. Andererseits wird deutlich, dass tendenziell eher die Bedarfsdefinitionen von Fachkräften im Vordergrund stehen, die angesichts der Asymmetrie der Hilfebeziehung immer auch die der Adressat:innen überlagern können. Allerdings finden sich ebenso Fälle, in denen Mitglieder der betroffenen Familien ihre Hilfevorstellungen geltend machen und die von den Sozialpädagogischen Familienhelfer:innen übernommen werden. Die Potenziale der ersten beiden Typen liegen darin, dass der Gegenstandsbereich der SPFH konkret bestimmt wird, während das Potenzial des dritten Typs in einer dezidiert unterstützungsorientierten Gestaltung mit den Adressat:innen der SPFH gesehen werden kann.

Festhalten lässt sich, dass der Gegenstandsbereich von Sozialpädagogischen Familienhilfen stark vorstrukturiert ist. Historisch gesehen ist dieses Phänomen im Feld erzieherischer Hilfen durchaus bekannt: Bereits in der Familienfürsorge wird eine „Einengung des Blickfeldes auf das Normwidrige“ (Baum 1927, S. 53) beklagt. Als Hindernis werden bürokratisch eingeschränkte Entscheidungskompetenzen des Personals über die Ausgestaltung der Hilfeleistungen problematisiert, um Adressat:innen in ihren Lebenssituationen ganzheitlich zu unterstützen (vgl. Kap. 2.2.3). Die Fachkräfte würden zur Übernahme von Fremddefinitionen durch den „Zwang eines engen Amtsauftrags genötigt“ (Thiersch/Frommann/Schramm 1977, S. 106). In den Grundlagenkapiteln zur SPFH konnte gezeigt werden, dass sich seither die Rahmenbedingungen und Konzepte zum sozialarbeiterisch-sozialpädagogischen Handeln weiterentwickelt haben.

Empirische Untersuchungen können zeigen, dass Handlungsmuster und -logiken der beteiligten Fachkräfte die Hilfeverläufe beeinflussen, wobei Wahrnehmungen, Einschätzungen und Handlungsweisen eher von verwalterischen als von fachlich begründeten Rationalitäten geleitet werden (vgl. Ader 2006, S. 163 ff.; 2018, S. 381 ff.). In Analysen zur Fallkonstitution wird am Beispiel von SPFH aufgezeigt, dass Fachkräfte Problemschilderungen von Adressat:innen angesichts organisationaler Zuständigkeiten und bevorzugter Arbeitsweisen in der Fallbearbeitung selektiv aufgreifen und daran anpassen (vgl. Rüegger 2021, S. 210 ff.).

In den Interviews dieser Untersuchung werden Hilfeplangespräche, die als bedeutsame Orte für die Planung von Erziehungshilfen angesehen werden (vgl. Messmer/Hitzler 2007, S. 67 ff.; Greschke/Klingler/Messmer 2010, S. 75 ff., S. 103 ff.), von den Befragten insgesamt wenig thematisiert. Dies deckt sich mit vorliegenden Befunden zur SPFH, laut denen „die vereinbarten Ziele oft durch den Alltag im Hilfeprozess überlagert wurden und erst kurz vor bzw. nach dem Hilfeplangespräch stärker in den Vordergrund traten“ (Fröhlich-Gildhoff/Engel/Rönnau 2006, S. 138).

Informelle soziale Netzwerkbeziehungen werden in diesem Zusammenhang interviewübergreifend von den Befragten kaum thematisiert. Weiter zu untersuchen wäre hierbei, wie das Beziehungsnetzwerk in Prozessen der Hilfeplanung aufgegriffen wird und inwiefern sich dies in der Hilfegestaltung niederschlägt.

Neben den Interaktionen mit den Adressat:innen und ggf. Personen aus dem sozialen Netzwerk könnten hierbei auch Akten (z. B. Hilfepläne, Genogramme, Netzwerk- und Ressourcenkarten) sowie Erfahrungsräume der Sozialpädagogischen Familienhelfer:innen untereinander (z. B. Teamprozesse, Co-Arbeit) als Forschungsgegenstand stärker berücksichtigt werden.

9.2 Gestaltung der Arbeitsbeziehung

Eine zentrale Herausforderungen für die Befragten besteht darin, die Arbeitsbeziehung zu den Adressat:innen zu gestalten. Deutlich wird, dass sich die Herstellung und Aufrechterhaltung der Arbeitsbeziehungen keineswegs widerspruchsfrei vollzieht und erfahrungsgemäß ein fragiles Unterfangen darstellt, da sie jederzeit auch misslingen können. Eine längerfristige Begleitung ergibt sich aus auftretenden Problemlagen, unvorhersehbaren, teils einschneidenden Ereignissen im Leben der Adressat:innen und aus den Erwartungen, die an die Umsetzung von SPFH bestehen. Damit werden die Arbeitsbeziehungen in der Handlungspraxis entlang „der Wahrnehmung und Bearbeitung von Problemen“ (Bauer 2018a, S. 387) konstituiert.

Der Fokus der Fallbearbeitung liegt damit auf den Binnenraum der sozialarbeiterisch-sozialpädagogischen Beziehungsgestaltung zu den Familienmitgliedern (vgl. Kap. 8):

- *Sachorientierte Beziehungsgestaltung mit entgrenztem Charakter:* Dass die Etablierung und Aufrechterhaltung der Arbeitsbeziehung dilemmatische Züge annehmen kann, wird besonders in Typ I *(Protegieren als verantwortbarer Umgang mit Limitationen)* deutlich. Die SPFH richtet sich auf die Bearbeitung von Themen, die mittels erforderlicher und als adäquat eingeschätzter Unterstützungsmaßahmen bearbeitet werden. In Kauf genommen wird hierbei mitunter auch eine Einschränkung der Selbstbestimmung der Adressat:innen.
- *Rollenorientierte Beziehungsgestaltung durch Lotsen:* In Typ II *(Arrangieren von gängigen Standards)* werden diejenigen Themen aufgegriffen, für die sich die Fachkräfte konzeptionell zuständig sehen. Im Rahmen der Arbeitsbeziehung werden die Adressat:innen zu einem adäquaten Umgang mit ausgewählten Themen angeleitet.
- *Entgegenkommende Beziehungsgestaltung als konvergentes Einlassen:* Für Typ III *(Engagieren für eine konstruktive Koalition)* ist hingegen charakteristisch, dass die Arbeitsbeziehung idealtypisch in harmonischer Übereinstimmung mit den Adressat:innen realisiert wird. Hierzu wird eine Handlungspraxis konstituiert, in welcher verbindlich und mit einer besonderen Sensitivität und Flexibilität auf die Sichtweisen und Anliegen der Adressat:innen eingegangen wird und bestehende Anforderungen an die eigene Tätigkeit mitunter übergangen werden.

Typenübergreifend verweisen die Orientierungen auf ein hohes Maß an persönlichen Beziehungsanteilen, mit denen wechselseitige Erwartungen und Abhängigkeiten einhergehen, die den Hilfeverlauf beeinflussen (vgl. Wolf 2015, S. 161 ff.; Petko 2019, S. 201). Gleichwohl wird in den Interviewdarstellungen auch erkennbar, dass sich Sozialpädagogische Familienhelfer:innen hinsichtlich der „Selbsthilfefähigkeiten der Klienten in Relation zur Schwere der Probleme, der Stabilität der Arbeitsbeziehung und der Erwartungen der Klienten an die Hilfe" (Petko 2004, S. 300) sensibel zeigen. Darüber hinaus wird ersichtlich, dass Relevanzen der Adressat:innen aufgegriffen und Partizipationsmöglichkeiten eröffnet werden. Die Befunde der Adressat:innenforschung weisen darauf hin, dass Adressat:innen SPFH dann als unterstützend erleben, wenn Fachkräfte sie in ihrer Lebenssituation ernst nehmen und engagiert für ihre Interessen eintreten (Frindt/Wolf 2004, S. 133 ff.; Wolf 2015, S. 177 ff.). Gleichwohl wird anhand der vorgelegten Ergebnisse ebenso deutlich, dass die Beteiligung der Adressat:innen an der Hilfegestaltung auch zukünftig eine Herausforderung bleibt (vgl. Fröhlich-Gildhoff/Engel/Rönnau 2006, S. 137 f.; Gundrum/Oelerich 2021, S. 161 ff.).

Es lassen sich Verbindungslinien zu den dargestellten Grundlagen der SPFH ziehen, in denen ebenfalls die sozialarbeiterisch-sozialpädagogische Beziehungsgestaltung als wesentliches Element der Fallbearbeitung hervorgehoben wird: Die Orientierungen verweisen darauf, dass Sozialpädagogische Familienhelfer:innen die Arbeitsbeziehung auf dem Wege eigenen Hilfehandelns gestalten und die jeweiligen Inhalte der SPFH in diesem Rahmen bearbeiten. Sie können als empirische Umgangsweisen mit den dargelegten Strukturmerkmalen gesehen werden, die in der strukturell asymmetrischen Hilfebeziehung handlungspraktisch zu regulieren sind. Insofern changieren sie auch zwischen kontrollierenden Handlungen und solchen, die auf die Selbstbestimmung und -hilfe der Adressat:innen abzielen. In diesem Zusammenhang ist auch darauf hinzuweisen, dass die Fachkräfte auf diese Weise ihrem widersprüchlichen gesellschaftlichen Auftrag nachkommen, einen kontrollierenden Schutz vor einer möglichen oder bereits eingetretenen Gefährdung des Kindeswohls auszuüben und gleichzeitig unterstützende Hilfe zur Erziehung mit den Familienmitgliedern zu leisten.

In der Gestaltung der Arbeitsbeziehung sind Sozialpädagogische Familienhelfer:innen darauf orientiert, Beziehungen zu Mitgliedern der Kernfamilie herzustellen und aufrechtzuerhalten. Die Ergebnisse dieser und anderer Untersuchungen weisen darauf hin, dass Arbeitsbeziehungen insbesondere zu Eltern bzw. Müttern realisiert werden, wobei die zu den Kindern und Jugendlichen weniger Aufmerksamkeit erfahren (vgl. Richter 2013, S. 265 f.; Frindt 2020, S. 79 f.; Messmer et al. 2021, S. 24 ff., S. 165 ff.).

Ferner werden von den Interviewten organisatorische Rahmenbedingungen (z. B. Stundenkontingente, Fahrtzeiten, Problemkonstellationen der Familie und Auftragslagen) problematisiert, die ihre Praxis einschränken. Die dargestellte

Praxis der Fallbearbeitung ist hingegen darauf ausgerichtet, einen praktikablen Umgang mit den Rahmenbedingungen zu finden und eine Beziehung zu den Adressat:innen aufzubauen. Die Gestaltung dieser Arbeitsbeziehung und eine persönliche Passung mit den Familienmitgliedern werden auch in anderen Studien betont, wohingegen Finanzierungsformen als weniger bedeutsam für die Prozesse und Ergebnisse von SPFH eingeschätzt werden (vgl. Fröhlich-Gildhoff/Engel/Rönnau 2006, S. 141 f.). Dies spricht für den hohen Einsatz, den die Fachkräfte trotz begrenzender Arbeitsbedingungen erbringen.

Aufschlussreich für das Forschungsthema ist hierbei nicht nur, dass die interviewten Fachkräfte der Gestaltung der eigenen Arbeitsbeziehungen zu den Adressat:innen eine herausragende Bedeutung beimessen, sondern insbesondere, wie sie vor diesem Hintergrund einer kern- bzw. kleinfamilialen Ausrichtung in der Beziehungsgestaltung netzwerkorientiert agieren und die Bezugnahme auf Sozialbeziehungen im informellen Umfeld ihrer Adressat:innen realisieren.

9.3 Bezugnahme auf soziale Netzwerkbeziehungen

Den Ausgangspunkt der Untersuchung bildete das Interesse daran, welche Erfahrungen Sozialpädagogische Familienhelfer:innen mit informellen Netzwerkbeziehungen ihrer Adressat:innen in der Praxis machen. Anhand der Interviewdarstellungen dieser Untersuchung konnte rekonstruiert werden, dass soziale Netzwerkbeziehungen zwar thematisiert und handlungspraktisch relevant werden, gegenüber den Relevanzen in der Fallbearbeitung aber randständig bleiben und eine nachgeordnete Rolle spielen. Dies deckt sich nicht nur mit den beiden bereits dargestellten Vergleichsebenen (Konstruktion des Settings und Gestaltung der Arbeitsbeziehung), sondern auch mit anderen Befunden, laut denen familiäre Problemlagen und eingeschränkte Erziehungskompetenzen der Eltern im Vordergrund von SPFH stehen (vgl. Fröhlich-Gildhoff/Engel/Rönnau 2006, S. 75 ff.; Messmer et al. 2021, S. 200 f.; Kap. 6.1.3).

In der Darstellung der Typenbildung wurden dem Forschungsinteresse entsprechend informelle und weniger formelle Netzwerkbeziehungen fokussiert. Im Zuge der Datenauswertung zeigten sich homologe Vorgehensweisen im Hinblick auf beide Netzwerkbereiche. In den Interviews wird deutlich, dass die Befragten bei der Vermittlung und Begleitung von Familienmitgliedern zu formellen Angeboten unproblematischer positive Horizonte realisieren können als in Bezug auf informelle Akteur:innen. Schwerpunktmäßig werden identifizierte Bedarfe und Zielstellungen jedoch im Rahmen der Arbeitsbeziehung mit den Adressat:innen bearbeitet (z. B. Schuldenklärung, Erziehungsberatung, Kinderbetreuung, schulische oder medizinische Themen). Vergleichbares wird auch in netzwerkanalytischen Studien konstatiert, wonach nicht informelle, sondern vorrangig formelle

Unterstützungsleistungen im Hilfeverlauf kontinuierlich zur Verfügung stehen bzw. ein Zugang zu diesen hergestellt wird (vgl. Friedrich 2008, S. 291; Messmer et al. 2021, S. 211, S. 237 f.).

Dennoch belegen die Untersuchungsergebnisse, dass Sozialpädagogische Familienhelfer:innen bezogen auf das soziale Beziehungsnetzwerk handeln. Allerdings vollzieht sich dies weniger im konzeptionellen Sinne eines proaktiv-netzwerkorientierten Handlungsansatzes. Stattdessen lassen sich die rekonstruierten Netzwerkorientierungen eher als eine beiläufige Form der Netzwerkintervention charakterisieren, in der zusätzlich zur eigentlichen Fallbearbeitung soziale Netzwerke und insbesondere ihre unterstützenden Funktionen für den Hilfeprozess instrumentalisiert werden (vgl. Röhrle/Sommer 1998, S. 19 f.; Nestmann 2009b, S. 593).

Die empirische Analyse verweist in diesem Zusammenhang darauf, dass die netzwerkbezogenen Orientierungen Sozialpädagogischer Familienhelfer:innen eine Reaktion auf informelle Netzwerkbeziehungen darstellen, mit denen sie angesichts ihrer Alltagsnähe indirekt oder direkt bei der Ausübung ihrer Tätigkeit konfrontiert werden. Diese reaktiven Netzwerkorientierungen vollziehen sich in Relation zu Relevanzsetzungen, die der Fallbearbeitung eingelagert sind (vgl. Kap. 8):

- *Kalkulieren und Auflösen von Interessenkonflikten:* In Typ I *(Protegieren als verantwortbarer Umgang mit Limitationen)* werden Beziehungserfahrungen und Personen aus dem sozialen Umfeld der Adressat:innen dargestellt, die angesichts sachlicher Erfordernisse in der SPFH überwiegend als problematisch und belastend eingeschätzt werden. Sozialpädagogische Familienhelfer:innen wägen hierbei ab, welche Konsequenzen aus diesen Einflüssen für die Adressat:innen sowie die zu bearbeitenden Inhalte folgen. Ergeben sich hierbei Interessenkonflikte, welche die Lebenssituation oder die Handlungspraxis der SPFH stark einschränken oder gefährden können, werden Strategien umgesetzt, die als vertretbar und notwendig erscheinen, um diese aufzulösen.
- *Prüfen und Aufzeigen von Handlungsoptionen:* In Typ II *(Arrangieren von gängigen Standards)* sind Fachkräfte darauf orientiert, soziale Netzwerkbeziehungen einzuschätzen, von denen sie im Rahmen ihrer Tätigkeit erfahren und mit denen sie selbst in Kontakt kommen. Bewertet werden deren funktionale und dysfunktionale Wirkung auf die Familienmitglieder sowie die daraus resultierenden Konsequenzen für die Gestaltung der SPFH. Die Fachkräfte vermitteln relevanten Personen aus dem Beziehungsnetzwerk punktuell ihre Sichtweise und legen ihnen Handlungsmöglichkeiten nahe, welche diese dazu herausfordern, sich mit der Perspektive der Fachkräfte auseinanderzusetzen und auf diese einzulassen.

- *Inkorporieren und teilweises Koproduzieren:* In Typ III *(Engagieren für eine konstruktive Koalition)* werden Erfahrungen und Einschätzungen der Adressat:innen hinsichtlich ihrer Sozialbeziehungen zum maßgeblichen Orientierungspunkt der Fachkräfte. Kennzeichnend ist, dass Einschätzungen des Beziehungsnetzwerkes auf dem Wege einer reproduzierenden Anlehnung an die Perspektiven der Adressat:innen generiert werden, auch wenn sich diese im Hilfeverlauf verändern. Der Umgang mit dem sozialen Umfeld ist darauf ausgerichtet, Synergieeffekte für die angestrebte Koalitionsgemeinschaft mit den Adressat:innen zu erzeugen.

Die Netzwerkorientierungen weisen darauf hin, dass eine längsschnittliche, alltagsorientierte Hilfegestaltung erforderlich ist, die an die Lebensereignisse und Relevanzen der Adressat:innen in ihrer Beziehungsgestaltung anknüpft, um einen Zugang zum informellen Beziehungsnetzwerk herstellen zu können. Gleichzeitig ist die netzwerkbezogene Handlungspraxis an die jeweiligen Relevanzen der Adressat:innen in ihrer Beziehungsgestaltung gebunden. Bedeutend sind in diesem Zusammenhang insbesondere die Eltern bzw. Großeltern und Geschwister der jeweiligen Adressat:innen; vereinzelt werden auch Freundschafts- und Nachbarschaftsbeziehungen thematisiert sowie solche, die zwischen mehreren Adressat:innen innerhalb von Gruppenangeboten der Familienhilfedienste entstehen.

Dies deckt sich mit netzwerkanalytischen Studien, in denen konstatiert wird, dass Adressat:innen die eigene Familie als zentrale Unterstützungsquelle ansehen, gefolgt von Freundschaften, weiteren verwandtschaftlichen Beziehungen und Arbeitskolleg:innen. Mit diesen gestalten sie gemeinsam ihre Freizeit und erfahren insbesondere in engen, intimen Beziehungen emotionale Unterstützung, wohingegen instrumentelle Unterstützungsleistungen weniger stark ausgeprägt sind (vgl. Kupfer 2015, S. 321 f.; Messmer et al. 2021, S. 199 f., S. 201 f.).

In den analysierten Interviewdarstellungen zeigt sich allerdings, dass emotionale Anteile und Unterstützungsleistungen informeller Sozialbeziehungen zwar reflektiert, aber handlungspraktisch kaum angeregt werden. Das könnte daran liegen, dass emotionale Unterstützung für die Adressat:innen – gemäß den zuvor genannten Studien – bereits vorhanden ist. Denkbar wäre jedoch auch, dass gefühlsbezogene Unterstützung als bedeutsamste Form im sozialen Unterstützungskonzept (vgl. Kap. 4.3.2) angesichts der Relevanzsetzungen in der Fallbearbeitung der SPFH eine untergeordnete Rolle spielt.

Über alle typisierten Orientierungsrahmen hinweg zeigt sich, dass Sozialpädagogische Familienhelfer:innen darauf orientiert sind, instrumentell-praktische Unterstützungsleistungen als Funktion sozialer Beziehungen für die Alltagsbewältigung zu reflektieren und auf deren Herstellung hinzuwirken. Die Anlässe sind hierbei vielfältig und reichen von Bedarfen an alltagspraktischer Unterstützung (z. B. Kinderbetreuung, Unterstützung bei Fahrtwegen, Zahlung von Versicherungsbeiträgen) bis zu Hilfen bei außeralltäglichen Lebenssituationen

(z. B. Todesfälle). Insofern könnte man argumentieren, dass Sozialpädagogische Familienhelfer:innen diese Unterstützungslücken wahrnehmen und ihr Handeln darauf ausrichten, diese zu schließen. Darüber hinaus zeigen die rekonstruierten Orientierungen jedoch auch auf, dass Fachkräfte ihre eigenen Arbeitsbeziehungen zu den Adressat:innen priorisieren und dass auf diese Weise Unterstützungsleistungen für die Familienmitglieder gewährleistet werden sollen. In Wirkungsanalysen wird davon ausgegangen, dass Fachkräfte zur Entlastung der Eltern und zur Aufrechterhaltung des Familienalltags beitragen können (vgl. Messmer et al. 2021, S. 240).

Weiterhin lässt sich anhand der Netzwerkorientierungen konstatieren, dass soziale Netzwerkbeziehungen handlungspraktisch insbesondere dann relevant werden, wenn sie nur unzureichend Unterstützungsleistungen bereitstellen oder sogar belastende, teils kindeswohlgefährdende Einflüsse ausüben. Sozialpädagogische Familienhelfer:innen sind somit herausgefordert, an sozialen Netzwerkbeziehungen ansetzen zu müssen, die eigentlich als dysfunktional wahrgenommen werden. Als Reaktion werden Interventionen entwickelt und realisiert, die darauf abzielen, durch eigenes Hilfehandeln bestehende Konflikte oder Belastungen zu reduzieren oder zu kanalisieren.

Auch dieser Befund deckt sich mit der Studie von Heinz Messmer et al., laut der mittels SPFH kaum informelle Ressourcen aus dem Netzwerk aktiviert bzw. erschlossen werden, sondern dass aufgrund des bestehenden Handlungsdrucks zunächst andere Hilfeinhalte bearbeitet und soziale Belastungen, die aus dem Beziehungsnetzwerk resultieren, reduziert werden (vgl. Messmer et al. 2021, S. 208 ff., S. 220). Angesichts dessen lässt sich die Notwendigkeit einer eingehenderen Auseinandersetzung mit negativen Unterstützungsprozessen ableiten. In den Ausführungen zur sozialen Netzwerk- und Unterstützungsforschung wurden entsprechende konzeptionelle Ansätze vorgestellt (vgl. Kap. 4.3). Dort wurde auch auf den Wirkmechanismus eingegangen, dass soziale Unterstützungsprozesse mitunter erst sichtbar werden, wenn sie dazu beigetragen haben, Belastungen abzupuffern bzw. erfolgreich zu bewältigen.

Insgesamt lässt sich festhalten, dass soziale Netzwerkbeziehungen die Komplexität der Fallbearbeitung steigern. Sozialpädagogische Familienhelfer:innen sind mit Netzwerkdynamiken konfrontiert, die widersprüchlich und kaum vorhersehbar sind. Gleichzeitig erfahren die Fachkräfte auch, dass soziale Netzwerkbeziehungen eine bedeutsame Bezugsgröße für ihre Adressat:innen darstellen. Sie müssen somit einen angemessenen Umgang mit heterogenen Sicht- und Verhaltensweisen finden, die unterstützend sein können, aber auch als belastend und teilweise gefährdend eingeschätzt werden und zudem nur bedingt durch eigenes Handeln verändert werden können. Fachkräfte priorisieren demnach die Bearbeitung der Hilfeinhalte innerhalb des Familiensystems. Hierzu werden eigene Arbeitsbeziehungen zu den Familienmitgliedern als zentrale Instrumente genutzt und ergänzend dazu wird auf institutionell-formelle Maßnahmen zurückgriffen.

Diese Relevanzsetzung ist womöglich auch dadurch erklärbar, dass Sozialpädagogischen Familienhelfer:innen diese Handlungskonstellationen vertraut sind und sie sich dort als handlungsfähig erfahren – zumindest scheinbar mehr als im Kontext informeller, sozialer Netzwerkbeziehungen. Insofern können die impliziten Netzwerkorientierungen zur Reflexion darüber anregen, welche Eigenlogiken der Bezugnahme auf soziale Netzwerkbeziehungen in der SPFH eingeschrieben sind und wie diese von Relevanzsetzungen in der Fallbearbeitung überlagert werden.

9.4 Fazit

Die Ergebnisse tragen dem Forschungsinteresse an netzwerkbezogenen Orientierungen in der SPFH im Kontext informeller, sozialer Netzwerkbeziehungen Rechnung und stellen eine empirische Annäherung an diese dar. Angesichts der dargestellten historischen und konzeptionellen Grundlagen sowie der empirischen Befunde zur SPFH scheint es zunächst wenig überraschend, dass soziale Netzwerkbeziehungen als ein Bestandteil des Alltags bzw. der Lebenswelt und somit auch als ein Aspekt sozialarbeiterisch-sozialpädagogischen Handelns verstanden werden können. Eine Diskrepanz zeigt sich hingegen dennoch, denn obwohl die Arbeit mit dem sozialen Netzwerk einen hohen Stellenwert als Handlungsprinzip der SPFH genießt (vgl. Metzger/Pfister 2018, S. 64 f.), werden soziale Netzwerkbeziehungen in den Interviewdarstellungen eher affirmativ thematisiert und einer impliziten Reflexion unterzogen.

In der sinngenetischen Typenbildung wird ein Spektrum an routinisierten Strategien der Fallbearbeitung im Hinblick auf die Relevanz sozialer Netzwerkbeziehungen abgebildet. Bereits die Vergleichsebenen bezüglich der Konstruktion des Settings sowie der Gestaltung der Arbeitsbeziehung machen deutlich, dass Sozialpädagogische Familienhelfer:innen in ihrer Handlungspraxis mit Mehrdeutigkeiten konfrontiert sind, die als „doppelte *Kontingenzproblematik*" (Alberth/Bode/Bühler-Niederberger 2010, S. 493) verstanden werden können. Bezogen auf das Feld der SPFH bedeutet dies, dass die Fachkräfte einerseits bei der Interaktion mit beteiligten Institutionen, insbesondere mit dem Allgemeinen Sozialen Dienst, einen Umgang mit verschiedenen organisational kodierten Regeln und Erwartungen hinsichtlich des Settings finden müssen. Andererseits erfolgt über die zu etablierende Arbeitsbeziehung zu den Adressat:innen ein Zugriff auf den privaten Raum der Familie. Dieser ist angesichts bestehender normativer Anforderungen an die Praxis zu begründen, wobei sich im Umgang mit den Adressat:innen Widersprüche ergeben, für die es keine schematisch eindeutigen, sondern lediglich kontingente Handlungsstrategien gibt.

Soziale Netzwerkbeziehungen wurden als impliziter Bestandteil der SPFH rekonstruiert, was bedeutet, dass diese eine unerlässliche Komponente der

Fallbearbeitung bilden. Die alltagsnahe und längsschnittliche Begleitung durch die SPFH bietet demnach einen geeigneten Rahmen, um auf informelle Sozialbeziehungen von Adressat:innen einzugehen. Gleichwohl werden die Widersprüchlichkeiten des sozialarbeiterisch-sozialpädagogischen Handelns in der SPFH durch diese zusätzlich gesteigert, wodurch eine Überforderung in der Handlungspraxis nicht ausgeschlossen werden kann (vgl. Bauer 2018a, S. 398). Eine unreflektierte Bezugnahme auf das soziale Beziehungsnetz birgt im institutionellen Kontext der Erziehungshilfen aber letztlich ebenso wie der Anspruch, das Netzwerk im Hilfeprozess gezielt nutzbar zu machen, die Gefahr der Vereinnahmung. Michael Winkler gibt zu bedenken: „[D]ie Netze zu nutzen, über die ein Mensch verfügt, heißt auch, sie ihm als das ihm [E]igene zu nehmen, die Gemeinschaft enteignen und ihn dieser zu entfremden, sie zu einem Werk(zeug) zu machen, das mit ihm nichts mehr zu tun hat“ (Winkler 2018a, S. 42).

Angesichts der Untersuchungsergebnisse wird eine Verständigung darüber notwendig, wie soziale Netzwerkbeziehungen in der SPFH berücksichtigt werden. Fraglich ist, inwiefern die Ausrichtung der Handlungspraxis auf instrumentell-praktische Unterstützungsleistungen angemessen ist, insbesondere angesichts deren als unzureichend wahrgenommenen Verfügbarkeiten sowie der Schwierigkeiten, diese zu aktivieren bzw. zu fördern. Die Daten legen nahe, dass instrumentelle Unterstützung eher im formellen Netzwerkbereich hergestellt werden kann. Gleichwohl finden sich in den Interviews kaum Hinweise darauf, dass technische Elemente wie Netzwerk- oder Ressourcenkarten eine handlungspraktische Relevanz besitzen. Damit verstärkt sich der in anderen Studien formulierte Eindruck, dass bislang empirisch kaum seriös beantwortet werden kann, ob beispielsweise ein Mehr an sozialer Netzwerkarbeit im informellen Kontext als explizite Zielstellung von SPFH oder der vermehrte Einsatz von Netzwerktechniken zu stärker unterstützenden Sozialbeziehungen führt (vgl. Messmer et al. 2021, S. 219 ff., S. 249 f.; Friedrich 2008, S. 292).

Bei der Beantwortung dieser Frage dürfte am ehesten konzeptionell ein Konsens zu erzielen sein. Die bewusst positive Konnotation sozialer Netzwerkbeziehungen in der Alltags- und Lebensweltorientierung war und ist immer auch von dem Anspruch getragen, die Lebenswelt so vor einem pathologisierenden Zugriff beteiligter Institutionen zu bewahren (vgl. Thiersch/Böhnisch 2014, S. 18 ff.; Thiersch 2020, S. 16 ff.). In empirischer Hinsicht geben die Befunde allerdings Anlass zu der Überlegung, ob diesem starken normativen Anspruch, der mit der Netzwerkorientierung verbunden wird, in der Praxis entsprochen werden kann. Möglicherweise wird er vielleicht sogar ins Gegenteil verkehrt, da er dazu führen kann, dass insbesondere informelle Sozialbeziehungen in ihrer Bedeutung relativiert oder gar entwertet werden, wenn sie dem Ressourcen- bzw. Unterstützungsideal nicht entsprechen. Auch die handlungspraktische Bedeutung von belastenden Netzwerkeinflüssen verdeutlicht das eindrücklich, was als Aufforderung verstanden werden kann, diesen netzwerkbezogenen Handlungsweisen mehr Aufmerksamkeit zu schenken und sie auch konzeptionell und methodisch abzusichern.

In den rekonstruierten Netzwerkorientierungen der Sozialpädagogischen Familienhelfer:innen könnte sich somit auch das zeigen, was Burkhard Müller als den „zu Verstand gekommene[n] Sisyphos" (B. Müller 1985a, S. 136) bezeichnet hat. Sozialpädagogische Familienhelfer:innen hätten demnach eine realistische Vorstellung darüber entwickelt, was in der Praxis möglich sei, jedoch „*ohne die Hoffnungen aufzugeben*" (ebd.), die an sozialarbeiterisch-sozialpädagogisches Handeln gerichtet werden. Allerdings kann in den rekonstruierten Orientierungen auch ein gewisser Pragmatismus liegen, von dem sich auch Fachkräfte der Sozialen Arbeit nicht frei machen können (vgl. Thiersch 1986/2006, S. 56 ff.). Dieser kann sich in dem erfahrungsbasierten Wissen äußern, dass eine stärkere Berücksichtigung sozialer Netzwerkbeziehungen konsequent zu Konfrontationen mit den eigenen Handlungsgrenzen führt, wodurch deren Ausklammerung aus der Fallbearbeitung für die Fachkräfte wiederum höchst funktional wäre.

Auf Basis der Befunde ist zu hinterfragen, wie die Bedeutsamkeit sozialer Netzwerkbeziehungen reflexiv zugänglich gemacht und zur Geltung gebracht werden kann. Ernst zu nehmen sind hierbei die handlungsleitenden Orientierungen der Praxis, da allem Anschein nach der jeweiligen Konstruktion des Settings und den Arbeitsbeziehungen zu den Adressat:innen für die Gestaltung Sozialpädagogischer Familienhilfen eine enorme Bedeutung beigemessen wird. Netzwerkbezogene Handlungskorridore könnten dann entstehen, wenn die Relevanzen der Fallbearbeitung anerkannt werden und gleichzeitig der Blick für soziale Prozesse im informellen Lebensumfeld der begleiteten Familien geöffnet wird. Hierzu kann eine vorrangig auf die Analyse von sozialen Netzwerkbeziehungen zielende Perspektive hilfreich sein, um Potenziale und Grenzen sowohl des sozialen Beziehungsnetzwerks als auch der sozialarbeiterisch-sozialpädagogischen Maßnahmen differenziert einzuschätzen und beide Bereiche aufeinander zu beziehen. Um wechselseitigen Vereinnahmungen entgegenzuwirken, wären hierbei normative Veränderungsansprüche zugunsten einer Beteiligung und Aushandlung mit den Adressat:innen und mit Menschen aus dem sozialen Beziehungsnetzwerk offenzulegen und ggf. zurückzustellen. Sollten daraus weitere Handlungsschritte resultieren, wären diese wiederum hinsichtlich ihrer Bedeutung für den Hilfeprozess zu reflektieren, offenzulegen und ihre Umsetzung gemeinsam mit den Prozessbeteiligten abzuwägen.

Hierzu könnten neben empirischen Untersuchungen die in den Grundlagenkapiteln dargestellten Konzepte und Handlungsansätze berücksichtigt werden. Denkbar ist beispielsweise, netzwerkorientierte Methoden prozessual in der Fallbearbeitung zu verankern, wodurch zugrundeliegende Routinen reflektiert und bestenfalls weitere Handlungsoptionen entstehen könnten. Hierzu können auch Vorschläge aufgegriffen werden, die Hilfeplanung stärker als Instrument zur Thematisierung sozialer Netzwerkbeziehungen der Adressat:innen und zu deren

Unterstützung in der Gestaltung dieser Beziehungen zu profilieren (vgl. Nestmann et al. 2008b, S. 97 f.).

Als ein weiterer methodischer Zugang könnte hierbei auch auf das Verfahren des Familienrates zurückgegriffen werden, mit dessen Hilfe die Beteiligung von Kindern, Jugendlichen, ihren Familien sowie den sozialen Beziehungsnetzwerken an der Gestaltung erzieherischer Hilfen realisiert werden soll. Angesichts der in dieser Untersuchung rekonstruierten Handlungsroutinen erscheint hierbei vielversprechend, dass die Fallbearbeitung und die Netzwerkarbeit konzeptionell durch die Rolle der Koordination personell voneinander entkoppelt werden (vgl. Budde/Früchtel 2008; Kap. 5.3.4). Soziale Netzwerke werden in diesem Zusammenhang als „Gelegenheitsstrukturen" (Keupp 1994, S. 14) für die Beziehungsgestaltung konzipiert. Auf diesem Wege kann soziale Unterstützung angeregt werden; auszurichten ist das sozialarbeiterisch-sozialpädagogische Handeln jedoch vielmehr auf die prozessförmige „Schaffung von Möglichkeitsräumen, von Gelegenheiten, die genutzt werden können oder auch nicht" (Bauer 2018a, S. 398).

Daraus ergibt sich zugleich ein weiterer Bedarf an empirischer Forschung, der bereits einleitend zu diesem Kapitel markiert wurde. Weitere Analysen sind dazu herausgefordert, einen Umgang mit den von Frank Nestmann formulierten Problematiken zu finden, da informelle Unterstützungsprozesse im Alltag von Forschenden, Fachkräften wie auch Adressat:innen aufgrund ihrer Selbstverständlichkeit nicht immer registriert würden (vgl. Nestmann 2005a, S. 350). Untersucht werden könnten die Folgen verschiedener Netzwerkorientierungen für Adressat:innen und informelle Akteur:innen (vgl. Dollinger et al. 2017, S. 13 f.; Frindt 2020, S. 463 ff.) oder der Einfluss netzwerkbezogener Verfahren auf die Wirksamkeit der Prozesse in den Erziehungshilfen (vgl. Wolf 2019, S. 399 ff., S. 417 ff.; Messmer et al. 2021, S. 30 ff., S. 223 ff.).

Die Relevanz sozialer Netzwerkbeziehungen kann letztlich darin begründet werden, die bislang weitestgehend implizite netzwerkbezogene Handlungspraxis reflexiv aufzugreifen und damit in der Fallbearbeitung liegende Entwicklungspotenziale und -grenzen im Sinne einer unterstützungs- und lebensweltorientierten Sozialen Arbeit mit Familien weiter auszuloten.

Schlussbetrachtungen

Das zentrale Anliegen der vorliegenden Untersuchung ist es, sichtbar zu machen, welche Bedeutung soziale Netzwerkbeziehungen in der aufsuchenden Sozialen Arbeit mit Familien im Kontext erzieherischer Hilfen haben. Mit der SPFH wird hierfür ein Handlungsfeld fokussiert, das sich aufgrund seiner Stellung in der Kinder- und Jugendhilfe dazu eignet aufzuzeigen, was mit dem Diskurs über soziale Netzwerke und Beziehungen verknüpft wird und wie in der Praxis auf diese Bezug genommen wird. Eine stützende Funktion fällt hierbei dem Begriff der sozialen Netzwerkbeziehungen zu, der ein Konglomerat ist und zeitgleich den Versuch darstellt, unterschiedliche Thematisierungsweisen und damit verbundene theoretische Bezüge zusammenzuführen. Als hilfreich in der Analyse haben sich die gewählten Zugänge erwiesen, die sich von historischen Entwicklungslinien über konzeptionelle Grundlagen bis hin zur empirischen Untersuchung erstrecken.

Mit dem Rückblick auf den Herausbildungsprozess des Handlungsfeldes wird eine Annäherung an das Verhältnis zwischen Erziehungshilfen, den Familien, die sie in Anspruch nehmen bzw. erhalten, sowie deren sozialer Netzwerkbeziehungen möglich. Die Entwicklungslinien wurden entlang gesellschaftlicher, administrativer und disziplinärer Bezugspunkte verfolgt, welche mit der Konstituierung des Handlungsfeldes im engeren Sinne zusammenhängen. Ein Grundmotiv besteht darin, dass soziale Beziehungsgefüge in der Moderne brüchig werden und die dabei entstehende Lücke u. a. von Sozialer Arbeit gefüllt wird: Diese „Erosionserscheinungen der ‚naturwüchsigen' Gemeinschaften gehen […] mit einem Boom von (sozial)pädagogisch inszenierten Gemeinschaften" (Gängler 2000, S. 206) einher.

In dieser Logik agieren auch aufsuchende Hilfen für Familien, welche die Inszenierung durch Aufrechterhaltung des privaten Lebenszusammenhanges Familie praktizieren. Dies geschieht in Form von haushaltsbezogenen, materiellen, krankenpflegerischen, also kurzum praktischen Unterstützungsleistungen, die sich getragen von armenpflegerischen und fürsorglichen Motiven zu wohlfahrtstaatlichen Maßnahmen entwickeln. Ihnen ist eine normative Orientierung an der Kernfamilie eingeschrieben, in der „Eltern in erster Linie als Garanten zur Sicherung des Kindeswohls wahrgenommen werden" (Bauer/Wiezorek 2007, S. 627), wobei jedoch zeitgleich auch deren Eignung sorgenvoll betrachtet wird.

Die sich in diesem Konnex entwickelnden familienfürsorgerischen Ansätze werden davon getragen, sich über die Zuständigkeit für familiale Angelegenheiten und Problemlagen zu etablieren und sich individualisierend auf diese einzulassen. Um den Funktionserhalt von Familien sichern zu können, postuliert bereits Alice Salomon die Aufgabe, *„die Beziehungen des Menschen zur Umwelt* zu studieren, nicht nur um den Menschen zu verstehen, sondern auch um Heilmittel für die Schäden und Schwierigkeiten zu finden, die in Zukunft die einzelnen Menschen befallen können" (Salomon 1926, S. 50). Die soziale Umwelt wird als zu berücksichtigende Einflussgröße für die Hilfe im Einzelfall betrachtet und hinsichtlich ihrer Zweckmäßigkeit für die Hilfegestaltung ins Kalkül gezogen.

Aus der Traditionslinie der Familienfürsorge heraus wird deutlich, dass die Situation in den Westberliner Erziehungsheimen zum Ende der 1960er-Jahre mehr als Anlass denn als Ursache der Entstehung der SPFH zu verstehen ist. Von den verschiedenen Gründen, die dazu beitragen, dass sich die Hilfeform von Modellprojekten zu einer institutionalisierten Erziehungshilfe entwickelt, wird die SPFH stets verdächtigt, lediglich als Instrument zur Vermeidung kostenintensiverer Heimerziehungen zu fungieren. Doch darin zeigt sich auch eine gesellschaftliche Dimension der SPFH, steht ihre expansive Entwicklung doch ebenso für eine sich etablierte „Familienorientierung in der Jugendhilfe" (Mierendorff/Olk 2007, S. 556). Flankiert wird diese von einer darüber hinausreichenden Perspektive auf das soziale Umfeld und Netzwerk, mit der weitere Lebens- und Entwicklungszusammenhänge der begleiteten Kinder, Jugendlichen und Familien in der Hilfegestaltung systematisch Berücksichtigung finden sollen. Trotz des historisch und normativ engen Familienbegriffes dürfte es kaum Zweifel daran geben, dass die Vorstellung, Familie um eine sozialisatorische Perspektive auf ihre sozialen Netzwerkbeziehungen zu erweitern, als *State of the Art* in der SPFH bezeichnet werden kann.

Doch das Verhältnis Sozialer Arbeit zur Familie bleibt weiterhin ein Spannungsfeld, das im Wandel begriffen ist (vgl. Mierendorff/Olk 2007, S. 563 f.; Fegter et al. 2015b, S. 4 ff.; Bauer/Wiezorek 2017, S. 7 ff.; Euteneuer 2021, S. 26 ff.). Die bürgerliche Normalfamilie und die Betonung elterlicher Verantwortung bilden hierbei wesentliche Orientierungspunkte, die angesichts wohlfahrtstaatlicher Transformation zugespitzt werden (vgl. Oelkers 2009, S. 142 ff.; Richter 2013, S. 12 ff.). In der SPFH schlägt sich dies besonders deutlich im Kontext des Schutzauftrages bei Kindeswohlgefährdung nieder, wobei – ohne dessen Erforderlichkeit infrage stellen zu wollen – kennzeichnend ist, dass vorrangig institutionalisierte und weniger informelle Netzwerke mit der Aufgabe bedacht werden, diesem nachzukommen. Der darin erkennbare Ausbau öffentlicher Aufgaben in Sachen familialer Lebensführung in der Kinder- und Jugendhilfe könnte somit auch als etwas verstanden werden, das der Entwicklungsgeschichte aufsuchender Hilfen für Familien inhärent ist, nämlich als „ein Produkt des relativen Bedeutungsverlustes der naturwüchsig-informellen Formen des Helfens, also der *primären, lebensweltlichen sozialen Bedarfsausgleichsysteme*" (Rauschenbach 1992, S. 47). Deren Entwicklung würde dann nicht nur auf der Annahme fußen, dass „private Ressourcen zunehmend überfordert oder erschöpft sind" (Bock/Thole 2011, S. 8), sondern auch „das Implodieren privater Selbsthilfe" (ebd.) weiter vorantreiben.

Charakteristisch für die SPFH ist, dass derartige Fragen zum Verhältnis institutioneller und informeller Hilfen handlungsbezogen auf der Ebene der Fallbearbeitung aufgegriffen werden. Ausgehend vom Inszenierungsmotiv ist es wenig verwunderlich, dass in den Konzepten der SPFH immer wieder der Frage nachgegangen wird, inwiefern es angesichts des Credos der Hilfe zur Selbsthilfe gerechtfertigt werden kann, dass dort Beschäftigte Funktionen der Familie oder ihrer Beziehungsnetzwerke (z. B. alltagspraktische Aufgaben, Sozialisation von Kindern) kompensieren. Insgesamt lässt sich konstatieren, dass in der SPFH verschiedene Konzepte und methodische Vorgehensweisen diskutiert werden. Jedoch entstehen, „bedingt durch die Intensität der Hilfe, etliche Ambivalenzen und Widersprüche […], die im Grunde nicht lösbar sind, sondern nur jeweils im Einzelfall ausgehandelt und balanciert werden können" (Helming 2000, S. 9).

In den dargestellten Grundlagen der SPFH wird demgemäß eine Vorstellung davon entworfen, welche Perspektiven sich hinsichtlich sozialer Netzwerkbeziehungen in Konzepten und Bestimmungen zum sozialarbeiterisch-sozialpädagogischen Handeln sedimentiert haben, welche Rahmenbedingungen dafür bestehen und welche Weiterentwicklungen sich abzeichnen. Dabei wird zunächst ersichtlich, dass sich ausgehend von der fürsorgerischen Tradition aufsuchender Hilfen für Familien die Vorstellungen darüber, wie konzeptionell über sie nachgedacht wird, durchaus wandelt. Das Konzept der Alltags- und Lebensweltorientierung erweist sich dabei als geeignet, um Unterstützungs- und Belastungsprozesse aus dem sozialen Netzwerk zu betrachten und sich den Anforderungen, die für das sozialarbeiterisch-sozialpädagogische Handeln in diesem Zusammenhang entstehen, zu vergewissern. Der normative Anspruch eines „gelingenderen Lebens" (Thiersch 1986/2006, S. 45) bedingt jedoch auch einen funktionalistischen Blick auf soziale Netzwerkbeziehungen, da insbesondere deren „Funktion für die Bewältigung eines spezifischen Problems" (Wolf 2015, S. 51) zu reflektieren sei.

Als weiterführend haben sich sowohl die dargestellten professionstheoretischen Studien, die sich mit den Bedingungen und Konturierungen sozialarbeiterisch-sozialpädagogischen Handelns in seiner relationalen Verfasstheit beschäftigen, als auch methodische Zugänge erwiesen. Die dargestellten Handlungsansätze vermitteln einen Eindruck über die konzeptionelle Ausrichtung der Fallbearbeitung in der SPFH; darin ist eine Orientierung auf soziale Beziehungsnetzwerke angelegt, gleichzeitig lässt sich ein Bedarf hinsichtlich einer weiteren Rezeption und Ausdifferenzierung feststellen (vgl. Straus 2012, S. 235; Schönig/Motzke 2016, S. 173 ff.; Früchtel 2016, S. 26 ff.). Abgesehen davon geben jedoch die dargelegten formalen Rahmenbedingungen der Praxis dahingehend Anlass zur Skepsis, ob ausreichend Freiheitsgrade bestehen, um den enormen Herausforderungen der (netzwerkbezogenen) Handlungspraxis gerecht zu werden.

Die im empirischen Teil dargestellten Orientierungen verweisen auf die Bedeutung sozialer Netzwerkbeziehungen in der Fallbearbeitung der SPFH. Mit der Untersuchungsanlage wurde die Hilfegestaltung aus der Perspektive der

Fachkräfte in den Blick genommen, womit eine idealtypische Annäherung an den Untersuchungsgegenstand realisiert werden konnte. Als zentrales Ergebnis lässt sich festhalten, dass soziale Netzwerkbeziehungen als impliziter Bestandteil der Handlungspraxis gefasst werden können. Sie besitzen eine handlungspraktische Bedeutung, jedoch kommt ihnen eine nachgeordnete Rolle zu, da sie im Gesamtkontext der Fallbearbeitung und der darin eingelagerten Relevanzsetzungen eingepasst werden.

Hierbei lässt sich das Handeln Sozialpädagogischer Familienhelfer:innen insofern als kern- bzw. kleinfamilial orientiert bezeichnen, da in der Bearbeitung der Hilfeinhalte die Arbeitsbeziehung zu einzelnen Familienmitgliedern priorisiert wird. Vor diesem Hintergrund agieren Fachkräfte eher ergänzend auf das soziale Beziehungsnetzwerk, wobei sie zudem widersprüchliche Erfahrungen machen, die sie mit den Kontingenzen ihres Handelns konfrontieren. Die rekonstruierten Netzwerkorientierungen zeichnen sich dadurch aus, dass sie einer reaktiven Logik folgen und dass insbesondere instrumentell-praktische Unterstützungsleistungen und belastende Einflüsse aus sozialen Netzwerkbeziehungen handlungspraktisch relevant werden. Damit geht schließlich einher, dass neben der eigenen Arbeitsbeziehung eher formelle als informelle Akteur:innen in der Hilfegestaltung berücksichtigt werden, da insbesondere in diesen Kontexten realisierbare Vorgehensweisen entwickelt werden können.

Erwartungsgemäß kann die SPFH – wie auch andere Handlungsbereiche Sozialer Arbeit – daher nicht vom Verdacht freigesprochen werden, „einer weiteren ‚Kolonialisierung' weiterer Alltagsbereiche Vorschub zu leisten" (Otto 2018, S. 1490). Der Bereich informeller Beziehungsnetzwerke bildet angesichts der rekonstruierten Netzwerkorientierungen hierbei keine Ausnahme. Da Fachkräfte in der Bezugnahme auf soziale Netzwerkbeziehungen auch dilemmatische Situationen erfahren, muss dies allerdings nicht zwangsläufig geschehen. Die Ergebnisse können auch als Hinweise darauf interpretiert werden, dass soziale Beziehungsnetzwerke durchaus in der Lage zu sein scheinen, sich gegen instrumentalisierend-technologische Zugriffe zur Wehr zu setzen und derartige „Außeneinflüsse abzublocken, zu filtern, oder sie in ihre Spielregeln einzupassen" (Nestmann 1989, S. 121). Möglich wäre ebenso die Argumentation, dass mit SPFH alltagsnotwendige Unterstützung geleistet wird, die informellen Netzwerken sozusagen abgenommen wird, wodurch die Beziehungen und die darin erbrachten Unterstützungsleistungen überhaupt aufrechterhalten werden können (vgl. Diewald/Sattler 2010, S. 696 f.).

Hieraus ergeben sich weitreichende Reflexionsbedarfe und es wäre lohnenswert, weiter in den Blick zu nehmen, welche Handlungsmöglichkeiten und -grenzen aus einer „dynamischeren Verschränkung informeller und formeller Potenziale" (Otto 2018, S. 1482), also dem Zusammenspiel dieser beiden Bereiche, resultieren. Mit diesen Überlegungen werden Sozialarbeitende freilich nicht vom Handlungsdruck der Praxis entlastet, womöglich wird er sogar weiter gesteigert, aber dadurch, dass sie „selbst in die Prozessstrukturen des Netzwerks von Sozial- und Arbeitsbeziehungen involviert [… werden, haben sie] die Möglichkeit[,] deren Dynamik zu verstehen“ (Köngeter 2009, S. 298). Die Relevanz sozialer Netzwerkbeziehungen läge dann in ihrem Irritationspotenzial für das sozialarbeiterisch-sozialpädagogische Handeln, das damit reflexiv entfaltet werden kann.

Insgesamt unterstreicht die Untersuchung, dass eine bedachte Herangehensweise an aufsuchende Hilfen für Familien erforderlich ist. Sozialpädagogische Familienhilfen können Familien dabei unterstützen, Familie zu sein. Gleichwohl basieren sie immer auch auf der „Feststellung eines Defizites“ (Helming 2000, S. 11) und können so einen Beitrag dazu leisten, dass Familien „ihre lebensweltliche Aura, ihre Zufälligkeit und Offenheit [verlieren], um sich am Muster fachlicher Begründung und technischen Handelns auszurichten“ (Winkler 2012, S. 148). Weiterführende Impulse können von einer familienbezogenen Forschung Sozialer Arbeit ausgehen, die über „ihre Verstrickung in gesellschaftliche Ordnungsmuster“ (Euteneuer 2021, S. 31) im Blick auf Familien aufklärt sowie stärker familiale Lern- und Bildungsprozesse anerkennt und aufzeigt (vgl. ebd., S. 31 ff.; Winkler 2012, S. 69 ff.; Andresen 2018, S. 374 ff.; Euteneuer/Uhlendorff 2020, S. 306 ff.). Hierin liegt schließlich auch die Chance, die diesbezügliche Bedeutung sozialer Netzwerkbeziehungen für familiale Praktiken stärker zu berücksichtigen und diese wiederum ins Verhältnis mit institutionalisierten Angeboten zu setzen (vgl. Sabla 2015, S. 216; Jütte 2018, S. 419 ff.).

Resümieren lässt sich, dass in der aufsuchenden Sozialen Arbeit mit Familien bzw. der SPFH eine recht begrenzte Perspektive auf soziale Netzwerkbeziehungen vorzufinden ist, wenngleich sie einen geeigneten Rahmen bieten, um an informelle Sozialbeziehungen anzuschließen. Die Ergebnisse geben daher weder Anlass zu der Empfehlung, dass eine netzwerkorientierte Ausgestaltung des Arbeitsfeldes unreflektiert zu forcieren ist, noch dazu, dass eine Abkehr davon notwendig oder überhaupt möglich ist. Vielmehr sind soziale Netzwerkbeziehungen als Analyserahmen sozialarbeiterisch-sozialpädagogischen Handelns zu entwickeln. Zu bedenken ist, dass die konzeptionelle und empirische Auseinandersetzung mit den Potenzialen der Netzwerkforschung noch am Anfang steht. Auf theoretische Anschlussmöglichkeiten verweisen sowohl erziehungswissenschaftliche Arbeiten (vgl. Clemens 2016, S. 155 ff.; 2019) als auch solche, die im engeren Zusammenhang mit der Sozialen Arbeit vorliegen (vgl. Löwenstein 2020b, S. 48 ff.; Altissimo et al. 2021; May 2018a, S. 70 ff.).

Die Relevanz sozialer Netzwerkbeziehungen in der aufsuchenden Sozialen Arbeit mit Familien wird somit auch davon abhängen, inwiefern es gelingt, die spezifische Beschaffenheit des Feldes zu berücksichtigen und die Soziale Arbeit mit den Potenzialen der Netzwerkforschung zu verbinden – wodurch netzwerkbezogene Handlungskorridore ermöglicht werden könnten.

Literatur- und Quellenverzeichnis

Literatur

Abels, Heinz (2007): Interaktion, Identität, Präsentation. Kleine Einführung in interpretative Theorien der Soziologie. 4. Auflage. Wiesbaden: VS Verlag für Sozialwissenschaften.

Ackermann, Timo (2011): Case-Management in der Sozialpädagogischen Familienhilfe? Erfahrungen in der Umsetzung und Ansätze für ein nutzerorientiertes Case-Management. In: Müller, Matthias/Bräutigam, Barbara (Hrsg.): Hilfe, sie kommen! Systemische Arbeitsweisen im aufsuchenden Kontext. Heidelberg: Carl-Auer Verlag. S. 87–99.

Ader, Sabine (2004): Strukturiertes kollegiales Fallverstehen als Verfahren sozialpädagogischer Analyse und Deutung. In: Heiner, Maja (Hrsg.): Diagnostik und Diagnosen in der Sozialen Arbeit – Ein Handbuch. Berlin: Eigenverlag des Deutschen Vereins für öffentliche und private Fürsorge. S. 317–331.

Ader, Sabine (2006): Was leitet den Blick? Wahrnehmung, Deutung und Intervention in der Jugendhilfe. Weinheim und München: Juventa.

Ader, Sabine (2018): Der spezifische Blick. „Schwierige" Kinder, Fälle und ein methodisches Konzept, sozialpädagogisch zu verstehen und zu diagnostizieren. In: Böwer, Michael/Kotthaus, Jochem (Hrsg.): Praxisbuch Kinderschutz. Professionelle Herausforderungen bewältigen. Weinheim und Basel: Beltz Juventa. S. 380–395.

Ader, Sabine/Schrapper, Christian (2018a): „Basis-Instrumente" für Fallverstehen und sozialpädagogische Diagnostik in der Kinder- und Jugendhilfe. In: Buttner, Peter/Gahleitner, Silke Birgitta/Hochuli Freund, Ursula/Röh, Dieter (Hrsg.): Handbuch Soziale Diagnostik. Perspektiven und Konzepte für die Soziale Arbeit. Berlin: Verlag des Deutschen Vereins für öffentliche und private Fürsorge. S. 374–378.

Ader, Sabine/Schrapper, Christian (2018b): Fallverstehen und sozialpädagogische Diagnostik – ein Konzept für die Fallarbeit in der Kinder- und Jugendhilfe. In: Buttner, Peter/Gahleitner, Silke Birgitta/Hochuli Freund, Ursula/Röh, Dieter (Hrsg.): Handbuch Soziale Diagnostik. Perspektiven und Konzepte für die Soziale Arbeit. Berlin: Verlag des Deutschen Vereins für öffentliche und private Fürsorge. S. 255–265.

Ader, Sabine/Schrapper, Christian (2020a): Hilfeplanung als Ort der Verständigung auf eine geeignete Hilfe. In: Ader, Sabine/Schrapper, Christian (Hrsg.): Sozialpädagogische Diagnostik und Fallverstehen in der Jugendhilfe. München: Ernst Reinhardt Verlag. S. 160–174.

Ader, Sabine/Schrapper, Christian (2020b): Sozialpädagogische Diagnostik und Fallverstehen in der Jugendhilfe. In: Ader, Sabine/Schrapper, Christian (Hrsg.): Sozialpädagogische Diagnostik und Fallverstehen in der Jugendhilfe. München: Ernst Reinhardt Verlag. S. 1–97; S. 231–310.

Adolf, Cornelia/Asen, Eia/Früchtel, Frank/Stratmann, Katrin (2016): Multifamilientherapie – um mit anderen Familien zusammen Erziehungsfragen zu bearbeiten. In: Früchtel, Frank/Straßner, Mischa/Schwarzloos, Christian (Hrsg.): Relationale Sozialarbeit. Versammelnde vernetzende und kooperative Hilfeformen. Weinheim und Basel: Beltz Juventa. S. 222–237.

AFET, Bundesverband für Erziehungshilfe e. V. (2011): Fachleistungsstunden – die Bedeutung überörtlicher Vereinbarungen zur Kostenregelung ambulanter Erziehungshilfen. Diskussionspapier des AFET Vorstandes, des Fachausschusses Jugendhilferecht und Jugendhilfepolitik und des AK Fachleistungsstunden. Verfügbar unter: https://afet-ev.de/assets/themenplattform/2011-11-22_JHR_Nov-FLS-Diskussionspapier.pdf (Abfrage 04.02.2021).

Alberth, Lars/Bode, Ingo/Bühler-Niederberger, Doris (2010): Kontingenzprobleme sozialer Interventionen. Kindeswohlgefährdung und der organisierte Eingriff in den privaten Raum. In: Berliner Journal für Soziologie 20, H. 4, S. 475–497.

Albus, Stefanie/Greschke, Heike/Klingler, Birte/Messmer, Heinz/Micheel, Heinz-Günter/Otto, Hans-Uwe/Polutta, Andreas (Hrsg.) (2010): Wirkungsorientierte Jugendhilfe. Abschlussbericht der Evaluation des Bundesmodellprogramms „Qualifizierung der Hilfen zur Erziehung durch

wirkungsorientierte Ausgestaltung der Leistungs-, Entgelt- und Qualitätsvereinbarungen nach §§78a ff SGB VIII". Münster.
Allert, Tilman/Biebäck-Diel, Lieselotte/Oberle, Helmut/Seyfarth, Elisabeth (1994): Familie, Milieu und sozialpädagogische Intervention. Münster: VOTUM Verlag.
Altissimo, Alice/Eßer, Florian/Herz, Andreas/Köngeter, Stefan (2021): Relationale Zugänge in angewandten Sozialwissenschaften. Verfügbar unter: www.relapp.org/was-bedeutet-relational (Abfrage 22.09.2021).
Amthor, Ralph Christian (2003): Die Geschichte der Berufsausbildung in der Sozialen Arbeit. Auf der Suche nach Professionalisierung und Identität. Weinheim und München: Juventa.
Amthor, Ralph Christian (2016): Einführung in die Berufsgeschichte der Sozialen Arbeit. 2., überarbeitete Auflage. Weinheim und Basel: Beltz Juventa.
Amthor, Ralph-Christian/Bender-Junker, Birgit (2016): Sozialarbeiter/innen im Widerstand gegen den Nationalsozialismus. Ergebnisse aus einem Erinnerungsprojekt zur Sozialen Arbeit am Beispiel des evangelischen Widerstandes. In: Nachrichtendienst des Deutschen Vereins für öffentliche und private Fürsorge 96, H. 2, S. 85–89.
Andresen, Sabine (2018): Familie und informelles Lernen. In: Harring, Marius/Witte, Matthias D./Burger, Timo (Hrsg.): Handbuch informelles Lernen. Interdisziplinäre und internationale Perspektiven. 2., überarbeitete Auflage. Weinheim und Basel: Beltz Juventa. S. 366–380.
Anhorn, Roland (1992): Sozialstruktur und Diziplinarindividuum. Zu Johann Hinrich Wicherns Fürsorge- und Erziehungskonzeption des Rauhen Hauses. Egelsbach, Köln, New York: Hänsel-Hohenhausen.
Asen, Eia/Scholz, Michael (2012): Praxis der Multifamilientherapie. 2., vollständig überarbeitete und erweiterte Auflage. Heidelberg: Carl-Auer Verlag.
Autorengruppe Westberlin (1977): Berliner Gesellschaft für Heimerziehung (BGfH) – Eine Herausforderung für die institutionalisierte Sozialarbeit. In: Informationsdienst Sozialarbeit, H. 18, S. 79–90.
Baban, Ahmad (2011): Sozialpädagogische Familienhilfe für Familien aus islamischen Kulturkreisen. Erfahrungen, Sichtweisen und Beobachtungen von und zu betroffenen Familien. Oldenburg: BIS-Verlag.
Baltruschat, Astrid/Wagner-Willi, Monika (2018): Videoanalyse. In: Bohnsack, Ralf/Geimer, Alexander/Meuser, Michael (Hrsg.): Hauptbegriffe Qualitativer Sozialforschung. 4. vollständig überarbeitete und erweiterte Auflage. Opladen, Toronto: Verlag Barbara Budrich. S. 241–246.
Barnes, John Arundel (1954): Class and Committees in a Norwegian Island Parish. In: Human Relations 7, H. 1, S. 39–58.
Bastian, Pascal (2019): Sozialpädagogische Entscheidungen. Professionelle Urteilsbildung in der Sozialen Arbeit. Opladen, Toronto: Verlag Barbara Budrich.
Bastian, Pascal (2021): Intervention in der Kinder- und Jugendhilfe. Der Versuch einer relationalen Vermessung sozialpädagogischen Interventionshandelns. In: Franzheld, Tobias/Walther, Andreas (Hrsg.): „Vermessung" der Kinder- und Jugendhilfe. Versuch einer Standortbestimmung. Weinheim und Basel: Beltz Juventa. S. 158–172.
Bathke, Sigrid A. (2016): Frühe Hilfen. In: Schröer, Wolfgang/Struck, Norbert/Wolff, Mechthild (Hrsg.): Handbuch Kinder- und Jugendhilfe. 2., überarbeitete Auflage. Weinheim und Basel: Beltz Juventa. S. 752–777.
Bauer, Petra (2010): Soziale Arbeit und Familie. In: Schröer, Wolfgang/Schweppe, Cornelia (Hrsg.): Enzyklopädie Erziehungswissenschaft Online. Fachgebiet Soziale Arbeit. Weinheim und München: Juventa. S. 1–35.
Bauer, Petra (2017): Sorge und Fürsorge. In: Kessl, Fabian/Kruse, Elke/Stövesand, Sabine/Thole, Werner (Hrsg.): Soziale Arbeit – Kernthemen und Problemfelder. Opladen, Toronto: Verlag Barbara Budrich. S. 211–221.
Bauer, Petra (2018a): Beratung und Netzwerke. In: Fischer, Jörg/Kosellek, Tobias (Hrsg.): Netzwerke und Soziale Arbeit. Theorien, Methoden, Anwendungen. 2., durchgesehene und erweiterte Auflage. Weinheim und Basel: Beltz Juventa. S. 384–401.
Bauer, Petra (2018b): Fallbesprechungen in multiprofessionellen Teams in der Erziehungsberatung. In: Bohnsack, Ralf/Kubisch, Sonja/Streblow-Poser, Claudia (Hrsg.): Soziale Arbeit und Dokumentarische Methode. Methodologische Aspekte und empirische Erkenntnisse. Opladen, Berlin, Toronto: Verlag Barbara Budrich. S. 287–306.

Bauer, Petra/Otto, Ulrich (Hrsg.) (2005): Mit Netzwerken professionell zusammenarbeiten. Band 2: Institutionelle Netzwerke in Steuerungs- und Kooperationsperspektive. Tübingen: dgvt-Verlag.
Bauer, Petra/Wiezorek, Christine (2007): Zwischen Elternrecht und Kindeswohl. In: Ecarius, Jutta (Hrsg.): Handbuch Familie. Wiesbaden: VS Verlag für Sozialwissenschaften. S. 614–636.
Bauer, Petra/Wiezorek, Christine (2017): Familienbilder zwischen Kontinuität und Wandel. Einleitende Bemerkungen. In: Bauer, Petra/Wiezorek, Christine (Hrsg.): Familienbilder zwischen Kontinuität und Wandel. Analysen zur (sozial-)pädagogischen Bezugnahme auf Familie. Weinheim und Basel: Beltz Juventa. S. 7–22.
Baum, Marie (1927): Familienfürsorge. Karlsruhe: G. Braun.
Baum, Marie (1951): Familienfürsorge. In: Lina Mayer-Kulenkampff (Hrsg.): Sozialpädagogische Arbeitshefte, Schriftenreihe eines sozialpädagogischen Arbeitskreises. Folge D. Methoden der Gemeinschaftshilfe. Berlin, Hannover, Frankfurt am Main: Pädagogischer Verlag Berthold Schulz. S. 1–122.
Bäumer, Gertrud (1929): Die historischen und sozialen Voraussetzungen der Sozialpädagogik und ihre Theorie. In: Nohl, Herman/Pallat, Ludwig (Hrsg.): Handbuch der Pädagogik. Langensalza: Verlag von Julius Beltz. S. 3–17.
Beck, Ulrich (1986): Risikogesellschaft. Auf dem Weg in eine andere Moderne. Frankfurt am Main: Suhrkamp.
Beckmann, Christof/Maar, Katja/Otto, Hans-Uwe/Schaarschuch, Andreas/Schrödter, Mark (2009a): Burnout als Folge restringierender Arbeitsbedingungen? Ergebnisse einer Studie aus der Sozialpädagogischen Familienhilfe. In: Beckmann, Christof/Otto, Hans-Uwe/Richter, Martina/Schrödter, Mark (Hrsg.): Neue Familialität als Herausforderung der Jugendhilfe. Sonderheft 9. Lahnstein: Verlag neue praxis. S. 194–208.
Beckmann, Christof/Otto, Hans-Uwe/Richter, Martina/Schrödter, Mark (Hrsg.) (2009b): Neue Familialität als Herausforderung der Jugendhilfe. Sonderheft 9. Lahnstein: Verlag neue praxis.
Beckmann, Christof/Schrödter, Mark (2006): Dienstleistungsqualität in der Sozialen Arbeit: Vorstellung und erste Ergebnisse eines Forschungsprojektes aus der Sozialpädagogischen Familienhilfe (SPFH). In: Fröhlich-Gildhoff, Klaus/Engel, Eva-Maria/Rönnau, Maike/Kraus, Gabriele (Hrsg.): Forschung zur Praxis in den ambulanten Hilfen zur Erziehung. Freiburg im Breisgau: FEL Verlag. S. 101–116.
Beckmann, Janna/Lohse, Katharina (2019): Was können wir aus Kinderschutzverläufen lernen? Kernaussagen aktueller Fallanalysen und Expertenberichte. In: Das Jugendamt 92, H. 10, S. 490–494.
Beckmann, Kathinka/Ehlting, Thora/Klaes, Sophie (2018): Berufliche Realität im Jugendamt: der ASD in strukturellen Zwängen. 2., korrigierte Auflage. Berlin: Verlag des Deutschen Vereins für öffentliche und private Fürsorge e. V.
Behnisch, Michael/Richter, Christin (2013): „Familienorientierung" oder: Ein Seitenblick auf die Heimreform der 1970er und 80er Jahre. In: Behnisch, Michael/Eger, Frank/Hensen, Gregor (Hrsg.): Reformgeschichte(n). Beiträge zur Geschichte der Erziehungshilfen. Im Spiegel einer Ausstellung: Entwicklungen von 1950 bis heute. Frankfurt am Main: IGfH-Eigenverlag. S. 45–62.
Belardi, Nando/Akgün, Lake/Gregor, Birgitte/Neef, Reinhold/Pütz, Thomas/Sonnen, Fritz Rolf (2007): Beratung. Eine sozialpädagogische Einführung. 5. überarbeitete Auflage. Weinheim und München: Juventa.
Berg, Insoo Kim (2006): Familien-Zusammenhalt(en). Ein kurz-therapeutisches und lösungs-orientiertes Arbeitsbuch. 8. Auflage. Dortmund: Verlag modernes Lernen.
Bestmann, Stefan/Brandl, Matthias (2020): Fallunspezifische Arbeit. Die systematische Strukturierung des Findens und ihre arbeitspraktische Verankerung in den Verfahrensablauf eines Sozialraumteams im Rahmen der Hilfen zur Erziehung. In: Lenz, Stefan/Peters, Friedhelm (Hrsg.): Kompendium Integrierte flexible Hilfen. Bausteine einer lebenswelt- und sozialraumorientierten Reform der Kinder- und Jugendhilfe. Weinheim und Basel: Beltz Juventa. S. 193–201.
Bettmer, Franz (2012): Die öffentlichen Träger der Sozialen Arbeit. In: Thole, Werner (Hrsg.): Grundriss Soziale Arbeit. Ein einführendes Handbuch. 4. Auflage. Wiesbaden: VS Verlag für Sozialwissenschaften. S. 795–812.
Beushausen, Jürgen (2012): Genogramm- und Netzwerkanalyse. Die Visualisierung familiärer und sozialer Strukturen. Göttingen: Vandenhoeck & Ruprecht.
Bierbrauer, Ute/Cherek, Petra/Rothschuh, Michael (1986): Familienhilfe im Stadtteil – Zwischen Hilfe und Kontrolle. In: Institut für soziale Arbeit e. V. (Hrsg.): Sozialpädagogische Familienhilfe – Ein

neues Praxisfeld der Jugendhilfe. Überarbeitete und erweiterte Auflage. Münster: Institut für soziale Arbeit e. V. S. 111–135.
Biesel, Kay/Urban-Stahl, Ulrike (2018): Lehrbuch Kinderschutz. Weinheim und Basel: Beltz Juventa.
Bitzan, Maria/Bolay, Eberhard (2017): Soziale Arbeit – die Adressatinnen und Adressaten. Opladen, Toronto: Verlag Barbara Budrich.
Bitzan, Maria/Bolay, Eberhard/Thiersch, Hans (2006): Die Stimme der AdressatInnen. Biographische Zugänge in den Ambivalenzen der Jugendhilfe. In: Bitzan, Maria/Bolay, Eberhard/Thiersch, Hans (Hrsg.): Die Stimme der Adressaten. Empirische Forschung über Erfahrungen von Mädchen und Jungen mit der Jugendhilfe. Weinheim und München: Juventa. S. 257–288.
Bock, Karin (2012): Die Kinder- und Jugendhilfe. In: Thole, Werner (Hrsg.): Grundriss Soziale Arbeit. Ein einführendes Handbuch. 4. Auflage. Wiesbaden: VS Verlag für Sozialwissenschaften. S. 439–459.
Bock, Karin/Thole, Werner (2011): Hilfe und Helfen. In: Soziale Passagen 3, H. 1, S. 5–10.
Bogner, Alexander/Menz, Wolfgang (2005): Das theoriegenerierende Experteninterview. Erkenntnisinteresse, Wissensformen, Interaktion. In: Bogner, Alexander/Littig, Beate/Menz, Wolfgang (Hrsg.): Das Experteninterview. Theorie, Methode, Anwendung. 2. Auflage. Wiesbaden: VS Verlag für Sozialwissenschaften. S. 33–70.
Böhnisch, Lothar (2016): Lebensbewältigung. Ein Konzept für die Soziale Arbeit. Weinheim und Basel: Beltz Juventa.
Böhnisch, Lothar (2018): Sozialpädagogik der Lebensalter. Eine Einführung. 8., erweiterte Auflage. Weinheim und Basel: Beltz Juventa.
Böhnisch, Lothar/Lösch, Hans (1973): Das Handlungsverständnis des Sozialarbeiters und seine institutionelle Determination. In: Otto, Hans-Uwe/Schneider, Siegfried (Hrsg.): Gesellschaftliche Perspektiven der Sozialarbeit. Zweiter Halbband. Neuwied, Berlin: Luchterhand Verlag. S. 21–40.
Böhnisch, Lothar/Schröer, Wolfgang/Thiersch, Hans (2005): Sozialpädagogisches Denken. Wege zu einer Neubestimmung. Weinheim und München: Juventa.
Bohnsack, Ralf (2010a): Dokumentarische Methode. In: Bock, Karin/Miethe, Ingrid (Hrsg.): Handbuch Qualitative Methoden in der Sozialen Arbeit. Opladen, Farmington Hills: Barbara Budrich. S. 247–258.
Bohnsack, Ralf (2010b): Dokumentarische Methode. In: Bohnsack, Ralf/Marotzki, Winfried/Meuser, Michael (Hrsg.): Hauptbegriffe Qualitativer Sozialforschung. 3. Auflage. Stuttgart, Opladen: Verlag Barbara Budrich. S. 40–44.
Bohnsack, Ralf (2013): Typenbildung, Generalisierung und komparative Analyse: Grundprinzipien der dokumentarischen Methode. In: Bohnsack, Ralf/Nentwig-Gesemann, Iris/Nohl, Arnd-Michael (Hrsg.): Die dokumentarische Methode und ihre Forschungspraxis. Grundlagen qualitativer Sozialforschung. 3. aktualisierte Auflage. Wiesbaden: Springer VS. S. 241–270.
Bohnsack, Ralf (2017a): Konjunktiver Erfahrungsraum, Regel und Organisation. In: Amling, Steffen/Vogd, Werner (Hrsg.): Dokumentarische Organisationsforschung. Perspektiven der praxeologischen Wissenssoziologie. Opladen, Berlin, Toronto: Verlag Barbara Budrich. S. 233–259.
Bohnsack, Ralf (2017b): Praxeologische Wissenssoziologie. Opladen, Berlin, Toronto: Verlag Barbara Budrich.
Bohnsack, Ralf (2018a): Bildinterpretation. In: Bohnsack, Ralf/Geimer, Alexander/Meuser, Michael (Hrsg.): Hauptbegriffe Qualitativer Sozialforschung. 4. vollständig überarbeitete und erweiterte Auflage. Opladen, Toronto: Verlag Barbara Budrich. S. 18–23.
Bohnsack, Ralf (2018b): Dokumentarische Methode. In: Bohnsack, Ralf/Geimer, Alexander/Meuser, Michael (Hrsg.): Hauptbegriffe Qualitativer Sozialforschung. 4. vollständig überarbeitete und erweiterte Auflage. Opladen, Toronto: Verlag Barbara Budrich. S. 52–58.
Bohnsack, Ralf (2018c): Fokussierungsmetapher. In: Bohnsack, Ralf/Geimer, Alexander/Meuser, Michael (Hrsg.): Hauptbegriffe Qualitativer Sozialforschung. 4. vollständig überarbeitete und erweiterte Auflage. Opladen, Toronto: Verlag Barbara Budrich. S. 84–85.
Bohnsack, Ralf (2018d): Orientierungsmuster. In: Bohnsack, Ralf/Geimer, Alexander/Meuser, Michael (Hrsg.): Hauptbegriffe Qualitativer Sozialforschung. 4. vollständig überarbeitete und erweiterte Auflage. Opladen, Toronto: Verlag Barbara Budrich. S. 183–184.
Bohnsack, Ralf (2018e): Praxeologische Wissenssoziologie. In: Bohnsack, Ralf/Geimer, Alexander/Meuser, Michael (Hrsg.): Hauptbegriffe Qualitativer Sozialforschung. 4. vollständig überarbeitete und erweiterte Auflage. Opladen, Toronto: Verlag Barbara Budrich. S. 195–200.

Bohnsack, Ralf (2020a): Die Mehrdimensionalität der Typenbildung und ihre Aspekthaftigkeit. In: Ecarius, Jutta/Schäffer, Burkhard (Hrsg.): Typenbildung und Theoriegenerierung. Methoden und Methodologien qualitativer Bildungs- und Biographieforschung. 2., überarbeitete und erweiterte Auflage. Opladen, Berlin, Toronto: Verlag Barbara Budrich. S. 21–48.
Bohnsack, Ralf (2020b): Professionalisierung in praxeologischer Perspektive. Zur Eigenlogik der Praxis in Lehramt, Sozialer Arbeit und Frühpädagogik. Opladen, Toronto: Verlag Barbara Budrich.
Bohnsack, Ralf (2021): Rekonstruktive Sozialforschung. Einführung in qualitative Methoden. 10., durchgesehene Auflage. Opladen, Toronto: Verlag Barbara Budrich.
Bohnsack, Ralf/Hoffmann, Nora Friederike/Nentwig-Gesemann, Iris (2018): Typenbildung und Dokumentarische Methode. In: Bohnsack, Ralf/Hoffmann, Nora Friederike/Nentwig-Gesemann, Iris (Hrsg.): Typenbildung und Dokumentarische Methode. Forschungspraxis und methodologische Grundlagen. Opladen, Berlin, Toronto: Verlag Barbara Budrich. S. 9–50.
Bohnsack, Ralf/Kubisch, Sonja/Streblow-Poser, Claudia (2018): Soziale Arbeit und Dokumentarische Methode. In: Bohnsack, Ralf/Kubisch, Sonja/Streblow-Poser, Claudia (Hrsg.): Soziale Arbeit und Dokumentarische Methode. Methodologische Aspekte und empirische Erkenntnisse. Opladen, Berlin, Toronto: Verlag Barbara Budrich. S. 7–38.
Bohnsack, Ralf/Nentwig-Gesemann, Iris (2018): Typenbildung. In: Bohnsack, Ralf/Geimer, Alexander/Meuser, Michael (Hrsg.): Hauptbegriffe Qualitativer Sozialforschung. 4. vollständig überarbeitete und erweiterte Auflage. Opladen, Toronto: Verlag Barbara Budrich. S. 237–241.
Bohnsack, Ralf/Nentwig-Gesemann, Iris/Nohl, Arnd-Michael (2013): Einleitung: Die dokumentarische Methode und ihre Forschungspraxis. In: Bohnsack, Ralf/Nentwig-Gesemann, Iris/Nohl, Arnd-Michael (Hrsg.): Die dokumentarische Methode und ihre Forschungspraxis. Grundlagen qualitativer Sozialforschung. 3. aktualisierte Auflage. Wiesbaden: Springer VS. S. 9–32.
Bohnsack, Ralf/Przyborski, Aglaja/Schäffer, Burkhard (2009): Einleitung: Gruppendiskussionen als Methode rekonstruktiver Sozialforschung. In: Bohnsack, Ralf/Przyborski, Aglaja/Schäffer, Burkhard (Hrsg.): Das Gruppendiskussionsverfahren in der Forschungspraxis. 2., vollständig überarbeitete und aktualisierte Auflage. Opladen, Farmington Hills: Verlag Barbara Budrich. S. 7–22.
Böllert, Karin (1992): Prävention statt Intervention. Eine andere Funktionsbestimmung sozialer Arbeit. In: Otto, Hans-Uwe/Hirschauer, Paul/Thiersch, Hans (Hrsg.): Zeit-Zeichen sozialer Arbeit. Entwürfe einer neuen Praxis. Neuwied, Berlin, Kriftel: Luchterhand. S. 155–164.
Böllert, Karin (2006): Sozialpolitik und Sozialadministration im deutsch-deutschen Transformationsprozess. In: Bütow, Birgit/Chassé, Karl August/Maurer, Susanne (Hrsg.): Soziale Arbeit zwischen Aufbau und Abbau. Transformationsprozesse im Osten Deutschlands und die Kinder- und Jugendhilfe. Wiesbaden: VS Verlag für Sozialwissenschaften. S. 13–24.
Böllert, Karin (2012): Die Familie der Sozialen Arbeit. In: Böllert, Karin/Peter, Corinna (Hrsg.): Mutter + Vater = Eltern? Sozialer Wandel, Elternrollen und Soziale Arbeit. Wiesbaden: VS Verlag für Sozialwissenschaften. S. 117–133.
Böllert, Karin/Otto, Hans-Uwe (Hrsg.) (1989): Soziale Arbeit auf der Suche nach Zukunft. Bielefeld: KT-Verlag.
Böllert, Karin/Peter, Corinna (Hrsg.) (2012): Mutter + Vater = Eltern? Sozialer Wandel, Elternrollen und Soziale Arbeit. Wiesbaden: VS Verlag für Sozialwissenschaften.
Böllert, Karin/Peter, Corinna (2014): Familien in der Kinder- und Jugendhilfe – eine Problemskizze. In: Nave-Herz, Rosemarie (Hrsg.): Familiensoziologie. Ein Lehr- und Studienbuch. München: De Gruyter. S. 121–138.
Bonhoeffer, Martin (1974): Aus Kritik am Heim: Ersatzfamilien. In: Bonhoeffer, Martin/Widemann, Peter (Hrsg.): Kinder in Ersatzfamilien. Sozialpädagogische Pflegestellen: Projekte und Perspektiven zur Ablösung von Heimen. Stuttgart: Ernst Klett Verlag. S. 124–140.
Borchardt, Peter/Haider-Lorenz, Katrin/Koldeweg, Katrin (1995): „Die Familien sind der Kompaß unserer Arbeit". Lebensweltorientierung in der Sozialpädagogischen Familienhilfe. In: Wolf, Klaus (Hrsg.): Entwicklungen in der Heimerziehung. 2. Auflage. Münster: VOTUM Verlag. S. 277–287.
Braches-Chyrek, Rita (2013): Jane Addams, Mary Richmond und Alice Salomon. Professionalisierung und Disziplinbildung Sozialer Arbeit. Opladen, Berlin, Toronto: Verlag Barbara Budrich.
Braun, Andrea/Graßhoff, Gunther/Schweppe, Cornelia (2011): Sozialpädagogische Fallarbeit. München, Basel: Ernst Reinhardt Verlag.

Brockly, Gerda/Jopek, Jürgen (1996): Video-Home-Training im Konzept der Sozialpädagogischen Familienhilfe (SPFH). Sozialpädagogische Familienhilfe in Düren. In: Kreuzer, Max/Räder, Helga (Hrsg.): Video-Home-Training. Kommunikation im pädagogischen Alltag – Eine erprobte Methode (nicht nur) in der Familienhilfe. Mönchengladbach: Fachhochschule Niederrhein. S. 329–339.

Bronfenbrenner, Urie (1974): Wie wirksam ist kompensatorische Erziehung? Stuttgart: Ernst Klett Verlag.

Bronfenbrenner, Urie (1981): Die Ökologie der menschlichen Entwicklung. Natürliche und geplante Experimente. Stuttgart: Klett-Cotta.

Brumlik, Micha (2004): Advokatorische Ethik. Zur Legitimation pädagogischer Eingriffe. 2. Auflage. Berlin, Wien: Philo.

Buber, Martin (1983/2018): Ich und Du. 11., durchgesehene Auflage. Stuttgart: Reclam.

Bubert, Rudi (1987): Erkennung und Kennzeichnung schützender und stützender Bedingungen für Kinder und Jugendliche in der Familie und ihrem Umfeld. In: Bubert, Rudi/Franzkowiak, Peter/Troschke, Jürgen von/Wnuck Anneli (Hrsg.): Soziale Netzwerke und Gesundheitsförderung. Risiken und Bewältigungsformen von Eltern und Jugendlichen. Materialien zum Siebten Jugendbericht. München: Verlag Deutsches Jugendinstitut. S. 149–197.

Buchholz, Wolfgang/Gmür, Wolfgang/Höfer, Renate/Straus, Florian (1984): Lebenswelt und Familienwirklichkeit. Studien zur Praxis der Familienberatung. Frankfurt am Main, New York: Campus Verlag.

Budde, Wolfgang/Früchtel, Frank (2006): Die Felder der Sozialraumorientierung – ein Überblick. In: Budde, Wolfgang/Früchtel, Frank/Hinte, Wolfgang (Hrsg.): Sozialraumorientierung. Wege zu einer veränderten Praxis. Wiesbaden: VS Verlag für Sozialwissenschaften. S. 27–50.

Budde, Wolfgang/Früchtel, Frank (2008): Verwandtschaftsrat: Bürger statt Klienten in der Hilfeplanung. In: Jugendhilfe 46, H. 3, S. 121–130.

Bullinger, Hermann/Nowak, Jürgen (1998): Soziale Netzwerkarbeit. Eine Einführung für soziale Berufe. Freiburg im Breisgau: Lambertus-Verlag.

Bünder, Peter/Sirringhaus-Bünder, Annegret/Helfer, Angela (2010): Lehrbuch der Marte-Meo-Methode. Entwicklungsförderung mit Videounterstützung. 2., ergänzte Auflage. Göttingen: Vandenhoeck & Ruprecht.

Bundesinstitut für Bau-, Stadt- und Raumforschung [BBSR] (2021): Laufende Stadtbeobachtung – Raumabgrenzungen. Siedlungsstrukturelle Kreistypen. Verfügbar unter: www.bbsr.bund.de/BBSR/DE/forschung/raumbeobachtung/Raumabgrenzungen/deutschland/kreise/siedlungsstrukturelle-kreistypen/kreistypen.html?nn=2544954 (Abfrage 07.06.2021).

Bundesminister für Jugend, Familie und Gesundheit [BMJFG] (1980): Fünfter Jugendbericht. Bericht über Bestrebungen und Leistungen der Jugendhilfe. Bonn.

Bundesminister für Jugend, Familie, Frauen und Gesundheit [BMJFFG] (1986): Siebter Jugendbericht. Jugendhilfe und Familie – die Entwicklung familienunterstützender Leistungen der Jugendhilfe. Bonn.

Bundesminister für Jugend, Familie, Frauen und Gesundheit [BMJFFG] (1990): Achter Jugendbericht. Bericht über Bestrebungen und Leistungen der Jugendhilfe. Bonn.

Bundesministerium für Familien, Senioren, Frauen und Jugend [BMFSFJ] (1999): Handbuch Sozialpädagogische Familienhilfe. 3., überarbeitete Auflage. Stuttgart: Verlag W. Kohlhammer.

Bundesministerium für Familien, Senioren, Frauen und Jugend [BMFSFJ] (Hrsg.) (2002): Effekte erzieherischer Hilfen und ihre Hintergründe. Stuttgart: Verlag W. Kohlhammer.

Bürger, Ulrich (1998): Ambulante Erziehungshilfen und Heimerziehung. Empirische Befunde und Erfahrungen von Betroffenen mit ambulanten Hilfen vor einer Heimunterbringung. Frankfurt am Main: IGfH-Eigenverlag.

Bütow, Birgit/Maurer, Susanne (2006): Zur Jugendhilfe und Sozialpädagogik in der DDR – ein Gespräch mit Prof. Dr. habil. Eberhard Mannschatz. In: Bütow, Birgit/Chassé, Karl August/Maurer, Susanne (Hrsg.): Soziale Arbeit zwischen Aufbau und Abbau. Transformationsprozesse im Osten Deutschlands und die Kinder- und Jugendhilfe. Wiesbaden: VS Verlag für Sozialwissenschaften. S. 59–71.

Buttner, Peter/Gahleitner, Silke Birgitta/Hochuli Freund, Ursula/Röh, Dieter (Hrsg.) (2018a): Handbuch Soziale Diagnostik. Perspektiven und Konzepte für die Soziale Arbeit. Berlin: Verlag des Deutschen Vereins für öffentliche und private Fürsorge.

Buttner, Peter/Gahleitner, Silke Birgitta/Hochuli Freund, Ursula/Röh, Dieter (2018b): Soziale Diagnostik. Eine Einführung. In: Buttner, Peter/Gahleitner, Silke Birgitta/Hochuli Freund, Ursula/Röh, Dieter (Hrsg.): Handbuch Soziale Diagnostik. Perspektiven und Konzepte für die Soziale Arbeit. Berlin: Verlag des Deutschen Vereins für öffentliche und private Fürsorge. S. 11–30.

Christmann, Christine/Müller, C. Wolfgang (1986): Sozialpädagogische Familienhilfe. Bestandsaufnahme, Entwicklung, Perspektiven, Modelle. Berlin: Sozialpädagogisches Institut.

Cinkl, Stephan/Krause, Hans-Ullrich (2014): Praxishandbuch Sozialpädagogische Familiendiagnosen. Verfahren – Evaluation – Praxis – Anwendung im Kinderschutz. 2., durchgesehene Auflage. Opladen, Berlin, Toronto: Verlag Barbara Budrich.

Cinkl, Stephan/Uhlendorff, Uwe (2018): Sozialpädagogische Familiendiagnosen im Kontext von Erziehungshilfen. In: Buttner, Peter/Gahleitner, Silke Birgitta/Hochuli Freund, Ursula/Röh, Dieter (Hrsg.): Handbuch Soziale Diagnostik. Perspektiven und Konzepte für die Soziale Arbeit. Berlin: Verlag des Deutschen Vereins für öffentliche und private Fürsorge. S. 281–292.

Clemens, Iris (2016): Netzwerktheorie und Erziehungswissenschaft. Eine Einführung. Weinheim und Basel: Beltz Juventa.

Clemens, Iris (2019): Dance and Struggle – Voraussetzungen und Limitationen der Emergenz von Navigationskompetenzen in sozialen Netzwerken. Verfügbar unter: www.gemeindepsychologie.de/175.html (Abfrage 22.03.2021).

Cloos, Peter (2010): Soziale Arbeit als Profession – Theoretische Vergewisserungen und Perspektiven. In: Hammerschmidt, Peter/Sagebiel, Juliane (Hrsg.): Professionalisierung im Widerstreit. Zur Professionalisierungsdiskussion in der Sozialen Arbeit – Versuch einer Bilanz. Neu-Ulm: AG SPAK Bücher. S. 25–41.

Conen, Marie-Luise (2011a): Aufsuchende Familientherapie. In: Conen, Marie-Luise (Hrsg.): Wo keine Hoffnung ist, muss man sie erfinden. Aufsuchende Familientherapie. 5. Auflage. Heidelberg: Carl-Auer Verlag. S. 41–163.

Conen, Marie-Luise (2011b): Das Stärken der familialen Resilienz. In: Conen, Marie-Luise (Hrsg.): Wo keine Hoffnung ist, muss man sie erfinden. Aufsuchende Familientherapie. 5. Auflage. Heidelberg: Carl-Auer Verlag. S. 17–40.

Conen, Marie-Luise (2011c): Wie kann ich Ihnen helfen, mich wieder loszuwerden? In: Conen, Marie-Luise/Cecchin, Gianfranco (Hrsg.): Wie kann ich Ihnen helfen, mich wieder loszuwerden? Therapie und Beratung mit unmotivierten Klienten und in Zwangskontexten. 3. Auflage. Heidelberg: Carl-Auer Verlag. S. 15–176.

Deutscher Caritasverband (2012): Haushaltsorganisationstraining®. Alltagspraktische Unterstützung und Anleitung für Familien in belastenden Lebenslagen. Freiburg im Breisgau: Lambertus-Verlag.

Dewe, Bernd/Peter, Corinna (2016): Professionelles Handeln – Relationierungen von Professionswissen und organisationalen Strukturen. Dargestellt am Fallbeispiel der Familienhilfe im Kontext Sozialer Arbeit. In: Busse, Stefan/Ehlert, Gudrun/Becker-Lenz, Roland/Müller-Hermann, Silke (Hrsg.): Professionalität und Organisation. Wiesbaden: Springer VS. S. 127–157.

Diewald, Martin (1991): Soziale Beziehungen: Verlust oder Liberalisierung? Soziale Unterstützung in informellen Netzwerken. Berlin: Edition Sigma, Rainer Bohn Verlag.

Diewald, Martin/Sattler, Sebastian (2010): Soziale Unterstützungsnetzwerke. In: Stegbauer, Christian/Häußling, Roger (Hrsg.): Handbuch Netzwerkforschung. Wiesbaden: VS Verlag für Sozialwissenschaften. S. 689–699.

Dollinger, Bernd (2006): Die Pädagogik der Sozialen Frage. (Sozial-)Pädagogische Theorie vom Beginn des 19. Jahrhunderts bis zum Ende der Weimarer Republik. Wiesbaden: VS Verlag für Sozialwissenschaften.

Dollinger, Bernd/Weinbach, Hanna/Coelen, Thomas/Munsch, Chantal/Rohrmann, Albrecht (2017): Implikationen der Erforschung von Folgen sozialer Hilfen. Einführende Anmerkungen. In: Weinbach, Hanna/Coelen, Thomas/Dollinger, Bernd/Munsch, Chantal/Rohrmann, Albrecht (Hrsg.): Folgen sozialer Hilfen. Theoretische und empirische Zugänge. Weinheim und Basel: Beltz Juventa. S. 8–16.

Dörr, Margret (2017): Nähe und Distanz in professionellen pädagogischen Beziehungen. In: Kessl, Fabian/Kruse, Elke/Stövesand, Sabine/Thole, Werner (Hrsg.): Soziale Arbeit – Kernthemen und Problemfelder. Opladen, Toronto: Verlag Barbara Budrich. S. 202–210.

Dörr, Margret/Müller, Burkhard (2019): Einleitung: Nähe und Distanz als Strukturen der Professionalität pädagogischer Arbeitsfelder. In: Dörr, Margret (Hrsg.): Nähe und Distanz. Ein Spannungsfeld pädagogischer Professionalität. 4., aktualisierte und erweiterte Auflage. Weinheim und Basel: Beltz Juventa. S. 14–39.

Düring, Diana/Peters, Friedhelm (2020): Sozialraumorientierung – fachlicher Bezugspunkt der Weiterentwicklung der Hilfen zur Erziehung oder Sparmodell? In: Lenz, Stefan/Peters, Friedhelm (Hrsg.): Kompendium Integrierte flexible Hilfen. Bausteine einer lebenswelt- und sozialraumorientierten Reform der Kinder- und Jugendhilfe. Weinheim und Basel: Beltz Juventa. S. 97–103.

Eggemann, Maike (1999): Alice Salomon (1872–1948). In: Eggemann, Maike/Hering, Sabine (Hrsg.): Wegbereiterinnen der modernen Sozialarbeit. Texte und Biographien zur Entwicklung der Wohlfahrtspflege. Weinheim und München: Juventa. S. 159–182.

Eisenlohr, Kleo/Reich, Wulfhild (2004): Der Stuttgarter Kinderschutzbogen – ein Diagnoseinstrument. In: Heiner, Maja (Hrsg.): Diagnostik und Diagnosen in der Sozialen Arbeit – Ein Handbuch. Berlin: Eigenverlag des Deutschen Vereins für öffentliche und private Fürsorge. S. 285–298.

Elger, Wolfgang (1986): Sozialpädagogische Familienhilfe – Bestandsaufnahme fachlicher Entwicklungen am Beispiel Nordrhein-Westfalen. In: Institut für soziale Arbeit e.V. (Hrsg.): Sozialpädagogische Familienhilfe – Ein neues Praxisfeld der Jugendhilfe. Überarbeitete und erweiterte Auflage. Münster: Institut für soziale Arbeit e.V. S. 49–67.

Elger, Wolfgang (1990): Sozialpädagogische Familienhilfe. Neuwied: Luchterhand.

Elger, Wolfgang/Jordan, Erwin/Münder, Johannes (1987): Erziehungshilfen im Wandel. Untersuchung über Zielgruppen, Bestand und Wirkung ausgewählter Erziehungshilfen des Jugendamtes der Stadt Kassel. Münster: VOTUM Verlag.

Enders, Ursula (1987): Sozialpädagogische Familienhilfe: Fortschritt oder Rückschritt? In: Karsten, Maria-Eleonora/Otto, Hans-Uwe (Hrsg.): Die sozialpädagogische Ordnung der Familie. Beiträge zum Wandel familialer Lebensweisen und sozialpädagogischer Interventionen. Weinheim und München: Juventa. S. 171–185.

Engelke, Ernst/Borrmann, Stefan/Spatscheck, Christian (2014): Theorien der Sozialen Arbeit. Eine Einführung. 6., überarbeitete und erweiterte Auflage. Freiburg im Breisgau: Lambertus-Verlag.

Engelmann, Annett (2011): Aufsuchende Familientherapie – Perspektiven eines Hilfeansatzes für Familien mit besonderen dynamischen Herausforderungen. In: Müller, Matthias/Bräutigam, Barbara (Hrsg.): Hilfe, sie kommen! Systemische Arbeitsweisen im aufsuchenden Kontext. Heidelberg: Carl-Auer Verlag. S. 110–123.

Erzberger, Christian (2008): Evaluation der „Sozialpädagogischen Familienhilfe“ im Caritasverband Bremen und der Hans-Wendt-Stiftung. Abschlussbericht. Verfügbar unter: www.ssoar.info/ssoar/bitstream/handle/document/32106/ssoar-2008-erzberger-Evaluation_der_Sozialpadagogischen_Familienhilfe_im.pdf?sequence=1&isAllowed=y&lnkname=ssoar-2008-erzberger-Evaluation_der_Sozialpadagogischen_Familienhilfe_im.pdf (Abfrage 15.07.2021).

Eßer, Florian (2011): Die Geschichte der Sozialen Arbeit als Profession. In: Schröer, Wolfgang/Schweppe, Cornelia (Hrsg.): Enzyklopädie Erziehungswissenschaft Online. Fachgebiet Soziale Arbeit. Weinheim und München: Juventa. S. 1–36.

Euteneuer, Matthias (2021): Zwischen gesellschaftlicher Ordnung und familialem Eigensinn: Perspektiven einer sozialpädagogischen Familienforschung. In: Sektion Sozialpädagogik und Pädagogik der frühen Kindheit (Hrsg.): Familie im Kontext kindheits- und sozialpädagogischer Institutionen. Weinheim und Basel: Beltz Juventa. S. 26–40.

Euteneuer, Matthias/Hammerschmidt, Peter/Uhlendorff, Uwe (2014): Sozialpädagogische Probleme und soziale Innovation – Ein zeitgeschichtlich-rekonstruktiver Forschungsansatz. In: Zeitschrift für Sozialpädagogik 12, H. 4, S. 377–401.

Euteneuer, Matthias/Mücher, Frank/Uhlendorff, Uwe (2017): Familienkonzepte als lern- und bildungsrelevante Konstellationen von Familienbildern. Eine exemplarische Analyse am Beispiel gleichgeschlechtlicher Elternschaft. In: Bauer, Petra/Wiezorek, Christine (Hrsg.): Familienbilder zwischen Kontinuität und Wandel. Analysen zur (sozial-)pädagogischen Bezugnahme auf Familie. Weinheim und Basel: Beltz Juventa. S. 229–245.

Euteneuer, Matthias/Sabla, Kim-Patrick/Uhlendorff, Uwe (2015): Familienpolitik, Soziale Arbeit mit Familien und Familienbildung. In: Otto, Hans-Uwe/Thiersch, Hans (Hrsg.): Handbuch Soziale Arbeit. Grundlagen der Sozialarbeit und Sozialpädagogik. 5., erweiterte Auflage. München, Basel: Ernst Reinhardt Verlag. S. 438–450.

Euteneuer, Matthias/Sabla, Kim-Patrick/Uhlendorff, Uwe (2020): Aufsuchende Hilfen für Familien. In: Ecarius, Jutta/Schierbaum, Anja (Hrsg.): Handbuch Familie. Erziehung, Bildung und pädagogische Arbeitsfelder. Wiesbaden: Springer VS. S. 1–18.

Euteneuer, Matthias/Schwabe, Mathias/Uhlendorff, Uwe/Vust, David (2020): Die Systemische Interaktionstherapie und -beratung in den Erziehungshilfen. Theorie und Praxis eines elternaktivierenden Ansatzes. Weinheim und Basel: Beltz Juventa.

Euteneuer, Matthias/Uhlendorff, Uwe (2020): Familie und Familienalltag als Bildungsherausforderung. Weinheim und Basel: Beltz Juventa.

Fegter, Susann/Heite, Catrin/Mierendorff, Johanna/Richter, Martina (Hrsg.) (2015a): Neue Aufmerksamkeit für Familie. Diskurse, Bilder und Adressierungen in der Sozialen Arbeit. Sonderheft 12. Lahnstein: Verlag neue praxis.

Fegter, Susann/Heite, Catrin/Mierendorff, Johanna/Richter, Martina (2015b): Neue Aufmerksamkeit für Familie – Diskurse, Bilder und Adressierungen in der Sozialen Arbeit. In: Fegter, Susann/Heite, Catrin/Mierendorff, Johanna/Richter, Martina (Hrsg.): Neue Aufmerksamkeit für Familie. Diskurse, Bilder und Adressierungen in der Sozialen Arbeit. Sonderheft 12. Lahnstein: Verlag neue praxis. S. 3–11.

Fehren, Oliver (2009): Was ist ein Sozialraum? Annäherung an ein Kunstwerk. In: Soziale Arbeit 58, H. 8, S. 286–293.

Fehren, Oliver/Kalter, Birgit (2019): Zur Debatte um Sozialraumorientierung in Theorie- und Forschungsdiskursen. In: Fürst, Roland/Hinte, Wolfgang (Hrsg.): Sozialraumorientierung. Ein Studienbuch zu fachlichen, institutionellen und finanziellen Aspekten. 3., aktualisierte Auflage. Wien: Facultas. S. 33–47.

Feld, Rainer vom/Körbler, Sylvia/Schneider, Theo (1978): Das Projekt „Familienhilfe" der Berliner Gesellschaft für Heimerziehung e. V. In: Blandow, Jürgen/Faltermeier, Josef/Widemann, Peter (Hrsg.): Fremdplatzierung und präventive Jugendhilfe. Darstellungen und Analysen neuer Versuche. Frankfurt am Main: Eigenverlag des Deutschen Vereins für öffentliche und private Fürsorge. S. 72–90.

Fendrich, Sandra/Pothmann, Jens/Tabel, Agathe (2018): Monitor Hilfen zur Erziehung 2018. Verfügbar unter: www.hzemonitor.akjstat.tu-dortmund.de/fileadmin/user_upload/documents/Monitor_Hilfen_zur_Erziehung_2018.pdf (Abfrage 24.11.2020).

Fendrich, Sandra/Schilling, Matthias/Tabel, Agathe (2019): Eingliederungshilfen (§ 35 a SGB VIII und 6. Kapitel SGB XII). In: Autorengruppe Kinder- und Jugendhilfestatistik (Hrsg.): Kinder- und Jugendhilfereport 2018. Eine kennzahlenbasierte Analyse. Opladen, Berlin, Toronto: Verlag Barbara Budrich. S. 85–102.

Fendrich, Sandra/Tabel, Agathe (2019): Hilfen zur Erziehung (§§ 27 bis 35, 41 SGB VIII). In: Autorengruppe Kinder- und Jugendhilfestatistik (Hrsg.): Kinder- und Jugendhilfereport 2018. Eine kennzahlenbasierte Analyse. Opladen, Berlin, Toronto: Verlag Barbara Budrich. S. 63–84.

Fendrich, Sandra/Tabel, Agathe (2021): Hilfen zur Erziehung (§§ 27 bis 35, 41 SGB VIII). In: Autorengruppe Kinder- und Jugendhilfestatistik (Hrsg.): Kinder- und Jugendhilfereport Extra 2021. Eine kennzahlenbasierte Kurzanalyse. Dortmund: Eigenverlag Forschungsverbund DJI/TU Dortmund. S. 21–25.

Feuerstein, Thomas J. (2010): Computerunterstützte Netzwerkanalyse und Netzwerkarbeit. In: Bock, Karin/Miethe, Ingrid (Hrsg.): Handbuch Qualitative Methoden in der Sozialen Arbeit. Opladen, Farmington Hills: Barbara Budrich. S. 448–454.

Filipp, Sigrun-Heide/Aymanns, Peter (2018): Kritische Lebensereignisse und Lebenskrisen. Vom Umgang mit den Schattenseiten des Lebens. 2., aktualisierte Auflage. Stuttgart: Verlag W. Kohlhammer.

Fischer, Jörg/Kosellek, Tobias (Hrsg.) (2018): Netzwerke und Soziale Arbeit. Theorien, Methoden, Anwendungen. 2., durchgesehene und erweiterte Auflage. Weinheim und Basel: Beltz Juventa.

Flick, Uwe (2017a): Design und Prozess qualitativer Forschung. In: Flick, Uwe/Kardorff, Ernst von/Steinke, Ines (Hrsg.): Qualitative Forschung. Ein Handbuch. 12. Auflage. Reinbek bei Hamburg: Rowohlt Taschenbuch Verlag. S. 252–265.

Flick, Uwe (2017b): Qualitative Sozialforschung. Eine Einführung. 8. Auflage. Reinbek bei Hamburg: Rowohlt Taschenbuch Verlag.

Franz, Julia/Sobočan, Ana Marija (2018): Zur Rekonstruktion der Gestaltung von Arbeitsbeziehungen in der Sozialen Arbeit. In: Bohnsack, Ralf/Kubisch, Sonja/Streblow-Poser, Claudia (Hrsg.):

Soziale Arbeit und Dokumentarische Methode. Methodologische Aspekte und empirische Erkenntnisse. Opladen, Berlin, Toronto: Verlag Barbara Budrich. S. 119–142.

Freigang, Werner (2016): Ambulante und teilstationäre Erziehungshilfen. In: Schröer, Wolfgang/ Struck, Norbert/Wolff, Mechthild (Hrsg.): Handbuch Kinder- und Jugendhilfe. 2., überarbeitete Auflage. Weinheim und Basel: Beltz Juventa. S. 832–851.

Freigang, Werner/Wolf, Klaus (2001): Heimerziehungsprofile. Sozialpädagogische Porträts. Weinheim und Basel: Beltz Verlag.

Freres, Katharina (2020): Verdachtsabklärung im Kinderschutz. Ambivalenzen des Fallverstehens. In: Kelle, Helga/Dahmen, Stephan (Hrsg.): Ambivalenzen des Kinderschutzes. Empirische und theoretische Perspektiven. Weinheim und Basel: Beltz Juventa. S. 42–61.

Freres, Katharina/Bastian, Pascal/Schrödter, Mark (2019): Jenseits von Fallverstehen und Prognose – Wie Fachkräfte mit einer einfachen Heuristik verantwortbaren Kinderschutz betreiben. Internationaler Forschungsüberblick und Befunde einer ethnografischen Studie zu Hausbesuchen durch das Jugendamt. In: Neue Praxis 49, H. 2, S. 140–164.

Friedrich, Sibylle (2008): Die Aktivierung sozialer Netzwerke in der Sozialpädagogischen Familienhilfe. Verfügbar unter: ediss.sub.uni-hamburg.de/bitstream/ediss/2089/1/dissend.pdf (Abfrage 16.03.2021).

Friedrich, Sibylle (2010): Arbeit mit Netzwerken. In: Möbius, Thomas/Friedrich, Sibylle (Hrsg.): Ressourcenorientiert Arbeiten. Anleitung zu einem gelingenden Praxistransfer im Sozialbereich. Wiesbaden: VS Verlag für Sozialwissenschaften. S. 63–105.

Frindt, Anja (2006): Prozesse in der sozialpädagogischen Familienhilfe aus unterschiedlichen Perspektiven. Eine Einzelfallstudie. Siegen: ZPE.

Frindt, Anja (2009): Impulse der Resilienzforschung für ambulante Hilfen zur Erziehung in Familien. In: Zeitschrift für Sozialpädagogik 7, H. 3, S. 244–263.

Frindt, Anja (2010): Entwicklungen in den ambulanten Hilfen zur Erziehung. Aktueller Forschungsstand und strukturelle Aspekte am Beispiel der Sozialpädagogischen Familienhilfe. Verfügbar unter: www.dji.de/fileadmin/user_upload/bibs/64_12095_Expertise_Frindt.pdf (Abfrage 11.09.2017).

Frindt, Anja (2013): Aufsuchende (Erziehungs-)Hilfen für Familien. (SPFH u. a. § 20, § 27 Abs. 2, § 31). In: Kinder- und Jugendhilfe in neuer Verantwortung. Materialien zum 14. Kinder- und Jugendbericht. München. S. 1–65.

Frindt, Anja (2019): Das sozialpädagogische Profil aufsuchender Familienarbeit. In: Reimer, Daniela (Hrsg.): Sozialpädagogische Blicke. Weinheim und Basel: Beltz Juventa. S. 68–79.

Frindt, Anja (2020): Ambivalente Bewältigungsaktivitäten beim Aufwachsen unter ungünstigen Bedingungen. Resilienztheoretische Abstraktionen eines Entwicklungs- und Hilfeprozesses in der aufsuchenden Familienarbeit. Weinheim und Basel: Beltz Juventa.

Frindt, Anja/Wolf, Klaus (2004): Hoffnungslose Familien? Chancen der sozialpädagogischen Familienhilfe. In: Aktion Jugendschutz Landesarbeitsstelle Baden-Württemberg (Hrsg.): Von wegen Privatsache. Erziehungspartnerschaft zwischen Familie und Gesellschaft. Stuttgart: Landesarbeitsstelle Baden-Württemberg. S. 127–141.

Fröhlich-Gildhoff, Klaus/Engel, Eva-Maria/Rönnau, Maike (2006): SPFH im Wandel? Untersuchungsergebnisse zu Konzepten, Praxis und Rahmenbedingungen der Sozialpädagogischen Familienhilfe. Freiburg im Breisgau: FEL Verlag.

Früchtel, Frank (2002): Die Moral des Verfahrens. Family Group Conferences als Alternative zum Hilfeplangespräch? In: Forum Erziehungshilfen 8, H. 1, S. 13–18.

Früchtel, Frank (2016): Was ist „Relationale Sozialarbeit“? In: Früchtel, Frank/Straßner, Mischa/ Schwarzloos, Christian (Hrsg.): Relationale Sozialarbeit. Versammelnde vernetzende und kooperative Hilfeformen. Weinheim und Basel: Beltz Juventa. S. 12–33.

Früchtel, Frank/Budde, Wolfgang (2006a): Wie funktioniert fallspezifische Stärkenarbeit? Sozialraumorientierung auf der Ebene von Individuen. In: Budde, Wolfgang/Früchtel, Frank/Hinte, Wolfgang (Hrsg.): Sozialraumorientierung. Wege zu einer veränderten Praxis. Wiesbaden: VS Verlag für Sozialwissenschaften. S. 219–229.

Früchtel, Frank/Budde, Wolfgang (2006b): Wie funktioniert fallunspezifische Ressourcenarbeit? Sozialraumorientierung auf der Ebene von Netzwerken. In: Budde, Wolfgang/Früchtel, Frank/Hinte, Wolfgang (Hrsg.): Sozialraumorientierung. Wege zu einer veränderten Praxis. Wiesbaden: VS Verlag für Sozialwissenschaften. S. 201–218.

Früchtel, Frank/Budde, Wolfgang/Cyprian, Gudrun (2013): Sozialer Raum und Soziale Arbeit. Fieldbook: Methoden und Techniken. 3., überarbeitete Auflage. Wiesbaden: Springer VS.
Früchtel, Frank/Cyprian, Gudrun/Budde, Wolfgang (2013): Sozialer Raum und Soziale Arbeit. Textbook: Theoretische Grundlagen. 3., überarbeitete Auflage. Wiesbaden: Springer VS.
Früchtel, Frank/Straub, Ute (2011): Standards des Familienrates. Hilfeplan oder Entscheidungsverfahren – zwischen Normierung und Diversity. In: Sozialmagazin 36, H. 2, S. 53–57.
Fuhse, Jan Arendt (2016): Soziale Netzwerke. Konzepte und Forschungsmethoden. Konstanz, München: UVK/Lucius.
Funcke, Dorett/Hildenbrand, Bruno (2018): Ursprünge und Kontinuität der Kernfamilie. Einführung in die Familiensoziologie. Wiesbaden: Springer VS.
Gahleitner, Silke Birgitta (2017): Soziale Arbeit als Beziehungsprofession. Bindung, Beziehung und Einbettung professionell ermöglichen. Weinheim und Basel: Beltz Juventa.
Gahleitner, Silke Birgitta (2020a): Bindungstheorie(n) als Schlüssel zum Verstehen und Handeln in der Kinder- und Jugendhilfe. In: Ader, Sabine/Schrapper, Christian (Hrsg.): Sozialpädagogische Diagnostik und Fallverstehen in der Jugendhilfe. München: Ernst Reinhardt Verlag. S. 183–191.
Gahleitner, Silke Birgitta (2020b): Soziale Arbeit als Beziehungsprofession. In: Völter, Bettina/Cornel, Heinz/Gahleitner, Silke Birgitta/Voß, Stephan (Hrsg.): Professionsverständnisse in der Sozialen Arbeit. Weinheim und Basel: Beltz Juventa. S. 101–111.
Galuske, Michael (2013): Methoden der Sozialen Arbeit. Eine Einführung. Bearbeitet von Karin Bock und Jessica Fernandez Martinez. 10. Auflage. Weinheim und Basel: Beltz Juventa.
Galuske, Michael (2018): Methoden der Sozialen Arbeit. In: Otto, Hans-Uwe/Thiersch, Hans/Treptow, Rainer/Ziegler, Holger (Hrsg.): Handbuch Soziale Arbeit. Grundlagen der Sozialarbeit und Sozialpädagogik. 6., überarbeitete Auflage. München: Ernst Reinhardt Verlag. S. 993–1007.
Galuske, Michael/Müller, C. Wolfgang (2012): Handlungsformen in der Sozialen Arbeit. Geschichte und Entwicklung. In: Thole, Werner (Hrsg.): Grundriss Soziale Arbeit. Ein einführendes Handbuch. 4. Auflage. Wiesbaden: VS Verlag für Sozialwissenschaften. S. 587–610.
Galuske, Michael/Rosenbauer, Nicole (2004): Der sozialpädagogische Blick und wie man ihn ausbildet. In: Hörster, Reinhard/Küster Ernst-Uwe/Wolff, Stephan (Hrsg.): Orte der Verständigung. Beiträge zum sozialpädagogischen Argumentieren. Burkhard Müller zum 65. Geburtstag gewidmet. Freiburg im Breisgau: Lambertus-Verlag. S. 315–335.
Galuske, Michael/Rosenbauer, Nicole (2013): Diagnose und Sozialtechnologie. In: Bakic, Josef/Diebäcker, Marc/Hammer, Elisabeth (Hrsg.): Aktuelle Leitbegriffe der Sozialen Arbeit. Ein kritisches Handbuch. Band 1. 2. Auflage. Wien: Löcker. S. 72–88.
Galuske, Michael/Thole, Werner (2006): Zum Stand der Methodendiskussion in der Sozialen Arbeit – Einleitung. In: Galuske, Michael/Thole, Werner (Hrsg.): Vom Fall zum Management. Neue Methoden der Sozialen Arbeit. Wiesbaden: VS Verlag für Sozialwissenschaften. S. 9–14.
Galuske, Michael/Thole, Werner/Gängler, Hans (1998): KlassikerInnen der Sozialen Arbeit – Einleitung. In: Thole, Werner/Galuske, Michael/Gängler, Hans (Hrsg.): KlassikerInnen der Sozialen Arbeit. Sozialpädagogische Texte aus zwei Jahrhunderten – ein Lesebuch. Neuwied, Kriftel: Luchterhand. S. 11–33.
Gängler, Hans (2000): Sozialpädagogisch inszenierte Gemeinschaften. In: Henseler, Joachim/Reyer, Jürgen (Hrsg.): Sozialpädagogik und Gemeinschaft. Historische Beiträge zur Rekonstruktion eines konstitutiven Verhältnisses. Baltmannsweiler: Schneider Verlag Hohengehren. S. 204–216.
Gängler, Hans (2013): Nach dem sozialpädagogischen Jahrhundert. Ein erstaunter Rückblick. In: Schilling, Matthias/Gängler, Hans/Züchner, Ivo/Thole, Werner (Hrsg.): Soziale Arbeit quo vadis? Programmatische Entwürfe auf empirischer Basis. Weinheim und Basel: Beltz Juventa. S. 12–18.
Gängler, Hans (2018): Hilfe. In: Otto, Hans-Uwe/Thiersch, Hans/Treptow, Rainer/Ziegler, Holger (Hrsg.): Handbuch Soziale Arbeit. Grundlagen der Sozialarbeit und Sozialpädagogik. 6., überarbeitete Auflage. München: Ernst Reinhardt Verlag. S. 622–631.
Gastiger, Sigmund/Winkler, Jürgen (Hrsg.) (2010): Recht der Familienhilfe. Studienbuch für die Soziale Arbeit. 2., überarbeitete und erweiterte Auflage. Freiburg im Breisgau: Lambertus-Verlag.
Gedrath, Volker/Schröer, Wolfgang (2012): Die Sozialgesetzgebung und die Soziale Arbeit im 20. Jahrhundert. Erläuterungen am Beispiel der Kinder- und Jugendhilfe. In: Thole, Werner (Hrsg.): Grundriss Soziale Arbeit. Ein einführendes Handbuch. 4. Auflage. Wiesbaden: VS Verlag für Sozialwissenschaften. S. 863–882.

Gehrmann, Gerd/Müller, Klaus D. (2001): Praxis sozialer Arbeit: Familie im Mittelpunkt. Handbuch effektives Krisenmanagement für Familien. 2., erweiterte Auflage. Regensburg, Bonn: Walhalla Fachverlag.

Geißler, Karlheinz A./Hege, Marianne (1995): Konzepte sozialpädagogischen Handelns. Ein Leitfaden für soziale Berufe. 7., unveränderte Auflage. Weinheim und Basel: Beltz Verlag.

Gerber, Christine/Lillig, Susanna (2018): Gemeinsam lernen aus Kinderschutzverläufen. Eine systemorientierte Methode zur Analyse von Kinderschutzfällen und Ergebnissen aus fünf Fallanalysen. Verfügbar unter: www.dji.de/fileadmin/user_upload/fruehehilfen/LaPK/Publikation_QE_Kinderschutz_9_Bericht_Gemeinsam_lernen_aus_Kinderschutzverl%C3%A4ufen.pdf (Abfrage 04.05.2021).

Gintzel, Ullrich/Redmann, Björn/Wölfel, Ulrike von (2019): Genussvoll, Lukrativ, Verständigungsorientiert. Bildungsprozesse mit Eltern und Jugendlichen aus der Erziehungshilfe. In: Wölfel, Ulrike von/Redmann, Björn (Hrsg.): Bildung am Rande. Warum nur gemeinsam mit Adressat_innen in der Jugendhilfe Bemächtigungsprozesse initiiert werden können. Weinheim und Basel: Beltz Juventa. S. 128–140.

Gissl-Palkovich, Ingrid (2019): Case Management im ASD. In: Merchel, Joachim (Hrsg.): Handbuch Allgemeiner Sozialer Dienst (ASD). 3., aktualisierte und erweiterte Auflage. München: Ernst Reinhardt Verlag. S. 213–221.

Graßhoff, Gunther (2015): Adressatinnen und Adressaten der Sozialen Arbeit. Eine Einführung. Wiesbaden: Springer VS.

Grawe, Klaus/Grawe-Gerber, Mariann (1999): Ressourcenaktivierung. Ein primäres Wirkprinzip der Psychotherapie. In: Psychotherapeut 44, H. 2, S. 63–73.

Greschke, Heike/Klingler, Birte/Messmer, Heinz (2010): Praxis im Modellprogramm – Fallstudien zum Hilfeplangespräch. In: Albus, Stefanie/Greschke, Heike/Klingler, Birte/Messmer, Heinz/Micheel, Heinz-Günter/Otto, Hans-Uwe/Polutta, Andreas (Hrsg.): Wirkungsorientierte Jugendhilfe. Abschlussbericht der Evaluation des Bundesmodellprogramms „Qualifizierung der Hilfen zur Erziehung durch wirkungsorientierte Ausgestaltung der Leistungs-, Entgelt- und Qualitätsvereinbarungen nach §§ 78 a ff SGB VIII". Münster. S. 62–104.

Groppe, Johannes/Noack, Michael (2019): Zur Finanzierung sozialraumorientierter Arbeit. In: Fürst, Roland/Hinte, Wolfgang (Hrsg.): Sozialraumorientierung. Ein Studienbuch zu fachlichen, institutionellen und finanziellen Aspekten. 3., aktualisierte Auflage. Wien: Facultas. S. 271–293.

Grunwald, Klaus/Thiersch, Hans (2004): Das Konzept Lebensweltorientierte Soziale Arbeit – einleitende Bemerkungen. In: Grunwald, Klaus/Thiersch, Hans (Hrsg.): Praxis Lebensweltorientierter Sozialer Arbeit. Handlungszugänge und Methoden in unterschiedlichen Arbeitsfeldern. Weinheim und München: Juventa. S. 13–39.

Grunwald, Klaus/Thiersch, Hans (2016): Lebensweltorientierung. In: Grunwald, Klaus/Thiersch, Hans (Hrsg.): Praxishandbuch Lebensweltorientierte Soziale Arbeit. Handlungszusammenhänge und Methoden in unterschiedlichen Arbeitsfeldern. 3., vollständig überarbeitete Auflage. Weinheim und Basel: Beltz Juventa. S. 24–64.

Gundrum, Katharina/Oelerich, Gertrud (2021): Beteiligung und Schädigung im Rahmen der Inanspruchnahme Sozialer Arbeit. In: Österreichisches Jahrbuch für Soziale Arbeit, H. 1, S. 155–181.

Günther, Julia (2014): Nachbarschaft – (k)eine Ressource der Lebensbewältigung im sozialen Brennpunkt? In: Bock, Karin/Kupfer, Annett/Simon, Romy/Weinhold, Kathy/Wesenberg, Sandra (Hrsg.): Beratung und soziale Beziehungen. Farewell-Schrift für Frank Nestmann. Weinheim und Basel: Beltz Juventa. S. 218–223.

Gut, Andreas (2014): Aufsuchen, Unterstützen, Beraten. Lebensweltorientierung und Familientherapie in der Sozialpädagogischen Familienhilfe. Heidelberg: Carl-Auer Verlag.

Gut, Andreas (2016): Lebensweltorientierung und familientherapeutische Beratung in der Sozialen Arbeit mit Familien. In: Grunwald, Klaus/Thiersch, Hans (Hrsg.): Praxishandbuch Lebensweltorientierte Soziale Arbeit. Handlungszusammenhänge und Methoden in unterschiedlichen Arbeitsfeldern. 3., vollständig überarbeitete Auflage. Weinheim und Basel: Beltz Juventa. S. 406–418.

Gut, Andreas (2019): Soziale Arbeit und Therapie. Zum Verhältnis der Professionen am Beispiel der Sozialpädagogischen Familienhilfe. In: Reimer, Daniela (Hrsg.): Sozialpädagogische Blicke. Weinheim und Basel: Beltz Juventa. S. 80–94.

Gut, Andreas/Kröner, Simone/Klubert, Anne/Bruns, Tim/Kutz, Marco/Beukenberg, Jutta/Krautkrämer-Oberhoff, Maria/Solty, Martin/Fürst, Walter (2016): Methoden- und Praxisvielfalt in den ambulanten Hilfen zur Erziehung. In: Baumeister, Peter/Bauer, Annette/Mersch, Reinhild/Pigulla, Christa-Maria/Röttgen, Johannes (Hrsg.): Arbeitsfeld ambulante Hilfen zur Erziehung. Standards, Qualität und Vielfalt. Freiburg im Breisgau: Lambertus-Verlag. S. 107–149.

Gutfleisch, Ottmar/Oys, Günter (1975): Familienhilfe – eine Hilfe für kinderreiche Problemfamilien. In: Wege zum Menschen. Monatsschrift für Arzt und Seelsorger, Erzieher, Psychologen und soziale Berufe 27, S. 343–351.

Haarer, Johanna (1934): Die deutsche Mutter und ihr erstes Kind. München: Lehmanns Verlag.

Haas, Jessica/Mützel, Sophie (2010): Netzwerkanalyse und Netzwerktheorie in Deutschland. Eine empirische Übersicht und theoretische Entwicklungspotentiale. In: Stegbauer, Christian (Hrsg.): Netzwerkanalyse und Netzwerktheorie. Ein neues Paradigma in den Sozialwissenschaften. 2. Auflage. Wiesbaden: VS Verlag für Sozialwissenschaften. S. 49–62.

Hamberger, Matthias (2006): Qualifizierung und Veränderung der individuellen Hilfeplanung und des Hilfeplanverfahrens. In: Deutschendorf, René/Hamberger, Matthias/Koch, Josef/Lenz Stefan/Peters, Friedhelm (Hrsg.): Werkstattbuch INTEGRA. Grundlagen, Anregungen und Arbeitsmaterialien für integrierte, flexible und sozialräumlich ausgerichtete Erziehungshilfen. Weinheim und München: Juventa. S. 77–92.

Hamberger, Matthias (2020a): Der ‚Fall im Feld': Sozialraum- und ressourcenorientierte Arbeit in den Erziehungshilfen. In: Lenz, Stefan/Peters, Friedhelm (Hrsg.): Kompendium Integrierte flexible Hilfen. Bausteine einer lebenswelt- und sozialraumorientierten Reform der Kinder- und Jugendhilfe. Weinheim und Basel: Beltz Juventa. S. 166–192.

Hamberger, Matthias (2020b): Qualifizierung und Veränderung der individuellen Hilfeplanung und des Hilfeplanverfahrens. In: Lenz, Stefan/Peters, Friedhelm (Hrsg.): Kompendium Integrierte flexible Hilfen. Bausteine einer lebenswelt- und sozialraumorientierten Reform der Kinder- und Jugendhilfe. Weinheim und Basel: Beltz Juventa. S. 202–221.

Hamberger, Matthias/Koch, Josef/Peters, Friedhelm (2020): Finanzierungsmodelle zur Stützung der fachlichen Ziele. In: Lenz, Stefan/Peters, Friedhelm (Hrsg.): Kompendium Integrierte flexible Hilfen. Bausteine einer lebenswelt- und sozialraumorientierten Reform der Kinder- und Jugendhilfe. Weinheim und Basel: Beltz Juventa. S. 148–165.

Hamberger, Matthias/Peters, Friedhelm (2020): Integrierte, flexible, sozialraumorientierte Hilfen zur Erziehung: die Verbindung von qualifizierter Fallarbeit mit einer Jugendhilfe(-infra-)strukturpolitik. Ein Perspektivenwechsel. In: Lenz, Stefan/Peters, Friedhelm (Hrsg.): Kompendium Integrierte flexible Hilfen. Bausteine einer lebenswelt- und sozialraumorientierten Reform der Kinder- und Jugendhilfe. Weinheim und Basel: Beltz Juventa. S. 37–59.

Hamburger, Franz (2012): Einführung in die Sozialpädagogik. 3., aktualisierte Auflage. Stuttgart: Verlag W. Kohlhammer.

Hammerschmidt, Peter (2012): Geschichte der Rechtsgrundlagen der Sozialen Arbeit bis zum 20. Jahrhundert. In: Thole, Werner (Hrsg.): Grundriss Soziale Arbeit. Ein einführendes Handbuch. 4. Auflage. Wiesbaden: VS Verlag für Sozialwissenschaften. S. 851–861.

Hammerschmidt, Peter/Tennstedt, Florian (2012): Der Weg zur Sozialarbeit: Von der Armenpflege bis zur Konstituierung des Wohlfahrtsstaates in der Weimarer Republik. In: Thole, Werner (Hrsg.): Grundriss Soziale Arbeit. Ein einführendes Handbuch. 4. Auflage. Wiesbaden: VS Verlag für Sozialwissenschaften. S. 73–86.

Hammerschmidt, Peter/Uhlendorff, Uwe (2019): Zur Entstehungsgeschichte des ASD – von den Anfängen bis in die 1970er Jahre. In: Merchel, Joachim (Hrsg.): Handbuch Allgemeiner Sozialer Dienst (ASD). 3., aktualisierte und erweiterte Auflage. München: Ernst Reinhardt Verlag. S. 9–31.

Hammerschmidt, Peter/Weber, Sascha/Seidenstücker, Bernd (2017): Soziale Arbeit – die Geschichte. Opladen, Toronto: Verlag Barbara Budrich.

Hansbauer, Peter (2016): Methoden der Kinder- und Jugendhilfe. In: Schröer, Wolfgang/Struck, Norbert/Wolff, Mechthild (Hrsg.): Handbuch Kinder- und Jugendhilfe. 2., überarbeitete Auflage. Weinheim und Basel: Beltz Juventa. S. 986–1003.

Hansbauer, Peter/Hensen, Gregor/Müller, Katja/Spiegel, Hiltrud von (Hrsg.) (2009): Familiengruppenkonferenz. Eine Einführung. Weinheim und München: Juventa.

Harnach, Viola (2021): Psychosoziale Diagnostik in der Jugendhilfe. Grundlagen und Methoden für Hilfeplan, Bericht und Stellungnahme. 7., überarbeitete Auflage. Weinheim und Basel: Beltz Juventa.

Haye, Britta/Kleve, Heiko (2011): Systemische Schritte helfender Kommunikation. Sechs-Phasen-Modell für die Falleinschätzung und die Hilfeplanung. In: Kleve, Heiko/Haye, Britta/Hampe-Grosser, Andreas/Müller, Matthias (Hrsg.): Systemisches Case Management. Falleinschätzung und Hilfeplanung in der Sozialen Arbeit. 3., überarbeitete Auflage. Heidelberg: Carl-Auer Verlag. S. 104–126.

Heiner, Maja (2004): Professionalität in der Sozialen Arbeit. Theoretische Konzepte, Modelle und empirische Perspektiven. Stuttgart: Verlag W. Kohlhammer.

Heiner, Maja (2007): Soziale Arbeit als Beruf. Fälle- Felder- Fähigkeiten. München, Basel: Ernst Reinhardt Verlag.

Heiner, Maja (2010): Kompetent handeln in der Sozialen Arbeit. München, Basel: Ernst Reinhardt Verlag.

Heiner, Maja (2013): Wege zu einer integrativen Grundlagendiagnostik in der Sozialen Arbeit. In: Gahleitner, Silke Birgitta/Hahn, Gernot/Glemser, Rolf (Hrsg.): Psychosoziale Diagnostik. Köln: Psychiatrie Verlag. S. 18–34.

Heiner, Maja (2018): Diagnostik in der Sozialen Arbeit. In: Otto, Hans-Uwe/Thiersch, Hans/Treptow, Rainer/Ziegler, Holger (Hrsg.): Handbuch Soziale Arbeit. Grundlagen der Sozialarbeit und Sozialpädagogik. 6., überarbeitete Auflage. München: Ernst Reinhardt Verlag. S. 242–255.

Heiner, Maja/Meinhold, Marianne/Spiegel, Hiltrud von/Staub-Bernasconi, Silvia (Hrsg.) (1998): Methodisches Handeln in der Sozialen Arbeit. 4., erweiterte Auflage. Freiburg im Breisgau: Lambertus-Verlag.

Heiner, Maja/Schrapper, Christian (2004): Diagnostisches Fallverstehen in der Sozialen Arbeit. Ein Rahmenkonzept. In: Schrapper, Christian (Hrsg.): Sozialpädagogische Diagnostik und Fallverstehen in der Jugendhilfe. Anforderungen, Konzepte, Perspektiven. Weinheim und München: Juventa. S. 201–221.

Helming, Elisabeth (2000): Sozialpädagogische Familienhilfe – Eine Zwischenbilanz. In: Theorie und Praxis der Sozialen Arbeit 51, H. 1, S. 9–15.

Helming, Elisabeth (2001): Sozialpädagogische Familienhilfe und andere Formen familienbezogener Hilfen. In: Birtsch, Vera/Münstermann, Klaus/Trede, Wolfgang (Hrsg.): Handbuch Erziehungshilfen. Leitfaden für Ausbildung, Praxis und Forschung. Münster: VOTUM Verlag. S. 541–571.

Helming, Elisabeth (2009): Ausdifferenzierung von aufsuchenden familienunterstützenden Hilfen. In: Beckmann, Christof/Otto, Hans-Uwe/Richter, Martina/Schrödter, Mark (Hrsg.): Neue Familialität als Herausforderung der Jugendhilfe. Sonderheft 9. Lahnstein: Verlag neue praxis. S. 171–180.

Helming, Elisabeth (2016): Ambulante Hilfen zur Erziehung im Kontext gesellschaftlicher Veränderungen unter besonderer Berücksichtigung der Sozialpädagogischen Familienhilfe. In: Baumeister, Peter/Bauer, Annette/Mersch, Reinhild/Pigulla, Christa-Maria/Röttgen, Johannes (Hrsg.): Arbeitsfeld ambulante Hilfen zur Erziehung. Standards, Qualität und Vielfalt. Freiburg im Breisgau: Lambertus-Verlag. S. 17–28.

Helming, Elisabeth (2017): Sozialpädagogische Familienhilfe. In: Deutscher Verein für öffentliche und private Fürsorge e. V. (Hrsg.): Fachlexikon der Sozialen Arbeit. 8., völlig überarbeitete und aktualisierte Auflage. Baden-Baden: Nomos Verlagsgesellschaft. S. 834–835.

Hensen, Gregor/Schone, Reinhold (2009a): Familie als Risiko? Zur funktionalen Kategorisierung von „Risikofamilien“ in der Jugendhilfe. In: Beckmann, Christof/Otto, Hans-Uwe/Richter, Martina/Schrödter, Mark (Hrsg.): Neue Familialität als Herausforderung der Jugendhilfe. Sonderheft 9. Lahnstein: Verlag neue praxis. S. 149–159.

Hensen, Gregor/Schone, Reinhold (2009b): „Guten Tag, wie geht's dem Baby?“ Hausbesuche im Kontext Früher Hilfen als Dienstleistung? In: Forum Erziehungshilfen 15, H. 1, S. 18–23.

Hensen, Gregor/Schone, Reinhold (2010): Kinderschutz und Frühe Hilfen für Familien als Planungsthema. In: Maykus, Stephan/Schone, Reinhold (Hrsg.): Handbuch Jugendhilfeplanung. Grundlagen, Anforderungen und Perspektiven. 3., vollständig überarbeitete und aktualisierte Auflage. Wiesbaden: VS Verlag für Sozialwissenschaften. S. 329–347.

Hering, Sabine (1999): Gertrud Bäumer (1873–1954). In: Eggemann, Maike/Hering, Sabine (Hrsg.): Wegbereiterinnen der modernen Sozialarbeit. Texte und Biographien zur Entwicklung der Wohlfahrtspflege. Weinheim und München: Juventa. S. 183–203.

Hering, Sabine (2013): Soziale Arbeit als Frauenberuf. In: Hering, Sabine (Hrsg.): Was ist Soziale Arbeit? Traditionen – Widersprüche – Wirkungen. Opladen, Berlin, Toronto: Barbara Budrich. S. 53–67.
Hering, Sabine/Münchmeier, Richard (2014): Geschichte der Sozialen Arbeit. Eine Einführung. 5., überarbeitete Auflage. Weinheim und Basel: Beltz Juventa.
Hermanns, Harry (2017): Interviewen als Tätigkeit. In: Flick, Uwe/Kardorff, Ernst von/Steinke, Ines (Hrsg.): Qualitative Forschung. Ein Handbuch. 12. Auflage. Reinbek bei Hamburg: Rowohlt Taschenbuch Verlag. S. 360–368.
Herriger, Norbert (2020): Empowerment in der Sozialen Arbeit. Eine Einführung. 6., erweiterte und aktualisierte Auflage. Stuttgart: Verlag W. Kohlhammer.
Herwig-Lempp, Johannes (2009): Ressourcen im Umfeld: Die VIP-Karte. In: Michel-Schwartze, Brigitta (Hrsg.): Methodenbuch Soziale Arbeit. Basiswissen für die Praxis. 2., überarbeitete und erweiterte Auflage. Wiesbaden: VS Verlag für Sozialwissenschaften. S. 207–226.
Hettlage, Robert/Lenz, Karl (2013): Projekt Deutschland. Zwischenbilanz nach zwei Jahrzehnten. München: Wilhelm Fink Verlag.
Hilbert, Christian/Kubisch-Piesk, Kerstin/Schlizio-Jahnke, Heike (2017): Familienrat in der Praxis – ein Leitfaden. 2., erweiterte und aktualisierte Auflage. Berlin, Freiburg im Breisgau: Verlag des Deutschen Vereins für öffentliche und private Fürsorge; Lambertus-Verlag.
Hinte, Wolfgang (2006): Geschichte, Quellen und Prinzipien des Fachkonzepts „Sozialraumorientierung" (Einleitung). In: Budde, Wolfgang/Früchtel, Frank/Hinte, Wolfgang (Hrsg.): Sozialraumorientierung. Wege zu einer veränderten Praxis. Wiesbaden: VS Verlag für Sozialwissenschaften. S. 7–24.
Hinte, Wolfgang (2009): Eigensinn und Lebensraum – zum Stand der Diskussion um das Fachkonzept „Sozialraumorientierung". In: Vierteljahresschrift für Heilpädagogik und ihre Nachbargebiete (VHN) 78, H. 1, S. 20–33.
Hinte, Wolfgang (2019): Das Fachkonzept „Sozialraumorientierung" – Grundlage und Herausforderung für professionelles Handeln. In: Fürst, Roland/Hinte, Wolfgang (Hrsg.): Sozialraumorientierung. Ein Studienbuch zu fachlichen, institutionellen und finanziellen Aspekten. 3., aktualisierte Auflage. Wien: Facultas. S. 13–32.
Hinte, Wolfgang/Treeß, Helga (2014): Sozialraumorientierung in der Jugendhilfe. Theoretische Grundlagen, Handlungsprinzipien und Praxisbeispiele einer kooperativ-integrativen Pädagogik. 3., überarbeitete Auflage. Weinheim und Basel: Beltz Juventa.
Hochuli Freund, Ursula/Weber, Miriam (2020): Soziale Diagnostik in der Erziehungshilfen. In: Buttner, Peter/Gahlcitner, Silke Birgitta/Hochuli Freund, Ursula/Röh, Dieter (Hrsg.): Soziale Diagnostik in den Handlungsfeldern der Sozialen Arbeit. Berlin: Verlag des Deutschen Vereins für öffentliche und private Fürsorge. S. 30–41.
Hofer, Bettina/Lienhart, Christina (2008): Evaluation. Ambulante Familienarbeit Tirol unter besonderer Berücksichtigung der Perspektive der Familien. Ergebnisbericht. Verfügbar unter: www.sos-kinderdorf.at/getmedia/ee89c47f-9348-414f-a287-0dc1819c62bc/Ergebnisbericht_AFA_Juni08 (Abfrage 10.03.2020).
Hofer, Bettina/Lienhart, Christina (2009): „Da nützt der beste Professor und Doktor nichts, wenn man kein Vertrauen hat". Unterstützendes und Belastendes in der ambulanten Familienarbeit aus KlientInnenperspektive. In: Forum Erziehungshilfen 15, H. 2, S. 88–92.
Hoff, Walburga (2010): Traditionen der Sozialarbeit. In: Bock, Karin/Miethe, Ingrid (Hrsg.): Handbuch Qualitative Methoden in der Sozialen Arbeit. Opladen, Farmington Hills: Barbara Budrich. S. 75–87.
Hoff, Walburga (2015): Familie als Kernaufgabe – Zur Konzeption von Familienfürsorge und Familienforschung bei Marie Baum. In: Soziale Passagen 7, H. 2, S. 329–346.
Hofgesang, Birgit (2005): Familienhilfe: sozialpädagogische. In: Otto, Hans-Uwe/Thiersch, Hans (Hrsg.): Handbuch Sozialarbeit Sozialpädagogik. 3. Auflage. München, Basel: Ernst Reinhardt Verlag. S. 529–539.
Hollstein, Betina (2006): Qualitative Methoden und Netzwerkanalyse – ein Widerspruch? In: Hollstein, Betina/Straus, Florian (Hrsg.): Qualitative Netzwerkanalyse. Konzepte, Methoden, Anwendungen. Wiesbaden: VS Verlag für Sozialwissenschaften. S. 11–35.
Hollstein, Betina/Straus, Florian (Hrsg.) (2006): Qualitative Netzwerkanalyse. Konzepte, Methoden, Anwendungen. Wiesbaden: VS Verlag für Sozialwissenschaften.

Horn-Wagner, Detlef (1994): Zwischen Hilfe und Kontrolle – Die sozialpolitische Funktion sozialpädagogischer Familienhilfe. In: Fritzsche, Brigitte/Fromm, Karin/Giese, Eckhard/Imbruck, Wolfgang/Jostock, Uschi/Nutt, Wolfgang (Hrsg.): Wenn der Berg nicht zum Propheten kommt… Beiträge zur aufsuchenden psychosozialen Arbeit mit Einzelnen und Familien. Tübingen: dgvt-Verlag. S. 24–30.

Hörster, Reinhard (2012): Sozialpädagogische Kasuistik. In: Thole, Werner (Hrsg.): Grundriss Soziale Arbeit. Ein einführendes Handbuch. 4. Auflage. Wiesbaden: VS Verlag für Sozialwissenschaften. S. 677–686.

House, James S. (1981): Work stress and social support. Reading, Massachusetts, Menlo Park, California, London, Amsterdam, Don Mills, Ontario, Sydney: Addison-Wesley.

Hoyer, Hans-Dieter (1993): Sozialpädagogische Familienhilfe nun auch in den ostdeutschen Bundesländern – einige Erkenntnisse, Erfahrungen und Problemstellungen. In: Jugendhilfe 21, H. 1, S. 26–31.

Hünersdorf, Bettina (2010): Hilfe und Kontrolle in der Sozialen Arbeit. In: Schröer, Wolfgang/Schweppe, Cornelia (Hrsg.): Enzyklopädie Erziehungswissenschaft Online. Fachgebiet Soziale Arbeit. Weinheim und München: Juventa. S. 1–35.

Hünersdorf, Bettina (2017): Lebensweltorientierung revisited. Eine philosophisch-phänomenologische Perspektive. In: Perko, Gudrun (Hrsg.): Philosophie in der Sozialen Arbeit. Weinheim und Basel: Beltz Juventa. S. 114–133.

Hurrelmann, Klaus/Bauer, Ullrich (2020): Einführung in die Sozialisationstheorie. Das Modell der produktiven Realitätsverarbeitung. 13. Auflage. Weinheim und Basel: Beltz Verlag.

Hüttemann, Matthias/Rüegger, Cornelia (2018): Die Perspektive sozialer Netzwerke als Option sozialpädagogischer Diagnostik. In: Fischer, Jörg/Kosellek, Tobias (Hrsg.): Netzwerke und Soziale Arbeit. Theorien, Methoden, Anwendungen. 2., durchgesehene und erweiterte Auflage. Weinheim und Basel: Beltz Juventa. S. 357–369.

IGfH-Vorstand (1997): Lebensweltorientierung konkret: Erziehungshilfen neu gestalten! – Positionspapier des IGfH-Vorstandes zur Jahrestagung 1996 –. In: Wolff, Mechthild/Schröer, Wolfgang/Möser, Sigrid (Hrsg.): Lebensweltorientierung konkret – Jugendhilfe auf dem Weg zu einer veränderten Praxis. – Beiträge zur IGfH-Jahrestagung 1996 in Dresden –. Frankfurt am Main: IGfH-Eigenverlag. S. 274–279.

Jaeger, Gerhard Samuel (1992): Universalrezept Sozialpädagogische Familienhilfe? Anmerkungen zu Profil und Position einer Hilfe zur Erziehung. In: Jugendhilfe 30, H. 8, S. 340–350.

Jansen, Till/Vogd, Werner (2017): Reflexivität in der Dokumentarischen Methode – metatheoretische Herausforderungen durch die Organisationsforschung. In: Amling, Steffen/Vogd, Werner (Hrsg.): Dokumentarische Organisationsforschung. Perspektiven der praxeologischen Wissenssoziologie. Opladen, Berlin, Toronto: Verlag Barbara Budrich. S. 260–278.

Joas, Hans/Knöbl, Wolfgang (2013): Sozialtheorie. Zwanzig einführende Vorlesungen. Aktualisierte, mit einem neuen Vorwort versehene Ausgabe. 4. Auflage. Frankfurt am Main: Suhrkamp.

Jurczyk, Karin (Hrsg.) (2020): Doing und Undoing Family. Konzeptionelle und empirische Entwicklungen. Weinheim und Basel: Beltz Juventa.

Jurczyk, Karin/Thiessen, Barbara (2011): Familie und soziale Dienste. In: Evers, Adalbert/Heinze, Rolf G./Olk, Thomas (Hrsg.): Handbuch Soziale Dienste. Wiesbaden: VS Verlag für Sozialwissenschaften. S. 333–352.

Jütte, Wolfgang (2018): Netzwerke und informelles Lernen. In: Harring, Marius/Witte, Matthias D./Burger, Timo (Hrsg.): Handbuch informelles Lernen. Interdisziplinäre und internationale Perspektiven. 2., überarbeitete Auflage. Weinheim und Basel: Beltz Juventa. S. 411–424.

Kahn, Robert L./Antonucci, Toni C. (1980): Convoys over the Life Course: Attachment, Roles, and Social Support. In: Baltes, Paul B./Brim, Orville G. (Hrsg.): Life-Span development and Behavior. Volume 3. New York: Academic Press. S. 253–286.

Kappeler, Manfred (2018): „Bitte nicht nach Hause schicken!" „Bitte nicht ins Heim schicken!" Aber wohin sonst? Erinnerung an die Geschichte der Kritik am bürgerlichen Familienbegriff in der Kinder- und Jugendhilfe. In: Schäfer, Maximilian/Thole, Werner (Hrsg.): Zwischen Institution und Familie. Grundlagen und Empirie familienanaloger Formen der Hilfen zur Erziehung. Wiesbaden: Springer VS. S. 27–67.

Karsten, Maria-Eleonora (1987): Die 'arme' Krisenfamilie ist die Familie der Sozialarbeit. In: Karsten, Maria-Eleonora/Otto, Hans-Uwe (Hrsg.): Die sozialpädagogische Ordnung der Familie. Beiträge

zum Wandel familialer Lebensweisen und sozialpädagogischer Interventionen. Weinheim und München: Juventa. S. 123–140.
Karsten, Maria-Eleonora/Otto, Hans-Uwe (1987): Die Sozialpädagogische Ordnung der Familie. In: Karsten, Maria-Eleonora/Otto, Hans-Uwe (Hrsg.): Die sozialpädagogische Ordnung der Familie. Beiträge zum Wandel familialer Lebensweisen und sozialpädagogischer Interventionen. Weinheim und München: Juventa. S. IX–XXXI.
Kasakos, Gerda (1980): Familienfürsorge zwischen Beratung und Zwang. Analysen und Beispiele. München: Juventa.
Kelle, Udo/Kluge, Susann (2010): Vom Einzelfall zum Typus. Fallvergleich und Fallkontrastierung in der qualitativen Sozialforschung. 2., überarbeitete Auflage. Wiesbaden: VS Verlag für Sozialwissenschaften.
Kessl, Fabian/Otto, Hans-Uwe (2012): Soziale Arbeit. In: Albrecht, Günter/Groenemeyer, Axel (Hrsg.): Handbuch soziale Probleme. 2., überarbeitete Auflage. Wiesbaden: VS Verlag für Sozialwissenschaften. S. 1306–1331.
Kessl, Fabian/Reutlinger, Christian (2010): Sozialraum. Eine Einführung. 2., durchgesehene Auflage. Wiesbaden: VS Verlag für Sozialwissenschaften.
Kessl, Fabian/Reutlinger, Christian (2018): Sozialraum. In: Otto, Hans-Uwe/Thiersch, Hans/Treptow, Rainer/Ziegler, Holger (Hrsg.): Handbuch Soziale Arbeit. Grundlagen der Sozialarbeit und Sozialpädagogik. 6., überarbeitete Auflage. München: Ernst Reinhardt Verlag. S. 1596–1604.
Keupp, Heiner (1987): Soziale Netzwerke – Eine Metapher des gesellschaftlichen Umbruchs? In: Keupp, Heiner/Röhrle, Bernd (Hrsg.): Soziale Netzwerke. Frankfurt am Main, New York: Campus Verlag. S. 11–53.
Keupp, Heiner (1990): Lebensbewältigung im Jugendalter aus der Perspektive der Gemeindepsychologie. Förderung präventiver Netzwerkressourcen und Empowermentstrategien. In: Sachverständigenkommission 8. Jugendbericht (Hrsg.): Risiken des Heranwachsens. Probleme der Lebensbewältigung im Jugendalter. Weinheim und München: DJI Verlag Deutsches Jugendinstitut. S. 1–51.
Keupp, Heiner (1994): Riskante Chancen des Subjekts in der Postmoderne: Perspektiven einer gemeindepsychologisch orientierten Einzelfallhilfe. In: Fritzsche, Brigitte/Fromm, Karin/Giese, Eckhard/Imbruck, Wolfgang/Jostock, Uschi/Nutt, Wolfgang (Hrsg.): Wenn der Berg nicht zum Propheten kommt… Beiträge zur aufsuchenden psychosozialen Arbeit mit Einzelnen und Familien. Tübingen: dgvt-Verlag. S. 9–23.
Keupp, Heiner/Röhrle, Bernd (1987): Vorwort. In: Keupp, Heiner/Röhrle, Bernd (Hrsg.): Soziale Netzwerke. Frankfurt am Main, New York: Campus Verlag. S. 7–10.
Kiehl, Petra/Kollewe, Claudia (2017): Intensive Multifamilientherapie als ambulante Hilfe zur Erziehung. In: Asen, Eia/Scholz, Michael (Hrsg.): Handbuch der Multifamilientherapie. Erste Auflage, 2017. Heidelberg: Carl-Auer Verlag. S. 221–232.
Kievel, Winfried/Knösel, Peter/Marx, Ansgar (Hrsg.) (2009): Einführung in das Recht für soziale Berufe. Basiswissen kompakt. 5., erweiterte und aktualisierte Auflage. München: Luchterhand.
Kindler, Heinz (2020): Was Kinder brauchen. In: Ader, Sabine/Schrapper, Christian (Hrsg.): Sozialpädagogische Diagnostik und Fallverstehen in der Jugendhilfe. München: Ernst Reinhardt Verlag. S. 107–118.
Klatetzki, Thomas (1994): Innovative Organisation in der Jugendhilfe. Kollektive Repräsentationen und Handlungsstrukturen am Beispiel der Hilfen zur Erziehung. In: Klatetzki, Thomas (Hrsg.): Flexible Erziehungshilfen. Ein Organisationskonzept in der Diskussion. Münster: VOTUM Verlag. S. 11–22.
Klatetzki, Thomas (2005): Jugendhilfestationen. In: Otto, Hans-Uwe/Thiersch, Hans (Hrsg.): Handbuch Sozialarbeit Sozialpädagogik. 3. Auflage. München, Basel: Ernst Reinhardt Verlag. S. 881–884.
Klatetzki, Thomas (2020): Innovative Organisationen in der Jugendhilfe. Kollektive Repräsentationen und Handlungsstrukturen am Beispiel der Hilfen zur Erziehung. In: Lenz, Stefan/Peters, Friedhelm (Hrsg.): Kompendium Integrierte flexible Hilfen. Bausteine einer lebenswelt- und sozialraumorientierten Reform der Kinder- und Jugendhilfe. Weinheim und Basel: Beltz Juventa. S. 21–31.
Klawe, Willy (2005): Subjektorientierte Netzwerkarbeit zwischen Fallbezug und Sozialraum. In: Sozialmagazin 30, H. 6, S. 24–32.

Kleemann, Frank/Krähnke, Uwe/Matuschek, Ingo (2009): Interpretative Sozialforschung. Eine praxisorientierte Einführung. Wiesbaden: VS Verlag für Sozialwissenschaften.

Klein, Irene (2017): Gruppen leiten ohne Angst. Themenzentrierte Interaktion (TZI) zum Leiten von Gruppen und Teams. 16. Auflage. Augsburg: Auer Verlag.

Kleve, Heiko (2003): Sozialarbeitswissenschaft, Systemtheorie und Postmoderne. Grundlegungen und Anwendungen eines Theorie- und Methodenprogramms. Freiburg im Breisgau: Lambertus-Verlag.

Kleve, Heiko (2007): Ambivalenz, System und Erfolg. Provokationen postmoderner Sozialarbeit. Heidelberg: Carl-Auer Verlag.

Kleve, Heiko (2010): Den Nackten in die Tasche greifen?! Die Ambivalenzen der Ressourcenorientierung in der Sozialen Arbeit. In: Sozialmagazin 35, H. 7–8, S. 41–52.

Kleve, Heiko (2011): Methodische Grundlagen Sozialer Arbeit. Eine fragmentarische Skizze. In: Kleve, Heiko/Haye, Britta/Hampe-Grosser, Andreas/Müller, Matthias (Hrsg.): Systemisches Case Management. Falleinschätzung und Hilfeplanung in der Sozialen Arbeit. 3., überarbeitete Auflage. Heidelberg: Carl-Auer Verlag. S. 16–40.

Knuth, Nicole/Sabla, Kim-Patrick/Uhlendorff, Uwe (2009): Das Familienkonzeptmodell: Perspektiven für eine sozialpädagogisch fokussierte Familienforschung und -diagnostik. In: Beckmann, Christof/Otto, Hans-Uwe/Richter, Martina/Schrödter, Mark (Hrsg.): Neue Familialität als Herausforderung der Jugendhilfe. Sonderheft 9. Lahnstein: Verlag neue praxis. S. 181–193.

Kocabas, Bircan (2014): Familien mit türkischen Wurzeln in der Kinder- und Jugendhilfe. Eine empirische Untersuchung zur Sozialpädagogischen Familienhilfe. Herbolzheim: Centaurus Verlag & Media UG.

Koch, Josef/Düring, Diana (2012): Zu diesem Heft. In: Forum Erziehungshilfen 18, H. 5, S. 258.

Koch, Josef/Peters, Friedhelm (2004): Das Projekt Integrierte, flexible Erziehungshilfen. In: Peters, Friedhelm/Koch, Josef (Hrsg.): Integrierte erzieherische Hilfen. Flexibilität, Integration und Sozialraumbezug in der Jugendhilfe. Weinheim und München: Juventa. S. 7–25.

Köngeter, Stefan (2009): Relationale Professionalität. Eine empirische Studie zu Arbeitsbeziehungen mit Eltern in den Erziehungshilfen. Baltmannsweiler: Schneider Verlag Hohengehren.

Köngeter, Stefan (2013): Professionalität in den Erziehungshilfen. In: Becker-Lenz, Roland/Busse, Stefan/Ehlert, Gudrun/Müller-Hermann, Silke (Hrsg.): Professionalität in der Sozialen Arbeit. Standpunkte, Kontroversen, Perspektiven. Wiesbaden: VS Verlag für Sozialwissenschaften. S. 183–200.

Köngeter, Stefan (2017): Professionalität. In: Kessl, Fabian/Kruse, Elke/Stövesand, Sabine/Thole, Werner (Hrsg.): Soziale Arbeit – Kernthemen und Problemfelder. Opladen, Toronto: Verlag Barbara Budrich. S. 87–105.

Köngeter, Stefan/Eßer, Florian/Thiersch, Hans (2004): Sozialraumorientierung – Innovation oder Technologie? In: Peters, Friedhelm/Koch, Josef (Hrsg.): Integrierte erzieherische Hilfen. Flexibilität, Integration und Sozialraumbezug in der Jugendhilfe. Weinheim und München: Juventa. S. 75–99.

König, Oliver (2020): Familiendynamisches Basiswissen: Notwendiger Hintergrund für das Verstehen familiärer Problemlagen. In: Ader, Sabine/Schrapper, Christian (Hrsg.): Sozialpädagogische Diagnostik und Fallverstehen in der Jugendhilfe. München: Ernst Reinhardt Verlag. S. 135–145.

Kosik, Karel (1986/2016): Die Dialektik des Konkreten. Eine Studie zur Problematik des Menschen und der Welt. 2. Auflage. Frankfurt am Main: Suhrkamp.

Kratzsch, Jörg/Burkhardt, Jessica (2020): Familie im Wandel. Herausforderungen des digitalen Zeitalters meistern. In: Gross, Friederike von/Röllecke, Renate (Hrsg.): Familienkultur smart und digital. Ergebnisse, Konzepte und Strategien der Medienpädagogik. München: kopaed. S. 61–67.

Krause, Hans-Ullrich/Peters, Friedhelm (2014): Exkurs: Diagnosen und Aushandlungsprozesse. In: Krause, Hans-Ullrich/Peters, Friedhelm (Hrsg.): Grundwissen Erzieherische Hilfen. Ausgangsfragen, Schlüsselthemen, Herausforderungen. 4., überarbeitete und aktualisierte Auflage. Weinheim und Basel: Beltz Juventa. S. 86–92.

Krause, Hans-Ullrich/Steinbacher, Elke (2014): Vom Fall zur Hilfe: Hilfeplanung nach § 36 SGB VIII (KJHG). In: Krause, Hans-Ullrich/Peters, Friedhelm (Hrsg.): Grundwissen Erzieherische Hilfen. Ausgangsfragen, Schlüsselthemen, Herausforderungen. 4., überarbeitete und aktualisierte Auflage. Weinheim und Basel: Beltz Juventa. S. 69–92.

Kreft, Dieter/Müller, C. Wolfgang (1986): Sozialpädagogische Familienhilfe. Ein neues Jugendhilfeangebot zwischen Einführung und Bewährung. In: Neue Praxis 16, H. 2, S. 107–113.
Kreft, Dieter/Müller, C. Wolfgang (2019a): Konzepte, Methoden, Verfahren und Techniken in der Sozialen Arbeit: Ein Ordnungsversuch für das Handeln nach den Regeln der Kunst. In: Kreft, Dieter/Müller, C. Wolfgang (Hrsg.): Methodenlehre in der Sozialen Arbeit. Konzepte, Methoden, Verfahren, Techniken. 3., überarbeitete Auflage. München: Ernst Reinhardt Verlag. S. 12–25.
Kreft, Dieter/Müller, C. Wolfgang (Hrsg.) (2019b): Methodenlehre in der Sozialen Arbeit. Konzepte, Methoden, Verfahren, Techniken. 3., überarbeitete Auflage. München: Ernst Reinhardt Verlag.
Kreuzer, Max (2001): „Das Richtige tun und es richtig machen". Die Methodenfrage in der Sozialen Arbeit im Spiegel von Anforderungen, Hoffnungen und Erfahrungen. In: Kreuzer, Max (Hrsg.): Handlungsmodelle in der Familienhilfe. Zwischen Networking und Beziehungsempowerment. Neuwied, Kriftel: Luchterhand. S. 13–65.
Kron-Klees, Friedhelm (2008): Familien wach begleiten. Von der Probleminszenierung zur Lösungsfindung. 3., überarbeitete und erweitere Auflage. Freiburg im Breisgau: Lambertus-Verlag.
Kruse, Elke (2010): Professionalisierung durch Akademisierung? – Hauptstationen der Entwicklung der Ausbildung für Soziale Arbeit. In: Hammerschmidt, Peter/Sagebiel, Juliane (Hrsg.): Professionalisierung im Widerstreit. Zur Professionalisierungsdiskussion in der Sozialen Arbeit – Versuch einer Bilanz. Neu-Ulm: AG SPAK Bücher. S. 43–58.
Kruse, Elke (2013): Die Akademisierung der Profession Sozialer Arbeit. In: Hering, Sabine (Hrsg.): Was ist Soziale Arbeit? Traditionen – Widersprüche – Wirkungen. Opladen, Berlin, Toronto: Barbara Budrich. S. 149–163.
Kruse, Jan (2005): Soziale Netzwerkarbeit im Spiegel gegenwärtiger Diskurse. In: Sozialmagazin 30, H. 6, S. 36–45.
Kruse, Jan (2015): Qualitative Interviewforschung. Ein integrativer Ansatz. 2., überarbeitete und ergänzte Auflage. Weinheim und Basel: Beltz Juventa.
Kubisch, Sonja (2014): Spielarten des Rekonstruktiven. Entwicklungen von Forschung in der Sozialen Arbeit. In: Mührel, Eric/Birgmeier, Bernd (Hrsg.): Perspektiven sozialpädagogischer Forschung. Methodologien – Arbeitsfeldbezüge – Forschungspraxen. Wiesbaden: Springer VS. S. 155–172.
Kubisch, Sonja (2018): Professionalität und Organisation in der Sozialen Arbeit. Eine Annäherung aus praxeologischer Perspektive. In: Bohnsack, Ralf/Kubisch, Sonja/Streblow-Poser, Claudia (Hrsg.): Soziale Arbeit und Dokumentarische Methode. Methodologische Aspekte und empirische Erkenntnisse. Opladen, Berlin, Toronto: Verlag Barbara Budrich. S. 171–196.
Kühl, Wolfgang (1997): Kompetenzentwicklung der Sozialpädagogischen Familienhilfe in den neuen Bundesländern. In: Neue Praxis 27, H. 2, S. 154–168.
Kühling, Ludger/Richter, Katrin (2009): Genogramme in der Sozialen Arbeit. In: Michel-Schwartze, Brigitta (Hrsg.): Methodenbuch Soziale Arbeit. Basiswissen für die Praxis. 2., überarbeitete und erweiterte Auflage. Wiesbaden: VS Verlag für Sozialwissenschaften. S. 227–256.
Kühling, Ludger/Schweyer, Elisabeth/Herwig-Lempp, Johannes (1997): Warum kurz, wenn's auch lang geht? Kurzzeittherapeutische Konzepte in der Sozialpädagogischen Familienhilfe. In: Hargens, Jürgen (Hrsg.): Klar helfen wir Ihnen! Wann sollen wir kommen? Systemische Ansätze in der Sozialpädagogischen Familienhilfe. Dortmund: Borgmann. S. 13–41.
Kuhlmann, Carola (2004): Zur historischen Dimension der Diagnostik am Beispiel von Alice Salomon. In: Heiner, Maja (Hrsg.): Diagnostik und Diagnosen in der Sozialen Arbeit – Ein Handbuch. Berlin: Eigenverlag des Deutschen Vereins für öffentliche und private Fürsorge. S. 11–25.
Kuhlmann, Carola (2008): „So erzieht man keinen Menschen!" Lebens- und Berufserinnerungen aus der Heimerziehung der 50er und 60er Jahre. Wiesbaden: VS Verlag für Sozialwissenschaften.
Kuhlmann, Carola (2009): Gerechtigkeit, Fürsorge und Geschlecht. Ausgeblendete Zusammenhänge in der sozialpädagogischen Theoriebildung. In: Mührel, Eric/Birgmeier, Bernd (Hrsg.): Theorien der Sozialpädagogik – ein Theorie-Dilemma? Wiesbaden: VS Verlag für Sozialwissenschaften. S. 129–146.
Kuhlmann, Carola (2010): Frauenbewegung und Soziale Arbeit. In: Schröer, Wolfgang/Schweppe, Cornelia (Hrsg.): Enzyklopädie Erziehungswissenschaft Online. Fachgebiet Soziale Arbeit. Weinheim und München: Beltz Juventa. S. 1–30.
Kuhlmann, Carola (2014): Geschichte Sozialer Arbeit I. Eine Einführung für soziale Berufe. Studienbuch. 4. Auflage. Schwalbach am Taunus: Wochenschau Verlag.

Kuhlmann, Carola/Schrapper, Christian (2001): Geschichte der Erziehungshilfen von der Armenpflege bis zu den Hilfen zur Erziehung. In: Birtsch, Vera/Münstermann, Klaus/Trede, Wolfgang (Hrsg.): Handbuch Erziehungshilfen. Leitfaden für Ausbildung, Praxis und Forschung. Münster: VOTUM Verlag. S. 282–328.

Kunstreich, Timm (1997): Grundkurs Soziale Arbeit. Sieben Blicke auf die Geschichte und Gegenwart Sozialer Arbeit. Band I: Blicke auf die Jahre 1850, 1890, 1925 und 1935. Hamburg: Agentur des Rauhen Hauses.

Kunstreich, Timm/Langhanky, Michael/Lindenberg, Michael/May, Michael (2004): Dialog statt Diagnose. In: Heiner, Maja (Hrsg.): Diagnostik und Diagnosen in der Sozialen Arbeit – Ein Handbuch. Berlin: Eigenverlag des Deutschen Vereins für öffentliche und private Fürsorge. S. 26–39.

Kupfer, Annett (2015): Wer hilft helfen? Einflüsse sozialer Netzwerke auf Beratung. Tübingen: dgvt-Verlag.

Kupfer, Annett (2016): Lebensweltorientierung und Ressourcenarbeit. In: Grunwald, Klaus/Thiersch, Hans (Hrsg.): Praxishandbuch Lebensweltorientierte Soziale Arbeit. Handlungszusammenhänge und Methoden in unterschiedlichen Arbeitsfeldern. 3., vollständig überarbeitete Auflage. Weinheim und Basel: Beltz Juventa. S. 419–430.

Kupfer, Annett (2018): Netzwerkkarten als diagnostische Instrumente. In: Buttner, Peter/Gahleitner, Silke Birgitta/Hochuli Freund, Ursula/Röh, Dieter (Hrsg.): Handbuch Soziale Diagnostik. Perspektiven und Konzepte für die Soziale Arbeit. Berlin: Verlag des Deutschen Vereins für öffentliche und private Fürsorge. S. 320–327.

Kupfer, Annett/Nestmann, Frank (2016): Netzwerkintervention und soziale Unterstützungsförderung. In: Früchtel, Frank/Straßner, Mischa/Schwarzloos, Christian (Hrsg.): Relationale Sozialarbeit. Versammelnde vernetzende und kooperative Hilfeformen. Weinheim und Basel: Beltz Juventa. S. 95–110.

Kupfer, Annett/Nestmann, Frank (2018): Netzwerkdiagnostik. In: Buttner, Peter/Gahleitner, Silke Birgitta/Hochuli Freund, Ursula/Röh, Dieter (Hrsg.): Handbuch Soziale Diagnostik. Perspektiven und Konzepte für die Soziale Arbeit. Berlin: Verlag des Deutschen Vereins für öffentliche und private Fürsorge. S. 172–182.

Kupfer, Annett/Nestmann, Frank/Weinhold, Kathy (2013): Beratung als soziales Isolat? Die übersehene Rolle persönlicher Beziehungen und Netzwerke. In: Nestmann, Frank/Engel, Frank/Sickendiek, Ursel (Hrsg.): Das Handbuch der Beratung. Band 3: Neue Beratungswelten: Fortschritte und Kontroversen. Tübingen: dgvt-Verlag. S. 1409–1427.

Kutscher, Nadia/Richter, Martina (2011): Soziale Arbeit „im Kreise der Familie“: Zur Wirkmächtigkeit von De- und Re-Familialisierungspolitiken, Aktivierungspraxen und Risikokontrolle. In: Kommission Sozialpädagogik (Hrsg.): Bildung des *Effective Citizen*. Sozialpädagogik auf dem Weg zu einem neuen Sozialentwurf. Weinheim und München: Juventa. S. 191–202.

Laireiter, Anton-Rupert (2009): Soziales Netzwerk und soziale Unterstützung. In: Lenz, Karl/Nestmann, Frank (Hrsg.): Handbuch Persönliche Beziehungen. Weinheim und München: Juventa. S. 75–99.

Laireiter, Anton-Rupert/Fuchs, Miriam/Pichler, Maria-Elisabeth (2007): Negative Soziale Unterstützung bei der Bewältigung von Lebensbelastungen. Eine konzeptuelle und empirische Analyse. In: Zeitschrift für Gesundheitspsychologie 15, H. 2, S. 43–56.

Lambers, Helmut (2016): Theorien der Sozialen Arbeit. Ein Kompendium und Vergleich. 3., überarbeitete Auflage. Opladen, Toronto: Verlag Barbara Budrich.

Lamprecht, Juliane (2012): Rekonstruktiv-responsive Evaluation in der Praxis. Neue Perspektiven dokumentarischer Evaluationsforschung. Wiesbaden: VS Verlag für Sozialwissenschaften.

Latour, Bruno (2008): Wir sind nie modern gewesen. Versuch einer symmetrischen Anthropologie. Frankfurt am Main: Suhrkamp.

Latour, Bruno (2010): Eine neue Soziologie für eine neue Gesellschaft. Einführung in die Akteur-Netzwerk-Theorie. Frankfurt am Main: Suhrkamp.

Lenz, Karl (2016): Familien. In: Schröer, Wolfgang/Struck, Norbert/Wolff, Mechthild (Hrsg.): Handbuch Kinder- und Jugendhilfe. 2., überarbeitete Auflage. Weinheim und Basel: Beltz Juventa. S. 166–202.

Lenz, Karl/Böhnisch, Lothar (1999): Zugänge zu Familien – ein Grundlagentext. In: Böhnisch, Lothar/Lenz, Karl (Hrsg.): Familien. Eine interdisziplinäre Einführung. 2., korrigierte Auflage. Weinheim: Juventa. S. 9–63.

Lenz, Karl/Nestmann, Frank (2009): Persönliche Beziehungen – eine Einleitung. In: Lenz, Karl/Nestmann, Frank (Hrsg.): Handbuch Persönliche Beziehungen. Weinheim und München: Juventa. S. 9–25.
Löwenstein, Heiko (2020a): Bildende Gemeinschaften und geteilte Erfahrung. Hinweise zur Tradition relationaler Sozialpädagogik. In: Birgmeier, Bernd/Mührel, Eric/Winkler, Michael (Hrsg.): Sozialpädagogische SeitenSprünge. Einsichten von außen, Aussichten von innen: Befunde und Visionen zur Sozialpädagogik. Weinheim und Basel: Beltz Juventa. S. 142–149.
Löwenstein, Heiko (2020b): Relationale Theorie und relationale Diagnostik. In: FORUM sozial, H. 4, S. 47–53.
Lubove, Roy (1965): The Professional Altruist. The Emergence of Social Work as a Career. 1880–1930. Cambridge, Massachusetts: Harvard University Press.
Luhmann, Niklas/Schorr, Karl Eberhard (1982a): Das Technologiedefizit der Erziehung und die Pädagogik. In: Luhmann, Niklas/Schorr, Karl Eberhard (Hrsg.): Zwischen Technologie und Selbstreferenz. Fragen an die Pädagogik. Frankfurt am Main: Suhrkamp. S. 11–40.
Luhmann, Niklas/Schorr, Karl Eberhard (1982b): Personale Identität und Möglichkeiten der Erziehung. In: Luhmann, Niklas/Schorr, Karl Eberhard (Hrsg.): Zwischen Technologie und Selbstreferenz. Fragen an die Pädagogik. Frankfurt am Main: Suhrkamp. S. 224–261.
Lüngen, Sarah/Müller, Matthias/Bräutigam, Barbara (2016): Kaffee, Kekse, Katzenallergie. Umgang mit Grenzen, Grenzerfahrungen und Abgrenzungsbedürfnissen in den Hilfen im häuslichen Setting. In: Neue Praxis 46, H. 1, S. 67–82.
Lüngen, Sarah/Müller, Matthias/Hankel, Karin/Bräutigam, Barbara (2014): „… da sind da die Tassen geflogen und ich mitten drin …“ Wie sicher empfinden aufsuchende Helfer_innen ihre Arbeit im häuslichen Setting. In: Zeitschrift für Sozialpädagogik 12, H. 4, S. 402–424.
Lutz, Ronald (Hrsg.) (2012): Erschöpfte Familien. Wiesbaden: VS Verlag für Sozialwissenschaften.
MacRae, Allan (2004): Familienkonferenzen, ein neuseeländisches Modell. In: (Mehr) Selbstverantwortung zulassen. Neue Konzepte in der Kinder- und Jugendhilfe. Dokumentation der Fachtagung am 22. und 23. April 2004 in Berlin. Berlin. S. 46–65.
MacRae, Allan/Zehr, Howard (2004): The little book of Family Group Conferences. New Zealand Style. Intercourse, PA: Good Books.
Maier, Udo (1985): Familienhilfe in Kreuzberg und Berlin. Ist die Berliner Familienhilfe noch zu retten? In: Sozialpädagogisches Institut Berlin (Hrsg.): Sozialpädagogische Familienhilfe 1985. Ein ambulantes Jugendhilfeangebot zur psychosozialen Unterstützung im Alltag von Familien. Probleme Entwicklungen Orientierungen. Berlin: Sozialpädagogisches Institut Berlin. S. 66–73.
Maly, Dieter (2019): Der Hausbesuch. In: Kreft, Dieter/Müller, C. Wolfgang (Hrsg.): Methodenlehre in der Sozialen Arbeit. Konzepte, Methoden, Verfahren, Techniken. 3., überarbeitete Auflage. München: Ernst Reinhardt Verlag. S. 135–137.
Mannheim, Karl (1964): Beiträge zur Theorie der Weltanschauungs-Interpretation. In: Mannheim, Karl (Hrsg.): Wissenssoziologie. Auswahl aus dem Werk. Berlin, Neuwied: Luchterhand Verlag. S. 91–154.
Mannheim, Karl (1980): Strukturen des Denkens. Frankfurt am Main: Suhrkamp Verlag.
Mannschatz, Eberhard (1998): Rückblick auf die Soziale Arbeit in der DDR – Eberhard Mannschatz berichtet am Beispiel der Jugendhilfe. In: Kunstreich, Timm (Hrsg.): Grundkurs Soziale Arbeit. Sieben Blicke auf Geschichte und Gegenwart Sozialer Arbeit. Band II: Blicke auf die Jahre 1955, 1970 und 1995 sowie ein Rückblick auf die Soziale Arbeit in der DDR (von Eberhard Mannschatz). Hamburg: Agentur des Rauhen Hauses. S. 209–247.
Marx, Karl/Engels, Friedrich (1848/2016): Das Manifest der Kommunistischen Partei. In: Lhotzky, Kurt (Hrsg.): Karl Marx und Friedrich Engels. Gesammelte Werke. Köln: Anaconda Verlag. S. 129–166.
Matscha, Franz (1991): Handlungskompetenz für die Soziale Intervention im Bereich der Sozialpädagogischen Familienhilfe. Phänomenologisch-hermeneutische Untersuchung von Konzepten der Sozialpädagogischen Familienhilfe und empirisch-interpretative Studie. Münster: Lit Verlag.
May, Michael (2010): Aktuelle Theoriediskurse Sozialer Arbeit. Eine Einführung. 3. Auflage. Wiesbaden: VS Verlag für Sozialwissenschaften.
May, Michael (2018a): Netzwerktheorien in der Sozialen Arbeit. In: Fischer, Jörg/Kosellek, Tobias (Hrsg.): Netzwerke und Soziale Arbeit. Theorien, Methoden, Anwendungen. 2., durchgesehene und erweiterte Auflage. Weinheim und Basel: Beltz Juventa. S. 50–83.

May, Michael (2018b): Sozialraumbezogene Methoden. In: Otto, Hans-Uwe/Thiersch, Hans/Treptow, Rainer/Ziegler, Holger (Hrsg.): Handbuch Soziale Arbeit. Grundlagen der Sozialarbeit und Sozialpädagogik. 6., überarbeitete Auflage. München: Ernst Reinhardt Verlag. S. 1605–1614.

Meinhold, Marianne (1987): Hilfsangebote für Klienten der Familienfürsorge. Erfahrungen aus dem Projekt ‚Familiendienste Wedding'. In: Karsten, Maria-Eleonora/Otto, Hans-Uwe (Hrsg.): Die sozialpädagogische Ordnung der Familie. Beiträge zum Wandel familialer Lebensweisen und sozialpädagogischer Interventionen. Weinheim und München: Juventa. S. 197–213.

Meinhold, Marianne (1988): Sozio-ökologische Konzepte – alternative Grundlage für die Familienarbeit. In: Hörmann, Georg/Körner, Wilhelm/Buer, Ferdinand (Hrsg.): Familie und Familientherapie. *Probleme – Perspektiven – Alternativen*. Opladen: Westdeutscher Verlag. S. 252–287.

Merchel, Joachim (1998): Qualitätskriterien und Qualitätsentwicklung in der Sozialpädagogischen Familienhilfe. In: Jugendhilfe 36, H. 1, S. 16–31.

Merchel, Joachim (2016): Arbeitsbedingungen in den ambulanten Hilfen zur Erziehung. In: Baumeister, Peter/Bauer, Annette/Mersch, Reinhild/Pigulla, Christa-Maria/Röttgen, Johannes (Hrsg.): Arbeitsfeld ambulante Hilfen zur Erziehung. Standards, Qualität und Vielfalt. Freiburg im Breisgau: Lambertus-Verlag. S. 73–83.

Merchel, Joachim/Schrapper, Christian (1996): „Neue Steuerung" in der Sozialverwaltung – Hoffnungen, Skepsis und Fragen gegenüber einem Modernisierungskonzept. In: Merchel, Joachim/Schrapper, Christian (Hrsg.): „Neue Steuerung". Tendenzen der Organisationsentwicklung in der Sozialverwaltung. Münster: Votum-Verlag. S. 7–15.

Messmer, Heinz/Fellmann, Lukas/Wetzel, Marina/Käch, Oliver (2019): Sozialpädagogische Familienhilfe im Spiegel der Forschung. Bestandsaufnahme und Ausblick. In: Neue Praxis 49, H. 1, S. 37–53.

Messmer, Heinz/Hitzler, Sarah (2007): Die soziale Produktion von Klienten – Hilfeplangespräche in der Kinder- und Jugendhilfe. In: Ludwig-Mayerhofer, Wolfgang/Behrend, Olaf/Sondermann, Ariadne (Hrsg.): Fallverstehen und Deutungsmacht. Akteure in der Sozialverwaltung und ihre Klienten. Opladen, Farmington Hills: Verlag Barbara Budrich. S. 41–73.

Messmer, Heinz/Wetzel, Marina/Fellmann, Lukas/Käch, Oliver (2021): Sozialpädagogische Familienbegleitung. Ausgangsbedingungen – Praxis – Wirkungen. Weinheim und Basel: Beltz Juventa.

Metzger, Marius/Pfister, Silvia Domeniconi (2018): Arbeits- und Handlungsprinzipien der Sozialpädagogischen Familienhilfe und Familienbegleitung. In: Zeitschrift für Sozialpädagogik 16, H. 1, S. 56–71.

Meuser, Michael (2018): Rekonstruktive Sozialforschung. In: Bohnsack, Ralf/Geimer, Alexander/Meuser, Michael (Hrsg.): Hauptbegriffe Qualitativer Sozialforschung. 4. vollständig überarbeitete und erweiterte Auflage. Opladen, Toronto: Verlag Barbara Budrich. S. 206–209.

Meuser, Michael/Nagel, Ulrike (2005): ExpertInneninterviews – vielfach erprobt, wenig bedacht. Ein Beitrag zur qualitativen Methodendiskussion. In: Bogner, Alexander/Littig, Beate/Menz, Wolfgang (Hrsg.): Das Experteninterview. Theorie, Methode, Anwendung. 2. Auflage. Wiesbaden: VS Verlag für Sozialwissenschaften. S. 71–93.

Meuser, Michael/Nagel, Ulrike (2009): Das Experteninterview – konzeptionelle Grundlagen und methodische Anlage. In: Pickel, Susanne/Pickel, Gert/Lauth, Hans-Joachim/Jahn, Detlef (Hrsg.): Methoden der vergleichenden Politik- und Sozialwissenschaft. Neue Entwicklungen und Anwendungen. Wiesbaden: VS Verlag für Sozialwissenschaften. S. 465–479.

Meuser, Michael/Nagel, Ulrike (2018): Experteninterview. In: Bohnsack, Ralf/Geimer, Alexander/Meuser, Michael (Hrsg.): Hauptbegriffe Qualitativer Sozialforschung. 4. vollständig überarbeitete und erweiterte Auflage. Opladen, Toronto: Verlag Barbara Budrich. S. 76–78.

Meyer, Christine/Oelkers, Nina (2018): Soziale Arbeit mit Familien. In: Graßhoff, Gunther/Renker, Anna/Schröer, Wolfgang (Hrsg.): Soziale Arbeit. Eine elementare Einführung. Wiesbaden: Springer VS. S. 151–168.

Meysen, Thomas/Eschelbach, Diana (2012): Das neue Bundeskinderschutzgesetz. Baden-Baden: Nomos Verlagsgesellschaft.

Michel-Schwartze, Brigitta (2016): Sozialarbeitswissenschaftliche Fallarbeit: Zugänge unter Einbeziehung bezugswissenschaftlichen Wissens. In: Michel-Schwartze, Brigitta (Hrsg.): Der Zugang zum Fall. Beobachtungen, Deutungen, Interventionsansätze. Wiesbaden: Springer VS. S. 243–286.

Mierendorff, Johanna/Olk, Thomas (2007): Kinder- und Jugendhilfe. In: Ecarius, Jutta (Hrsg.): Handbuch Familie. Wiesbaden: VS Verlag für Sozialwissenschaften. S. 542–567.

Miethe, Ingrid (2013): Empirische Forschung als Motor von Theorie und Praxis der Sozialen Arbeit. In: Hering, Sabine (Hrsg.): Was ist Soziale Arbeit? Traditionen – Widersprüche – Wirkungen. Opladen, Berlin, Toronto: Barbara Budrich. S. 219–239.

Mitzscherlich, Beate/Ahbe, Thomas/Diedrich, Ulrike/Wustmann, Cornelia/Eisewicht, Paul (2019): Sexueller Missbrauch in Institutionen und Familien der DDR. Fallstudie zu den Anhörungen und Dokumenten der Aufarbeitungskommission. Verfügbar unter: www.aufarbeitungskommission.de/wp-content/uploads/2019/03/Fallstudie_Sexueller-Kindesmissbrauch-in-Institutionen-und-Familien-in-der-DDR.pdf (Abfrage 04.07.2021).

Möbius, Thomas (2003): Die ambulante Intensive Begleitung im Kontext Sozialer Arbeit. In: Möbius, Thomas/Klawe, Willy (Hrsg.): AIB – Ambulante intensive Begleitung. Handbuch für eine innovative Praxis in der Jugendhilfe. Weinheim, Berlin, Basel: Beltz Verlag. S. 16–69.

Möbius, Thomas (2010): Ressourcenorientierung in der Sozialen Arbeit. In: Möbius, Thomas/Friedrich, Sibylle (Hrsg.): Ressourcenorientiert Arbeiten. Anleitung zu einem gelingenden Praxistransfer im Sozialbereich. Wiesbaden: VS Verlag für Sozialwissenschaften. S. 13–30.

Moch, Matthias (2016): Lebensweltorientierung in den Erziehungshilfen. In: Grunwald, Klaus/Thiersch, Hans (Hrsg.): Praxishandbuch Lebensweltorientierte Soziale Arbeit. Handlungszusammenhänge und Methoden in unterschiedlichen Arbeitsfeldern. 3., vollständig überarbeitete Auflage. Weinheim und Basel: Beltz Juventa. S. 77–86.

Moch, Matthias (2018): Hilfen zur Erziehung. In: Otto, Hans-Uwe/Thiersch, Hans/Treptow, Rainer/Ziegler, Holger (Hrsg.): Handbuch Soziale Arbeit. Grundlagen der Sozialarbeit und Sozialpädagogik. 6., überarbeitete Auflage. München: Ernst Reinhardt Verlag. S. 632–645.

Modrow, Kirsten (2018): Stabilisierung von Hilfebedarfen statt Hilfe zur Selbsthilfe. Netzwerkprofile und Inklusionsprozesse in der ambulanten Sozialpsychiatrie. In: Soziale Arbeit. Zeitschrift für soziale und sozialverwandte Gebiete 67, H. 6, S. 210–222.

Mollenhauer, Klaus (1959): Die Ursprünge der Sozialpädagogik in der industriellen Gesellschaft. Eine Untersuchung zur Struktur sozialpädagogischen Denkens und Handelns. Weinheim, Berlin: Julius Beltz.

Mollenhauer, Klaus/Brumlik, Micha/Wudtke, Hubert (1975): Die Familienerziehung. München: Juventa.

Mühlmann, Thomas (2019): Regionale Unterschiede in der Kinder- und Jugendhilfe. Eine Zusatzanalyse zum ‚Monitor Hilfen zur Erziehung 2019' zu erzieherischen Hilfen und Kinderschutzaufgaben der Jugendämter. Verfügbar unter: www.hzemonitor.akjstat.tu-dortmund.de/fileadmin/user_upload/documents/AKJStat_Regionale_Unterschiede_Jugendhilfe_2019.pdf (Abfrage 22.04.2021).

Müller, Burkhard (1985a): Die Last der großen Hoffnungen. Methodisches Handeln und Selbstkontrolle in sozialen Berufen. Weinheim und München: Juventa.

Müller, Burkhard (2002): Sozialpädagogische Interaktions- und Klientenarbeit. In: Otto, Hans-Uwe/Rauschenbach, Thomas/Vogel, Peter (Hrsg.): Erziehungswissenschaft: Professionalität und Kompetenz. Opladen: Leske + Budrich. S. 79–90.

Müller, Burkhard (2012): Professionalität. In: Thole, Werner (Hrsg.): Grundriss Soziale Arbeit. Ein einführendes Handbuch. 4. Auflage. Wiesbaden: VS Verlag für Sozialwissenschaften. S. 955–974.

Müller, Burkhard (2017): Sozialpädagogisches Können. Ein Lehrbuch zur multiperspektivischen Fallarbeit. Überarbeitet und erweitert von Ursula Hochuli Freund. 8., überarbeitete und erweiterte Auflage. Freiburg im Breisgau: Lambertus-Verlag.

Müller, C. Wolfgang (1985b): Einige historische Vorläufer Sozialpädagogischer Familienhilfe. In: Sozialpädagogisches Institut Berlin (Hrsg.): Sozialpädagogische Familienhilfe 1985. Ein ambulantes Jugendhilfeangebot zur psychosozialen Unterstützung im Alltag von Familien. Probleme Entwicklungen Orientierungen. Berlin: Sozialpädagogisches Institut Berlin. S. 5–11.

Müller, C. Wolfgang (2013): Wie Helfen zum Beruf wurde. Eine Methodengeschichte der Sozialen Arbeit. 6. Auflage. Weinheim und Basel: Beltz Juventa.

Müller, Matthias (2010): Drei Dimensionen Sozialpädagogischer Familienhilfe. In: Michel-Schwartze, Brigitta (Hrsg.): „Modernisierungen" methodischen Handelns in der Sozialen Arbeit. Wiesbaden: VS Verlag für Sozialwissenschaften. S. 205–229.

Münchmeier, Richard (2013): Soziale Arbeit als Instrument der Sozialdisziplinierung. In: Hering, Sabine (Hrsg.): Was ist Soziale Arbeit? Traditionen – Widersprüche – Wirkungen. Opladen, Berlin, Toronto: Barbara Budrich. S. 41–51.
Münder, Johannes/Ernst, Rüdiger (2009): Familienrecht. Eine sozialwissenschaftlich orientierte Darstellung. 6., überarbeitete Auflage. Köln: Luchterhand.
Münder, Johannes/Trenczek, Thomas/Boetticher, Arne von/Tammen, Britta (2020): Kinder- und Jugendhilferecht. Eine praxis- und sozialwissenschaftlich orientierte Darstellung des gesamten Kinder- und Jugendhilferechts. 9., aktualisierte und erweiterte Auflage. Baden-Baden: Nomos.
Nave-Herz, Rosemarie (2013): Ehe- und Familiensoziologie. Eine Einführung in Geschichte, theoretische Ansätze und empirische Befunde. 3., überarbeitete Auflage. Weinheim und Basel: Beltz Juventa.
Nentwig-Gesemann, Iris (2010): Das Gruppendiskussionsverfahren. In: Bock, Karin/Miethe, Ingrid (Hrsg.): Handbuch Qualitative Methoden in der Sozialen Arbeit. Opladen, Farmington Hills: Barbara Budrich. S. 259–268.
Nentwig-Gesemann, Iris (2013): Die Typenbildung der dokumentarischen Methode. In: Bohnsack, Ralf/Nentwig-Gesemann, Iris/Nohl, Arnd-Michael (Hrsg.): Die dokumentarische Methode und ihre Forschungspraxis. Grundlagen qualitativer Sozialforschung. 3. aktualisierte Auflage. Wiesbaden: Springer VS. S. 295–323.
Nentwig-Gesemann, Iris (2018): Konjunktiver Erfahrungsraum. In: Bohnsack, Ralf/Geimer, Alexander/Meuser, Michael (Hrsg.): Hauptbegriffe Qualitativer Sozialforschung. 4. vollständig überarbeitete und erweiterte Auflage. Opladen, Toronto: Verlag Barbara Budrich. S. 131–133.
Nestmann, Frank (1988): Die alltäglichen Helfer. Theorien sozialer Unterstützung und eine Untersuchung alltäglicher Hilfe aus vier Dienstleistungsberufen. Berlin, New York: De Gruyter.
Nestmann, Frank (1989): Förderung sozialer Netzwerke – eine Perspektive pädagogischer Handlungskompetenz? In: Neue Praxis 19, H. 2, S. 107–123.
Nestmann, Frank (1999): Familie als soziales Netzwerk und Familie im sozialen Netzwerk. In: Böhnisch, Lothar/Lenz, Karl (Hrsg.): Familien. Eine interdisziplinäre Einführung. 2., korrigierte Auflage. Weinheim: Juventa. S. 213–234.
Nestmann, Frank (2000): Gesundheitsförderung durch informelle Hilfe und Unterstützung in sozialen Netzwerken. Die Bedeutung informeller Hilfe im Alltag von Gesundheitssicherung und Gesundheitsförderung. In: Sting, Stephan/Zurhorst, Günter (Hrsg.): Gesundheit und Soziale Arbeit. Gesundheit und Gesundheitsförderung in den Praxisfeldern Sozialer Arbeit. Weinheim und München: Juventa. S. 128–146.
Nestmann, Frank (2004): Ressourcenarbeit. In: Grunwald, Klaus/Thiersch, Hans (Hrsg.): Praxis Lebensweltorientierter Sozialer Arbeit. Handlungszugänge und Methoden in unterschiedlichen Arbeitsfeldern. Weinheim und München: Juventa. S. 69–85.
Nestmann, Frank (2005a): Alltägliche Helferinnen – unabdingbar und allgegenwärtig – übersehen und vernachlässigt. In: Gruppendynamik und Organisationsberatung 36, H. 4, S. 347–366.
Nestmann, Frank (2005b): Netzwerkintervention und soziale Unterstützung fördern: Effektivität und Maximen der Nachhaltigkeit. In: Otto, Ulrich/Bauer, Petra (Hrsg.): Mit Netzwerken professionell zusammenarbeiten. Band 1: Soziale Netzwerke in Lebenslauf- und Lebenslagenperspektive. Tübingen: dgvt-Verlag. S. 131–156.
Nestmann, Frank (2005c): Soziale Netzwerke – Soziale Unterstützung. In: Otto, Hans-Uwe/Thiersch, Hans (Hrsg.): Handbuch Sozialarbeit Sozialpädagogik. 3. Auflage. München, Basel: Ernst Reinhardt Verlag. S. 1684–1692.
Nestmann, Frank (2009a): Netzwerkintervention und soziale Unterstützungsförderung. In: Lenz, Karl/Nestmann, Frank (Hrsg.): Handbuch Persönliche Beziehungen. Weinheim und München: Juventa. S. 955–977.
Nestmann, Frank (2009b): Netzwerkintervention und Supportförderung – Ein Plädoyer für Praxis. In: Röhrle, Bernd/Laireiter, Anton-Rupert (Hrsg.): Soziale Unterstützung und Psychotherapie. Tübingen: dgvt-Verlag. S. 589–621.
Nestmann, Frank (2010): Soziale Unterstützung – Social Support. In: Schröer, Wolfgang/Schweppe, Cornelia (Hrsg.): Enzyklopädie Erziehungswissenschaft Online. Fachgebiet Soziale Arbeit. Weinheim und München: Juventa. S. 1–39.

Nestmann, Frank/Günther, Julia/Stiehler, Steve/Wehner, Karin/Werner, Jillian (Hrsg.) (2008a): Kindernetzwerke. Soziale Beziehungen und soziale Unterstützung in Familie, Pflegefamilie und Heim. Tübingen: dgvt-Verlag.

Nestmann, Frank/Günther, Julia/Stiehler, Steve/Wehner, Karin/Werner, Jillian (2008b): Soziale Netzwerke und soziale Unterstützung von Kindern in Familie und Heimerziehung. Eine vergleichende empirische Untersuchung. In: Nestmann, Frank/Günther, Julia/Stiehler, Steve/Wehner, Karin/Werner, Jillian (Hrsg.): Kindernetzwerke. Soziale Beziehungen und soziale Unterstützung in Familie, Pflegefamilie und Heim. Tübingen: dgvt-Verlag. S. 69–101.

Nestmann, Frank/Schmerl, Christiane (1990): Das Geschlechterparadox in der Social Support – Forschung. In: Schmerl, Christiane/Nestmann, Frank (Hrsg.): Ist Geben seliger als Nehmen? Frauen und Social support. Frankfurt am Main, New York: Campus Verlag. S. 7–35.

Nestmann, Frank/Sickendiek, Ursel (2018): Beratung. In: Otto, Hans-Uwe/Thiersch, Hans/Treptow, Rainer/Ziegler, Holger (Hrsg.): Handbuch Soziale Arbeit. Grundlagen der Sozialarbeit und Sozialpädagogik. 6., überarbeitete Auflage. München: Ernst Reinhardt Verlag. S. 110–120.

Nestmann, Frank/Wehner, Karin (2008): Soziale Netzwerke von Kindern und Jugendlichen. In: Nestmann, Frank/Günther, Julia/Stiehler, Steve/Wehner, Karin/Werner, Jillian (Hrsg.): Kindernetzwerke. Soziale Beziehungen und soziale Unterstützung in Familie, Pflegefamilie und Heim. Tübingen: dgvt-Verlag. S. 11–40.

Neuffer, Manfred (2011): Einzelfall- und familienbezogene Methoden der Sozialen Arbeit. In: Schröer, Wolfgang/Schweppe, Cornelia (Hrsg.): Enzyklopädie Erziehungswissenschaft Online. Fachgebiet Soziale Arbeit. Weinheim und München: Beltz Juventa. S. 1–42.

Neuffer, Manfred (2013): Case Management. Soziale Arbeit mit Einzelnen und Familien. 5., überarbeitete Auflage. Weinheim und Basel: Beltz Juventa.

Nicolay, Joachim (1992a): Das Konzept der Nachsozialisierung in der Sozialpädagogischen Familienhilfe. In: Jugendwohl 73, H. 6, S. 283–290.

Nicolay, Joachim (1992b): Hilfe zur Selbsthilfe und ihre Grenzen. In: Jugendwohl 73, H. 6, S. 271–277.

Nicolay, Joachim (1993): Wege zur konstruktiven Zusammenarbeit und Motivierung in der sozialpädagogischen Familienhilfe. In: Neue Praxis 23, H. 6, S. 539–548.

Nicolay, Joachim (1996): Ko-respondenz. Ein Beitrag zu einer Theorie des Handelns in der Sozialpädagogischen Familienhilfe. In: Neue Praxis 26, H. 3, S. 202–216.

Nielsen, Heidi/Nielsen, Karl (1984): Familienhelfer als Familienanwalt. Ergebnisse einer Aktenuntersuchung und einer Befragung von zuständigen Bezirkssozialarbeitern, Familienhelfern und betroffenen Familien. Frankfurt am Main: Eigenverlag des Deutschen Vereins für öffentliche und private Fürsorge.

Nielsen, Heidi/Nielsen, Karl (1985a): Entwicklung der Sozialpädagogischen Familienhilfe in Berlin (West). In: Sozialpädagogisches Institut Berlin (Hrsg.): Sozialpädagogische Familienhilfe 1985. Ein ambulantes Jugendhilfeangebot zur psychosozialen Unterstützung im Alltag von Familien. Probleme Entwicklungen Orientierungen. Berlin: Sozialpädagogisches Institut Berlin. S. 12–18.

Nielsen, Heidi/Nielsen, Karl (1985b): Zahlen zur Fremdunterbringung als ein Hintergrund zur Entwicklung von Sozialpädagogischer Familienhilfe. In: Sozialpädagogisches Institut Berlin (Hrsg.): Sozialpädagogische Familienhilfe 1985. Ein ambulantes Jugendhilfeangebot zur psychosozialen Unterstützung im Alltag von Familien. Probleme Entwicklungen Orientierungen. Berlin: Sozialpädagogisches Institut Berlin. S. 19–22.

Nielsen, Heidi/Nielsen, Karl/Müller, C. Wolfgang (1986): Sozialpädagogische Familienhilfe. Probleme, Prozesse und Langzeitwirkungen. Weinheim und Basel: Beltz Verlag.

Niemeyer, Christian (1997): Die Schlacht um die Jugendwohlfahrt oder Intention und Wirkung Wicherns. In: Niemeyer, Christian/Schröer, Wolfgang/Böhnisch, Lothar (Hrsg.): Grundlinien Historischer Sozialpädagogik. Traditionsbezüge, Reflexionen und übergangene Sozialdiskurse. Weinheim und München: Juventa. S. 71–93.

Niemeyer, Christian (2000): Das Kinder- und Jugendhilfegesetz (KJHG) – eine Bilanz aus historischer Perspektive. In: Neue Praxis 30, H. 5, S. 437–448.

Niemeyer, Christian (2010): Klassiker der Sozialpädagogik. Einführung in die Theoriegeschichte einer Wissenschaft. 3., aktualisierte Auflage. Weinheim und München: Juventa.

Noack, Michael (2015): Kompendium Sozialraumorientierung. Geschichte, theoretische Grundlagen, Methoden und kritische Positionen. Weinheim und Basel: Beltz Juventa.

Nohl, Arnd-Michael (2013a): Komparative Analyse. Forschungspraxis und Methodologie dokumentarischer Interpretation. In: Bohnsack, Ralf/Nentwig-Gesemann, Iris/Nohl, Arnd-Michael (Hrsg.): Die dokumentarische Methode und ihre Forschungspraxis. Grundlagen qualitativer Sozialforschung. 3. aktualisierte Auflage. Wiesbaden: Springer VS. S. 271–293.

Nohl, Arnd-Michael (2013b): Relationale Typenbildung und Mehrebenenvergleich. Neue Wege der dokumentarischen Methode. Wiesbaden: Springer VS.

Nohl, Arnd-Michael (2017): Interview und Dokumentarische Methode. Anleitungen für die Forschungspraxis. 5., aktualisierte und erweiterte Auflage. Wiesbaden: Springer VS.

Nohl, Arnd-Michael (2018): Komparative Analyse. In: Bohnsack, Ralf/Geimer, Alexander/Meuser, Michael (Hrsg.): Hauptbegriffe Qualitativer Sozialforschung. 4. vollständig überarbeitete und erweiterte Auflage. Opladen, Toronto: Verlag Barbara Budrich. S. 130–131.

Nohl, Arnd-Michael/Rosenberg, Florian von/Thomsen, Sarah (2015): Bildung und Lernen im biographischen Kontext. Empirische Typisierungen und praxeologische Reflexionen. Wiesbaden: Springer VS.

Nowak, Jürgen (2017): Netzwerke, soziale. In: Kreft, Dieter/Mielenz, Ingrid (Hrsg.): Wörterbuch Soziale Arbeit. Aufgaben, Praxisfelder, Begriffe und Methoden der Sozialarbeit und Sozialpädagogik. 8., vollständig überarbeitete und aktualisierte Auflage. Weinheim und Basel: Beltz Juventa. S. 680–683.

Nüsken, Dirk/Böttcher, Wolfgang (2018): Was leisten die Erziehungshilfen? Eine einführende Übersicht zu Studien und Evaluationen der HzE. Weinheim und Basel: Beltz Juventa.

Oelkers, Nina (2009): Aktivierung von Elternverantwortung im Kontext der Kindeswohldebatte. In: Beckmann, Christof/Otto, Hans-Uwe/Richter, Martina/Schrödter, Mark (Hrsg.): Neue Familialität als Herausforderung der Jugendhilfe. Sonderheft 9. Lahnstein: Verlag neue praxis. S. 139–146.

Oelkers, Nina (2012a): Erschöpfte Eltern? Familie als Leistungsträger personenbezogener Wohlfahrtsproduktion. In: Lutz, Ronald (Hrsg.): Erschöpfte Familien. Wiesbaden: VS Verlag für Sozialwissenschaften. S. 155–170.

Oelkers, Nina (2012b): Familialismus oder die normative Zementierung der Normalfamilie. Herausforderung für die Kinder- und Jugendhilfe. In: Böllert, Karin/Peter, Corinna (Hrsg.): Mutter + Vater = Eltern? Sozialer Wandel, Elternrollen und Soziale Arbeit. Wiesbaden: VS Verlag für Sozialwissenschaften. S. 135–154.

Oelkers, Nina/Richter, Martina (2010): Die post-wohlfahrtsstaatliche Neuordnung des Familialen. In: Böllert, Karin/Oelkers, Nina (Hrsg.): Frauenpolitik in Familienhand? Neue Verhältnisse in Konkurrenz, Autonomie oder Kooperation. Wiesbaden: VS Verlag für Sozialwissenschaften. S. 15–22.

Otto, Hans-Uwe/Hirschauer, Paul/Thiersch, Hans (Hrsg.) (1992): Zeit-Zeichen sozialer Arbeit. Entwürfe einer neuen Praxis. Neuwied, Berlin, Kriftel: Luchterhand.

Otto, Ulrich (2005): Sozialtheoretische und -interventorische Paradigmen im Licht der sozialen Netzwerk- und Unterstützungsperspektive: Konvergenzen und Herausforderungen. In: Otto, Ulrich/Bauer, Petra (Hrsg.): Mit Netzwerken professionell zusammenarbeiten. Band 1: Soziale Netzwerke in Lebenslauf- und Lebenslagenperspektive. Tübingen: dgvt-Verlag. S. 85–128.

Otto, Ulrich (2018): Soziale Netzwerke. In: Otto, Hans-Uwe/Thiersch, Hans/Treptow, Rainer/Ziegler, Holger (Hrsg.): Handbuch Soziale Arbeit. Grundlagen der Sozialarbeit und Sozialpädagogik. 6., überarbeitete Auflage. München: Ernst Reinhardt Verlag. S. 1478–1491.

Otto, Ulrich/Bauer, Petra (Hrsg.) (2005): Mit Netzwerken professionell zusammenarbeiten. Band 1: Soziale Netzwerke in Lebenslauf- und Lebenslagenperspektive. Tübingen: dgvt-Verlag.

Pantuček-Eisenbacher, Peter (2019): Soziale Diagnostik. Verfahren für die Praxis Sozialer Arbeit. 4., überarbeitete und aktualisierte Auflage. Göttingen: Vandenhoeck & Ruprecht.

Paulini, Christa (1999): Marie Baum (1874–1964). In: Eggemann, Maike/Hering, Sabine (Hrsg.): Wegbereiterinnen der modernen Sozialarbeit. Texte und Biographien zur Entwicklung der Wohlfahrtspflege. Weinheim und München: Juventa. S. 204–228.

Pearson, Richard E. (1997): Beratung und soziale Netzwerke. Eine Lern- und Praxisanleitung zur Förderung sozialer Unterstützung. Übersetzung aus dem Englischen und deutsche Bearbeitung: Frank Nestmann und Gabriele Niepel. Weinheim und Basel: Beltz Verlag.

Pestalozzi, Johann Heinrich (1932): Über den Aufenthalt in Stanz. Brief Pestalozzi's an einen Freund. 1799. In: Buchenau, Artur/Spranger, Eduard/Stettbacher, Hans (Hrsg.): Pestalozzi Sämtliche Werke. 13. Band. Schriften aus der Zeit von 1799–1801. Berlin, Leipzig: De Gruyter. S. 1–32.

Peter, Corinna (2012): Familie – worüber sprechen wir überhaupt? In: Böllert, Karin/Peter, Corinna (Hrsg.): Mutter + Vater = Eltern? Sozialer Wandel, Elternrollen und Soziale Arbeit. Wiesbaden: VS Verlag für Sozialwissenschaften. S. 17–32.

Peters, Friedhelm (1990): Zur Kritik der sozialpädagogischen Familienhilfe. oder: Erleben wir derzeit die „zweite Geburt" der modernen Sozialarbeit? In: Widersprüche. Zeitschrift für sozialistische Politik im Bildungs-, Gesundheits-, und Sozialbereich 10, H. 34, S. 29–48.

Peters, Friedhelm (2012a): Erleben wir wirklich ein neues Kontrollmuster oder kommt die SPFH zu sich selbst? In: Forum Erziehungshilfen 18, H. 5, S. 281–285.

Peters, Friedhelm (2012b): „Erschöpfte Familie" trifft auf „ausgezehrte Soziale Arbeit" – Erfahrungen der Kinder- und Jugendhilfe mit erschöpften Familien. In: Lutz, Ronald (Hrsg.): Erschöpfte Familien. Wiesbaden: VS Verlag für Sozialwissenschaften. S. 253–284.

Peters, Friedhelm (2014): Organisation und Planung von Erziehungshilfen. In: Krause, Hans-Ullrich/ Peters, Friedhelm (Hrsg.): Grundwissen Erzieherische Hilfen. Ausgangsfragen, Schlüsselthemen, Herausforderungen. 4., überarbeitete und aktualisierte Auflage. Weinheim und Basel: Beltz Juventa. S. 169–196.

Peters, Friedhelm (2019): Hilfen zur Erziehung. als sozialraumbezogenes Handlungsfeld. In: Kessl, Fabian/Reutlinger, Christian (Hrsg.): Handbuch Sozialraum. Grundlagen für den Bildungs- und Sozialbereich. 2. Auflage. Wiesbaden: Springer Fachmedien. S. 455–470.

Peters, Friedhelm (2020a): Gemeinsame Qualifizierung und Weiterbildung von Mitarbeiter*innen freier und öffentlicher Träger. In: Lenz, Stefan/Peters, Friedhelm (Hrsg.): Kompendium Integrierte flexible Hilfen. Bausteine einer lebenswelt- und sozialraumorientierten Reform der Kinder- und Jugendhilfe. Weinheim und Basel: Beltz Juventa. S. 232–238.

Peters, Friedhelm (2020b): Wie gestalten sich Reformprozesse in der Jugendhilfe und welcher Veränderungen bezüglich der Kooperation bedarf eine regionalisierte und aushaltende Praxis? In: Lenz, Stefan/Peters, Friedhelm (Hrsg.): Kompendium Integrierte flexible Hilfen. Bausteine einer lebenswelt- und sozialraumorientierten Reform der Kinder- und Jugendhilfe. Weinheim und Basel: Beltz Juventa. S. 106–121.

Peters, Friedhelm/Düring, Diana (2016): Sozialraumorientierung. In: Schröer, Wolfgang/Struck, Norbert/Wolff, Mechthild (Hrsg.): Handbuch Kinder- und Jugendhilfe. 2., überarbeitete Auflage. Weinheim und Basel: Beltz Juventa. S. 1067–1090.

Peters, Friedhelm/Hamberger, Matthias (2004): Integrierte, flexible, sozialräumliche Hilfen (INTEGRA) und der aktuelle Erziehungshilfediskurs. In: Peters, Friedhelm/Koch, Josef (Hrsg.): Integrierte erzieherische Hilfen. Flexibilität, Integration und Sozialraumbezug in der Jugendhilfe. Weinheim und München: Juventa. S. 27–56.

Petko, Dominik (2004): Gesprächsformen und Gesprächsstrategien im Alltag der Sozialpädagogischen Familienhilfe. Göttingen: Cuvillier Verlag.

Petko, Dominik (2015): Sozialpädagogische Familienhilfe (SPFH). In: Thole, Werner/Höblich, Davina/Ahmed, Sarina (Hrsg.): Taschenwörterbuch Soziale Arbeit. 2. durchgesehene und ergänzte Auflage. Bad Heilbrunn: Verlag Julius Klinkhardt. S. 305.

Petko, Dominik (2019): Nähe und Distanz in der Sozialpädagogischen Familienhilfe. In: Dörr, Margret (Hrsg.): Nähe und Distanz. Ein Spannungsfeld pädagogischer Professionalität. 4., aktualisierte und erweiterte Auflage. Weinheim und Basel: Beltz Juventa. S. 189–203.

Peuckert, Rüdiger (2012): Familienformen im sozialen Wandel. 8. Auflage. Wiesbaden: VS Verlag für Sozialwissenschaften.

Peuker, Birgit (2010): Akteur-Netzwerk-Theorie (ANT). In: Stegbauer, Christian/Häußling, Roger (Hrsg.): Handbuch Netzwerkforschung. Wiesbaden: VS Verlag für Sozialwissenschaften. S. 325–335.

Plaßmeyer, Frank (2016): Finanzierung ambulanter Hilfen zur Erziehung – Kritische Einschätzungen zur Vereinbarungspraxis. In: Baumeister, Peter/Bauer, Annette/Mersch, Reinhild/Pigulla, Christa-Maria/Röttgen, Johannes (Hrsg.): Arbeitsfeld ambulante Hilfen zur Erziehung. Standards, Qualität und Vielfalt. Freiburg im Breisgau: Lambertus-Verlag. S. 59–71.

Pothmann, Jens (2009): Sozialpädagogische Familienhilfe im Zahlenspiegel. In: Forum Erziehungshilfen 15, H. 2, S. 68–70.

Pothmann, Jens (2016): Wissensressource Statistik – empirische Befunde zu (ambulanten) Hilfen zur Erziehung auf Basis amtlicher Daten. In: Baumeister, Peter/Bauer, Annette/Mersch, Reinhild/

Pigulla, Christa-Maria/Röttgen, Johannes (Hrsg.): Arbeitsfeld ambulante Hilfen zur Erziehung. Standards, Qualität und Vielfalt. Freiburg im Breisgau: Lambertus-Verlag. S. 31–42.

Pressel, Ingeborg (1986): Sozialpädagogische Familienhilfe – Erfahrungen und Ergebnisse des Kasseler Modellversuchs. In: Institut für soziale Arbeit e. V. (Hrsg.): Sozialpädagogische Familienhilfe – Ein neues Praxisfeld der Jugendhilfe. Überarbeitete und erweiterte Auflage. Münster: Institut für soziale Arbeit e. V. S. 17–35.

Przyborski, Aglaja (2004): Gesprächsanalyse und dokumentarische Methode. Qualitative Auswertung von Gesprächen, Gruppendiskussionen und anderen Diskursen. Wiesbaden: VS Verlag für Sozialwissenschaften.

Przyborski, Aglaja (2018): Gütekriterien. In: Bohnsack, Ralf/Geimer, Alexander/Meuser, Michael (Hrsg.): Hauptbegriffe Qualitativer Sozialforschung. 4. vollständig überarbeitete und erweiterte Auflage. Opladen, Toronto: Verlag Barbara Budrich. S. 107–111.

Przyborski, Aglaja/Wohlrab-Sahr, Monika (2014): Qualitative Sozialforschung. Ein Arbeitsbuch. 4., erweiterte Auflage. München: Oldenbourg Wissenschaftsverlag.

Raab, Jörg (2010): Der „Harvard Breakthrough". In: Stegbauer, Christian/Häußling, Roger (Hrsg.): Handbuch Netzwerkforschung. Wiesbaden: VS Verlag für Sozialwissenschaften. S. 29–37.

Radvan, Heike (2010): Pädagogisches Handeln und Antisemitismus. Eine empirische Studie zu Beobachtungs- und Interventionsformen in der offenen Jugendarbeit. Bad Heilbrunn: Klinkhardt.

Radvan, Heike (2017): Pädagogisches Handeln im Kontext einer rekonstruktiven Wahrnehmungshaltung. In: Völter, Bettina/Reichmann, Ute (Hrsg.): Rekonstruktiv denken und handeln. Rekonstruktive Soziale Arbeit als professionelle Praxis. Opladen, Berlin, Toronto: Verlag Barbara Budrich. S. 203–215.

Rätz, Regina (2018): Von der Fürsorge zur Dienstleistung. In: Böllert, Karin (Hrsg.): Kompendium Kinder- und Jugendhilfe. Wiesbaden: Springer VS. S. 65–92.

Rätz, Regina/Biere, Axel/Reichmann, Ute/Krause, Hans-Ullrich/Ramin, Sibylle (2021): Sozialpädagogische Familienhilfe. Ein Lehr- und Praxisbuch. Stuttgart: Verlag W. Kohlhammer.

Rätz, Regina/Schröer, Wolfgang/Wolff, Mechthild (2014): Lehrbuch Kinder- und Jugendhilfe. Grundlagen, Handlungsfelder, Strukturen und Perspektiven. 2., überarbeitete Auflage. Weinheim und Basel: Beltz Juventa.

Rauschenbach, Thomas (1992): Soziale Arbeit und soziales Risiko. In: Rauschenbach, Thomas/Gängler, Hans (Hrsg.): Soziale Arbeit und Erziehung in der Risikogesellschaft. Neuwied, Kriftel, Berlin: Luchterhand. S. 25–60.

Rauschenbach, Thomas (1999): Das sozialpädagogische Jahrhundert. Analysen zur Entwicklung Sozialer Arbeit in der Moderne. Weinheim und München: Juventa.

Rauschenberg, Anna (2019): Das Adressierungs- und Re-Adressierungsgeschehen der sozialen Interaktionspraxis Interview – Überlegungen zu einem blinden Fleck der Dokumentarischen Methode. In: Amling, Steffen/Geimer, Alexander/Schondelmayer, Anne-Christin/Stützel, Kevin/Thomsen, Sarah (Hrsg.): Jahrbuch Dokumentarische Methode. Heft 1/2019. Berlin: centrum für qualitative evaluations- und sozialforschung e. V. (ces). S. 137–153.

Rehder, Michael (2016): Psychisch belastete Eltern in der Sozialpädagogischen Familienhilfe. Ergebnisse ethnografischer Forschung. Weinheim und Basel: Beltz Juventa.

Reichertz, Jo (2016): Qualitative und interpretative Sozialforschung. Eine Einladung. Wiesbaden: Springer VS.

Reichertz, Jo (2018): Abduktion. In: Bohnsack, Ralf/Geimer, Alexander/Meuser, Michael (Hrsg.): Hauptbegriffe Qualitativer Sozialforschung. 4. vollständig überarbeitete und erweiterte Auflage. Opladen, Toronto: Verlag Barbara Budrich. S. 11–14.

Reichmann, Ute (2016): Schreiben und Dokumentieren in der Sozialen Arbeit. Struktur, Orientierung und Reflexion für die berufliche Praxis. Opladen, Berlin, Toronto: Verlag Barbara Budrich.

Reichmann, Ute (2017): Deuten und Verstehen in der Jugendhilfe. In: Völter, Bettina/Reichmann, Ute (Hrsg.): Rekonstruktiv denken und handeln. Rekonstruktive Soziale Arbeit als professionelle Praxis. Opladen, Berlin, Toronto: Verlag Barbara Budrich. S. 233–247.

Reichmann, Ute/Völter, Bettina (2017): Rekonstruktiv denken und handeln. Rekonstruktive Soziale Arbeit als professionelle Praxis. Vorwort. In: Völter, Bettina/Reichmann, Ute (Hrsg.): Rekonstruktiv denken und handeln. Rekonstruktive Soziale Arbeit als professionelle Praxis. Opladen, Berlin, Toronto: Verlag Barbara Budrich. S. 7–18.

Renner, Ilona/Heimeshoff, Viola (2014): Modellprojekte in den Ländern. Zusammenfassende Ergebnisdarstellung. Verfügbar unter: www.fruehehilfen.de/fileadmin/user_upload/fruehehilfen.de/pdf/Publikation_Modellprojekte_in_den_Laendern_Nachdruck2014_low.pdf (Abfrage 02.02.2021).
Rhein, Volker (2013): Systemische Interaktionstherapie (SIT) im Ev. Kinderheim Herne. In: Rhein, Volker (Hrsg.): Moderne Heimerziehung heute. Band 4. Systemische Interaktionstherapie und unterstüzende Methoden in der Praxis. Herne: Frisch-Texte-Verlag. S. 97–120.
Richmond, Mary E. (1917): Social Diagnosis. New York: Russell Sage Foundation.
Richmond, Mary E. (1922): What is Social Case Work? An Introductory Description. New York: Russell Sage Foundation.
Richmond, Mary E. (1930): The Long View. Papers and Addresses. New York: Russell Sage Foundation.
Richter, Martina (2008): Familie/Generation. In: Hanses, Andreas/Homfeldt, Hans Günther (Hrsg.): Lebensalter und Soziale Arbeit. Band 1: Eine Einführung. Baltmannsweiler: Schneider Verlag Hohengehren. S. 64–77.
Richter, Martina (2013): Die Sichtbarmachung des Familialen. Gesprächspraktiken in der Sozialpädagogischen Familienhilfe. Weinheim und Basel: Beltz Juventa.
Richter, Martina (2018): Familienhilfe. In: Otto, Hans-Uwe/Thiersch, Hans/Treptow, Rainer/Ziegler, Holger (Hrsg.): Handbuch Soziale Arbeit. Grundlagen der Sozialarbeit und Sozialpädagogik. 6., überarbeitete Auflage. München: Ernst Reinhardt Verlag. S. 383–389.
Richter, Martina/Beckmann, Christof/Otto, Hans-Uwe/Schrödter, Mark (2009): Neue Familialität als Herausforderung. In: Beckmann, Christof/Otto, Hans-Uwe/Richter, Martina/Schrödter, Mark (Hrsg.): Neue Familialität als Herausforderung der Jugendhilfe. Sonderheft 9. Lahnstein: Verlag neue praxis. S. 1–14.
Riedl, Karin (2019): „Ich könnt's mir nicht vorstellen, keine Freunde zu haben." – Leaving Care und Netzwerkkompetenz. In: Jugendhilfe 57, H. 6, S. 618–624.
Riege, Iris (2020): Ambulante Interventionen der DDR-Jugendhilfe in die Familien in den 1960er bis 1980er Jahren. Rechtliche Normierung sowie tatsächliche Anlässe. Berlin: Duncker & Humblot.
Ries, Heinz A. (1995): Sozialpädagogische Familienhilfe als stadtteilbezogene Beratungs-Einrichtung auf ganzheitlicher Grundlage. Expertise zum Projekt „Sozialpädagogische Familienhilfe in der BRD". München.
Ritscher, Wolf (2007): Soziale Arbeit: systemisch. Ein Konzept und seine Anwendung. Göttingen: Vandenhoeck & Ruprecht.
Ritscher, Wolf (2013): Systemische Modelle für die Soziale Arbeit. Ein integratives Lehrbuch für Theorie und Praxis. 3. Auflage. Heidelberg: Carl Auer Verlag.
Ritzmann, Jan/Wachtler, Katrin (2008): Die Hilfen zur Erziehung. Anforderungen, Trends und Perspektiven. Marburg: Tectum-Verlag.
Rogers, Carl R. (1972): Die nicht-direktive Beratung. Counseling and Psychotherapy. München: Kindler Verlag.
Rogers, Carl R. (1975): Entwicklung und gegenwärtiger Stand meiner Ansichten über zwischenmenschliche Beziehungen. In: Gesellschaft für Wissenschaftliche Gesprächspsychotherapie (Hrsg.): Die klientenzentrierte Gesprächspsychotherapie. München: Kindler Verlag. S. 11–24.
Röhrle, Bernd (1987): Soziale Netzwerke und Unterstützung im Kontext der Psychologie. In: Keupp, Heiner/Röhrle, Bernd (Hrsg.): Soziale Netzwerke. Frankfurt am Main, New York: Campus Verlag. S. 54–108.
Röhrle, Bernd (1994): Soziale Netzwerke und soziale Unterstützung. Weinheim: Beltz Psychologie-Verlags-Union.
Röhrle, Bernd/Sommer, Gert (1998): Zur Effektivität netzwerkorientierter Interventionen. In: Röhrle, Bernd/Sommer, Gert/Nestmann, Frank (Hrsg.): Netzwerkintervention. Tübingen: dgvt-Verlag. S. 13–47.
Rosenbauer, Nicole (2010): Hilfen zur Erziehung. In: Bock, Karin/Miethe, Ingrid (Hrsg.): Handbuch Qualitative Methoden in der Sozialen Arbeit. Opladen, Farmington Hills: Barbara Budrich. S. 466–474.
Rothe, Marga (1990/2017): Sozialpädagogische Familien- und Erziehungshilfe. Eine Handlungsanleitung. 8. Auflage. Stuttgart: Verlag W. Kohlhammer.

Rothenburg, Eva-Maria/Trinkner, Astrid (2015): Qualifizierte sozialpädagogische Familienhilfe für Kinder psychisch kranker Eltern. In: Zeitschrift für Kindschaftsrecht und Jugendhilfe, H. 5, S. 176–182.
Rüegger, Cornelia (2021): Fallkonstitution in Gesprächen Sozialer Arbeit. Prozesse und Praktiken der organisationalen und interaktiven Produktion des Falles. Wiesbaden: Springer VS.
Sabla, Kim-Patrick (2009): Vaterschaft und Erziehungshilfen. Lebensweltliche Perspektiven und Aspekte einer gelingenden Kooperation. Weinheim und München: Juventa.
Sabla, Kim-Patrick (2012): Vaterschaft und Erziehungshilfen: Väter zwischen sozialen Rollenerwartungen und erlebten Erziehungsschwierigkeiten. In: Böllert, Karin/Peter, Corinna (Hrsg.): Mutter + Vater = Eltern? Sozialer Wandel, Elternrollen und Soziale Arbeit. Wiesbaden: VS Verlag für Sozialwissenschaften. S. 225–240.
Sabla, Kim-Patrick (2015): Familie im Spannungsfeld öffentlicher Aufgaben- und Hilfestellungen. In: Soziale Passagen 7, H. 2, S. 205–218.
Sachße, Christoph (1986): Mütterlichkeit als Beruf. Sozialarbeit, Sozialreform und Frauenbewegung 1871–1929. Frankfurt am Main: Suhrkamp.
Sachße, Christoph/Tennstedt, Florian (1988): Geschichte der Armenfürsorge in Deutschland. Band 2: Fürsorge und Wohlfahrtspflege 1871–1929. Stuttgart, Berlin, Köln: Verlag W. Kohlhammer.
Sachße, Christoph/Tennstedt, Florian (1992): Der Wohlfahrtsstaat im Nationalsozialismus. Geschichte der Armenfürsorge in Deutschland. Band 3. Stuttgart, Berlin, Köln: Verlag W. Kohlhammer.
Sachße, Christoph/Tennstedt, Florian (1998): Geschichte der Armenfürsorge in Deutschland. Band 1: Vom Spätmittelalter bis zum 1. Weltkrieg. 2., verbesserte und erweiterte Auflage. Stuttgart, Berlin, Köln: Verlag W. Kohlhammer.
Salomon, Alice (1926): Soziale Diagnose. Berlin: Carl Heymanns Verlag.
Salomon, Alice (1927): Die Ausbildung zum sozialen Beruf. Berlin: Carl Heymanns Verlag.
Salomon, Alice (1928): Leitfaden der Wohlfahrtspflege. 3. Auflage. Leipzig, Berlin: Teubner.
Sandermann, Philipp (2009): Die neue Diskussion um Gemeinschaft. Ein Erklärungsansatz mit Blick auf die Reform des Wohlfahrtssystems. Bielefeld: transcript Verlag.
Sandermann, Philipp/Neumann, Sascha (2018): Grundkurs Theorien der Sozialen Arbeit. München: Ernst Reinhardt Verlag.
Schäffer, Burkhard (2018): Gruppendiskussion. In: Bohnsack, Ralf/Geimer, Alexander/Meuser, Michael (Hrsg.): Hauptbegriffe Qualitativer Sozialforschung. 4. vollständig überarbeitete und erweiterte Auflage. Opladen, Toronto: Verlag Barbara Budrich. S. 101–107.
Schäper, Sabine (2020): Verstehen und Bewerten – Auf welcher Grundlage? (Sozial-)ethische Implikationen und Herausforderungen sozialpädagogischer Diagnostik. In: Ader, Sabine/Schrapper, Christian (Hrsg.): Sozialpädagogische Diagnostik und Fallverstehen in der Jugendhilfe. München: Ernst Reinhardt Verlag. S. 221–230.
Schattenhofer, Karl (2020): Sehen viele mehr als einer? Teamdynamiken beim Fallverstehen in kollegialen Fallbesprechungen. In: Ader, Sabine/Schrapper, Christian (Hrsg.): Sozialpädagogische Diagnostik und Fallverstehen in der Jugendhilfe. München: Ernst Reinhardt Verlag. S. 211–220.
Schattner, Heinz (2007): Sozialpädagogische Familienhilfe. In: Ecarius, Jutta (Hrsg.): Handbuch Familie. Wiesbaden: VS Verlag für Sozialwissenschaften. S. 593–613.
Schäuble, Barbara/Rätz, Regina (2015): Zur Arbeitssituation im Allgemeinen Sozialen Dienst. Bedingungen, Reflexionen und Reaktionen. In: Sozial Extra 39, H. 3, S. 37–39.
Scheiwe, Kirsten (2018): Das Kindeswohl im Recht. Funktionen eines unbestimmten Rechtsbegriffs und seine Auslegung. In: Betz, Tanja/Bollig, Sabine/Joos, Magdalena/Neumann, Sascha (Hrsg.): Gute Kindheit. Wohlbefinden, Kindeswohl und Ungleichheit. Weinheim und Basel: Beltz Juventa. S. 84–100.
Schepers, Guy/Kreuzer, Max (2001): „Seit ich sehen gelernt habe, sehe ich so viel". Über Video-Home-Training. In: Kreuzer, Max (Hrsg.): Handlungsmodelle in der Familienhilfe. Zwischen Networking und Beziehungsempowerment. Neuwied, Kriftel: Luchterhand. S. 189–218.
Scherpner, Hans (1966): Die Geschichte der Jugendfürsorge. Göttingen: Vandenhoeck & Ruprecht.
Schier, Michaela/Jurczyk, Karin (2007): „Familie als Herstellungsleistung" in Zeiten der Entgrenzung. In: Aus Politik und Zeitgeschichte. Beilage zu Wochenzeitung Das Parlament, H. 34, S. 10–17.
Schilling, Johannes/Klus, Sebastian (2015): Soziale Arbeit. Geschichte – Theorie – Profession. 6., vollständig überarbeitete Auflage. München, Basel: Ernst Reinhardt Verlag.

Schlippe, Arist von/Schweitzer, Jochen (2012): Lehrbuch der systemischen Therapie und Beratung I. Das Grundlagenwissen. Göttingen: Vandenhoeck & Ruprecht.

Schmid-Obkirchner, Heike (2015a): § 31 Sozialpädagogische Familienhilfe. In: Wiesner, Reinhard (Hrsg.): SGB VIII. Kinder- und Jugendhilfe; Kommentar. 5., überarbeitete Auflage. München: Beck. S. 530–538.

Schmid-Obkirchner, Heike (2015b): § 36 Mitwirkung, Hilfeplan. In: Wiesner, Reinhard (Hrsg.): SGB VIII. Kinder- und Jugendhilfe; Kommentar. 5., überarbeitete Auflage. München: Beck. S. 671–706.

Schmitt, Marco/Fuhse, Jan (2015): Zur Aktualität von Harrison White. Einführung in sein Werk. Wiesbaden: Springer VS.

Schmitt, Rudolf (1994): Fremde Theorien und schwer zu begreifende Praxis. Einzelfallhilfe im Spannungsfeld zwischen sozialwissenschaftlichen, pädagogischen oder therapeutischen Disziplinen und eigenem Selbstverständnis. In: Fritzsche, Brigitte/Fromm, Karin/Giese, Eckhard/Imbruck, Wolfgang/Jostock, Uschi/Nutt, Wolfgang (Hrsg.): Wenn der Berg nicht zum Propheten kommt… Beiträge zur aufsuchenden psychosozialen Arbeit mit Einzelnen und Familien. Tübingen: dgvt-Verlag. S. 101–114.

Schmutz, Elisabeth/Paz Martinez, Laura de (2018): Nationaler Forschungsstand und Strategien zur Qualitätsentwicklung im Kinderschutz. Verfügbar unter: www.dji.de/fileadmin/user_upload/fruehehilfen/LaPK/Publikation-NZFH-Expertise-Nationaler-Forschungsstand-und-Strategien-zur-Qualitaetsentwicklung-im-Kinderschutz.pdf (Abfrage 04.05.2021).

Schnabel, Reinhard (1986): Sozialpädagogische Familienhilfe in Westfalen-Lippe. In: Institut für soziale Arbeit e. V. (Hrsg.): Sozialpädagogische Familienhilfe – Ein neues Praxisfeld der Jugendhilfe. Überarbeitete und erweiterte Auflage. Münster: Institut für soziale Arbeit e. V. S. 69–81.

Schnegg, Michael (2010): Die Wurzeln der Netzwerkforschung. In: Stegbauer, Christian/Häußling, Roger (Hrsg.): Handbuch Netzwerkforschung. Wiesbaden: VS Verlag für Sozialwissenschaften. S. 21–28.

Schneider, Sabine (2014): Zur notwendigen Profilierung sozialpädagogischer Beratung. In: Bauer, Petra/Weinhardt, Marc (Hrsg.): Perspektiven sozialpädagogischer Beratung. Empirische Befunde und aktuelle Entwicklungen. Weinheim und Basel: Beltz Juventa. S. 179–195.

Schneider, Sabine/Heidenreich, Thomas (2018): Therapie und Soziale Arbeit. In: Otto, Hans-Uwe/Thiersch, Hans/Treptow, Rainer/Ziegler, Holger (Hrsg.): Handbuch Soziale Arbeit. Grundlagen der Sozialarbeit und Sozialpädagogik. 6., überarbeitete Auflage. München: Ernst Reinhardt Verlag. S. 1748–1756.

Schone, Reinhold (2012): Erziehungshilfe im Wandel? – Schutz- und Kontrollkonzepte in der Sozialpädagogischen Familienhilfe. In: Forum Erziehungshilfen 18, H. 5, S. 260–266.

Schone, Reinhold (2016): Hilfe und Kontrolle. In: Schröer, Wolfgang/Struck, Norbert/Wolff, Mechthild (Hrsg.): Handbuch Kinder- und Jugendhilfe. 2., überarbeitete Auflage. Weinheim und Basel: Beltz Juventa. S. 1108–1124.

Schone, Reinhold (2019): Einschätzungen von Gefährdungsrisiken im Kontext möglicher Kindeswohlgefährdung. In: Merchel, Joachim (Hrsg.): Handbuch Allgemeiner Sozialer Dienst (ASD). 3., aktualisierte und erweiterte Auflage. München: Ernst Reinhardt Verlag. S. 281–289.

Schone, Reinhold/Struck, Norbert (2018): Kinderschutz. In: Otto, Hans-Uwe/Thiersch, Hans/Treptow, Rainer/Ziegler, Holger (Hrsg.): Handbuch Soziale Arbeit. Grundlagen der Sozialarbeit und Sozialpädagogik. 6., überarbeitete Auflage. München: Ernst Reinhardt Verlag. S. 767–779.

Schone, Reinhold/Wagenblass, Sabine (2010): Wenn Eltern psychisch krank sind … Kindliche Lebenswelten und institutionelle Handlungsmuster. 3. Auflage. Weinheim und München: Juventa.

Schönig, Werner/Motzke, Katharina (2016): Netzwerkorientierung in der Sozialen Arbeit. Theorie, Forschung, Praxis. Stuttgart: Verlag W. Kohlhammer.

Schrader, Michaela (2017): Die systemische Interaktionstherapie (SIT) nach Michael Biene. In: Rhein, Volker (Hrsg.): Moderne Heimerziehung heute. Band 6. Die Systemische Interaktionsberatung. Beteiligungsorientierte Elternarbeit. Empowerment. Herne: Frisch-Texte-Verlag. S. 117–167.

Schrapper, Christian (1997): Sozialpädagogische Familienhilfe (SPFH) aktuell – Entwicklungen, Positionen und Perspektiven einer modernen Jugendhilfe-Leistung. In: Deutscher Caritasverband (Hrsg.): JUGENDHILFE-MONOPOLY. Die Sozialpädagogische Familienhilfe im Kräftespiel der Jugendhilfe. Fachtagung vom 14. bis 16. Mai 1997 in Mainz. Freiburg: Deutscher Caritasverband. S. 7–31.

Schrapper, Christian (2019): Sozialpädagogische Diagnosen und sozialpädagogisches Fallverstehen. In: Merchel, Joachim (Hrsg.): Handbuch Allgemeiner Sozialer Dienst (ASD). 3., aktualisierte und erweiterte Auflage. München: Ernst Reinhardt Verlag. S. 203–212.

Schroeder, Klaus (2013): Der SED-Staat. Geschichte und Strukturen der DDR 1949–1990. 3., vollständig überarbeitete und stark erweiterte Auflage. Köln, Weimar, Wien: Böhlau Verlag.

Schubert, Herbert (2018): Netzwerkmanagement in der Sozialen Arbeit. In: Fischer, Jörg/Kosellek, Tobias (Hrsg.): Netzwerke und Soziale Arbeit. Theorien, Methoden, Anwendungen. 2., durchgesehene und erweiterte Auflage. Weinheim und Basel: Beltz Juventa. S. 329–348.

Schulze, Hans-Joachim (1987): „Eigenartige Familien" – Aspekte der Familienkultur. In: Karsten, Maria-Eleonora/Otto, Hans-Uwe (Hrsg.): Die sozialpädagogische Ordnung der Familie. Beiträge zum Wandel familialer Lebensweisen und sozialpädagogischer Interventionen. Weinheim und München: Juventa. S. 27–43.

Schulz-Schaeffer, Ingo (2008): Soziales Handeln, Fremdverstehen und Handlungszuschreibung. In: Raab, Jürgen/Pfadenhauer, Michaela/Stegmaier, Peter/Dreher, Jochen/Schnettler, Bernt (Hrsg.): Phänomenologie und Soziologie. Theoretische Positionen, aktuelle Problemfelder und empirische Umsetzungen. Wiesbaden: VS Verlag für Sozialwissenschaften. S. 211–221.

Schuster, Eva Maria (1997): Sozialpädagogische Familienhilfe (SPFH). Aspekte eines mehrdimensionalen Handlungsansatzes für Multiproblemfamilien. Frankfurt am Main: Peter Lang Europäischer Verlag der Wissenschaften.

Schütz, Alfred/Luckmann, Thomas (2003/2017): Strukturen der Lebenswelt. 2., überarbeitete Auflage. Konstanz, München: UVK/Lucius.

Schütze, Fritz (1987): Das narrative Interview in Interaktionsfeldstudien: erzähltheoretische Grundlagen. Studienbrief der Fernuniversität Hagen, Teil 1. Hagen.

Schwabe, Mathias (2019): Methoden der Hilfeplanung. Zielentwicklung, Moderation und Aushandlung. 5. Auflage. Weinheim und Basel: Beltz Juventa.

Schwarzloos, Christian (2016): Familienrat – um im erweiterten Kreis familiäre Entscheidungen zu treffen. In: Früchtel, Frank/Straßner, Mischa/Schwarzloos, Christian (Hrsg.): Relationale Sozialarbeit. Versammelnde vernetzende und kooperative Hilfeformen. Weinheim und Basel: Beltz Juventa. S. 142–158.

Schwing, Rainer (2014): Es braucht ein ganzes Dorf, um ein Kind zu erziehen. Warum Netzwerkarbeit die systemische Königsdisziplin werden sollte. In: Zwack, Julika/Nicolai, Elisabeth (Hrsg.): Systemische Streifzüge. Herausforderungen in Therapie und Beratung. Online-Ausgabe. Göttingen: Vandenhoeck & Ruprecht. S. 73–103.

Schwing, Rainer/Fryszer, Andreas (2017): Systemisches Handwerk. Werkzeug für die Praxis. 8., unveränderte Auflage. Göttingen: Vandenhoeck & Ruprecht.

Seckinger, Mike (2017): Die Bedeutung ambulanter erzieherischer Hilfen für minderjährige Flüchtlinge. In: Brinks, Sabrina/Dittmann, Eva/Müller, Heinz (Hrsg.): Handbuch unbegleitete minderjährige Flüchtlinge. Frankfurt am Main: IGfH-Eigenverlag. S. 166–174.

Seckinger, Mike (2018): Empowerment. In: Otto, Hans-Uwe/Thiersch, Hans/Treptow, Rainer/Ziegler, Holger (Hrsg.): Handbuch Soziale Arbeit. Grundlagen der Sozialarbeit und Sozialpädagogik. 6., überarbeitete Auflage. München: Ernst Reinhardt Verlag. S. 307–313.

Seckinger, Mike/Gragert, Nicola/Peucker, Christian/Pluto, Liane (2008): Arbeitssituation und Personalbemessung im ASD. Ergebnisse einer bundesweiten Online-Befragung. Verfügbar unter: www.dji.de/fileadmin/user_upload/bibs/64_9515_ASD_Bericht.pdf (Abfrage 07.07.2021).

Seckinger, Mike/Pooch, Marie-Theres/Mairhofer, Andreas (2018): Kindeswohl und Kinderschutz zwischen Unbestimmtheit, Kontingenz und Ambivalenzen. In: Betz, Tanja/Bollig, Sabine/Joos, Magdalena/Neumann, Sascha (Hrsg.): Gute Kindheit. Wohlbefinden, Kindeswohl und Ungleichheit. Weinheim und Basel: Beltz Juventa. S. 116–130.

Seemüller, Barbara (1971): Familienhelfer statt Heimunterbringung. In: Unsere Jugend 23, H. 3, S. 127–128.

Seithe, Mechthild (2007): Hilfen zur Erziehung. In: Ecarius, Jutta (Hrsg.): Handbuch Familie. Wiesbaden: VS Verlag für Sozialwissenschaften. S. 568–592.

Seithe, Mechthild/Heintz, Matthias (2014): Ambulante Hilfe zur Erziehung und Sozialraumorientierung. Plädoyer für ein umstrittenes Konzept der Kinder- und Jugendhilfe in Zeiten der Nützlichkeitsideologie. Opladen, Berlin, Toronto: Verlag Barbara Budrich.

Sektion Sozialpädagogik und Pädagogik der frühen Kindheit (Hrsg.) (2021): Familie im Kontext kindheits- und sozialpädagogischer Institutionen. Weinheim und Basel: Beltz Juventa.
Senator für Familie, Jugend und Sport (1985): Ausführungsvorschriften über die Hilfen zur Erziehung in der Familie (Familienhelfervorschriten – FHV). Vom 31. März 1981. In: Sozialpädagogisches Institut Berlin (Hrsg.): Sozialpädagogische Familienhilfe 1985. Ein ambulantes Jugendhilfeangebot zur psychosozialen Unterstützung im Alltag von Familien. Probleme Entwicklungen Orientierungen. Berlin: Sozialpädagogisches Institut Berlin. S. 94–95.
Sickendiek, Ursel/Engel, Frank/Nestmann, Frank (2008): Beratung. Eine Einführung in sozialpädagogische und psychosoziale Beratungsansätze. 3. Auflage. Weinheim und München: Juventa.
Sickendiek, Ursel/Nestmann, Frank (2018): Beratung in kritischen Lebenssituationen. In: Graßhoff, Gunther/Renker, Anna/Schröer, Wolfgang (Hrsg.): Soziale Arbeit. Eine elementare Einführung. Wiesbaden: Springer VS. S. 217–235.
Spanhel, Dieter (2020): Kinder, Jugendliche und junge Erwachsene in digitalisierten Lernwelten. In: Kutscher, Nadia/Ley, Thomas/Seelmeyer, Udo/Siller, Friederike/Tillmann, Angela/Zorn, Isabel (Hrsg.): Handbuch Soziale Arbeit und Digitalisierung. Weinheim und Basel: Beltz Juventa. S. 101–115.
Spiegel, Hiltrud von (2015): Von den Methoden Sozialer Arbeit zum methodischen Handeln – eine autobiografische Erinnerung. In: Bolay, Eberhard/Iser, Angelika/Weinhardt, Marc (Hrsg.): Methodisch Handeln – Beiträge zu Maja Heiners Impulsen zur Professionalisierung der Sozialen Arbeit. Wiesbaden: Springer VS. S. 17–29.
Spiegel, Hiltrud von (2018): Methodisches Handeln in der Sozialen Arbeit. Grundlagen und Arbeitshilfen für die Praxis. 6., durchgesehene Auflage. München: Ernst Reinhardt Verlag.
Statistisches Bundesamt (2017): Statistiken der Kinder- und Jugendhilfe. Erzieherische Hilfe, Eingliederungshilfe für seelisch behinderte junge Menschen, Hilfe für junge Volljährige. Familienorientierte Hilfen (§§ 27, 31 SGB VIII) 2015. Verfügbar unter: www.destatis.de/DE/Themen/Gesellschaft-Umwelt/Soziales/Kinderhilfe-Jugendhilfe/Publikationen/Downloads-Kinder-und-Jugendhilfe/erzieherische-hilfe-familienorientierte-hilfen-5225120157004.pdf?__blob=publicationFile (Abfrage 21.04.2021).
Statistisches Bundesamt (2020): Statistiken der Kinder- und Jugendhilfe. Erzieherische Hilfe, Eingliederungshilfe für seelisch behinderte junge Menschen, Hilfe für junge Volljährige 2019. Verfügbar unter: www.destatis.de/DE/Themen/Gesellschaft-Umwelt/Soziales/Kinderhilfe-Jugendhilfe/Publikationen/Downloads-Kinder-und-Jugendhilfe/erzieherische-hilfe-5225112197005.xlsx?__blob=publicationFile (Abfrage 21.04.2021).
Stegbauer, Christian (2010a): Netzwerkanalyse und Netzwerktheorie. Einige Anmerkungen zu einem neuen Paradigma. In: Stegbauer, Christian (Hrsg.): Netzwerkanalyse und Netzwerktheorie. Ein neues Paradigma in den Sozialwissenschaften. 2. Auflage. Wiesbaden: VS Verlag für Sozialwissenschaften. S. 11–19.
Stegbauer, Christian (2010b): Reziprozität. In: Stegbauer, Christian/Häußling, Roger (Hrsg.): Handbuch Netzwerkforschung. Wiesbaden: VS Verlag für Sozialwissenschaften. S. 113–122.
Steinke, Ines (2017): Gütekriterien qualitativer Forschung. In: Flick, Uwe/Kardorff, Ernst von/Steinke, Ines (Hrsg.): Qualitative Forschung. Ein Handbuch. 12. Auflage. Reinbek bei Hamburg: Rowohlt Taschenbuch Verlag. S. 319–331.
Stimmer, Franz (2020): Grundlagen des methodischen Handelns in der Sozialen Arbeit. 4., aktualisierte Auflage. Stuttgart: Verlag W. Kohlhammer.
Straus, Florian (1990): Die Netzwerkperspektive in der Praxis. In: Textor, Martin R. (Hrsg.): Hilfen für Familien. Ein Handbuch für psychosoziale Berufe. Frankfurt am Main: Fischer Taschenbuch Verlag. S. 496–520.
Straus, Florian (1993): Zur Frage der Methodenintegration in der Sozialpädagogischen Familienhilfe. München.
Straus, Florian (2002): Netzwerkanalysen. Gemeindepsychologische Perspektiven für Forschung und Praxis. Wiesbaden: Springer Fachmedien.
Straus, Florian (2007): Netzwerke und Beratung. In: Nestmann, Frank/Engel, Frank/Sickendiek, Ursel (Hrsg.): Das Handbuch der Beratung. Band 1: Disziplinen und Zugänge. 2. Auflage. Tübingen: dgvt-Verlag. S. 407–417.

Straus, Florian (2010): Netzwerkkarten – Netzwerke sichtbar machen. In: Stegbauer, Christian/Häußling, Roger (Hrsg.): Handbuch Netzwerkforschung. Wiesbaden: VS Verlag für Sozialwissenschaften. S. 527–538.
Straus, Florian (2012): Netzwerkarbeit: Förderung sozialer Ressourcen. In: Knecht, Alban/Schubert, Franz-Christian (Hrsg.): Ressourcen im Sozialstaat und in der Sozialen Arbeit. Zuteilung – Förderung – Aktivierung. Stuttgart: Verlag W. Kohlhammer. S. 224–237.
Straus, Florian/Höfer, Renate (1998): Die Netzwerkperspektive in der Praxis. In: Röhrle, Bernd/Sommer, Gert/Nestmann, Frank (Hrsg.): Netzwerkintervention. Tübingen: dgvt-Verlag. S. 77–95.
Straus, Florian/Höfer, Renate/Buchholz, Wolfgang/Gmür, Wolfgang (1987): Die Bewältigung familiärer Probleme im sozialen Netzwerk. Überlegungen zur Praxisrelevanz der Netzwerkperspektive in der Familienarbeit. In: Keupp, Heiner/Röhrle, Bernd (Hrsg.): Soziale Netzwerke. Frankfurt am Main, New York: Campus Verlag. S. 178–198.
Straus, Florian/Höfer, Renate/Gmür, Wolfgang (1988): Familie und Beratung. Zur Integration professioneller Hilfe in den Familienalltag. Ergebnisse einer qualitativen Befragung von Klienten. München: Profil Verlag.
Straus, Florian/Höfer, Renate/Wernberger, Angela/Heiland, Silke (2012): Vertrauen in sozialen Netzwerken – am Beispiel von Kindern und Jugendlichen in stationären Einrichtungen. In: Tiefel, Sandra/Zeller, Maren (Hrsg.): Vertrauensprozesse in der Sozialen Arbeit. Baltmannsweiler: Schneider Verlag Hohengehren. S. 69–91.
Streblow-Poser, Claudia (2018): Akten der Fürsorgeerziehung. Rekonstruktion jugendamtlicher Entscheidungsprozesse. In: Bohnsack, Ralf/Kubisch, Sonja/Streblow-Poser, Claudia (Hrsg.): Soziale Arbeit und Dokumentarische Methode. Methodologische Aspekte und empirische Erkenntnisse. Opladen, Berlin, Toronto: Verlag Barbara Budrich. S. 258–286.
Strübing, Jörg (2018): Theoretisches Sampling. In: Bohnsack, Ralf/Geimer, Alexander/Meuser, Michael (Hrsg.): Hauptbegriffe Qualitativer Sozialforschung. 4. vollständig überarbeitete und erweiterte Auflage. Opladen, Toronto: Verlag Barbara Budrich. S. 227–230.
Struck, Norbert (2013): § 31 Sozialpädagogische Familienhilfe. In: Münder, Johannes/Meysen, Thomas/Trenczek, Thomas (Hrsg.): Frankfurter Kommentar zum SGB VIII. Kinder- und Jugendhilfe. 7., vollständig überarbeitete Auflage. Baden-Baden: Nomos. S. 356–359.
Struck, Norbert/Schröer, Wolfgang (2018): Kinder- und Jugendhilfe. In: Otto, Hans-Uwe/Thiersch, Hans/Treptow, Rainer/Ziegler, Holger (Hrsg.): Handbuch Soziale Arbeit. Grundlagen der Sozialarbeit und Sozialpädagogik. 6., überarbeitete Auflage. München: Ernst Reinhardt Verlag. S. 756–766.
Stützel, Kevin (2018a): Rekonstruktive Soziale Arbeit und praxeologische Analyseeinstellung. Empirische Befunde zur Sozialen Arbeit im Kontext von Jugendlichen mit rechten Orientierungen. In: Bohnsack, Ralf/Kubisch, Sonja/Streblow-Poser, Claudia (Hrsg.): Soziale Arbeit und Dokumentarische Methode. Methodologische Aspekte und empirische Erkenntnisse. Opladen, Berlin, Toronto: Verlag Barbara Budrich. S. 102–118.
Stützel, Kevin (2018b): Theorie und Theoriebildung in der praxeologischen Typenbildung. Grundbegriffe als Denkraum. In: Bohnsack, Ralf/Hoffmann, Nora Friederike/Nentwig-Gesemann, Iris (Hrsg.): Typenbildung und Dokumentarische Methode. Forschungspraxis und methodologische Grundlagen. Opladen, Berlin, Toronto: Verlag Barbara Budrich. S. 117–130.
Stützel, Kevin (2019): Jugendarbeit im Kontext von Jugendlichen mit rechten Orientierungen. Rekonstruktiv-praxeologische Perspektiven auf professionelles Handeln. Wiesbaden: Springer VS.
Stützel, Kevin (2020): Kontraste in der Gemeinsamkeit – Zur Forschungspraxis und Mehrdimensionalität der dokumentarischen Typenbildung. In: Amling, Steffen/Geimer, Alexander/Rundel, Stefan/Thomsen, Sarah (Hrsg.): Jahrbuch Dokumentarische Methode. Jahrbuch Dokumentarische Methode. Heft 2–3/2020. centrum für qualitative evaluations- und sozialforschung e. V. (ces). S. 49–67.
Tacke, Veronika (2018): Systeme und Netzwerke – oder: Was man an sozialen Netzwerken zu sehen bekommt, wenn man sie systemtheoretisch beschreibt. In: Fischer, Jörg/Kosellek, Tobias (Hrsg.): Netzwerke und Soziale Arbeit. Theorien, Methoden, Anwendungen. 2., durchgesehene und erweiterte Auflage. Weinheim und Basel: Beltz Juventa. S. 149–168.
Theile, Manuel (2020): Soziale Netzwerke von Jugendlichen und jungen Volljährigen im Übergang aus der Heimerziehung. Weinheim und Basel: Beltz Juventa.

Thieme, Nina (2017): Hilfe und Kontrolle. In: Kessl, Fabian/Kruse, Elke/Stövesand, Sabine/Thole, Werner (Hrsg.): Soziale Arbeit – Kernthemen und Problemfelder. Opladen, Toronto: Verlag Barbara Budrich. S. 17–24.

Thiersch, Hans (1978a): Alltagshandeln und Sozialpädagogik. In: Neue Praxis 8, H. 1, S. 6–25.

Thiersch, Hans (1978b): Zum Verhältnis von Sozialarbeit und Therapie. In: Neumann-Mehring, Silvia/Otto, Hans-Uwe/Peter, Hilmar/Schreiber, Robert (Hrsg.): Sozialarbeit und Therapie. Neuwied: Luchterhand. S. 6–24.

Thiersch, Hans (1989): Homo consultabilis: Zur Moral institutionalisierter Beratung. In: Böllert, Karin/Otto, Hans-Uwe (Hrsg.): Soziale Arbeit auf der Suche nach Zukunft. Bielefeld: KT-Verlag. S. 175–193.

Thiersch, Hans (1992): Schon wieder – und noch einmal – alltagsorientierte Sozialpädagogik. In: Otto, Hans-Uwe/Hirschauer, Paul/Thiersch, Hans (Hrsg.): Zeit-Zeichen sozialer Arbeit. Entwürfe einer neuen Praxis. Neuwied, Berlin, Kriftel: Luchterhand. S. 33–41.

Thiersch, Hans (1993): Strukturierte Offenheit. Zur Methodenfrage einer lebensweltorientierten Sozialen Arbeit. In: Rauschenbach, Thomas/Ortmann, Friedrich/Karsten Maria-Eleonora (Hrsg.): Der sozialpädagogische Blick. Lebensweltorientierte Methoden in der Sozialen Arbeit. Weinheim und München: Juventa. S. 11–28.

Thiersch, Hans (2002): Ressourcen und Probleme in der Lebenswelt. Fragen zu flexiblen und integrierten Hilfen. In: Forum Erziehungshilfen 8, H. 3, S. 176–186.

Thiersch, Hans (1986/2006): Die Erfahrung der Wirklichkeit. Perspektiven einer alltagsorientierten Sozialpädagogik. 2., ergänzte Auflage. Weinheim und München: Juventa.

Thiersch, Hans (2007a): Lebensweltorientierte soziale Beratung. In: Nestmann, Frank/Engel, Frank/Sickendiek, Ursel (Hrsg.): Das Handbuch der Beratung. Band 2: Ansätze, Methoden und Felder. 2. Auflage. Tübingen: dgvt-Verlag. S. 699–709.

Thiersch, Hans (2007b): Sozialarbeit/Sozialpädagogik und Beratung. In: Nestmann, Frank/Engel, Frank/Sickendiek, Ursel (Hrsg.): Das Handbuch der Beratung. Band 1: Disziplinen und Zugänge. 2. Auflage. Tübingen: dgvt-Verlag. S. 115–124.

Thiersch, Hans (2009): Schwierige Balance. Über Grenzen, Gefühle und berufsbiografische Erfahrungen. Weinheim und München: Juventa.

Thiersch, Hans (1992/2014): Lebensweltorientierte Soziale Arbeit. Aufgaben der Praxis im sozialen Wandel. 9. Auflage. Weinheim und Basel: Beltz Juventa.

Thiersch, Hans (2015): Berufsidentität und Lebensweltorientierte Soziale Arbeit. In: Becker-Lenz, Roland/Busse, Stefan/Ehlert, Gudrun/Müller-Hermann, Silke (Hrsg.): Bedrohte Professionalität. Einschränkungen und aktuelle Herausforderungen für die Soziale Arbeit. Wiesbaden: VS Verlag für Sozialwissenschaften. S. 43–61.

Thiersch, Hans (2016): Lebensweltorientierung in der sozialpädagogischen Familienhilfe. Eine exemplarische Fallgeschichte. In: Grunwald, Klaus/Thiersch, Hans (Hrsg.): Praxishandbuch Lebensweltorientierte Soziale Arbeit. Handlungszusammenhänge und Methoden in unterschiedlichen Arbeitsfeldern. 3., vollständig überarbeitete Auflage. Weinheim und Basel: Beltz Juventa. S. 13–23.

Thiersch, Hans (2018): Verstehen – lebensweltorientiert. In: Wesenberg, Sandra/Bock, Karin/Schröer, Wolfgang (Hrsg.): Verstehen: Eine sozialpädagogische Herausforderung. Weinheim und Basel: Beltz Juventa. S. 16–32.

Thiersch, Hans (2020): Lebensweltorientierte Soziale Arbeit – revisited. Grundlagen und Perspektiven. Weinheim und Basel: Beltz Juventa.

Thiersch, Hans/Böhnisch, Lothar (2014): Spiegelungen. Lebensweltorientierung und Lebensbewältigung. Gespräche zur Sozialpädagogik. Weinheim und Basel: Beltz Juventa.

Thiersch, Hans/Frommann, Anne/Schramm, Dieter (1977): Sozialpädagogische Beratung. In: Thiersch, Hans (Hrsg.): Kritik und Handeln. Interaktionistische Aspekte der Sozialpädagogik. Neuwied, Darmstadt: Luchterhand Verlag. S. 95–130.

Thiersch, Hans/Grunwald, Klaus/Köngeter, Stefan (2012): Lebensweltorientierte Soziale Arbeit. In: Thole, Werner (Hrsg.): Grundriss Soziale Arbeit. Ein einführendes Handbuch. 4. Auflage. Wiesbaden: VS Verlag für Sozialwissenschaften. S. 175–194.

Thole, Werner (2012): Die Soziale Arbeit – Praxis, Theorie, Forschung und Ausbildung. In: Thole, Werner (Hrsg.): Grundriss Soziale Arbeit. Ein einführendes Handbuch. 4. Auflage. Wiesbaden: VS Verlag für Sozialwissenschaften. S. 19–70.

Thole, Werner/Klomann, Verena/Rätz, Regina/Wolff, Reinhart/Marks, Svenja/Sehmer, Julian/Biesel, Kay/Messmer, Heinz (2018): Für einen unterstützungsorientierten Kinderschutz. In: Sozial Extra 42, H. 4, S. 50–52.

Thole, Werner/Polutta, Andreas (2011): Professionalität und Kompetenz von MitarbeiterInnen in sozialpädagogischen Handlungsfeldern. Professionstheoretische Entwicklungen und Problemstellungen der Sozialen Arbeit. In: Helsper, Werner/Tippelt, Rudolf (Hrsg.): Pädagogische Professionalität. Weinheim und Basel: Beltz Verlag. S. 104–121.

Tiefel, Sandra (2012): Strategien der Vertrauensherstellung im Beratungsprozess. In: Tiefel, Sandra/Zeller, Maren (Hrsg.): Vertrauensprozesse in der Sozialen Arbeit. Baltmannsweiler: Schneider Verlag Hohengehren. S. 15–32.

Tölle, Christiane (2016): Supervision im Arbeitsfeld „Ambulante Hilfen zur Erziehung“ Problemanzeigen aus der Praxis. In: Baumeister, Peter/Bauer, Annette/Mersch, Reinhild/Pigulla, Christa-Maria/Röttgen, Johannes (Hrsg.): Arbeitsfeld ambulante Hilfen zur Erziehung. Standards, Qualität und Vielfalt. Freiburg im Breisgau: Lambertus-Verlag. S. 85–93.

Trautwein, Heide (2003): Die Arbeit mit Netzwerken. In: Möbius, Thomas/Klawe, Willy (Hrsg.): AIB – Ambulante intensive Begleitung. Handbuch für eine innovative Praxis in der Jugendhilfe. Weinheim, Berlin, Basel: Beltz Verlag. S. 138–174.

Treibel, Annette (2006): Einführung in soziologische Theorien der Gegenwart. 7., aktualisierte Auflage. Wiesbaden: VS Verlag für Sozialwissenschaften.

Uhlendorff, Uwe (2016): Hilfeplanung. In: Schröer, Wolfgang/Struck, Norbert/Wolff, Mechthild (Hrsg.): Handbuch Kinder- und Jugendhilfe. 2., überarbeitete Auflage. Weinheim und Basel: Beltz Juventa. S. 1004–1028.

Uhlendorff, Uwe/Cinkl, Stephan/Marthaler, Thomas (2008): Sozialpädagogische Familiendiagnosen. Deutungsmuster familiärer Belastungssituationen und erzieherischer Notlagen in der Jugendhilfe. 2., korrigierte Auflage. Weinheim und München: Juventa.

Uhlendorff, Uwe/Euteneuer, Matthias/Sabla, Kim-Patrick (2013): Soziale Arbeit mit Familien. München, Basel: Ernst Reinhardt Verlag.

Urban, Ulrike (2004): Professionelles Handeln zwischen Hilfe und Kontrolle. Sozialpädagogische Entscheidungsfindung in der Hilfeplanung. Weinheim und München: Juventa.

Urban-Stahl, Ulrike (2009): Der Hausbesuch zwischen fachlicher Notwendigkeit und öffentlicher Instrumentalisierung. In: Forum Erziehungshilfen 15, H. 1, S. 4–11.

Urban-Stahl, Ulrike (2012): Was ist sozialpädagogische Fachlichkeit? In: Forum Erziehungshilfen 18, H. 5, S. 267–271.

Urban-Stahl, Ulrike (2015): „Hausbesuch“ oder „Heimsuchung“? Ambivalenzen eines klassischen Settings der Arbeit in Familien. In: Fegter, Susann/Heite, Catrin/Mierendorff, Johanna/Richter, Martina (Hrsg.): Neue Aufmerksamkeit für Familie. Diskurse, Bilder und Adressierungen in der Sozialen Arbeit. Sonderheft 12. Lahnstein: Verlag neue praxis. S. 171–182.

Vaux, Alan (1988): Social Support. Theory, Research and Intervention. New York: Praeger.

Völter, Bettina (2017): Das Konzept der Rekonstruktiven Sozialen Arbeit in der beruflichen Praxis. In: Völter, Bettina/Reichmann, Ute (Hrsg.): Rekonstruktiv denken und handeln. Rekonstruktive Soziale Arbeit als professionelle Praxis. Opladen, Berlin, Toronto: Verlag Barbara Budrich. S. 19–53.

Vorheyer, Claudia (2005): Wer gehört zur Familie? Strukturelle Charakteristika der familialen Netzwerke von Kindern. In: Alt, Christian (Hrsg.): Kinderleben – Aufwachen zwischen Familie, Freunden und Institutionen. Band 1: Aufwachsen in Familien. Wiesbaden: VS Verlag für Sozialwissenschaften. S. 23–44.

Wäckerle, Maike (2018): Auf der Suche nach dem Tertium Comparationis. Eine praxeologische Typisierung habitueller Praktiken des Fremdverstehens. In: Bohnsack, Ralf/Hoffmann, Nora Friederike/Nentwig-Gesemann, Iris (Hrsg.): Typenbildung und Dokumentarische Methode. Forschungspraxis und methodologische Grundlagen. Opladen, Berlin, Toronto: Verlag Barbara Budrich. S. 329–344.

Wagenblass, Sabine (2018): Sozialpädagogische Zugänge zu Kindern psychisch kranker Eltern. Netzwerke aufbauen und stärken. In: Böwer, Michael/Kotthaus, Jochem (Hrsg.): Praxisbuch Kinderschutz. Professionelle Herausforderungen bewältigen. Weinheim und Basel: Beltz Juventa. S. 312–328.

Wagenblass, Sabine (2020): Die Kinder im Blick: Elterliche psychische Erkrankungen und sozialpädagogische Diagnostik. In: Ader, Sabine/Schrapper, Christian (Hrsg.): Sozialpädagogische Diagnostik und Fallverstehen in der Jugendhilfe. München: Ernst Reinhardt Verlag. S. 127–135.

Wagner, Leonie (2013): Soziale Arbeit und Soziale Bewegungen. In: Hering, Sabine (Hrsg.): Was ist Soziale Arbeit? Traditionen – Widersprüche – Wirkungen. Opladen, Berlin, Toronto: Barbara Budrich. S. 105–116.
Wagner, Leonie/Wenzel, Cornelia (2009): Frauenbewegungen und Soziale Arbeit. In: Wagner, Leonie (Hrsg.): Soziale Arbeit und Soziale Bewegungen. Wiesbaden: VS Verlag für Sozialwissenschaften. S. 21–71.
Weber-Kellermann, Ingeborg (1996): Die deutsche Familie. Versuch einer Sozialgeschichte. Frankfurt am Main: Suhrkamp.
Weinberger, Sabine (2013): Klientenzentrierte Gesprächsführung. Lern- und Praxisanleitung für psychosoziale Berufe. 14., überarbeitete Auflage. Weinheim und Basel: Beltz Juventa.
Weinhold, Kathy/Nestmann, Frank (2012): Soziale Netzwerke und soziale Unterstützung in Übergängen. In: Gahleitner, Silke Birgitta/Hahn, Gernot (Hrsg.): Übergänge gestalten – Lebenskrisen begleiten. Bonn: Psychiatrie Verlag. S. 52–67.
Wendt, Peter-Ulrich (2017a): Lehrbuch Methoden der Sozialen Arbeit. 2., überarbeitete Auflage. Weinheim und Basel: Beltz Juventa.
Wendt, Wolf Rainer (2009): Einführende Überlegungen: Was soll und kann Case Management im Feld der Jugendhilfe leisten? In: Löcherbach, Peter/Mennemann, Hugo/Hermsen, Thomas (Hrsg.): Case Management in der Jugendhilfe. München, Basel: Ernst Reinhardt Verlag. S. 10–25.
Wendt, Wolf Rainer (2017b): Geschichte der Sozialen Arbeit 1. Die Gesellschaft vor der sozialen Frage 1500 bis 1900. 6., überarbeitete und erweiterte Auflage. Wiesbaden: Springer VS.
Wensierski, Peter (2006): Schläge im Namen des Herrn. Die verdrängte Geschichte der Heimkinder in der Bundesrepublik. 2. Auflage. München: Deutsche Verlags-Anstalt.
Wichern, Johann Hinrich (1958): Die öffentliche Begründung des Rauhen Hauses. In: Meinhold, Peter (Hrsg.): Johann Hinrich Wichern. Sämtliche Werke. Band IV, Teil 1. Berlin: Lutherisches Verlagshaus. S. 96–114.
Wichern, Johann Hinrich (1975): Pädagogik für das Rauhe Haus. Eine Vorlesungsreihe (1841–1845). In: Meinhold, Peter (Hrsg.): Johann Hinrich Wichern. Sämtliche Werke. Band VII. Hamburg: Lutherisches Verlagshaus. S. 17–217.
Winkler, Michael (2012): Erziehung in der Familie. Innenansichten des pädagogischen Alltags. Stuttgart: Verlag W. Kohlhammer.
Winkler, Michael (2018a): Netzwerke(n) in der Sozialen Arbeit. Vermutlich eine Polemik, zumindest aber der Verweis auf eine Dialektik. In: Fischer, Jörg/Kosellek, Tobias (Hrsg.): Netzwerke und Soziale Arbeit. Theorien, Methoden, Anwendungen. 2., durchgesehene und erweiterte Auflage. Weinheim und Basel: Beltz Juventa. S. 24–49.
Winkler, Michael (2018b): Sozialpädagogik als Grundlage der Kinder- und Jugendhilfe. In: Böllert, Karin (Hrsg.): Kompendium Kinder- und Jugendhilfe. Wiesbaden: Springer VS. S. 1355–1374.
Witzel, Marc (2020): Digitale Medien in den Hilfen zur Erziehung. In: Kutscher, Nadia/Ley, Thomas/Seelmeyer, Udo/Siller, Friederike/Tillmann, Angela/Zorn, Isabel (Hrsg.): Handbuch Soziale Arbeit und Digitalisierung. Weinheim und Basel: Beltz Juventa. S. 495–506.
Wnuck, Anneli (1987): Konstitution und Leistung informeller Netzwerke von Kindern, Jugendlichen und Eltern. In: Bubert, Rudi/Franzkowiak, Peter/Troschke, Jürgen von/Wnuck Anneli (Hrsg.): Soziale Netzwerke und Gesundheitsförderung. Risiken und Bewältigungsformen von Eltern und Jugendlichen. Materialien zum Siebten Jugendbericht. München: Verlag Deutsches Jugendinstitut. S. 7–147.
Wohlrab-Sahr, Monika/Przyborski, Aglaja (2018): Generalisierung. In: Bohnsack, Ralf/Geimer, Alexander/Meuser, Michael (Hrsg.): Hauptbegriffe Qualitativer Sozialforschung. 4. vollständig überarbeitete und erweiterte Auflage. Opladen, Toronto: Verlag Barbara Budrich. S. 94–97.
Wolf, Klaus (2001): Ermutigung in der Sozialpädagogischen Familienhilfe. In: Jugendhilfe 39, H. 4, S. 206–211.
Wolf, Klaus (2003): Familien als Adressaten sozialpädagogischer Interventionen. In: Forum Erziehungshilfen 9, H. 5, S. 260–266.
Wolf, Klaus (2006a): Sind sozialpädagogische Interventionen in Familienkulturen möglich und zulässig? In: Heimgartner, Arno/Lauermann, Karin (Hrsg.): Kultur in der Sozialen Arbeit. Festschrift für Univ.-Prof. Dr. Josef Scheipl. Klagenfurt, Ljubljana, Wien: Mohorjeva Hermagoras. S. 231–250.

Wolf, Klaus (2006b): Sozialpädagogische Familienhilfe aus Sicht der Klientinnen und Klienten – Forschungsergebnisse und offene Fragen. In: Fröhlich-Gildhoff, Klaus/Engel, Eva-Maria/Rönnau, Maike/Kraus, Gabriele (Hrsg.): Forschung zur Praxis in den ambulanten Hilfen zur Erziehung. Freiburg im Breisgau: FEL Verlag. S. 83–99.

Wolf, Klaus (2007): Metaanalyse von Fallstudien erzieherischer Hilfen hinsichtlich von Wirkungen und „wirkmächtigen" Faktoren aus Nutzersicht. Wirkungsorientierte Jugendhilfe. Band 04. Verfügbar unter: www.bke.de/content/application/explorer/public/newsletter/juni-2007/wirkungsorientierte-jugendhilfe-band-04.pdf (Abfrage 03.02.2021).

Wolf, Klaus (2008): Was kann sozialpädagogische Familienhilfe leisten? In: Jugendhilfe 46, H. 2, S. 63–70.

Wolf, Klaus (2009): Radikaler Situationsansatz oder planvolles Vorgehen? Zum methodischen Handeln in der SPFH. In: Forum Erziehungshilfen 15, H. 2, S. 71–75.

Wolf, Klaus (2012): Gegen die falsche Alternative – Schutz der Kinder und des privaten Lebens. In: Forum Erziehungshilfen 18, H. 5, S. 272–276.

Wolf, Klaus (2014a): Der sozialpädagogische Blick: Kinder brauchen Ressourcen, um Probleme zu bewältigen. In: Preuß, Ulrich/Freisberg, Regina (Hrsg.): Störungen des Sozialverhaltens und Dissozialität. Entwicklungspsychologie, pädagogische Konzepte, Delinquenz, Begutachtung. Berlin: MWV Medizinisch Wissenschaftliche Verlagsgesellschaft. S. 7–19.

Wolf, Klaus (2014b): Zwischenruf: „Wie weiter, wenn die SPFH endgültig ruiniert ist?". In: Unsere Jugend 66, H. 5, S. 229–232.

Wolf, Klaus (2015): Sozialpädagogische Interventionen in Familien. 2., überarbeitete Auflage. Weinheim und Basel: Beltz Juventa.

Wolf, Klaus (2016): Wirkungen ambulanter Erziehungshilfen. In: Baumeister, Peter/Bauer, Annette/Mersch, Reinhild/Pigulla, Christa-Maria/Röttgen, Johannes (Hrsg.): Arbeitsfeld ambulante Hilfen zur Erziehung. Standards, Qualität und Vielfalt. Freiburg im Breisgau: Lambertus-Verlag. S. 151–159.

Wolf, Klaus (2019): Wie können Wirkungen pädagogischer Interventionen gemessen werden? Zur Metaanalyse qualitativer Studien in den Hilfen zur Erziehung. In: Begemann, Maik-Carsten/Birkelbach, Klaus (Hrsg.): Forschungsdaten für die Kinder- und Jugendhilfe. Qualitative und quantitative Sekundäranalysen. Wiesbaden: Springer VS. S. 395–423.

Wolf, Klaus (2020a): Familie und Heimerziehung. In: Ecarius, Jutta/Schierbaum, Anja (Hrsg.): Handbuch Familie. Erziehung, Bildung und pädagogische Arbeitsfelder. Wiesbaden: Springer VS. S. 1–19.

Wolf, Klaus (2020b): Wer Sozialpädagogik nicht kennt, muss ständig von Therapie reden. In: Birgmeier, Bernd/Mührel, Eric/Winkler, Michael (Hrsg.): Sozialpädagogische SeitenSprünge. Einsichten von außen, Aussichten von innen: Befunde und Visionen zur Sozialpädagogik. Weinheim und Basel: Beltz Juventa. S. 243–249.

Wolff, Mechthild (2016): Partizipation. In: Schröer, Wolfgang/Struck, Norbert/Wolff, Mechthild (Hrsg.): Handbuch Kinder- und Jugendhilfe. 2., überarbeitete Auflage. Weinheim und Basel: Beltz Juventa. S. 1050–1066.

Wolff, Reinhart/Ackermann, Timo/Biesel, Kay/Brandhorst, Felix/Heinitz, Stefan/Patschke, Mareike (2013): Dialogische Qualitätsentwicklung im kommunalen Kinderschutz. Verfügbar unter: www.fruehehilfen.de/fileadmin/user_upload/fruehehilfen.de/pdf/Publikation_QE_Kinderschutz_5_Praxisleitfaden_Qualitaetsentwicklung.pdf (Abfrage 04.05.2021).

Woog, Astrid (2004): Lebensweltorientierte Soziale Arbeit in Familien. In: Grunwald, Klaus/Thiersch, Hans (Hrsg.): Praxis Lebensweltorientierter Sozialer Arbeit. Handlungszugänge und Methoden in unterschiedlichen Arbeitsfeldern. Weinheim und München: Juventa. S. 87–108.

Woog, Astrid (2010): Soziale Arbeit in Familien. Theoretische und empirische Ansätze zur Entwicklung einer pädagogischen Handlungslehre. 4. Auflage. Weinheim und München: Juventa.

Zeller, Maren (2012): Persönliches vs. spezifisches Vertrauen. Ein Spannungsfeld professionellen Handelns in den Erziehungshilfen. In: Tiefel, Sandra/Zeller, Maren (Hrsg.): Vertrauensprozesse in der Sozialen Arbeit. Baltmannsweiler: Schneider Verlag Hohengehren. S. 93–105.

Zerfaß, Irene (2009): Familienpflege nach § 20 SGB VIII und HOT. Zielgruppen und Qualifikationsanforderungen. Verfügbar unter: www.dji.de/fileadmin/user_upload/bibs/64_12094_Expertise_Zerfass_HOT.pdf (Abfrage 26.03.2021).

Quellen

Bundessozialhilfegesetz [BSHG] (2003). Textausgabe mit ausführlichem Sachregister und einer Einführung von Professor Dr. Albrecht Brühl. 14., überarbeitete Auflage. München: Deutscher Taschenbuch Verlag.

Bürgerliches Gesetzbuch [BGB] (2021). Verfügbar unter: www.gesetze-im-internet.de/bgb/index.html (Abfrage 26.09.2021).

Das Reichsgesetz für Jugendwohlfahrt [RJWG] und Jugendgerichtsgesetz nebst Nebengesetzen (1928). 2. Auflage. Berlin, Leipzig: Walter de Gruyter & Co.

Familiengesetzbuch der Deutschen Demokratischen Republik [FGB] (1975). Berlin: Staatsverlag der Deutschen Demokratischen Republik.

Fürsorgerecht [RFV, RGr] (1951): Fürsorgepflichtverordnung, Reichsgrundsätze, Fürsorgerechtsvereinbarung und ergänzende Vorschriften. Textausgabe mit Verweisungen und Sachverzeichnis. München, Berlin: Beck'sche Verlagsbuchhandlung.

Gesetz zur Kooperation und Information im Kinderschutz [KKG] (2021). Verfügbar unter: www.gesetze-im-internet.de/kkg/index.html (Abfrage 26.09.2021).

Grundgesetz [GG] (2021). Verfügbar unter: www.gesetze-im-internet.de/gg/index.html (Abfrage 26.09.2021).

Jugendwohlfahrtsgesetz [JWG] (1970). Textausgabe mir Nebengesetzen. Frankfurt am Main: Eigenverlag des Deutschen Vereins für öffentliche und private Fürsorge.

Sozialgesetzbuch – Achtes Buch – Kinder- und Jugendhilfe [SGB VIII] (2021). Verfügbar unter: www.gesetze-im-internet.de/sgb_8 (Abfrage 26.09.2021).

Sozialgesetzbuch – Zweites Buch – Grundsicherung für Arbeitssuchende [SGB II] (2021): Verfügbar unter: www.gesetze-im-internet.de/sgb_2 (Abfrage 26.09.2021).

Sozialgesetzbuch – Zwölftes Buch – Sozialhilfe [SGB XII] (2021): Verfügbar unter: www.gesetze-im-internet.de/sgb_12 (Abfrage 26.09.2021)

Anhang

Anhang 1: Interviewleitfaden

Beginn

- Einwilligungserklärung über die Erhebung personenbezogener Daten,
- Erklärung zum Forschungsprojekt und Ablauf des Interviews

Eingangsstimulus

Ich möchte Sie nun bitten, mir von einer konkreten Sozialpädagogischen Familienhilfe zu berichten. Erzählen Sie mir bitte möglichst genau, wie ich mir Ihre Arbeit vorstellen muss, wie sie sich tatsächlich in der Praxis vollzieht. Beginnen Sie bitte beim Beginn der Hilfe, möglichst ab Anfrage durch den ASD, und berichten bis zum Ende beziehungsweise bis zum aktuellen Stand, falls sie noch laufen sollte. Alles, was für Sie wichtig ist, ist für mich von Interesse. Wir haben dafür genügend Zeit.

Immanente Nachfragen

Befragte bitten, angesprochene Themen zu detaillieren, Leerstellen zu füllen bzw. Erzählabbrüche zu vervollständigen sowie genannte Verweise oder Unverständliches genauer auszuführen.

Exmanente Nachfragen

- Erfahrungen mit sozialen Netzwerkbeziehungen der Adressat:innen:
  Sie haben über die Jahre sicherlich ganz unterschiedliche Erfahrungen mit den sozialen Beziehungen Ihrer Adressat:innen gemacht. Welche Erfahrungen haben sich bei Ihnen ganz besonders eingeprägt? Erzählen Sie bitte möglichst konkret von einigen Fallbeispielen.
- Methodik:
  Können Sie mir Beispiele aus Ihrer Praxis nennen, wie Sie als Fachkraft mit den sozialen Beziehungen der Adressat:innen in Ihrem beruflichen Alltag ganz praktisch umgehen? Gibt es bestimmte Methoden, auf was man achten sollte? Welche Basiskompetenzen, Zusatzqualifikationen, Eigenschaften sollten Helfer:innen diesbezüglich mitbringen?
- Organisation (Teamarbeit):
  Dann interessieren mich noch die Evaluations- oder Qualitätssicherungsinstrumente, wie die Co-Arbeit, Teamgespräche oder die Supervision. Wenn Sie bereit sind, zu konkreten Fallbesprechungen etwas zu erzählen, würde mich interessieren, bei welchem Fall/welchen Fällen Sie besonders mit Ihren

Kolleg:innen die informellen sozialen Beziehungen thematisiert haben und welcher Fall/welche Fälle das gewesen sind.

- Kooperation mit Auftraggebern:
  Die SPFH als Hilfe zur Erziehung ist im Rahmen der Hilfeplanung mit dem zuständigen Jugendamt/ASD abzustimmen. Wenn Sie an Ihre bisherigen Hilfen denken: Welche Rolle spielen die informellen sozialen Beziehungen der Adressat:innen in der Zusammenarbeit, z. B. in Kontakten zwischendurch (E-Mails, Telefonate) oder den Hilfeplangesprächen?

Soziodemografische Daten

- Bildungsbiografie: Geburtsjahr, schulische Bildung, Studium und Schwerpunkte
- Berufsbiografie: Berufsstationen und Arbeitsfelder
  - Trägerschaft: öffentlich/privat; Ort; konfessionell; Anstellungsverhältnis
  - Funktion(en) innerhalb der Organisation (Position im Team, Aufgaben)
- Zusatzqualifikationen: Weiterbildungen, Beschreibung der Arbeitsschwerpunkte

Abschluss und Dank

Anhang 2: Transkriptionsrichtlinien „TiQ: Talk in Qualitative Social Research“, nach Ralf Bohnsack (2021, S. 255 ff.)

Transkriptionszeichen

└	Beginn einer Überlappung bzw. direkter Anschluss beim Sprecherwechsel
┘	Ende einer Überlappung
(.)	Pause bis zu einer Sekunde
(2)	Anzahl der Sekunden, die eine Pause dauert (im Beispiel 2 Sekunden)
nein	betont
nein	laut (in Relation zur üblichen Lautstärke der Interviewten)
°nee°	sehr leise (in Relation zur üblichen Lautstärke der Interviewten)
.	stark sinkende Intonation
;	schwach sinkende Intonation
?	stark steigende Intonation
,	schwach steigende Intonation
viellei-	Abbruch eines Wortes
oh=nee	Wortverschleifung

nei::n	Dehnung (Häufigkeit der Doppelpunkte entspricht der Länge der Dehnung)
(doch)	Unsicherheit bei der Transkription, schwer verständliche Äußerungen
( )	unverständliche Äußerungen (die Länge der Klammer entspricht in etwa der Dauer der unverständlichen Äußerung)
((stöhnt))	Kommentare bzw. Anmerkungen zu parasprachlichen, nicht-verbalen oder gesprächsexternen Ereignissen; die Länge der Klammer entspricht im Falle der Kommentierung parasprachlicher Äußerungen (z. B. Stöhnen) etwa der Dauer der Äußerung
@nein@	lachend gesprochen
@(.)@	kurzes Auflachen
@(3)@	drei-sekündiges Lachen
// mhm //	Hörersignal des Interviewers, wenn das *mhm* nicht überlappend ist

Groß- und Kleinschreibung:
Hauptwörter werden großgeschrieben und bei Neuansetzen der Interviewten am Beginn eines ‚Häkchens' wird das erste Wort mit Großbuchstaben begonnen. Nach Satzzeichen wird klein weitergeschrieben, um deutlich zu machen, dass Satzzeichen die Intonation anzeigen und nicht grammatikalisch gesetzt werden.

Zeilennummerierung:
Zum Auffinden und Zitieren von Transkriptstellen ist es notwendig, je Interview eine durchlaufende Zeilennummerierung zu verwenden (abgekürzt mit Z. für Zeile).

Bei allen Transkripten ist zu Beginn vermerkt: Interviewnummer; Codenamen der Interviewten; Angabe zu den Personen, die transkribiert und die Transkription korrigiert haben; Zeitangaben, wo die Passage auf der Aufzeichnung beginnt (Format: [hh:mm:ss], Beispiel [01:05:23]).

Maskierung:
Allen Interviewten wird ein Buchstabe zugewiesen. Diesem wird je nach Geschlecht „w" (für weiblich) oder „m" (für männlich) hinzugefügt. Die Zuweisung lautet entsprechend der Erhebungsreihenfolge der durchgeführten Interviews: Aw, Bm, Cw, Dm, Ew, Fw, Gw, Hw.

Alle Zeit- und Ortsangaben (Straße, Plätze, Bezirke) werden maskiert. Namen, die im Interview genannt werden, werden durch erdachte Namen ersetzt.